JN252870

役者評判記刊行会編

歌舞伎評判記集成 第三期 第一巻

自安永二年 至安永四年

和泉書院刊行

書名・巻数　題字　郡司正勝

序

役者評判記は、近世を通じて出版され続けた、歌舞伎の芸評書である。歌舞伎役者の演技や劇内容、興行の実態を示す基本的な演劇資料であるばかりでなく、近世文学、近世文化を知るための貴重な資料群として存在している。そのため、近世演劇研究を志す者の多くが、五十年以上にわたって役者評判記の翻字と研究に力を注いできた。その成果として結実したのが、万治～享保期（一六五八～一七三六年）の野郎評判記・役者評判記を翻字刊行した『歌舞伎評判記集成』（岩波書店刊　一九七二～一九七七年）、元文～明和期（一七三七～一七七二年）の役者評判記を翻字刊行した『歌舞伎評判記集成　第二期』（岩波書店刊　一九八七～一九九五年）である。

『歌舞伎評判記集成』は、世界中に現存する野郎評判記・役者評判記を網羅的に調査し、厳密な校訂のもとに翻字し、最も信頼し得る正確な本文と書誌情報を提供しようとしたものであり、日本文学と日本語学、演劇学の研究者が緊密に連携した学際型研究により実現したものである。さらに、この『集成』の特徴の一つは、細かな配慮の行き届いた索引（人名索引・役者移動索引・外題索引・芸能用語索引等）が付されていることである。それは、単なる『集成』内の本文検索のためにあるだけでなく、索引そのものがデータベースとして機能し、劇壇の動向や歌舞伎史を具現するものであり、独創性の高いものである。

これらの研究は、役者評判記研究会を組織して遂行されたが、われわれは、さらに安永～享和期（一七七三～一八〇四年）の役者評判記を『歌舞伎評判記集成　第三期』として完成させるべく、研究会組織を引き継ぐこととなった。そして、学際型研究の特徴は保持しつつ、パーソナルコンピュータを用いた翻字によって本文テキストデータを作成し、そのデータを索引構築に役立てるという、時代に沿った新しい方策を導入して、研究活動を継続してきた。

特に、第三期が対象とする安永〜享和期においては、江戸では五代目市川団十郎を中心とする大らかな「天明歌舞伎」が開花し、上方ではそれまでの浄瑠璃への依存から脱却した新たな構造を持つ歌舞伎が生み出され始めた。また黄表紙等歌舞伎種の戯作が流行し、浮世絵では、役者似顔という画期的な方法を定着させた勝川派が全盛期を迎え、やがて東洲斎写楽、初代歌川豊国が現れる。したがって第三期集成が、近世演劇研究者のみならず、近世文学、近世美術の研究者にとっても待望のものとなることは確実である。さらに、本文のテキストデータ化と索引構築システムを、第一期・第二期へと遡及し、また第四期以降へと発展応用することによって、近世における役者評判記の全体像を映し出し、歌舞伎総合情報書庫としての役割を果たすことも可能となろう。

『歌舞伎評判記集成　第三期』の刊行を目指す新たな役者評判記研究会は、準備期間を経て一九九八年に発足したが、パーソナルコンピュータを用いた翻字凡例の検討整備、索引システムの開発等に思いのほか時間を要し、共同研究の進め方にも少なからぬ問題点があった。しかし、第三期において試行錯誤しながら作り上げた翻字凡例や索引システムは、必ずや第四期以降の翻字、索引構築において力を発揮するものと信じている。ようやく機が熟し、出版を視野に入れ始めた時、『歌舞伎評判記集成　第一期・芸能索引』刊行の実績がある、大阪の和泉書院が、第一期・第二期を刊行した岩波書店の判型や組版をほぼ忠実に受け継ぐ形で、第三期集成の刊行を引き受けてくださることになり、ここに、研究会の成果を世に問うこととなった。

学術書の刊行にたいへんな困難が伴う現在の出版界において、第三期集成の刊行を引き受けてくださった和泉書院には、まず衷心よりの感謝を捧げたい。また、本集成刊行のために寄せられた各方面のご協力は、いちいち掲げることのできないほど、多大なものである。ここには、底本もしくは対校本を快く提供せられた所蔵者各位の芳名を掲げ、深甚なる謝意を表する。

石川武美記念図書館成簣堂文庫、愛媛大学図書館、大阪城天守閣、大阪大学附属図書館、大阪府立大学学術情報センター図書館、大阪府立中之島図書館、刈谷市中央図書館、京都女子大学図書館、京都大学附属図書館、京都大学文学研究科図書館、京都府立京都学・歴彩館、慶應義塾大学三田メディアセンター（慶應義塾図書館）、公益財団法人五島美術館 大東急記念文庫、公益財団法人 静嘉堂 静嘉堂文庫、公益財団法人 石水博物館、公益財団法人 東洋文庫、公益財団法人 阪急文化財団池田文庫、国文学研究資料館、国立国会図書館、札幌大学図書館、実践女子大学実践女子大学短期大学部図書館、園田学園女子大学近松研究所、天理大学附属天理図書館、東京藝術大学附属図書館、東京国立博物館、東京大学総合図書館、東京大学文学部国語研究室、東京大学文学部国文学研究室、東京都立中央図書館、独立行政法人 日本芸術文化振興会 国立劇場、名古屋市鶴舞中央図書館、西尾市岩瀬文庫、日本大学図書館、姫路文学館、御園座演劇図書館、明治大学図書館、山梨県立博物館、洛東遺芳館、立命館大学アート・リサーチセンター、早稲田大学坪内博士記念演劇博物館、早稲田大学図書館、早稲田大学文学学術院。

今尾哲也氏、大久保忠国氏、川口元氏、齊藤千恵氏、阪口弘之氏、中井陽一氏、廣瀬千紗子氏、横山正氏。

第三期の刊行を目指す役者評判記研究会には、第一期から研究会を牽引してきた先学を顧問として迎え、折にふれて貴重な助言を得てきた。また、発足当初から翻字や書誌調査にかかわってきた会員諸氏の努力にも、敬意を表したい。謝意に代えて、お名前を以下にあげさせていただく。

内田宗一、埋忠美沙、岡田万里子、北川博子、児玉竜一、斉藤利彦、寺田詩麻、西川良和、松澤正樹、松葉涼子ほか（五十音順・敬称略）。

今、われわれは、本集成の刊行に合わせて、役者評判記研究会を役者評判記刊行会へと再編成し、新たな決意を持って、『歌舞伎評判記集成　第三期』刊行の完遂を目指すものである。第一巻の上梓に当たり、この日を待たずに物故せられた顧問服部幸雄氏、松崎仁氏のご冥福を祈り、その霊前に本書を捧げたい。

平成三十年二月

役者評判記刊行会

顧問　武井協三　土田衞
　　　鳥越文藏　故服部幸雄
　　　原　道生　故松崎　仁

会員　赤間　亮　新井　恵
　　　池山　晃　神楽岡幼子
　　　金子貴昭　倉橋正恵
　　　黒石陽子　齊藤千恵
　　　佐藤かつら　田草川みずき
　　　野口　隆　水田かや乃
　　　光延真哉

本刊行物は、独立行政法人日本学術振興会平成29年度科学研究費助成事業（科学研究費補助金）（研究成果公開促進費 学術図書）「歌舞伎評判記集成　第三期　第一巻」（JSPS科研費 JP17HP5035）の助成を受けたものです。また、これまでに、本刊行物に関して左記の助成を受けています。あわせて御礼申し上げます。

・平成11～14年度　科学研究費補助金（基盤研究（C））11610455「役者評判記本文の総合的利用による歌舞伎の基礎研究」
・平成17～19年度　科学研究費補助金（基盤研究（C））17520131「第三期役者評判記の総合情報書庫構築の研究」
・平成23～27年度　科学研究費補助金（基盤研究（B））23320057「第三期役者評判記本文の出版と役者評判記総合情報書庫公開の研究」

目次

凡　例

本集成は安永二年（一七七三）より享和四年（一八〇四）の間に刊行された役者評判記をできるだけ忠実に再現することにつとめた。細部の校訂方針は次のように定めた。

底　本

初版本で保存状態のよいもの、またはできるだけそれに近いと思われる版本を採用した。なお、後に改刻・増補・削除等のほどこされた版本が伝わる場合には、底本との異同を本文中の該当箇所あるいは解題に示した。版本が伝わらない場合は、写真・写本を採用した。

目　次

書名の下に刊記またはこれに準ずる序・跋記載の年月を示した。考証による刊年は（　）内に示した。

本　文

一、行移り・丁移り

1　本文の行移りは底本に従わなかった。ただし、一つ書きや段落の変りめ等の意味のある改行は再現した。

2　割り書きは必要に応じて原況を再現した。ただし、話者の割り書きや余白が少ないために行われた文末等の小字割り書きは再現しなかった。

3　丁移りは、その丁の表および裏の末尾において丁数を括弧内に示すことによってあらわした。括弧内の漢数字は板心の丁付、洋数字は実丁数を示す。底本に丁付を欠くときは実丁数のみを記した。実丁数の数え方は表紙の次にくる墨付きの丁を1とする。なおノドの記載に関しては解題で言及した。

二、文　字

〈仮　名〉

1　仮名表記及び濁点の有無は底本通りにして改めなかった。

2　仮名は現行の字体に統一した。

3　振り仮名は原則として底本通りであるが、必要に応じてその位置を調整した。

（例）埒《らち》明ず→埒《らち》明ず

4　特殊な略体および合字は現行の字体に改めた。

（例）ヿ→コト　→シテ　→トモ　→こと

ゟ→より　→さま（ただし「さん」と読む「」は「様ン」とした）

→まいらせ候　→かしく

5　漢字の訓点的意識で用いられた捨て仮名・送り仮名等の片仮名は小字右寄せにした。

（例）夫ト　夫レ　巻頭ニ置キました

〈漢　字〉

6　漢字は、常用漢字表にあるものは同表に取り上げられている字体、常用漢字表外のものは正字体によることを原則とした。

（例）神祇　渓蹊　曽噌　銭賤

ただし常用漢字表外のもので新字体を用いた場合もある。

（例）僫　祢　桧　嶌　蝿　并　嘘

7　漢字は一字を一字体によってあらわすことを原則とした。

（例）烟→煙　哥→歌　釼→剣　刕→州　嶋→島

罸→罰　峯→峰　躰→体　聟・壻→婿

ただし一字について二つ以上の字体を用いたものもある。

（例）貌—皃　総—惣　杯—盃　岳—嶽

園—薗　刈—苅

8　当時の文字観念と現在の文字観念とが異なるもの、および行草体では区別のつかないもの等は前後の文脈によって判断し、しかるべき字を用いた。

（例）

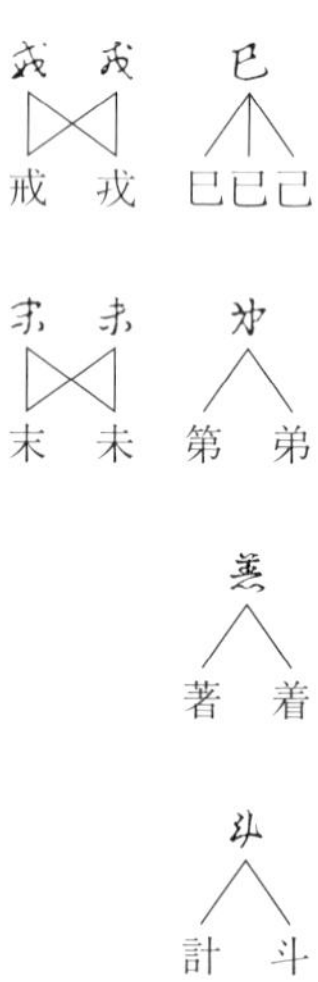

9　正字に改めることのできない特殊な文字で、その字体を残すことに意味のあるものは造字した。

10　いわゆる当て字ないし慣用の久しい通用字は改めなかった。

（例）瞰（もんび）　鮫（つはもののまじはり）

（例）地走（「馳走」の意）　百性（「百姓」の意）

蜜書（「密書」の意）　此斯《このかく》（「この格」の意）

情《せい》を出す（「精を出す」の意）　舟頭《せんどう》　寐所《しんじょ》

11 特殊な草体・略体は対応する通行字体に改めた。

（例）𝓂→様　之→也　ﾚﾄ→候　ヒ→被　め→給

ア→部

12 漢字・仮名の判断は文脈を勘案して定めた。

（例）ぶ心中→ぶ心中　ふ十分→不十分

かほ兄せ→かほ見せ　兄せ→みせ（「店」の意）

こゝろ兄る→こゝろみる

〈その他〉

13 句読点は・。の二種を底本に従って使いわけた。句読点のあるべき位置に〻がある場合は濁点とは見なさず・とした。

（例）あぶない事がないぞれにこんども→あぶない事がない・それにこんども

14 反復記号は左のようにした。

(1) 平仮名一文字の踊り字はゝとした。

（例）は〻様→はゝ様

(2) 片仮名一文字の踊り字はヽとした。

（例）ヲゝそうじや→ヲヽそうじや

(3) 漢字一文字の踊り字は原則として々とした。ただし底本が〱である場合はそのまま〱とした。

（例）去〻年→去々年　国ゝ→国々　久〱

また次のようなゝはそのまま用いた。

（例）小野ゝ篁

(4) 二文字以上の踊り字は原則として底本通りとしたが、〻〻は々々とした。

三、符　号

1 （　）丁付を示すときに用いた。

2 □ 底本の文字が損傷等により判読不能の場合に用いた。なお損傷等があっても判読しえた場合はその文字を□の中に入れた。

（例）□容永助

3 ［　］損傷等による判読不能の字数が明らかでない場合に用いた。

（例）勝［　］引きやれ

［中巻欠本］

4 〔　〕左の場合に用いた。

(1) 校訂者の補記を示す場合。

（例）〔挿絵第一図〕〔蔵板目録〕〔広告〕〔白丁〕

(2) 底本と別本との字句の異同を示す場合。

a 底本にない字句が別本で補われている場合は後者を

〔　〕内に示した。

（例）〔上上〕　豊松半三郎　大西（底本には位付「上上」の記載なし）

b　底本の字句が別本で改刻されている場合は、前者の該当箇所の始まりを↓で示し、後者の改刻部分を〔　〕で示した。ただし改刻された文字のみに限ることなく一まとまりの単位として示した場合もある。

（例）松山小源太↓〔二〕（底本「松山小源太」、別本「松山小源二」）

↓上上吉〔上上壹〕（底本「上上吉」、別本「上上壹」）

↓斧蔵《おのぞう》〔斧蔵〕（底本には振り仮名「おのぞう」あり、別本には振り仮名なし）

abともに該当箇所が長くなる場合には、〈　〉を用いることにした。

なお改版のために底本の字句が別本で削除されている等特に必要な場合は、その箇所に（注）と傍書し解題においてその状態を説明した。

（例）一上（注）　松本大五郎　中（底本の「上　松本大五郎　中」が別本では空白となっている旨を解題に記す）

5　＊　明らかに底本の表記の誤りと判断できるものに付けた。

(1)　明らかな誤り。

（例）かりざ*ぬ（「かりぎぬ」の誤）

*唯人《たれ》（「誰人」の誤）

(2)　誤って付けた句読点。

（例）入ら•*るゝまで

(3)　誤って付けた濁点。

（例）安永四のど*し　あら*玉の　争《あらそ》い*て

(4)　順序を誤った文字。

（例）源吾がはたき*ら*に　口録*目*にのせました

(5)　文字の脱落。

（例）きもをつぶ*ました（「し」脱）

顔見*評ばん（「世」脱）

ただし振り仮名に関しては語中の脱字にのみ付けることにした。

（例）襷《たき》*がけ　しのびの術《ゅつ》　蜘《く》の巣

（後二者には＊を付けない）

(6)　衍字。

（例）あがりまま*した　かりば場*の絵図

尤なれな*れ*共

ただし振り仮名と捨て仮名・送り仮名とが重複する場合には付けなかった。

(7)　凡例「二、文字」の原則によらない特殊例（原則に従って処理をほどこすと底本の原況と甚だしくへだたるおそれのあるもの）。

（例）　めのとを*轉《しば》り（「縛」の誤刻であることが読者にわかるように考慮して「転」としない）

ただし役者名その他の固有名詞および漢詩文の返り点の誤りには、原則として付けなかった。

（例1）　沢村調子（沢村訥子）　盛《なり》田屋（成田屋）

（例2）　不レ俟《すまた》二終焉期《しうゑんのこ》（返り点「一」脱）

*を付ける位置はその文字の右肩を原則としたが、振り仮名のある漢字等には左肩に付けた。

（例）　和当《おしやう》*

脱字を示す*は脱字と思われる箇所の右に付けた。

（例）　女形*軸

6　△　欠刻および字形が崩れていて文字化の困難な場合、あるいはその字形に最も近い文字に翻字することが無意味と判断される場合は、前後を勘案し、文脈を満足する正しい用字に翻字して△を付けた。

（例）　本出ン申候→本出シ△申候　　功土上吉→功上△上吉

△を付ける位置は*の場合に準じた。

四、図　版

1　原題簽や袋があるものは中扉に図版で収めた。

2　挿絵はすべて図版にして収めた。本文と挿絵との位置の関係は、底本とあまりへだたらないように考慮した。

3　挿絵は半丁ごとに一図として巻ごとに通し番号を付けた。

4　挿絵中の文字はすべて翻字し、図版の上下または左右の適当な位置に示した。

5　目録中に見られる絵、あるいは役者の紋やほうびの絵等も図版で示した。

解　題

1　解題の記載順序は左の通りである。

一　書名　二　底本所蔵者　三　著者・序者・跋者等

四　体裁・巻数・冊数等　五　匡郭・行数・丁数・挿絵等　六　題簽・内題・目録題・板心等　七　刊記

八　底本書誌備考（印記・識語・その他）　九　諸本・異同・その他

2　本の寸法その他体裁に関しては、原則として京の巻または上巻のものを記し、他は必要に応じて言及した。

3　全巻に共通しない校訂処理をほどこした場合はその都度解題の八または九に記した。なお同版の別本との対校についてはいちいち断らなかった。また再現の必要がないと思われる書き入れに関しては原則として言及を省略した。

4　巻次およびこれに準ずるものは〈　〉を用いて示した。

5　諸本にはアルファベットを付し、そのうち底本はゴシック体で示した。

役者一陽来

安永二年正月

（東京藝術大学附属図書館蔵本）

（早稲田大学演劇博物館蔵本）

役者《やくしや》一《いち》陽《やう》来《のき》　芸品定

京之巻
目録

☰

乾　立役

此卦顔《このけいかほ》くまどつてあら事太刀打《たちうち》ぬれ事やつしのおかしみをくわへ男作《おとこだて》の意気地《ゐきぢ》に武道《ぶだう》のさばき何でもかでも一日を引くゝりたる狂言《きやうげん》の取〆は外にはあらぬさつはりとした口跡《こうせき》立板に水際《みづぎは》のたつ上下つき

☱

兌　子役

（壱1オ）

此卦口うつしのせりふひよこの時よりみなそれ〱の気《き》ざしありて成長《せいちやう》の後立役道外《のちたちやくだうけ》若女形と変化《へんくは》して四海《かい》に羽《はね》をのしこんぶめでたき大鳥の初声《はつこゑ》

☲

離　若衆

此卦むかしは立役がはりに一場《ば》ふさぎし役がらなれど今は若殿《わかとの》に付添出《つきそひいづる》までにて昼《ひる》は舞台《ぶたい》をはたらき夜ルは座敷《ざしき》のつとめにて心をくだけとさして名の鳴《な》る出世《しゆつせ》も見へねば打てかへたるはやしかたは拍子違《ひやうしちがひ》の身《み》のうへのしらべ

（壱1ウ）

京四条二芝居惣役者目録

名代　都万太夫
蛭子屋吉郎兵衛　座本　芳沢いろは

名代　早雲長太夫
布袋屋梅之丞　座本　姉川千代三

▲立役之部

○見立月の異名による左のごとし

真上上吉　中山文七　芳沢座
此人を見にむれつゝ来たる花見《はなみ》月

上上吉　市野川彦四郎　姉川座
難波《なには》で評《ひやう》のよい事はかねて菊《きく》月

上上吉　江戸坂京右衛門　同座
太刀《たち》打はいさぎよい神楽《かくら》月

上上吉　坂東満蔵　同座
口跡《こうせき》はとゞろくやうななるかみ月

上上吉　藤松三十郎　芳沢座

女中はひとりもいやと云はぬ水無《みな》月

上上吉　尾上新七　同座

梅幸《ばいこう》の面影《おもかげ》が次第に咲《さい》た梅見月　（弐2オ）

上上士　沢村宗十郎　姉川座

けいせいにいつでもぬれてかゝる時雨《しくれ》月

上上士　嵐藤十郎　同座

物いひをもそつとしづかにしたい師走《しはす》月

上上　市川斎蔵　芳沢座

せりふの引はなしがちと長《なが》月

上上　市川幾蔵　同座

口上に生島幾蔵どのゝ実《じつ》の弟《おとゝ》月

上　市川辰十郎　姉川座

当地へおのぼりは此度が初空《はつそら》月

上上　松屋新十郎　芳沢座

お役がなふてどふやらさびしい秋風月

▲実悪之部

上上吉　浅尾為十郎　芳沢座

何をさせてもとかく逸風《いつふう》のきさらぎ

上上吉　嵐七五郎　姉川座

よいやの声《こゑ》のきびしうふりかゝる弥生《やよひ》

▲敵役之部　（弐2ウ）

上上士　篠塚宗三　芳沢座

年功《ねんかう》で仕やうは白からぬ卯《う》の花月

上上　山下俊五郎　姉川座

実《じつ》方と見せても底《そこ》はつめたい霜降《しもふり》月

上上　藤川時蔵　芳沢座

立《たて》にかけては下におかれぬ太郎《たらう》月

上上　坂田来蔵　同座

女仕丁《じてう》をくどいてみる文《ふみ》月

上　山下幸四郎　姉川座

幾役《いくやく》もせらるゝはいそがしい小田刈《おたかり》月

一上　小倉山三千蔵　芳　　一上　江戸坂正蔵　姉

一上　染松勘太　同　　一上　藤岡紋蔵　同

一上　浅尾万三　同　　一上　中村木蔵　同

一上　玉村藤五郎　同　　一上　市川又五郎　同

敵役巻軸
上上士　中村団蔵　芳沢座
芸《けい》ぶりはどふやらしづかな神無月

▲若女形之部

（三3オ）

上上吉　沢村国太郎　芳沢座
御器量《きりやう》はくもりなき月見月

上上吉　佐野川花妻　姉川座
仕内は奥《をく》ゆかしい香《か》のある橘《たちばな》月

上上吉　姉川みなと　同座
次第にひいきのしげりかゝる葉《は》月

上上亠　姉川菊八　同座
出端《では》の衣装《いしやう》は色よい紅葉《もみぢ》月

上上　姉川千代三　座本
ひいき組《くみ》より手を打ていはひ月

上上　芳沢いろは　座本
せめて一度は誰もあふて見たい七夕《たなばた》月

上上　藤川山吾　芳沢座
男とは見へぬほんの女郎花《おみなめし》月

上卜　嵐重の井　同座
とりなりに枝折《しをり》のすくない木染月

上　中村八重八　同座
大役をなさるゝをかならず春待《はるまち》月

（三3ウ）

上　中村吉之助　同座
廻りのりゝしいさてもよい小春《こはる》

▲芳沢座色子之分

一小倉山豊崎　枝葉
一沢村千鳥　くれは
一藤の井栄次郎　千歳
一嵐巳之助　松之丞
一藤松熊次郎　やくなし
一佐野川三五　同
一中山徳三郎　同
一中村小吉　同
一坂東与之助　同
一嵐　三吉　同
一中村乙次郎　同
一藤川千次郎　同
一尾上虎吉　同
一芳沢万世　三番三
一山下八百市　梅がへ
一沢村辰之助　わかば
一浅尾為之助　やくなし
一篠塚九重　同
一尾上吉太郎　同
一中村富三郎　同
一市川花松　同
一篠塚梅介　同
一染松道蔵　同
一榊山半之助　同
一尾上惣吉　同
一嵐　音吉　同

▲姉川座色子之分

一　中村徳三郎　おそで　一　中村十吉　翁 梅がへ

(四4オ)

一　姉川吉松　まつの　一　三升辰次郎　千歳 小さくら

一　三升次郎吉　やくなし　一　嵐岩松　やくなし

一　中村吉太郎　同　一　嵐竜蔵　同

一　姉川吉弥　同　一　中村十松　同

一　桑名谷馬之助　同　一　中村万代　同

▲若衆形之部

上上　嵐三次郎　芳沢座

いつ見てもきれいな皃《かほ》のねざめ月

上上　中村彦三郎　姉川座

さりとは末たのもしい早苗《さなへ》月

惣巻軸 極上上吉　若女形 芳沢あやめ　座本親

地芸におゐては此上のない天正月

不出　若女形　中村千蔵　芳沢座

不出　敵役　中村四郎五郎　姉川座

不出　同　藤川東九郎　同座

○此所でおしらせ申上まする

明和九年辰五月十五日

喚《くはん》招《せう》院《いん》遺《けん》里《り》信士《しんじ》　俗名 尾上紋太郎　行年 四十才

去ル夏西方の芝居へ乗込致されました定てあの方で此節皃みせがはじまりましたら極楽の女中達の御ひいきござりませうチン〳〵

(四4ウ)

○口上

一去秋より因幡薬師寺内にて中芝居興行ござります処打つゞき繁昌ニ付此度霜月朔日より顔見世はじまりましたゆへ此所で評致ます則狂言の外題

頭載《ありがたし》再《また》の入御覧《おめみへ》　七冊物　名代 座本　伊勢松三右衛門

▲立役実悪敵役之部

至上上吉　山下京左衛門

上上吉　尾上紋三郎

上上吉　中村虎蔵

上上吉 市野川京蔵
上上吉 亀谷仲蔵
上上吉 尾上熊蔵
上上吉 山村巳之助
上上吉 嵐　小七
上上 坂東藤蔵
巻軸 上上吉 藤川岩松

（イ5オ）

▲若女形之部

上上吉 嵐　小雛
上上吉 松山小源太
上上吉 芳沢嘉吉
上上吉 中村虎七
惣巻軸 大上上吉 実悪 萩野伊太郎

已　上

○此所にて御断申上まする

役者全書《やくしやせんしよ》　芸品定秘抄 全部五冊

右之本追付出し申候間其節は御求メ御覧可被下候奉頼上候以上

板元　八文字屋 八左衛門

（イ5ウ）

○玉《たま》より磨《みが》く浄《きよ》き心の評判所《ひようばんところ》

玉は得《ゑ》がたき物に究《きは》め・需《もと》めぬにより猶稀《まれ》也。黄金《こがね》は尤《もつとも》尊《たつと》しといへども人のもとむるにしたがつて湧出《ゆじゆつ》するを以て知べしと・物しり顔の腐《ふ》儒《じゆ》長鼻《ながはな》大蔵《ぞう》とてちつとでも案《あん》なしの饅頭《まんぢう》より旨《むま》い和郎《わろ》・つら〳〵思ふに仏法《ぶつほう》日本へ渡りはじめ・金《こがね》は山へ捨《すて》玉は淵《ふち》に投《なぐ》べしと仏のおしへ真《ま》うけにして・投たる玉有まじきにあらずと・藻《も》に埋《うづ》もるゝ玉をたづね・住所近《ぢうしよちか》き鴨《かも》川の両岸《りやうがん》を犬のあるくやうに夜〳〵尋《たづね》めぐりけるが・いかな〳〵こんにやく玉でも見あたらず過し・然《しか》るにことしは巳待年の一陽来復《やうらいふく》月の幸《さいはい》を弁才天《べんざいてん》へ祈《いの》り・心のごとき宝珠《ほうじゆ》を得《ゑ》福々人《ふくくじん》にならばやと・国阿《こくあ》の天女宮《さう》*へ詣《もふで》・かへりもふしに四条の顔見世すぐ通りはどうもならず・爰《こゝ》に其日も暮《くれ》方の押合《おしあい》出る鼠木戸《ねづみきど》・茶の湯《ゆ》の中立したやうに気《き》も晴《はれ》〳〵の河原おもて・（五6オ）渡りかゝつた板橋より巽《たつみ》の方の水中に怪《あや》しき光《ひかり》あり・朽木《くちき》かと見れば形円《かたちまどか》なり・火影《ひかげ》かと見れば相映《あいゑい》ずべきともし火あたりになし・何にもせよさがしてみんと百歩《ひやつほ》ばかりの川わたり・袖《そで》ひちて砂石搔《すないしかき》のけ取あけ朧《おぼろ》ながらの月にすかしてよく見れば・ひとつの玉なり黄金《こがね》の光り底《そこ》にありて上にはうつくしき毛生《けおい》たり・是日比心願《しんくわん》の名玉《めいぎよく》天のあたへとおしいたゞき深《ふか》く懐《ふところ》にし頓《とみ》に宿《やど》へかへり女房おまんにかくと語《かた》れば・なんじややらきやうとい騒《さわ》ぎとのみこまぬ体《てい》・女さかしうてうし売そこなふてはならぬとひとりつぶやき・何とぞ功者《かうしや》なる人に目利《めきゝ》してもらひよき買人《かいて》あらは売代《しろ》なさんと思ひゐたるが・ふとおもひ出せしはむかし金子《かねこ》吉左衛門といひし狂言つくりの弟子今道心《たうしん》して無銭坊《むせんほう》と言《いゝ》岡崎《おかさき》のほとりにあり・きやつこしやくなるものなれば(五6ウ)*大既《たいがい》玉のあらましも知たるべし・何となく問《とふ》てみんと岡崎をさして尋行しに折よく在庵《ざいあん》四方《よも》山の咄しも果《はて》て・扨かの玉のあらましをたづぬるに・それは拙僧俗《せつそうぞく》のいにしへ江戸見物にくだりし序《ついで》・もし十二段の狂言にても取組なば其たねにもと三州鳳莱寺《しうほうらいじ》へ詣宝《ほう》物《もの》をも拝《おがみ》し中に牛の玉とて有しが・何とやらおはなしの趣其玉に似たりと答《こた》へしかば・さあ名玉に極つたり三条の橋づめは牛飼《うしか》ふ町・是より精気《せいき》ながれ滞《とゞこふり》玉と成て手に入し物よと・それから望の方を聞たつるに・穴定《けつぢやう》山肛門寺《ざんかうもんじ》衆道和尚什物《しゆだうおしやうしうもつ》に求められ度よし・二重の筐《はこ》三重の服紗《ふくさ》うや〳〵しく持参すれば・和尚謁《ゑつ》せられ件《くだん》の玉を見らるゝにいかにもめづらしき光《ひか》りのやうす牛の玉相違《さうい》有まし・金三百両にて求《もと》むべしとあれば・天よりさづかりし同前の宝《たから》ながら此御寺に什《じう》物となる時は則わたくし祈禱《きたう》△にもなる心奉《ほう》納《のう》(六7オ)

〔挿絵第一図〕(六7ウ)

〔挿絵第二図〕(七8オ)

と存其直段にてさし上んといふにぞ和尚も甚喜悦《きゑつ》のかんばせ・まづ初春早々売人《うりて》のさいはい買人の悦び・めでたく酒一つとへぎ芋《いも》に江戸海苔《のり》のすい物・堺《さかい》のいり物ほどにも思はねども入相過の北山おろし・是でもなくてはと一盃《いつはい》一盃又一盃によいほど酔《ゑい》もまはれば最早《もはや》御納《おさ》め下されといふに・和尚茶《おせうちや》やの餅《もち》もしいねば喰《くわ》れぬとやらじや・爰《こゝ》は愚僧《ぐそう》が酌《しやく》いたさんと・つぎかゝらるゝ燗鍋《かんなべ》・これは〳〵もうおゆるしと盃《さかづき》もつてひく手をおさへ・むりにつがるゝ酒あまりて・おこり立《たつ》たる桜炭《さくらすみ》・火鉢《ひはち》の中へざつふりかゝれば・あたりはくらやみこれはとおどろく二人の有様・玉には何事なかりしやと・うかゞひ見れはコハいかに玉は消《きへ》うせ毛ばかりのこり・空箱《からはこ》に成たり大蔵大キに*仰天《さやうてん》しあきれて詞《ことば》もなき所に・和尚完爾《くわんじ》と打笑《うちゑみ》給ひ・大蔵さのみおと(七8ウ)ろかれそ・玉のうせたるやうすかたつて聞せ申べし・扨も我若僧《そう》のむかしより長老《ちやうらう》とあふがるゝまで釈門《しやくもん》無二の野郎買《やらうかい》たりし・されば那智高野《なちかうや》ほどにはあらねど三十より四十迄を若衆のざかりと賞翫《しやうくはん》し楽《たのしみ》しが・其頃年久しく馴染《なじみ》をかさねし・谷川苅藻《たにかわかるも》といゝし若衆《わかしゆ》・生得毛深《しやうとくけふか》き

水中より光りさし水き立のぼるはいぶかしやナア

長はな大蔵

わしもしらぬ

衆道和尚むりニ酒ヲしいるまひとつまいれ〳〵

あの玉は何といふ玉じや

はなはだたべよいました

むせん房やうすをうかゝふ

挿絵第一図

挿絵第二図

うへ四十近《ちか》く元《もと》が男子の事なればそこ爰《こゝ》に毛の生《はへ》べきに極りたるを。我には深《ふか》く隠《かく》し松脂《まつやに》をかため是をぬきとり。手毬《まり》の大きさに丸め四条の川中へ捨《すて》し事粗《ほゞ》しれり。されはこそ谷川にしげる藻《も》をかり取たることく跡《あと》きよらにして馴《なれ》むつみしが。此かるも兼好《けんこう》が言し四十のとし蓮台座《れんだいざ》の抱《かゝ》へと成しより四条通ひを思ひきり。今迄ののらほろぼしに一色《いろ》成共寺に什物残《じうもつのこ》したく所々方々《しよ〳〵ほう〴〵》を聞折ふし。お身四条の川中にて牛《うし》の玉を得られし噂《うわさ》。是ぞかるもが彼毛《かのけ》ならめと少しはなつかしく。まつた実《まこと》の牛の玉ならばいかにも求《もと》むべしとは思へ共。何にもせよ疑実糾《きじつたゞ》したく（八9オ）工夫《くふう》せしに。かるもがまろめし玉はもと松脂《まつやに》にて堅《かた》めたる物久しく川中に有しなれば松脂水気《まつやにすいき》の陰《いん》に閉《とぢ》られ自然《しぜん》と琥珀《こはく》の光《ひか》りも生《しやう》じつらん。是をほどかんには陽気を以て試《こゝろ》むべしと考《かんがへ》しよりわざと今の暖《あたゝ》め酒火中へこぼし陽気《やうき》をさそひしゆへ松脂蕩《まつやにとろけ》て毛《け》のみのこれり。牛の玉ならざる事明白《めいはく》ならずやと弁舌《べんぜつ》さわやかに物語《ものがた》らるれば。大蔵も殆《ほとんど》感《かん》じまことやをふなの髪にてよれる綱には大象《ぞう》もつながるゝ本文《ほんもん》。それに引かへ此大蔵は若衆の尻《しり》の毛《け》にて貪慾《とんよく》の紲《きづな》をきりし事是もつて衆道和尚《しゆだうおせう》の御導《みちびき》。若衆の縁《えん》に四条の芝居すてられず。いざや顔見世の評判《ひやうばん》せん和尚様は聴衆頭《ていしゆがしら》不佞《ねい》頭取勤《つと》むべしと辻〳〵に札《ふだ》を建《たて》て日を定《さため》ての芸評《けいひやう》。初日からの大入。大蔵高《かう》座《ざ》にのぼつて長鼻《ながはな》をひこつかせヱヘン〳〵

安永二巳年むつまし月　　作者　自笑
（八9ウ）

▲立役之部

真上上吉　　中山文七　　芳沢座

【長鼻先生曰】むかし汝南《ちよなん》の月旦評《げつたんひよう》は当時《その》の人柄を覈論《ひやうばん》して品題《くらいつけ》せしにきのふは愚《ぐ》にしてけふは賢《けん》なるもあればやがて月々《つき〳〵》に褒貶《ひやうばん》を更《あらた》めける名なりとぞ夫《それ》にならふて年々歳々《せい〳〵》人同じからざる㒵見世の芸品定を相《あい》かはらず始まするあいたどなたも机辺《きへん》近ふお寄なされい【無銭坊曰】いでや花飛鳥去月行《とひとりさりつきゆき》もみぢちるころ又㒵みせといへる物の出来るは是《これ》一陽来復《やうらいふく》のお頭《かしら》〳〵三ヶ津とも賑《にぎは》ふ中にわけて四条芝居側のけしきの面白さ中〳〵詞《ことは》には述《のべ》られぬ【大せい】どや〳〵と集《あつま》り来りて今年《ことし》はいかなる事《こと》か初日延引《ゑんにん》ゆへさて〳〵待かねました【衆道和尚】誠《まこと》に芝居信心《しんく》の衆中《しゆちう》とあつて早々より当院《とういん》へ聴聞《てうもん》にお出なされ思召を仰られふと有るは御きどく千万（九10オ）うたふも舞《まふ》も法《のり》の声《こゑ》と申がとかく人間は寸隙《ひま》あらば芝居を見て心をなぐさめたがよい世事《せじ》に心をしばられて真《しん》から出《で》ぬ念仏《ねんぶつ》申てかんきんせうよりはましでござるおもしろい狂言を見てゐる中《うち》は内の世話をわすれ欲《よく》も徳《とく》も腹《はら》たつる事《こと》もなく無念無想《むねんむさう》に見た心は何ンと各〳〵取もなをさぬ仏と申ものでござる【無銭坊曰】いかさま和尚《おしやう》の仰らるゝ通リ誠《まこと》の極楽と申スは芝居より外にはござりませぬ【芝居好】名にしあふお旅《たび》の榎《ゑのき》去秋の大風に吹折れ四条のけしきも何とやらさびしくありしが中山文七罷上るといふかんばんが上つたで四条通がかくべつ賑《にぎ》やかになりました【大坂上リ】親父一蝶殿も九月十八日より物草太郎の伴左衛門役を一世一代に勤られし所けしからぬ大入なりしを又由男殿は暇乞狂言とて十月十九日より物草太郎の次へたし在原系図《ありはらけいず》の蘭《らん》平を（九10ウ）出されしが大評ばんにて十月廿七日まで入つゝけもはや㒵見せ前ゆへ是非《ぜひ》なく千秋楽をせられしは古今《こゝん》めづらしきはづみやうきついお手柄《てから》〳〵【長鼻曰】巻頭はいやおふのいはれぬ由男殿をすへましたとなたも申ぶんがござりますまい【大せい】其通り〳〵【長鼻曰】左様ならはこれより芸評を始めませう此たび五年ぶりでの帰り新参めでたい〳〵当かほみせ大坂細《さい》工《く》樸《あらきの》　木像《もくそう》四つ目に竹部源蔵と成上下大小ニての出端藤原時平《ふじはらのしへい》よりうたがひを請菅秀才《かんしうさい》の首《くひ》うてとある松梅桜と三字書たるなぞの一くわんを詠《なが》め〳〵花道よりの出端捕手《とりて》のものを取てなげ利屈詰《りくつづめ》になし我家の上に紫雲《しうん》の立しをあやしみ唐土《もろこし》の故事《こじ》を引て考《かんがへ》る仕内【無銭坊】口跡といひかつほくといひ大立者はうごかぬ〳〵【長鼻曰】夫より我家へ帰りてる国かかりや姫へ付し艶書《えんしよ》をひろひ取てる国

（十11オ）がてならひ入門に来りしをいぶかしかり奴駒《やっこま》平が無筆ゆへ手本を書《かき》くれと頼むを砂《すな》へ心といふ字を扇《あふぎ》にて書心底《しんてい》をしらせ次ニてる国がかりや姫と駒平と不義《ふぎ》なりといふ故最前ひろひとりしてる国が艶書《えんしよ》を駒平が懐《くはい》中へ入取出しわざと駒平をてうちやくし文章《ぶんしやう》をよみ上ヶおくのあて名をよまんといひてる国かとめるをやりこめ不義者はてる国にしてあやまり証文《せうもん》をかゝせ手判《はん》おさせて取置《おき》つくへをせおはし追出シそれよりてる国上使なりといふゆへ上座に直し駒平が三宝《ぼう》に砂を入て心といふ字を書刀をのせ清書なりといひ心底をさぐるゆへわざと時平がたなりといひ心と書し砂をくづし刀をなげかへしおくへ入ル【衆道和尚】次ニ駒平をすく祢太郎と見顕し親はじの兵衛の敵といふゆへ我レでなき事をかたりはじの兵衛さいごの（十11ウ）時血汐《ちしほ》の手判あるかと尋《たづね》切かけるを庭石《にはいし》にて受とむればたちまち日蝕《につしよく》になるゆへ月光《くはつこう》の旗土《はたと》中《ちう》にかくしある事をさとり悦びしゆりけんを駒平に打かけしに井戸《ゐど》かわに立ればしのびの者井の中よりはからず出るをあやしみ最前《さいせん》てる国より取おきし手判を駒平にわたしはじの兵衛がさいごの時の血汐《ちしほ》の手判と合させしつくりあふゆへてる国を誠の敵なりといひ聞すまで【さじきより】ちと此間か長くてはつきりせぬぞ【無銭坊】仕内に少シもわるい所はなけれともせりふのいひほとき計ゆへ長いと思召かたもござりませうが全体《せんたい》これまでは何も見えもなくしにくい場て駒平との詰合《つめあい》からはだん〳〵花やかに見えますは全《まつた》く芸のもやう有ゆへでござります【長鼻曰】次に菅秀才《かんしうさい》の身替《みかはり》にとうわくしてゐる所へ狂言師の女房まれよあやめニ（十一12オ）て子小太郎を連《つれ》一礼《れい》をのべ立帰らんといふゆへけふは取こみし用事もあれは追《おつ》而《て》稽古《けいこ》せんといひそこ〳〵にあいさつしてふと小太郎が目ニかゝり身替りにせんと心付俄《にはか》にうつぼ猿《さる》のけいこせんといひ夫よりまれよにうつほ猿の狂言に事よせわざとじやらつき次ニ小太郎を身替りに首をくれよといひとくしんせぬゆへ弓にて射《ゐ》ころさんといひやう〳〵がてんせし故悦びながらしうたん出来ました〳〵

【衆道和尚】此間一鳳と両人うつほ猿の狂言の間は去とは面白い事【長鼻曰】夫より菅秀才を妹小浪《いもとこなみ》にいひ付藤《ふぢ》の棚《たな》よりにげさせてる国が邪魔《しやま》するを舞《まひ》に事よせ扇にてさゝゑ終《つゐ》に菅秀才の首《くび》をきられなげきたるていに見せ菅秀才といふは我子にて小太郎といふが誠《まこと》の菅秀才にてまれよといふは我女房なりと（十一12ウ）てる国にいひきかせ・たはかりしやうすを物かたり・月光《くはつかう》のはたを・取納めすく祢太郎にてる国を打すまで・当りました〳〵【おまん】此たびの入の多いも全《まつた》ク由男さんのおはたらきゆへ【さじきより】春は一鳳奥山由男三人出合が見たい〳〵【長鼻曰】お好なくともきつと致た狂言がでるてござりませう【ひいき組】さいせんから差《さし》ひかへてゐた芸評もすんたら祝ふてひとつ打ませう・シヤン〳〵・モヒトツセウシヤン〳〵

いはふて三度ヲシヤ〳〵ンのシヤン

上上吉　（紋）　市野川彦四郎　姉川座

[西のさしきより]此所はこちの正吉を置そふなものじや[東のさしきより]鬼丸がよかろう〳〵[長鼻曰]又御せり合でごさりますか・いか様これも嘉例《かれい》の物なればちとやかましう申さねば・芸評のやうにごさりませぬ・しかし市の川氏此たび始ての事なれは・先《まつ》客座へ

（十二13オ）

〔挿絵第三図〕　（十二13ウ）

〔挿絵第四図〕　（十三14オ）

すへました[ひいき]先生何も講尺《こうしやく》なさるに及はぬ今此様に和らかみをくわへてしらるゝ人は・外にないぞ[無銭坊]京の気《き》ふうに合《あい》そふな芸ぶりなれば・御上京もよかろうと・芝居好れん中のお目利がござりまして・近比毎年待かねました[長鼻曰]此人元来先彦四郎実子にて・若衆形の時分は四郎太郎といひ・其のち彦四郎と改名して・脇目もふらず今年まで難波のお勤・此度御当地へ初上りめでたい〳〵[大ぜい]芸評はどうじや〳〵[長鼻曰]当皃見せ白梅《はくばい》源氏郭《くるわ》鉢木《はちのき》下の巻ニ三木大臣となり羽織《はをり》大小ほうろくづきんにて樽《たる》を刀にくゝり付かたげ・けいせい白太夫とつれ立出・雪のけしきを詠《なが》めての出端・先和らかにてよいぞ〳〵次ニ白太夫をくどけども・

大坂細工樸木像《おゝさかざいくあらきもくざう》　芳沢座
十一月十四日より　五段続
みふねつな右衛門ニ
中村団蔵
さだ白太夫ニ
尾上新七
ときよしんわうニ
篠塚惣三
ゑじの介ニ
藤松山十郎
すかわら
沢村国太郎
京人形
かりやひめニ
よし沢いろは
左り甚五郎ニ
浅尾為十郎
女ぼうお松ニ
嵐重の井

こしもとかくじゆニ
藤川山五
わかたうはる平ニ
市川幾蔵
仕丁たく平ニ
坂田来蔵
じてう又五郎ニ
市川斎蔵
松梅桜
たけべげんざう
中山文七
てるくにニ
藤川時蔵
まれよニ
芳沢あやめ
源ぞうニ
中山文七

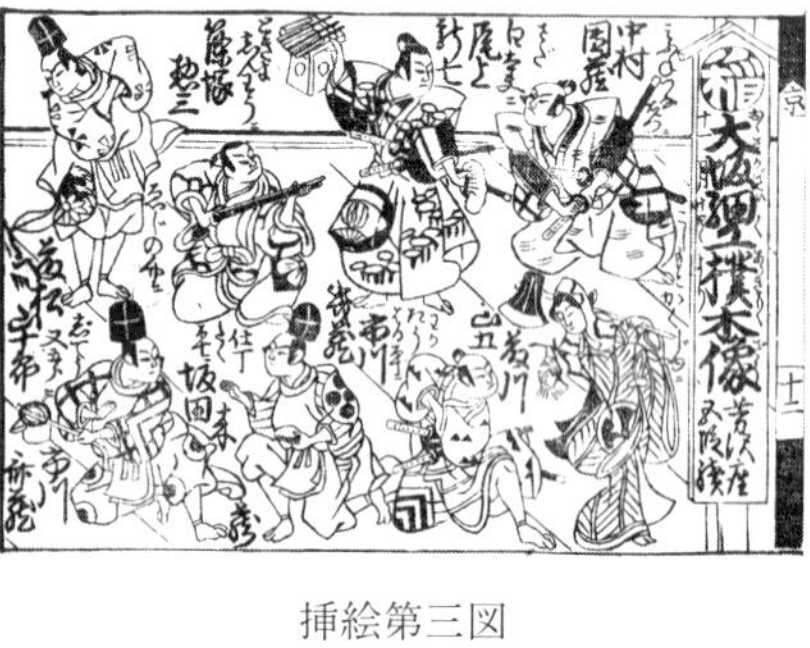

挿絵第四図　　挿絵第三図

聞いれぬゆへ。いろ〳〵とのじやらくら夫より諷《うたひ》をうたひながら柳の朽木《くちき》の（十三14ウ）中に勧請《くわんしやう》してある。天神の社《やしろ》と鉢植《はちうへ》の松梅桜に心を付夫より白太夫がおまへの本名をきゝし上にて。心ニしたがはんといふゆへ我本名も明《あか》さんといひ次ニ鉢植《はちうへ》の松梅さくらの雪中《せつちう》に雪のつもらざりしをいぶかしがり。扨は宝隠《かく》シある事をさとるしうち無銭坊此間やはり二重ぶたいの上にて考る仕内あらばよいニ下へおりて鉢うへと鼻付《はなつき》合すほどそばへよりてしらるゝ故。見えがあまりよふないぞ衆道和尚いか様こゝはある形《かた》の所なればかへつて気もちのありそふな所じや長鼻夫よりたいこ持頓吉。料理人喜八両人が白太夫に恋をしかける者ありといふを聞せんぎありと喜八を鎧櫃《よろひひつ》の内へかくし後に奴又兵へと白太夫がたはむれを見付ヶ奴又兵へを和田《わた》兵衛と見あらはし。我は片岡《かたきり》**三木の守と名のり柳の朽木《くちき》より頼家をいだしぜひなく首を打はんがいの十郎にわたし。鉢の木より勘合《かんごう》の印院宣《いんいんせん》（十四15オ）しらはたを取出シ鎧櫃《よろいひつ》の中より喜八を出シ誠の頼家なりといひきかしはんがいの十郎をたばかる落合までよいぞ〳〵さじきより梅幸のあんばいがあるぞ芝居好全体此場の狂言は江戸にて梅幸も致されましたそ川東より二の替りを待ていますぞ長鼻先は初上りの評よろしく珍重〳〵大坂上リよふこちの可慶サマ

上上吉　　江戸坂京右衛門　　姉川座

西のさしきより待かねた〳〵長鼻曰江戸坂氏の出勤の芝居へはいつでも仕組の日からお顔が見へます是はきつい御ひいきではあるぞ東ノさしきより坂東はどこにおくのじや長鼻曰成ほど御尤ニ存ます坂東氏は打つゞき立役をお勤もなく折ふしは実悪にもお役かへあり江戸坂氏は立役一通りの出精夫ゆへさきへ出しましたさしきより是は尤ないひ分ン外に申ぶんもござるまい長鼻左様ならば芸評にかゝりませう。当顔みせ白梅《はくはい》源氏の口明《くちあけ》ニ（十四15ウ）とかしの左衛門と成逢坂《あふさか》の関所《せきしよ》を預《あつか》リかへりかけに月の輪《わ》のおわさ関をとふらんとすると身体《しんたい》はたらかれぬを見ていぶかしがり。おみつがせおひたるふろ敷包を請取我もはいらんとすれば同じくはいられんゆへ。ふろしき包を先へ関所へなげ込《こみ》関所を。通りやうすをきけば。頼家の首打持参したるとおわさ物がたるを聞。次に舟頭二五蔵を呼出シ兵糧《ひようろう》ふねを破舟《はせん》△したるをせんぎし。夫よりたつ田采女《うねめ》が佐々木か所持の雷神《らいしん》丸の太刀をわたさぬを受取らんとして二五蔵がてつほうにて采女を打殺し雷神丸を渡すを悦び。後におわさ忍びの者をころし井戸へ隠せしを見付力量すくれしもの故女ならぬ事を悟《さと》リ水をくめといひ付切かけ。互に本名を紋ニよそへてあかし合。後ちしまの助と名のり橘八郎をはじの兵衛と見あ

らはし灯籠《とうろう》に隠《かく》しあるせんめうを取いだし（十五16オ）橋八郎が大筒《つゝ》にて取まくゆへ雷神《らいしん》丸をぬきはなせば大雨風吹おこり剣《つるぎ》のきどくにて大筒の火を消《けし》シ大ぜいを相手にはたらく迄さしたる役もなけれどもいつても小きみのよい仕内大坂上り大ぶん待かねて居るちと御下りなされよ芝居好あまり久しき京都の出勤ちと大坂へ下られたらよかろ西のさしきよりめつたに脇へやるこつちやないぞ

上上吉　　坂東満蔵　　姉川座

長鼻曰打つゝき居なりのお勤めでたし〱・当顔見世白梅源氏に佐々木四郎左衛門と成座付口上過ると直ニ口明のほつたんにて夢《む》中《ちう》に渡《と》唐の天神より一巻をさづかり・中の巻甲冑《かつちう》にての出立時政をうちもらしむねんがり夫より我家へ帰り無銭坊此所の狂言百性十作と佐々木四郎左衛門と二役にて紛《まぎら》はしき仕組なるが我家へかへりたる門口にてからたの塵など（十五16ウ）はらひはいらるゝ所何とやら仕様のありそふな所をさもなきはちとざんねんニ存ます大坂上り此場去夏中のしばいにて藤川八蔵の役なるがどふやら見おとりがするぞ長鼻曰それは似た狂言もある物でござります大坂上りいやなまで其侭しや長鼻同シ狂言でも所かはれば品かはりて難波のあしも伊せの浜荻《はまおぎ》とやらにて一がいには申されませぬ又仕内のことも満蔵どのは満蔵八蔵とのは八蔵一列ニ評なさるゝはかた手打と申物でござりますひいきかまはすと次をいふたり〱長鼻曰夫よりしうと十作にあひ佐々木へかゝへられしやうすを物かたり・千五百石の知行ニあり付しとふいてうし・四郎九郎は時政方に味方せしときゝ互ニ忠義をいひ立次ニ佐々木より上使と聞悦びゐる所へ時姫来り頼家よりの去リ状を当座のほうびにやると聞ふしんがり・夫より女ぼうに持くれといふ故請合（十六17オ）四郎九郎に鎧《よろひ》きながらみそをすれといひ付られ当わくし衆道和尚此所よい仕組なれば仕内ニ気持のありそふな物過去りし市紅ニさしてみたいぞ長鼻次ニ時姫《ときひめ》といひしは柴屋《しばや》町のけいせいと聞・才右衛門つれ帰らんといふをさゝへ金の替りニ佐々木より預りし鎧を質《しち》にやらんといひ・時姫がきのどくがるゆへ小治兵へ金をかさんといふをかりかけ・にせ金成事を知り・小治兵へが工ミとさとり詰合後ニ古郡新左衛門を呼かけわら人形にてつほうをうたせ我カ知謀《ちぼう》を見せ立別るゝ迄さしきより大坂の狂言ニちと仕組かはり一向身かわりのわけがしれぬ芝居好これはと申ほどの事も見えませぬちと御工夫あつて厳い当りを待ます〱

上上吉　　藤松三十郎　　芳沢座

無銭坊ちか比は何をしられてもはな〱しい事がないが此度の仕丁の役はさつくりとしていやみなく（十六17ウ）いかふ出来ました

そあのかたでなされたら雷子におとりはせぬぞ[おまん]それに如才は何ンのござりませう随分精を出しておくれへ紫浪さん[長鼻]当顔みせに仕丁当作と成紅葉を折くべ焼火《たきび》をなし来蔵才蔵三人のおどけよし。夫よりおみつとのじやれ付かるうてよいぞ〳〵。後ニ誠はいひ名付の衛士《ゑじ》の介と名乗平馬が工ミをあらはすまでよし。四つ目二役駒平と成竹部源蔵ニ無筆ゆへ手本を書くれよと頼み。心といふ字を砂ニ書しゆへ源蔵が心底をうたがひ。誠ははじの兵衛が子すく祢太郎と名のり源蔵を親のかたきとねらひ誠の親の敵はてる国としり本望を達する迄此たびは二役ともに出来ました[衆道][和尚]いつも此調子のはづれぬやうになされよ

上上吉　尾上新七　芳沢座

[無銭坊曰]今年は師匠梅幸上京のやうにも風聞(十七18オ)あつたが残念〳〵[衆道和尚]出精ゆへいかふ芸に実が入ましたそれ故位も上られたとみゆるぞ[長鼻曰]当皃みせに佐太《さだ》の白太夫と成奴《やつこ》梶《かぢ》介が花盗人しのぶを殺さんといふをとゞめしのぶをかゝへんといひ名をかくじゆと改めさせ泰山府《たいさんぶ》君の祭ゆへ御膳をさゝげんとして松か枝ニしのびゐるくせ者池水にうつるをみてほたるになぞらへ様子を伺ひゐる内ニてつほう打かけるを三方にて請とめ後ニ梅の守菅家の系図《けいづ》往来《おうらい》切手を若とう春平妹かくじゆ両人にわたし綱右衛門を切殺しとき世親王をたばかる迄よし[さしきより]此度の役は梅幸なとにさしてみたいぞ[江戸上り]其はづ〳〵元此狂言のおも影は梅幸立役なりの時致されし形じや[見功者]今少シ和らかみを付ゆるやかにせられたら若手の衆につゞく者はあるまい[長鼻曰]いか様其場が成ますれば(十七18ウ)黒吉に間はござりませぬ御工夫〳〵

上上　沢村宗十郎　姉川座

[衆道和尚]さりとは和らかでいやみなく英子仕出しで末頼もしい[無銭坊]口跡の調子が立ませいで気のどくに存るはつきりとわかるやうになされい[見功者]もそつと精が出ぬやうに思はるゝ。とかく骨おりがすくない随分精出されたら大立ものニ間はないぞ[長鼻曰]左様でござりますとも。当顔見せほつたんニ渡唐天神と成。佐々木四郎左衛門に一巻をあたへ立去リ。二役頼家なれども神主と成逢坂の関所へ来り。たつ頭の兜《かぶと》をうばひ取逃んとして若さの前にあひいろ〳〵とすかせども聞いれず後に橘八郎が工ミをあらはす迄。大切料理人喜八と成たいこ持頓吉ニけいせい白太夫ニ恋を叶へてみせんといひ合後ニ誠は頼家と名乗頼家といひし朽木ニ(十八19オ)しのびゐしはいとの介と物がたり。はんがいの十郎をたはかる落合迄さしたる事もなけれどまづはすなをにてよいぞ〳〵

上上吉　嵐藤十郎　姉川座

長鼻曰 頭取役は此方にも覚がある御苦労に存ます当皃みせたつ田采女と古郡新左衛門二役さして評する程の事なし重て申ませう

上上　市川斎蔵　芳沢座

衆道和尚 去年はお休なりしが今年より元の立役ニなりてのお勤めてたし 長鼻曰 当皃みせ春藤けんばなれども仕丁と姿をやつし嵯峨《さが》の離宮《りきう》ニ入こみ時平方と見せて平馬が工ミを顕はす迄打つゞいて出勤あれかし

上上　市川幾蔵　芳沢座

長鼻曰 此人元来市川高麗蔵弟子にて初メ市川（十八19ウ）松兵へといひ其のち染五郎と改・去ル辰皃みせより大坂市山助五郎座へ上り音十郎と改出勤にて此度兄生島幾蔵の名に改当地への初ぶたい 場より おかしな立廻りじやこちとらはのみこまぬぞ 長鼻曰 それは江戸風を御存ないゆへてござります次第に当地の風をのみこまれたらよふござりませう・当顔みせ若とう春平と成千代づるとの少シ計のじやらつき・後さた白太夫を親のかたきとねらひ・誠はくだら川なりが子蔵人かねたけと名乗詰かけ・白太夫が情をかんじ立わかれ・三つ目甚五郎が内へかりや姫をつれ来り追手をふせぎたつ田五郎をたばかる迄精出し給へ

上　市川辰十郎　姉川座

長鼻曰 此人は市川高麗蔵弟子にて是迄江戸にて市川民十郎といひしがこのたび辰十郎と（十九20オ）改名して当地への初上り・当皃みせ四のみや六郎なれども舟頭二五蔵と成逢坂の関所へ来り・とがしの左衛門は以前近所の者なるゆへ見ておどろき・後てつほうにてたつ田采女を打殺し雷神丸をうばひ左衛門にわたし・後橘八郎が工ミをあらはさん為采女を打殺したるはにせなりと物語る迄随分はげみ給へ

上上　松屋新十郎　芳沢座

長鼻曰 打つゞき頭取役御太義ニそんします・此度座付引合せの口上ばかりお役なし重而〱

▲実悪之部

上上吉　浅尾為十郎　芳沢座

無銭坊曰 ちか比はとかく実形をおもにせらるゝゆへこれはといふ

当りめがうすい・やはり持前のてづよい悪をせられたら此上にも上達があ（十九20ウ）らふにさりとは残念〳〵わる口去夏早苗歌《さなへうた》の工藤は近年のすかたんであつたぞ無銭坊夫も実をおもにせらるゝゆへすでニ大切の工藤の母親の悪はきびしいものでごさつたさじきより物ぐさ太郎はちと思ひ入の的ちがひと見えます長鼻曰逸風のせられし役をなさるゝはきつい御損《ごそん》芝居好よく見て置た目て見くらぶる事ゆへおもしろからぬはづの事かい大せい年代記はとりおゐて当かほ見せの評はどふじや〳〵長鼻曰さて是より始めませふ・当皃みせ左リ甚五郎と成角兵へニ途中にて金のさいそくをせられ立引せんとて少シ計姉川の黒ふねがゝり少し計リ・夫より代金を受とりながら細工物を渡さぬゆへあつらへ方大ぜいさいそくするをことわりいひかへしわる口左リ甚五郎といふ細工人が門口にのみ打時も人形をのこぎりにて切る時も常の通りにしらるゝはのみ（廿21オ）こまぬそれでは右リ甚五郎じやぞひいきそれもこと〳〵く直されまして何も申ぶんはないぞ長鼻夫より我が細工のけいせいの人形に魂《たましゐ》入て同シ身ふりをするゆへおどろく仕内芝居好何べん見てもおかしゐ狂言じやぞ・此度のを見るに付ても逸風を思ひ出すぞ長鼻次に角兵へが工ミにて鶏《にはとり》に宵鳴《よいなき》さゝんといふを立聞してくらかり故鸚鵡《あふむ》と入替《かへ》おき・後に思はず我が思ひこみし誠のけいせい箱の内ニゐるゆへそれより恋したひ心にしたがへとくとく仕内見功者此間余り野卑《やひ》なる身ぶり多シ立者の仕様ではないぞ長鼻夫より段〳〵くどけども心にしたがはぬゆへけいせいが所持せし菅原《かんけ》の系図《けいづ》を起請《きしやう》と思ひ引さき捨よく〳〵きけばかりや姫としりおどろき・腹きらんとして兼武《かねたけ》にとゞめられ平馬をたばかり我が細工の人形をかりや姫の身がわりにのこぎりにて首を切（廿21ウ）わたす迄衆道和尚余りそゝけ過ぎやうさんな仕様ゆへ一向やかましうて気のぼりが致た無銭坊此度の狂言も逸風度々大あたりせし狂言なればいつもほどにさへませぬ・先実方はあしらゐにして持まへの悪をしつはりとなされたらつゞくつはものはござりませぬおしい事〳〵

上上吉  嵐七五郎　姉川座

無銭坊あらし氏もとかく近年は実形をおもになさるゝ・やはり親父舎丸の形の手づよい悪をお勤なされよ長鼻曰当かほ見せ百性四郎九郎なれども北条時政と成馬上の出立にての出端・佐々木四郎左衛門とたゝかひ逃のび・次に我屋へかへり時政に頼まれしやうすを娘に語り・むこ十作立帰りし姿を見れば甲冑《かつちう》をたいしゐる故・様子を尋・佐々木に一味せし様子をきゝ最前たゝかいしは我むこなる事をしり（廿一22オ）おどろき・それより互に味方せよと忠義をあらそひ・次に時姫来りて嫁ニならんといふゆへ豆腐《とうふ》買ふてこ

いと盆《ぼん》をわたし。むこ十作には鎧着《よろひき》ながら味噌《みそ》をすれよといひ付おくへ入。後に時政と思はせ孫小太郎が手にかゝり死するまで早かわり二役とも大てい〳〵［大坂上り］大坂にては歌右衛門沢庵《たくあん》といふ百性のいんきよでせしが又〳〵格別な物であつたぞ［長鼻曰］夫はきつい御了簡ちがい名にしあふ歌七とのと一ト口に仰らるゝは御無理と申物。二役やつこ四斗樽又兵衛と成雪中に状箱をかたげ三度笠合羽にての出端。大雪故あゆみかねけいせい白太夫に宿をかりかけ鉢の木もどきよふござります。次ニ白太夫に恋をしかけられいやがり。三木の守に和田兵へと見顕はされ後にはんがいの十郎が工ミをあらはし落合迄よし［衆道和尚］随分はなやかになされよちとさびしう（廿一22ウ）見へますぞ［川東より］何かなしに此人が出たると舎丸〳〵とやかましゐほど声がかゝります今でのきゝ物〳〵

▲敵役之部

上上士　篠塚宗三　芳沢座

［長鼻曰］此度は斎世親王と成白太夫にたばかられ菅家《かんけ》の系図《けいず》往来切手梅の守ともばいとらるゝ少シばかりの仕内さして評する程の事なけれども老功だけでしつくりと致ます

上上　山下俊五郎　姉川座

［長鼻曰］当かほみせはたいこ持頓吉と成。料理人喜八にけいせい白太夫の恋をくどきおとしてみせんとせり合。誠ははんがいの十郎と名乗落合迄さしてお役なし。二役へんくつの小次兵へ役藤川東九郎出勤なきゆへ替り役御苦労ニ存ます。百性のわる者づくりのこしらへ大分よふござりました　（廿二23オ）

上上　藤川時蔵　芳沢座

［長鼻曰］此人元来子供のじぶん大坂竹田座をつとめ当地へも竹田一座上京のせつは出勤ありしが。其後藤川八蔵弟子と成此たび大芝居へ初ぶたい評能めでたし〳〵。当かほ見せ判官てる国なれどもやつこ梶助と成女の花盗人をとらへさだ白太夫にさゝへられ。後に春平に毒酒《どくしゆ》をのまさんとして合点《がでん》せぬゆへ切かけ立はきつゐ事〳〵。四つ目竹部源蔵かたへ寺入ニ来り大切すく祢太郎に親の敵を打たるゝ迄先口跡の調子よく大手なるよい仕出シ末頼もしう存此たびお登りの中の一の評ばん〳〵

上上　坂田来蔵　芳沢座

［長鼻曰］此人は坂田助五郎子息にて子供の時分大坂竹田座へ出宇之

松といひ其後坂田山三郎*いひ此度来蔵と改て当地大芝居への初ぶたい仕丁（廿二23ウ）宅平と成三十郎才蔵三人酒をのみたかるおとけよし。後平馬と名のり春藤玄番に詰合まで場よりとこやら友右衛門に似ましたぞ長鼻二やく本名立田五郎なれども角兵へと姿をやつし甚五郎方へ入こみ金のさいそくして。後あふむが物をいふニおどろきつゐに甚五郎にたばからるゝ迄評よくお仕合〳〵

川東より陣幕サマ何ぞおかしい事をなされよ待てゐますぞ

上　山下幸四郎　姉川座

長鼻曰山下いせ蔵殿此たび改名しての出勤橘八郎と菅秀才右衛門の二役よし。ちとおかしみをかねてせられよ其外の衆中は口の目録にしるしました

敵役巻軸　上上士　中村団蔵　芳沢座

長鼻曰去秋物くさの狂言より出られ打続居なりのお勤めてたし。当顔みせ三船綱《ふねつな》右衛門と成時平と心（廿三24オ）

〔挿絵第五図〕（廿三24ウ）

〔挿絵第六図〕（廿四25オ）

を合。とき世親王をほろほしさだ白太夫を殺さんとはかり。かへつて白太夫が手にかゝる迄さして評するほどの事なし衆道和尚当

白梅源氏廓鉢木《はくばいげんじくるわはちのき》　姉川座
辰十一月廿六日より　三本つゞき

とたう天神　沢村宗十郎
さゝ木四郎左衛門ニ　坂東満蔵
せんたう二五蔵　市川辰十郎
たつたうねめ　嵐藤十郎
三浦之介ニ　姉川みなと
立花八郎ニ　山下幸四郎
ときひめニ　姉川菊八
百性十さくニ　二やく　坂東満蔵

とがしの左衛門ニ　江戸坂京右衛門
月のわのおわさ　姉川みなと
よりいへニ　二やく　沢村宗十郎
わかさニ　姉川千代三
四郎九郎　嵐七五郎
小次兵へニ　山下俊五郎
けいせい白太夫ニ　佐の川花妻
三木大じんニ　市野川彦四郎

挿絵第六図　　挿絵第五図

かほみせより子息中村千蔵どのも出勤とのかんばん出たれどお勤
ないかいかゞ致た事やら残念〳〵別而此度より頭取御くろう〳〵

▲若女形之部

上上吉  沢村国太郎　芳沢座

【さじきより】しほらしい事におゐて当時鯉長のけては其答より外にはない殊に近年段々上達致されたるになぜ黒吉にせぬ事ぞい【衆道】【和尚】きれいなことは此上のないうつくしさ去秋宵庚申《よいこうしん》におちよの大でき近比是ほどの出来は覚ぬニもはや黒吉がよかろ【長鼻曰】いか様おちよの仕内などは又外に仕人もあるまいと存られます程の大てき故引続て出来狂言あらばきつと上上吉の場てござれ共（廿四25ウ）其のちはさ程はねました事もござりませぬゆへ先上上吉に致ました。二の替にても大出来あらば其時はいやあふなしに黒吉てござります【おまん】大事の所てござんす程に随分当ておくれ頼ます【長鼻曰】当かほ見せ大坂細工　樸木像《あらきのもくぞう》に女仕丁おみつと成嵯峨《さが》の離宮《りきう》へ来り。手水鉢より水気《すいき》立のぼるを見てあやしみ。夫より仕丁当作宅平両人がじやらつくをいやがり。当作は我いひなづけの衛士《ゑじ》の介によく似たるゆへいぶかしがり。次ニ忍びの者出所持してゐる旗《はた》をうばはんとする故ぜひなく切ころし。春藤げんばに見付られ。仕丁当作ニ預られ逃行《にげ》かんとして少シはかりのじやらくらにて松がさねの香包より当作が衛士の介とし悦び。次ニ平馬に縄にていましめられ灯籠《とうろう》の灯《ひ》にて縄《なわ》を焼切《やきゝ》リ延喜《ゑんぎ》のみかどの御身の上あやうきをすくはん為紅葉の木に（廿五26オ）勧請《くはんじやう》なしある菅丞《かんしやうく》相の画像《ゑそう》にきせいをかけ血汐《ちしほ》をふけば。たちまち菅丞相のたましい入。手水鉢を紅葉の枝にて打わり雷神丸をとりいだしこくうへとび去リ後ニ平馬が工ミを顕はす迄【無銭坊】此場菅原の天ぱい山のくづしにて女菅丞相の仕内なるがどつと致さぬぞ【長鼻】いかさま此たびは余りさへませぬ二の替はめさましゐ当リを待ます〳〵

上上吉  佐野川花妻　姉川座

【無銭坊】元祖さの川花妻はさの川万菊相弟子ニ而其子常世二代め佐の川花妻と成。其弟にてさの川惣吉とて。宝暦九卯の年迄京嵐三五郎座を勤。翌辰年より大坂へ下り同申の皃みせより三代目花妻と改名して出勤せられ。去秋迄大坂市山助五郎座を勤。此たび十四年ぶりの帰り新参。風俗のつしりとして去とはよいかつこう美しい事てござり（廿五26ウ）ます【長鼻曰】いかさまよい押立との評ばんは何方でも申ております。当顔みせ白梅源氏廓鉢木《はくばいげんじくるはのはちのき》ニけいせい白太夫と成雪中《せつちう》に道中の出端はなやかな事でござります。夫より

三木大臣を呼かける鉢の木のやつしにて・三木大臣の本名をきゝし上ニて心にしたかはんといひ・次に奴又兵へを留酒をすゝめ状箱持ゐるを見たがり恋にしかける仕内やはらかでよいぞ〳〵・次ニ頼家を朽木《くちき》の中にかくまい置しを三木の守が首打落せしをかなしみ誠の頼家は料理人喜八と聞悦ぶ迄よし衆道和尚直を成よい仕出シ先出られた所は立ものと見へます〳〵当座の女形の座頭なれば春は花やかな事なされよひさ〴〵にての帰り新参評よく珍重〳〵

上上吉  姉川みなと　姉川座

長鼻曰 打つゞき居なりのお勤めでたし〳〵・当顔(廿六27オ)見せは月の輪のおみつと成逢坂の関所へはいらんとするとうごかれぬをふしんがり・とがしの左衛門に出合首をつゝみしふろ敷包のわざとすいせられ・夫より頼家の首打持参せしといひほうびを望ミ次ニ忍びの者を切ころしとがしの左衛門に見付られ女でなき事をさとられ・灯籠のふたにて紋になそらへ互の本名をあかしのひ*・後角前髪長上下にて出誠は三浦の助と名のり・橘八郎をはじの兵衛と見顕はし親三浦の平六が敵を打まで出来ました〳〵さしきより口明ヶは此人で持ました近比めき〳〵と上達致されました夫ゆへ位を上ヶたも尤〳〵

上上吉  姉川菊八　姉川座

長鼻曰 これ迄大坂市山助五郎座を勤此たび御当地の初ぶたい川東より乗込からヲ、ヱイハと申ますぞ長鼻当顔見せ時姫と成百性十作方へ(廿六27ウ)嫁になしくれと頼み来り・しうと四郎九郎豆腐を買いニゆけといふを当わくしながら立出・帰り見ればしのびの者ゐる故おどろきつゐニさしころし無銭坊忍びの者を殺すうちもぎごはにせず女の情に和らかにせらるゝ仕様出来ました長鼻曰それより小治兵へにくどかれせひなく心したかはんといひ牛の綱を小次兵へが帯にくゝり付牛に引すらする仕内見功者此時あのざまはといふせりふあり・本名は何ニもせよ時姫ともいはるゝ人からには似合ぬ物いひじや長鼻いかさまこれは御尤にそんじます・夫より才右衛門ニ金のさいそくせられ柴や町のけいせいにてこしらへ事と云ゆへ十作のてまへをきのどくかる仕内よし後ニ誠は佐々木四郎左衛門女ぼうがゞり火と名のる*迄よいそ〳〵

上上  姉川千代三　座本

長鼻曰 宝暦十二年の年いまだ佐の川若松といひし(廿七28オ)時座本を勤られしが此たび十一年ぶりの座本めでたい〳〵・当貝みせ白拍子わかさと成頼家さいこと聞狂気の出端所作事よし・夫より

とがしの左衛門が頼家の首をじつけんせよといふ故・誠の首なりといひかなしみ後ニかんぬし竜頭の兜をうばひ立のかんとするゆへさゝへよく〳〵見れば頼家によく似たる故ふしんがり大詰誠の頼家と聞悦ぶ迄此度は初日延引ゆへ入かいなくさんねんニ存ます二の替は大入をとり給へ

上上  芳沢いろは　座本

無銭坊 当皃みせより初座本お勤なされ殊に大坂より由男殿登られ殊の外の大入さぞお悦び此度は左リ甚五郎が細工の人形役 衆道和尚 京人形と書付ある箱の内よりすつと出られし処去とはうつくしい事とかふほめやうはござりませぬきれいな事は天人もはだし〳〵 長鼻曰 甚五郎が魂入いろ〳〵身ぶりをする（廿七28ウ）仕内よふござります・二役かりや姫と成思はず左リ甚五郎が内へさまよひ来り甚五郎がれんぼをいやがる仕内四つ目駒平にぬれる所もきれい〳〵

上上  藤川山吾　芳沢座

長鼻曰 昨年はかほみせ計出勤にて其のちは名古やへ御下りあの方にて殊外評ばんよく此度当座へのお勤珍重に存ます・当皃みせ花盗人と成所作事よいぞ〳〵 衆道和尚 此たびのふりも大井川又蔵と承りました・さて〳〵大井川氏は所作事ときてはきびしゐもの大井川の門葉にならぬ者はかぞへる程ほかないとの事きついお手柄〳〵・今で所作事は大井川ニとゞめました 無銭坊 所作事の衣装もの好堅《たつ》のかすりの模様大島の繻子いかふよふござります御親父山八どのゝお好みと見えます 長鼻曰 此度はさして仕内もなけれ共何をなされても去とはかわいらし（廿八29オ）い事てござりますぞ 江戸上り ちとおらが方へお下りなされよきつと当るはうけ合〳〵

上下  嵐重の井　芳沢座

長鼻曰 当かほ見せは左リ甚五郎の女ぼうお松と成人形ともしらずりんきの仕内大分上りました

上  中村八重八　芳沢座

上  中村吉之介　同座

長鼻曰 御一所に評致ませう八重八どのは千代づる役よし物ぐさのお国ごぜんのやうに大役を引受てなされよ直をなよい仕出じやぞ
▲吉之介どのは竹部源蔵妹小なみ役しほらしいこと其まゝの鯉長じやと申ます其外の色子衆は口の目録にのせました

▲若衆形之部

上上　嵐三次郎　芳沢座
（廿八29ウ）

上上　中村彦三郎　姉川座

長鼻曰位は不同ながら一所ニ申ませふ嵐氏はみよし左近役よし雷子のおもかげがあるぞ〳〵

▲中むら氏は三番三はきつうできました〳〵佐々木が子小四郎役もよいぞ〳〵

惣巻軸
極上上吉　若女形　芳沢あやめ　座本親

長鼻曰此所が惣巻軸一鳳丈でござります ひいき待かねた〳〵 衆道 和尚当顔みせよりいろはどの初座本をお勤ゆへ嘸御心づかひと存る ひいき大坂より由男丈お登りゆへお相手が出来て一しほ悦びます わる口今までこれは一つ当つたといふ事もなかつたぞ 長鼻狂言も相手のものでござりますれば・これまではしつかりとした相手がこざらぬゆへ花〳〵しいことがないと申物 わる口たとひ相手がなくとも一人してなりとも見物に面白がらして入リをとるゝが誠の上手と（廿九30オ）いふ物じやに ひいきやくにもたゝぬ事をいふやつをつまみ出せ〳〵 長鼻申〳〵さやうに仰られてはけんくわニ成ましてきのどくお互によしあしを仰らるゝが真実の御ひいきと申物でござります 大せいこま事なしに芸評〳〵 長鼻当かほみせ大坂細工《さいく》樸《あらきの》 木像《もくそう》ニ狂言師岡本弥三兵へ女ぼうまれよと成・夫の名代ニ子小太郎をつれ竹部源蔵が屋敷へ来り・後ニ今日は御用しげきゆへ立帰らんとして俄ニ源蔵うつぼ猿《さる》の狂言けいこせんといふ故悦び・小太郎を猿になし我はさるつかいの役を勤狂言をおしへる内に源蔵いろ〳〵とじやらつきあだ口などいふゆへ我子の手まへをきのどくかる仕内さりとはよいぞ〳〵 無銭坊世話事にかけてはきついもの〳〵 長鼻菅しう才の身替りニ我子小太郎をもらひかけられびつくりし逃帰らんとすれは弓にて射ころさん（廿九30ウ）とする故ぜひなく身替りに立てんといひてのしうたん格別〳〵・後ニてる国をたばかり菅秀才をわざと打せ・誠は源蔵が女ぼうにて小太郎と云が誠のかんしう才にて菅秀才といふは我子也と物がたる迄此度は大でき〳〵 無銭坊由男丈と両人うつぼざる狂言の間はけしからぬ面白い事此場で上手のしるしはわかりますぞ 衆道和尚曰全く相手が由男丈ゆへニきつと出来はへが見へます春はとかうほめやうもないほどの面白い事を頼ますそ 長鼻とな

たもお待なされませ何ンぞ目さましい事が出ませう先は芸品定も
首尾致まして目出たい〳〵賑はふ春こそ楽しけれ

安永二年巳正月吉日

京ふや町六角下ル丁　八文字屋八左衛門板

（三十31オ）

役《やく》者《しや》一《いち》陽《やう》来《のき》　芸品定

江戸之巻
目録

☳

震　実悪

此卦家国《このけいいへくに》を奪《うば》はんとはかるよのつねならぬ面　魂《つらたましゐ》四方髪《はうがみ》いがくりこうさい或は長けん長《なが》ばかま唐装　束《たうしやうぞく》の高あがり終《つゐ》に隠謀《ゐんぼう》あらはれて実方《じつがた》に蹴《け》おとさるゝ御殿《ごてん》の御階《みはし》は二段三段四段目の大切リ

（壱1オ）

☴

巽　女形

此卦所作事自在《じざい》にしてけいせい事の口舌《くせつ》娘形のりんきこしもと役の恋の取持家老《からう》の女房の詰《つめ》ひらき世話事のうれいしうたん是等《これら》を兼備《けんひ》したるが上手のみさほ百に成ても三五の面影光《おもかげひかり》かゝやく雲《くも》の鬢《びん》ずら真黒《まつ》〳〵の上上吉

☵

坎　敵役

此卦宝《たから》物をすりかへ若殿《わかとの》をつみにおとし御台《みだい》への横《よこ》れんぼ世話狂言の金のさいそく憎《にく》がらるゝが重畳《てうぐ》の首尾《しゆひ》近比は道外形《だうけ》をはだしにする下駄《げた》とやき味噌《みそ》取ても付かぬちやり事の高卒《かうそつ》

（壱1ウ）

江戸三芝居惣役者目録

さかい町　中村勘三郎座
ふきや町　市村羽左衛門座
こびき町　森田勘弥座

●惣巻首

極上上吉　堪能　立役　市川海老蔵　中村座
極上上吉　上手　若女形　中村富十郎　森田座

▲立役之部

上上吉　大優　市川団十郎　同座
上上吉　奇麗　松本幸四郎　中村座
上上吉　当和　市川八百蔵　同座
上上吉　強体　大谷広治　市村座
上上吉　堅固　中村十蔵　森田座

上上吉　実義　坂東三津五郎　同座
上上吉　篤実　富沢辰十郎　同座
上上吉　一気　沢村長十郎　同座
上上士　堅実　市川団三郎　市村座
上上十　風精　三升屋介十郎　中村座
上上十　有精　笠屋又九郎　森田座
上上　直風　沢村淀五郎　同座
上上　山科四郎十郎　市村座
上上　松本秀十郎　同座
上上　中村勝五郎　森田座
上上　中村伝五郎　中村座
一上　坂東吉蔵　市　　一上　中村茂十郎　森
一上　坂東鶴五郎　中　　一上　市川染蔵　中
一上　尾上叶助　市
立役巻軸
上上吉　和実　嵐三五郎　森田座

▲実悪之部

上上吉　豪勢　中島三甫右衛門　中村座

（一二オ）

上上吉　出精　大谷友右衛門　同座
上上吉　血気　中村助五郎　森田座
上上十　色悪　尾上松助　市村座
上上十　一徹　坂東又太郎　中村座
実悪巻軸
上上吉　精力　大谷広右衛門　森田座

▲敵役之部

上上　一派　三国富士五郎　森田座
上上　一風　中島勘左衛門　市村座
上上士　旧功　富沢半三郎　同座
上上　勇気　坂東三八　同座
上上　中島三甫蔵　同座
上上　市川純右衛門　中村座
上上　松本大七　森田座
上上　中村大太郎　同座
上上　坂田国八　同座
上上　市川綱蔵　中村座
上上　鎌倉長九郎　市村座

（一二ウ）

上上　中島国四郎　同座
上上　沢村沢蔵　同座
上上　坂東重蔵　同座
上　中村此蔵　中村座
上　坂東善治　同座
上　藤川判五郎　森田座
一上　山中平十郎　市　一上　篠塚浦右衛門　中

（三3オ）

一上　坂東利根蔵　森　一上　坂東熊十郎　市
一上　松本鉄五郎　中　一上　市川時蔵　森
一上　沢村喜十郎　森　一上　大谷国治　同
一上　富沢江戸蔵　同　一上　中村友十郎　同
一上　佐野川仲五郎　中　一上　坂東多津蔵　同
一上　坂東嘉十郎　森　一上　金村幾蔵　同
一上　山下門四郎　同　一上　笠屋京四郎　同

▲道外形之部

上上　嵐音八　中村座
上上　市川久蔵　同座

上　沢村宇十郎　森田座
一上　沢村和田蔵　中　一上　坂東うね治　市
一上　大谷徳治　市

▲親仁形之部

上上　佐川新九郎　市村座
上上　市川団五郎　中村座

●惣巻中

上上吉　若女形　功者　吾妻藤蔵　市村座
功上上吉　立役　古実　中村少長　中村座
上上吉　若女形　寛闊　芳沢崎之助　同座

（三3ウ）

▲若女形之部

上上吉　上達　岩井半四郎　中村座
上上士　美弱　中村野塩　森田座
上上士　艶色　尾上民蔵　市村座
上上十　和柔　瀬川雄次郎　同座
上上十　悠美　嵐雛次　同座

上上　品者　小佐川常世　中村座
上上　柔色　瀬川吉次　市村座
上上　色容　嵐小式部　同座
上上　市川小団次　中村座
上上　山下吉三郎　森田座
上上　亀谷十次郎　同座
一上　岩井重八　森　一上　滝中岩之丞　中
一上　中村滝三郎　同　一上　吾妻富五郎　市
一上　亀谷富菊　市　一上　中村要蔵　中

▲若衆形之部

（四4オ）

上上吉　美麗　市川門之助　中村座
上上十　実義　中村柏木　森田座
上上　行義　坂東彦三郎　市村座
上上　市川雷蔵　中村座
上　市川春蔵　同座
上　市川団太郎　森田座
上　中村歌治　同座

一上　大谷仙治　市　一上　市川常五郎　中
一上　中村元蔵　中　一上　市川滝蔵　中
若衆形巻軸
上上吉　家徳　佐野川市松　中村座

▲子役之部

上上　市川高麗蔵　中村座
上上　中村七三郎　同座
一上　大谷谷次　市　一上　大谷永助　市
一上　芳沢三木蔵　中　一上　市川平蔵　中
一上　松本豊蔵　同　一上　市川辰蔵　同
一上　市川亀吉　同　一上　坂東百松　同
一上　市川伝蔵　同　一上　嵐市蔵　森

（四4ウ）

一上　中村助治　森　一上　山下金太郎　森
一上　坂田富五郎　同　一上　山下亀吉　同
一上　中村仙治　同

▲中村座色子之分

一　小さ川いくせ　しもよ　一　滝中金太郎　やくなし
一　沢村国市　みぞれ　一　山下松之丞　同

一　嵐とら蔵　みゆき　一　よし沢富五郎　同
一　よし沢三津蔵　やくなし

▲市村座色子之分

一　中村富まつ　玉ゆら　一　さの川こと次郎　もしほ木
一　あらし百まつ　たを柳　一　さの川万吉　やくなし
一　滝中つま蔵　まゆみの　一　坂東しげ松　同
一　あらし国まつ　折こと　一　坂東きく蔵　同
一　三条万代　みちとせ　一　幾島吉太郎　同

▲森田座色子之分

一　中村徳三郎　たそや　一　山下万吉　やくなし
一　中村卯之助　くれは　一　岸田幸太郎　同
一　中村よし松　やくなし　一　沢村しげ蔵　同

（五ノ六5オ）

●惣巻尾

大上上吉　花麗　立役　尾上菊五郎　市村座
上上吉　花実　若女形　山下金作　森田座

▲太夫元之部

芸不出　大入　中村勘三郎
上上吉　一流　中村伝九郎
大上上吉　自然　市村羽左衛門
上上吉　悠風　市村亀蔵
芸不出　繁昌　森田勘弥
上上吉　花奢　森田又次郎

以上

不出　立役　坂田半五郎　市村座
不出　実悪　中村仲蔵　中村座
当時休　希代美人　瀬川菊之丞

（五ノ六5ウ）

○冬至《とうじ》に咲《ひら》く梅花易《ばいくわゑき》の大当《おゝあた》り

山谷《さんこく》が詩《し》に曰《いわく》。**春陵《しゆんりやう》の周茂叔人品《しうもしゆくじんひん》甚《はなはだ》高《たか》し。胸中洒落《きやうちうしやらく》なる事光風《かうふう》霽月《せいげつ》のごとしと。誠《まこと》に道徳《だうとく》ある人の気象《きせう》をよく言顕《いゝあら》はせり。是なん洒落人《しやれびと》とやいはん。当世不学短才《ふがくたんさい》の鼠輩《そはい》心のみ高ぶりたるを洒《しや》落臭《らくさい》と書*ィ意気《いき》すぎたるをしやれとのみ心得たる輩《ともがら》多し。是といへるも治世《ぢせい》のしるし所の名さへ長者《ちやうぢや》が丸に一番の身上《しんしやう》飛田《とんだ》屋里《さと》右衛門と聞へしは。其身博学《はくがく》にして篤実《とくじつ》なる者其一人息子《むすこ》を意《い》気《き》五郎とて当世《とうせい》のうぬぼれ男。もとより吉原雀《よしはらすゝめ》堺町鳶《とひ》と名をとりされば聖賢《せいけん》の語《ご》もこちらあちら色と色として賢《けん》にかへ上総《かづさ》屋の情《ぜう》なしにくら*込終《つい》には毛氈《もうせん》親の異見《いけん》もなんのその。子丑寅卯辰巳午の耳《みゝ》に風。是非《ぜひ》なく勘当《かんだう》お仕着《しき》せのやれ紙子の身となつても。夜夫《やぼ》ならかふしたうきめはせまじとへらず口。たゝく所が(七6オ)例《れい》のうぬぼれ。すでにもつて論語《ろんご》に曰。三両の質時《しちときなる》哉〳〵今は三百文の草もあらず。まさかこまいかきの手伝《てつた》へも出来ず。まして力わざはならざかや此手がしわのうらなひ算《さん》。しやうことなしの当卦本《とうけいほん》卦編笠《あみがさ》一蓋《かい》の身上《しんしやう》なれ共所は名たる**ゝお蔵《くら》前に洒落《しやらく》斎《さい》と自《みづから》呼《よ》んで。誠《まこと》や陰陽師《おんやうじ》身の上しらずの世の諺《ことはざ》いかで人の吉《きつ》凶《けう》及ばぬ事。やう〳〵六十四卦の内地天泰《ちてんたい》の卦の判断《はんだん》さへなまおぼへ。あとは掌中指南《しやうちうしなん》ですまし。易道《ゑきだう》と云物は是ですんだ物とあきらめ。管輅京房李淳風《くわんろけいぼうりじゆんふう》が方術《ほうじゆつ》にもいかでおとらぬ有さま。其身も易者と心得白蛾《はくが》が小筌《せうせん》左内が蒙節《もうせつ》を秘書《ひしよ》となし。手の筋《すぢ》からいり込思案《しあん》で奉楽《ほうらく》に見てやらふといへどたゞでさへ見てもらふものはなければ。あまりさびしさに我身のうへの吉凶《きつけう》をかんがへ見んと。さもうや〳〵しく竹箸《めとき》をはらいになぐりつけ。遊魂《ゆこん》にあたればたましゐ(七6ウ)あそぶと書ゆへよからぬはつなどゝ小首かたむけ考《かんがへ》入しに。思はずねむりもよほし夢共なくうつゝ共あらず異形《ゐぎやう》の変人《へんじん》あらはれ出告《つげ》て曰。我は是宋朝《そうちやう》の真儒邵康節安楽先《しんじゆせうかうせつあんらくせん》生《せい》が霊《れい》也。今汝《なんぢ》が持し書を見るに梅花易《ばいくわゑき》とあり。是世の人其書を我作《わがさく》のやうにいへる俗夫《ぞくふ》あり是をなげく事年あり。其書は元朝《げんちやう》の俗儒《ぞくじゆ》が我名を仮《かた》る大偽書也。我著すは皇極経世書《くはうきよくけいせいしよ》六十巻と繋壌集二十巻自余著述《そのほかちよじゆつ》する事なし。其上近来信武が掌中指南《しやうちうしなん》といふものを出しいよ〳〵我恥をさらすなり。夫易は三才の道広《ひろし》矣大《おふし》矣備《そなはれり》矣天地の造化万物《ざうくはばんぶつ》の理皆備《そな》はらざる事なし。されば易道《ゑきだう》は聖《せい》人《じん》△の教《おし》へ学《がく》の先務《せんむ》にして又古代の筮儀《ぜいぎ》楪蓍《ちやうぎ》の法しれる者少《すくな》し。今汝等がなす所は誠の聖易《せいゑき》にはかつてあらず。かならず易と思ふべからず。是ぞ(八7オ)

〔挿絵第一図〕（八7ウ）

〔挿絵第二図〕（九8オ）

日者《につしや》易のたぐひ清明が術是に似たり。又前漢《せんかん》の君平《くんへい》が売卜《ばいぼく》の例《ためし》理数《りすう》を極《きは》め我身を脩《おさめ》人を治《おさむ》るを易の道とはいふ。聖の道いかで不学者《がくしや》のたやすくおこなふ事に有へからずつゝしむべし。けふより此業《わざ》をやめてさつま芋《いも》でも売るべし。いで〳〵誠の易《ゑき》術の妙通《みやうつう》にて我世の事変を察《さつ》し見すべし。なんぞ天地の間の有象無象《うそうむぞう》易にもるゝ事あらん。先内藤宿のはやりうたやげん堀《ほり》の曲馬《きよくば》があたつ

御うらなひ
いき五郎
おもはずねむる
うらないの秘みつをおしへる
大野通庵
蝶々羅
慶子ときてはたまらぬ〳〵
里虹さ〳〵
洒落斎
おもひ入を仰られよ
雷子はどふであろ
むだ右衛門
的中庵
古けれど海老であろ
不了軒
音羽やがよふござります

挿絵第一図

挿絵第二図

たといへば市谷へおつかぶせが出来。大芝《しば》の易者がよく当たといへば京の大仏で十四になる子が通り矢をあて、時ならずさくらのかへり花。ゑちごやが普請《ふしん》が出来て一陽来復《やうらいふく》の顔見世あたり狂言の評判。路考《ろかう》に似た人形の有所迄自然《しぜん》としるは易の妙通。其的中《てきちう》する事宛《あたか》もてつはうのごとし。さすかの洒落斎《しやらくさい》も肝《きも》を消《け》し思はず（九8ウ）顔《かほ》をよく見れば安楽先生《あんらくせんせい》にはあらで親里右衛門。はじめてしつたる易道《ゑきだう》のおしへにこゝろもはれ其身もおさまり勘当《かんだう》ゆり家富栄《いゑとみさか》へ里右衛門は隠居《いんきよ》して的中庵《てきちうあん》となのり。其悦びに芝《しば》の良医《りやうゐ》大野《おゝの》通庵《つうあん》。下町のはいかい師《し》蝶々羅《ら》。本所の大屋むだ右衛門。山の手の講釈師《かうしやくし》橋井《つい》不了軒《ふりやうけん》。われも〳〵とよりあつまり易者《ゑきしや》を頭取《たうどり》役《やく》にして顔見世芸評《げいひやう》大あたり〳〵

安永二年
巳のはつ春

作者　自笑

（十9オ）

●惣巻首

極上上吉　回　市川海老蔵　中村座

［洒落斎曰］乾為天易《けんいてんゑき》の彖伝《たんでん》曰大哉《にいはくおゝいなるかな》乾元万物資《けんげんばんぶつとって》始《はじむ》乃統天《てんにすぶ》雲行《くもゆき》

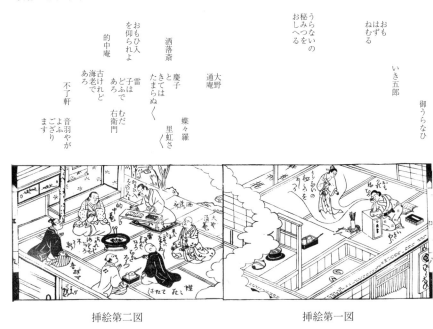

雨施《あめほどこして》　品物流形《ひんぶつかたちをしく》　大ニ終始《しうし》を明《あきらか》にして極位《い》時ニ成ル乾道変化《けんだうへんくは》し又性名《せいめい》を正改《しやうかい》す惣役者の巻首として諸芸《しよげい》　咸《ことごとく》　寧《やすし》　乾《けん》は健《けん》也仕内健《すこやか》　誠に竜《りやう》の勢ひある松本五粒・此度海老蔵の高名を請つぎ・されば数万里に羽をのす大鵬《たいぼう》に髭《ひげ》の先にて松坂おどりをさせし大海老又目出度ためし・初春のかざり海老はねました〳〵　むだ右衛門　何がはねたあんまりちよ〳〵らを言やつだどふしてかざり海老がはねるものか・そして一ト口もくはれはせぬは　ヒイキ　こいつはふるい狂歌をよく覚へてゐた・すでに燕雀《ゑんじやく》なんぞ大鵬の心を知らん・いわしひしこの分として大魚の心をはからん・うぬらが知つた事じやァないちいさくなつていやァがれ　酒落斎　モゥいざこざか・評判所のわる口も久しい物ながら・こゝは酒落斎がもらひにいたして先（十9ウ）芸評にかゝりませう・此度海老《ゑひ》胴篠塚《どうしのつか》に故栢莚《はくゑん》の致されし四天王の四役・栗生左衛門にて奴姿の出端吉例のしばらく鏡餅《かゞみもち》の上へまたがつての勢ひいつもすさまじい物　むだ右衛門　いつもとはぎやうさんな・秋の非人敵討あおい下坂もくだり坂十日たつかたゝぬに双蝶々《ふたつてうく》とはあんまりはかない　ヒイキ　そいつ引ずり出せ〳〵　酒落　夫より高時が悪逆《あくきやく》をきめ付とりこにしたる大塔《おほとう》の宮錦《にしき》*のはたを取もどし宮の供して入らるゝまで・次に二役青麦《あをむき》ばゞアにて宗しげに頼れ高時が娘伏見の前が犬の時の病をさせんとはかり・夫より我子与茂作を時行に仕立んとすれ共がてんせぬゆへさん〴〵てうちやくし・次に三やく長崎勘ケ由左衛門にて悪ばゞアが首を打て出て夫より宗しけがたくみを見あらはすまであるかくなれどよし・大詰《つめ》しのづか五郎にてゐぼしすはうの押出しまて先は大入にてお悦〳〵

極上上吉　　中村富十郎　森田座

酒落斎　至《いたれる》　哉《かな》万物《はんぶつ》資《よつて》*　生《しやう》す乃順て天に承坤《うくこん》は地《ち》の徳《とく》にして静《しづか》是若女形の気象《きしやう》・当時女形の巻首慶子丈（十一10オ）打つゞいて当座の御つとめ上手といふはおだまき・地芸上なく所作は御家　喋々羅　其御家の所作もちとゑがつかなくなつたかして去夏の恋女房の道成寺も思ひの外で有た　酒落斎　是はしたり故あやめ殿より相伝の扇の手・又一流別な物でござつたにさりとはお目たがひてござる・夫はともあれ先此度の芸評にかゝりませう　ヒイキ　そふだ〳〵あんなすべたにかまはずと評判が聞たい〳〵　酒落　扨此度伊豆暦芝居元日に祐信妾《てかけ》おさがの役　大野通庵　此狂言は去ル宝暦四戌年冬中村座にて則慶子故仙魚故魚楽相手にて大当りせし也・其時は二ばん目の狂言也しが此度は是を一ばん目の山に持込まれた　酒落斎　是は〳〵久しい事を能御存・扨下人鹿蔵と雲介が工にて祐信の娘をかどはしつれ行んとする所へ出・いろ〳〵せん義しとゞ雲介をころし・　的中庵　此殺《ころ》す所の思ひ入よいぞ〳〵さすが年功〳〵　酒落　次に

旅《たび》人が柳ごりより出しゑぼし狩衣《かりきぬ》をきて風折が舞をまひての所作よし・夫より満江が祝言と聞てしつとの思入・次に満江(十一10ウ)と魂《たましい》入かはりて里紅丈付声にての身ぶり出来ましたく

▲立役之部

上上吉　市川団十郎　森田座

酒落斎 晋《しん》は進《しん》也明地上《めいちしやう》に出順《いつしたかつ》て大《たい》明に麗《つく》日地上に出たるがごとき段くとの御出世・かはらず木挽町の座頭去年中打つゞき評判よく・殊に顔見世の大手柄・夫より恋女房の左内けいまさをでかし・秋の沢田縫殿の悪方親父の勤られし八橋が亡魂《ぼうこん》がいこつまで御一人にての御働《はたらき》・為朝のお役手強《つよ》くてよし・二役工藤金石さして評する程の事はなけれ共・惣体《そうたい》諸芸大でにてよし・何ぞしつかりとした事が見たいぞく・大詰ぶかん禅師《せんじ》の押出しまで ヒイキ 何かはしらないがおいらはひいきだ・此三升が大立物にならねヱければ成ものはないぞ 酒落 是はどふじや・当時則大立物でござる ヒイキ イヤ此やうなこつちやアないとさる易者《ゑきしや》が見ておいた今の間く

上上吉　松本幸四郎　中村座

（十二11オ）

酒落斎 升《せう》は進《すゝむ》柔《ちう》以《をもつ》て時に升《すゝみ》巽而《そんにして》順《したかふ》剛中《かうちう》にして応《よう》す・爰《こゝ》を以て高《こ》麗や此度より松本幸四郎の名跡を相続せられ 不了軒 しかし幸四郎と改ては是までのしやれは成まい・そして悪をせずばなるまい 的中 是はしたり・元祖幸四郎は実事の上手今までの幸四郎より悪を致されし事・然れば昔にかへつて実事をせらるゝも面白い・しかし岩井半四郎といふ女形もあればさのみ名にもよらぬ むだ右衛門 やつしの内はよいが本名をなのつてからが松本幸四郎の名にしばられる 酒落斎 東西く此度二ばん目よりの御出勤 ヒイキ イヤモ一ばんめでかへろうと思つたが二はんめで心を直した・此まくからが桜田が作と聞た久々で趣向を見ました・一ばん目はたが作つた 酒落 たが作てあろう共なんでも二ばん目からが桜田さ・成ほど鯛《たい》やひらめもりやうりかたで又別なもの・扨あんばいよし五郎八のやつしすがたの出何かかろうてよし・次ニ女房おときに門兵へがじやらくらを見付不儀と云かけわざと女房をやり酒をすゝめよはせ(十二11ウ)悪事のやうすを聞・夫より中車丈との出合よし 喋々羅 此所は中車にのまれるやうできのどく 酒落 是さく本名さがみ二郎となのらるゝまでよし・先は此度の御祝義打ませうしやんくく

上上吉 回 市川八百蔵 中村座

酒落斎 咸《かん》は感《かん》也柔上《ぢうかみ》にして剛下《かうしもし》二気《き》感応《かんおう》す以て相与《あいくみ》す男女に下り故に女中の説《よろこび》 諸見物相感《かん》ずるは諸芸の仕内・ 此度小山田の百性与茂作にて田舎者の出よし・ 母の悪事に組せぬゆへさんぐ\ちやうちやくにあひ・ 夫より小山田太郎と名乗までさしたる仕うちはなけれ共よいぞく\ ヒイキ 幸四郎より先へおき直せく\ 酒落 先く\おしづまり・ 二はんめ二やく片桐弥七上るりにての所作出来ました・ 夫よりけいせいの白妙を鯉魚の精《せい》と見あらはし・ 本名園《その》の別当足利《へつとうあしかゞ》の基氏《もとうぢ》となのり幸四郎殿との出合まで・ 中村座当顔みせ一の評判でござる仕合く\先大できく\

上上吉 田 大谷広治 市村座

〔挿絵第三図〕 （十三12オ）

〔挿絵第四図〕 （十三12ウ）

（十四13オ）

酒落斎 兌は説也剛中にして柔外説御ひいきの丸屋殿いかさま愛染《あいぜん》明王《めうわう》の守りめつよきあいきやうおとこ・ 去夏中芝居休のうち上京と聞ましたが舞台へは出られぬとの事・ かはらず当座の居つゞけ珍重く\・ 扨此度坂田金時役武者修行《しゆぎやう》の出立市原野にてあやしき

大鎧《おゝよろひ》海老《えび》銅篠塚《どうしのづか》
辰十一月朔日より
四番続
中村座

さいとう太郎左衛門ニ
中村伝九郎
くりう左衛門ニ
市川海老蔵
白びやうしふじ
芳沢崎之介
さがみ入道ニ
中島三甫右衛門
とうの中納言ニ
中村少長
犬がみつかひニ
大谷友右衛門
くすの木多門丸ニ
佐の川市松
青むぎばゞニ
市川海老蔵
長さきかげゆ左衛門ニ
市川海老蔵
につたよしさだニ
三枡屋助十郎
あんばいよし五郎八ニ
松本幸四郎
あんはい吉
かたぎり弥七ニ
市川八百蔵
けいせい白たへ
岩井半四郎
大もりひこ七ニ
坂東又太郎
大とうのみやニ
市川門之助

挿絵第三図

挿絵第四図

牛飼《うしかい》に出合鬼同丸と見あらはしついに殺《ころ》さるゝまで手づよし・次に二やく相馬太郎なれ共渡部が下部と姿をやつし・はかまだれがよし門と名のるをたち聞・夫より縄打次に渡部がいろ〳〵ためすを相手ニ成行かんとする時よびとめられ是非なく本名をあかし・渡部がはかりことにて大勢に取かこまれついにつなぎ馬のはたにていましめられ大詰金時のおし出しまで大てい〳〵[ヒイキ]いよ丸屋

上上吉　中村十蔵　森田座

[洒落斎]大有《たいゆう》は柔尊位《ちうそんい》を得《あ》て大中《たいちう》にして上下応レ之《これにおふす》とは時を得たるの卦・去顔見世当座へ下られてより諸見物の請よく御仕合・別て新橋から先ではのみ込ました・此度曽我（十四13ウ）の太郎祐信にて嫁入の乗物よりの出次にまんかうおさかゝしつとを見ておどろき・夫より本名本田の二郎と名のりおさがと兄弟の名乗合までよし二ばんめ二やく梶原景時上下にて野塩殿のすそへおだまきの糸を付したひての出端夫より伊藤九郎が女房にあひびつくりし元ト我召仕ひし妾也と云其時の請状を出し雷子丈相手にてのおかしみ・次に長田に出合本名を見顕はし・夫より伊藤九郎に梅のなぞをかけ入らるゝまでよし〳〵・次に千鶴丸の身代リの首を請取入らるゝまで皆市紅のいき込あつてよいぞ〳〵

上上吉　坂東三津五郎　森田座

[洒落斎]升《せう》は六五《りくご》貞吉階《ていきつかい》に升《のぼる》とは段〳〵の御出世・打つゞきての御勤珍重〳〵まして太夫元に御縁あれば別而芝居はんじやうにて御悦び・扨此度は八幡三郎にて介信かたへ上使に来り一万箱王を助んと盛としをあざむき似せ物といゝ又幼子は八幡と云名を聞て親川津の敵と詰寄ゆへ（十五14オ）盛としにあやしまれぜひなく討んとするを庄司左衛門が身がはりに立んと云忠心をかんじらるゝまでよし・此度は御役まはりすくなしさりとは〳〵残念でござります

上上吉　富沢辰十郎　森田座

上上吉　沢村長十郎　同座

[洒落斎]恒《かう》は久《きう》也其道に久しければ也漣袖丈いつとても悪しき事なし此度文覚なれども難波《なんば》の二郎と姿をかへ時政の方へ入込み院宣《いんぜん》を渡さるゝまでよし・二役三位　俊成《しゆんぜい》の役さしたる仕内もなけれどしつくりとよふござります・是より沢長殿の評にかゝりませう

[喋々羅]是〳〵当時沢長の名を受つぐべききりやうのものは有まいたれじや〳〵[洒落]是はしたりまだ御ぞんじござらぬか・故助高

や殿高弟喜長丈此度四代目の沢村長十郎と改名・是革《かく》は変革《へんかく》の義・さて沢長の名は此道にては至極高名既《すで》に元祖長十郎殿は正徳享保年中の和実の名人・つゞいて助高や殿しかも当（十五14ウ）年は高竜院一往日助信士の十七回忌ゆへ先比喜長丈追善を致されました[的中]扨〳〵海老蔵と長十郎はもう出来まいと思ひしが長いきをすれば又見る事になりました[洒落]扨此度は北条時政と本田の二郎本名祐信の二役大詰三浦大介までよし

上上吉  市川団三郎 市村座

[洒落斎]柔以時に升而地中に木生ずるがごとき市川友蔵殿・去ル丑の秋まで市村座を勤夫より翌寅の春より京へ出られ評よく三年ぶりにて当座へ下られ・師匠団蔵の旧名団三郎と改ての御出勤いかふ芸にみいりがしました・ついでながら申ませうはおしいかな・市紅丈極楽の舞台へ行かれました・おなじみ御ひいきの団蔵なればすみからすみまで一へんの御ゑかう頼上ますする則改名仕ました

明和九年辰六月廿四日
俗名 市川団蔵
寺 築地本願寺中 （十六15オ）
円珠浄鑑《ゑんしゆじようかん》

扨二紅丈此度衛士姿にての出端さても師匠のいき込よくのみこまれました・わづか二三年の間に上達〳〵・鶏《にわとり》のよいなきをあやしみ・夫より手水鉢に水気の立を見て地中に剣の有をさとらるゝ所出来ました・次に綱がすいきよにて源家の家臣《かしん》と成貞光《さだみつ》と名のり・夫よりよし門をいましめらるゝまてよし〳〵できました〳〵

上上吉  三升屋助十郎 中村座

[洒落斎]去々年森田座を勤られし夫より役者を止られしやうに聞ましたが又此度当座への御出勤目出たし〳〵・新田義久と長崎一郎の二役大てい〳〵・お年は若し御きりやうはよしずいぶんはげみ御出情あるべし

上上吉  笠屋又九郎 森田座

[洒落斎]極りの役者付には京四郎とござつたゆへ御名をかへられしと存ぜしに京四郎と云は外に出られました・去春より舞台を引かれ又〳〵此度より当座の御勤珍重・扨此度は御役実事成（十六15ウ）ゆへ極り付には実悪とござれ共先〳〵此所で評致さう則うさみの十内役にて魚楽丈との相撲大詰仁王の押出し迄きれいな事〳〵

上上  沢村淀五郎 森田座

上上  山科四郎十郎 市村座

上上  松本秀十郎 同座

上上  中村勝五郎 森田座

洒落斎右四人の衆御一所に申ませう・先大竹やの淀五殿は時政の下部雪平本名頼朝此度より元服男ぶりよく先は大悦〱・次に山科殿当座初ての御つとめすへたけの役狐釣の所作大てい〱・松本氏は居なりのおつとめ・桂の里のお幸と西の宮左大臣の二役よし・勝五殿は金子十郎の役大てい何れも御出情次第で御出世は今の間たのもしき衆中でござる其外は口目録にのせました

立役巻軸
上上吉  嵐三五郎 森田座

洒落斎震《しん》は亨《とお》る震来《しんきた》つて虩々《げきく》とは実事《じつこと》のしまつ（十七16オ）たる仕内　笑言唖々《しやうけんあゝ》とは所作事の和らひだる芸・震《しん》百里を驚《とゞろ》かす雷子丈

ヒイキ去春の八百や半兵へにて路考とのぬれの所はかんしんせぬものはなかつた・どふ見ても小手のきゝた事ちと位を直してもらひたい洒落いかにも位の事は諸方から云込が多くござります今になをりませふ・先は此度立役の巻軸にすへました・扨此度より森田座の初舞台評判よくお仕合〱・二ばん目伊藤九郎なれ共番太の姿にて金作殿とのせり出し夢の内の所作よし喋々羅夢ときいてすめた・ちとたいくつで有た的中庵是が菜陽のくせだかんじんの狂言だがうぬが目には入らぬか洒ラク次に十蔵殿との出合よし・夫より梶原が梅の枝を切・爰を切レといはぬ計や梅の花と云句をなぞにかけしゆへ女房もしほが中に出生せし藤丸を若君の身代リに立んと思ひ・夫より里虹丈との女夫けんくわのおかしみ出来ました・女房が心つよきにぜひなく去リ状をやり幼子もろとも雪にこゞへしを見かねる仕内むだ右衛門ちとくど（十七16ウ）すぎるやうなれどよししかし通りものはうれしがれと里な見物はたいくつをしますなんと云ッても作りの親玉かんたんの四季の趣向面白△く其うへ海士の取組も出来た〱むだ右衛門狐は久しいものだ洒落そんな事をいつては狂言は致されませぬ狐も馬も出ませいでは・扨夫より女房もしほが雪の中へ書し歌をよみて心底をさつし我子を身代に立梶原に渡さるゝまでよいぞ〱

▲実悪之部

上上吉  中島三甫右衛門 中村座

洒落斎賁《ひ》の卦《け》の六三賁其須《そのひげをかざる》とは此中島氏親御の代より公家悪の

大ひげしばらくの請大キくてよし・此度相模《さがみ》入道にて悪逆《あくきやく》つもりてほしいまゝにする所へ例の親玉の暫・大詰守邦親王馬上の出立まで誠にすごい顔付目玉は外に有まい〱

上上吉　大谷友右衛門　同座

【洒落斎】剛《かう》来ッて説《よろこ》ぶ此《し》勇《ゆう》丈去ル丑の顔見世市村座へ下りてより打つゞいて評よく此度当座は初舞台・五大院の左衛門（十八17オ）宗しげ役犬神の術《じゆつ》を以て相模入道に悪事をすゝめ・娘に犬の時の病になやませついに為基に工みを見顕はされ・誠の姿さぬきの国犬神つかひの坊主となるゝまでよし・二ばん目かわたひや門兵へにて江戸平に頼まれ上るり太夫となるゝ所にむりに酒をのまされなき上戸にて思はず工みをおのれと云はるゝ所出来ました・次に若君をつれ行かんとする時おときにさゝへられ二人をさん〱にちやうちやくせらるゝまで・何を致されても見物の請よくお仕合〱

上上吉　中村助五郎　森田座

【洒落斎】大人虎《たいじんこ》変其文炳《へんそのぶんへい》也とは仙国や殿此度またのゝ五郎にて笠《かさ》屋殿との相撲の場御家〱・二役足軽《あしがる》官兵への役祐信妾《てかけ》おさがりんきするを見てわざとしつとをすゝめ其上恋を仕かけ・次に兄弟の子供首討れんとする時・身代りに立んとてもろはだぬげは一万箱王が小立の小袖・誠は鬼王庄司左衛門と名乗る実事・此役は親魚楽丈十九年以前中村座にてつとめられ落を*くられし仕内・大詰仁王の押出しの見へよいぞ〱

（十八17ウ）

上上吉　尾上松助　市村座

【洒落斎】此度盗賊《たうぞく》はかまだれにて修行者の出立・夫より奴をころし作りしての奴と成団三殿*どの立・次に渡部が館《たち》へ忍び入見とがめられすがたをかくし・夫より上下大小にて上使と成来り足軽文次兵へが物がたりによし門と成・二やく蛇骨《しやほね》ばゝはにくてい〱【ヒイキ】となりのばゝの仕内より面白い【的中庵】いかにも仕内もよいが又作り方のわざもあるて【洒落】わかさのまへの親と成来り頼信にむたいを云かけ渡部に盗賊立ゑぼしと見あらはされついにころさるゝ迄出来ました〱・又はかまだれにて出下部良助によし門と見あらはされついにいましめられ・次に良介誠のよし門と名のる時誠は藤原の保輔となのり本心実に成らるゝまで出来ました

上上吉　坂東又太郎　中村座

【洒落斎】無《む》妄《ぼう》は剛外《かうほか》より来る・久々にて当座へ帰り新参・此度ふちべ伊賀守にてしばらくの請手づよし・二ばん目高氏やつこ江戸平

本名大森彦七・常世殿と立の中上るりの口上珍らしい（十九18オ）

〔挿絵第五図〕（十九18ウ）

〔挿絵第六図〕（廿19オ）

むだ右衛門 ソリヤア作りの評判か・爰は東国やが芸評じや 洒落 御尤〱いかふ芸が丈夫に成ました随分はげまれよ東山丈

上上吉　　大谷広右衛門　　森田座

洒落斎 解《かい》の六三負《おつ》て且乗《かつ》とは悪形の常晩風丈・此度一ばん目御役なし二ばんめより御出勤さゝなきの磯兵へ宗盛の上意にて伊藤九郎が方へ夜光の玉をせんぎに来り・祐清が妻もしほは我元の女房なるゆへつれ行かんといふを梶原にさゝへられ夫より義朝の白骨《はくこつ》共しらず其こつを盃にして酒をのまんとするにのむ事あたはず本名長田と見あらはさるゝまで此度はにくていにせらるゝゆへ一しほよし・近頃はどふかするとあいきやうをせらるゝ事あり・此度はおも〱と実悪巻軸にすへました

▲敵役之部

上上　　中島勘左衛門　　市村座

洒落斎 此度足軽文次兵へのしらが親仁よし・本名みくりや四郎と

江戸《ゑど》容儀曳綱坂《かたぎひけやつなざか》
辰十一月七日より

四番つゞき
市むら座

わたなべのつなニ
尾上菊五郎

前

はかまだれニ
尾上松介

みたの五郎ニ
市村亀蔵

わかさのまへニ
嵐ひな治

すへたけニ
山科四郎十郎

田原ちはる
坂東彦三郎

土くものせいれいニ
市村羽左衛門

ばんじやう
市村羽左衛門

りやう介ニ
大谷広治

びじよごぜんニ
瀬川雄次郎

仲みつ女ぼう
おくしもニ
あづま藤蔵

さだみつニ
市川団三郎

所作事

こしもとます花ニ
尾上民蔵

いしや
市村羽左衛門

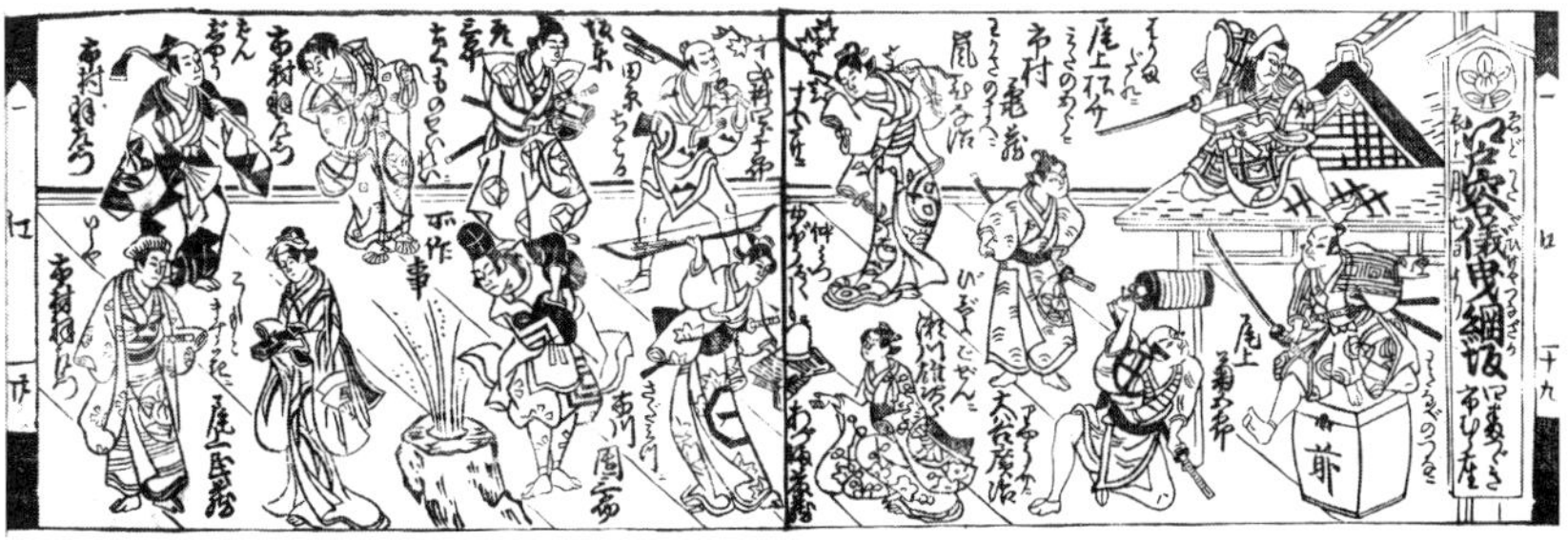

挿絵第六図　　挿絵第五図

名のりはかまだれを良門となのらせ。次に本心に成誠の良門を(廿19ウ)取かこむまで有かくなれと仕組によつて又くわれるとはおもしろい

上上吉　富沢半三郎　市村座

洒落 此度みた源太広綱役功者に見へます

上上　坂東三八　同座

洒落 此度二のせの源五やくは実あく事つよくてよし

上上　中島三甫蔵　同座

上上　市川純右衛門　中村座

上上　松本大七　森田座

洒落 三人の衆同位御一所に評致さう中三殿は源のよりちか役よし。市純殿は南条左衛門役よし。松大殿は大ばの三郎と雲介の二やくよし〳〵。いづれも功者にせられます

上上　中村大太郎　森田座

上上　坂田国八　同座

上上　市川綱蔵　中村座

洒落斎 右三人の衆御一所に申ませう先大太殿は久々にての(廿一20オ)御出此度は一ばんめ少シ計八百やとち平古佐十殿がうつります。坂国殿は下人鹿蔵さぬき六郎の役よし。市綱殿うつのみや権藤六と百性の二やくいづれもよし〳〵。其外の衆は口の目録にのせましたずいぶん御出精あれかし

上上　三国富士五郎　森田座

洒落 此度越中ぜんじ盛とし祐信方へ上使に来り一万箱王が首を打と云こいぢのわるそうな顔色。二やく平ノ宗盛までにくていく

▲道外形之部

上上　嵐音八　中村座

洒落 右少弁おとざねと座頭つま市にての役随ぶんとばかに成給へかのこもちのむすこ殿其外の衆は口目録にのせました又頭取衆

はいづれも御出勤なし

●巻中

上上吉　一　吾妻藤蔵　市村座

（廿一20ウ）

功上上吉　中村少長　中村座

上上吉　芳沢崎之助　同座

洒落斎三人の衆先中央の少長丈より評致さう・此度頭の中納言俊基の役・二ばん目足利尊氏の役いづれともに出来ました・狂言のくさびに出られ舞台しまつてよし・孫七三郎殿扨しほらしい事てござる憮御うれしうござらふ扨是より左右立物家人女内に正し園枝丈春水丈いづれをいづれとも申されぬ牛角《ごかく》の位・先あづま殿より芸評致ませう・此度仲光女房置霜役主人満仲の名代とてゑぼしかり衣弓矢を持ての出端・美女御前をきやうくんの所父満仲公ならまた此やうな事ではござりませぬといはるゝ所御家〳〵・次に今様の役人と成て四郎十郎殿相手にしのたづまの所作功者〳〵扨よし沢殿は五郎市殿とて色子にて市村座へ下られしは延享丑の冬きのふけふのやうでござるが今は女形の立物・此度白拍子住よしのふじ舞の所よし・二やく土岐蔵人《ときくらんど》よりかず（廿一21オ）女ぼう早咲にて俊行を親の敵とねらふ所よし喋々羅二役か一役かねからわからぬ洒落御両人両座女形座頭衆年功の少長子を中央になし左右に直し物巻中におも〳〵と居ました

▲若女形之部

上上吉　岩井半四郎　中村座

洒落斎家《いゑ》を富《とま》す大吉とは順《したがつ》て位に在ル也・段々との御出世諸見物の請よく当座のきゝ物秀鶴丈中車丈此君也・此度はけいせい白妙の役・第二ばん目より御出富本氏の上るりにて新車丈とのぬれむまい事〳〵・夫より八百殿との出合よし実は沼《ぬま》の尾の鯉魚の精霊《せいれい》と成まで・二やく五郎八女ぼうせんたくやのおときの世話女房もよし秋のさゝ引の段でかされました・ついでながら申さふは秀鶴丈此度御出勤なく残念御病気と聞ましたどふぞ早く平愈有て春の鬼王月さよのやうな仕内が見たいと皆待てゐます

上上吉　中村野塩　森田座

（廿一21ウ）

洒落 此度政子の役よし二役子恋の森の女狐にて若君を守護し夜光の玉を取得るまでよし秋狂言のあさまのやつし師匠慶子丈の致されしかたでかされし此度ひいき連中より引まくの進物はいかふ御上達にて天王寺やさんも嘸御悦びでござりませう

上上　尾上民蔵　市村座

洒落 今お江戸でうつくしいといつては浜むらやの太夫さんきれいなものといふは此君成べし此度渡部が妾春雨兄良門と云合せ剣をうばひ観政楼といふ額《がく》の内にかくし置次に良門むほんあらはれし時自害し・二やくこしもとます花にて太夫元の相手にて上るりの所作よし・実は養由基《やうゆうき》が娘枡花女《せうくわ》と成源家の守護とあらはれる迄よし

上上　瀬川雄次郎　同座

洒落 去春の末まで森田座をつとめ夫より旅へ行れし由いかふあんじました・此度より当座のおつとめ則満仲の姫美女御前役今様の所作よし・高時にほれられめいわくし次に（廿三22オ）修行者松介殿との立までよいぞ〳〵 むだ右衛門 しかしぬかるみをこへるやうな足どりはやめてもらひたいハイナ

上上　嵐ひな治　同座

洒落 去春より当座を引かれ此度より又々御出勤・頼信の妾《てかけ》わかさのまへ元は朱雀《しゆしやか》のけいせいにて 喋々羅 元トかけいせいじやとせりふにばかりいつても仕内に有たい所だ 洒落 尋ね来りしばゝがしやうこのわりふをみて誠の母と思ひ悦・はゞか頼信へ無道のふるまひゆへに縁を切られ・夫よりばゝが工みを立聞ついにころさるゝ迄かわいらしい事てござります

上上　小佐川常世　中村座

洒落 此度義貞《よしさだ》**妹花ぞの役しほらしい事・二やく松本や娘お幸の茶や女姿又太郎殿との立よし・実は基氏《もとうじ》女浅衣《あさきぬ》となのらるゝまてよし

上上　瀬川吉次　市村座

洒落 高時妹君にほてる姫今やうの所作おぼこ娘の（廿三22ウ）ほつとりものおらが吉次さんイヨ

上上　嵐小式部　市村座

洒落 此度左馬之介頼信の若衆形ばかり・二はん目に女形の役あ

れ共いまだ不出此度は大ていく＼其外の娘形衆口目録にのせました

▲若衆形之部

上上吉　市川門之助　中村座

洒落 此度大塔の宮もりよし親王役・二ばんめ上るりの段こも僧の出・是故門之助殿勤られし役・又故栢莚廿八才の若盛りに中村座にて勤られ大あたりせられ其時のせりふ此度少々計ござりまる・杜若丈との出合きれいく＼

上上吉　中村柏木　森田座

洒落 此度は畠山六郎重安役さしたる仕内なし御きりやうはよし情次第で立身有べしずいぶんとあいきやうをいのり給へ

上上　坂東彦三郎　市村座

（廿四23オ）

〔挿絵第七図〕（廿四23ウ）

〔挿絵第八図〕（廿五24オ）

洒落 此度田原千晴《ちはる》役大ていく＼さして評する程の仕内なし春永

伊豆暦《いづごよみ》芝居元日《しばいのぐはんじつ》　四番続　森田座
辰十一月朔日より

工藤金いしニ　市川団十郎
うさみ十内ニ　笠屋又九郎
もんがく上人ニ　富沢辰十郎
又のゝ五郎ニ　中村助五郎
ほうでう ときまさニ　沢村長十郎
おさがニ　中村富十郎
源よりともニ　沢村淀五郎
そがの太郎ニ　中村十蔵
八はたの三郎ニ　坂東三津五郎
ゑつちうぜんじニ　三国富士五郎
あやぎくニ　中村のしほ
おさだぜんぜうニ　大谷広右衛門
伊藤九郎ニ　嵐三五郎
もしほニ　山下金作

挿絵第七図　挿絵第八図

〱

上上 市川雷蔵 中村座

洒落 此度村上彦四郎よしてる役荒事父の俤残りてよし其外の衆口目録にのせました

若衆形巻軸 上上吉 佐野川市松 同座

洒落 市松ニなりてより当座初ての御勤・此度天王寺のあさまといへる白拍子と成高時が方へ入込・誠は楠多門九正行となのり変《へん》成《しやう》男子の荒事・随分御出情有て故盛府の名をあらはし給へ・すきと仕内に情が入らぬ様できのどく・かやう申もひつきやう君を思ふから申すものかならずあしく聞給ふな むだ右衛門 頭取はちとひきかたとみゆる

● 惣巻尾

大上上吉 尾上菊五郎 市村座

洒落斎 萃《すい》は*喪《しゆ》也順以て説《ろこひ》ひ剛中《かうちう》にして応《おう》ず故(廿五24ウ)にあつまると・是諸見物の寄ル所つゞいて当座のお勤ことに当顔みせは座中無勢ゆへ一しほ御骨折《ほねおり》〱 ヒイキ どふか顔見世前のうわさには大坂へのぼられるやうに聞て力をおとせしが極り付が出てからあんどしました 洒落 左様共〱此度霜月七日よりの顔みせ江戸容儀曳綱坂に渡辺源次綱にて盗賊《とうぞく》の忍び入しをあやしみての幕明出来ました・次にわかさの前が母と成来りしを立ゑぼしと見顕はしついに手にかけ・次に下部が仕合を見て下部良助が勝しを悦び・夫より良介をいろ〱とためし見らるゝ所おちついてよし 喋々羅 おしきせのふるへと顔をきつくしかめらるゝ事だ 洒落 芸評の邪魔になりまするやくにもたゝぬことおだまり〱・夫より良介を相馬太郎と見顕はし悪とみへしはかまだれ足軽文次兵へも本心は実にて良門をとりことなすまでよし〱 的中庵 立役が悪に成敵が実になるこんたんは・役者すくなの所なれど大勢の芝居(廿六25オ)より花やかにみへます 洒落 いかにもさやうでござる夫ゆへ狂言の評よく・名前は出されねど三笑丈の仕《し》くみ・ことには急な取組のやうに承りましたさりとはおてがら・がうけつの金井氏とてもの事に初日が朔日にて今一両人役者が有うならば大あたりはしれてある残念〱

上上吉 山下金作 森田座

洒落斎 漸《ぜん》は進《すゝむ》也女帰《とつぐ》に吉也進《すゝん》で位《くらい》を得《う》往《ゆい》て・功《かう》有也とは里虹丈・此度川津後家満江なれ共祐信かたへ娵《よめ》入して来り・兄弟の子共が

生立を頼み月さよ鬼王と心を合せ気ちがひの体と成・月さよが魂《たましい》入かはりたる思ひ入にて慶子丈付声にて身ぶりをうつし此仕内よし・是先年仙魚丈の致され大あたりせられし狂言なり・祐信と帯とかず川津へ貞心を立んため月さよと云合せ首尾よふ仕おふせましたといふまでよいぞ〳〵・二ばん目雷子丈相手にて所作よし・二やくあまもしほ（廿六25ウ）なれ共伊藤九郎が女房と成居・梶原にあひ以前奉公せし時の請状を出されめいわくせらるゝ所・次に入婿磯兵へむたいにつれゆかんといふにこまり・夫より俊成と親子のなのりをし・次に磯兵へにさとられんためわざとおつと祐清に心づよくいとまをこひ夫婦けんくわのおかしみ・此中始終《しじう》大出来〳〵・夫より去状をもらひ幼子をいだきかたひら一まいにて雪にこゞゆる仕内・次に我子を若君の身代りに立るまで大出来〳〵

▲太夫元之部

芸ニ不出  中村勘三郎

上上吉  中村伝九郎

洒落斎 舞鶴丈此度斎藤太郎左衛門の役よし・次に二やく赤松二郎の荒事《あらごと》・役者衆多キ時は若太夫の事なれば舞台おつとめなく共よかるべきにさりとは御大儀〳〵・先は芝居はんじやうにて珍重〳〵・春中より二座共に芝居なく木挽丁（廿七26オ）のみにて有しに程なく当座九月十二日より普請《ふしん》出来して始られ・当顔見世は例の通り朔日よりの大入お目出たき義でござります

大上上吉  市村羽左衛門

洒落斎 去ル春二月廿日より浜村や出られ時ならぬ顔見世のにきはひ有りしが間もなく二月廿九日まで興行致され・やう〳〵普請《ふしん》出来につき霜月七日より始られしが・此度は役者すくなきゆへ一しほ御苦労・其上杉暁《さんきやう》丈下られる由なれ共いまだ大坂歌右衛門殿座を助ヶ夫より下られる由にて顔見世の間に合申さず残念・春は定て下られませう其うへにどふぞ瀬川の君を頼まれよ・扨当顔見せ源の頼光役と市原の鬼同《きとう》丸土蜘《つちくも》のせいれいは明和二酉冬いたされしを又〳〵此度とり組れ・則馬かいの所作拍子は外にはござるまい・其外番匠いしやの姿にての所作いつもながら出来ました〳〵
（廿七26ウ）

上上吉  市村亀蔵

洒落斎 此度みたの小五郎の役さしたる仕内なしおつてくはしく評

致ませう

上上吉　森田勘弥

上上吉　森田又次郎

洒落斎 残杏丈近頃は御出勤なし・此度は役者衆多くことに芝居はんじやうにて嘸御悦びと存る・又次郎殿源の牛若丸役出来ましたすへたのもしい事〳〵三つのやぐらの栄へ久しき春ぞたのしき

安永二年

巳正月吉日

京麩屋町通六角下ル町　八文字屋八左衛門板

（廿八27オ）

役《やく》者《しや》一《いち》陽《やう》来《のき》　芸品定

大坂之巻

目録

艮　道外

此卦近世《このけいきんせ》京大坂は稀《まれ》にして立役敵役よりつとむお江戸はいまだ古風《こふう》のこりて精《せい》のつきそふな場《ば》へ出ていろ〳〵のおかしみ鼻の下の長〳〵しき緒《を》がせの糸腹《はら》すじによりをかけて臍が西国《さいこく》

坤　花車　（壱1オ）

此卦　紫《むらさき》ぼうしの色さめて黄《き》にうつり行ひたいの置綿《をきわた》くつわの婆《ば》々《ゝ》となつてかぶろのせつかんまゝ子をにくみ里の子を世に立る継母《けいぼ》のどつちやう声《ごゑ》は藪《やぶ》から突《つき》出すほうじやくぶしん

変　作者

此卦冬は義経《よしつね》事に太平記春は曽我《そが》にけいせい事ことにふれての心中事四季《しき》折〳〵の道具《だうぐ》立にねむりをさます八声《こゑ》の鶏夜をこめて入狂言の其評判はゑいとう〳〵　（壱1ウ）

大坂道頓堀二芝居惣役者目録

名代　大坂太左衛門　座本　小川吉太郎

名代　塩屋九郎右衛門　座本　中村歌右衛門

▲立役之部

○見立住吉《すみよし》による物左のごとし

上上吉　三枡大五郎　小川座

ひいきの浪《なみ》の高〳〵とよる岸《きし》の姫松《ひめまつ》

上上吉　藤川八蔵　中村座

顔《かほ》見ると見物に乗《のり》の来る竹馬《たけむま》

上上吉　小川吉太郎　座本

上りめのはかられぬ升《ます》の市《いち》

上上吉　中山来助　小川座

寄付《よりつき》のしつかりと見ゆる角鳥居《とりゐ》

上上吉　嵐吉三郎　中村座

細工《さいく》に勢《いきほ》ひ付し麦藁《むぎわらの》 竜《りやう》

上上吉　嵐文五郎　同座
思ふ程に手を届《とゞ》かす柄《え》長桧杓《ながひしやく》

上上吉　嵐七三郎　中村座
立役に尻《しり》の居《すはつ》た土手《どて》茶《ちや》や

上上　嵐三十郎　小川座
京から男評判《ひやうばん》の広《ひろ》がつた難波やの松

上上　市山助五郎　中村座
くゞりぬけて声《こゑ》の納つた反橋《そりはし》

上上　三枡宇八　小川座
精《せい》出せば行ぬけらるゝ岩屋《いわや》灯籠《とうろう》

上上　藤川柳蔵　中村座
どつち風にも小廻りのよい神前《しんせん》の釣舟《つりふね》

▲実悪之部

上上吉　中村歌右衛門　座本
大入舟の帆《ほ》のならぶ見付の灯籠《とうろう》

上上吉　坂東岩五郎　中村座
見物に雲《くも》行のよいころ〳〵や

上上吉　染川此兵衛　小川座

（弐2オ）

おかしみの馴《なれ》合ふたしけ挨拶《あいさつ》

▲敵役之部

上上吉　市川宗三郎　中村座
相かはらず仕《し》にせの古う見ゆる丸屋

上上　中村治郎三　小川座
味みから下作をぬく権左衛門が小豆餅《あづきもち》

上上　中村岩蔵　同座
去年《こぞ》の立やくにふりかけたとうがらしのこ

一上　中川庄五郎　中　　一上　芳沢十三　小
一上　中村友十郎　同　　一上　中村吉治　同
一上　坂東久五郎　同　　一上　三枡伝蔵　同
一上　浅尾音五郎　同　　一上　嵐権十郎　同
一上　中山百次郎　小　　一上　山下藤九郎　同

▲親仁形之部

上上　藤川竜左衛門　中村座

上上　藤川十郎兵衛　小川座

▲花車形之部

（弐2ウ）

上ト　豊松半三郎　中村座
上ト　嵐五六八　小川座

▲若女形之部　（三3オ）

大上上吉　中村粂太郎　中村座
ちよつと見ても上手に気を結ぶおもとのやうじ
上上吉　中村喜代三郎　小川座
奥《おく》で狂言のぐつと高い伊丹屋
上上吉　中村松江　中村座
錦《にしき》着てのもどり姿《すがた》は天下《てんが》茶屋
上上吉　花桐豊松　同座
何役にも事欠《かゝ》ぬ一座の楯《たて》の宮《みや》
上上士　尾上粂助　小川座
よつほと御当地の人もよろこぶや
上上　三枡徳次郎　中村座
きれいにてもてなしのよい三文字や
上上　中村玉柏　同座
芸《げい》ふりの御ちそうは和らかな綿《わた》や
上上　山下八百蔵　小川座
蛤《はまぐり》も古郷へかへりたる汐干《しほひ》
上上　市山富三郎　中村座
色気《いろけ》は持て生み付た誕生《たんしやうせき》石　（三3ウ）
上　市山源之助　小川座
芸《けい》ぶりのよう連廻る風車《かざぐるま》
上　中村亀菊　同座
上　中村千菊　同座

▲小川座色子之分

一　生島金蔵　こはぎ　一　中山辰野　さよ衣
一　中山袖助　うた絹　一　小川初蔵　よしの
一　小川乙次郎　ひなのみや　一　中村富之助　たが袖
一　浅尾卯の葉　きくゐ　一　中村妻蔵　楓之介
一　中村富三郎　おらん

▲中村座色子之分

一　中村吉三　きくの　一　嵐松次郎　さもん
一　中村君助　うもん　一　中村福助　やく者 梅三郎
一　中村松助　おきの　一　嵐猶蔵　同 常吉
一　中村徳蔵　ことぢ　一　中村国助　同 国町

一　中村歌助　でん次　一　三升長蔵　同 いくよ

▲子役之部

上　　三升松之丞　小川座

上　　中村万蔵　中村座

惣巻軸

上上吉　いわく有　若女形　嵐　雛助　小川座

何役にても根の落付た植付《うへつけ》御田

儲の座　東武生国去辰年京都の勤　当年浪花の客

上上吉　立役　坂田半五郎　中村座

沙汰《さた》聞けば盛《さか》りの比はどうやら車がへしのさくら

已上

不出　敵役　中村新五郎　中村座

○此所にて御断申上まする

三ヶ津芸品定　二のかはり大評判　作者　自笑

役者清濁《やくしやすみにごり》　全三冊

（四4オ）

附リてにはの合ぬせりふ付に聞耳立させる作り方の一趣向

右之本来ル三月節句より出し申候其節御求御覧可被下候已上

（四4ウ）

太平記巻第六

○正成天王寺未来記披見事

元-弘二年八月三日。楠兵衛正ㇾ成。住ㇾ吉ニ参詣シ。神-馬三-匹献ㇾ之。翌-日天-王寺ニ詣テ。白ㇾ鞍置タル馬白ㇾ輻輪太刀。鎧一両副テ引進ス。是ハ大般若経転-読御布施ナリ。啓-白事ㇾ終テ。宿-老ノ寺-僧巻-数ヲ捧テ来レリ。楠則対ㇾ面シテ申ケルハ。正成不-肖ノ身トシテ。此一大事ヲ思立テ候事。涯-分ヲ不ㇾ計ニ似タリトイへ共。勅-命ノ不ㇾ軽礼-儀ヲ存スルニ依テ。身-命ノ危ヲ忘レタリ。然ニ両-度ノ合-戦。聊勝ニ乗テ。諸-国ノ兵不ㇾ招ニ馳ㇾ加レリ。是レ天ノ時ヲ与。仏-神擁-護ノ眸ヲ被ㇾ回歟ト覚候。誠ヤラン伝-承レハ上宮太-子ノ当ㇾ初百-王治-天ノ安-危ヲ勘テ。日-本一州ノ未-来-記ヲ。書ㇾ置セ（五5オ）

〔挿絵第一図〕（五5ウ）

〔挿絵第二図〕（六6オ）

給テ候ナル。拝-見若シ不ㇾ苦候ハヽ。今ノㇾ時ニ当候ハン巻ㇾ計一-見仕候ハヤト云ケレハ。宿老ノ寺僧答テ云。太-子守ㇾ屋ノ逆臣ヲ

役者一陽来（坂）

どう〳〵

八ッ過でもあろか

何かおひまがゐるぞ

楠正成
さて〳〵是はふしきの一巻かな

こちらもみたいものじや

天王寺の老僧
とくと御らんあそばされませ

挿絵第一図

挿絵第二図

討テ始テ此寺ヲ建テ仏-法ヲ被レ弘候シ後。神-代ヨリ始テ。持-統天-王ノ御-宇ニ至ルマテヲ。被レ記タル書三十巻ヲハ。前代旧-事-本-記トテ。卜部ノ宿祢是ヲ相-伝シテ。有-職ノ家ヲ立候。其ノ外ニ又一-巻ノ秘-書ヲ被レ留テ候。是ハ持-統天-皇以-来。末-世代-々ノ王業。天-下ノ治-乱ヲ被レ記テ候。是ヲハ輒人披-見スル事ハ候ハネ共。以二別-儀ヲ一密ニ見-参ニ入候ヘシトテ。即チ秘-府ノ銀-鑰ヲ開テ。金-軸ノ書一-巻ヲ取レ出セリ。正-成悦テ則チ是ヲ披-覧スルニ。不-思儀ノ記文一段アリ。其文ニ云ク

▲楠正《くすまさ》〳〵。扨汝《さてなんじ》はきつい野暮《やぼ》なり。既《すで》に非理《ひり》法権天《ほうけんてん》と（六６ウ）いふ事はそちが旗《はた》にも染《そめ》て合点《かてん》してゐながら。あくせくするは何ぞや非《ひ》は理《り》に勝事《かつこと》のならぬは当前《とうぜん》なれ共。理《り》も法《ほう》にはかたれず法《ほう》も権《けん》といふ物にはおしすくめられ共。権《けん》も天といふ物には終《つゐ》にあたまを押《おさ》へらるゝなれば。勝《かつ》も負《まけ》るも天道次第《てんたうしだい》つまる所とかく人は名《な》のあらはれ時が大切《だいじ》。今楠《いまくすのき》といへは石部《いしべ》金吉名代《なだい》に成て。皆《みな》人けむたいものと心得れど。当年最早《もはや》四十男《おとこ》正行《まさつら》といふ成人《せいじん》の子もあればかたくせねばならぬとし。不便《ふびん》や高時《たかとき》は。ことしやう〳〵三十一。どうか相模入道《さかみにうだう》といへば。鯰髭《なますひげ》でもはへ。めつたに五十余《よ》のむしやくしや坊主《ばうず》と聞ゆれど。いはゞとし若犬《わかいぬ》の千や二千あつめたとてそれが大きなおごりといふでもないそちじやとて高時のとしぐらいの時分《じぶん》はいつかどつくしやつたもおれがしつ

てゐる・当時《とうじ》のもや〳〵がもう二十年もおそくはじまると高時も五十といふとしになるまゝかたい者《もの》の部《ぶ》へ入う（七7オ）もしれず又二十年はやく此もやつきおこらば・楠も蕩者《どらもの》の中へ這入《はい》らうもしれず・さあれば仕合不仕合は名代《なだい》のひろまり時が大切《だいじ》とはこゝの事・しからば運《うん》は天にまかせ・こんな時のなぐさみには・西川がつがひ絵《ゑ》でも出して笑ひを催《もよふ》すがよし・それも楠と堅《かたい》が名代になりかたまれば遠慮《ゑんりよ》もあらん・よつて外《ほか》に見する物あり・今元弘《げんかう》二年より後《のち》五百三四十年を経《へ》て安永といふ年号《ねんがう》あるべし・その二年巳《み》の顔見世《かほ》　則《すなはち》大坂の芝居　評判《ひやうばん》を見すべしと・咄《はな》しのやうな未来記《みらいき》不思儀《ぎ》ながらになを其奥《おく》をひらき見れば

作者　自笑

（七7ウ）

凡例

ハルフシ時に不思《ふし》儀《ぎ》や。ウ楠《くすのき》が旗《はた》の上。虚空《こくう》に声《こゑ》して待色たく。詞汝が其ぶ粋《すい》

では形《かたち》見ずして評判争《あらそ》ひ弥心はほどけまじ今汝が旗の文字を借《かつ》て

一字〳〵に其時代《じだい》の姿《すがた》を顕《あら》はし出し。いでや迷《まよ》ひを晴《はら》さすべしと。

地聞かと思へば忽《たちまち》におのれ〳〵と抜《ぬけ》出るめざましかりける次第也

非《ひ》は　緋《ひ》にかへて無礼《なめ》ちらしたる仲居《なかい》立テの一群《むれ》

理《り》は　利《り》に屈《くつ》したるむかし知り顔の置頭巾《をきつきんくみ》組の連中

法《はう》は　羽織《はおり》の袖《そで》に袈裟《けさ》もかくした芝居好《すき》の付鬢《つけびん》中間

権《けん》は　刀《かたな》計を落佩《おとしさし》にした当世《とうせい》知り羽《は》二重《ふたへ》摺《すれ》の棒《ぼう》組

天《てん》は　てんから〳〵でも動《うご》きなき常付桟敷《さじき》の初日講中《かうちう》

菊水《きくすい》の紋ひつくりかへり粋《すい》をきかして袴羽織《はかまはおり》で其日の頭取　各《おの〳〵》例《れい》年かはらぬかたち徳《とく》屋たちまち福《ふく》屋と成これ又衆生《しゆじやうさいど》済度の一つ誠《まこと》に東門《とうもん》ちうしん筋《すぢ》の北側にていつの間にやら芸評判座敷は夕日にかゝやけば彼正成《かのまさしけ》が心のうちゆゝしかりとも中〳〵に申すばかりはなかりける

（八8オ）

▲立役之部

上上吉　三枡大五郎　小川座

付鬢組　おいらは関東修行《くわんとうしゆぎやう》の内とくと見極め置た坂田・めづらしう今年大坂へわせたをさし置てあしらひやうも有そふなものどふじや頭取　落佩中　いかさま爰《こゝ》は先つ杉暁《さうきやう》*と出ねばならぬ所菊水の頭取株《かぶ》めが明ぬカイ・頭取　御尤〳〵殊更《ことさら》に半五郎殿当年当地の顔見世は思ひがけないことの上に・江戸吹屋丁の極り付にも入て普請《ふしん》の間歌右衛門座の御助《すけ》と承はりました・それなれは一しほ残念・然る時は当時の稀客《まれきやく》なれば急度巻頭ともてなしまする所ながら・此段は存よりもごさればおくに儲《まうけ》の座として別に置ました・其いわ

くは其所で申ませう先此所は浪花《なには》の立ァ者三升氏を置ました【中居連】とつておりますぞ【置頭巾中】云訳《いゝわけ》は大かいにして芸評にかゝらしやれ其上の事ヵイ【頭取】当顔見世は日本万歳《ひのもとばんぜいの》 宝積山《ほうらいさん》の口明狂言・亀の仙人と成て晒《さらし》女の脛《はぎ》に迷《まよ》ひ通《つう》を失《うしな》ひ落て思ひがけ(八8ウ)なき悪女ゆへどうみやく也と逃《にげ》廻り・次に仙人かうやく売と成て出功能《かうのう》をいひ立誠《まこと》は恩地《をんち》左近《さこん》にて女房清橋《きよはし》が親四五兵へが悪事にてなんぎの場所へ来かゝり思はず顔を見合かけ入・後に二人の奴《やつこ》があらそひゐる神璽《しんし》の箱を仙術《せんじゆつ》にて鶴《つる》に奪《うばゝ》せ・次に正行《まさつら》が切ころしたる男と女の首を入かへ仙人膏《せんにんかう》にて継《つい》で蘇《よみかへら》生せて奇妙《きめう》がらせ・其後女房にめぐりあひ我湊《みなと》川にて討死せしと思ひつらん故有て音信《おとつれ》せざりしわびをすれば・舅《しうと》の悪事に誓紙《せいし》を書ゆへ大事を告《つげ》かね思ひがけなき身ぶりし・其上神酒《みき》に酔《ゑひ》てうつゝに成をふしんがれは狐《きつね》の付たる風情《ふぜい》にて我身の大事をしらすにおどろき酔中《すいちう》のうつゝを責問《せめと》ふて女房の心をかんじたる仕うち・【初日講中】此間は大分面白いが喜代三の方の仕うちがかつて有ぞや・【付鬢組】そふじや〳〵くつと喜代三がよいぞ【頭取】成程是は御尤の御咎《とが》め所ながら・此人の癖《くせ》としていつも〳〵顔見せは身を入ての仕内もなけれど・近来姉川風一筋《すぢ》立て大坂生立《おいたち》の出世役者・秋かはりの鮓《すし》屋弥左衛門などは今又指《ゆび》さす(九9オ)ものもない程のこと四ばんめ覚範《かくはん》の見へもよし・【落さし】物草の時ハナ・【頭取】岡平やくには仕内もなけれど力味《りきみ》のない所が御功者《かうしや》だけ・【置頭巾】とかく此頭取はわき道へ行たがるの・此顔見世の狂言でいわしやれの・【頭取】さればサ外の事も申さねば立者のわけが申されぬ・此所喜代三殿が勝《かつ》て有にもせよ二人出逢《であふ》て目のはなされぬほどくつつりと此間が面白いと思はるゝが則立者の功・次に落合にては薬師《やくし》寺が悪を顕《あら》はし宝《たから》を取かへして揃《そろ》へ出さるゝまでさしたる事もないやうなれど力まぬ所と功《かう》のつもりし所とが巻頭《くわんたう》の役者・狂言もあてる所であてゝ捨《すて》る所で捨る程の器量《きりやう》なければ名人の筋とは申されませぬかと存ます・二のかはり間の物には急度《きつと》あたりめをうけ合ます・先一ッ体《たい》の所にて巻頭に置ました【中居】次はナ

上上吉

藤川八蔵　中村座

【付びん組】立者〳〵といふが是も大坂の大立者まだ黒吉(九9ウ)にはせぬヵイ【頭取】成程〳〵先芸評から申ませう・此たび顔見世の外題は尾上菊五郎不登咄《のぼらぬはなし》の序・中通りに交《まじ》り出て中間《ちうげん》役にて扣《ひかへ》居て備前守が鎌倉《かまくら》の上使にまいないをもつてあしらひ事済めるを詮義《せんき》か残りしと声かけし所はてうしといひ又つゞくものもなし・夫より家来要助を鎌倉の上使に仕立入込ませしとて彼上使を末座へ呼《よび》下ヶ刀をもたせ上座へ通り・誠は大庭《おゝば》の三郎景親《かげちか》也とて範頼《のりより》がかくせしを尋《たづね》宝の詮義を云《いゝ》詰・備前守をこまらせ・次に衣服《いふく》を改出・

家来と見せしこそ誠は範頼なるゆへ備前守が疑《うたが》ひをはらさんため手裏剣《しゆりけん》にて額《ひたい》のほくろを消《け》し・後備前守親子が悪事を見出して範頼をすくふ落合・是以此場さしたる事はなけれども狂言の大場なる所・先大庭の形《かた》チ立者に違《ちが》ひなし・付びんサア其立者をなぜに置頭巾是は頭取味みを見た上でとわざと出精を待てすこし白を(十10オ)のこしたと見へたワイ・其はげみをどこでも待ます・近年芸に水くさい評判が出て頭取そこは彼大立者の工夫所と存られます・夫なりに二のかはりのぐつと一はたらきを見た上では飛で大の字も付お人サ

上上吉　小川吉太郎　座本

中居連サア〱〱何所からも何共いふておくれナヱ初日講落シ佩いひたいぞ〱ぐつといひたひしかもちびる程ほめますぞ頭取付びんはとふじやナ置頭巾組さりとは頭取又役に立ぬ事を頭取きつとあやまりましたぞ・扨日本万歳宝積山の四番目脇屋《わきや》治郎義助の役にて猟師《れうし》深《ふか》七が禁断《きんだん》の場所へ網《あみ》を入たる詮義・誠は後室《こうしつ》の里の子来八と聞てうやまへば又まことの来八入来り曲者《くせもの》の詮義《せんぎ》すれば二人とも義助が預《あつか》りの宝剣《ほうけん》の詮義をするゆへ紛失《じつ》せしゆへ覚悟《かくご》也といひ入次に二やく菊造《きくつく》り左平次役おもざしの似《に》たるゆへ連かへりしと訴《うつたへ》る二人の来八うさん(十10ウ)ものとうぞくなるべしといふにおどろきにげ入・又よし助の役にて出腹切《はらきら》んとするを抵子殿役白びやうしひなづるにとゞめられ・死るに及ばす宝剣《ほうけん》の詮《せん》儀仕出さんといふより濡事と成てはとんと申分はどなたも有まし・次に又左平次の役にて奥よりにげ出・白拍子に行あたればよし助に似たるゆへ色じかけにて去《いに》たがるを無理にとゞめて狂言の稽古《けいこ》にかゝる所・ヲキヅキン此やはらかみは前よりも見ぬ程の事・二三年前迄あなどつてゐたがさりとは我《が》を折たぞ〱・頭取それより身代リに立事をおどろき逃《にげ》入其後よし助の役にて出ひなづるがにせ勅使《ちよくし》に成来るを出迎《むか》ひておとろき・思ひの外ひなづるになんぎを救《すく》はれ・其後風流乱曲《らんきよく》の済《すむ》まで宝を出す事をうけ合・夫より落合と成までヲトシサシきつと雷子《らいし》が帰るを待て中居ホンニ角力《すまふ》とらしてみたい御人頭取ゆだんのならぬ近年の出来ものすへたのもしう思はれますぞ

上上吉　中山来助　小川座

〔挿絵第三図〕（十一11オ）

〔挿絵第四図〕（十一11ウ）

（十二12オ）

頭取上りました〱めき〱と御出世此度は万歳の宝来中入にて万里小路藤房《までのこうじふぢふさ》役束帯姿はついに見ませぬ先ッ見事・初日講はな

日本万歳宝積山《ひのもとばんぜいのほうらい》
辰十一月四日より
小川座 正五九冊物

かめのせん人ニ 三枡大五郎
きよはしニ 中村喜代三郎
おんぢさこんニ 三枡大五郎
ふぢふさニ 中山来助
あやめニ 尾上久米助
ひなづるニ 嵐ひな助
ふか七ニ 中村岩蔵
わだらい八ニ 染川此兵衛

からうたひめ 市山源之介
やつこなみ平ニ 三枡宇八
くすのきまさつらニ 嵐三十郎
かほよニ 山下八百蔵
山なけんもつニ 中村次郎三
ふぢふさニ 中山来助
きくつくり左平二ニ 小川吉太郎
ひなづるニ あらしひな助

挿絵第三図

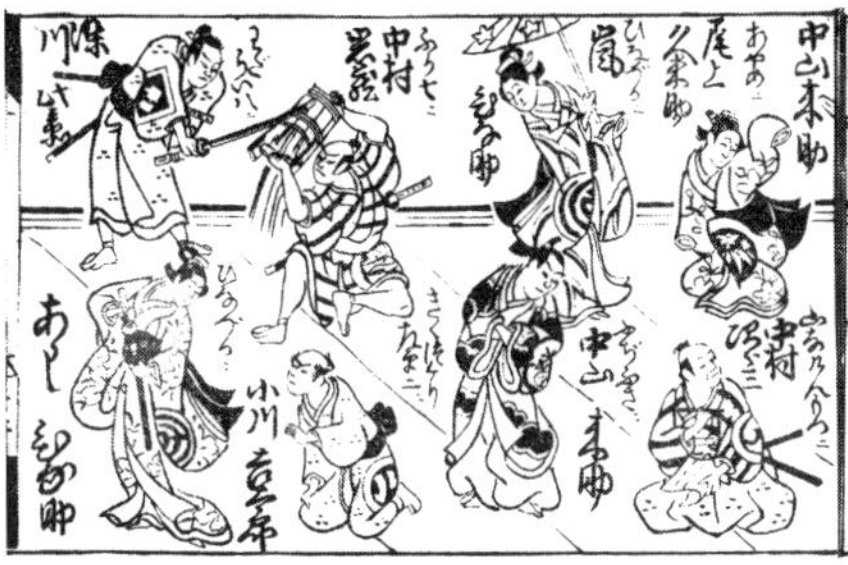
挿絵第四図

やかでよいぞ・頭取葺《ふい》たるあやめの落たるに忍ひの入たる事をかんがへヲキツキン物いはぬうちは大立者・頭取申〱おとなげない悪口の仰られやうお顔が見へますぞ・夫よりやかたへ入て曲者《くせ》詮儀《せんぎ》せし所我妹あやめなるゆへ人をよけて聞ヶば・何とぞ兄藤房を官軍《くわんぐん》の味かたに付くれよかし・左なくては夫と縁《えん》の切れる歎《なげ》きを聞入れず・いたはりながら表に立テ出し監物《けんもつ》が娘かほよとゝもに庭《にわ》の菖蒲《あやめ》分てひきぞわづらふの二首の歌にて謎《なぞ》をかけわたし入までよし・次に勅使《ちよくし》を出迎ひ山名監物が養子也とて侮《あなと》り無理に鏡《かゞみ》を渡さんといふを憤《いきどふ》り笏《しやく》にてたゝけば問絶《もんぜつ》せしを毒《どく》薬を知つてあたへ気を付させて入・後又親信《のぶ》房の帰るを衣服《いふく》改め出むかひ親の悪事をつゝみ・山名が娘かほよを勾当《こうとう》の内侍《ないし》に仕立俄《にわか》の嫁むかへより親山名が毒薬を呑《のま》されたると（十二12ウ）聞て自《みつから》死ると思ひ信房への書置を奪取後かほよがじがいしたる血汐《ちしほ》にて鏡の有所を知りての其場《ば》のさばき出来ました〱ヲキツキンあまり出来たとはいはれまい当テ気が見へて落付く程けつく落付ぬやうに見へるワイ付ビン中マこれは尤なおいらもそふ思ふぞ頭取爰は御尤に似て御むりと申物此人に其病がなくば此あたりの位にうぢ〱する人ならね共親御よりの持まへ名人下地先以親御の一世一代も首尾よく相済由男殿ともにめでたい〱二のかはりを待ッばかり

上上吉　　嵐吉三郎　　中村座

頭取久しぶりじや一つお打なされてシヤン〱モ一ツセイシヤン〱祝ふて三度ヲシヤシヤンノシヤン中居クミマア御息才なを見て落付たハイナ落佩クミ息才なは息才ながどふじや一ト比より勢ひが落たやうなぞやツケヒンどふでも妾宅《せうたく》の執心《しうしん》などゝいふやうな事ではないカナ頭取わる口は仰られますな決《けつし》て其段はござりませぬ・扨(十三13オ)此人は明和七寅年顔見世より上京・去春は伊勢にてお勤信功記《しんかうき》久吉役次ニ団七などの評判よく又も京都へ御帰りて暇乞《いとまこひ》は布引の実盛《さねもり》・是も評判宜しく三年ぶりの大坂・当顔見世は菊五郎不登噺の中入狂言奴《やっこほど》程内と成安宅《あたか》の関《せき》にて夜中急用使《づかひ》にて通らんと関守《もり》と争《あらそ》ひ・こなたよりの女使と共に争ひ後関守戸《と》樫《がし》が妻《つま》のはからひにて両方の状箱計を取かへさせて急用を調《とゝの》へんと別れ・次ニ四ばんめにて梶原平三かたへ雲野《うんの》太郎よりの文箱をもち来りまことは静《しづか》御前也との文体《ふんてい》を文拾《ひろ》ひ見て俄《にわか》に奴すがたにて静御前の身ぶりと成て梶原にぬれ事・逃《にげ》廻るをとらへてこまらすはヲキ頭巾ヲツト待た此狂言十四五年にもならふか由男《よしお》のした時は大分おかしかつたが今度はとんとおかしうないぞや頭取成程其上京都でも古四郎五郎どの慶子《けいし》丈相手にて勤られましたが由男殿程にはな(十三13ウ)いと申た此度でもめづらしいと思召さば面白い所かくべつ見古されたただけ里環丈の不仕合初日講夫レ計でもないチヤリの間チトむさい程の義頭取それはあんまりのわる口里環ヒイキむかく〱仕出して来たぞよ頭取是は御尤頭取が御詫《わび》申ます其後奥より綿《わた》ぼうしにて出て・鯉長丈役しきなみと出合・宵に状箱を取かへて弁慶と思はれし状とかはりし物がたりして実《じつ》は熊坂也とて・敷浪に恋仕かけ入瘭《ぼくろ》より誠は義経にて身をやつせし事を咄す時・せり上にて能登守顕れ出て八島の軍語り・後戸樫が情にて副将軍の印を取返し呉るまでわるいとは申されませぬぞとかく早川又兵衛ぐらゐの出来を待ますぞ

上上吉　　嵐文五郎　　中村座

頭取ヒリ〱する程小廻りのする人付ヒン又山椒《さんせう》は小粒《つぶ》でもといふことかあんまり古いぞ頭取又〱急度誤《あやま》りました・此度不登咄の序口明は市村羽左衛門役にてすこしばかり(十四14オ)次に下人預り軍太《くんた》兵衛役にて堀《ほり》川の御所へ尾上菊五郎をかゝへんと有て目見へに出しを見れば先年欠落《かけおち》したる御厩《むまや》の喜三太ゆへ段々不埒《ふらち》をいひ立借シたる金をかへせといへば・天狗《てんぐ》のあたへし団《うちわ》をもつて自由《じゆう》をなしたちまちヨイヨ〱菊五郎様と誉《ほめ》団をふさげは又借金を乞《こひ》・又団を広《ひろ》くればヨイヨ〱菊五郎様は大分おかしがりました・後は誠は亀井六郎にて和田五郎と立テの落合・此度さした

る事もなけれ共とかく何でも間にあふ徳《とく》なものと粋《すい》は申ますぞや
初日小ソウても出世は見へてあるぞ中居うれしい〳〵

上上吉  嵐七三郎 中村座

頭取此度尾上菊五郎の狂言序は上使の役にて蒲冠者《かばのくわんしや》の行衛と宝《たから》の詮義備前守がまいないをうけて事を済すを末座《ばつざ》より詮義のこりしと八甫丈役大庭《おゝば》三郎誠は大庭の家来要《よう》助也とて末座へ直りて後（十四14ウ）実《じつ》はまことの蒲冠者範頼なるゆへ備前守に難題をうけ・狼藉《らうぜき》を堪忍《かんにん》する所大分上りました落サシもちつと女形がのこるぞ〳〵頭取又〳〵御無理《むり》を

上上  嵐三十郎 小川座

頭取此人は萩野吉三郎とて元来京子供芝居へ出・其後当地堀江座摩などへも出て四五年以前より京都の勤・去年嵐三十郎と改られ南側の座本急《きう》に評判よくなり・来介に似《に》た声《こゑ》は前の四郎五郎のとて皆出世のこくち・中〳〵狂言ひらたう手丈夫にて当皃見世万歳の宝積山の序・奴陸蔵《りくそう》役浪《なみ》介と連め見へ後ともに神璽《しんし》の御箱を争《あらそ》ひ・誠は楠正行ならんと薬師寺に正成がされかうべをふめよと突《つき》付られ無念をしのぐ所大分よし・段々御出世〳〵置頭巾マア声がよふ通つてよいぞ〳〵

上上  市山助五郎 中村座

（十五15オ）

頭取此度戸樫《とかし》左衛門役にて梶《かち》原とともに関《せき》を守りし所幕《まく》明に山伏をとめ・後平馬より使きたり状箱をひらき見るに此使弁慶《べんけい》也と書あるに女なるゆへきもをつぶし・夫より彼《かの》女を弁慶のあしらひにておくへ通し・後は戸樫が家来にての落合落付てしつとりとした所が出来たぞ・ツケヒン前来助で見た時は此狂言もつと面白かつたにの・頭取さりとはようおつしやりますぞ

上上  藤川柳蔵 中村座

上上  三升宇八 小川座

頭取此二人目録とは分置て又宇八殿口へ出しましたれど・此所では一所に置まして柳蔵殿口へ出しましたは・此度八甫丈御子息に御極めなされたとの口上先々めでたく存るの御祝儀・御役備前守が子和田五郎親と心を合せて蒲《かばの》くはんじやを失《うしな》はんたくみ・喜三太（十五15ウ）か団の風ふき立られこくうへ入鳶につゝかれとてのなき声おかしく・後上より下り来ての落合▲宇八殿は奴浪平にて陸《りく》蔵と同じ目見へ・神前にかくしある神璽《しんし》を正行と争《あらそ》ひ後仙《せん》

術《じゆつ》にたぶらかされ誠は薬師寺次郎左衛門にて恩地左近《おんちさこん》に宝を取かへされての落合・二人共極り付には立役とある故・此所に出しましたが敵の役目ずいぶん御精《せい》をいだされませう

▲実悪之部

上上吉　　中村歌右衛門　　座本

【頭取】扨ちよと御ことはり申上ます此度久しぶりの座本にて江戸尾上菊五郎殿当顔見せ登らるゝ事のやくそくきはまりかんばん出されし所・ふきや丁市村座普請成就《ふしんじやうじゆ》ニ付俄《にわか》によきどころなき事出来ての断・此事にてきつう気をもま（十六16オ）れし上京都坂田半五郎殿をせひなく頼み下りくれられ候やうとの義・是も右江戸梅幸《はいこう》丈と同座の極め付も出しゆへ段々の断ながらしばらく成共と頼みて此度杉暁丈顔見世の間の助ヶつとめ・これによつて右の口上なが〳〵申てもゆきとゞきかたきとて当顔見せ狂言の外《げ》題《たい》は

時代は源平盛衰記
其時は衣川合戦前　尾上菊五郎不登噺《のほらぬはなし》　算談違

右狂言口明江戸表方武助の役にて大坂手代佐右衛門へ右間違《まちかひ》し云《いゝ》訳《わけ》すれど聞かさるゆへ・吹《ふき》かへの梅幸路考《ろかう》をわたし銀をうけ取しより・大坂手代以の外いきとふりてヤッサモッサの中へ・くらま僧正坊の末社天狗八甫丈役ながら中村友十郎勤ムありこと姫を連顕《あらは》れ出て皆〳〵悶絶さして武介を呼《よび》かけ・此姫は範頼《のりより》にあいたきと願かけしゆへ今爰まで連来たり此ありこと姫を瀬川菊之丞に仕立・汝《なんち》は尾上菊五郎と（十六16ウ）成て京ほり川のやかたへ入込むべし則二人共其形《かたち》と見するため団《うちわ》をくれる此団ひろげる時は汝が思ふやうに見せて人の心をまよはす也・すぼめる時は常《つね》にかはらず・あふく時は風を出すとてあたへ置て失《う》せて後人々正気付て・菊之丞菊五郎也と思ひ連帰る所狂言の発端《はつたん》にて・次に二人の役者と成て入込し所誠は先年欠落《かけおち》したるお厩《むまや》の喜三太也と見顕はされ・団をひろげては菊五郎と成て狂言の目見へにてくだら伴内が下見に狐忠信の狂言【置頭巾】頭取なんと面白ごんすか【頭取】いかさまちと此所はおとなげない程の事・夫より末にいたるまで彼団にて術《じゆつ》を以ての仕内・此度は衣《い》しやうも入らずあまり出来たとも申されませぬが・出来にくい顔見せを取立られたはたらき・気あつかひの上なれば稽古《けいこ》もそこ〳〵・皆どふ思召すか（十七17オ）近年大かた実事計尤面白うもござれとも御商売《しやうばい》の実悪の手づよひ場《ば》を見たひでござりませぬか【大勢】のこらずそふ思ふてゐるぞ【頭取】しかし先ッ間の物は又御しんぼうなされて今一ト狂言実事を立役と思召て御らうじませずばなりますまい・二のかはり評判はどふぞ立役敵役女がた打混《こん》

じてよい所をよいにしての評判もようござりませうカイ[大勢]是もよかろ[ひいき]なんともいはぬぞよく〳〵ヨウ覚てゐゝヨ

上上吉　坂東岩五郎　中村座

[頭取]乗《の》り込の夜子共衆の舞《まい》の跡《あと》岩五郎に舞《ま》はせいとて見物の芝居出ぬには仕様もなく扇の手の一曲《きよく》にどつと笑《わら》はせてめでたき其夜の義式《ぎしき》の賑《にぎは》ひも毎年く〳〵ひいき増《ます》く〳〵も・此度不登噺口明には大坂手代佐右衛門役にて菊五郎を連かへらんと江戸の表方との争ひ・次は四ばんめ梶原（十七17ウ）平三の役に戸樫左衛門とともに安宅の関守にて幕《まく》明に山伏との争ひ・次に平馬之丞よりの使弁慶が女なるゆへおどろき・次に雲野よりの使静《しつか》御前と聞見ぬ恋にこがれてうれしがりし所奴なるゆへ逃あるく所おかしく[初日講]頭取是はさつきにもいはれた由男此奴を勤た時は[頭取]奥山殿の御役[初日講]今度より其時かおもしろかつたハイの[頭取]されはサ始にも申た通りとふで初而《しよて》勤た人の狂言にて夫よりはおとつたやうに思ふがならはし・中く〳〵おとる事ではなけれ共此度は例《れい》のおかしさも見古したる体計にてさしたる事もない程の事・何分兄御国五郎とは格別の上りめと存ます

上上吉　染川此兵衛　小川座

[頭取]当顔見世は里の子来八の役にて始に来八となのり入込し者を詮義して館《やかた》の為と見せて誠は盗賊《たうぞく》九十郎にて同類の金十郎を手下に付テ脇《わき》や次郎が預りし（十八18オ）宝剣《ほうけん》をぬすみ・後白びやうしひなづるに似《に》せ勅使《ちよくし》と成くれよと頼て出迎ひ・我頼しとちがひよし助が為をおもひなんぎをすくふを腹《はら》立紅葉狩《かり》の舞半《まいなかば》にて殺《ころ》さんとするまで次は所作の阿堵《と》と成ての落合・二のかはりはおかしみませてせわ敵の場を楽《たのし》んでゐまするぞ

▲敵役之部

上上士　市川宗三郎　中村座

[頭取]当地では久しぶりの顔見せ何とはいへ功のいた仕うち少しばかりながらよふござりました・不登噺の序備前守役我子和田五郎と示合せ範頼やかたになきを幸に押領《おうれう》せんとはかるを大場の三郎に見あらはされ・後喜三太が持し羽団にまよはされ盗《ぬすん》だる宝を取かへさるゝまでなんと思召ます大手でよござりますな[置頭巾]マア老功《らうかう》といふモノカイ

上上　中村治郎三　小川座

[頭取]此人もしばらく座摩の社内をつとめて四五年前より（十八18

ウ)上京去年は四条南側のつとめにて一両年大分評判よく。当年始て道頓堀角の座出勤にて中入狂言山名監物役。藤房を殺《ころ》さんとて毒薬《どくやく》を調合させ腰《こし》なる印籠《いんろう》に入置く所。藤房に打叩《たゝ》かれ気を失《うしな》ひしを。娘かほよが気付也と思ひのませて正気を付てより其様子を聞悲《かな》しがり。男は一時の命をたもつて死ると思ひ信房へ書置をのこして娘にもたせやり。後皆藤房が計略《けいりやく》にて毒薬ならで彼書置より悪事あらはれ。鏡《かゞみ》の有所知れたるを無念がるまで。前後おかしく狂言はぐつと上りませうと頼もしう見へまするぞ[京下り]京でいとまごひの加村宇田右衛門はいかふできました

上上　中村岩蔵　小川座

[頭取]去年は立役なりしが敵役にてことしのお勤。猟師《りやうし》深七役里の子来八と成てよし助やかたへ入込ム手だてにきんたんの地へ網《あみ》を入わざととがめられて後室にめぐり(十九19オ)

(挿絵第五図)　(十九19ウ)

(挿絵第六図)　(廿20オ)

あふ所誠の来八きたりて事あらはれ。後手下の盗賊《たうぞく》金十郎となり末にては抿子《みんし》殿所作事の阿堵大分小廻りかしてよいぞ〳〵其外の衆は口の目録に書のせ此所はりやくいたしました

中村座　算談違
尾上《おのへ》菊五《きくご》郎不登嘶《らうのぼらぬばなし》
辰十一月九日より
ありことひめニ　市山富三郎
くらま山のまつしやニ　藤川八蔵
き三太ニ　中村歌右衛門
とがしの左衛門ニ　市山助五郎
となせニ　花桐豊松
のりよりニ　嵐七三郎
かぢはら平次ニ　坂東岩五郎
けいせいみやこぢニ　三枡徳次郎
小ゆるぎニ　中むら玉がしわ
大ばの三郎ニ　二やく　藤川八蔵
やつこほど内ニ　嵐吉三郎
わだ五郎ニ　藤川柳蔵
しきなみニ　中村久米太郎
いわなが平太ニ　嵐文五郎
のとのかみのりつねニ　坂田半五郎
けいせいいはつねニ　中村松江

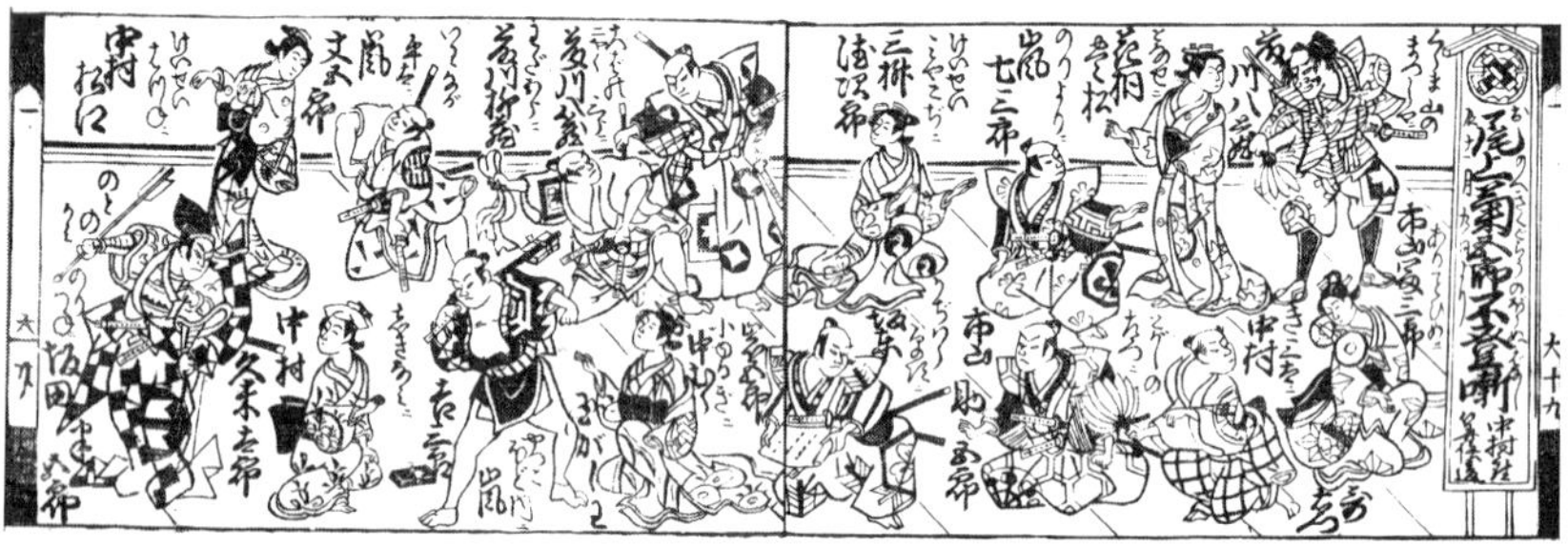

挿絵第五図　挿絵第六図

▲若女形之部

大上上吉　中村粂太郎　中村座

頭取相かはらず当地の御住居《すまい》お互に悦びまするは中居去年よりは今年はくつきりと若やいで見へるじやナイカイナヲトシサシそんな事も有うカイ頭取当顔みせ不登咄の中入　妼《こしもと》　敷浪と成て状箱を持て関所を通らんと争ひ・関守の計ひにて奴程内が持たる状箱と取かへ別れ・四ばんめにて戸樫が館《やかた》へ届けし所此状を持たる使こそ弁慶なる間ひそかに吟味有へきとの文体にておくへ通りし所女なるゆへ戸がしかぢはら真海《しんかい》三人共にあきれゐてさま〳〵談合《だんかう》の内・彼状を拾《ひろ》ひ見て宵に関所にて取かへし事思ひ出副将軍《ふくしやうぐん》の印を取らんため俄《にわか》に(廿20ウ)弁慶と成仕内おかしく・次に装束をあらためときんをかけ出て大さかづき引受てぜひなくのまんとする所山伏出て毒《どく》酒也といふにおどろき・敵をちらし山伏に一礼終《おはり》互《たがひ》に不審《ふしん》して別れて後・女すがたの熊坂に出あひ常盤《ときわ》御前の敵を討んとはかり・誠は静御前也とかたれば入瘭《ほくろ》を見せて義経なれ共妻ながら面体《めんてい》見そこなひし程に計りし事を互にかたり合て悦風情置頭巾ヲツト此場は前一鳳の役夫ほどにはないじやないカイ粂太郎ヒイキさりとは同し事をようさし出るわろだまつて拝んで計居ヤイノ頭取そふおつしやつてはけんくわに成ます・是は前に里環丈岩子丈の所でも申た事・其外当時助五郎殿役戸がしは其時来介殿の役にて此四人とも其時わけて評判よろしく銘〳〵の狂言と成・殊に見古さぬ仕内なれば申出し〳〵いたす儀・早十四五年もすぎし事ゆへ作者此狂言を出されし物・わけて一鳳丈の(廿一21オ)所此度鯉長《りてう》丈おつとめにて弁慶に成たる所はかつかうといひかた〴〵一鳳丈にもやうも多くござれ共・其仕うちとはかはりて高上《かうじやう》なる仕様をかんじます・又弁慶後の出端前は素袍《すはう》仕立此度は水衣など女形のすがた崩《くづ》さずわるいとは申されますまい・成ほど一鳳丈の出来狂言ながら此太夫にての仕内を見て善悪をお付なされませイ初日講わるうはない〳〵さりとは雲上なる仕内頭取次に能登守教経《のとのかみのりつね》半五郎役顕はれ出て八島の物語にての落合いつにても見ごたへがいたしますぞや

上上吉　中村喜代三郎　小川座

頭取当顔みせ日本万歳宝積山の序恩地《おんぢ》左近女房喜代橋の役にて夫はみなと川にて討死せしと思ひ親一二三四五兵へが欲《よく》ゆへ妾《てかけ》奉公にやらんとて連出し道にて仙人膏《かう》売の顔を見ておどろき・思はす夫トの恩地が名をいひしゆへ親の心かはりて訴人《そにん》せんといふをなだむ(廿一21ウ)れとも聞かず夫の首《くひ》を討てわたさん事をうけ

合へば・くまのゝ牛王《ごわう》のうらにせいしをかゝさんと引立入後おつとにめぐりあへどもせいしを書たるをおそれて身の上の大事を得告《つげ》ず・神酒《みき》に酔《ゑふ》うても〳〵云かね・終《つい》にはいなりの末社白狐の付たる風情にてやう〳〵大事をかたる所・此度一座の出来頭此所なんと思召ますきつと功顕《かうあら》はれかん心いたしますではござりませぬか置頭巾此所は和田合戦のつな手が仕うちながら狐の間などは各《かく》別《べつ》花やかに見へて初日講成程我《が》を折ましたぞ頭取次に薬師寺が正行に難題《なんだい》をさゝへて安宅の物がたりの阿堵にて落合・末に恩地が女房也と名のるまでさりとは出来ます〳〵付ビン組此頭取は近年とかく此人をひいきするぞや頭取そうおつしやれは中事が大分ヲトシサシ御気に障《さは》つたら御了簡《れうけん》なされて二のかはりにゆる〳〵承はらふ

上上吉　中村松江　中村座

（廿二22オ）

中居おろ覚なくらいじやもう何年ぶりじやヱ前出羽《ては》の芝居で染分手綱の重の井にて評判よかつたを覚てゐる〳〵頭取左様〳〵夫レは宝暦八九の比の事にて名は松右衛門と云十一年巳の冬より江戸森田座へ下りて名を改られ十二年ぶりにて大坂のぼりヲトシサシおさな㒵は有がどゐらい大キな者に成たぞや頭取此度は道中にて何か遅《おそな》はりしとてのり込過ての着ゆへ狂言のけいこもなく・三日め比より中入狂言関所の跡へ出て源九郎狐が娘也とてけいせい姿にて見物の中よりあらはれ出て・文五郎殿柳蔵殿奴すがたにてすこし計相手に成ての所作事・和はりと見へます何ぞしつくりとした狂言間の物に成共見たいと町中待てゞござりませう

上上吉　花桐豊松　中村座

頭取此度はとなせの役にて序の御勤・和田五郎がけいせい都路を責《せめ》て範頼の行衛をせんぎし殺《ころ》さんといふをそ（廿二22ウ）つじ也とゝめすへにいたるまで此度はさしたる事もなけれともきつい仕上やうおどろき入ました初日講何でも間に合きよう肌《はだ》頭巾組うれい事にはかんしんしたぞや

上上士　尾上条助　小川座

頭取万歳宝積山の中入藤房妹あやめの役・兄を夫の味方に付んと忍ひ入リてあやめの謎《なぞ》をときかね・後夫にそへよとて兄の書置をもらひ・切に至て彼書置のひらくべき時也とて開き・養父の悪を知て偽せの神鏡に兄をうつし切割てかへるまできつとしてよいぞ〳〵

上上　三枡徳次郎　中村座

頭取此人は大五郎殿の弟子にて京都にて色子をつとめ一昨々年寅の顔見せより若女形と成て北側の座本を勤．当年大坂の初舞台先器量《きりやう》よくりゝしう見へます．此度はけいせい都路の役にてのりよりをしたひ行衛をせんぎにあふて後落合のはたらき計．二のかはりは若（廿三23オ）衆すがたで見たいぞ其上にてと先此度は位は其侭〳〵

上上　中村玉柏　中村座

頭取戸樫左衛門女房小ゆるぎの役にて関所を預り二人の急用の状を取かへる迄大分落付て見へます初日講是は前の浪江役カイ

上上　山下八百蔵　小川座

頭取明和五子の顔見せは西の座本を勤寅の霜月より江戸下りにて当年はめつらしく小川座へお登リ器量も芸も見かはしましたぞ落佩組ちよつと打て下されチヨン〳〵〳〵〳〵〳〵是は八百殿もてなし第一にて二つには付鬢中間へのお付合ニて中居いかさまこゝは頼みじや此辺で皆付鬢を取ておくれ大勢ヨイヨ〳〵〳〵頭取是はとふもいへませぬ．扨此度は山名監物が娘かほよにて幕明狂気の出端．毛鑓《けやり》の所作少し次に父が帰ると其まゝ正気と成て．後藤房にあひ父が悪事を案じ事の願ひにあや（廿三23ウ）めと倶に二首の歌にて謎をかけられ．次に父が悶絶《もんせつ》せしをかなしみ毒薬としらず気付を用．正気付て後聞ての悔の所大分よし．其後勾当《こうとう》内侍と成て藤房館へよめ入して父をいさめての自害《じがい》迄御精出されて御出世を待ますぞや

上上　市山富三郎　中村座

頭取市山兄弟のうち別て出来もの近年竹田座を余程の勤にて．去年助五郎座三のかはり近江源氏しかた講尺狂言より御出勤にてひいきつよく勿論評判もよく次の桂川狂言お半は大あたり〳〵．此度は有琴《ありこと》姫と成て鞍馬《くらま》の末社に連られ出て瀬川菊之丞と成て堀川館へ入込静《しづか》の鼓の役もよし．次にのり頼にめぐりあひて難義《ぎ》をかばひ落合のたてはしかく余人より仕出しがちがふて見へまする頼もしい〳〵坊主組出家に還俗《けんぞく》した祝ひに此人て一つ又打てもらひませうしやん〳〵〳〵大勢ハア、、、、、、（廿四24オ）

上　市山源之助　小川座

上　中村亀菊　同座

上　　中村千菊　　中村座

頭取源之助殿は此度から歌姫役にて稲荷詣計《いなりもうで》・後薬師寺に殺されるまで▲亀菊殿は四ばん目折鶴《おりつる》姫と成義《よし》助をしたへ共義理有て添はれぬうれい有て・次にひな鶴に助られて入るまで▲千菊殿は此度歌七どの弟子と成て中居の役にてさしたる芸も見へず・御三人ともとかく御精を出されませや

惣巻軸
上上吉　　若女形　嵐雛助　　小川座

頭取東西〱此人は近年評者の見所有て立者筋とて惣白の大上上吉の事も有て去ル二のかはりより黒吉と定り去年まで三年続て京都の勤当年はたして小川座へ若女形の大立者と成てのお下り・第一の花方先芸評から致ませう・此度日本万歳宝積山の四ばんめ（廿四24ウ）白拍子ひなづると成花傘にての出端猫の蝶にたはむれるを見入礫にて追へば陣太鼓《ちんたいこ》にあたり相図のしのびのもの出るを付まはり当テ身にて具足箱へ押込メ置脇《わき》屋義助が自害《じかい》せんとするを留め我ほれたるより宝を詮儀してやらんとうけ合次に菊つくり左平次が去《いに》たがるをさゝへて義助ににたるゆへ身がはりにせんとてだましとゞめて靫猿《うつほさる》の狂言のけいこにての其場の引はり中居猿《さる》のおそめは頭取おとなげないとおつしやるのか初日カウイヤ〱花方ではようあのやうな事をしられることじやと誉《ほめ》まするのサ頭取色事仕かけにて其場のくろまりやうにおどろき入ました・次に来八が恋仕かけにてにせ勅使《ちよくし》に成くれよとの頼・命づくなればぜひなく頼まれ・後楠が娘菊水と成て勅使の役にて外題《だい》づくしの口上頭巾組此斯は慶子殿も親の小七殿もしられた所頭取成程よいお覚此度は若手の達者（廿五25オ）中〱見おとりはござりませぬぞ・扨義助をかばひて来八が工みをくぢかせ・後高橋判官に贋勅使を見あらはされ後上使食応*の乱曲の役を受て紅葉狩の所作事にて落合の立テ此兵衛殿岩蔵殿阿堵大分見へもよし落佩所作はヤット出来ぬぞや頭取是はさしたる義もなけれ共先若手の立者は急度顕はれたる仕うち初日講頭巾頭取芸評から先ッ云ふといふたが何ぞ云ひ分がまだ有ルのか頭取云ぶんと申ては中〱ござりませぬが近年女形より切レはなれしたる役を勤ての大評判其最初は申さずともしれた京大坂にて濡髪の役の当りを取てより去々年近江源氏にては後室みめうの役評よく・其後は菅原にて菅丞相と八重の二役にて丞相の評至てよく・去夏は矢の根五郎お勤は柏莚《はくゑん》じやと申ました・同秋は物草太郎にてさえだと不破伴左衛門の役にて一座春よりの評判（廿五25ウ）を直し坊主組ねり物の見事なを見るやうに有たぞや頭取そこが女形をはなれぬ所の頼母《たのも》しさ・されば共伴左衛門は古代桐谷権十郎殿このかたの見へ也と申ました・扨女形も油《ゆ》

断《だん》なく愛護若《あいごのわか》にてたそかれ役にて其《き》答《とう》丈を娘にしてのあしらい・去年は恋女房重の井役・とかくお年不相応《さうおう》のあたりめより黒吉に成て当年大立ものは当芝居今すこし実悪の当世めかぬ所を此人に引立させて何役によらず御苦労をかける座組・さすれば当年は諸役打混《こん》じて見ねばならぬ・此人此度持前の女形にての相応の出来ゆへ先ほうびいたして巻軸に置ましたが申分はござりますまいかナ惣々ない〳〵きつとないヲトシサシ間の物二のかはりは勿論の事かはり〳〵にどんな物が出よふとたのしみまするぞ頭取三右衛門殿近年お休み嘸悦びでござらうのヒイキそふとも〳〵京下リ暇乞狂言の女非人もあしからぬさた若手の大将〳〵

（廿六26オ）

上上吉　立役　坂田半五郎　中村座

江戸上リイヨコチノ杉暁《さんきやう》待てゐるぞ〳〵頭取爰は頭取の役目存よりありて此所に置ましたしばらく御免下されませう申つゞけにいたしまする・先申さず共しれた此人江戸表の生立にて始は仙国左十郎と申て寛延二巳冬より二代目坂田半五郎と改られ当巳年まで凡廿五年だん〳〵出世して愁歎《しうたん》事に名を得由良之介武智《たけち》の役などにて名を上ケ・明和元年より黒上上吉と成て実悪の巻頭役者・近年立役事多く去辰年は京都三升徳次郎座の勤にて間ィの物に仮名手本に四やく勤にて相かはらず評判よく・当年は江戸吹や丁の約束にて極り付にも出て出立之所・始メ歌七殿の所で申通り梅幸丈間ちがひにて段々歌七殿の頼みしばらく江戸普請出来までの間勤くれらるゝやうとの達ての頼み・拠なくしばらくの助にて顔見世の出勤▲（廿六26ウ）狂言は尾上菊五郎不登噺・四ばんめ幕明に山伏姿だらく坊にて出関所を通らんと争《あらそ》ひ斎料《ときれう》の為いつ迄も逗留《とうりう》せんとて捕手《とり》に取まかれて入・後敷浪が弁慶と成大盃にてしいられゐるを立聞どく酒なる事をかんがへ互に不審《しん》して入・次に能登守教経《のりつね》の姿にて顕はれ出義経静《しづか》と共に八島の軍《いくさ》物語りて後誠の戸樫《とがし》左衛門と名乗・梶《かぢ》原が盗取し副《ふく》将軍の印を取かへさん為ばかりと・当狂言是までにて見へ計よく有ながら込入て味《あぢを》ふ事の間もなく・当地の沙汰はさつはりとよいとは申されませぬ依之始より御出世の年数を出し位付其侭別の座に置ました坊主組下手じやない〳〵こちらが見て置た落さしそれはこちもしつてゐる初日講急度上手かな頭取されはサ上手下手の段論《ろん》なされず共黒吉と成て十年も年数あれば立者には違ひはない・去年の由良の介見たお人もござらふが実は爰で出さ（廿七27オ）したいもの其後宵庚申《よひかうしん》にておちよのてゝ親平右衛門と成てうれいの大あたり・三日太平記のたけ智も三日お勤にてさたよく頭巾組日限切ても見られぬ事カイ頭取江戸表も普請成就との噂ながらどふぞ今すこしとめて見たいお客人・

此伬では近頃残念の御帰郷ながら先此度は御苦労の御下り・其外の衆は目録の所に出しましたれば爰に略《りやく》いたすと・いふかと思へばあり合ふ人々元トの文字のなりかたち・跡引し長もの〻巳の年の芝居続《つゝき△》〱し初礼者の物申ゥも冬のねむたさもはつさりとめさましき評判付に猶めでたさをかさね〱しはんじやうの難波津の賑ひめでたい〱

安永二年巳正月吉日

京麸屋町通六角下ル町　八文字屋八左衛門板

（廿七27ウ）

○一寸御断申上ます

一中芝居の芸品定去年御目にかけました相撲の立合を今年は四本柱へ一所に打こみ土俵入を御らんニ入ます其甲乙は褌に四季を分て置ました

道頓堀南側東芝居
座本　嵐吉次郎

同西芝居
座本　萩野仙二郎

堀江東芝居
座本　竹中綱八

座摩社内芝居
座本　尾上小三郎

稲荷社内芝居
座本　小野川弁弥

▲立役之部　東之方

春

松屋門十郎	尾上座
中山楯蔵	萩野座
松本国十郎	小野川座
谷村楯八	竹中座
嵐佐野八	嵐座
沢村太吉	嵐座
小野川弁弥	座本
嵐与市	萩野座
市の川門三郎	竹中座
山村光蔵	竹中座

夏

（い28オ）

竹中綱八	座本
佐野川万吉	小野川座
藤川音松	竹中座
中村津多右衛門	小野川座
花桐喜太郎	尾上座
山下福蔵	嵐座
水木東蔵	小野川座
三升他蔵	嵐座
桐の谷徳二郎	竹中座
坂東蟹蔵	小野川座

秋

中山音十郎　尾上座
山本京蔵　尾上座
山下徳十郎　小野川座
泉川百松　嵐座
嵐　清蔵　竹中座
中山太四郎　萩の座
中村次郎蔵　竹中座

冬

浅尾為右衛門　萩野座
沢村伊八　小野川座
三升松之助　嵐座
中村新蔵　小の川座
松本次郎三　小の川座
中村万蔵　尾上座
あらし万蔵　嵐座

（い28ウ）

今村七蔵　尾上座
市川九十郎　萩の座
市の川万六　萩の座

嵐秀五郎　嵐座
谷村万吉　嵐座
沢村長十郎　竹中座

▲女形之部　西之方

はる

尾上小三郎　座本
玉川富滝　小野川座
嵐国二郎　竹中座

なつ

山科甚吉　萩の座
岩井八十七　嵐座
嵐吉次郎　座本

嵐　此松　小野川座
坂東豊吉　小野川座

嵐　豊松　竹中座
榊山四郎太郎　尾上座

あき

尾上与市　尾上座
嵐富士之介　竹中座
浅尾弥太郎　竹中座
三升長五郎　小の川座
山下半太夫　小の川座

ふゆ

中村弁之介　嵐座
萩野仙二郎　座本
山下吉五郎　竹中座
嵐菊次郎　嵐座
嵐紋太郎　小の川座

桜井亀蔵　藤川音蔵

右一番ひ古人ニ相成申候御廻向たのみ上候

（ろ29オ）

八文舎蔵板目録

古今役者大全　全六冊	傾城禁短気　全六冊
新刻役者綱目　全六冊	同　次編　全五冊
役者全書　全五冊	同　三編　全五冊

歌舞妓事始	全五冊	傾城色三味線	全五冊
耳塵集	全二冊	傾城卵子酒	全五冊
鸚鵡石 物まね仕やう	全一冊	風流曲三味線	全六冊
役者発句占	全二冊	風流略雛形	全五冊
一蝶邯鄲枕 中山新九郎一世一代記	全一冊	当世行次第	全五冊
役者色仕組 素人狂言	全五冊	浮世親仁形気	全五冊
舞台三津扇 評判序揃	全五冊	略縁記出家形気	全五冊
遺放三番続　同	全五冊	自笑楽日記	全五冊

（30オ）

役者清濁

安永二年三月

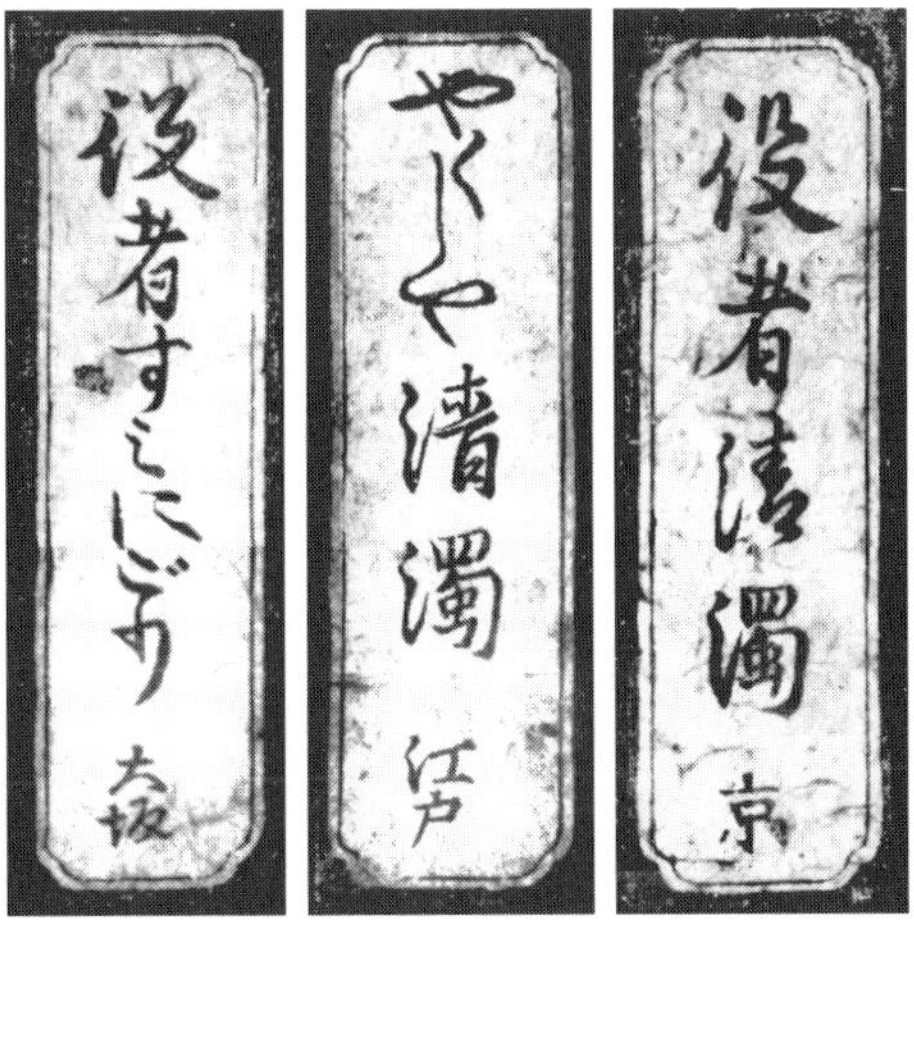

（早稲田大学演劇博物館蔵本）

役《やく》者《しや》清《すみ》濁《にごり》

芸品定

序

昔《むかし》 江州大津《ごうしうおゝつ》。樋《ひ》の口《くち》の辺《ほと》りに麦畠《むぎはたけ》ありけるが。やゝもすれば草苅《くさかり》ども麦《むぎ》を荒《あら》しけるゆへこれを制《せい》して。其《その》所《ところ》の草《くさ》むさと苅《かる》べからずとの事を札《ふだ》に記《しる》し建《たて》たるが。其《その》人の目《め》安《やす》からんためにとて。仮名《かな》多《おゝ》に書《かき》たりけるその文《ぶん》

（壱1オ）

大津ひの口むきはたけ
むさとくさからせ申ましく候

これをよむ人清《すむ》と濁《にごる》にて雲泥《うんでい》の違《たが》ひになり。大《おゝ》きに笑《わら》ひをなしけるとぞ。又あづまにて桔梗屋《きゝやうや》何がしとかいへる菓子司《くわしし》の家《いゑ》に飼《か》ふ鶏《にわとり》。或時宵鳴《あるときよひなき》してけるを。鶏《とり》の宵啼《よひなき》は火難《くわなん》に祟《たゝる》のよし云《いゝ》あひて家《や》内《うち》の者《もの》あやしみけるを。其家《や》の（壱1ウ）妻《つま》一首《しゆ》の狂歌《きやうか》に是《これ》を転《てん》じて

きゝやうや。にごれはくわじよ。
すめば。くわし
かけとてかうと。
よいなきをする

この秀逸《しういつ》に仏神《ぶつじん》も感応《かんのう》有けるにや。其としいさゝかのあやしみなく。しかも商《あきな》ひあまたありて利潤《りじゆん》いつに勝《すぐ》れて多《おゝ》かりけるとかや。されば清濁《せいだく》ともに時《とき》に臨《のぞ》み。折《おり》に応《おう》じて変化《へんくわ》の自由《じゆう》は作《さく》と気《き》とりとにある（二2オ）のみ。この春《はる》二のかわりの評記外題《ひようきげだい》を清濁《すみにごり》とあらはす事。左のみ芸《げい》のあたりふあたりの儀《ぎ》ばかりにあらず。軽《かろ》く清《すめ》る見物はたなびきのぼつて桟敷《さじき》に居ならぶ粋仲《すいなか》間《ま》。重《おも》く濁《にご》れる見物はつゝきかたまつて場《ば》におし合ふ贔屓《ひいき》連中。高《たか》きも低《ひき》きもおしなへて。みなうち揃《そろ》ふ（二2ウ）例《れい》の評判《ひやうばん》左のごとし

于時安永
二の替り
三ヶ津を
一序に
なすは
京八文舎に自笑
とぐろを巻く

（三3オ）

京四条二芝居惣役者目録

名代 早雲長太夫 布袋屋梅之丞　座本 姉川千代三

名代 都万太夫 蛭子屋吉郎兵衛　座本 芳沢いろは

●当時花麗

ほうびはだか人きやう
上上吉　沢村宗十郎　姉川座

ほうびぼうし
上上吉　藤松三十郎　芳沢座

▲立役之部

上上吉　市野川彦四郎　姉川座

上上吉　坂東満蔵　同座

上上吉　尾上新七　芳沢座

上上　市川幾蔵　同座

上上　市川斎蔵　同座

上　山下幸四郎　姉川座

上　市川辰十郎　同座

立役巻軸
上上吉　江戸坂京右衛門　同座

▲実悪之部

（三3ウ）

上上吉　浅尾為十郎　芳沢座

上上吉　嵐七五郎　姉川座

▲敵役之部

上上　松本友十郎　姉川座

上上　坂田来蔵　芳沢座

上上　山下俊五郎　姉川座

上上　藤川時蔵　芳沢座

一上　江戸坂正蔵　姉　　一上　藤岡紋蔵　姉

一上　市川又五郎　同　　一上　中村喜蔵　同

一上　小倉山三千蔵　芳　　一上　松本蔵右衛門　芳

一上　玉村藤五郎　同

敵役巻軸
上上吉　篠塚宗三　芳沢座

▲頭取之部

上上吉　嵐藤十郎　姉川座

上上　松屋新十郎　芳沢座

上上吉　中村団蔵　同座

▲若女形之部

極上上吉　芳沢あやめ　座本親　（四4オ）
上上吉　姉川みなと　姉川座
上上吉　佐野川花妻　同座
上上　藤川山吾　芳沢座
上上　姉川千代三　座本
上上　芳沢いろは　座本
上上　姉川菊八　姉川座
上卜　嵐重の井　芳沢座
上　中村吉之助　同座
上　中村八重八　同座
若女形巻軸 上上吉　沢村国太郎　同座

▲姉川座色子之分

一　中村徳三郎　おいし　おはや　一　三枡次郎吉　おさん　いおり
一　中村十松　小りん　とのも　一　三枡辰次郎　とみの　太之介
一　姉川吉弥　はきの　うもん　一　中村彦三郎　平吉
一　中村十吉　千之介　一

▲芳沢座色子之分

一　小倉山豊崎　いさご　一　沢村千鳥　小さと
一　山下八百市　ちどり　一　中山徳三郎　とく若　（四4ウ）
一　浅尾為之助　さい若　一　嵐巳之助　吉や
一　沢村辰之助　もじの　一　篠塚梅之助　わかの

▲若衆形之部

上上　嵐三次郎　芳沢座
物巻軸 真上上吉　立役 中山文七　芳沢座

不出　若女形 中村千蔵　芳沢座

○此所にて御しらせ申上ます

役者全書《やくしやぜんしよ》　芸品定秘録　全部五冊

此書は往昔《むかし》よりの歌舞伎《かぶき》狂言の仕内の善悪《ぜんあく》当時役者の列位《れつい》定紋《ちやうもん》替《かへ》紋家名俳名《はいめう》をしるし地芸所作事《ぢけいしよさ》の秘伝《ひでん》を顕《あら》はし其外優家《ゆうか》の秘書《ひしよ》等こと〴〵く附録《ふろく》す右の書にて年〳〵差出し候芸品定を御引くらべ御らん被下候へは上手下手《しやうずへた》のわかち明らかに相見へ申候右之本

追付出申候間其節御求御覧可被下候以上

板元　八文字屋八左衛門

（五5オ）

○ちよとお知らせ申上まする

大坂狂言作者並木正三当春にわかに西方芝居よりかゝへにまいりとる物もとりあへず行かれました則あの方にて一まいかんばん出ました便り承りましたゆへ左ニ申上まする

二月十七日

当誉正三居士　俗名　並木正三
行年四十四才

是まで此地に出勤の節は御存の通りあたり狂言あまた有之わけて切レかはつた思ひ付は此人にとゞめましたに遠いところの作者にいたしましたはさりとは残念〳〵御ひいきの御かた〳〵は念仏題目の染分ののぼりでもつかはされませ

（五5ウ）

●当時花麗

上上吉  沢村宗十郎　姉川座

上上吉  藤松三十郎　芳沢座

由男組こりやどうじや正橘組頭取ねとぼけたか可慶組一かう論《ろん》はない頭取曰是はどふでござりますぞい仰られいでもしれてある巻《くわん》頭《とう》は一同にそれに此ならべやうはのみこまぬ頭取曰そこでござります・題号《だいがう》も清濁《すみにごり》といたしましたが此度の趣向《しゆかう》でござります・序にも申ます通り軽《かろ》く清《すめ》るものは花となりて梢《こずへ》に発《ひら》く若手の魁《さきがけ》・重て濁《にご》*るもの樹根《じゆこん》に培《つちかふ》どつしりとした大立者の巻軸すいじまん頭取皆迄いふなのみ込でいるぞ〳〵頭取曰左やうならばちよと申上ます・姉川座二のかはり評判よろしき所どふした事やら早う狂言がかはりまして忠臣蔵が出ましたゆへ二のかはり日数わづかにて御覧なされぬ御方もござりますゆへ・姉川座は二のかはりと忠臣蔵二狂言の評をいたしますぞ大ぜい是はよかろはやふ（六6オ）聞たい〳〵頭取曰当二のかはり馴初桜に山崎与五郎と今川ときわの介と二役成ほど若殿らしく優美《ゆうび》に見へました・兄嫁おつまが恋を仕かけるをきのどくの仕内よし・次に狂気の道行きれいにござります芝居好随分たるまぬやうに精《せい》出してしられたら英子雷子の場は今の間じや近年のほり出し〳〵頭取曰扨忠臣蔵に小浪と成二つ目はだか人形をいだきての出端川東よりいやもうほめやうのないほどうつくしい〳〵頭取曰九つ目ゆらの介こもそうのすがたと成山科を出行時ぞうりにわたをまきつける思ひ入何のかのとさたもござれと一体《たい》が花やかな事きつとうけ取ましたぞ・二やく塩屋判《えんやはん》

官《ぐわん》大序よりもろのふが悪口を聞かね切かけせつふくまで出来ましたく〳〵見功者曰腹切の場など是まではとかくいろ〳〵の思ひ入ありて長くてたいくつするが此度の訥子の仕内はさらりとみじかく其内に無念の心持ありてどふもいへなんだ頭取曰此度の出来と娘役の花やかとを持合ましての格外《くわくくわい》の巻頭（六6ウ）にいたしました・扨是より素桐丈でござります女中出て待ておりますはやふほめておくれいな頭取曰当二のかはり桜の大紋日に菊地しのぶの介と成いつも有格《あるかく》な身持放埒《はうらつ》の仕内さじきより顔見世より此かためつきりと見上ました・此格にずつとやりたいぞ頭取曰さゝ木みんぶの情にてあほうばらひになりゐんろんにかくまはれゐておれんが恋したふをいやがり・後に宝紛失《たからふんじつ》の云わけ立ずせつふくせんとしてあたけ甚平にとめられるまでよいぞ〳〵・次に山吹がしつとにてゆふしで姫と顔の入かはりを見ておどろき・道行てまり売其答丈との所作よふござります・大切金花山のやかたへ入もくず三平が工みを見顕はすまで申分はござりませぬ・二役おことゝ成ふり袖の女形去とはよいおしたてどふもいへませぬさじき四五年以前大坂でしられた通じやがいつ見てもうつくしいぞ大坂上リ姉川大吉を見るやうな面影《おもかげ》が有ぞ頭取小性勝二郎を恋したふ仕内芝居好成程ふり袖きて奥山と（七7オ）つれ立ずつと出らるゝ所は去とはよい女形の風俗しかし勝二郎をくどくあいだの仕内は田舎娘とは見へぬ取なりが粋過て不取合に見ゆる頭取曰めづらしく持まへならぬ女形の仕内ゆへ夫ほどの事はござりませふ勝二郎との道行きつとよいぞ〳〵女中道行の内しのぶの介との早かはり見ちかへるやうに有たはいな頭取曰此度はめづらしき訥子素桐女形ゆへ両人を一所にいたしまして格外の巻頭にすへましてござります大ぜい気がかわつて面白い〳〵此次は誰じや〳〵

▲立役之部

上上吉　市野川彦四郎　姉川座

正橋組江戸坂はどふするぞい頭取曰其義も承知いたしておりまする・当二のかはりに馴初桜にみよし左衛門と成嵐山花見の場にて見物左衛門と扇を取かへ跡にてくせものと聞追かけ行・次にあさくら大かくが若殿を入かへ置し工みをあらはし・後こもそうと成くるわへ入こみ小てふの（七7ウ）前とときはの介と兄弟でなき事をしり悦ぶまで・二役山崎与二兵衛と成手代善六が工みを顕はし・後に本名いせの三郎となのり竹ちさいごの物がたりをするまで・世話の間はよふござりました・此度忠臣蔵に大ぼしゆらの介と勘平天川屋義平三やく〳〵さしきより近比は梅幸大当をせし跡に去年杉暁又〳〵大入を取間もなくいかゞと案じた所評よくきつい御

手柄《てがら》〳〵頭取曰勘平仕内はきつとよふござりますわる口ふけ過た勘平じや三十になるやならずといふ文句にはつり合ぬ六十にといふたらよかろ頭取曰申〳〵やくにも立ぬことは仰られますな・定九郎をてつほうにてうちころしくらがりゆへ猪《い》のしゝとおもひてつほうにてけんとうを取縄《なわ》にて足をくゝらんとして人ゆへおどろく思ひ入いかふよふござりました芝居好世話はよつほど和らかにせられて面白い・此度の義平は是までとちがひいかつなあたまつきにてもなく成程頼まれた事は変《へん》ぜぬといふ気性《きしやう》有て近年是程の(八8オ)義平はみませぬ大出来〳〵頭取曰ゆらの介役先人品《じんぴん》どふもいへませぬ・是までだん〳〵仕つくした跡ゆへいろ〳〵の御工夫あれどもとかくことやうにて目立まして見功者方はさのみすぐれたとの評もござりませねど諸見物はきつい悦び先はお仕合〳〵・腹切の場へかけ付る時むちを腰《こし》にさしはかまのもゝだちをおろし〳〵の出端すねもの出て只何事もなく出たいもの頭取曰塩屋のなきからに焼香《せうかう》をなし後一家中と評定《へうぢやう》の場遠路《あんろ》を来たるゆへ草臥が出たといふやうな心持かいねむらるゝ思ひ入見功者是は面白からぬ気持・大事の場所ゆへ何程の遠路を来たるとていねむるやうな事では大義はおぼつかない・こまかすぎてかへつて本意がくづれるぞ見功者曰夫より一家中薬師寺か悪口を聞かねさわぐをおさへ塩屋が腹切刀を見せらるゝも最初《さいしよ》ばかりならよろしかるべしに又取出し幕《まく》を切まで持てゐらるゝゆへ目に立ッそ・七段めぎおん町の段おかるを二かいよりおろす場も町人の遊ぶ様(八8ウ)て計略で遊所へ来るといふ大ぼしらしき底意《そこゐ》がうすい・力弥が持て来りし状を見んと口笛《ふへ》を吹花道へ来て外の状にてほうかぶりなどしてそこらあたりに人はなきかと小石を四方へほらるゝも・場の目にはよいといふさたもあれど此方共はのみこまぬ唯《たゞ》正本の通を真直《まつすぐ》にこま〳〵とした思ひ入なしにしてもらひたい頭取曰本蔵に我工夫を見せんと力弥にいひ付かもいに竹をはめさせ見せらるゝはいかふ出来ました芝居好こもそうの姿《すがた》となり山科を立出しなにお石に力弥と小浪と早ふねさせよといふ身ぶりをしらるゝはさりとは野卑《やひ》なる仕様・跡の仕廻は諸事万事といふ文句なりに置たいものわる口夫よりすこし尻《しり》をつまげ足早に花道を行かるゝは去とは面白からぬ仕様・何も急にはしつて行ほどの事も有まいさしきより最前もいふたが義平役は去とは面白い夫ゆへ三度まで見に行ました頭取曰何のかのと評もござれ共此度の由良の介も諸見物の悦び(九9オ)

〔挿絵第一図〕　(九9ウ)

〔挿絵第二図〕　(十10オ)

とかく入を取らるゝがおてがら〳〵

恋教鵆鴒馴初桜《こひでんじゆなれそめざくら》　六冊物　姉川座
正月十五日より　二ノかはり
小てうのまへニ　おつまニ
姉川きく八　姉川みなと
ぜん六ニ
嵐七五郎
みよし女ぼうはまのいニ
佐の川花妻
けんぶつ左衛門ニ　みよし左衛門ニ
江戸坂京右衛門　市の川彦四郎
やつこだて介ニ　けいせいあづまニ
坂東満蔵　姉川千代三

けいせい桜大瞰《はなのおゝもんび》　六冊物　よし沢座　二の替り
正月十七日より
ゆふしでひめ　しのふの介ニ
芳沢いろは　藤松三十郎
もくず三平ニ　じん平ニ
浅尾為十郎　中山文七
ゑんろんニ
尾上新七
あたけ甚平ニ　おかなニ
中山文七　よし沢あやめ
けいせいきん山ニ
沢村国太郎

挿絵第一図

挿絵第二図

上上吉　坂東満蔵　姉川座

頭取曰当二のかはりどもの奴和田平と成みつ書を持かへれどもごんせつわからぬゆへ云わけ立かたく腹切すると物がいわれる仕内よいぞ〳〵・二やくだて介と成くせものを見付てうちんにしゆりけんをうたれ・後にぬれがみの長五郎と変名《へんみやう》して男作の出端・此場はさのみの事もごさりませぬ・しかし二やく共此度はいかふ出来ました・此度忠臣蔵におの九太夫役今すこしにくみがうすく残念〳〵・松浦さよ姫といふ文句なしに伴内と最初より云合せ駕《かこ》をぬけ椽《ゑん》の下へ忍はるる思ひ入は大ぶん新らしくよふごさりました

上上吉　尾上新七　芳沢座

頭取曰当二のかはり桜大紋日にさゝ木みんぶと成菊地館へ上使に来り忍ぶの介を情にてあほうばらひになし・後西国へ出陣するまで・二やくゑんろんと成荒行《あらぎやう》をなし（十10ウ）しのぶの助をかくまひ置あだけ甚平に大内方のよるいと見顕はされ・我術《じゆつ》をくじかれせつふくして大童子かげゆとなのり我弟を大内りき丸と甚平に見せかけむほんのすゝめ死するまでさじきより此場であまり度〳〵顔のつくりをかへらるゝゆへ役がちがふかと思ふ程の事大坂上り大坂では一蝶《てふ》が役で有たが又格別な物で有た頭取曰全体持前に合

ぬ役がらゆへはつきりと致さす残念〱

上上  市川幾蔵 芳沢座

上上  市川斎蔵 同座

頭取曰同位ゆへ一所に申ませう義考丈はくづみ新介役精が出ますゆへいかふよふござります死人をくれはにして渡さるゝ迄よいぞ〱▲何虹丈は久住弥二郎なれ共しまむらちからと成上使といつわりしのぶの助に腹切さんとしてあたけ甚平に見顕はされ誠は甚平がはからひにて大内りき丸の工みを見顕はす計略と語る迄さしたる事なし （十一11オ）

上  山下幸四郎 姉川座

上  市川辰十郎 同座

頭取曰同座ゆへ一所に評致しませう山下氏は二のかはりに若党藤蔵やく少し計忠臣蔵に千崎弥五郎と与一兵へ女房と二やく直をよい仕出し▲市川氏は二のかはり若党庄介忠臣蔵にわかさの介と矢間十太郎二役随分精出し給へ

立役巻軸
上上吉  江戸坂京右衛門 同座

頭取曰当二のかはり馴初桜に森らん丸なれ共見物左衛門と成嵐山の花見の場にてみよし左衛門が扇をひろひわが扇と取かへ立わかれ庄介伝五くりから丸をばい合ふを見付すりかへうばひ立のき今川やしきへ上使たくみの介となのり入こみ後によしもとが寐所へ忍び込首を打立のきわる口此時そつとさし足にて忍び込はどふじや大丈夫のむほん人には似合ぬ仕やう頭取曰夫より樋の口よりぬけ出たて介に見咎《とかめ》られしゆりけんを打立のき（十一11ウ）三つ目ぎおん町へ来りみよし左衛門と出合までさしたる事なく残念に存ました所・此度忠臣蔵に加古川本蔵石堂右馬之丞寺岡平右衛門三役又〱御功者が見へます〱・本蔵役は別してよいぞ〱・わかさの介が心底《しんてい》を聞それより師直に合塩屋判官が切かけるをとめ・山科の段せつふくするまで何もさゝいな事なくしつくりとしてよふござります・右馬の丞も少しばかりなれど落付てよし・平右衛門はあまり実過花がうすく残念に存ますさじき此度は三役共出来ました〱

▲実悪之部

上上吉  浅尾為十郎　　芳沢座

芝居好曰白見世とちがひさはがしみをぬかれぐつと見上ました頭取曰何方でも其評判のみでござります・全体小手きゝにて口跡《かうせき》の調子《てうし》はよく今日の出の実悪なればおりふしのさわがしみさへ御工夫あらばつゝくものはござりませぬ(十二12オ)此度もくず三平なれ共ぐわんろんと云合せあたけ甚五右衛門が持参のしんの御鏡《かゞみ》を*途《よ》中《ちう》にてすりかへ甚五左衛門を切ころしぐわんろんと一味《み》して立のき・菊池やかたへ忍びこみ菊地大領を切ころしあたけ丸をうばひ樋《ひ》の口よりしのひ大勢を相手にはたらき立のき・二やく百性与四郎と成しのぶの介に忠臣と見せあたけ丸の添翰《そへかん》をうけ取かいしやくせんとしてあたけ甚平に見付られ・後にゐんろんが物がたりを聞大内力丸となのりむほんを思ひ立・あたけ甚平に力丸と見せてつほうに当リ死《しゝ》・夫より床《とこ》の間のかけ物かけ有うしろより元の役三平にて誠の力丸にて立出・甚平がおだまきの糸を裾《すそ》につけしをしらず立のくまで大場にてよいぞ〱・六つめ夢《ゆめ》の段にて島原出口にてあたけ甚平に出合けいせいつた山をもらひかけとくしんせぬゆへ切むすび・後に山がた大部となのり金花山のふもとにやしきをしつらひつた(十二12ウ)山を酒せめにして・次にあたけ甚平が持来りし菓子《くわし》箱よりおだまきを出せしゆへおどろき・後に甚平をつみにおとし星《ほし》をみて運気《うんき》をかんがへ我利運と悦び金花山へ行しゆその密法《みつほう》を行はんといひ・甚平が計略《けいりやく》にてあたけ丸をうばひかやされ大内力丸となのる落合まで此度は大出来〱

上上吉  嵐七五郎　　姉川座

頭取曰当二のかわりにあさくら大学と成我子と今川ときわの介と取かへ置し事をみよし左衛門に見顕はされ・まことは竹ち左馬五郎となのり・三つ目男作はなれ駒長吉と替名してぬれがみ長五郎にけいせいあづまをもらひかけ・後にいどみあふまで・二やく手代善六と成与二兵へ女房にぬれかけ盗置し金を与二兵へに見顕はされるまで出来ました〱さしき大かく役はさしたる事もなかつたが善六やくはけしからぬ出来やう(十三13オ)頭取曰此度忠臣蔵に高の師直役塩屋に恋の意趣《いしゆ》にて悪口をいふまで扨〱手づよい〱・此格《かく》にしつかりとした敵をなされよ外にいらひてはないぞ

▲敵役之部

上上  松本友十郎　　姉川座

頭取曰当二のかわりより当座へ出勤めでたし〱渋川八平二役さ

したる事なし。此度忠臣蔵に鷺坂伴内薬師寺次郎左衛門いしや了竹三やくとも近比の大出来ゆへ巻頭にいたしましたぞさしき伴内了竹は梅幸の時も勤られたがいつとても腹筋《はらすぢ》〳〵

上上　坂田来蔵　芳沢座

頭取曰当二のかはりにぐわんろんとやつこむじ平の二やく。道行のちやりよいぞ〳〵。ぐわんろん役もおかしみをかねて手づよくてよし。大切けいせい金山にぬれかけられ雷神もときのせりふ出来ました。三役花車おとらもよいぞ〳〵（十二13ウ）

上上　山下俊五郎　姉川座

頭取曰当二のかはりはばくち打十二の三六と成。あづまが兄といつわり年を切まし金をうけとらんと悪工み。少し計なれどよし。忠臣蔵に定九郎と成傘《からかさ》をさして出与一兵へを殺《ころ》しもちをくひ傘のしづくを手にうけのまるゝはうけ取ましたぞ

上上　藤川時蔵　芳沢座

さしきよりめき〳〵とひいきが付ましたゆへちと御油断《ゆだん》と見へ貞見世ほどにはつきりといたしませぬたるまぬやうになされよ頭取曰当二のかはり里原島五郎と成しのぶの介をそゝり上悪工み評する程の事なし。二やくきもいりおくまと成後に取手の女形かるい事〳〵かつほくはよし精さへ出されたらくつと上りませふ今が大事の所じやぞ其外の詰敵衆は口の目録にのせました

敵役巻軸
上上吉　篠塚惣三　同座

頭取曰当二のかはり花もりかづえのかみ役さしてお役なし（十四14オ）重而申ませうきつと年功は見へます〳〵

▲頭取之部

上上吉　嵐藤十郎　姉川座

上上　松屋新十郎　芳沢座

上上吉　中村団蔵　同座

頭取曰頭取衆を頭取が一所に申ませう。嵐氏は今川義元原郷右衛門二やく郷右衛門役は度〳〵おつとめゆへ手に入たものでござります▲松屋氏は菊地大領役功者〳〵▲中村氏はあたけ甚五右衛門と成御鏡をすりかへられ三平に切殺さるゝまで少し計の仕内唯御子息千蔵殿の出勤をまちます〳〵

▲若女形之部

極上上吉　芳沢あやめ　座本親

頭取曰当二のかはりけいせい桜大紋日にこしもと山吹となりしのぶの介に恋したひ小屋にてしのび合悦び夫よりくせ（十四14ウ）ものと新介といどみ合ふゆへ後より立聞して獅々王の御判ゆへしのぶの介に渡さんと立のき・四つ目さとしまやおかなと替名して女作と成金山をあげづめにして思はずしのぶの介にあひ懐胎《くわいたい》せし事を物がたり袖香炉《そでかうろ》をもらひ・親のかたみの扇を見付られぜひなくわたし・次にゆふしで姫としのぶの助むつまじき声を聞しつとにて松か枝にのぼり姫とたましゐ入かはり・後に大内の余類《よるい》ゆへそふ事ならぬと聞かなしみ・次にけいせい金山を取手の大将として大ぜいの女の取手来りさしきよりいろは吉之介山吾八重八重の井時蔵六人の立花やかなことでござります頭取曰夫より俄に戦《たゝかひ》の内に安産《あんざん》なし芝居好此段ちと役からに応《おう》ぜぬゆへはつきりといたさず・やはりしつほりとしたしうたん事がみたい／＼頭取曰二やくあたけ甚平女房さらしなと成しのぶの介がなんぎをすくひ・後に大殿さいごの場に反古染《ほうぐそめ》のかた袖落有ゆへ夫ト甚平のしわざとうたがひかゝりとうわくし・大切（十五15オ）酒ぜめにあひ見功者此場は外のものゝまねのならぬ事・さしたる仕内もなけれど酒ぜめにあふ間は別なものでござります頭取曰次に山がた大部をもくず三平としりわざと心にしたがはんといひ甚平と両人おだまきをもつて三輪の諷によせての詰合さしきなにしあふ由男奥山一鳳と云出合ゆへ此場計は大芝居を見る心地がするぞ頭取曰終にもくず三平が工みのやうすを見顕はすまでさしきより今年は由男同座ゆへかさねはんがくといふ様なものが出よふと思ふてたのしんてゐるぞ芝居好そのやうな是まて見つくしたものより此人にあふ新狂言の世話ものとしつほりとしたうれいが見たい／＼頭取曰追付何ぞ是はと申程の事が出ませうたのしみにお待なされませ大せい曰早ふ何ぞ見たい／＼

上上吉　姉川みなと　姉川座

高場よりめき／＼とあがつた物が炭《すみ》の価《あたい》とみなと白からぬ仕内きつとあたります頭取曰いか様近比は此人の評判のみ（十五15ウ）夫故位もぐつと上ましたさしきよりもそつと位をのぼしても大事有まい頭取曰猶此上の出来を見ましていかやう共致しませう・二のかはり馴初桜に山崎与二兵へ女房おつまと成わざと与五郎に恋を仕かけ・後に手代善六がくどくをいやがる仕内見功者此間の仕やうおどろき入ましたきつい仕上ヶやう頭取曰二やくけん物左衛門

が女房なれ共中居とすがたをやつし此やくはあまりさへませなんだ・此度忠臣蔵におかるとなりふり袖にての出端よし・六つ目ぎおん丁へ行しなに夫に別れをおしむ所はちと長過ました・七つ目ゆらの介とじやらつきの間よし[わる口]白人らしくは見へぬぞ[頭取曰]それは御無理と申もの・おかるなどは此人の持まへの芸ではござりませぬを引かゝへての仕内[頭取曰]勘平が死たると聞積気《しやくき》とりつめくつうの思ひ入[場より]是は国太郎もしたかたしや[見功者]全体《ぜんたい》とくとよくうつしてからが病でくるしむ事ゆへおもしろからぬ事じや[頭取曰]是は私もあなたと同心でこさります・（十六16オ）二やくおいし役去年もおつとめゆへしつほりといたし落付てよし・三やくおそのと成内へもどり義平にあひ親の悪心をくやみてのしうたん出来ました[大坂上リ]一鳳がしたをよくのみこんだものじやとんと其侭じや[頭取曰]何にいたせ是ほどに何役でもこなさるゝは天晴《あつはれ》〳〵三役共に出来ました〳〵

上上吉　佐野川花妻　姉川座

[頭取曰]当二のかはりみよし左衛門女ぼう浜の井といづゝやおしまの二やくさして評する程の仕内なし去とはよいおしたて・此度忠臣蔵にとなせ役ちと山しなの段はさわがしうござりましたれど風俗《ふうぞく》はどふもいへませぬあたりを待ます〳〵

上上　藤川山吾　芳沢座

[頭取曰]当二のかはりはおれんと成ちんばの娘の仕内・ゑんろんに加持《かぢ》をたのみに来り諸人はきずいあれ共われはばかりしるしなきゆへかなしみ夫よりしのぶの介にあひたん〳〵うらみ・後におだまきをぬすみ出しついに甚平が手にかゝるまでよいぞ〳〵（十六16ウ）それゆへ位を上ました[さしきより]女の取手もきれいな事でござります

上上　姉川千代三　座本

[頭取曰]二のかはり狂言評よろしき所入かいなく早くおやすみは残念に存ます・けいせいあづまの役大ていでござりました・此たび忠臣蔵にかほよごぜんと成塩屋はん官腹切の後しうたんあまりぎやうさんでかほよごぜんにははしたないと申ます[大坂上リ]大坂でつとめられた時はきつい評判で有たに[頭取曰]先此度は座中のこらずでかされ次第に評よく入も段〳〵出まして珍重〳〵

上上　芳沢いろは　座本

[頭取曰]打つゞきはんじやうにてめでたい〳〵・当二のかはりも狂言のさたもすくれず誰一人よいといふさたもなしにきつい大入嫵

御悦びでござりませふ。此度は小性勝二郎とゆふしで姫の二やくいつとてもきれい〳〵うつくしい事はとかふほめやうはないぞ〳〵

上上  姉川菊八 姉川座

頭取曰 当二のかはりは小てふの前となり与五郎に恋こがれのち(十七17オ)兄弟と聞死なんとして誠は血すぢでなきことを聞悦ぶ迄芝居好 役がらにつかい様の有人かつこうよりは年ばいな大役をさせたい 頭取曰 私もさやうに存ます。此度忠臣蔵に力弥やくずいぶん気を付てよくせらるれどちと花がうすくて残念〳〵一体の役がらの気持はどふもいへませぬ さしきより 土地《とち》になじみがないゆへ愛敬《あいきやう》がすくないさりとはおしい事〳〵

上上  嵐重の井 芳沢座

上  中村吉之助 同座

上  中村八重八 同座

頭取曰 同座ゆへ一所に評いたしませう。重の井殿はさくら木役取手と成ての立はかるい事〳〵▲吉之介殿はてかけくれはやく▲八重八殿はてかけにしきゞ役いづれも取手の役はごくろう〳〵

女形巻軸 上上吉  沢村国太郎 芳沢座

頭取曰 当二のかわりはけいせい金山と成しのぶの介が大ぜい手かけにたわふれるをりんきし後にあほうばらいになるをかなしみ(十七17ウ)思はずさとしまやにてしのぶの介にあひ悦び。甚平にたのまれしのぶの介と姫との祝言の取持して。後に山吹が打手にむかひきれいな事でござります。道行てまりうりの所作事よし。大切ぐわんろんが幻術《げんじゆつ》をくじかんためわざと恋をしかける仕内。此度はお役すくなく見ごたへがいたしませぬ。おちよといふやうな事が見たい〳〵。其外の色子達《たち》は口の目録にしるしました

▲若衆形之部

上上  嵐三次郎 芳沢座

頭取曰 此度は六条のさこんきつねと成親狐をぐわんろんに封《ふう》じこめられ。あたけ甚平をたのみ後恩賞《おんしやう》にあたけ丸の太刀をうばひ取わたすまでよいぞ〳〵

物巻軸 真上上吉  中山文七 芳沢座

頭取曰扨此所がどなたもお待かねの由男丈でござります大せい文七の評判を聞ふと思ふて長ふみじかふなつて待てゐる〱（十八18オ）頭取曰当二のかはりけいせい桜大紋日に菊地の執権《しつけん》あたけ甚平と成八幡《やはた》山へ代参の帰りがけお家さうどうを聞早馬にてかけ付・菊地大領さいごの場に反古染《ほうぐそめ》の片袖のこり有しを平といふ字の有反古染ゆへうたがひかゝり身におぼへなき事を云ひらき・次にこもそうとすがたをやつしゑんろんが庵室《あんじつ》へ立より百性与四郎若殿しのぶの介をかいしやくせんとするを声《こゑ》かけとゞめ・ゑんろん与四郎を工みあるくせものとさとり・次におれん社よりおだまきを取出せしを見付・うけとらんとすれども聞入れぬゆへぜひなく切ころし・血汐《ちしほ》桜の木にかゝればのこらず花さんらんし樹《き》の中より一巻出しゆへあやしみ取あげ見れば邪法《じやほう》の画像《くわぞう》ゆへゑんろんが魔術《ましゆつ》をさとりおれん巳《み》の年の生れと聞もろこしの故事《こじ》を引画像に血汐《ちしほ》をかけ・ゑんろんが術《じゆつ》をくぢき百性与四郎を大内力丸とさとり大ぜいの組子にとりまかせ・久住弥二郎が力丸をてつほうにて打とめしをせうびし・夫より床《とこ》の間の壁《かべ》の中より誠の力丸（十八18ウ）立出るゆへおだまきに針《はり》を付もすそにとぢ付跡をしたひ行まくよふござります場より出る度〱に衣装《いしやう》のかわり・さて〱見事〱わる口あまり度〱ゆへめまぎらしい・夫もいづれもあたらしくはよけれど是まて見覚てゐるのが多い頭取曰是は又やくにもたゝぬ御せり合衣装の事は何も芸にかゝはつたことじやござりませぬ・次にいなか大しんと成さどしまやへ入込おかなのしつとにてゆふして姫と魂入かわりしを震轘《しんかん》のゐとくにて立のかせ・おかなは敵のよるいとさとりしのぶの介がたねをおかなくわいたいせしゆへ大せいのこしもとを取手になし・むかふさしきより遠めがねを以て見とゝけ・おかな安産せし若殿をいたき打手の大将といひ敵ながらも菊地の跡目に立んと云聞せ立わかれ・六つ目夢の段大門口にてもくず三平に出あひけいせいつた山をもらひかけられやることならぬといひ切三平と切むすびさしきはんごん香の伴作山三出合の格《かく》しや何ぞあたらしいしゆかうはないかいさしてもの黄かうしの大島の衣装（十九19オ）ゆへ菊地執権のやうにはない男作といふやうな出立じやぞ頭取曰又衣装の事を仰られますかひいき何を着られてもくるしからずとかく仕内がおもでござる・すでに元祖《くわんそ》荒木与次兵へは非人《ひにん》かたき打の狂言に白ぬめをきてしられました・非人が白ぬめをきてはすみませねどそこか狂言でござりますいき過もの与二兵へが物すきは気持の高いのじや・夫とは又別じやぞ頭取曰申〱日もはんけいに成ましてござりますればさやう仰られてははてしがござりませぬ・跡てとくとおせり合先大切を申ませう・夫より沢田左京の大夫と名をあらため山がた大部がやしきへゆふしで姫をともなひ来り・大部に箱づ

めのくわしをおくり女房つた山を見てわさとそしらぬていをなし．大部と大門口にての夢ばなしをたかひにふしぎがり．夫よりつた山はりべつせしゆへ大部に取もたんといひ．夫よりいぜんのくわし箱よりおだまきをいだし三輪の諷にてすこし計立廻り【さしき】此場一鳳奥山由男三人（十九19ウ）の出合きつとおもしろいぞ【頭取曰】夫より山がた大部がはかり事に入あみのりものにのりむねんがり．左近狐が通力にてあたけ丸手に入悦び山がた大部を大内力丸と見あらはし落合迄．いづくへ出してもうごかぬ大立者〳〵【芝居好曰】此度はさして是はといふほどの事なく残念〳〵【さしき】とかく見へをおもにせらるゝゆへよいりやうりでもつゞけては喰《くい》にくひちと御工夫あれかし【頭取曰】何にもいたせ諸見物の悦び顔見せ二のかわりとも大入はまつたく由男のおてがら〳〵

安永弐年

巳ノ三月吉日

京ふや町通せいぐはん寺下ル町　八文字屋八左衛門板

（20オ）

江戸三芝居惣役者目録

さかい町　中村勘三郎座
ふきや町　市村羽左衛門座
こびき町　森田勘弥座

▲立役　実悪　敵役
若女形　若衆形　部類混雑

ほうび 　市川八百蔵　中村座
ほうび 　岩井半四郎（日有リ）　同座
大上上吉　尾上菊五郎　市村座
極上上吉　市川海老蔵　中村座
上上吉　山下金作　森田座
上上吉　嵐三五郎　同座
上上吉　ほうび 　市川団十郎　同座
極上上吉　中村富十郎　同座
上上吉　坂田半五郎　市村座
上上吉　松本幸四郎　中村座
上上吉　大谷広治　市村座

上上吉　中島三甫右衛門　中村座　（壱1オ）
上上吉　大谷友右衛門　中村座
上上吉　中村仲蔵　同座
上上吉　中村十蔵　森田座
上上吉　坂東三津五郎　同座
上上吉　尾上松助　市村座
上上吉　中村助五郎　森田座
上上吉　市川団三郎　市村座
上上吉　吾妻藤蔵　同座
上上吉　芳沢崎之助　中村座
上上吉　大谷広右衛門　森田座
上上吉　富沢辰十郎　同座
功上上吉　中村少長　中村座
上上吉　沢村長十郎　森田座
上上吉　坂東又太郎　中村座
上上吉　尾上民蔵　市村座
上上吉　市川門之助　中村座
上上吉　中島勘左衛門　市村座

上上　山科四郎十郎　同座　（壱1ウ）
上上　市川純右衛門　中村座
上上　松本大七　森田座
上上吉　笠屋又九郎　同座
上上　鎌倉長九郎　市村座
上上吉　嵐　雛治　同座
上上吉　中村野塩　森田座
上上吉　瀬川雄次郎　市村座
上　芳沢幸之助　森田座
上上吉　佐野川市松　中村座
上上　沢村淀五郎　森田座
上上　松本秀十郎　市村座
上上　中村勝五郎　森田座
上上　坂東三八　市村座
上上　中島国四郎　同座
上上　中島三甫蔵　同座
上上　三国富士五郎　森田座
上上　嵐　音八　中村座

上上　坂東彦三郎　市村座　（弐2オ）
上上　中村柏木　森田座
上上　小佐川常世　中村座
上上　市川小団次　同座
上上　嵐小式部　市村座
上上吉　富沢半三　同座
上上　佐川新九郎　頭取
上上　市川団五郎　同
上上　沢村宇十郎　同
上上　市川久蔵　同
上上　瀬川吉次　市村座
上　坂東吉蔵　同座
上　宮崎八蔵　中村座
上上　坂田国八　森田座
上上　中村伝五郎　中村座
上　坂東鶴五郎　同座
上上　市川綱蔵　同座
上上　沢村沢蔵　市村座

上上　坂東重蔵　同座　（弐2ウ）
上　坂東善次　中村座
上　中村此蔵　同座
上　坂東利根蔵　森田座
上　坂東熊十郎　市村座
上　中村茂十郎　森田座
上　藤川判五郎　同座
上　市川雷蔵　中村座
上　中村介次　森田座
上　中村滝三郎　同座
上　滝中岩之丞　中村座
上　姉川新四郎　同座
上　中村要蔵　同座
上　吾妻富五郎　市村座
一上　尾上政蔵　市　一上　尾上叶助　市
一上　山中平十郎　同　一上　篠塚浦右衛門　中
一上　市川染蔵　中　一上　市川春蔵　同
一上　松本鉄五郎　同　一上　沢村和田蔵　同

一上　さの川仲五郎　同　一上　中村元蔵　同
（三3オ）
一上　大谷徳次　市　一上　坂東うね次　市
一上　中村歌次　森　一上　大谷仙次　同
一上　岩井しげ八　同　一上　中村よし松　森
一上　沢村喜十郎　同　一上　市川団太郎　同
一上　市川時蔵　同　一上　中村友十郎　同
一上　山下門四郎　同　一上　富沢江戸蔵　同
一上　大谷国次　同　一上　金村幾蔵　同
一上　坂東嘉十郎　同　一上　坂東多津蔵　同
一上　笠屋京四郎　同

▲子役色子之部

一　市川高麗蔵　中　一　中村七三郎　中
一　市川常五郎　同　一　市川滝蔵　中
一　大谷谷次　市　一　大谷永助　市
一　芳沢三木蔵　中　一　山下松之丞　中
一　嵐　市蔵　森　一　亀谷富菊　市
一　坂田富五郎　同　一　市川平蔵　中
一　松本豊蔵　中　一　市川辰蔵　同

一　市川亀吉　同
一　市川伝蔵　中
一　山下亀吉　森
一　小さ川いくせ　中
一　嵐　虎蔵　同
一　坂東しげ松　市
一　三条万勝　同
一　沢村しげ蔵　森
一　中村徳三郎　同

一　坂東百松　同
（三3ウ）
一　山下金太郎　森
一　中村仙次　同
一　沢村国市　中
一　滝中豊蔵　市
一　さの川琴次郎　同
一　嵐　百松　同
一　山下正次郎　森

▲太夫元之部

ほうひ 　中村勘三郎
上上吉　中村伝九郎
大上上吉　市村羽左衛門
上上吉　市村亀蔵
上上吉　森田勘弥
上上吉　森田又次郎

不出　立役　三升屋助十郎　中村座
不出　敵役　中村大太郎　森田座
当時休　若女形　瀬川菊之丞　（四4オ）

名法声口の妙薬

抑《そも》〳〵役者声口《こわいろ》の監觴《らんしやう》*は唐土《もろこし》の孟嘗君《まうしやうくん》が函谷関《かんこくくわん》の故事《こじ》を起元《きげん》とす．又身振《みぶ》りをうつす始りは我朝《わかてう》にて東都《とうと》日本橋辺鯉十と云もの是をはじむ．夫よりも近来にいたり三楽続《らくつゞ》ひて一瓢《ひよう》白兎《はくと》など至て此芸に名高し．すでに声《こわ》色のむつかしき事五音《ごいん》清濁《せいだく》四《し》声《せい》十二律《りつ》是を十二調子《てうし》と云．唇舌牙歯喉《しんぜつけしこう》それ〳〵の音声《おんせい》の出所を考《かんが》へ．陰《いん》陽《よう》五臓《ぞう》六腑《ふ》のわり附息《いき》づかひ難癖《なんくせ》に．至るまでに通ぜねばよく〳〵まぬる事成がたし．今の世専《もつはら》さかんに此こわいろ身ぶりを好《この》む者多し．しかる所に神田《かんだ》八丁堀《ほり》辺に鸚鵡丸《あふむぐわん》といへる一子相伝の名法あり此丸薬を用ゆるにたちまち人の声《こゑ》をうつす事妙也とかや．されば其薬法をきくにおふむ石を黒焼《やき》にして薬研《やげん》でおろし細《さい》末《まつ》したる物のよし．是を聞てかのこわいろ好《ずき》のわろ一ト廻《まは》り用ひみれ共さらに其功能《かうのふ》なし．よつて便《たよ》りをもとめ伊勢のあふむ石のかけを取よせ用ひけるにいか成ことにやねから声立ず（四4ウ）是

あやしき事に思ひかの持来りし者をせんぎすれば山田の御師《おし》なりしよし．扨こそ御師と鴛鴦《おし》との音通《いんつう》じ瘂《おし》に成たるものやらん．是ぞ五音《いん》の清濁《せいだく》をしらぬゆへ也と是より五音相通《さうつう》を心にかけければ自然《しぜん》と似《に》たる役者のこわね．是もあづまに名を得たる大ぜい巻頭はたれじや〱頭取席《せき》を改めとうざい〱扨当春二のかわり芸品定早々仕べき所御存のごとくふきや丁芝居始り延引ゆへ見合居候間かくの仕合．其段御ひいきの芝居の義ゆへと御用捨奉レ希候．いよ〱是より芸評の始りサヤウニと云所にどろ〱にてねとりに成．なげ入やあなたまかせの杜若《かきつばた》といふ句《く》を吟《きん》じながらずつと出たる有様は紅襦袢《じゆばん》片はだぬぎ．我は是今此世をずい行の身と成しもの也我世にありし時は殊に芝居好にて四季《しき》ともに見のこせし狂言なく見つくし．其上先達《さきたち》し役者の跡をしたひし身の今は我身をとむらはれぬるはかなさよ．今人々の評判のさたを聞て暫《しはらく》閻王《ゑんわう》にいとまを乞《こ》ひ(五5オ)是まで来れり．其しさいは此一巻を見るべし常張《ちやうはり》の鏡《かゝみ》にかけてくもらぬ評判．当時の仕内芸評の澄濁《すみにご》りを論《ろん》し惣役者部分《ぶわけ》にかまはず例の座列を打込にしての評判と．元より好キの道なれば興《けう》に乗《せう》じてかたる有様．おもしろおかしくうそを築地《ついち》の御《み》堂《だう》の方へたばこの煙《けふり》に立まぎれてぞうせにける

▲惣役者混雑

花実　市川八百蔵　中村座

頭取滄浪之水清兮可以濯吾纓濁兮可以濯吾足《そうらうのみづすめらばわかゑいをあらふべしにごらばわがあしをあらふへし》さし出者是サ頭取四《し》角《かく》な事をさし置て芸評をはじめい．頭取サア是が則芸評の口開き．此度の清濁《すみにごり》と申趣向《しゆかう》を申上るのでござります．何がなめづらしき事をとぞんじ此度は惣役者部分《ぶわけ》をこんざつ致し．当時のあたりと仕内の出来との甲乙《かうおつ》を論《ろん》じ位付は持前にて座列を前後いたしました．よく〱御意《こゝろ》を付られ下さりませう大ぜいいかにも是は気がかわつておもしろかろ武士これはめづらしくて一興《けう》であろ．しかし当時三ヶ津の(五5ウ)惣巻首《くわんしゆ》と呼れし五粒《こりう》は中車《しや》より不出来なるか．其上此位付のないはいかゞ頭取定めて此おとがめがあらんと存ました．こゝが此度趣意《しゆい》でござります．中車丈打つゞいて大出来又〱此度清玄家来みだ二郎にて喜藤次にてうちやくにあい．夫より女房おはつに悪口せられ無念をこらゆる仕内よいぞ〱功者是は故人八百蔵時宗にてせう〱今菊之丞との仕内大出来であつた其格《かく》にて此度の仕内もそれにおとらぬぞ〱頭取二やく時宗役今で市川流の五郎は外には有まい此人にとゞめました．二ばんめも同し役にて又半四郎殿との出合しゞう大出来〱

相対　岩井半四郎　中村座

頭取 扨此所が御ひいきの岩井 大せい 半四郎が早く聞たい〳〵 頭取 扨も此様に急に上達《しやうたつ》せらるゝもの成か・打つゝき中車丈此君何をせられてもでかされいつでもよい〳〵との評判ほんにあやかり物・別して此度相手八百殿なれば一入出来ました・第一ばんめさくら姫とかたせ村おはつにて・おつとみだ二郎なんぎする時わざと（六6オ）あいそをつかし我身を大磯《いそ》へうる仕内大出来〳〵 功者 此所いかにも中車も如才《ぢよさへ》なくすれ共ひつきやう半四郎が仕内故中車も出来た物しかれば半四郎がまさつたやうに思はるゝ ひいき そふだ〳〵おいらアひいきでゆふじやアなけれ共半四郎が方が出来たく〳〵 頭取 成ほど御尤・しかれ共中車丈二やく共にくずがござらぬ ひいき そんならさくら姫の役はくずだといふのかすがはらの役はどふだなんと是でも云ふんがあるか 頭取 されば八百殿二ばんめも又よふござる其上顔見世の片桐《かたきり》の出来・打つゞき此度の出来それゆへ先へ出しました 大せい 成ほと八百八丁八百蔵の評判ちがひはない 頭取 此度は見功者達《かうしやたち》の多分にまかせましたなればうごかぬ所と存ます・此御両人三座一の評判ゆへに巻頭にしるしました・しかれ共位付はしばらくあづかりほうびを付ました是で御用捨《しや》下さりませ

大上上吉　尾上菊五郎　市村座

ひいき 当時工藤の随一〳〵・又此度は若〳〵と祐成の和事（六6ウ）さじきも切落もよだれでぬら〳〵致ました わる口 ちとおとなけないじや有まいか ひいき 此すべためふみのめされるか 頭取 いつもの祐成とちがひいやみな仕内はござらぬ金井殿の御さくじやもの如才がござらふかことに対面《たいめん》のしゆかうに勘当ゆるしを取くみ敵と名のらるゝまで位あつて人体《じんたい》よく大出来〳〵 わる口 此行列の趣向は先年斗文の作で見ました又隣《となり》の仕直しが大分ござる・其おつかぶせのうち兄弟のせり出しはさびしい 頭取 それでも入は賑かでござる・次に十郎工藤の早かはりよし・十郎にて団三郎に木太刀をやらるゝまでよし〳〵・次に工藤にて新平を鬼王とさとり老母《らうぼ》を渡しのり頼近江が工みを見あらはし近江を手にかけ五郎に赤木の柄をやらるゝまでよし〳〵・大詰重忠にて今様の丹前姿景清を見あらはす迄出来ました

極上上吉　市川海老蔵　中村座

頭取 日本市川栢莚《はくゑん》の高名を請つき二代目の海老蔵殿当時の大立者・此度和田《わだ》酒盛栄花鑑《さかもりゑいくわかゝみ》に和田義盛の（七7オ）おやぢがたすさまじいもの幸四郎殿八百殿三人のせり出し対面の所桜田の御趣向めづらしく舞台《ふたい》に九十三騎《ぎ》居《い》並《なら》び女形大ぜいならべ介経を花道より出すは御工夫〳〵此度いかふ木場の親玉御せわのよし御仕合〳〵

【わる口】是〱むしやうに桜田ばかりほめるが海老蔵が芸評はどふじや【頭取】扨よしもりにてあさいなの仕内兄弟を工藤に引合せらるゝ所出来ました・次に工藤が悪事を見あらはす所よし・大詰三浦の大助の霊《れい》までよいと申もおだまき〱・二ばん目御家の景清すでに団十郎と改名あつて後宝暦七丑年より今年まで十七年が間にかげ清を十六度勤られしが其内一とせ景清にてあらずといへ共仕内景清就中《なかんづく》 牢《ろう》やぶりの景清は随一の大出来でござつた【わる口】今度のかげ清は天幸が方へおちがくる【頭取】是はきついわる口一ばんめのよし盛は又かくべつなもの【さし出者】そんならなぜ巻頭にせぬぞ【頭取】サアそれはまへにくわしく申上ました事・くどふもく此座列《ざれつ》は定た座ではござりませぬぞ　（七7ウ）

上上吉　山下金作　森田座

【頭取】此度大いそのとらにて三升丈と上ヶせうじの出端よし次に忠重のおく衣笠《きぬかさ》にてにせちよくしをあこやと見あらはし大仏くやうのやつし女重忠のば見へよし二月末より御病気にて舞台《ぶたい》をおひきゆへあんじました所さつそく御本腹あつて御ひいきがたの御悦〱二ばんめは小いなにてなまゐいの出よし・雷子丈と百度参りの所大出来〱・次に半兵へお幸と祝言するをりんきしそれより兄の悪心をいさめ次に半兵へが立のかんとするを悟《さと》りかなしむ思ひ入此間の仕内おもしろいこと〱・次に兄正雪が妙術《めうじゆつ》にてあたへし金をとれば我すがたみにさかしまにうつる故おどろきそれよりあまたのかはづ出て身をくるしめ髪《かみ》さかだち蛇《くちなわ》となりしつとの所よし〱・一体仕内に色をふくみ花ある芸風よいぞ〱

上上吉　嵐三五郎　同座

【頭取】朝比奈とはめづらしい御やく・二やく京の二郎にて今様の役人にたのまれ商人《あきんど》すがた・慶子丈相手に家満登太夫上るりにて（八8オ）山崎与二兵への所作出来ました・次にみつはた御前にほれらるゝ所よし・二ばんめ半兵へにて小いなとのじやらくら金作殿相手にて百度参りの場《ば》御両人出来ました〱・それにつけても去年の路考丈との指《ゆび》切の所を今に言出します・次に武兵へに恋の意趣《いしゆ》にててうちやくに合むねんがらるゝ所さりとはほねをおらるゝほど有てよふござる・次に団十郎殿との出合も見へよし・次に書置の場も出来ました・それより園八ふし上るりにての所作始終《しよう》よふござる

上上吉　市川団十郎　同座

【頭取】此度色蒔絵曽我羽觴第一ばん目工藤介つねのやく御親父に其まゝ〱・対面の所出来ました〱・それより兄弟しやうこの

矢の根を出せ共敵と名のらず此間丈夫に致されます・次に義仲の霊《れい》のりうつり朝比奈に親子の対面し粟津合戦《せん》の物がたりし石田の三郎が手にかゝりしといゝ・それより本心に成入らるゝまでよいぞ〳〵・次にのり頼近江が工みを見あらはし鬼王に河津を打たるやうすをかたり入らるゝまでよし〳〵・二ばんめ二役うい（八8ウ）ろう売は此度にて三度目ゆへ柏莚のゆづりをうけしはや口せりふ出来ました・半兵へと婿《むこ》しうとの盃《さかづき》する時半兵へが悪口に思はず腹《はら》たち・夫より笑《わらひ》にまぎらす所よし・景清をやつしての仕内去年のすみうりと同し格《かく》なれ共よし・本名ういろう正雪となのりがまの妙術《めうじゆつ》を以て妹がなんぎの金をあたへ唐人《たうじ》すがたにならるゝまで大立者〳〵

極上上吉　中村富十郎　同座

[頭取]第一ばんめ三浦かたかいにて今様の役人はご板うりの出端・雷子丈相手家満登太夫上るりにてわん久の所作御家〳〵・次にちよくしと成冠《かむり》装束《しやうぞく》にての出・男の身ぶり衣笠《きぬがさ》御前をあざむき景清をたすけ・六代御前をつれ行んとはかり・つゐに見あらはされ・誠の女の身ぶりにならるゝ所分ﾘます・夫よりあこやとなのり女かげ清のやつし[覚しまん]此女景清の狂言は寛延二巳年中村座にて故あやめ菊次郎大あたりの仕内也[頭取]いかにもさやうでござる・さて此度大ぜいに取（九9オ）

〔挿絵第一図〕（九9ウ）

〔挿絵第二図〕（十10オ）

まかれ立の内重忠のおさな子をふところに入てのはたらきの仕内よし此上目さましい事が見たい〳〵[わる口]はじまらぬ前は雷子が相手で所作と聞てこの所は定て是はと思ひの外上るりをするやらせないやらすきと評判がない[ひいき]此とうへんぼくめあれほど入ﾘがあるがしらないか

上上吉　坂田半五郎　市村座

[頭取]去年冬上京にて三升徳二郎座をつとめ忠臣蔵四役にてあてられ・辰の冬大坂中村歌右衛門座を介られ同じく評よく・当正月廿日江戸着と舞台《ぶたい》にて見物への目見へ・夫より三月十二日より市村座春狂言の初日殊外夜ふけしゆへ二ばん目仕のこし翌《よく》十三日より此まく出・則神田与吉にて京下ﾘの出三吉十町殿との出合よし・本名吉田家来軍《ぐん》助と名乗り・二やく絹川五右衛門といふ盗《ぬす》人の張本《てうぼん》にて八百やの内へ金をかりに来り・夫より取方大勢来り其まぎれに家内の諸道具を手下にばひとらせるまで出来ました〳〵（十10ウ）又軍介にて伝吉に引かへせられしにて金を取かへさんとして大ぜいにぶたれ・其上つるべ綱にしばられお七がなんぎをす

和田酒盛栄花鑑《わたのさかもりゑいくわかゝみ》
正月十五日ヨリ
四番つゞき
中村座
みだ次郎ニ
市川八百蔵
和だよしもりニ
市川海老蔵
おはつニ
岩井半四郎
そがの十郎
松本幸四郎
梅丸ニ
中村仲蔵

江戸春名所曽我《ゑどのはるめいしよそが》
三月十二日ヨリ
四番つゞき
市村座
ゆしま三吉ニ
大谷広次
くどうすけつねニ
尾上菊五郎
白山伝吉ニ
尾上松助
そがの五郎ニ
市村羽左衛門
神田与吉ニ
坂田半五郎

色蒔絵曽我羽觴《いろまきゑそがのさかづき》
正月十五日ヨリ
四番続
森田座
おにわう新左衛門ニ
中むら十蔵
うゐらううりニ
市川団十郎
小田原
ういらう
女しげたゞニ
山下金作
あさひな三郎ニ
嵐三五郎
女かげきよニ
中村富十郎

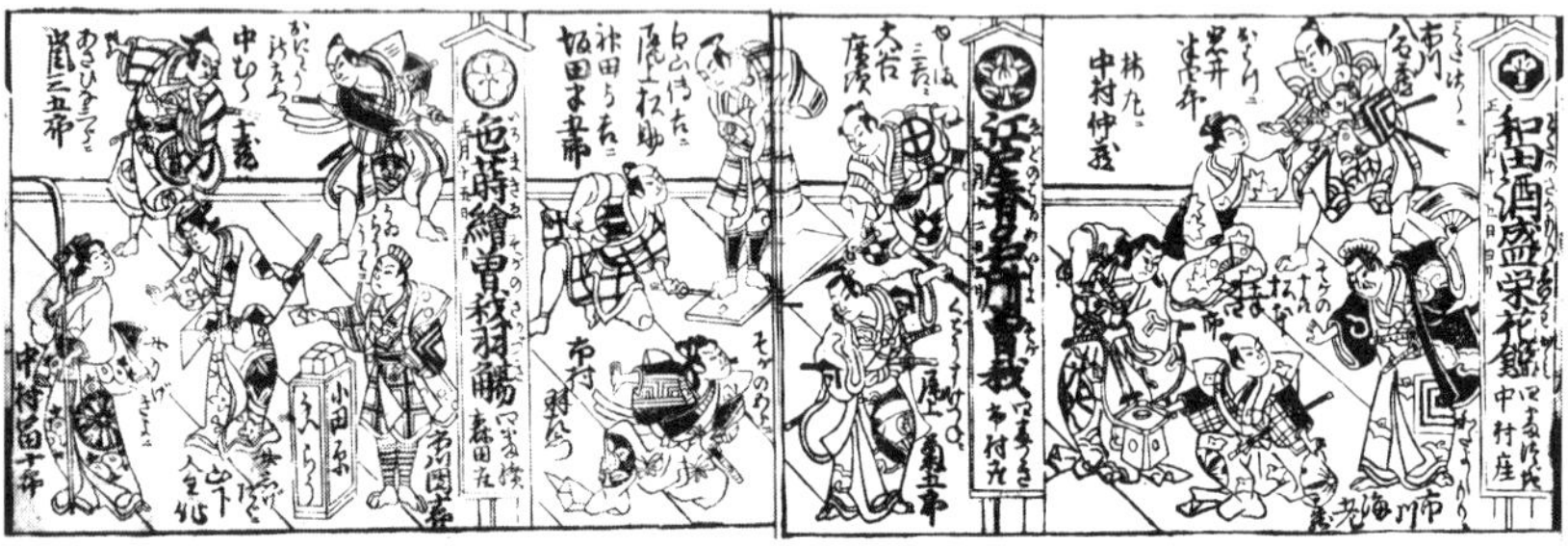
挿絵第一図　挿絵第二図

くはんとあせらるゝ所よし。夫より思はずいんすの鯉《こい》を取得らるゝ迄よいぞ〱

上上吉　松本幸四郎　中村座

頭取此度清水清玄にてさくら姫を見そめる所よし老人寛延元辰の秋市村座にて三代由来鼎《だいゆらいかなへ》問答《もんだう》の狂言に今の海老蔵いまだ幸四郎の比則清玄にてさくら姫に思ひをかける所大出来で有た頭取左様にござりました久しい事を御ぞんじ。扨此度幸四郎殿仕内はさくら姫雷《かみなり》の音《おと》におどろき思はず清玄にだきつき気絶せしを気を付んとしていよ〱れんぼの心生しはかいせらるゝ所よしわる口仕内はよいがせりふはちよんがれ坊主はどふだ。そしてねつから評判がねへは頭取御まへは評判は御聞ないかはしらぬが外々では評判がござるわる口おひらはるゝ所をなんと評判があるぞ頭取扨二やく十郎のやわらかみは外には有まい〱わる口是頭取そら耳をせずと清玄の評が聞たい〱（十一11オ）頭取二ばん目平のや源蔵といふ中の丁の若者本名京の二郎大日のにち兵へをころさるゝ所団七のやつし。次に友右衛門殿との屋根仕あひまで先は此度わる口たいていをいふのか

上上吉　大谷広治　市村座

ひいきなぜ丸やを高麗やより跡にした頭取いかにも高麗や殿此度さしたる事もなく。其上清玄の評はきといたしませね共いつもの事ながら祐成は又格別なもの。さればこそ役者はひいき目からは一わりもよくみゆるもの。其上又芝居にもひいきがあれば其ひいきの座ではひいきでない役者もよく見ゆる物。とかくひいきが付まとつて見わけがたきものと見へまする。しかし其ひいきが役者の元手むしやうに御ひいきをなされませ。又よい共わるいともこくうに芝居ばなしのあるがはんじやうのもとい此丸やどのいつも中事ながら声のかゝる事妙《めう》とやいわん。扨此度足軽《あしかる》新平と名のり工藤が足軽とやつしつゐに本名鬼王《おにわう》新左衛門と見あらはされ定紋の着物をはかれしゆばん一つにて追出され老母を受(十一11ウ)取入らるゝまでよいぞ〳〵。其中五郎がたんきをいさめらるゝ所よし〳〵。大詰五郎丸にて草摺《くさずり》引わる口こりやアきついむだ頭取いや花やかでよふござる。二ばんめ湯島三吉にて杉暁との出合迄よし〳〵

上上吉　　中島三甫右衛門　　中村座

頭取此度鬼王新左衛門なれ共大磯や若いもの伝三と成切落シよりの出。次に清玄か家来とやつし和田のやしきへ入込みつはた姫に都の名所をたづねられめいわくせらるゝおかしみよし。次に友右衛門殿とのしうたんの場よし。大詰またのゝ五郎にてあさいなのやつしまで出来ました。二はんめみおのやの四郎にて海老蔵殿との出合景清となのりみ出しの所よいぞ〳〵

上上吉　　大谷友右衛門　　同座

頭取此度団三郎なれ共清玄が足軽と姿をやつしあざ丸のせんきにてかうもんせられ。次に三甫右衛門殿と共に本名を見あらはされすでに首《くび》の座になをる時そが兄弟稚《おさな》時の小袖を下着にしてのしうたん。天幸丈を引立ての仕うち(十二12オ)出来ました。二ばんめ大日のにち兵へにての敵幸四郎殿にころさるゝまでよし。次に団三郎にて屋根の仕合ひよいぞ〳〵

上上吉　　中村仲蔵　　同座

頭取去秋より病気にて舞台をひかれやう〳〵快気《くわいき》あつて三月十七日より御出勤先は大悦〳〵。諸見物きついお待かねでござりました。二月寿狂言の時座付に計出られしをお勤に間もあるまいと悦はれしが程なく出られ蔵人弟太宰《だざい》の梅丸の御役大さつま上るりにて海老殿との出合よし〳〵。景清とさとり味方に付んとはかり。次にそのふの前をかくまひしをせんきにあひ神おろしの所出来ました今でのきゝ者〳〵

上上吉　中村十蔵　森田座

頭取 此人芸風少しかたみあつてきこわなやうなれどしつかりとしてよし。此上たん〳〵と江戸風をのみこまれたらよふこさりませう 京者 はて江戸風にはむきそふな物じやがナ 頭取 イヤずいぶんむかぬではござりませぬ。いかふうれしからるゝ人もござれども(十二12ウ)とかく南の方の見物衆がきつううれしがられますがまだ東西北の評判うすし。どふぞ顔見世あたりはちとむかひ丁へ御出あれかし。さやうなされたら四方の評判が出ませう。扨此度初て鬼王の役祐経切腹と聞てかけ付小藤太がみつ書を持出工藤が切腹をとゞめ。夫より小藤太がかくせし友切丸を取得んといろ〳〵とわびけれ共聞入れずてうちやくにあひ。夫より水気の立を見て友切丸の有所をさとり取得らるゝまでよし〳〵

上上吉　坂東三津五郎　同座

頭取 此度曽我十郎にて万才の対面見へよし。二やくそがの団三郎仕内少しさして評することなし。何ぞこんたんな事が見たい事。おつてくわしく評致しませう 功者 此壱ばんめは菜陽の狂言では有まい何かごたついた狂言。見物するに気ぼねがおれまする。此人などにはまそつと役を付てほしい しつた顔の男 名題の書やうは金八であらふ。色蒔絵も色上戸から出たそふなが(十三13オ)三組か五組かわからぬ 頭取 それは三津殿の御そんじない事

上上吉　尾上松助　市村座

頭取 始ての朝比奈よし此役をとやかふいはるゝ人もあれどとかくひいきつよくうけ取ました。二やく工藤が御駕《かご》かしら官蔵にてよし田少将をころし。次に長九殿国四殿との立出来ました。二ばんめ白山の伝吉にて三吉与吉が出入の中へ入らるゝ所出来ました。前方のおしやかの伝もでかされたが此度も皆《みな》うれしがります

上上吉　中村助五郎　森田座

頭取 敵役はにくがらるゝが則愛敬《あいきやう》わるうするとよわく成もの此度魚楽丈条の平内。二ばんめてつぺき武兵へ恋の意趣《いしゅ》にて半兵へをてうちやくせらるゝ所にくていに手づよくてよし。此やうな仕内の所見物ばちかあたるのあしがまがるのと云事お定り是仕内のにくていによつてなり

上上吉　市川団三郎　市村座

(十三13ウ)

頭取 此度のり頼の役よし二やく団三郎にて景清にかりたる金六

はら小判共しらずお熊《くま》に渡し後祐成がなんぎとなり夫より祐成に木太刀をもらひ入らるゝ所よし〳〵〔わる口〕此木太刀もとなりの趣向〔頭取〕扨夫より小藤太おくまにてうちやくせらるゝまでよふござります

上上吉　吾妻藤蔵　同座

〔頭取〕此度景清妻あこやにてごぜと成工藤に見とがめられ景清が有所をせんぎされ．夫より太夫元との拍子舞よし〔わる口〕ごぜが目をあけば又かげ清がめくらに成きついありやこりやだ此目ははり当てられない〔頭取〕是はお人柄《がら》にも似合ぬほめことば先は大てい〳〵

上上吉　芳沢崎之介　中村座

〔頭取〕此度二条蔵人みだい雲井の前にあいごの若にれんぼしやかたを立のかせんとする所〔金作ひいき〕こゝを金作にさせてみたいおもしろい所じや〔頭取〕二やくあこやにて和田の平（十四14オ）太にたのまれ雲井の前と成次に介つねにあざ丸をもらひ入らるゝまで．二ばんめ梅丸のめのといと竹本名あこやとなのるまで大てい〳〵

上上吉　大谷広右衛門　森田座

〔頭取〕此度近江小藤太にてのり頼と心を合せ祐経をつみにおとさんとはかりついに工みを見あらはされ．夫より鬼王友切丸のせんぎする時大小を改めさせ友切丸にあらぬゆへさん〴〵てうちやくせらるゝ所にくてい〳〵．二やく時政おくまきの方さしたる仕内なし二ばんめいまだ御役なし重而〳〵

上上吉　富沢辰十郎　森田座

功上上吉　中村少長　中村座

上上吉　沢村長十郎　森田座

〔頭取〕此三人の衆一所に評いたしませう．少長丈此度あら木左衛門よりとも重忠いづれも狂言のくさびに出られ御大義〳〵．辰十殿はよし田の少将やく粂《くめ》の平内に殺《ころ》さるゝまで其外御役（十四14ウ）なし長十殿は二ばんめより御出勤浪人者にて小いなにあわんとくるわへ来り．次に本名うさみ十内となのり河津がくつわをもつて京の二郎にいけんの所まで先は大てい〳〵

上上吉　坂東又太郎　中村座

〔頭取〕和田の平太の実役よし．二ばん目かみなり岩永といふ男立始悪とみせあいごの身代りの首を岩永に渡し・夫より本心をあかし実《じつ》にならるゝ所すがはらの松王のやつし・此まくは故一丈の御作のよし芝居好此趣向は寛延未年市村座にて斗文の作初花隅田川にたいこ持の四平わかい者源蔵けいせいすがはら故人魚楽十町今の花暁の大当りの狂言頭取いかにも〳〵先此度東国屋殿評判よいぞ〳〵

上上吉　尾上民蔵　市村座

頭取小性吉三郎の役若衆形きれい〳〵お七とのぬれむまい事〳〵・二役祐経おくなぎのは実《まこと》はかさねが娘おきくにて祐成にれんぼし鬼王と云合せ工藤が方へ入込つゐに見あらは（十五15オ）されるまでいかふ芸に実が入ましてよし〳〵

上上吉　市川門之助　中村座

頭取あいごの若出来ましたとかくあらい事がおすきそふなが此やうなしつほりとした事をなされたらよふござらう・二役長蔵にて長吉殺《ころ》しのやつし京の二郎が手にかゝるまでよし・かへす〳〵もあいごは出来ました

上上十　中島勘左衛門　市村座

頭取親御玄理院要知日丹は一生まじりなしの敵役其子伝之介寛延二三の比より子役にて出られ・宝暦三冬勘六と改夫より勘左衛門と改名あり段〳〵との御出世・此度近江小藤太にてのり頼が工みにくみしつゐに介つねに殺さるるまでしぶう出来ました・よふにくていにせられます親御のいき込が次第にうつります・二ばんめかまや武兵へもよいぞ〳〵

上上　山科四郎十郎　同座

頭取当春多田満仲評判がよふござりました・此度そが（十五15ウ）老母よし田の少将二役共出来ました・羽生村金五郎の道外もよし

上上　市川純右衛門　中村座

頭取元入蔵とて詰敵なりしが宝暦十三の冬より出世有て其後照右衛門と改今純右衛門殿小藤太役よし二役喜藤次のおやぢ形八百殿をてうちやくせらるゝ所にくてい〳〵・団三郎にころさるゝ迄出来ました二ばん目半沢六郎大てい一体口跡よくもつたいあつてよし

上上　松本大七　森田座

頭取此度かぢはら役よし〳〵・二やく上使のおやぢ形重忠が方

へ来りにせものと見あらはされ．本田次郎にがうもんせられぜひなく白状せんとするを慶子丈もにせちよくしにて殺《ころ》さるゝまで出来ました．此人全体器用《ぜんたいきよう》な芸風御出世有べしたのもし〳〵

上上吉　笠屋又九郎　同座

頭取 此度あめほう引さござい左五兵へ．二やく本田の二郎さしたる（十六16オ）御やくもなし此上の仕内を見ましてくわしく評致ませふ

上上　鎌倉長九郎　市村座

頭取 宝暦八の比より沢村今蔵とて出られ明和四の春長九郎と改しばらく出勤なかりしが去冬より当座のつとめ．此度かぢはらかげすへ役男は大キし仕内よふござる六尺の所もよし．二ばんめさぎのくひ太左衛門も出来ました

上上吉　嵐ひな治　同座

頭取 此度けわい坂せう〳〵よし二ばんめ八百や下女おすぎいかふ出来ました．さしてこゝぞといふ仕内もなけれども

上上吉　中村のしほ　森田座

頭取 此度はめづらしく曽我の五郎の角かづらあら事思ひの外てづよふよくせられまする．対面万才の所三五郎殿三津五郎殿相手にての拍子よし．二やくみつはた姫にて京の次郎にれんぼし衣笠《きぬ》が手引にてあひ悦び実《まこと》は六代御前にてあこやと共に入らるゝまで．御師匠の身ぶりよふうつりますぞ　（十六16ウ）

上上吉　瀬川雄次郎　市村座

頭取 此度八百やお七のおぼこ娘かわいらしい事大役でござります．是瀬川の御家のもの随分情出してやぐら太この音をひゞかし給へ．それに付てもはまむらやの太夫さんは長〳〵の御病気みな御出勤を待てゞござりますどふぞ早ふ御本ぶくあつて御出を待まする

上　芳沢幸之助　森田座

頭取 当春よりの御出勤さてうつくしうござる．二の宮の役柏木殿とのぬれよし二ばんめ水茶やおかうにて半兵へをみそめ夫より屋形舟より出らるゝ所おもひすごしが出て扨々しほらしく出来ましたし〳〵

上上吉　佐野川市松　中村座

頭取　此度大いそのとらさしたる仕内なし・二ばん目あつもりみだいそのふのまへ此やくも是ぞとおちのくる所もなければ評する程の事なし

（十七17オ）

上上  沢村淀五郎　森田座

頭取　此度北条三郎と松若丸・二やく弐ばん目わかい者長七にて大臣文鳥をころし銀をとらるゝ所実悪の仕内師匠訥子丈思入よし・見物衆は左十もどきとほめまするこれから悪の方へゆかるゝ下心と見へまする是よい御りやうけんでござる

上上  松本秀十郎　市村座

上上  中村勝五郎　森田座

頭取　御両人ながら伊豆の次郎の色悪いづれごかくに致されます別して此度は出来ましたしかれ共とかく実はござるがおしい事は花がない今一段でござるぞ御両人

上上  坂東三八　市村座

頭取　此度はん沢六郎と八幡三郎二やくいづれもよし　わる口　三立め三甫蔵小式部と獅子の立はなまけた物だ　ひいき　夫は平久一人の事ではあるまい

上上  中島国四郎　同座

（十七17ウ）

頭取　天幸丈門人明和三冬より森田へ出られ此度かぢ原かげ高出来ました二やく六尺仁平次松助殿との立よし〱

上上  中島三甫蔵　同座

頭取　是も同じく天幸の高弟元志賀蔵となのられ宝暦十四冬天幸の元の名三甫蔵をゆづられ夫より段々御出世・此度本田の二郎とかたせ村おくまの女形よし

上上  三国富士五郎　森田座

頭取　此度ひきやくはねわな弥蔵とのり頼の一*役共に大てい

上上  嵐音八　中村座

頭取　清玄家来かに右衛門一つめのすいかうやくはおかしい事二ばんめいか右衛門娘おとわにてそのふの前の身代りにならるゝ所はらをかゝへまする此所すこふる殿おやぢ形も大てい〱

上上　坂東彦三郎　市村座

頭取 此度は二の宮太郎吉次殿とのぬれきれい〳〵大詰布さらしよし此所四郎十殿まくらの曲おかし むだ 花桐しげ二郎を思ひ出します（十八18オ）

上上　中村柏木　森田座

頭取 此度は二の宮太郎とあをやぎ二やく大てい〳〵

上上　小佐川常世　中村座

上上　市川小団次　同座

上上　嵐小式部　市村座

頭取 右三人の君達御一所に申さふ。先つねよ殿はけわい坂のせう〳〵役。小団次殿は二の宮やくしばらく半四郎殿の代リ役をよふいたされました。小式部殿は大いそのとらと団三郎女房しがらみ。いづれも段々と功《かう》が見へまするたるみの出ぬやうに心を付給へ

上上吉　富沢半三　市村座

頭取 此度吉祥寺上人の役説法の所おかし二やく工藤が六尺伴右衛門大てい〳〵

上上　佐川新九郎　頭取

上上　市川団五郎　同

上上　沢村宇十郎　同（十八18ウ）

上上　市川久蔵　同

頭取 右三座の頭取衆御一所に評致しませう。新九郎殿は八百や久兵へ。団五郎殿は古郡新左衛門。宇十殿はやりてお宮久蔵殿は御出勤なし。いづれも大てい〳〵

上上　瀬川吉次　市村座

頭取 そが二の宮彦三殿ぬれ事むまい〳〵。かわいらしい物でこざるすいぶん情出して御師匠さんにあやかり給へ

上  坂東吉蔵 市村座

上  宮崎八蔵 中村座

上上  坂田国八 森田座

上  坂東鶴五郎 中村座

上上  中村伝五郎 同座

頭取右五人の衆引合に致しました・吉蔵殿此度大坊丸の敵出来ました・此上実より敵にて情出し給へ・宮崎殿はかぢ原役よし・国八殿は座頭しやれ市近藤七国平大てい・(十九19オ)鶴五郎殿は石田三郎とみつはら三郎役よし伝五郎殿は八幡三郎やく大ていく〱

上上  市川綱蔵 中村座

上上  沢村沢蔵 市村座

上上  坂東重蔵 同座

一上 坂東善八 中　一上 坂東熊十郎 市

一上 中村此蔵 中　一上 中村茂十郎 森

一上 坂東利根蔵 森　一上 藤川判五郎 森

頭取右九人の衆いづれもそれ〱に仕ぬかれまする立者衆よりは此衆はほねがおれまする・随分情次第で御出世のある衆其外は口目録にのせました

一上 市川雷蔵 中　一上 姉川新四郎 中

一上 中村滝三郎 森　一上 中村要蔵 中

一上 中村助次 森　一上 吾妻富五郎 市

一上 滝中岩之丞 中

(十九19ウ)

頭取右七人の衆大てい〱・其外は口目録にしるしました猶此うへの仕内を見ましてくわしく評致ませう

▲太夫元之部

ほうび  猿若七代目 中村明石勘三郎

御当地男歌舞伎元祖大芝居始寛永元甲子年二月十五日中橋におゐて太鼓やぐら　御赦免有之さる若狂言尽興行より今安永二巳年迄

凡百五十年相続是によつて去ル二月朔日より七日ヶ間寿狂言相勤
則番組式三番顔見世のとふり也

中村勘三郎
門松　中村伝九郎
中村少長
中村勘三郎
新発意太鼓　中村少長
中村伝九郎
中村勘三郎
猿若　中村伝九郎

芳沢崎之助
岩井半四郎
佐野川市松
市川門之助
大小之舞　小佐川常世
滝中岩之丞
姉川新四郎
滝中千代野

（廿20オ）

其外色子三十人余寿大おどり
市川海老蔵口上にて中村座伝来の宝物
拝領《はいれう》の青地金襴　衣装猿若装束《きんらんのいしやうさるわかしやうぞく》　御簾《みす》の総角《あげまき》金の麾《ざい》其外家の景図《けいづ》
を市川団十郎読上ヶ舞台においてひろうす物座中座付に出諸見物
に舞鶴の作り物祝義に出し毎日はめをはづして古今の大入扨々め
づらしき事でござりました中にも新発意太鼓狂言かんしん〳〵日
比の御心がけが見へました猿若《さるわか》一流《りう》の名人〳〵　（廿20ウ）

上上吉　中村伝九郎

頭取此度工藤左衛門の御役一体の仕立よく敵の仕内よし功者故人宗三の俤《おもかげ》あつてよいぞ〳〵わる口実はあれ共花なきゆへさみしい口跡《かうせき》をもそつとはつきりとわかるやうにしてもらひたい頭取対面の場花道より遊君《ゆうくん》をともなひての出端女形にて花をもてたる所左交丈の御工夫・此度のしゆかうは曽我にすがはらの取組にて祐経の藤原は時平《しへい》の末葉《はつよう》あいごの先祖《せんぞ》はすがはらとはめづらしいわる口梅さくら松の三本の扇もそつと趣向が有たい物だ・此やうな道具までくづにせぬは三笑〳〵頭取芸評のじやまになりまするおだまり〳〵・次に雲井のまへをあこやとさとりあざ丸をやり・次によしもりに工みを見あはさるゝまで出来ました

大上上吉　市村羽左衛門

頭取正月二日より顔見世狂言二ばん目出同廿日までつとめられ・しかも廿日には杉暁の江戸着にてことの外にぎはひ(廿壱21オ)其時梅幸口上にて春狂言の役割を富の札にしるし銘々につきあてられましたわる口なる程そふで有たしかし狂言に富《とみ》の趣向でもあるかと思へばさふでもなし又富ならばとんだ役でもあるかと思へばさのみかわつた役もない頭取それが大夫元の仕内にかゝわつた事じやござらぬ・しかしかわつた役もないでもござらぬ大夫元の鬼王はどふでござるわる口かはつた役ゆへかあまりかわつた事もない頭取例の五郎出来ました・勘当をかなしみ工藤が情にて勘当ゆり対面の場よし・二やく本名景清なれ共鬼王が名をかり工藤が方へ入こみ祐経に見とがめられ又すがたをかへ座頭となりあこやがせんぎを云付られ此所工藤相手にて拍子舞よし・つゐに景清となのらるゝまでわる口鬼王の時にはにやけた・が景清とに*なつてからよはそふだひいきやかましいそいつ引ずり出せ〳〵頭取大詰五郎にて草ずりの所よし〳〵・次に景清にて奴姿ひいき去顔見世によその(廿壱21ウ)しばゐで見た奴よりは大出来〳〵

上上吉　市村亀蔵

頭取御元服なされての御出勤目出たい〳〵此度はあわづの七郎と牛のごぜん富五郎殿との色事むまい事〳〵

芸ニ不出　森田勘弥

上上吉　森田又次郎

頭取此度は工藤犬坊役よし・二ばんめわしの長吉役出来ましたいつもかわらぬ三つのやぐらの音たへずにぎはふ春ぞたのしき

安永二年

巳ノ三月吉日

京ふや町通せいぐわん寺下ル町　八文字屋八左衛門板

(廿二22オ)

大坂道頓堀二芝居惣役者目録

名代 大坂太左衛門　座本 小川吉太郎
名代 塩屋九郎右衛門　座本 中村歌右衛門

▲部分混雑三夢に分る

●富士之夢の部

大上上吉　実悪　中村歌右衛門　座本
大上上吉　若女形　中村粂太郎　中村座
上上吉　同　嵐　雛助　小川座
ほうび日有り 上上吉　立役　藤川八蔵　中村座
上上吉　同　三枡大五郎　小川座
上上吉　若女形　中村喜代三郎　同座
上上吉　立役　中山来助　同座
上上吉　同　嵐吉三郎　中村座
巻軸 上上吉　同　小川吉太郎　座本

●鷹の夢之部

上上吉　若女形　花桐豊松　中村座
上上吉　実悪　坂東岩五郎　同座
上上吉　立役　嵐文五郎　同座　（壱1オ）
上上吉　実悪　染川此兵衛　小川座
上上吉　若女形　中村松江　中村座
上上吉　同　尾上粂助　小川座
上上吉　立役　嵐七三郎　中村座
上上　敵役　中村治郎三　小川座
巻軸 上上吉　同 当芸立役　市川惣三郎　中村座

●茄子の夢之部

上上　（若女形 当芸角かつら）　三枡徳治郎　中村座
上上　同　山下八百蔵　小川座
上上　立役　市山助五郎　中村座
上上　若女形　中村玉柏　同座
上上　同　市山富三郎　同座
上上　敵役　藤川柳蔵　同座
上上　同　中村岩蔵　小川座
上上　同　三枡宇八　同座

巻軸
上上　立役　嵐三十郎　同座

●其外雑夢

上上　親仁かた　藤川十郎兵衛　小川座（壱1ウ）
上上　同　藤川竜左衛門　中村座
上ト　花車かた　豊松半三郎　同座
上ト　同　嵐五六八　小川座
上　若女形　市山源之助　同座
上　同　中村亀菊　同
上　同　中村千菊　同
上　子役　三枡松之丞　同
上　同　中村万蔵　中村座

●各立役

一上　中川庄五郎　中　　一上　芳沢十三　小
一上　中村友十郎　同　　一上　中山百次郎　同
一上　坂東久五郎　同　　一上　中村吉次　同
一上　浅尾音五郎　同　　一上　三枡伝蔵　同
一上　山下音九郎　小　　一上　嵐権十郎　同

●色子之分中村座

一　中村君介　　一　中村吉三
一　中村松介　　一　中村松次郎
一　中村福介　　一　中村徳蔵
（弐2オ）
一　中村歌介　　一　中村国介
一　嵐猶蔵　　一　三枡長蔵

●色子之分小川座

一　中村袖介　　一　小川乙次郎
一　生島金蔵　　一　小川初蔵
一　中村富三郎　　一　中山辰野
一　中村富之助　　一　中村妻蔵
一　浅尾卯の葉

○一寸と御しらせ申上まする

役者年代記《やくしやねんだいき》　全一冊
役者論語《やくしやろんご》　全五冊
右弐色とも追付本出し申候其節は御求御覧可被下候

板元

（弐2ウ）

発　端

夢《ゆめ》はいねみの釈《しやく》にしていとゆと通《つう》じて中略《ちうりやく》の云ならはせ・又一説《せつ》ゆふべみといへる言葉《ことば》にて・めとみとつうしてこれ又中略とぞ釈したり・当世は只遊目《ゆめ》成べし・されはこそ遊眼と見ては荘子《そうじ》が小《こ》蝶《てふ》も盧生《ろせい》が五十年もめづらしからず・釈尊《しやくそん》は世を夢にたとへしも今見ては雑煮《ざうに》が煮《にへ》て候おひるなりかへやなどゝ起《おこ》されし元朝こそ中覚《なかざめ》して夢なき聖人《せいじん》もめでたきとて祝ふ・其夢の中の夢を判《はんじ》る事を覚て渡世《とせい》の端《はし》となして暮《くら》らす一構《かま》へ・表に吐暦館《とれきくわん》と印《しる》して花麗《くわれい》の居《い》なし有・げに草の種《たね》の商売《しやうばい》に付まよひて玄関《げんくわん》に頼みませうの声《こへ》取次出れば夜前かはつた夢を見ましたゆへ御苦労《くらう》ながら御判《はん》じ下されませいといへば・続《つゞい》て後に又一人来つて私も御序《ついで》に其通りの御取次頼ますとぞいひ入るに・しばらく有て是へお通りとて一間へ彼両人を通し奥《おく》よりゆるき出るは白髪《はくはつ》の斬髪《ざんはつ》に居士衣《こじゑ》着《ちやく》し座に付・この（一3オ）両人は御つれにてはあらずや何分一人つゝおはなしあれはんじて進し申べしとぞ・忝存るとにじり寄て私は今《け》朝《さ》明がた左遷堂《させんだう》の道にて乞食《こつしき》が金拾《ひろ》ひ上ましたと見ましたといへば・こなたの一人私はきのふまではきつとした男でござつたが夕部の間に女にかわつてどこもかも女になつたと存ました夢でござります・あまりがてんまいらず御苦労《くらう》かけにさんじましたどふぞ御はんじ下さりませとことばをそろへ頼むに・先生《せんせい》つく〴〵思案《しあん》をめぐらし是はよつほと変《へん》夢・こなたといひかなたといひムウ〳〵工夫ばかりにて埒《らち》明ず・二人ともに顔を見合せゐる内何思ひけん先生すつくと立て馳《はせ》出すを・両人あはて押留是はどふした事とおどろけば・心付しか押留まり御驚《おどろき》御尤・御両人の夢ばなしを考《かんかへ》る内常《つね》に我思ひゐる事にあたれりと・前後をわすれて右の次第其段はゆるされかし・万々歳《ばん〳〵せい》の御代治まりうごきなき中にも貧福《ひんふく》は銘《めい》々其人にありといへど・何とぞ世の金銀自然平均《しぜんへいきん》ある事の仕様《しやう》（一3ウ）すこしにてもあらばやと心をめぐらせしに彼《かの》ゆめのおもむき二つともに其意《い》にあたり・当世の系《けい》におうじたりわれひさしく役者ひやうばんをこのみその場所に出て評をなすに近年敵役が道外《だうけ》花車《くわしや》役までもつとめ実悪《じつあく》が和事女がた・又敵やく立やくなど変《へん》ずるも此ゆめのこゝろに通れば二のかわり評判も此時にあたれり・よつて諸役ともに混雑《こんざつ》して彼平均《へいきん》の心にて此度は評をなさんとおもひ右の評所へと心はやりて右の次第といへば・それなれば我〳〵も大好物いかさまうちまぜて其くらいにおうじ時にかうせし評も又一けう何とぞわれ〳〵も御同伴《とうはん》下されよとたのむ人もたのまれし人もこゝろ一致《いつち》してゆめのまよひはどこへやら

● 一富士の部　　（三4オ）

大上上吉  中村歌右衛門　座本

評者△実悪ながら当芸三役とも立役三所ありて此度位を付ました思召もござらばいはつしやれ〳〵ヒイキおそい〳〵梅が枝さまと語《かた》らぬ前から大の字は見へた事・今時分断所ｶｲ北ヨリ歌七からなんぞ貰《もら》ふたわろ達《たち》にはかまはずと外の者の云をマア聞ｯしやれヤ評者殿・我商売《しやうばい》の実悪《じつあく》は取て置て三役共立役で少しよいとて位《くらい》付ざんまい取ﾘ置ヤイ大せい是は尤じやマア此度はあづからしやれ三升組こつちの清兵衛殿さし置てﾎﾝﾆｺﾘﾔどふするのじや評者もうおつしやるのはないかﾅ皆《みな》いはしましてしまはねば・芸評にはかゝられませぬ上町イヤ芸評所じやない此云訳《わけ》がすまねば評者いつも〳〵同じせり合古いものと計存したが評判所で・芸評所でないとは又新らしい事もないとは申されぬ物・其めづらしいのを花に芸評かけて存よりの申ひらき（三4ウ）致ませう・成ほと此人御出世よりは肩《かた》の付様の少し遅いはどふじやけつまつきやら先第一顔見世ことに近年彼商売筋《しやうばいすち》の狂言うすくしかとチヤリはちとおとなげない仕内・此度は諸役打混じての評に立役の心に取直して一統平均《とうへい》と見ました所にての此位にのぼしました其訳《わけ》は・此度間の物狂言外題《げだい》も時代世話打こんした新薄雪物かたりに園部《その》兵衛役にて幸崎やかたへ同道にて来りし先すがたからが分ﾝなもの・爰に申ぶんのないは此人の持前狂言のすぢは浄るり本にもたれて皆よく御存の事なればくはしうは申にも及ふまじ・先此段何の事なき和らかな仕打・次に腹切場姫を落《おと》すまで和らかでよし・幸崎の役八甫殿始ての親仁方と世間のあんしをも思ひやりにてか此場至て和らかに見へて八甫殿へ此段は打まかせたる仕様見へて至て奇麗《きれい》也悪口組妹背《いもせ》山の大判寺《ばんし》と同じ事じやないｶﾔ評者それは悪口と申ものされ共其役なくは至て仕打が見へませう・先此役は先年（四5オ）平九殿吉右衛門殿の勤にて皆評よきをさして何のしうちも出さす只一ﾄ場《ば》の和らかみを第一としての風情至て狂言の上りめ見へました・次に地蔵の五平治役せわ場物いひの異《こと》なるは此人の一くせながら此場の引はりなくかるうなんとなき仕内は全御功者《かうしや》ゆへ芝居好御功者〳〵とめつたに云はるゝけれど・萩野伊三郎其後大五郎役・又京の梅幸はこんな物ではなかつたぞや評者それも御尤なる仰られ様なれど一体《たい》の首尾《しゆび》して和らかの専《もつはら》に付たる所は則芸功《かう》つもりし所・次は五郎兵衛正宗此まへも此人の役相手団九郎の役も八甫殿にて又平久殿とは格別《かくへつ》親父の色事の仕打にて勘当《かんだう》の詫《わび》・後風呂の場*加減《かげん》の間又刀打にかゝりしま

で更に此度は申ぶんはござり升まい・されば くどい申事ながら始終の和らかみは立役にて見ました所実悪は先ッ此人につゞく人も見へませねば立役実悪平均いたした所にて斯大置ました評者の無理か扨承りませう功者いか様評者の云通り当世ぎくつく芸の多き中和らかみを（四5ウ）もつはらとするは先功ヵイ悪口中手のひら〳〵がなければよけれど評者芸と癖《くせ》とは別なれば夫は御むり先上下のきこなし計も大立者北ヨリ其段ははやきつとちがふて見へる評者そんなら見へよし芸よしと申物肩《かた》を付ずには置れませぬ時来つたと申ものか大ぜい急度承知〳〵聞届《きゝとゞけ》ましたぞ

大上上吉　中村粂太郎　中村座

上町あまり評のよい共いわれぬに混《こん》しての評に此人を此所にはどふじやイ藤川組八蔵を出せ〳〵嵐組イヤ抿子《みんし》を出せ〳〵評者先〳〵お待なされませ存より申た上の事・当薄雪狂言園部のおく方・前は小七殿の役腹切場口の間はいか様さしたる事も見へませぬ上うれいのかゝり今すこし落付て見へませぬゆへ・評もうき〳〵ないやうにござつたれ共幸崎来て物いへど腹立にて相手にならぬ仕打は至てよう見へまするぞ北ヨリなる程其間はよい〳〵ぐつとよい評者前後とてもわるいとは申されますまい・すへはかぢや場正宗娘おれん役吉介とのぬれ事（五6オ）はお家〳〵・なんとあと先味はうて御らんなされ大の字も去々年より旁《かた〳〵》以此所より下られる仕内は見へませぬ

上上吉　嵐雛助　小川座

大ぜい評者殿コレひいきのないやうにさつしやれや評者それは承るまでもないこと・先此度小川座間ィの物菅原伝授手習鑑にて菅丞相と桜丸女房八重との二役・此年比にてかゝる女形の出来るも上方のほまれのうち・狂言の筋は是とてもくはしう申に及ばす・大序《ぢよ》丞相の役序中八重の役車押ての幕《まく》切は是まで慶子丈迄も同じ事にて見来る所・此度は此人の一風《ふう》先出来ました・次は丞相の役にて武部源蔵へ伝受の場上町爰は京へも見にのぼつたが先ッ年かつこうが此場にはへ合ぬ・梅幸は格別なもので有たテ評者年の事申さば丞相五十三歳とやら梅幸殿御取合相応にての此場のしまり申迄もないこと・此人の年にて見る時参内万（五6ウ）端冠《かふり》を落さす纓《ゑい》△計を落す思ひ入次に二の切此場は是までに見ぬ程の出来にて悪口道風じやといふ評判も有そや評者それは吉田冠子《くわんし》の遣ひ方見分ぬ人のいひ所・杢《もく》ノ頭《かみ》と右大臣との分ヵリを見分ぬ人には一かう相手にはなられませぬ・此段計は慶子丈も梅幸丈も見劣《おと》る程の出来にて一ト場のうれいを頭の切リ様と眼《め》の遣ひ様とにて付て何もせずに思ひ入はおどろきましたぞ・三段目八重の役女形の持

前ほどは黒吉の印あらはれて見へるぞ芝居好桜丸腹切の間京て見た程長うはなかつたがしやくのおこるはちと仰山《けうさん》では有まいか評者慶子丈も此場振袖《ふりそで》でのつとめさりとはしにくい場と思はれます。物狂《くる》はしきといふ文句《ふんく》にてさま〳〵仕内のかはりめあれど先〳〵出来たと申ものわる口四の口安楽寺の場牛にのつた姿は入《いる》鹿《か》じや共又いふぞやヒイキそいつくらはせ又してもどんな事ぬかす評者御ひいきの御腹立《ふくりう》も御尤なから髭《ひけ》を付られたゆへわる口も仰《あふせ》（六7オ）らるゝのか。すへにいかりのあら事立役に声の丈《ちやう》夫《ふ》なはあぶなげがなうて見よい〳〵。かへす〳〵も外はちとつゝ申ぶんもござらうが二の切ばかりは申ものなし〳〵

ほうび　上上吉　藤川八蔵　中村座

ヒイキあんじた〳〵始ての親父やくいかゞ有ふと思ふて連中打揃ふて家原の文殊へ願込して。七日の塩断《しほたち》の甲斐《かい》有て此度の出来やう落付てから嬉しうて又七日計も物がくへませぬ評者目出たう当芸より黒吉に直しましてヒイキ今度の出来黒吉所ヵイもちつと肩《かた》を付ヶ〳〵評者其詞にのるではなけれど初芸の出来た祝ひに親父鬘《かづら》のほうひも今すこし馴《なれ》の上斎藤太郎左衛門がもう見たい程の事。扨当薄雪狂言正宗の子団九郎役は又得た仕打ながら例のおとなし過た悪者の仕様にて上町思ふた程面白うもないテ評者それはあんまり始に思ひすごしが有ての事。清水やすりめを入ル前後わるうはないテヤ。次は幸崎伊賀守役館《やかた》へ（六7ウ）帰る場先よし次腹切場一体音声のつゝしみ仕立万端出端《では》より幕《まく》まで少しも申分なく誠に此場の仕内すこし奇妙《きめう》なるかはり様にて近年申水くさゝは見へませぬ芝居好此役は前助五郎後大五郎役にて逸風の役でもないナ評者是は京にて逸風殿の勤其時の兵衛は民谷殿其形と申でもないか全体《せんたい》の出来様又馴が来て仕過の出ぬ様に頼ますぞや。鍛《か》冶《ち》屋場の団九郎役男の親とてはあのわろ計とのせりふも出来ました。此度前後ともによくて近年の評判急度直りました弥大坂出世の立者〳〵

上上吉　三升大五郎　小川座

評者此度菅原狂言武部源蔵役ヒイキ源蔵役なら此様に引下て置ものヵイ出直せ〳〵ざこばイヤ是は評者の尤ヵヒイキなんで尤其わけ聞コ評者先せり合は私へ御預なされ申所を御聞なされませ。大坂の大立者引下て置と申事何ンのござりませう。諸役共打込にて此度の評当時の出来（七8オ）不出来にての座列ヒイキそんなら此度は出来かわるいヵイ評者マア聞ヵしやりませ。序切伝受の場仕立鬘《かづら》万ッ上下の着こなしまでちと花やか過ました。もめん物ながらあまり困窮《こんきう》の体《てい》とも見へず芝居好それは格別にして机《つくへ》のいたゞきやうのかるはづみねから情《せい》に入らぬ仕内と見へる・京の江戸坂とはきついこの場は見おとり評者されば其事・どふやら此場気に入らぬ様な仕様にて段切までもゆるやかな体・四つ目寺子屋の帰りがけ人形はじめ大かた手を組て思案《しあん》の体にての出端をいつきせきと帰らるゝは御工夫《くふう》か上町あまり面白うないぞや評者イヤわるいとは申されませぬ村のもてなしといつわりて庄屋方へ引よせ松王玄番《げんば》が吟《きん》味の上追付詮義《せんき》に行んと聞て先キへ帰るに心のせいたる体は面白う見へますれど・我家へ入て見廻してより思案の体など御工夫よりは軽《かる》はづみに見へまするると存られます・併《しかし》後の詰《つめ》合は見事〳〵・首《くひ》打て後は上下に改らるゝを見れば此役の気に入らぬとも見へすしかも（七8ウ）二日目よりの御工夫《くふう》と見うけました・三段目は白太夫役是はちとおてに入過て鮓《すし》屋程には見へませぬ・併《しかし》此風の狂言は是程の仕内は又外にも有まし・四の口はちと若輩《しやくはい》なといひ此度二役共立者程の事はあれどもちつと情《せい》に入らぬか薄《うす》う見へてきのどく・なんと御ひいき様がた右のわけ故諸役混雑《こんざつ》の順《じゆん》にて此所へ出しました

上上吉　中村喜代三郎　小川座

評者手習鑑菅丞相の御台見功者仕打は面白いがちとすがたか傾《けい》城《せい》めくぞや評者いかさますこし端手なと見へますが三つめ松王女房千代の役にて竈《かま》の下焚《たき》△〳〵夫《おつと》〳〵の咄の間は又功《かう》の往《い》たもの・此間は此人でくつと引立て見へます・四ばんめ寺入の出端先よし・後のうれいから切まで是程の仕打はいつも有かと存ますゆへ此所へ出しましたそ

上上吉　中山来助　同座

評者京にてつとめられた通菅原狂言伯母《おば》覚寿《かくじゆ》と（八9オ）

〔挿絵第一図〕（八9ウ）

〔挿絵第二図〕（九10オ）

松王丸の二役北ヨリかくじゆは大分よいぞや評者されは大分和らかに見へまするがすこし京よりは御手に入たとも思はるる所もあれど先此段出来まする・次三段目の口車の場先よし悪口中梅王桜丸をとめるに裸《はだか》人形の手の様な身ふりはとふじやイ評者又わる口カイお顔が見へますぞ・三の切大分せり合の間落付てよし・後かん当の願ひ叶ひ女房を引立て入る仕内甚よし・次四つ目首実検《くびじつけん》の間出来ます〳〵・とかく精の出る様に見へてたのもしい芝居好おくのうれいをもちつと由男風《ふう》をすくなうしてもらひたいざこば兄弟じやものしぜんとにるのカイそこらはゆるしてやらしやれ又見にくうもない物カイ

新《しん》うすゆき物語《ものかたり》　中村座 上中下

つま平ニ　嵐吉三郎　　いがのかみニ　藤川八蔵
そのべ左衛門ニ　三枡徳治郎　　そのべの兵へニ　中村歌右衛門
まがきニ　中村松江　　まさむねニ　中村歌右衛門
あき月大ぜんニ　坂東岩五郎　　おれんニ　中村粂太郎

菅原伝授手習鑑《すがわらでんじゆてならひかゞみ》　小川座 五段続

女ぼう八重ニ　嵐ひな助　　しへいのおとゞニ　染川此兵衛
さくら丸ニ　小川吉太郎　　松王丸ニ　中山来助
しら太夫ニ　三枡大五郎　　松王女ぼうちよニ　中村喜代三
かんせうぐニ　嵐ひな介　　たけべ源蔵ニ　三枡大五郎

挿絵第一図

挿絵第二図

上上吉　嵐吉三郎　中村座

評者九年前酉ノ極月八日初日にて当芝居にて此新薄雪物語の間ィの物狂言大当リにて戌の春中大入其時も此度も同じ妻平役清水の色事の間は前の(九10ウ)方が花やかに見へました・後水浴《あび》せの大立は至てよし見事〳〵・兵衛館《やかた》より道行へさしてかはりし仕内も見へねど当麻《たへま》の場大分狂言に上りめが見へましたがもちつとはなやかな仕うちを待ますぞ

巻軸
上上吉　小川吉太郎　座本

評者此度は桜丸の役序の中又例《れい》の和らかみ格別《かくべつ》な仕うち・二の口さしたる事なし三の切腹切場成程上りめは見へまするぞ・急度した当めも見へねど是ぞとがめる所なくわる口の仰られ所も見へませず・只一体の出来よくとかく此人の地狂言の頼もしさ和らかみ第一にて彼歌七殿立役狂言の和らかみを賞美《しやうび》いたした釣合《つり》に此部《ぶ》の巻軸に置ましたそ

●二鷹の部

上上吉　花桐豊松　中村座

芝居好めつきりと上りめは見へたが彼平均《へいきん》にて此巻頭はちと出来過では有まいかナ殊更位にすこし出世も（十11オ）見へる評者御とがめも御尤ながら此人も近年和らかみを専らにして狂言の行方が頼もしう見へまして第一何にても間に合ふ仕内・此度五平次女房小女郎役始より仕様に見所有て・後自害《じがい》して月光の久蔵と心中と其場を取なし夫兄を助《たすけ》るかなしみおどろき入ましてきつとたのもしさあらはれます

上上吉　坂東岩五郎　中村座

評者此度は秋月大膳の役にてかつたりとした仕内先見へはよしされ共さしたる事も見へずちとむりな望《のぞみ》なれ共斯堅《かうかた》うなさるゝ時は又二のかはり狂言でおかしみをまちますは此人

上上吉　嵐文五郎　同座

評者渋川藤馬役序の兵法立合よし・次清水場さしたる仕打も見へねど若手だけ丈夫に見へてよし・次又幸崎館へ膏薬《かうやく》はりちらして来つての詰合甚よし・此場（十11ウ）二やくかづらき民部役急度上りめ見へます〳〵・三役勢至のとち兵へ役是はあまりよいとも申されぬ端《は》やくいつも御精が出てうれしい〳〵

上上吉　染川此兵衛　小川座

評者此度は藤原時平大臣序三の口とも見へ共に余り出来とも申されぬが・四ばん目寺入男三介やく仕内せりふも見へね共仕立万端又得た物にて金襴《きんらん》を取かやしましたそ

上上吉　中村松江　中村座

評者薄雪狂言にてこしもとまがきの役仕打は和らかに見へますがすこし評判が出かねます・久しぶりの大坂帰り新参もちつとしか〳〵いたしたいもの此程もさる御屋敷の御客がことの外ほめてござつたゆへ其訳たづねますれば・江戸のこしもとは急度あの風《ふう》俗なる物と悦ばれますのは見聞いたしても・所も京の狂言なれば一入の事やはり京大坂のこしもとの御工夫でなされてほしいものと申事サ　（十一12オ）

上上士　尾上粂助　小川座

評者菅原二段目立田の前役其場のとり合万端格別の出来とおどろき入ました・三段目梅王丸女房春のやくさしたる事なけれど大分上りました

上上　中村治郎三　同座

評者 土師《はじ》の兵衛やく見へ仕立仕うちとも奥山風の御工夫と見へて見ばへ有てよし．四つ目春藤玄番やくよいぞ〳〵随分ゆだんなく御出情〳〵

上上吉　嵐七三郎　中村座

評者 新うす雪来国俊《くにとし》役清水の場うれいよし．鍛冶《かぢ》屋場下人吉介と成て鯉長殿と色事ちと相手過て見へますぞゆかけんの間見直しました

巻軸 上上吉　市川宗三郎　同座

評者 実は敵役ながら此度来国行の役．清水にて我子にめぐり合てのうれい急度こたへます．老功《らうかう》たけ（十一12ウ）仕立仕打とも名鍛冶《かぢ》と顕れたる袴のきこなし当役すこしも申分なく清兵衛殿あておかれたれ共此役ははるかに出来と見へますゆへ役目少ながら此部の巻軸に置ました

●三茄子の部

上上　三升徳次郎　中村座

評者 爰で一つ打てもらひましよシャン〳〵〳〵若手の女形ながら．此度は角鬘《かづら》にて園部左衛門役きやうとい奇麗《きれい》にて至て評判よく．始てのお下りにはお仕合にて見へがよければ仕打も甚よう見へて．京都にて妹背《いもせ》山にて久我《こが》之介役．忠臣蔵にて力弥の役．蛭《ひるが》小島にて真田《さなた》与一役．打つゞいて前髪《かみ》役の当リ目つよく．当地の出がけに仕馴た事の仕立ます〳〵請よくして島の内女中の先陣争《あらそ》ひと聞及ました

上上　山下八百蔵　小川座

評者 かりや姫役きれいにてよし．源蔵女房戸浪役（十一13オ）至て大やく大分仕こなしおどろき入ました此かくで御出情あらば御きりやうはよし急と御出世〳〵

上上　市山助五郎　中村座

評者 薄雪序北条成時役さしたる事なし腹切場刎川《はねかわ》兵蔵役にて刀持参．使者の仕打仕立共近年の出来やう此やくより此場のうれいの乗《の》りあれば大事の役なる所甚出来ます〳〵ヨイヨ軽《かる》太夫サマ

上上　中村玉柏　同座

評者幸崎奥方の役落付くは老功《らうかう》と申もきのどくながら此度は見上ましたぞ

上上　市山富三郎　同座

評者此度は薄雪姫やく大分見へもよし仕内も上りましたが少し狂言の引はりがつようて・下作なと申人もござる程に御気を付られませう・急度出世ある相《さう》にて花やかなる女形・しかも衣装《しやう》けつかうにて有がたい〳〵

（十二13ウ）

上上　藤川柳蔵　同座

評者月光久蔵役・前は平九殿やく・近比此兵衛殿役にて甚仕うちある役・形《かた》は其体をもちひられたと見へまして大ぶん顔みせとは見あげましたぞ・きつい人形かお上手と聞ました・どふぞ近いうちに見せてもらひたい物しや

上上　中村岩蔵　小川座

評者序は希《まれ》世役さしたる事なし・二の切にせ迎《むか》ひの侍大分よいぞ〳〵四つ目十五のよだれくりはさりとは長いぞや

上上　三升宇八　同座

評者すく祢太郎やく御出情見へてたのもしけれど今すこし若う見へますぞ若殿のあそび事のやうなる所さへきゑたればひいきはつよく御出世はしれた事ずいぶんお気を付られませうぞ・四つめ平馬やくさしたる事なし

巻軸
上上　嵐三十郎　同座

（十三14オ）

評者小太と申せばむかしをおもひ出せども此度は判官代《はんくわんだい》てる国やく大ぶん仕うちかつたりとしてよし・次梅王丸やく京都にても同じ御出合しつくりと取合よし・此人御出世は追付〳〵もちろん精《せい》の出やう大に賞美《しやうび》いたしたゆへ評のよい同士《どし》此部の巻頭巻軸・其外は目録《もくろく》にあらはしましたれば此所を略《りやく》して猶永き春をとこそ

安永弐年
巳の三月吉日
京ふや町通せいぐわん寺下ル町　八文字屋八左衛門板

（十三14ウ）

〔蔵板目録〕

（15オ）

役者雛祭り

安永二年閏三月

（早稲田大学演劇博物館蔵本）

役《やく》者《しや》雛《ひな》祭《まつ》り

芸品定

江戸之巻目録

勇《いさ》みの有豊年《あるほうねん》の入船千軒《いりふねせんげん》の栈舗《さんじき》

いてう二
似《に》た末広万歳《すへひろばんぜい》ことぶく大入の春《はる》
目出度《めでたい》むさしので一ぱいのんだ酒の勘三

三つあふぎの
かなめ石《いし》しつかりとした江戸芝居
大入の和田酒盛御祝儀《わださかもりごしうぎ》をいわ井半四郎

出来《でき》た〱ひやうしに乗《のつ》た芸《げい》の当《あた》り

たち花の
よふなつた所作《しよさ》の名人千里《めいじんせんり》迄《まで》も
おとに聞《きこ》へし市村羽左衛門

かさね扇を
ひらいて御祝儀《ごしうぎ》をいわふ江戸春《ゑどのはる》
名所曽我《めいしよそが》の当《あた》りをことぶく尾上民蔵

利《きい》た〱当《あた》り狂言《きやうげん》の芝居《しばい》はんじやう

かたばみの
金箱《かねばこ》は三升《みます》ます〱名人《めい》の
うはもり又《また》たくいなき市川じや〱

やくるまの
まはりのよい豊年《ほうねん》の芝居《しばい》
色《いろ》まきゑのよい世の中村のしほ

（一１オ）

三座の木戸口は
時花《はやり》ます〱抱《かゝへ》の太夫子《たゆふこ》
色《いろ》のきやらの香《か》いく世《よ》をつめる
むらさきぼうし
弥生《やよい》の花《はな》も
なを色《いろ》はます
二のかわり

江戸三芝居惣役者目録

さかい町　中村勘三郎座
ふきや町　市村羽左衛門座
こびき町　森田勘弥座

▲立役之部

極上上吉	市川海老蔵	中村座
大上上吉	尾上菊五郎	市村座
上上吉	市川団十郎	森田座
上上吉	嵐三五郎	同座
上上吉	松本幸四郎	中村座

（一１ウ）

上上吉　市川八百蔵　同座
上上吉　大谷広治　市村座
上上吉　中村重蔵　森田座
上上吉　坂東三津五郎　同座
上上吉　坂東又太郎　中村座
上上吉　富沢辰十郎　森田座
上上吉　沢村長十郎　森田座
上上士　市川団三郎　市村座
上上十　三升屋助十郎　中村座
上上十　笠屋又九郎　森田座
上上　山科四郎十郎　市村座
上上　松本秀十郎　同座
上上　中村勝五郎　森田座

一上　市川染蔵　中　　一上　坂東吉蔵　市
一上　坂東鶴五郎　中　　一上　尾上叶助　市
一上　中村茂十郎　森

▲実悪之部

（一二オ）

上上吉　坂田半五郎　市村座
上上吉　《ほうび》中村仲蔵　中村座
上上吉　中島三甫右衛門　同座
上上吉　大谷友右衛門　同座
上上吉　中村助五郎　森田座
上上吉　《ほうひ》尾上松助　市村座
上上吉　大谷広右衛門　森田座
上上　沢村淀五郎　同座

▲敵役之部

上上　中島勘左衛門　市村座
上上　三国富士五郎　森田座
上上士　富沢半三郎　市村座
上上　坂東三八　同座
上上　市川純右衛門　中村座
上上　中島三甫蔵　市村座
上上　松本大七　森田座
上上　鎌倉長九郎　市村座

（一二ウ）

上上 坂田国八 森田座
上上 市川綱蔵 中村座
（三3オ）
上上 中村大太郎 森田座
上 中島国四郎 市村座
上 沢村沢蔵 同座
上 坂東重蔵 同座
上 中村此蔵 中村座
上 坂東善次 同座
上 宮崎八蔵 同座

一上 山中平十良 市　一上 篠塚浦右衛門 中
一上 坂東利根蔵 森　一上 坂東熊十郎 市
一上 松本鉄五郎 中　一上 市川時蔵 森
一上 沢村喜十郎 森　一上 大谷国治 同
一上 富沢江戸蔵 同　一上 中村友十郎 同
一上 佐の川仲五郎 中　一上 坂東多津蔵 同
一上 坂東嘉十郎 森　一上 金村幾蔵 同
一上 山下門四郎 同　一上 笠屋京四郎 同
（三3ウ）

▲道外形之部

上上 嵐　音八 中村座
上上 中村伝五郎 中村座
上上 市川久蔵 中村座
上 沢村宇十郎 森田座
上 沢村和田蔵 中村座
一上 坂東卯ね治 市　一上 大谷徳治 同

▲親仁形之部

上上 佐川新九郎 市村座
上上 市川団五郎 中村座

▲若女形之部

極上上吉 中村富十郎 森田座
上上吉 山下金作 同座
上上吉 岩井半四郎 中村座
上上吉 吾妻藤蔵 市村座
（四4オ）
上上吉 芳沢崎之助 中村座
上上吉 尾上民蔵 市村座

上上士 当リ嵐　雛治 同座
上上士 中村野塩 森田座
上上十 瀬川雄次郎 市村座
上上 小佐川常世 中村座
上上 瀬川吉治 市村座
上上 嵐小式部 同座
上上 市川小団治 中村座
上卜 滝中岩之丞 同座
上卜 芳沢幸之助 森田座
一上 吾妻富五郎 市　一上 岩井重八 森
一上 亀谷富菊 同　一上 中村悪蔵 中
一上 中村滝三郎 森

（四4ウ）

▲若衆形之部

上上士 市川門之助 中村座
上上吉 佐の川市松 同座
上上 坂東彦三郎 市村座
上上十 中村柏木 森田座

上上 市川雷蔵 中村座
上 市川春蔵 同座
上 市川団太郎 森田座
上 中村歌治 同座
一上 大谷仙治 市　一上 市川常五郎 中
一上 中村元蔵 中　一上 市川滝蔵 中

▲子役之部

上上 市川高麗蔵 中村座
上上 中村七三郎 同座
一上 大谷谷次 市　一上 大谷永助 市
一上 芳沢三木蔵 中　一上 市川平蔵 中

（五5オ）

一上 松本豊蔵 中　一上 市川辰蔵 中
一上 市川亀吉 中　一上 坂東百松 中
一上 市川伝蔵 中　一上 あらし市蔵 森
一上 中村助治 森　一上 山下金太郎 森
一上 坂田富五郎 森　一上 山下亀吉 森
一上 中村仙治 森

▲中村座色子之分

一　小佐川いくせ　　一　滝中金太郎
一　沢村国市　　一　山下松之丞
一　あらし虎蔵　　一　芳沢富五郎
一　芳沢三津蔵

▲市村座色子之分

一　中村富松　　一　さの川こと次郎
一　あらし百松　　一　さの川万吉
一　滝中妻蔵　　一　坂東しげ松
一　あらし国松　　一　坂東菊蔵
一　三条万代　　一　幾島吉太郎

▲森田座色子之分

一　中村徳三郎　　一　山下万吉
一　中村卯之助　　一　岸田幸太郎
一　中村由松　　一　沢村しげ蔵

▲太夫元之部

芸不出　中村勘三郎
上上吉　中村伝九郎

（五5ウ）

大上上吉　市村羽左衛門
上上吉　市村亀蔵
芸不出　森田勘弥
上上吉　森田又治郎
功上上吉　中村少長

以上

（六6オ）

▲狂言作者之部

中村重助
河竹新七
木村八一

中村座

八起好助
奥野瑳助
桜田治助
金井三笑
荻　馬岱
仲　喜市

市村座

梅田利助

山田平三
常盤井其堂
壕越菜陽
中村虎八

森田座

増山金八
瀬井秀蔵
笠縫せん助
瀬井馬雪

（六6ウ）

○遊《あそ》び過《すご》して毛氈《もうせん》をかぶる花の山

春《はる》△の花《はな》・秋の月・いづれ興《けう》あり冬の雪・猶《なを》捨《すて》がたし・吉原に張《はり》あれば・品川に意気地《いきじ》あり・深川の立引《たてひき》又おもしろし・其外の遊里《ゆうり》といへ共・通《かよ》ふにしたがいなじむによつて・たかひのしんじつもいろも情もまし・すでにさるものは日〳〵にうとしと・月に一度や二度ぐらいの遊びにてはおもしろみもなし・誠の心中を見んと思はゞ・しげ〳〵の御けんでなければしれかたししかれ共あこぎがうらに引ヶあみの・度《たび》かさなればあはれなる・さまともなるものぞかし・こゝに其名さへ福富屋《ふくとみや》ノ栄蔵とて・大分限《ぶげん》のむすこさん・いつの頃《ころ》よりか辰巳の街に深くもはまる深見川・万世が情《なさけ》にのぼりつめ・ついには勘当《かんどう》のおしきせ・紙子姿《すがた》と成そがの祐成共あやしみぬ・其頃盛《ころさか》んのからす大しん末社《まつしゃ》引つれゆく・道をさへぎり紙子男小ごしをかゞめ（七7オ）そつじながら大じん様におたづね申度キ儀御座候・一ッ昨《さく》ばん永代橋の辺にて・はな紙入レをひろいしが・もしや大じん様にはお心あたりはごさらぬかと問《と》へは・扨《さて》は其紙入は表ねすみ羅紗《らしゃ》うらは青地の錦・中には印判并ニ金三両其外書物あらずや・いかにも〳〵其通リ扨はおとし主はおまへ様でごさりまするか・おゝせのとをり品が合ますれば相違《そうい》もござりますまい・しかし其書物の中・証文《せうもん》か一ッ通《つう》こさります此文言さへ合ましたなら・すぐにおもとし申さんといへは・夫こそほしけれさる女郎の方より取リし起請《きせう》なり・外の品金子までみな〳〵なんじにくれる・其起請《きせう》ばかりはかへしてくれよ・いや〳〵其起請《きせう》ばかりは・此方へ申受《うけ》ませう残リの品一色も紛失《ふんじつ》は仕らぬ御改め請取下さるべしといふに・かつてやることならぬ・なんぞや・素浪人のもつてやくにたゝぬ物・此方へ返《かへ》せと・いふにいかつて・ヤア舌長《したなが》し大ぬす人め・我も（七7ウ）むかしは・金《かね》の花《はな》をふらせし身のはて・今此様《やう》な紙子姿《かみこすがた》ニ成たるも粋《すい》の身には・本意《ほんゐ》なり・夫になんぞや女郎の方からつりを取やうな大よく心ン・夫で情《なさけ》の道といつべきか・いかに金銀《きんぐ》のゐくはうでおしてかゝせれ

ばとて。是が誠の誓紙《せいし》の文言《もんこん》で有べきか。一トツ其方様とふうふのけいやく致し候ニ相違《そうい》なく。しかるうへはいか成色男自余《じよ》のきやくに真《まこと》の枕をかはし申間舗《まし》候。もし相そむき候はゝ。此度申請候金子五十両ニ五わり半の利足を相そへ。元利共ニきつと御かゑし申べく候。もしや相立候金子是なく候はゝ。衣類諸道具《いるいしよどうぐ》のこらず相渡し申べく候。仍而《よつて》起証文《きせうもん》如件《くだんのごとし》。こりやア金手形《てかた》と起請《きせう》とひとつにしたもんごん。我レこそ其万世とは二世と言《いゝ》かはした深《ふか》い中。元此借金《かりがね》も我身故《ゆへ》と思へばふびんな万世が心根。につくきはおのれよな。イヤさいふなんじこそにくけれ。我レ色々と心をつくせ共。したがはぬゆへ金のゐくはうで起請をかゝせしが。扨は我カためには恋《こひ》の仇(八8オ)イヤ万世にはぢをあたふる仇《あた》かたきと。たがひにあらそふ其ふぜい。金かしと見へしはよくのかたまり。一つの親玉と成て飛《とひ》さりぬれば紙子《かみこ》姿《すがた》のむすこも。たちまち一つのもうせんとけしぬ。さらば此もうせんを舗て。花の山で一ッぱいのみかけながら役者評判〳〵

安永の巳
さくら咲月

作者
羽觴庵

当世口合　千里《せんり》の翅《つばさ》　めづらしき落噺《おとしばなし》をあつめ雨中《うちう》の伽となす

右之本近日より売出申候間御求御覧被遊可被下候以上

板元

（八8ウ）

極上上吉　市川海老蔵　中村座

三国《ごく》に秀《ひい》ずる富士《ふし》の高名《こうめい》△と。三ゲ津《つ》にひゞく市川の高名《かうめい》。天《あめ》が下《した》に生《せう》有もの。いづれか是をしらざらんや。抑《そもく》此人の初《はつ》ぶたいと申は享保四年亥ノ年。松本七蔵といふ娘方にて出。同廿年卯年松本幸四郎と改其後《のち》宝暦四年戌ノ年に市川団十郎の名跡《めいせき》を請続《うけつぎ》。夫より十七ヶ年後《のち》明和七年寅の年。松本幸四郎に立かへり。去ル辰の顔見せより海老蔵の名跡《めいせき》を続《つが》△れ。是誠《まこと》ニ江戸役者の鏡《かゞみ》といふべきなり[大ぜい]是々其いわれより早く芸評《げいひやう》が聞キたい〳〵[頭取]扨此度。和田酒盛栄花鑑《わださかもりゑいくわかゞみ》。第壱ばんめ。和田《わた》のよし盛役《もりやく》。幸四郎殿。八百蔵殿。三人のせり出し見へよし。夫よりそが兄弟を手引し。祐経にたいめんさせる所。朝いなの仕内《しうち》。此所大でき〳〵。次に祐経。鬼王兄弟をつみにおとし殺《ころ》さん(九9オ)とする時。祐経がたくみを見あらはし。てうちやくせらるゝ所迄よし。大詰三浦《みうら》の大助の霊迄よし。二ばんめニお家のかげ清《きよ》にて。青山《せいざん》のびはの音《ね》に聞《きゝ》入。夫より梅丸が一チ味《み》せよといふをがてんせず。次みおのやの四郎と力《ちから》くらべにかち。くび引にまけ。みおのやとさとり[わ]

る口此所天幸殿にのまれるやうできのどく〱ひいき此とうへんぼくの・たい松とぼしめ・うぬらがしつた事じやァない・すつこんでゐやァがれ頭取次ニ我子を・若君《わかぎみ》の身《み》がはりに立・あこや若君を伴《ともな》ひ入らるゝ迄よいぞ〱

大上上吉　尾上菊五郎　市村座

御当地は申におよばず・京大坂迄しやうびせらるゝといふは此人・此度江戸春名所曽我《ゑとのはるめいしよそが》第壱ばんめそがの十郎役・兄弟い*ばはじめのせりだし見へよし・次ニ二役工藤左衛門祐経役・供《とも》廻り大ぜいにて行列《ぎやうれつ》（九9ウ）の出端《では》。惣座中《そうざち》のこらず出られにぎやかなたいめん夫よりそがの老母《らうほ》五郎がかんどうをゆるさぬ故かたきとなのらず。ぜひなくかんどうゆるさせ此所大でき〱次ニ十郎ニて出団三郎さいかくしたる金《かね》六はら小判故なんぎと成団三郎をちやうちやくし木太刀をやりわかるゝ迄よし〱次早かはり工藤ニてかけ清見出しの所できました夫よりなきのは鬼王をそがにゆかりあるものとさとりひまをつかはし鬼王《おにわう》が衣服《いふく》をはぎ老母を入しつゞらをやらるゝ迄大詰ちゝふの重忠《たゞ》にて名にしおふ太夫元相手ニて丹前の所わる口丹前はどふかにやわぬやうた頭取とうざい〱此度工藤の評判はきつい事〱

上上吉　市川団十郎　森田座

此度色蒔絵曽我羽觴《いろまきゑそかのさかづき》第一ばんめ工藤左衛門祐経の御役大磯《いそ》のとら金作殿と上ヶしやうしよりの（十10オ）

〔挿絵第一図〕（十10ウ）

〔挿絵第二図〕（十一了11オ）

出端《では》見へよし夫より朝いなが手引にて。曽我兄弟とたいめんの所よし夫より兄弟しやうこの矢《や》の根《ね》を出せ共かたきと名のらず。夫より木曽義仲《きそよしなか》の霊のりうつり。朝いなにあはつが原《はら》の軍物語《いくさものかたり》して。敵は石田とおしへ本心《ほんしん》に成入らるゝ迄できました。次ニのり頼《より》近江《あふみ》がたくみにてかまくらよりとがめをうけ・其云分《いゝわけ》なく。すでにはら切《きら》んとするを鬼王《おにわう》にとゞめられ夫よりのり頼《より》小藤太がたくみを見あらはし曽我の一ばんめニ祐経が死んで成ルものかといわるゝ所大きうてよいぞ〱次ニ鬼王が忠臣をかんじ友切丸は小藤太が持しとおしへ入らるゝ迄よし二ばんめういらう売《うり》お家〱当《とう》時《じ》外ニまねてはござらぬ次ニ半兵衛に色々と悪口せられ。無ねんをこらへる所景清のやつしよし〱夫より妹小いなにがまの術をもつて金をさづけ。ういらう正せつと名のらるゝ迄できました〱

和田《わだ》酒盛《さかもり》栄花《ゑいくわ》鑑《かゞみ》
巳正月十五日より
四番続
中村座

工藤左衛門ニ
中村伝九郎

和田よし盛ニ
市川海老蔵

二条の蔵人
中村七三郎

雲井御ぜん
芳沢崎之介

和田平太
坂東又太郎

和たのよしもり
市川海老蔵

しよう〳〵
小佐川常世

大いそとら
佐の川市松

そかの五郎
市川八百蔵

清玄
松本幸四郎

あいこの若
市川門之介

本たの次郎△
三升や介十

桜ひめ
岩井半四郎

団三
大谷友右衛門

鬼王△
中島三甫右衛門

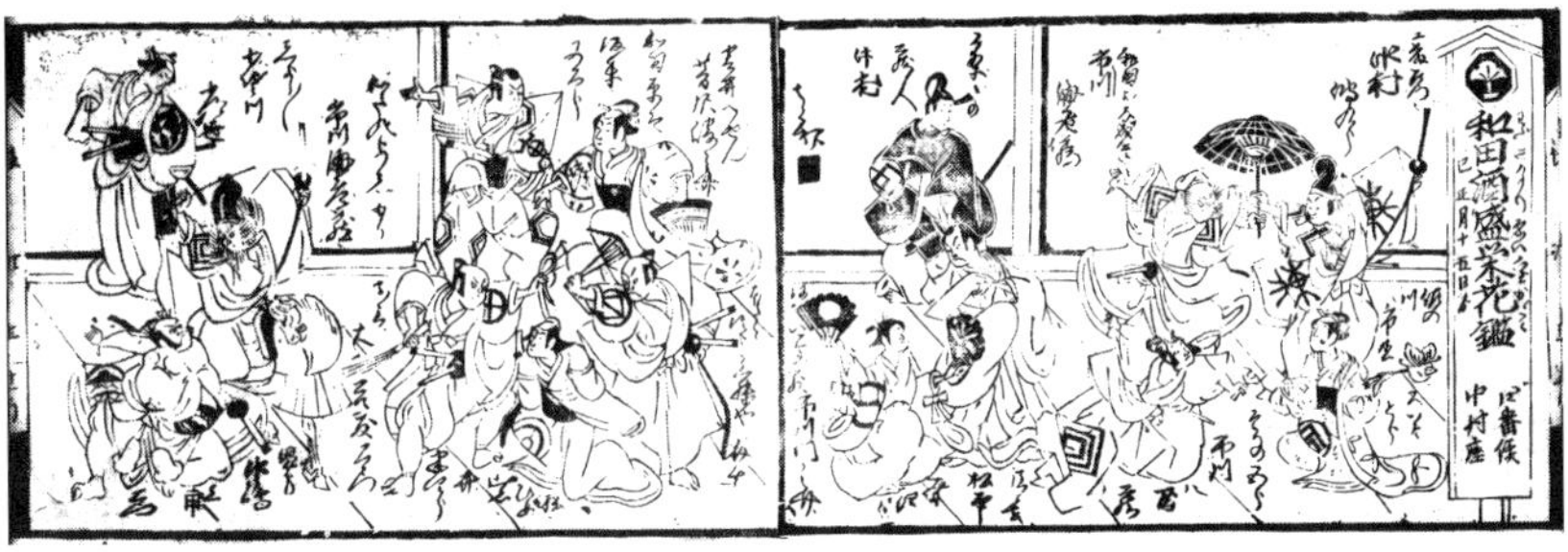

挿絵第二図　　挿絵第一図

上　終
（十一了11ウ）

上上吉　　嵐三五郎　　森田座

頭取曰和事仕達人雷子丈《わことしのたつしんらいし》。此度京の次郎ニて富十郎殿。相手に上るりニての所作。できました次ニ衣笠《きぬがさ》のはからいにていきどうをうりあざ丸ニてためさんといふをかなしみ。夫より思はずみつはた御《ご》せんにほれられ。びつくりする迄よし。二ばんめ半兵衛にて理虹《りこう》丈との。千度《せんと》の所。できました次ニてつぺき武兵衛にちやうちやくにあはるゝ所よし。次ニ三升殿との出合の所もよし次ニ書おきをして立のかんとする時小いなにとゝめられ。その八ふし上るりの所作迄よいぞ〳〵

上上吉　　松本幸四郎　　中村座

頭取曰此度。曽我の十郎役。御家のものよいぞ〳〵二役清玄《せいけん》やつしにて供《と》廻り大ぜいつれ。二条の館《やかた》へ年頭《ねんし》の御礼に来り。さくら姫にじゆすをいたゝかする（壱1オ）時切しをあやしみ夫より思ひそめ。乗物《のりもの》にのり。行ながらきつと見詰《つめ》て入らるゝ迄よしわる口此頭取はねぼけはせないか。あれ程評判のわるい清玄を。よいとはきがちかつたそふだ頭取是はしたりきつい悪口。是からが評判の目貫《めぬき》其元おしとやかにお聞下されませう大ぜいサア聞《きく》べいどふじやく〳〵頭取さくら姫《ひ》。雷《らい》におどろき。清玄にだきつき正気《せうき》をうしないし故。びつくりし心を付ケんと水をあたへ。いろ〳〵かいほうするに思はす。さくら姫がうつくしきにはかいし。夫より正気《せうき》に成リ。いろ〳〵くどけ共聞入《きゝ》ぬゆへ。心中にゆびをくひ切所すごい〳〵わる口はてよくほめるやつだ。定《さた》めてなんぞもらいはせないか此場《は》は長くてたいくつした。又此跡の追はらわるゝ所。さくら姫の小袖を持て恋《こひ》しかる所。さりとはきのどく娘私《わつち》はひいきたけれ共。今度《こんど》の清玄の所は。あんまりいま〳〵しくッて見てゐられやせん。きんねんにないさんぐ〳〵（壱1ウ）おもしろくござりやせん頭取とふさい〳〵評判のしやまになりまする扨二ばんめ若ィ者源蔵本名京次郎にて曽我へみつきのためきんちやく切の所次ニ大せいにちやうちやくされ。無ねんがるゝ所よしせひなく長蔵をころし金を取見れば。かはらのかけ故おとろき夫より四平が本心《ほんしん》を聞ィてよろこばるゝ迄大てい〳〵

上上吉　　市川八百蔵　　中村座

娘出こちの八百さんかはやふ評判を聞《きか》せてくたさんせ頭取御待かね御尤《もつ》扨此度の仕内きついてきてござります。百性喜藤次さん〳〵ちやうちやくにあい無ねんがるゝ所よし。夫より女房かたせ村お初。半四郎殿いろ〳〵とあいそづかしいふゆへ。はら立夫よりお初大いそへ身を売其身の代金を喜藤次ニかへすを見て。お初が心〻ていをかんじわかれをおしまる〻所。かんしんいたします。次喜藤次をちやうちやく仕《し》かへすまでできました〳〵。二役曽我の五郎にて。たいめんの所手づよく(二2オ)てよいぞ〳〵。夫より二ばんめニ又々五郎にて出。半四郎殿相手にて。此場《は》もでかされまた打つゞきひやうばんよくお仕合〳〵

上上吉　大谷広治　市村座

ひいき なぜ丸屋を跡《あと》にした。こりやア置《おき》なをしてもらいたい 頭取 さてもきつい御ひいきの有ル事じや。こ〻は一ばん頭取がもらいにいたしまして。御用捨《ごようしや》〳〵扨此度本名鬼王なれ共景清《かげきよ》に名をかし。其身は工藤か足がると成リ行列の時あとおさへと成出らる〻所 ひいき イヨ丸屋 頭取 此人出らる〻と何を致《いた》されいでも。おこへのか〻る事すさましいものてこさる次におきくが心をうたがい。心〻ていをさぐらる〻所よし。次ニ祐経鬼王とさとり。いとまを出されいふくをはがれ。つ〻らをもらい老母《らう》を取かへし。悦び入らる〻迄よいぞ〳〵二ばんめ湯島の三吉にて神田の与吉半五郎殿との出合よし〳〵

上上吉　中村重蔵　森田座

(二2ウ)

頭取曰 此度鬼王《おにわう》新左衛門にて。工藤祐経切腹《せつふく》せんとする所江かけ付ヶ。ひとつの書付を出し自《じ》がいをと〻め。夫より近江祐経にいとまを出されし時友切丸を所持《しよじ》せしとさとりいろ〳〵いへ共出さぬ故大小を改《あらため》させくれとたのみ見れは友切丸ニあらす夫よりさん〳〵ちやうちやくにあい。夫より手水鉢《はち》より水気《き》の立を見て此下名剣《めいけん》有とさとり。とり得《え》しのびのくせものをころし。悦《よろこ》び入らる〻迄おほねおり先は大てい〳〵

上上吉　坂東三津五郎　森田座

頭取曰 此度曽我の団《とう》三郎役。さしたる仕内《うち》なし二やく曽我の十郎たいめんの所万才《さい》のひやうし三五郎のしほ相手にてよし〳〵此度は二役共ニさして評する程の仕内なければ。此うへの仕内を見ましてくわしく申シませせふ

上上吉　富沢辰十郎　森田座

頭取曰 此度吉田《よした》の少将《せうく》にて右大将のりんし条《くめ》の平内にうばわれ。ころさる〻迄御役少しなれ共いつもよふござる

(三3オ)

上上吉　沢村長十郎　森田座

頭取曰 此度壱ばん目御役なし二ばん目浪人《らうにん》ものニて小いなにあは

んとくるはへ来り。次ニ京の次郎へ娘お幸《こう》に盃《さかづき》させ夫より河津《かわつ》か所持《しょじ》のくつわをもつて。京の次郎ニいけんのくわへ本名《んめう》赤沢《さわ》十内《な》と名のらるゝ迄。大てい〳〵

上上士　市川団三郎　市村座

頭取曰此度曽我の団《とう》三郎にて。老母《らう》の供《とも》して出。時宗《むね》のかん当《とう》をねがひ夫より工藤が先供《さきと》を割し故。ちやうちやくされ。夫よりたいめんの場《は》迄よし〳〵次ニ祐成か子祐若《わか》をおくまかたへさと子に遣《つかは》し。其里ぶちをさいそく〳〵*あい。景清に借《かり》たる金にて。すませし所。六はら小判《ばん》故曽我のなんぎと成祐成にちやうちやくされ木太刀をもらい入次ニ小藤太おくまにぶたれる迄できました

上上士　三升屋助十郎　中村座

頭取曰此度御出 勤《しゆつきん》なき故追て評致しませふ　（三3ウ）

上上士　笠屋又九郎　森田座

頭取曰此度あめ宝引《ほうびき》とやつし。本名粟津《あわづ》の七郎大てい〳〵。二役本田の次郎。役も。大てい〳〵。さしたる評《ひやう》なし

上上　山科四郎十郎　市村座

頭取曰此度曽我《そが》の老母《らうば》にて目《め》をやみ。少々《せうく》共しらずかいほうにあい。悦《よろこ》ばるゝ所よし。二役吉田の少将《せうく》もよし三役羽生村《はにうむら》金五郎のあほうも。あぢをやらるゝ。さてもきようなお人でござる

上上　松本秀十郎　市村座

上上　中村勝五郎　森田座

頭取曰御両人共うさみの三郎の役。にくていによふせられまする。とかく敵《かたき》の方《ほう》がよふござる。其外の衆は口目録《ろく》にのせました

▲実悪之部

上上吉　坂田半五郎　市村座

（四4オ）

〔挿絵第一図〕　（四4ウ）

〔挿絵第二図〕　（五5オ）

頭取曰去々年上京致《いた》され。此度下られ。当座のお勤《つとめ》殊ニ評判よく芝居も大入にて。先はお悦び〳〵。扨此度第一ばん目におやくなし。二ばん目神田の与吉にて。旅帰《たびかへ》りのでは大ぜい下りさん一ッ打ませうしやん〳〵頭取夫より十町殿松助殿二人の出合よいぞ

江戸春名所曽我《ゑどのはるめいしよそが》　市村座　四番続
巳三月十二日より

鬼王ニ　座元羽左衛門
湯島の三吉　大谷広治
神田の与吉ニ　坂田半五郎　滝水
松井の源五ニ　尾上松助
吉田の少々ニ　山科四郎十郎
小将吉三郎ニ　尾上民蔵
二の宮大郎ニ　坂東彦三郎

かげ清ニ　座元羽左衛門
工藤左衛門　尾上菊五郎
あこや　あづま藤蔵
団三郎ニ　市川団三郎
お杉ニ　あらしひな治
八百やお七ニ　瀬川雄次郎

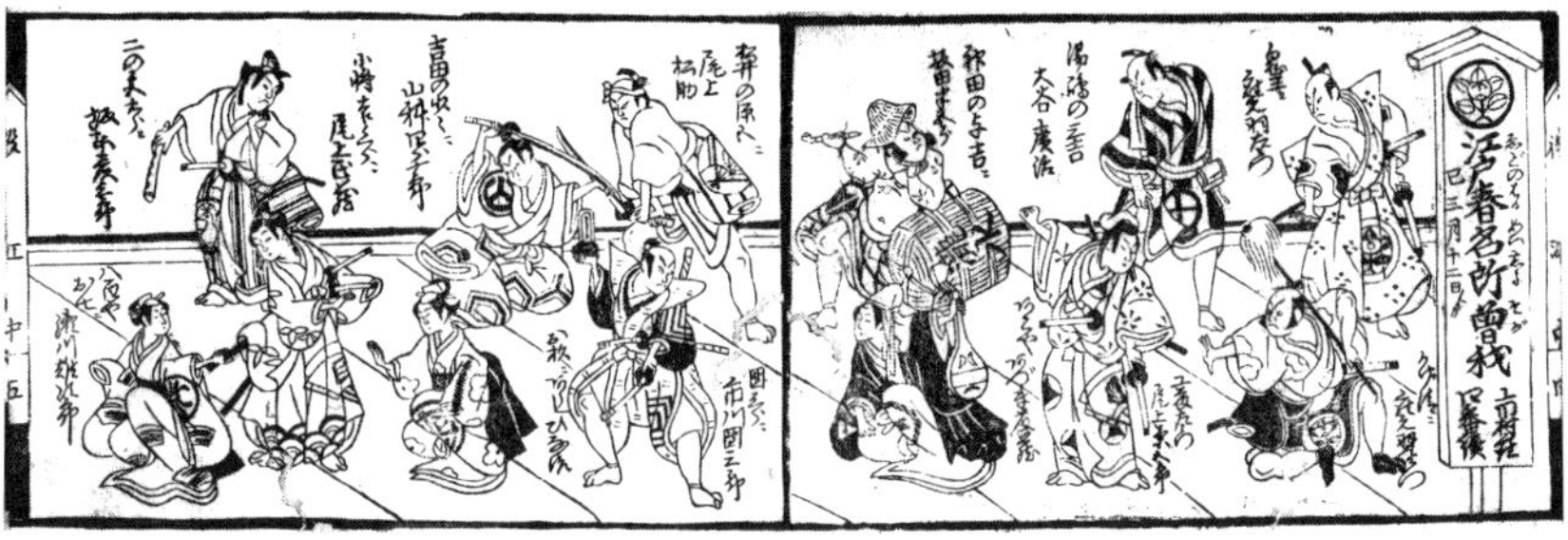

挿絵第一図　挿絵第二図

〱京下リ去年京ニて忠臣蔵《ちうしんぐら》の四役。きつい評判で有ッた頭取左《さ》様《やう》でござります共。扨夫より二役絹川《きぬかわ》五右衛門の悪方《あくがた》ぬす人の親《おや》方《かた》にて。手下大ぜいに出合。ぬすみ取リたる諸道具《どうぐ》をしらべらるゝ所よし。次ニ神田の与吉。本名軍《ぐん》助ニてお七実《まこと》は花子の前《まへ》我か主《しゅ》人ンゆへなんぎをすくはんとすれ共井戸のつるべなはにていましめられ。いろ〱とあせらるゝ所できました。ついにいんすの鯉《こひ》を取リ得らるゝ迄よふござる此次も。奴軍助にて。梅若の狂言がござりましやう待まする

上上吉　中村仲蔵　中村座

（五５ウ）

頭取曰久々御病気《びやうき》ニて舞《ぶ》台《たい》を引れしか。やう〱御本腹有ッて此度よりの御出勤《しゆっきん》先は大悦〱。二条蔵人《くらんど》の弟梅丸の御役。びはをだんじてゐらるゝ所。大ざつま上るりニて親玉との出合よし。景清を味《み》方《かた》に付ケんといへ共。かてんせず夫よりいろ〱と術《じゅつ》を見せ。次そのおのまへをかくまひしとて。追来リ家《や》さかしせんといふゆへ。しやうこのため。神おろしの所上るりニての仕内できました〱。此うへの仕内を見まして・くわしく評致しませふ

上上吉　中島三甫右衛門　中村座

頭取曰此度鬼王新左衛門なれ共大磯《いそ》屋伝三と名乗《のり》。清玄《せいげん》が家来《けらい》と姿《すがた》をやつし。工藤が方へ入込。みつはた姫に都《みやこ》の名所をたづねらるゝ所。みなはらをかゝへまする。次ニ工藤がいひ付ヶにて団三郎を。ごうもんにかくる所よし。夫より鬼王と見あらわされ。すでにくび討《うた》れんとする時。もろはだぬけば曽我兄弟。稚《おさな》き時の振《ふり》袖《そて》ニて友右衛門殿相手ニての。しうたん(六6オ)よし。ついにより盛《もり》がてだてにて命たすか*らるゝ迄。よし〱二ばん目。みおのや四郎ニてかげ清成リといはるゝ所。親玉の相手にて出来《でき》ました

上上吉　大谷友右衛門　中村座

頭取曰此度曽我の団三郎役清玄家来と成居やいばの太刀をうばひ取。次ニあいごのかはりにごうもんせらるゝ所よし夫より鬼王と共ニ工藤ニくび討《うた》れんとする時。紅葉《もみち》ニ鹿《しか》のもやうの振袖をはだぬぎて曽我《そが》兄弟がむかしを語《かた》りてのしうたんできました〱。二ばん目大日の日兵衛の敵のおやし形よし。ついに京の次郎にころさるゝ迄よし。次ニ団三郎にて高麗屋《こうらいや》殿との。やね仕合《じあい》迄よし〱

上上吉　中村助五郎　森田座

頭取曰此度久米《くめ》の平内にて。大木のうろにしのひて・吉田の少将をころし。りんしをうばひ取《とら》るゝ所よし・二ばん目てつぺき武兵衛にて。小いなにほれ。色々くどけ共がてんせぬ故恋のゐしゆ(六6ウ)に半兵衛をちやうちやくし。新ぞう春風《はるかせ》を梅若丸とさとり。此所にくてい。よふいたされます

上上吉　尾上松助　市村座

頭取曰此度朝いなとはめつらしい御役鳥さしのでは。次ニたいめんのば。男大きくて見へよしわる口何かしらないがむまみかないぞ頭取是さ〱当時《とうし》人々のうれしがられまする三朝丈わるい事はごさらぬ。二役六尺の場《は》も皆《みな》男そろいにてよいぞ〱。二ばん目白山《はくさん》の伝吉といふ町《てう》かゝへのとひの者《もの》△にて。杉暁丈十町丈太刀打の中へ出両方へ分《わけ》を付ヶひいきイヨ松さんすこひ頭取夫よりお杉をくどけ共聞入レぬ故我カせなかへしばり付ヶる内の仕内どふも〱神田の与吉を井戸づなにてしばり大切杉暁にぶたるゝ迄。二はん目一の評判夫故ほうびを付ヶました。お手がら〱

上上吉　坂東又太郎　中村座

(七7オ)

頭取曰此度和田《わだ》の平太の実《しつ》事できました〱。二ばん目雷四平といふ男立にて。敵の仕内《うち》あいごのわかをせんきつよく。京の次郎

にくびうてといひ付られ共打かねる時。しやうしの内よりくびを打ッて岩永《いわなか△》ニ渡《わた》し夫より本心をあかし。あいこにあらず長吉が死くひなりとかたる迄。松王の仕内［わる口］さして是はといふ程の所も見へませぬ［頭取］何にもせよ評よくお仕合〳〵

上上吉　大谷広右衛門　森田座

［頭取曰］此度近江ノ小藤太ニてのり頼リと心を合せしを祐経にたくみを見出され。いとまを出され夫より鬼王が友切丸のせんぎする時しらぬといへ共がてんせすついに大小を改させれ共。友切丸ニあらぬゆへさん〴〵にてうちやくせらるゝ所。扨も手《て》ひとい事〳〵。其外御役なし

上上　沢村淀五郎　森田座

［頭取曰］此度若ィ者喜助ニてすい大臣ンをころし金《かね》を（七7ウ）うばひ立のく迄今度は悪方をやられますよし〳〵

▲敵役之部

上上　中島勘左衛門　市村座

［頭取曰］此度近江ノ小藤太ニて大磯のとらがなんきとなる金をかし其上色々くどけ共聞入ぬ故祐成にいしゆをかへし夫より団三郎をちやうちやくせらるゝ迄にくてい〳〵二ばん目釜屋武兵衛にて金のかはりにお七をつれゆかんといふを伝吉に分ヶを付ヶられ又引立行んとする迄できました〳〵

上上　三国富士五郎　森田座

［頭取曰］此度はねわなの弥蔵大てい〳〵のり頼《より》もさしたる仕内なし此人いつてもいしやうがよふござる

上上吉　富沢半三郎　市村座

［頭取曰］此度吉祥寺上人の役よし二役工藤が六尺もできました〳〵（八8オ）

上上　中島三甫蔵　市村座

［頭取曰］此度半沢六郎と二役お熊の役はにくていニよし朝いなにほれらるゝ所もおかしい〳〵

上上　坂東三八　市村座

［頭取曰］此度八わたの三郎と本田の次郎いづれも立役大てい〳〵

上上　市川純右衛門　中村座

頭取曰 此度近江の小藤次と子そだての喜藤次いづれもよし

上上　松本大七　森田座

上上　坂田国八　同座

上上　鎌倉長九郎　市村座

上上　市川綱蔵　中村座

上上　中島国四郎　市村座

頭取曰 大七殿は梶原源太よし。。* 国八殿はざとう（八8ウ）しやれ市と近藤七よし。 綱殿梶原役よし長九郎殿はよしく＼梶原と六尺国四郎殿も梶原と六尺いづれもそれく＼にでかされまする其外の衆は口目録にのせました

▲道外形之部

上上　小　嵐音八　中村座

頭取曰 此度おさる預リよこすかかに右衛門ニてすいかうやくの所皆はらをかゝへます二役すこぶる殿娘おとはにてそのおのまへの身代にならるゝ迄段く＼と親御のおかしみがうつりまする

▲親父形之部

上上　川　佐川新九郎　市村座

頭取曰 此度八百屋久兵衛の役さしたる仕内なし大ていく＼其外衆は口目録のせました

中終

（九了9オ）

▲若女形之部

極上上吉　中村富十郎　森田座

頭取曰此度第一ばん目。今様《いまやう》の役人にて。あきン人《と》の出。三五郎殿との所作事よし〱。夫よりわん久の所作《しよさ》できました。次重忠の方へちよくしと成来り。景清《かげきよ》が命《いのち》たすけよと云。夫よりきぬがさにあこやと見出され。上使《し》を手にかけ入らるゝ所わる口悪方ならばおちついてよいと申さふが。女形故ほめよふがない頭取夫より又立帰《かへ》り。是より女形の身《み》ふりにならるゝ所。わかりまするわる口なんだか女にしてはいけするい女だ。そして門をやぶつて行もやすい事とは是でも女か頭取サア夫も女にない事てはござらぬ。すでにはんがく巴御《ご》ぜんを御らふじませ扨夫より大詰大仏《おふづめだいぶつ》くやうのやつし迄。外ニまねてはござりませぬぞ振袖のうつる事誠にめいじんまれもの〱

上上吉　山下金作　森田座

頭取曰此度重忠の妻衣笠《つまきぬがさ》御ぜんニて。ちよくしをあやしき(壱1オ)ものとさとり。わざとしらぬ顔にて入らるゝ所大やうにてよし。次ニ女重忠迄よし〱。二役小いなにて半兵衛とのぬれむまい事〱。百度参りの内のじやらくらよし〱次ニ兄藤吉が悪事《あくじ》をいけんせらるゝ所よし〱。夫より半兵へ書置して立のかんとするをさとり。わかれをおしみ夫よりその八の上るりにてのしよさよし。夫よりしつとの所迄てきました〱。御病後《ごびやうご》故御ほねおり御太義〱

上上吉　岩井半四郎　中村座

頭取曰此度さくら姫にてせいけんに思ひ染られめいわくせられ門之助どのとの道行の所よし。二役かたせ村お初にて。おつとみだ次郎をたづね来り。みだ次郎がなんきとなる故。わざとあいそをつかし。我身を売《うり》金《かね》をさいかくして喜藤次ニ帰しわかれをおしみ入らるゝ迄大でき〱わる口半四郎が仕内は成程よいか。あいた口へ餅《もち》といふ所へ。くるはの者をつれて来りて。金をこしらへたものじやぞ頭取サアそ(壱1ウ)こがきやうげんでござる。かねてみだ次郎かり金ニこまつてゐる事はしれて有ル事故に。身を売らるゝのでござる。こゝでしてみせるは狂言の仕内。もやうといふものさ。これほど評判のよい半四郎殿に申ぶんはござらぬはづ。扨二ばん目けいせいすがはらとさくら姫の早かはり。ついに身替リにならるゝ迄よいぞ〱。中車丈と。此君が中村座当春一の当《あたり》近年打つゞき評判よく御祝義に座を上ましたおてがら〱

上上吉　吾妻藤蔵　市村座

上上吉　芳沢崎之助　中村座

頭取曰御両人御一ッ所に評《ひや》致しませふ。藤蔵殿此度あこやにてごぜと成来リ。祐経に見出されせんぎにあふ所。羽左衛門殿とのひやうし事よしく。いつもながら御功者く。扨崎之助殿は二条《でう》のみだいくも井御ぜん。我子あいごの若《わか》にやかたを立のかせんため。わざとれんぼし。次ニあこやにて平太に頼《たの》まれ(二2オ)くも井御ぜんと成リ工藤にあざ丸赤はたをもらい入らるゝ迄よし。此外ニさよの中山にてころされし女のゆうれいあり二ばんめもあこやさしたる仕内なけれど御功者く

上上吉　尾上民蔵　市村座

頭取曰此度小性吉三郎の若衆《わかしゆ》方。お七雄次郎殿とぬれ事きれいく。二役祐経おく。なぎのはの女形できました扨くうつくしいものでござる

上上吉　嵐雛治　市村座

頭取曰此度けはひ坂のせうくニて。老母《らうほ》をいたはる所よしく二役八百屋下女お杉ニてお七吉三が恋の取持せらるゝ所よし。次ニ伝吉ニちやうちやくせらるゝ迄今度はいかふてかされ。評判よろしくお仕合く

上上吉　瀬川雄次郎　市村座

頭取曰此度初《はじめ》て八百やお七の御役おぼこな仕内よし民蔵殿と△茶《ちや》の湯《ゆ》の所よし。二ばん目吉三が跡《あと》をした(二2ウ)い行んとする時門々しまりなんきせらるゝ迄しゝう浜村屋の風をよふのみこまれましたひいきイヨ瀬川

上上吉　中村野塩　森田座

頭取曰此度曽我の五郎からはよしてつよく致されました。しかし申分にはこわいろがうつりませぬと申せば申スやうなもの仕内はよふござるぞたいめんの場などよし二役みつはた姫にて京の次郎ニほれらるゝ迄よしく

上上　小佐川常世　中村座

頭取曰此度けはひ坂せうく役さして評する程の事なしいかふ芸に実入が仕ました

上上　　瀬川吉次　　市村座
頭取曰此度二の宮役にて彦三殿とぬれの場しほらしい事〳〵すい
ふんせい出して師匠程に名を上給へ

上上　　嵐小式部　　市村座
頭取曰此度大いその虎《とら》段々と御出世珍重〳〵　（三3オ）
〔挿絵第一図〕　（三3ウ）
〔挿絵第二図〕　（四4オ）

（注）

頭取曰此度そがの二の宮役・やはらかみ有てよし十八日十九日半
四郎殿病気ニ付替《かわ》リを致され評判よろしく随分情出し給へ

上ト　　滝中岩之丞　　中村座
頭取曰去年伊豆《いづ》の次郎若衆形ニて勤られ夫より評判よく・此度頼
朝の娘みつはた姫よし・二役少〳〵の役よし・門之助殿病気之内
醤油うり長蔵替リ役できました・娘方より若衆形の方かよいと
申シますせい出し給へ

色蒔絵《いろまきゑ》曽《そ》我羽觴《かのさかつき》　四番続
巳正月十五日より　森田座
工藤左衛門ニ　市川団十郎
そが十郎ニ　坂東三津五郎
小林の朝いなニ　あらし三五郎
同五郎ニ　中村のしほ
鬼王ニ　中村重蔵
あこやニ　中村富十郎
近江小藤太ニ　大谷広右衛門
重忠女房　山下金作
松若丸ニ　沢村淀五郎
粂の平内ニ　中村介五郎
本名あわづの七郎ニ　笠や又九郎
富沢辰十郎
中むら柏木

挿絵第一図

挿絵第二図

上上　芳沢幸之助　森田座

頭取曰当春より森田座の御出勤第一ばん目二の宮御役柏木殿と・しよさしほらしい事〳〵・二役水茶や娘おかうの役雷子丈とのぬれ事・やねぶねから出らるゝ所いつそ気がわるふござるぞせい出し給へ今ニ御出世〳〵其外の衆は口目録ニのせました（四4ウ）

▲若衆形之部

上上吉　市川門之助　中村座

頭取曰此度あいごの若役。いかふできました。桜姫《さくらひめ》と道行の所よし〳〵。二ばんめ二役。醤油《せうゆ》売《うり》長蔵にて。長吉ころしのやつし。京の次郎ニ殺《ころ》され。本名いづの次郎が子と。名のらるゝ迄よし〳〵

上上吉　佐の川市松　中村座

頭取曰此度大磯《おゝいそ》のとらと。あつもりみたいそのをのまへ。二役共に。さしたる仕内もなし。此上の仕内を見まして評致しませふ先は大てい〳〵

上上　坂東彦三郎　市村座

頭取曰此度二の宮太郎の御役できました。故人《こじん》薪水《しんすい》のおもかげが。段々とうつります随分《ずいふん》はげみ給へ

上上吉　中村柏木　森田座

頭取曰此度二の宮太郎役幸之助殿と今様の役人（五5オ）にてしよさよし。二役青柳《おをやぎ》と半沢六郎役。大てい〳〵

上上　市川雷蔵　中村座

頭取曰此度工藤犬坊丸御役。御出情《しゆつせい》有ッて。親御《おやこ》柏車《はくしや》丈の名を上給へ。其外の衆は口目録《もくろく》ニのせました

▲太夫元之部

芸ニ不出　中村勘三郎

頭取曰元祖《くわんそ》さるわか勘三郎。寛永元甲子歳。御願《おんねがい》申上。蒙《かうむり》御《ご》免《めん》初〆て御当地《ごとうち》中橋において。太鼓櫓《たいこやぐら》を上《あげ》芝居興行《こうぎやう》す同九年壬申年。伊豆《いづ》の国《くに》よりあたけ丸の御船《ふね》御入の節《せつ》元祖さるわか勘三郎。木《き》やりのおんどをとる。則《すなわち》金《きん》の麾《ざい》を頂戴《てうだい》す。其頃《そのころ》祢宜《ねぎ》町《てう》に

居住す。今の人形町なりと慶安《けいあん》年中。今の堺町ニうつる同四年辛卯年に　御上覧《こせうらん》に備《そなわ》リ明暦《めいれき》の類焼《るいせう》にて。上京《せうきやう》なし。諸芸《しよげい》仕リ禁裏《きんり》江被為召。悴ニ明石《あかし》と申ス名を被下置。衣裳《せう》（五5ウ）等《とう》迄。拝戴す金の魔さるわかの衣裳は中村座の宝物なりと九月江戸表江立かへり中略相続芝居代々繁栄す此寛永元子年より安永二巳年迄凡百五十年右寿として二月朔日より七日の間寿狂言勘三郎殿伝九郎殿少長殿三人にて勤られ其節堺町両かは不残かざりもの有明ヶ七つより諸見物ゑいとう〳〵とおし分ヶられず誠芝居繁昌の寿めでたし〳〵

上上吉  中村伝九郎

頭取曰 此度工藤祐経役たいめんの所よし先年こびき町にて工藤をでかされました此度又々てきましたわる口いひかわるいかねからさたがない頭取敵工藤の仕内うつりますたくみをよりともに見あらはされ傘にてちやうちやくせらるゝ迄此度はできました殊ニ芝居繁昌珍重〳〵

大上上吉  市村羽左衛門

（六6オ）

頭取曰 当春狂言やう〳〵三月十二日より始リ夫ゆへ評判もおそなはりました女中評判記のいひわけより家橘さんの芸評が早く聞

たいわいナ頭取さぞかしお待かねでござりませふ扨此度鬼王の御役わる口余りいしやうがりつぱすぎてよふない頭取是はしたりそこがかぶきは見もの故随分きれいながよふござる。すでに当時の鬼王の風は大十町殿より風がかはりました其前は皆上下にて元祖幸四郎殿など随分りつはに致されし事也故実を御ぞんしないそふなわる口大分古い事をいふかこいつは今度の歌舞妓年鑑で覚へたそふな頭取本名景清にて大詰やつこ姿迄よし〳〵芝居大入にてさぞお悦ひ〳〵大あたり〳〵

上上吉  市村亀蔵

頭取曰 此度あはつの七郎役大てい〳〵御元服の御祝儀一ッ打ませうシヤン〳〵

（六6ウ）

芸ニ不出  森田勘弥

上上吉  森田又次郎

頭取曰 此度又次郎殿。工藤犬坊丸役。てきました二役御用勘吉よし。栄へさかふるいてうのすへ広いつもかわらぬときわ木の花橘のめで度ためしかたばみの御ひいきかはらぬ大入の春ぞにぎわしき

安永二巳年閏三月吉日

神田小柳町　伊勢屋佐兵衛

板元

（七了7オ）

役者位弥満

（安永二年十一月）

（早稲田大学演劇博物館蔵本）

役《やく》者《しゃ》位弥《くらいのや》満《み》

芸品定

三芝居目録

暫《しばら》くの一声《いっせい》は
三座《さんざ》に
寿《ことぶく》
一陽《いちやう》の
隈取《くまどり》

しばらく〳〵の
かけ声《ごゑ》は
前髪《まへがみ》の角大師《つのだいし》
悪人形《あくにんがた》を降伏《かうぶく》は
市川流《いちかはりう》のつらね事《こと》
銀杏《いてう》の葉《は》
末広《すへひろ》がりに
拾《ひろ》ひ得《ゑ》たる
金《こがね》の橘《たちばな》

（壱1オ）

蓬莱山《ほうらいさん》に
指《ゆび》さす
酸漿《かたばみ》の
紋所《もんどころ》
いつも
かはらぬ
三太夫本《さんたゆふもと》

（壱1ウ）

江戸三芝居惣役者目録

さかい町　中村勘三郎座
ふきや町　市村羽左衛門座
こびき町　森田勘弥座

▲立役之部

上上吉　市川団十郎　中村座
上上吉　嵐三五郎　市村座
（合）
上上吉　松本幸四郎　中村座
上上吉　当リ　大谷広治　同座
（いわく有）
上上吉　市川八百蔵　森田座

上上吉　中村重蔵　同座
上上吉　坂東三津五郎　同座
上上吉　市川団蔵　市村座
上上吉　笠屋又九郎　森田座
上上　沢村淀五郎　同座
上　中村茂十郎　森　上　坂東吉蔵　中
（一2オ）
上　市川染五郎　中　上　市川滝蔵　中
上　市川春蔵　森　上　山下門四郎　森
上上吉　沢村長十郎　森田座
上上吉　富沢辰十郎　市村座
功上上吉　中村少長　中村座

▲実悪之部

上上吉　坂田半五郎　市村座
上上吉　当リ　中村仲蔵　中村座
上上吉　大谷広右衛門　森田座
上上吉　大谷友右衛門　中村座

上上吉　中村助五郎　市村座
上上吉　尾上松助　森田座
上上吉　坂東又太郎　中村座
上上　三国富士五郎　森田座
上上　松本小次郎　市村座
上上吉　中島三甫右衛門　同座
（一2ウ）

▲敵役之部

上上吉　《ほうび》　中島勘左衛門　中村座
上上　坂東三八　市村座
上上　市川純右衛門　中村座
上上吉　富沢半三郎　同座
上上　中島三甫蔵　森田座
上上　松本大七　同座
上上　坂田国八　市村座
上上　鎌倉長九郎　同座
上　尾上政蔵　同座
上　藤川判五郎　森田座

上　坂東善治　同座
上　中村此蔵　中村座
上　中島国四郎　同座
上　沢村沢蔵　同座
（二3オ）
上　市川綱蔵　中村座
上　宮崎八蔵　同座
上　山中平十郎　市　上　坂東重蔵　市
上　坂東利根蔵　森　上　坂東熊十郎　市
上　沢村喜十郎　森　上　大谷大八　森
上　中村友十郎　森　上　佐野川仲五郎　中
上　中村幾蔵　森　上　坂東嘉十郎　森
上　尾上叶助　市　上　松本鉄五郎　市
上　大谷徳次　市　上　中島勘六　市

▲道外形之部

上上　嵐音八　中村座

▲若女形之部

上上吉　山下金作　森田座
上上吉　中村里好　中村座
上上吉　岩井半四郎　同座
（二3ウ）
上上吉　中村野塩　森田座
上上吉　尾上民蔵　市村座
上上吉　佐野川市松　中村座
上上吉　瀬川雄次郎　同座
上上吉　嵐雛治　市村座
上上吉　小佐川常世　同座
上上　嵐小式部　森田座
上上　市川小団次　市村座
上上　瀬川吉次　中村座
上上　亀谷十次郎　森田座
上上　中村国太郎　森田座
上上　山下秀菊　同座
上上　沢村歌川　中村座
上　吾妻富五郎　市　上　滝中岩之丞　森
上　坂田幸之介　森　上　姉川新四郎　中
（二4オ）

上 三条亀之介 中　上 岩井重八 中
上 中村万代 森
上上吉 芳沢崎之助 中村座

▲若衆形之部

上上吉 市川門之助 中村座
上上 市川雷蔵 同座
上上 坂東彦三郎 市村座
上 市川団太郎 中村座
上 大谷仙治 市　上 市川平蔵 森

▲子役之部

上上 市川高麗蔵 中村座
上上 中村七三郎 同座
上 大谷谷次 中　上 大谷栄助 中
上 市川辰蔵 中　上 嵐　市蔵 市
上 中村介治 市　上 山下金太郎 森
上 坂田富五郎 森　上 山下正次郎 森

（三4ウ）

上 芳沢三木蔵 中　上 市川伝蔵 中

▲中村座色子之部

滝中金太郎　山下松之丞
嵐　虎蔵　瀬川市弥
小佐川幾世　市川弁之介
中村亀松　中村乙松

▲市村座色子之部

亀谷富三　佐野川乙吉
沢村富松　滝中豊蔵
嵐　国松　三条松蔵
沢村福松　荻野伊勢松
嵐金三郎

▲森田座色子之部

中村徳三郎　中村よし松
山下太郎吉　岩井松之丞
中村吉之介

（四5オ）

▲頭取之部

市川団五郎　中村座
市川久蔵　同座
佐川新九郎　市村座
山下里大　森田座

▲太夫元之部

芸不出　中村勘三郎
上上吉　中村伝九郎
大上上吉　市村羽左衛門
上上吉　市村亀蔵
芸不出　森田勘弥
上上吉　森田又次郎

不出　女形　吾妻藤蔵　市村座
下り　同　瀬川富三郎　同座
下り　同　中村八重八　同座
（四5ウ）
下り　同　瀬川七蔵　市村座
下り　立役　嵐三四郎　同

下り　敵役　市山伝五郎　同
下り　同　中村蔦右衛門　森田座

極上上吉　大尾　市川海老蔵　中村座
極上上吉　中村富十郎　森田座

以上

▲狂言作者之部

中村座
桜田治助
河竹新七
仲喜市
奥野栄治
奥野瑳助
（五6オ）

市村座
中村重助
瀬井馬雪
瀬井秀蔵

森田座

中村清九郎
壕越菜陽
笠縫専助
山田平三
沢井注蔵
長谷川前吉
増山金八

目録終

（五6ウ）

〇遊《あそ》び過《すご》して毛氈《もうせん》をかぶる花の山

春《はる》△の花《はな》・秋の月・いづれ興《けう》あり冬の雪・猶捨《なをすて》がたし・吉原に張《はり》あれば・品川に意気地《いきじ》あり・深川の立引《たてひき》又おもしろし・其外の遊里《ゆうり》といへ共・通《かよ》ふにしたがいなじむによつて・たかひのしんじつもいろも情もまし・すでにさるものは日〳〵にうとしと・月に一度や二度ぐらいの遊びにてはおもしろみもなし・誠の心中を見んと思はゞ・しげ〳〵の御けんでなければしれかたししかれ共あこぎがうらに引クあみの・度《たび》かさなればあはれなる・さまともなるものぞかし・こゝに其名さへ福富屋《ふくとみや》ノ栄蔵とて・大分限《ぶけん》のむすこさん・いつの頃《ころ》よりか辰巳の街に深くもはまる深見川・万世が情《なさけ》にのぼりつめ・ついには勘当《かんどう》のおしきせ・紙子姿《すがた》と成そがの祐成共あやしみぬ・其頃盛《ころさか》んのからす大しん末社《まつしゃ》引つれゆく・道をさへぎり紙子男小ごしをかゞめ（七7オ）そつじながら大じん様におたづね申度キ儀御座候・一ツ昨《さく》ばん永代橋の辺にて・はな紙入レをひろいしが・もしや大じん様にはお心あたりはごさらぬかと問《と》へは・扨《さて》は其紙入は表ねすみ羅紗《らしゃ》うらは青地の錦・中には印判并ニ金三両其外書物あらずや・いかにも〳〵其通リ扨はおとし主はおまへ様でごさりまするか・おゝせのとをり品が合ますれば相違《そうい》もござりますまい・しかし其書物の中・証文《せうもん》か一ツ通《つう》こさります此文言さへ合ましたなら・すぐにおもとし申さんといへは・夫こそほしけれさる女郎の方より取リし起請《きせう》なり・外の品金子までみな〳〵なんじにくれる・其起請《きせう》ばかりはかへしてくれよ・いや〳〵其起請《きせう》ばかりは・此方へ申受《うけ》ませう残リの品一色も紛失《ふんじつ》は仕らぬ御改め請取下さるべしといふに・かつてやることならぬ・なんぞや・素浪人のもつてやくにたゝぬ物・此方へ返《かへ》せと・いふにいかつて・ヤア舌長《したなか》し大ぬす人め・我も（七7ウ）むかしは・金《かね》の花《はな》をふらせし身のはて・今此様《やう》な紙子姿《かみこすがた》ニ成たるも粋《すい》の身には・本意《ほんゐ》なり・夫になんぞや女郎の方からつりを取やうな大よく心ン・夫で情《なさけ》の道といつべきか・いかに金銀《きんぐ》のゐくはうでおしてかゝせればとて・是が誠の誓紙《せいし》の文言《もんこん》で有べきか・一トツ其方様とふうふ

のけいやく致し候ニ相違《そうい》なく。しかるうへはいか成色男自余《じよ》のきやくに真《まこと》の枕をかはし申間鋪《まし》候。もし相そむき候はゝ。此度申請候金子五十両ニ五わり半の利足を相そへ。元利共ニきつと御かゑし申べく候。もしや相立候金子是なく候はゝ。衣類諸道具《いるいしよどうぐ》のこらず相渡し申べく候。仍而《よつて》起《き》証文《せうもん》如件《くだんのごとし》。こりやア金手形《てかた》と起請《きせう》とひとつにしたもんごん。我レこそ其万世とは二世と言《いゝ》かはした深《ふか》い中。元此借金《かりがね》も我身故《ゆへ》と思へばふびんな万世が心根。につくきはおのれよな。イヤさいふなんじこそにくけれ。我レ色々と心をつくせ共。したがはぬゆへ金のゐくはうで起請をかゝせしが。扨は我ヵためには恋《こひ》の仇（八8オ）イヤ万世にはぢをあたふる仇《あた》かたきと。たがひにあらそふ其ふぜい。金かしと見へしはよくのかたまり。一つの親玉と成て飛《とひ》さりぬれば紙子姿《かみこすがた》のむすこも。たちまち一つのもうせんとけしぬ。さらば此もうせんを鋪て。花の山で一ッぱいのみかけながら役者評判〳〵

安永の巳

作者
羽觴庵

当世口合 千里《せんり》の翅《つばさ》 めづらしき落噺《おとしばなし》をあつめ雨中《うちう》の伽となす

右之本近日より売出申候間御求御覧被遊可被下候以上

板元

（八8ウ）

大上上吉　尾上菊五郎　市村座

老人出 寛延二巳年江戸三芝居にて忠臣蔵をせしより当年迄三座にて十七度然るに梅幸丈此方名残の忠臣蔵に由良之介となせ二役大当りなれとも仕うち細《こま》かにあたらしきといふ迄にて介高屋程には思はざりしに此度名残の忠臣蔵には由良之介となせ勘平三役勤られ取分由良之介役先は第一作りよく人ひん仕内前の由良之介に十双ばい助高屋の様成由良の介は末代までもあるまじくと思ひしに古今の大出来大当り〳〵是迄数ヶ度の忠臣蔵を見しが由良の介役は七段目かんじんなり然れども四段目上下にてかけつけの所こそ由良の介の大事の場なれどもいつとても四段目の評判はまれなり元祖坂東彦三郎は武道の達人故四段目にて九寸五分のけつにくをのむ所大出来なりしがその替りに七段目生酔《なまゑひ》の所不当リ助高屋は生酔（九9オ）の所家の物なれども四段目の仕内幕の外へ残しといふ迄にてさして仕内もなかりし然るに梅幸四段目かけ付の所気持人品残る所なくゑんやの腹切のくるしみよりは由良の介が心の内のくるしみ思ひやらるゝと諸人涙をこぼしぬ別而九寸五分を出し一家中をしづめらるゝ仕内諸見物の身にこたへ先は此一段にて向

後由良の介役の随一と極むべし七段目の仕内一々本方の事をしてみせられしは諸人のしる所なれば略之かゝる上手名人を故人団蔵と牛角《こかく》の様に思ひしは江戸見物のめのなき所お*をるべし〳〵春の工藤名残の由良の介にて江戸中初て目をめ**をさませしはおそろし〳〵［ある人］梅幸の由良の介色々評判あれどもかんじんの所は四段目九太夫に十分いわせ我は（九9ウ）手をくんでねむつてかんがへらるゝ所仕内なくして思ひ入つよくきりやうこつがら誠の由良の介かとほめやうの言葉につきました［東より］拙者は七段目ニむつくとおきて由良の介といふ上るりをかたらせられぬ所がきついこと〳〵［西より］拙者は又七段めの切に侍三人由良の介殿段々あやまり入ましたといふ時扇をひらきシイ、、、といわれし所是迄になき由良の介の仕内少のことなれどもかく有たきこと也［南より］夫よりは九段目本蔵が耳へ口をよせ雨戸をはづすわがくふうといはれし所が本のやうに思はれますそしてこもそうの姿に成らんまのがくにかくし置し九寸五分を力弥が出し手にわたせば包をひらきおしいたゞき又もとのふくさにつゝみくわい中し立出る所成程もはや敵討の出立なれば九寸五分は持行所なるべしかんしん〳〵かゝるこまかなる仕内は古今まれ成（10オ）

〔挿絵第一図〕 （10ウ）

〔挿絵第二図〕 （十了11オ）

御贔勧進帳《こひいきくわんじんてう》 四番続 中村座
巳霜月朔日より

にはとりのせいれい 中村里好
伊達の二郎 中村仲蔵
源のよしつね 松本幸四郎
ひてひら娘忍ふ 岩井半四郎
ひたほうかいそん 嵐音八
岩手ひめ さの川市松
半沢六郎 市川雷蔵
ひでひら 中村伝九郎

とさ坊娘しきたへ 芳沢崎之介
川こへ太郎 中村少長
源ゆきいへ 大谷友右衛門
とがし左衛門 市川団十郎
直井左衛門 大谷広治
むさしほうべんけい 市川海老蔵
斎藤治 中島勘左衛門
いせの三郎 坂東又太郎
行平 市川門之介
松風 瀬川雄次郎

挿絵第二図

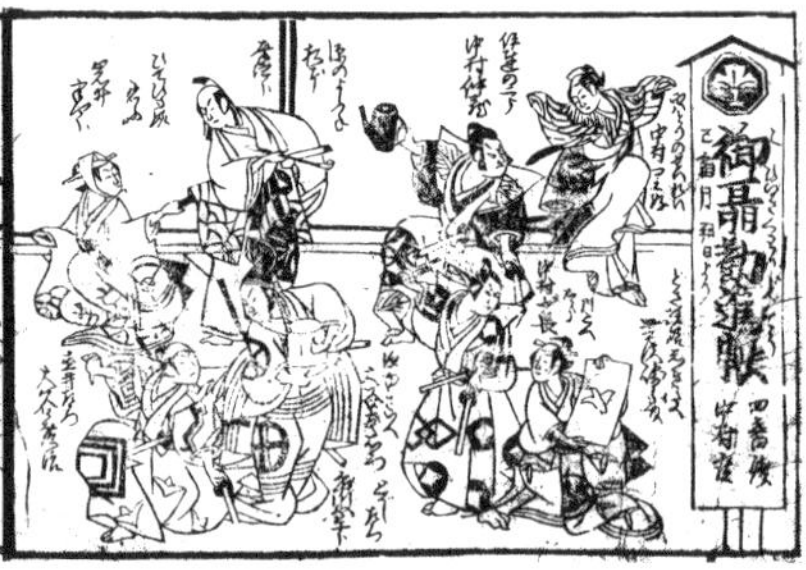

挿絵第一図

由良の介梅幸丈の御工夫《ごくふう》おそろし〳〵和実《わじつ》武道の一道は古薪水古訥子の意味《いみ》あつて花実相対《くわじつそうつい》の大立者〳〵

古今 役者名取草 全二冊 出来

辰巳のゑん 全一冊 出来

辰巳の園後へん 婦美車 全一冊 出来

役者妻子鑑《つまかゞみ》 近日出来

板元 本清

（十了11ウ）

▲立役之部

上上吉　五代目　市川団十良　中村座

頭取曰礼記曰《らいきにいわく》　君父の讐《あた》には共《とも》に不戴天《てんをいたゞかず》の語は曽我の五郎が工藤に対面の時いつの狂言にもいわねばならぬ言葉也又寛仁大度の鎌倉殿よな重て謁《ゑつ》し奉らんそれまではかたく〳〵さらばとは景清が頼朝に対面して帰る時の言葉也五郎の役から景清などの役を引取て舞台いつぱいに仕内をみするは大ていや大かたの修行にてはなられずしかるに当時市川団十郎を見るに今此年来にて景清もなり又時宗も出るといふは誠に名人の子孫程有て末頼もしふ存る此度三年ぶりにての帰り新参当顔みせの大当夫故江戸役者の惣巻頭にいたしましたりくつ者親玉をさし置て息子から評判とはこりやどふだ頭取曰サアそこで御座ります成程当時市川海老蔵と申ましては（一1オ）三ヶの津役者の親玉なれども海老と申名は申さば隠居分と申物団十郎と申ましてはうぶこはふこは申に不及外国までもかくれこざりませぬまして親子一体分身なれば其論にはおよびませぬ殊に此度の大当りかれこれもちまして巻頭それでもむりかおらむりじやあんまいと思ふ大ぜいそふだ〳〵あのよふなむだにかまはずとはや芸評〳〵頭取曰東西〳〵さて此度狂言の名題御贔勧進帳第一ばんめ三立め熊井太郎と成惟明親王坂東太郎に言付義経の北のかた岩手姫并ニ川越太郎を手にかけんとする所へ吉例のしばらく〳〵の出いさぎよくその手づよきこと申もおたまきどふも〳〵口合のつらねまでいやはや聞ごと〳〵本ぶたいへ移り坂東太郎をふみのめし御台并川越其外行平松風村雨をたすけ立わかるゝ迄大丈夫〳〵四立目浄留理の段（一1ウ）御馬やの喜三太なれども鹿島のことふれと成所作事も親玉にそのまゝ〳〵五立目安宅の関守富樫左衛門役義経主従山伏姿にて関を通らんとするゆへ斎藤次通すまじとあらそふ所へゑぼしすわふにて出だん〳〵と詮義する仕内落ついてよし弁慶東大寺大仏建立の山伏なりといふ故しからは俊乗坊よりの添状あらんといふ時に弁慶偽て虎の巻を勧進帳にしてよみ上ける其忠臣をかんじ情にて関所を通す所誠に位有てたけからず親玉と立ならんでの仕内あつはれ〳〵六立目傾城若松に長柄をさしかけての出端きれいな事〳〵別而此度丸やと里好三人の出合たがいにうき世咄の上酒の肴に鶏子をわりし時若松おどろくをあやしみ次に斎藤次が悪事を見あらわす迄此度壱番目は三升一人にもりかけたる狂言所を始終ぬけめなく大詰の（一2オ）不動明王の見へ迄大出来〳〵去々卯ノ顔みせより森田座出勤の内も続て評よくお手から〳〵別而名残狂言久米の弾正鳴神上人悪口是は大みそであつたまだ〳〵毛抜許リて置はよかつたに跡の鳴神でさん

〴〵ことに慶子か大こく舞て鳴神はどこにゐるやら一向かげがなかつたひいきまて〳〵三升にけちをつけるやつがあるとおれがあいてたぞ頭取まづ〳〵お待なされませ成程鳴神の評判はちとさへませなんだあれも白雲黒雲を雷子是業たへまも野塩なぞて致されたらよふござりませうにざんねん〳〵慶子の白雲もひつきやう三升名残のことなれば地走心てござりませふが帰つて大こく舞の大評判で馳走が無地走になりましたとやかく申ても有て過た事此度の大あたりで鳴神の不印を取かへしました何ンでも（一二ウ）かでも此度は大当リ〳〵夫故位もぐつと上ましてござります木場でもさそお悦とそんします江戸役者の随市川〳〵

上上吉　二代目　嵐三五郎　市村座

頭取曰当顔みせは珍しく若女形の役幸四郎組まて〳〵幸四郎を差置て三五郎とは何ンの事だ三升の次は錦孝たぞ頭取成程幸四郎もよふござりますれども幸四郎組ますれ共なら幸四郎をだせ頭取三五郎は此度帰り新参殊に顔みせの花でござります雷子錦孝はとちらが先の跡のと申事はござりませぬ夫故座並も引合に致ました別而此度三五郎女形の評判幸四郎組幸四郎がなまゑいのひやうばんはどふだ頭取そふおつしやつてはどふも評判が入ほがになつて訳がしれませぬ前にも申ます通り三五郎帰り新参の花でござりますればまづ此度は雷子丈から申ます左様思召し下さりませ帰木曽樹毎初物と申大名題も女形の初物と存られ（一三オ）ます壱番目巴御前にて座元杉暁と三人のせり出し勘三ひいき隣の若手揃をみてはどふもさみしくつてならぬ揃もそろつて浄留り迄が頭取サァそのふる兵者にこそ又かくべつのうまみが御ざりませう門やぶりの立は花やかでござります五立目杉暁と夫婦の対面の場女の情をたしなむ心持功者〳〵大詰だての六郎はさしたることなしまづは此度女形のひやう判きついもの〳〵悪口雷子が女形も梅幸がとなせからの思ひ付とかく何を致されても音羽屋をうつすやうでうつとふしいひいきまつたく雷子梅幸を真似らるゝのではないあれは生得どこやら梅幸ににたといふ物それがうぬらが目のあかぬといふものたはやい悪口組おいらをめくらにしおつた了簡ならぬあい手に成べいこゝへ出やアがれ頭取申〳〵そうほう共に御了簡被成ませけんくわに成ましては私もめいわく爰は私が預りませうとかく役者は愛敬がかんじん（一三ウ）随分雷子丈仕内わるい事はござりませぬ此人に誰やらがあいきやうをしんせたらそれこそきついものでござりませうまつ此度女形の評判よくおてがら〳〵

上上吉　四代目　松本幸四郎　中村座

頭取曰此度壱ばんめ四立目浄瑠理の段九郎判官義経にて馬に乗広

治半四郎三人のせり出しいやはやきれい成るかな所作の内も始終此度は広治半四郎を引立ての仕内成程おとなしくみへます壱番目はさしたる仕内もなく二番目和泉の三郎にてなまゑいの場は又かくべつ功者なもの尤此度の狂言二ばんめ殊外出来ました桜田どのお手から〳〵立物ぞろへにて大ふんむつかしそふな所をみなそれ〳〵の役廻りきついもの〳〵もふどこへこざつても急度立作桃の木〳〵とは申されませぬ一番目の崎之介市松黒装束にて女の忍ひの者あたらしい大せい是〳〵桜田計リほめて錦孝の仕内はとふた頭取成程〳〵泉の三郎にて上使姉輪の(四4オ)平次に対面の場つゞみを持てのあしらい次に兄伊達の次郎弟元吉四郎が心底を引み姉輪の平次が引さきすてしみつ書を水にひたし鼻紙にうつしみらるゝ段次に義経の身替りに切腹する迄大でき〳〵イヨ高麗や

上上吉　二代目　市川八百蔵　森田座

頭取十一年ぶりにての帰り新参市川中車でこさります丸や組是〳〵頭取そさうな人た幸四郎から広治ではないか頭取成程口の目録には左様でござれ共そこが少しのいわくでござります是迄八百と丸やは跡に成先になり致しましたがちやうど幸四郎三五郎と言様なもの夫ゆへ口の目録には広治を先へ出し此所は中車丈から申ませふ是て両方五分〳〵と申者かと存ます大ぜいそふた〳〵是では丸やの方にも言分はならちやめしはやく芸評が木の目でんか〳〵頭取嫱初雪世界壱番目三立目(四4ウ)市川流のしばらくの出端悪口ついぞないちいさなしばらくだそひいきそいつ引づり出せ〳〵頭取成程中車丈上手といふことは江戸中御存知又ちいさいと申も御存知夫故御贔屓のお方〳〵はもそつとからがあつたら誰れてもつゞく物は有ルまいとおつしやりますそりやアうそはござりませぬ此度のしばらくも何ンのかのと申者もござれども根が上手でござれば悪いことはござりませぬけれ共おしいことにはかつこうちいさくひいき又いふか頭取殊に舞台淋しくざんねん〳〵四立目難波三郎にて三津五郎野塩三人のせり出しました〳〵水ぎは立てきれいにみへます時頼のほうらつをいさめ舞子折琴に惚られめいわくがらるゝおかしみいつみても面白い事折琴ゆびを切れば白拍子冬菊ちしほのけがれを恐れるをあやしみ後にわざと冬菊にれんぼしかけ竜女成ことを(五5オ)み顕す迄功者〳〵五立目青砥孫三郎藤綱にて後室蘭の方傾城姿秋田城之介と二人若い者に成長柄さしかけての出端見功者成程八百上手といふことはこゝいら成へし難波三郎と此青砥のやくきつとわかつてみゆるぞ頭取おまへはよふこまかに御覧被成ます次に後室へ城之介と両人そふりを直す所片〳〵つゝはき給ふ故それでは片足よごれますとたがいにいひ夫が蘭の方にれんぼしかけられめいわくがる所後にみだいの

本心をかんじ城之介が切腹をとゞむる迄理屈者是より前に鶴と亀との争有を城之介とたがいに引わけ鶴亀のかたふどせんとて後に三宝にのせて出らるゝが此仕舞はどふ成ますとんと訳がしれませぬいかに狂言なれば△とて鶴亀と申ては目出たい物殊に随分中もよさそふな物夫についぞない鶴亀の争とはのみ込ぬことでゑす頭取それは作者にお聞被成ませ中車丈の御存知なき（五5ウ）こと殊に壱番めも未六立目が出ませぬ故狂言の筋のわからぬこともござりませふ左様に思召ませふ先は此度中車丈の評判さのみ是はといふ程のことはなけれ共一体功者成取まはし久〱にて帰新参評判よろしくめでたし〱春は何ゞぞおも*ろいことをまつておりますついでに申シませふ菅原の桜丸源蔵共に大でき〱

上上吉　大谷広治　中村座

ひいき丸や一つしめませうしやん〱頭取扨々きついひいきの有人かな何ゝてもずつとそこへ出らるゝとよいかわるいかいさいかまはずどつ〱とわれる様にござりますきひしいものかな此度壱番め浄瑠理の段義経の家来直井左衛門にて奴姿の出とこやら昔の関札の俤残て駿河やを思ひ出します*入立め富樫の左衛門やかたへ来り三升里好三人の出合富樫の左衛門玉子をわれは懐中の玉鶏の印声をはつする故傾城若松富樫左衛門三人共にあやしみ此間三人共に大出来〱大詰坂東太郎又殿△との荒事めさましい事二ばんめ元吉四郎と成足軽ていの出端とかく此人はかほまつかにぬり荒事よりすがほにて木綿衣裳の仕内（六6オ）が大きによし女房半四郎殿を妹にして置家主佐七純右衛門殿に借金有故さん〲ちやうちやく〱にあい兄伊達の次郎に金子をかり家主へ済し跡にて兄次郎が工みをざんねんがり後に上使姉輪の平次泉三郎を手にかけんとする所をとゝむる仕内丈夫にみへてよし切に姉輪平次本名重忠と聞安堵し兄伊達の次郎に詰よる迄先は此度親玉も此人を引立ての仕内初舞台の評判よくおてがら〱当時此人程愛敬の有人はあるましそれといふも一つはするがやのおかげかならず〱円心院泰然日了を忘れ給ふな

上上吉　二代目　中村重蔵　森田座

頭取打続て当座めてたし〱当顔みせ浅原八郎なれ共仕丁又五郎と成忍ひの者宝物を盗み出る所へ花道より仕丁の姿にて出盗賊をとらへ少計リのたて有て顔をみれは兼て一味の滝沢の鬼夜叉なる故おとろき子細を聞かの宝は北条家の重宝りりやうの玉なる故是を請取大キに悦ひ此玉の徳には此玉を持たる者は人のめにかゝらすよつて彼玉を首にかけ三浦弾正が（六6ウ）折琴にれんほし色〱くどく内弾正が懐中の宝をすりかへ次に時頼なんきの場へ出

弾正始〆一味の者共の悪事をあらわす段悪口おつと待たり全体此役はとほうもない大きな役廻りだ是は親玉か扨は故人になられた訥子など致されたらさぞや大ばねならん此人にはやせ馬に荷が過たやうだそして此浅原八郎の役は実か悪かとんとわからぬ仕様こちとらはのみこまぬぞひいきばかなやつじやないか訥子にさせてみたくはうぬいつてみやがれわるくねごとをほざくとうぬ訥子ても路孝でもすきな者をみせにやるぞよ悪口あらいぶかしやなアひいきまたぬかしやあがるか頭取成程此度はちと大役でござります次に秋田城之介と成蘭の方傾城出立の時若ィ者と成姚灯持ての出は見功者此所も城之介と浅原八郎との別リめがみへませいで気のどく頭取次に上下大小の出蘭の方金作とのに青砥藤綱八百殿と二人してそうりをなをさるゝ段は八百殿と同しかた御台青砥に

（七7オ）

〔挿絵第一図〕　（七7ウ）

〔挿絵第二図〕　（八8オ）

れんほの様子を障子の外にてうかゞひ若者の気取にて油さしを持て出てじやまをしひやうし木を打るゝ所もそつと仕内有そふな所次に御台の本心をかんじ切に三位の局を殺し切ふくせんとする所を青砥左衛門にとゞめられ青砥が心底をかんじ今迄の不和の段々を悔青砥左衛門と心を合る迄評よく珍重〳〵京橋から南では市紅

帰木曽樹毎初物《かへりきそきことのはつもの》
巳霜月朔日より
さゝ木の四郎高綱　坂東彦三郎
せのをの太郎　市山伝五郎
あづさ神子乙女　中村八重八
岡部の六弥太　嵐三四郎
樋口の次郎　中村介五郎
名橋屋の小じま　尾上民蔵
高明しん王　中島三甫右衛門
もとふさ公　富沢辰十郎
なすの与市女ぼう　吾妻藤蔵
橋姫の霊竜　嵐ひな次

四番つゞき　市村座
巴御ぜん　嵐三五郎
木曽よし仲　市村羽左衛門
根の井の大弥太　坂田半五郎
舞子せ川やのしつか　瀬川富三郎
今ゐ四郎兼平　市川団蔵
けんれいもんいん　小佐川常世
手づか妹文月　瀬川七蔵

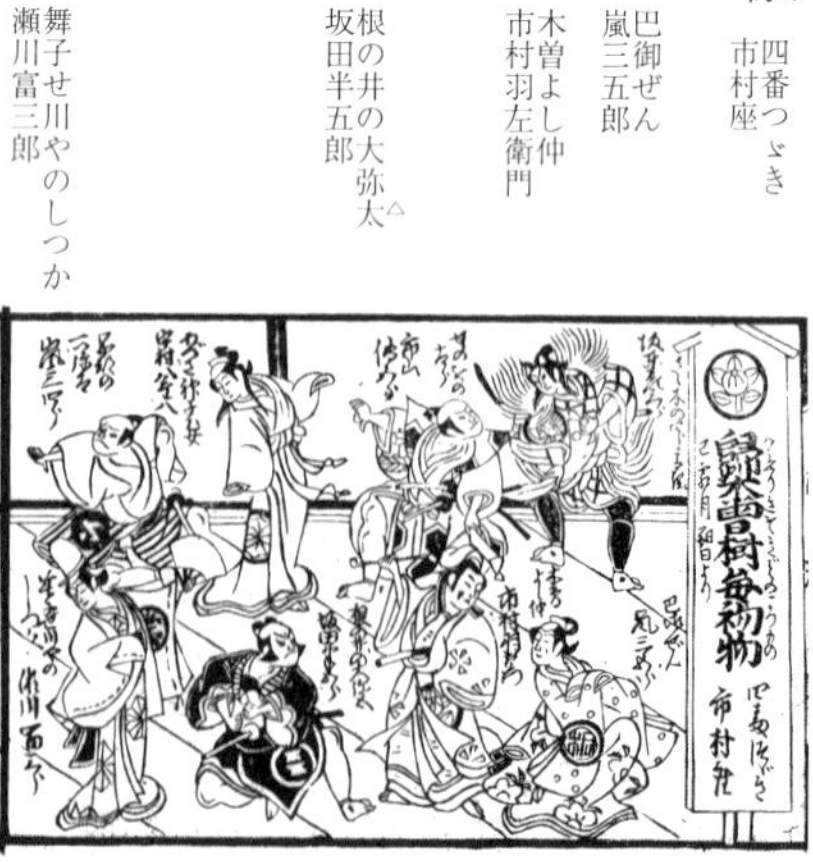
挿絵第一図

挿絵第二図

〳〵と嬉しかります

上上吉　坂東三津五郎　森田座

頭取曰何をいたされてもぜんたい器用なる人此度壱番め北条時頼なれとも今様の役人野塩八百蔵と三人のせり出ししよさもよし次に舞子折琴難波三郎八百殿にほれてゐる故是を冬菊と二人して取持八百殿と二人してのおかしみも全体北条時頼といふ本心を失はず大ゆふなる心持かんしん〳〵後に弾正が悪事にて難義の場浅原八郎にたすけらるゝ段少シなれとも落付てよし五立目二役百性弥五作にて妹お作金作どの同道にて田舎者の出かるいこと〳〵妹婿六太夫を尋法橋良朔に毒薬調合（八8ウ）の酒をのまされもんぜつの内懐中の金子をうばはれ後に婿六太夫は青砥左衛門ふじつなといふことを聞悦び青砥左衛門にあい妹が尋来りし様子をいへ共藤綱一向覚なきよしをいふ故とふわくしそのうへむしつのなんにて妹諸共大ぜいの奴にちやうちやくにあい妹といふは実は主人の姫君故武士道立ずと本名弓削大助といふことをあかし姫君の物いひふつゝかなることを悔切腹の段かたみの小袖を姫に着すればふしぎや一心とゞき姫の物いひたちまちなをるを悦び則姫にかいしやくを頼み首うたるゝ幕二ばんめ最明寺にて雪の段慶子丈との仕内さりとは〳〵功者によふなされますまづは此度も評判よく大慶〳〵ィヨ若旦那

上上吉　三代　市川団蔵　市村座

しばらく悪口是頭取しばらくのおつかぶせはよしてくれろ頭取サア夫故にこそ太夫元出られまして段々との口上団三郎此度師匠の高名《かうめい》を請つぎ市川団蔵と改名いたしました御なじみ御ひいきの市紅丈跡めでござりますればとなた様にも（九9オ）御ひいき被成被遣ませ此度今井の四郎にてしばらくの出も殊の外ひげいたしての出悪ふはござりませぬ四立目尾形の三郎にて百性と成俵をせおふての出端別而やつし事は天幸の申されます通どこやら似た山で御ざります此上共に首尾よく市川団蔵に成おふせまするやうにずいぶん〳〵はけみ給へ

上上吉　二代目　笠屋又九郎　森田座

頭取当顔みせ壱番目本名野島太郎照時となりあんばいよしのやつし事後に浅原八郎に一味いたさるゝ仕内実か悪かどふもわかりませぬ此度さしたる仕内なし御出情〳〵

上上吉　三代目　沢村長十郎　森田座

頭取此度壱番めしはらくの請三位の局にてあく婆々の仕内五立

め国太郎を殺し次に城之介十蔵殿に殺さるゝ迄余程おほねおりはみへますれ共さのみ評する程の事もなく御太義〳〵

上上吉　富沢辰十郎　市村座

（九9ウ）

頭取当春は久々にて市村座出勤顔みせ三番目松殿でん下基房の役にて此度は敵役是はどふもあまり無理なお役富辰の敵役は見物致ても気毒に存ます

功上上吉　中村少長　中村座

頭取当顔みせ壱番目川越太郎に成惟明親王の我まゝをいさめすでにあやうき所を熊井太郎に助ヶられ壱番目大詰にも少計ﾘさしてお役もなけれ共壱番めのきまりに出らるゝとみへました当顔みせも大入大当ﾘにてさぞ御満足でござりませうしやん〳〵

▲実悪之部

上上吉　二代目坂田半五郎　市村座

理屈者是々頭取杉暁日比は惣じて実悪とはあれ共皆立役の仕内別而当顔みせなどは本実の仕内也夫を実悪の部で評判はいかゞ頭取成程是は御尤の御ふしん然れ共立役の部は三升始皆何れも当時若手のきゝもの又喜調連袖と一所（十10オ）にも置れませず夫故持前の実悪の巻頭に置ましてござります一同ニ尤々段々跡がつかへますからはやく杉暁の芸評を頼みます頭取当顔みせ根の井の大弥太にて奴姿にて義仲の供をして此所文字太夫浄留理にてのせり出し⊕組 此奴の出もおらが丸やがほうが見物が嬉しがるぞ頭取さやうおつしやりますな杉暁は又杉暁だけしつかりとした所がござります五立目和田義盛にて義仲やかたへ上使にて長上下にて来かゝり小蛇と千鳥のあらそふていをみていぶかしかりさて巴御ぜんに対面し段々様子を聞ば八年以前仮ﾘに契し女房なる故駒若は我子といふことをしり義仲鎌倉への申訳に我子の首をうたんとして女房巴御前三五郎殿と両人しうたんは御家〳〵次に義仲の情にて駒若を助り巴と夫婦の盃をし大詰四天王のみへ迄よし〳〵此度は役者ずくなにて殊に下ﾘもいまだ出勤なく嘸々来年中は御苦労でござりませふ

上上吉 ろ《ほうび》　中村仲蔵　中村座

（十10ウ）

江戸中やれ〳〵秀鶴がでるかそりやもふ堺町はとんだこつたあの上に仲が出たらどふもおつかへされまい頭取みな様御ひいきの

中村仲蔵久々病気にて引込れし所に此度ふしぎの名医の良薬にて病気本ふくにての出勤めでたし〳〵扨此度顔みせ第一ばんめ三立目惟明親王の出先第一金冠白衣の其出立きれい成事とふも〳〵此段はしばらくの請計リにてさして何も仕内はなけれ共久々にての出勤故見物の嬉しがり様大かたならず二番目は秀ひらの次男伊達の次郎にて鎌倉よりの上使姉輪の平次に対面し一々諸芸の返答あつはれ〳〵妹忍ぶしつとにて鏡台より落ちつたるかもじのおのれとうごくをみて是を取上ケいふかしがる仕内【見功者】此所なぞの仕様は外の人ならばばた〳〵とそふ〳〵しきみへもあるべき所なるにさわなくしてじつと落付てかもじを取上ケじりゝ〳〵きめらるゝ所いやはや何ンともかとも口でもだ〳〵ほめよふがない事夫故ほうびとしてかもじをおきました（十一11オ）【頭取】成程此所が私共もきつとかんしん致ました次に弟元吉四郎なんぎの場金をかし弟がなんぎをすくい跡にてむたいに弟四郎が女房をもらひかけとく心せぬ故佐七純右衛門殿と二人して四郎夫婦をちやうちやくし元来元吉四郎が女房を義経の御台の身替りにせんとすることをさとつてわざと四郎が女ぼうの顔に疵を付身替をさまたげ後に上使泉夫婦が首を持行故似セ首成ルよしをいへ共かゑつて上使姉輪の平次は本名畠山重忠にて大ぜいに取まかれ悪事あらはれる迄どこに一ついひぶんなし大立物とみへます【ひいき】随分此上共に煩らはぬやうにして下さりませ夫のみ町中で申ます【一同】此度本服にての出勤殊に大出来祝ひませうしやん〳〵〳〵も一つせいしやん〳〵

上上吉　三代目　大谷広右衛門　森田座

【頭取】当顔みせ赤星太郎武者にて壱番め三立めしはらくの請計リにて一向おやくなしおしい人なるになぜ此やうに役廻りがすくないやらん春を待ます〳〵　（十一11ウ）

上上吉　大谷友右衛門　中村座

【頭取】当顔みせ備前守行家にて古かねかい長兵衛と成斎藤次と一味し似せちよくしをこしらへ悪事の様子富樫の左衛門にみあらわされ備前守源行家と名のる迄此度はお役が合ませいでいつもの様にとつと落がまいりませぬ菅原伝授の白太夫はきつい評判〳〵

上上吉　二代目　中村助五郎　市村座

【頭取】当顔みせは市村座出勤第一ばんめ樋口の次郎にてしばらくの請いつも申事ながら御親父に其まゝ次第に舞台も功者になられませう樋口の次郎は実事の仕内石田の次郎はさして評する程の事なし役者すくなの芝居なれば随分共につつ込で情を出されたらば次第に評判も出ませう此度はまづたいてい

上上吉

尾上松助　森田座

頭取ちとふるふはこざりますれ共どうりてかぼちやが（十二12オ）とうなすたひいきそりや何ンのことだ頭取さればでござります五年以前当芝居にて忠臣蔵の節は此人勘平でござりました所に此度師匠梅幸名残狂言の節は鷺坂伴内とへんじました夫故大ぜいよし〳〵聞へました当顔みせの仕内はどふだの頭取第一ばんめ佐野の源藤太の役佐野の兵へ忍びの者をせんぎする所種が島にて打殺して出端三浦弾正と一味し色〳〵と悪事の工み三ッ鱗のはたをかけひの内にかくし置次に二やく壱本の松といふ鳶の者にて目見へ口上見物が嬉しがります悪口やつはりおしやりの伝サ頭取次に野塩と石橋のたて悪口是も路孝と秀鶴の致されたる方川並こいつァいけねェやつじやあないか三朝をわるくいふとうぬさかさにしてもむぞよ頭取申シ〳〵あのやうなすべたには御構いなされぬがよふござります此度一はんめ四立め計リにて其後はお役なしもそつとみたいと見物が（十二12ウ）残りたがります川並何ンでもかでも壱本木の松はおそろしいこつてござんす一つ打やせうコリヤよい〳〵〳〵コリヤよ〻よい〳〵

上上吉

四代目　坂東又太郎　中村座

頭取第一ばんめ三立め坂東太郎にてかすやの藤太が岩手姫を手ごめにする所へふしきのうろより出ての荒事次にしばらくの請もよし〳〵二役伊勢三郎実事大てい大詰十町との荒事迄きみのよい事〳〵

上上

三国富士五郎　森田座

頭取しばらくの請公家悪のみへはよふござります二やく三浦弾正の役さしたる仕内はなけれども此人全体おし立よくいかにも立者らしくみへる人いつとてもいしやうつきはりつはに致さる〻人

上上

松本小次郎　市村座

頭取秀十郎改名いたし此度より実悪をいたされます（十三13オ）わる口はてまきらはしい名た頭取当顔みせ多田の蔵人行綱にて甥義仲をほろぼさんとの悪工み随分御工夫あれかし

上上吉

二代目　中島三甫右衛門　市村座

ひいきおらが天幸を富士五郎や小次郎が跡へ出したは実悪の巻軸といふ事か頭取いや左様でもこざりませぬ是は番附のいしずへと申やうな者でござります扨当顔みせは高明親王にてしばらくの請は誠に日本一二やく八又のおろちのぼうれいにて仙台座頭の出

次に信濃者と成真木をせおふてのれいのおかしみ□□が嬉しかります三やくつゞみの判官にて義仲のやかたへ上使にきたり義盛が駒若の首うつて義仲の言訳にせんとするを駒若は義盛と巴か中の子なることをしつて是をさまたけ色々悪口する仕内此度役者すくなにて一番目は始終お勤さるによつて此度は大ふんしつかりとみへます（十二13ウ）

▲敵役之部

上上吉　三代目　中島勘左衛門　中村座

頭取当顔みせ三芝居壱の当則役は安宅関守斎藤次にて壱番目四立目古かねかい長兵衛と心を合似せちよくしをこしらへ富樫左衛門をつみに落さんとはかり松かえに懸りし女の片袖をみとかめ関破をぎんみし後に義経主従山伏姿にて関を通らんとする所を是を通すまじとあらそふ所其まゝの御親父でござります当時真の敵役といふは此人なるべし此度始終親玉親子と立ならんでの仕内誠に立者とみへますと江戸中こぞつての評判でござります老人出アノ元祖中島勘左衛門は宝永二の顔みせより立役の部に入上と計リ印年々に当りを取同八年の春は上上黒吉に成諸芸言葉のなまりとんきやうのおもしろさでるまゝの出来口是中島一流外にまねする人なし其時の役まはりは景清五郎不破の伴左衛門（十二14オ）にて度〳〵当リを取二代目勘左衛門は愛敬うすくひいきなく敵役上々吉にて実悪にもならず今三代目の勘左衛門は当世にて愛敬あり贔屓つよく何卒元祖勘左衛門程になられよかし頭取成程左様てごさります当春市村座にて梅幸病気の節代リ工藤の役を勤られ諸見物梅幸よりよいと評判にて一日勤られ跡は頭取新九郎勤られました其外かまや武兵衛梅幸名残狂言高の師直なといつれも中分もなく夫〳〵に大てきでござりました悪口しかし口せきかわるいおりなごつさらよといふくせがあるひいきおきやアかれうぬらかやうなすべたやろうが何をしる物たすつこんてけつかれ老人イヤあの言葉は元祖勘左衛門からいふ言葉中島流といふのじや頭取夫故是迄は上上士でこさりましたが此度の大当に付位もくつと上ました上上吉にいたしゑほしをほうひに付（十二14ウ）ましたれは是て黒上上吉も同様なれは言分はござりますまい敵の先生〳〵一つ打ませうシヤン〳〵

上上士　二代目　富沢半三郎　中村座

頭取当顔みせ稲毛入道にてれいの鯰髭しばらくの引ッ立先々腹をかゝ*ます二やくやりておまつ少シ計リ三やく二番目秀ひらの惣領錦戸太郎にて上使姉輪平次にちやうちやくされる迄功者〳〵

上上　市川純右衛門　中村座

頭取 第一ばんめ三立目かすやの藤太にて義経の御台岩手姫を惟明親王の御前へつれ行んとする所を坂東太郎にさゝへられ次に惟明親王の言付によつて下川辺庄司行平の首打んとする所は是も同じくしはらくの請也二ばんめ家主佐七にて元吉四郎に借金をさいそくしてらちあかぬ故ちやうちやくし後に実は重忠の家来本田の次郎にて上下の出（十四15オ）端出来ます〳〵

上上　二代目 坂東三八　市村座

頭取 此度は義仲の家臣海野の平四郎といふ実事忍びの者とりりやうの玉をあらそひ是を竜女にうばはれ後に建礼門院常世殿と三井寺の鐘をつく場はよつほど大キくみへます随分かんじんの所御出情〳〵

上上　沢村淀五郎　森田座

頭取 当顔みせ壱番目四立目滝沢の鬼夜叉にて北条家の重宝りりやうの玉を盗み出て浅原八郎に渡ス仕内杉弟によく似ました二やく城之介家来大曽根隼太の実事是は番附には笠屋又九郎とござるがいかゞいたしたることにや二やくともに大ぶんよふござります

上上　二代目 中島三甫蔵　森田座

（十四15ウ）

頭取 当顔みせ壱番目六浦入道雷雲にて三浦弾正に一味して色々の悪工み時頼をつみに落さんとして浅原八郎にさまたげられ弾正の供をしてア、めくれないぞ〳〵の引込はおかしう御座りました

上上　松本大七　森田座

頭取 第一はんめ三立目関の次官有国にて暫くの向治郎二やく和解法橋良朔にて三位の局にたのまれ毒薬を調合し百性弥五作にむりに酒をのませ懐中の金をうばいとる迄にくいぞ〳〵

上上　坂田国八　市村座

頭取 此度石田の三郎が家来にて尾形の三郎か重宝りゝやうの玉を盗出て海野の平四郎に見とかめられ少計リのたて有て後ニ二やくいのまた小平六さしたる仕内なし

上上　鎌倉長九郎　市村座

（十五16オ）

頭取 当顔みせ壱ばんめ三立目三上あじやりあんけいと言法師武者よし〳〵

上　藤川判五郎　森田座

上　尾上政蔵　市村座

上　坂東善治　森田座

上　中村此蔵　中村座

頭取 右四人一所に申ませう藤川判五郎殿は佐の〻兵衛の実事少シ計リ政蔵殿は仁科二郎と太郎介の二やくまだお若ィか功者によくなさる〻築地の善光は左大弁国門といふ似ちよくしにてやらぬやく請取ました此蔵殿は藤の森左大弁といふ公家あくいつれも御上達〳〵

上上　中島国四郎　中村座

上上　沢村沢蔵　中村座

上上　市川綱蔵　同座

（十五16ウ）

上　宮崎八蔵　中村座

頭取 此四人も一所に申ます国四郎殿はあそうの団八にて二つめの立もの沢蔵殿は下松の右中弁の役綱蔵殿はひせんの平四郎の役八蔵殿は西の宮右少弁の役ィョいつれも

下り　中村蔦右衛門　森田座

頭取 此度御当地初而中村歌右衛門殿弟子江戸着おそなはり候故狂言の間に合不申座付口上にて少計仕内先惣体は歌七殿によく似ましたと申評判春永にゆる〳〵御意得ませう

▲道外形之部

上上　二代目 嵐音八　中村座

頭取 此度は常陸坊海尊にて沢蔵団七のしうところしの場少計にておかしみすくなし

（十六了17オ）

▲子役之部

上上吉　二代目 市川高麗蔵　中村座

此度壱ばんめ馬かた門出の由松しほらし〳〵

上上吉　三代目 中村七三郎　同座

御江戸三代の名物行いへ娘小とみあいらしうてよいぞ〳〵御両人共子役の黒上上吉せんたんのふたば御せい人を待ます〳〵其外の衆は口目録にのせました

三芝居芸品定
二の替リ大評判
役者花見車《やくしやはなみぐるま》　全部三冊

附リ　舞台《ぶたい》の励《はげみ》は諸芸《しよげい》の花盛見物《はなさかりけんぶつ》の山をなす二の替リの大入は三座の賑《にぎわ》ひ

（十六了17ウ）

▲若女形之部

上上吉　二代目 山下金作　森田座

頭取曰 打続て当座御勤とかく木挽町の舞台がふさいました当顔みせ北条経時の後室蘭の方にて老人まづまたつしやい富十郎はとふでござるの頭取爰は若女形の巻頭慶子親玉は無類の部でござります老人ハアそれで聞へました頭取扨蘭の方傾城姿にて城之介青砥左衛門を若者にしての出端田舎者此所わしらにはとんとわかりませぬけいせいかと思へば御台所何故に御台様がけいせいの姿になつてござるやら此訳がどふもしれませぬ頭取そこが狂言の趣向でござります成程一寸みてはしれますまいよく気を付て御らうじたらば其訳もしれませう次に青砥と城の介が直すぞふりを片〳〵づゝはき両人がそれでは片足よごれますといふ故かねて両人が中不和なる事を知つて天下の政事も此通リ両方揃たる物も片方かけてはやくにたゝぬと両人が中を直さんとする仕内次にわざ（一1オ）と青砥左衛門にれんぼし心底を引み青砥が忠臣に私なきといふちかいにうでをつきし血しほを時頼に政事をゆつらんといふせいしに請とめ是を障子の切リ張にして城之介にみする仕内見功者此所が狂言の山とみへました松下の禅尼の切張のやつし成程狂言は能出来ましたおしいことには金作の仕内先第一北条家の後室とはみへませぬ何しややら折々ちよう〳〵しい大きなてをしたり又魚楽が身ぶりをみるやうににらんだりあまりはしたないよふにみへますもそつとおんくわにせられたらよかろふ頭取成程此所は狂言のくゝりにて大事の場でござれば随分御工夫の有そふな所次に二やく田舎娘お作にて兄与五作坂三と同道にての出悪口どさ言葉と京だんと交こぜだ頭取申シ〳〵そのやうな事はおつしやりますな次に兄与五作と共に大ぜいにちようちやくされ兄与五作が切ふくしてのものかたりを聞母のかたみを着て田舎の言葉直り大介がかいしやくする迄此度はちとさへませぬ悪口さへぬといへばまた有ル（一1ウ）〳〵三升が名残の鳴神に雲のたへまのふとゞきさ是まで鳴神の狂言の度々見ましたがしめなわを切リにあかるのにはしごかけて上つたははじめて〳〵

上上吉　中村里好　中村座

岩井組頭取コリヤ壱ばんいはねばならぬはへ慶子は無類の部金作は当顔みせあんまりさへもないからさし詰若女形の巻頭はおらが杜若だあらふと思つたらこりや何のことだ半四郎を里好より跡へ出してはおいら計リじや有まいおそらく江戸中ががつてんせまいぞそれでも大じないのかな頭取申シ〳〵是はきついおせきなされ

よふ金作殿なんぽ当リがござりませす＊慶子丈のけましては余人よりは下ヶられませぬまつた里好丈事もぜんたい杜若丈より前々から上座のお人ひつきやう此二三年はこちらは日の出こなたは少々たるみにみへました故半四郎より次に致ましたが扨此度の評判中村座はたれかれと申事もござりませず皆よふござります中にも取わけ勘左衛門と里好の評判殊に当顔（二2オ）みせは半四郎いつものやうにあまりどつといふこともござりませぬ夫故に此度は元へ立帰りまして里好丈を先へ直しまして御ざりますしかし此上共に時の当り不当をみまして又々どふなろふもしれませぬそこが評判でござります何ンと皆様左様じやござりませぬか【大ぜい】そふだ〱頭取に無理はない里好此度は大出来〱【頭取】御得心ならば是から狂言の仕内を申ませう当顔みせ壱番目四立目古かねかい長兵へ斎藤治に一味し鶏の血しほを吸てけいやくし其鶏を池へ打込と鶏のせいにて池より出【ひいき】ずつと池から出られし所そのうつくしさきれいさいやはやたまつた物ではないおそらくたれでもつゞく者はこざるまい長兵へあやしみ切かけんとする所きつとふり返り花道へずつとはいらるゝ所少計リなれどもきれい〱【頭取】六立目やはり鶏のせいなれどもけいせい若松と成富樫左衛門三升長柄さしかけての出端きれい〱【むだ】扨もきれいがるは【頭取】（二2ウ）富樫左衛門直井左衛門酒盛の時とかし玉子をわれば直いが懐中の玉鶏の印声をはつする故びつくりする仕内此所三升十町三人大出来〱次に山伏が置しほらの貝を取上ヶ思はす中の米のこぼれ出るをみて鶏のしやうたいをあらわす仕内此所江戸中大評判〱どふぞ此度のよふに始終たるみのないよふになされよ当顔みせは大当り〱

上上吉　五代目　岩井半四郎　中村座

【ひいき】やれ〱待かねたはやくおらが杜若をほめてくれろ【頭取】当顔みせ壱番目四立目秀衡が乙娘しのぶにて義経の乗給ふ馬の口を取てのせり出し高麗やと丸やとの三人の所作事二ばんめ秀ひら方へ義経尋来り給ふゆへ悦び後に義経の御台としつとの仕内二やく元吉四郎が女房お冬なれどもわざと妹と成居て伊達の二郎にほれられ心にしたかはぬ故ちやうちやくされ顔に疵つけられ岩手姫の身替りもたゝれず十町と二人の（三3オ）しうたんできます〱しかしながら当顔みせはあまりどつといふはねもなし春は何ンぞおもしろいことまちます里好丈も同座なれば随分〱はけみ給へ〱

上上士　中村野塩　森田座

【頭取】当顔みせ壱番目四立め白びやうし冬菊にて中車是業と三人

の所作事次に舞子折琴を難波三郎に取持折琴が三郎への心中にゆひを切し故ちしほのけかれをおそれ誠は竜女なることをあらわす仕内二ばんめしろたへ妹玉づさのやく次第に芸に実か入ましたちと向町へ参られたらよふござりませう

上上吉　尾上民蔵　市村座

頭取 此度舞子山吹にて深川風の芸者の出うつくしいものでこざります太夫元杉暁雷子とならんでの所作事よふござります此度は御役すくなく春永〱

上上吉　二代目 佐野川市松　中村座

（二3ウ）

頭取 第一ばんめ三立目義経の御台岩手姫となりかすや藤太に親王の御前へひつ立られんとする所を坂東太郎にたすけられ二やく伊勢三郎女房にて黒しやうぞくにて崎之介と二人富樫左衛門かたへ忍び込所を直井左衛門に見とがめられ委細の様子を語る迄よふござります

上上吉　瀬川雄次郎　中村座

頭取 当顔みせ富樫左衛門妹松風にて下川辺庄司行平門之介と二人の所作事よし〱直井左衛門か妹村雨と行平をあらそふ迄これもよふござります

上上吉　嵐ひな治　市村座

頭取 此度せんじちや売宇治のお通と成海野∠平四郎が持行りりやうの玉を神通にてうばい取是を尾形に渡シ二やく義仲の北の方あふひのまへにて多田の蔵人にほれられめいわくがるしうち功者によふなされます

上上　二代目 小佐川常世　市村座

（四4オ）

頭取 第一番め小佐川やのしづかといふ舞子のやく二役建礼門院にて大詰いなだ姫のみへまてようつります

上上　嵐小式部　森田座

頭取 当顔みせ壱番目伊貝次郎女房きくとぢのやく少シ計リ

上上　二代目 瀬川吉治　中村座

頭取 此度は直井左衛門が妹村雨にて庄司行平にれんぼし松風と花仕合の仕内よしどふそ路こふのひいき共請つぐやうにし給へ

上　二代目　市川小団治　市村座

頭取 壱ばんめ樋口妹さらしなのやくさしたることもなし

上　山下秀菊　森田座

頭取 此度御当地はじめて下り山下秀菊で（四4ウ）ござります則役は白びやうし折琴にて本名は浅原八郎妹恋衣にて難波三郎にれんほする仕内たいてい

一上　中村国太郎　森　　一上　沢村歌川　中
一上　吾妻富五郎　市　　一上　滝中岩之丞　森
一上　坂田幸之介　森　　一上　姉川新四郎　中
一上　三条亀之介　中　　一上　岩井重八　同
一上　中村万代　森

右何れも大てい其外の衆は口のもくろ*にしるしました

上上吉　二代目　芳沢崎之介　中村座

頭取 此度古かね長兵衛が女房にておつとがあくじをいさめ後に富樫左衛門方へ忍び左衛門が心底をうかゞひわざとれんぼし熊野の牛王にちしほのかゝるをみてくるしむゆへに土佐坊正俊か娘とみあらは（五5オ）さる迄外にさしたる仕内もなし大てい〳〵

▲若衆方之部

上上吉　二代目　市川門之助　中村座

頭取 当顔みせ壱番目下川部庄司行平にて松風との所作事みこと〳〵後に松風村雨二人にほれられめいわくからるゝ段大詰のせいたかどうじは大てき〳〵

上上　二代目　市川雷蔵　同座

頭取 此度はわしの尾三郎にてあら事次第に御親父によふ似ますぞ別而此度は大でき〳〵もふ此くらいなら五郎にいたしましてもよふこさりませう

上上　三代目　坂東彦三郎　市村座

頭取 当顔みせは壱番め計ㇼにて弐ばんめに佐々木四郎とあれ共いまだ不出

上　市川団太郎　中村座

頭取 此度は江田源蔵の役よふこさります随分御出情〳〵

（五5ウ）

▲太夫元之部

上上吉　三代目　中村伝九郎

［頭取］当顔みせは大ぜいの立者揃御勤なくとも随分くるしかるまじ二番目奥州押領主藤原の秀衡のお役大てい〳〵芝居大あたりにてさぞ〳〵御税*でござりませう

大上上吉　九代目　市村羽左衛門

［頭取］此度は役者すくなにて殊に下ﾘもいまだ出勤なく御苦労でござりませう一ばんめ三立め佐藤忠信にて団蔵しばらくの口上二やく源の義仲にて文字太夫浄留理所作事は御家〳〵三やく実盛のゆふれいの場などはまたかくべつぶんなもの大詰そさのをのみことのみへまて大でき〳〵

上上吉　二代目　市村亀蔵

［頭取］源の義経にてあんはいよしのやつしことよふござります

（六6オ）

七代目　森田かん弥

［頭取］慶子丈下られてよりつゞいて芝居はんじやうにてめでたし〳〵

大尾

極上上吉　二代目　市川海老蔵　中村座

［頭取］さぞみな様お待かねで御ざりませう此所が市川五粒先生でござります当顔みせ御贔勧進帳に則西塔武蔵坊弁慶にて義経ともに安宅の関を通らんとする所斎藤治にとがめられ虎の巻を出し勧進帳になぞらへよみ上る仕内［見功者］こゝなぞは外の人のしては一向いけぬ所さすが親玉あつぱれ〳〵次に富樫左衛門が情にて義経主従をやす〳〵と関を通し跡にて斎藤次主従と荒事大ぜいを打殺し芋をもむやうに大ぜいの首をあらわるゝ場おかしみも有手づよきと誠に弁慶と見へます［悪口］やつはり景清が坊主に成ッた様だ（六6ウ）［ひいき］此才六めうぬも一ッ所にもまれるか［頭取］扨二ばんめは鎌倉よりの上使姉輪の平次にて秀衡館へ来たり義経の首打て渡せといひ付［見功者］此時秀ひら御きやう書をよむうち手をつきやまひゐらるゝ所さすが〳〵［頭取］次に秀ひらの兄弟四人ひとりづゝ対面し泉の三郎ほうらつなる故伊達の次郎手にかけんとするをとゞめ色〳〵と三郎が心底をためしいかにも役にたゝざる者也

とて手にかけんとする所を元吉四郎おしとゞむる故其分に差をき後に泉三郎同妹忍ぶか首を義経岩手姫の首也と請取立帰らん＊する所を伊達二郎似せ者也といふ故姉輪の平次実は畠山重忠と本名をあらわし本田半沢を呼出し二つの首桶を渡し伊達の次郎が悪事をあらわす迄ひいき姉輪の平次から畠山重忠と名のらるゝ所誠にきつとわかつてみへます有かたい事〳〵頭取左様〳〵こゝらは又外にまねてもござりますまい別して此度（■7オ）

〔挿絵第一図〕（■7ウ）

〔挿絵第二図〕（8オ）

は御子息三升丈大出来にてさぞお悦びてござりましやうイヨ親玉しめましよしやん〳〵

極上上吉　中村富十郎　森田座

頭取曰打続て森田座の繁昌はまつたく慶子丈壱人の手がらなるべし夫故にこそ当夏は芝居普請相出来むかしとは打てかへたる木挽町の繁栄是偏に慶子の内外共に世話致さるゝよし一つには太夫元至て信心の加護による者也扨当顔みせ狂げんの名題嬙初雪世界と申ますのも則慶子丈へ御馳走とみへたり此度壱番目は御出勤なく二ばんめ雪のだん佐野の源左衛門女房白たへにて狂言は則女鉢の木の正本の通りにござりますればぐど〳〵申まするにも及ませぬ

嬙初雪世界《おんなあるじはつゆきのせかい》　四番続　森田座
巳霜月朔日ヨリ

浅原八郎　中村重蔵
原田六郎　市川八百蔵
野島太郎　笠屋又九郎
赤星太郎武者　大谷広右衛門
経世女房　中村富十郎
秋田城之介　市川八百蔵
為より妹恋衣　山下秀菊
江の島竜池蛇身　中村野塩
南方太郎　尾上松助
北条時頼やつし　坂東三津五郎
百性弥五作　坂東三津五郎
後室らんの方　山下金作

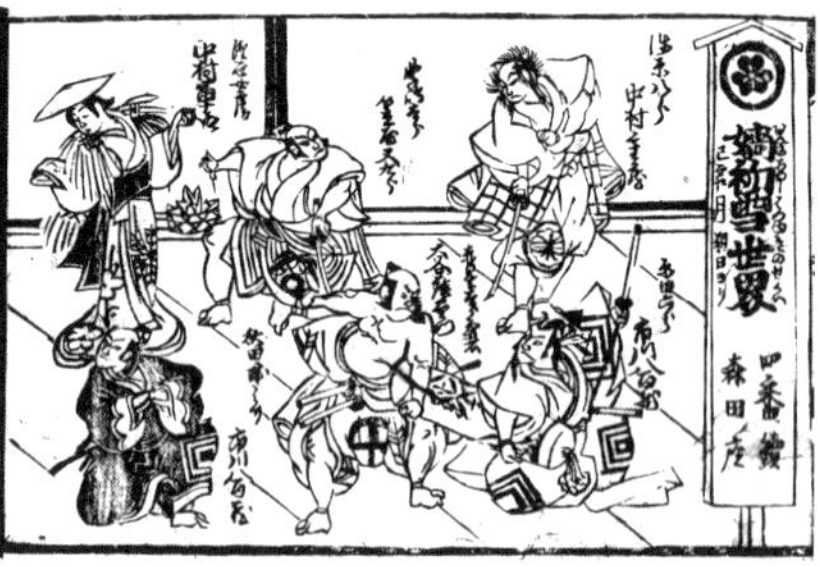

挿絵第一図

挿絵第二図

仕内の義は申もむだで御ざりまするがおそらく三ヶ津にたれあつてかたをならぶる者もござりますまいすれば日本一と申ましてもくるしうござりますまいいつもながら(8ウ)と申ます中に別而此度なぞは狂言とはおもはれませぬ誠に真《しん》の上手共名人とも何ン共かともほめ様がない程の事別而三升名残狂言鳴神の白雲にて大黒舞の所作少計リなれどもいやはや又かくべつぶんな物でござります【悪口】まて〳〵慶子になんぞもらつたかしてきついほめやう先こちとらはとんとのみこまぬことがある惣して女形ならば始終女形にて当リを取ルが上手共名人共いふべし夫に引かへ慶子の仕内は荒事をしたり又は親玉もどきの介つねなぞ竹ぬき五郎だのいやはやどふも女形の情は一向ないといふものだ殊に白雲坊の時も成程大こく舞はよかつたがついぞない女形のちよんがれちよぼくれは何ンの事だ大かたあのくらいては後には忠臣蔵の定九郎なそ致さるゝでこゝろふいつその事に今年は座頭をなさるそふじやによつて立役になられたらよかろふイヨ男形の名人め【ひいき】イヤ此かぶつかぢりやらふめさつきからいわせておけば（八了9オ）とほうもない事をぬかしやアがる誰レでもあのまねがなるかサア是じや一言もあるまいがな【通リ者】成程〳〵女形はいつ迄も女の情を守るといふは五六十年も先のこと今時そんなまけたことではいけぬ世の中なんでもかでもしてみせ見物を悦せ大入をとるといふのが当世イどふぞ来春なぞは又ふじや伊左衛門がみたい〳〵と江戸中は申に及ばずつゞ浦々迄殊外待兼てをります【見功者】去々年八百や下女お杉にてかは羽織を着土左衛門伝吉のやつしお杉といふ女にて釜屋武兵衛をてんひん棒にてぶちのめしにらまれしはおそろしきこと〳〵役者大全の序がおかしくてならぬ〳〵【頭取】何れでも其評判でござりますなるほど来春なぞは夕ぎりの狂言を出されたらよふござりましやう当顔みせも大出来〳〵大当り〳〵

（八了9ウ）

口上

一東西〳〵此所にてちよつと申上ます此度瀬川菊之丞追善ニ附キまして瀬川根元の来由を申上ます左様にお聞下されませう

才　若女形　瀬川菊之丞　路考

抑元祖瀬川菊之丞の名は・故《こ》仙鶴《せんくわく》といへる京都の誹師《はいし》と相談《そうだん》にて付られし由《よし》誠に色香《か》も深《ふか》き瀬川ぼうしの名も清く所作《しよさ》事の達人《たつじん》弟菊次郎は地芸《ぢけい》に名高《だか》く兄弟共に名人上手《めいじんしやうず》と呼《よ》ばれ・今の菊之丞是につゞいて*壮《よう》年より若女形の大立者となる事妙といふべし・先の菊之丞は正徳の初メ大坂の色子にて(本)(◯)紋を付しに享保十年より(米)に改享保八九は京にて座本を勤《つとめ》同十三年の頃《ころ》より若女形の大立物と(壱10オ)成リ同十五戌の冬は江戸中村座へ初下リにて大

当リ翌《よく》十六亥の春は福引名《ふくびきな》古屋《こや》にむけんのかね古今《こゝん》の大当リ同十九の春中村座にて浅間がだけとぎれの小まん石橋《しやつきやう》 例《ためし》なき大でき夫より元文二の冬より京大坂の勤《つとめ》又寛保の冬江戸江下リ中村市村の間に勤道成寺羽衣《はころも》女鳴神《なるかみ》其外家之芸《げい》にてあたりを取リ三ヶ津に名をひゞかせ又ひらかな盛衰記《せいすいき》に其徳を残シ極上上吉に評《ひやう》せられ寛延二巳の九月二日に極楽《ごくらく》のふたいへ行れぬ・ 弟菊次郎は享保十巳の霜月京あらし重次郎座へ菊之丞と一所に出られ・ 同十一年午の冬は京にて都万太夫の芝居座本をつとめ同十六の冬江戸市村座へ初下リ十七の春《は》同座ニて八百屋お七の大当リ同十八も同座ニてけいせいあけ(壱10ウ)まきのあたり其外非人敵討無間のかねお杉の世話事寛保二の冬は大坂岩井座へのほり翌年の春むけんのかね八百やお七をてかし同冬江戸下リ中村市村の間に住女しゆんくはん女重忠忠臣蔵のおその恋女房のしげの井かつらきむけん小梅うば竹の大てき其外年毎の当リけいせい世話事女房しうたんの得物極上上吉と定ム尤地げいにおいては中興無るい共いふへし宝暦六子の閏十一月十三日に身まかりぬ今の菊之丞は幼名吉次といひ実は江戸王子の生れにしていとけなきより故菊之丞養子と成伎芸を伝へ得たり寛延三午九月二日より中村座へ出養父の一周忌追善とて秋の舞形見の翼といふ外題にて石橋の所作が初ぶたいなり翌年も同座にて恋女房のじねんしよの三吉のあいらしさ此時伯父仙(二11オ)魚はしげの井にて共に大でき大あたりし其頃子役の上上吉としるし宝暦三酉の冬市村座にて賤の女の役文字大夫浄るりにて二代目彦三郎いまだ菊松といひし頃相手にての所作同四年の春同両人お梅久米之介をでかし同六子の霜月菊之丞と改名し娘道成寺をつとめこれより若女形の部に入上上としるし女形の巻頭にすへ同八寅の春中村座にて油屋お染青柳硯のおぬひをでかし上上に進之同九卯の春同座にてけはひ坂のせう〳〵おび引じかいの仕内八百やお七の大でき同八の冬より女形の座かしらとして同十一巳の春市村座にて又々お七あげまき同十二午の年同座にてうしろ面同十三も同座にてとらせう〳〵の二役女朝いなおすぎ大あたり同顔見世の評より江戸若女形の巻頭に極り同十四の春はひらかなに(二11ウ)無けんの大でき是より上上黒吉ニ成明和二は中村座にて忠臣蔵のおかるよろしく同年秋養父十回忌に福引名古屋の無間の段をてかし同四亥の冬同座にていなか娘は大〳〵あたり同五子の冬菊角力の大てがら同六の春《はる》二月十七日より石橋の大当リ古今の大入此時より白大を付同七寅の冬市村座にて竜女をでかし大上上吉と記しぬ夫より病気ニて冬舞《ふ》台《たい》を引同九年辰ノ二月廿日より時ならぬ春狂言に顔見せの賑ひ役者附を出し茶屋〳〵のかざりものひいき連中より引幕のつみ物おびたゞしく毎日はめをはつしての大入見物はあたかも山のごとくつらなり夜の内から行ねは場所な

く桟舗はまへかたより言込ねはできぬ程の事則名だいは振袖衣更着曽我舞鶴の役鶴の丸のもやうのふり袖介経に梅幸殿牛にのり其縄をひかへての(三12オ)せり出し古今の大入此時より〓《しろこくのへん》をしるす同晦日類《るい》焼にて芝居休又々其後病気ニて芝居ふしん出来後も出勤なく当巳の春ふきや町かし通表は竹のひらき門ニて其外ゐふうなるふしんを致され閏三月二日ニうつり同十三日の朝西方のぶたいへおもむかれ・さき供五十人もじどうろう四人出家廿人両かわにならび六字《ろくじ》づめのねんぶつ吉次殿ゐはゐを持雄次郎殿香《かう》ろうを持あさぎむぐ水上下其外役者衆大ぜいふきや町芝居の前通よりさかい町通人形町伝馬町通リより両国江かゝりみち筋両かわ見物人おびたゝしく其節芝居の見物人ものこらず表江立出皆人袖をしぼりぬ誠に当時のまれものむかしより名人上手あまたあれど此年ばへにてかくのごとくのいさましき事ためしなしおしいかな三十三を一期《こ》としてついにむなしくなりぬ(三12ウ)則かいめうは

正覚院《せうかくゐん》響誉《かうよ》十阿《ぢうあ》方順居士《ほうしゆんこじ》

安永二癸巳年閏三月十三日

寺は　本所おし上ヶ　大雲寺

御なしみ御ひいきノ瀬川路考行年三十三才おの〳〵様一ぺんの御ゑかう奉頼候

辞世《しせい》

一行《いちぎやう》の文《ふみ》となりてや帰《かへ》る雁《かり》　露孝

口上

古人市川海老蔵父の恩と申本は元禄十七年享保十四年迄追善記也此度出し候は同十五年今年迄の事を委《くは》△*く記す并ニ惣役者発句

(四13オ)

瀬川菊之丞追善《ついせん》

古今役者名取草《なとりぐさ》

并ニ　当時《とうじ》役者発句《やくしやほつく》入《いり》

附リ　西方《さいう》*の大戯場《おふしばい》は釈迦《しやか》の方便当《しゆかうあた》リきやうげんの道具立《とうぐだて》は娑婆《しやば》と冥途《と》の分廻《ぶんまは》し其取組《そのとりくみ》は珍敷極楽《めづらしきごくらく》の芸品定《げいしなさだめ》

右之本四月中旬より売リ出し申候間御もとめ御らん被遊可被下候

板元　さかい町　辰巳屋清七

(四13ウ)

役者有難

安永三年正月

（早稲田大学演劇博物館蔵本）

（早稲田大学図書館蔵本）

役《やく》者《しや》有《あり》難《がたい》

芸品定

京の巻目録

芝居の
木戸口
わつさりと
する
初春《はつはる》
打つゞく
太夫元
目出度
蓬莱《ほうらい》

上手の実《み》ばへ
末広《すへひろ》がりの扇
ひらいたり
花のかほばせ
出世《しゆつせ》を
まつばやし
入りが
多いと
一座が
よろこんふ
まめしげ
あつて
芸が
のし〳〵

（壱1オ）

大できを
のせて
来た
年徳棚《としとくたな》
大あたりの
銀箱《かねばこ》
座本の
蔵開《くらひら》き

大立者は
下におかれぬ
神の折敷《おしき》
あら事で
顔《かほ》の赤《あか》い
とうめう
おもしろふ
所作事を
するが小判
評判は
一の富《とみ》
黄金《こがね》の
つかみ取

（壱1ウ）

京四条一芝居惣役者目録

名代　早雲長太夫
布袋屋梅之丞　座本　芳沢いろは

▲若女形之部

○見立鳴物《なり》に寄《よ》る左のごとし

大上上吉　中村粂太郎
大詰《づめ》の所作《しよさ》事は真似《まね》てのない拍子木《ひやうしき》

上上吉　佐野川花妻
おしたてはあしからぬ風鈴《ふうれい》

上上吉　姉川菊八
いひほどきはよく通るりんりん

上上　山下八百蔵
何所《どこ》の評判《ひやうばん》もうつくしい小鼓《つゞみ》

上上　芳沢いろは
ひいきの糸《いと》すぢ多き琴《こと》

上上　中村吉之助
鯉長《りちやう》の面影《おもかげ》にとんと笙《せう》

●色子之分

一　三枡次郎吉　翁 たつた　一　沢村千鳥　ちくさ
一　中村菊助　はつ雪　一　中村長之助　みどり 美女丸
一　三枡辰次郎　千歳 小ずへ　一　嵐竜蔵　持国天 馬水

（弐2オ）

一　嵐伊三郎　増長天　一　中村彦三郎　三番三 広目天
一　浅尾為之助　多門天　一　芳沢仁崎　才若
一　芳沢豊吉　やしほ　一　沢村雛鳥　やくなし
一　中村吉太郎　やくなし　一　尾上吉太郎　同
一　中村十松　同　一　嵐岩松　同
一　尾上虎松　同　一　沢村うの松　同
一　山下民蔵　同　一　三枡松之助　同

▲実悪敵役之部

上上吉　嵐七五郎
申分《ぶん》のない口跡《かうせき》の調子笛《てうしふえ》

上上吉　山下次郎三
いつでも真直《まつすぐ》に出ぬ横笛《よこぶえ》

上上　坂田来蔵
おかしなせりふをいふてちやるめろ

上上　藤川時蔵
仕内に今少しもやうのほしい磬《けい》

上　嵐治蔵
女子共のこわがる鰐口《わにぐち》

（弐2ウ）

一上　中村木蔵　　一上　沢村竹五郎
一上　三枡熊蔵　　一上　坂東半四郎

▲立役之部

上上吉《ほうび》　尾上新七
此度はきつと受取ましたそうはん

上上吉　沢村宗十郎
芸《げい》の仕やうはちいさからぬ大鼓《つゞみ》

上上吉　嵐藤十郎
早口な物いひは扨もめうはち

上　坂東鶴五郎
出られた所は先ッよい羯鼓《かっこ》

惣巻軸
上上吉　三枡大五郎
どこから見てもどつしりとした釣鐘《つりがね》

不出　立役 京　市川辰十郎
不出　同 大坂　三枡他十郎

（三3オ）

八文舎蔵板目録

古今役者大全　全六冊
新刻役者綱目　全六冊
役者全書　全四冊
歌舞妓事始　全五冊
耳塵集　全二冊
役者発句占　全二冊
鸚鵡石　物まね仕様の本　全壱冊
一蝶邯鄲枕　中山新九郎一世一代記　全壱冊

（三3ウ）

○七百歳《さい》の舞台子《ぶたいこ》有難《ありがた》い〱

長生真詮云《てうせいしんせんにいわく》。彭祖《ほうそ》は銭鏗帝《せんけんてい》の玄孫殿《げんそんいん》の末世《はつせ》に至《いたつ》て。歳已《としすて》に七百余歳《よさい》。少容美顔《せうようびかん》の由《よし》。穆王召《ぼくわうめし》て見られた所。びつくりするほどの美少人《ひせうしん》なれば。すくにとゞめて寵愛《てうあい》ありしが。何が男めつらしがりの宮女《きうちよ》の中へ若衆《わかしゆ》の入こみ色《いろ》事の出来《てき》まい事か。貧僧《ひんそう》の斎《とき》にいたことく。餓鬼《がき》の鳥《とり》又へ来《き》たやうに。跡《あと》は野《の》となれ山となれとはれ出し。王《わう》様のお召《めし》にもいかな〱返辞《へんじ》ひとつするものもないやうになりければ。穆王怒《ほくわういかつ》てこれあの若衆《わかしゆ》めゆへなりとて。南陽酈県《なんやうれいげん》にながさしむ。此ほとり菊花《きくくわをゝ》多く。彭祖《ほうそ》もとより仙《せん》にひとしき身《み》なれば其下《そのか》流《りう》をくみてなを幾年《いくとし》か顔容《かほかたち》わかくうつくしかりけり。今の世までも云つたへて菊慈童《きくしとう》ともてはやすは此少仙《せうせん》の事なり。しかるに慈童つねにたしむ玉壺《ぎよくこ》ありこれに菊水をたゝへおき。日をへぬれは甘露《かんろ》となるの器《き》なり。いつしか此壺《つぼ》に山中《さんちう》の蟻《あり》したひあつまり件《くたん》の甘露《かんろ》を嘗《なめ》て(五4オ)去《さら》ず。日々塔《とう》を組《く》むほどにむれけれども。そこが慈童《じどう》の風流《ふうりう》にて。いさゝかもこれを憎《にく》まず。かへつていたはりあはれみてやしなふこと久しかりし慈童《じどう》終《つい》に其所を去《さつ》てその行所をしらず知れぬも道理《だうり》いつか日本へ飛行《ひぎやう》し京四条に舞台子《ぶたいこ》のつとめ名も大和山菊《きく》二郎とて古今稀代《こゝんきたい》のはやり子。山と山の間《あいだ》に菊とはもろこしにてながされしばらく住《すみ》し所のゆかりか。又は若衆《わかしゆ》のお居《い》とのひひきなるや。なんでも瀬《せ》川菊次が上には立《たつ》とも下にはつくましとみつからもすこし慢《まん》じゐたりし。されども元が唐人《とうじん》なれば舞台《ぶたい》へかけての不器用《きよう》こしもと役《やく》さへつとまりかねるほどにて。桟敷高場《さんじきたかは》の見物もあれがかのはやり子じやが扨《さて》も芸《げい》は下手《へた》じやとの評判我耳《わかみゝ》へも入てあまりつらかりしまゝ。宮川町に宮居《みやゐ》まします夷《ゑひす》へ七日の参籠《さんろう》何とぞし*此かほ見せよりは芸《げい》を仕《し》あげゆく〱は太夫元の銀箱《かねばこ》にもなりますやう守《まも》らしめ給へ又つく〱思ふにわれもろこしにても七百余才《よさい》。日本へ来ても最早《もはや》五六年ざつと積《つも》つても七百五六十はたしか。此年になりて多《おゝ》くの客《きやく》におもひをかけられ(五4ウ)つとめするもにげなき事なれば。色はさめても芸《げい》の上るやう御まもりなされ下さりませと一心不乱《らん》の念願《ねんぐわん》。七日満《まん》ずる暁《あかつき》社檀《しやだん》の扉《とびら》さつとひらきあらはれ給ふ夷《ゑびす》の尊像《そんぞう》。にこやかなる御声《みこゑ》にていさいのやうすあれにて菊二が願《ねが》ひ一々尤《もつとも》さりながら。春ごとに皆《みな》人相かはらずとことぶくは聞へた事。そなたは七百余才《よさい》を経《へ》ながらかはらぬ色の若衆すがた。又われは神代のむかしより今までもやつはり五十計の笑顔《ゑかほ》相かはらずとはこゝじや。それに付てはなしのあるは。去《きよ》年は巳の年ゆへ世上の福貴《ふうき》は引ッくゝつて弁天《べんてん》のせわで有つた。そのせわとゞいて国土《こくど》ゆたかに五穀《こく》も成熟《じやうじゆ》し。武家《ぶけ》はちとふきげんなほどの豊《ほう》年武士《ぶし》のなきごとは久しい物。諸国《しよこく》のうるほひは大キな事と弁天きつい悦びて。去頃《さるころ》竹生島へ六福神を招請《てうせう》。夜《よ》すがら遊び酒きげんにおの〳〵枕《まくら》引よせ小うた浄《じやう》るりの中で寿老《じゆらう》のいはるゝは。けふこゝに斯《かう》ねころんだ所の楽《らく》さどうもいわれず。福の神とて世にまじはれば万人に敬《けい》せられたり責《せめ》られたり恨《うらやま》*れたり。みな人慾《じんよく》からおこつておもへばいやなつとめ。来《らい》春からは（六5オ）

〔挿絵第一図〕（六5ウ）

〔挿絵第二図〕（七6オ）

相応《そうわう》なかはりを出して隠居《いんきよ》はいかゞとの発言《ほつこん》。いかさま人間すら老《おい》ては表向《おもてむき》の事には子供を出して楽《らく》するに。福神としていづれも髭《ひげ》くひそらし余《よ》寒 甚《かんはなはだ》しき時分《じぶん》宝船の船あそびたかふはいはれぬたはけたせんさく。すればなるほど来《らい》春から隠居《いんきよ》して楽《らく》するもよからん。なれども代《かわ》りにするものさしあたつてなし銘々《めい〳〵》衣装《いしやう》の着《き》なしすこしづゝは所作《しよさ》もなきにしもあらず。さすればまんざらな素人《しろうと》でもなるまじと。四条の芝居役者のうち面《めん》〳〵見立てやとい春《はる》のけいこに此ほど近江《あふみ》の湖水《みつうみ》へ宝《たから》ぶねをうかめ。若《わか》ゑびす若大こく。わかほてい。わか福禄《ふくろく》。わか寿老《しゆらう》。わか毘沙門《びしやもん》いづれもかたちこそふるめかしけれ顔《かほ》はみづ〳〵とした若人《わかて》そろひ。しかるに弁天《べんてん》ばかりはむかしからの若すがた・またこちらとはちがふほどに川東の白人《はくじん》たのむにおよぶべからず。其まゝのり合しかるべしとすゝめ出した所。今までのとしよりとちがひ弁天《べんてん》もすこしう

ぼく王
ほうそを
めしよせ給ふ

きゝしよりは
よいきりうて
こさります

あのやうな
うつくしい
お人と
夜はなしたい

ほうぞ
ちよくとう
申上る

よい
若衆
さんじやのふ

わたしも
そう存ます

大和山きく次郎
ありがたうござります

汝がまことなる
心をかんじ
此たいを
ゑさするぞ

是から
すぐに
かほ見せと
でかけふ

ひいき
れん中
やうすを
うかゞふ

挿絵第一図

挿絵第二図

かれ気味《きみ》六福神は元より色事には逸《いち》はやきわか盛いわゆるぼつとりのおべんに同船《どうせん》。みな〳〵有頂天《うてうてん》に成て（七6ウ）てうとそなたの穆王《はくわう》の宮《きう》中へ行きやつた時のやうに色事がはじまり。果《はて》〳〵は槌《つち》もつり竿も玉《たま》も鉾《ほこ》も巻《まき》物もほふり出してのいさかひ。此こと聞くとひとしくわれ〳〵かけつけ引わけ。此そうだんをやめにしてふるくともやつはりむかしからあり来つた宝舟《たからふね》に立かへつてかはつたしゆかうはせぬはづにきわめた。これを題して

〽うつくしい弁才天《べんざいてん》にのり合はみなとしよりてなみかぜもなし

とよんで見せたればみな尤《もつとも》とかんじた。しかればそなたも今更《いまさら》すがたをかへんとは以の外の不了簡《りやうけん》。いつまでもうつくしく扨芸《さてげい》は成ほど上手になるがよし。先《せん》の瀬川菊次にあやかつて色もあり芸も上手になるやう守べし。先ツしうぎにわれも何《なん》ぞつみ物せんと思へ共。大こくなどのやうに打出の槌《つち》なければ急《きう》に何も才覚《さいかく》できす。持合せた此鯛軽少《たいけいせう》なから送《おく》るべし。しかし若衆にこれを持てゆきやともいわれし。我にはつかひ物なしこんな時は鼠《ねづみ》や百足《むかで》をつかはるゝ衆はてうほう。ハテこまつた物ととうわくの所へ。其鯛《たい》われ〳〵持て参りませうと出きたるは。みな一やうの黒羽《くろは》二《ふた》重《へ》紺《こん》の足袋《たび》はおどりくづれかともうたがはる。黒《くろ》ちりめんの頭巾《づきん》（八7オ）羽折《はおり》数《す》十人が黒出《くろて》立先《たちさき》を払《はら》ふものあれば跡《あと》をおさへるものありてはねまはる鯛《たい》をさゝげ持行にそ。菊二も夷《ゑびす》を礼拝《らいはい》し立かへれば。はや顔見世《かほみせ》のにぎはひ芝居《しばゐ》のあたりは爪《つめ》もたゝぬ人くんじゆ。我家《わがや》のうちもともし火の花涼《すゞみ》の河原ほどにかゝやき。また出ぬ前から此顔見世は菊二〳〵との評判一枚かんばんを欺《あざむ》き。家《や》内《うち》のいそ〳〵誠《まこと》に笑《ゑみ》す三郎の御守《まも》りとうれしさたぐひなく。めぐみの鯛を座上《さしやう》に直《なを》し扨どなたかはぞんじませぬがわたくしがやうなぶてうほうなものを御ひいきなされゐびすさまから下されました鯛ようこそこれまでは御持なされくだされました御礼の申上やうがござりませぬと。いふにみな〳〵平伏《へいふく》し。コハ勿体《もつたい》なき仰事候。御礼はこなたよりこそ申上たくそこで此しぎ。とばかり申ては御がてんまいるまじ。もとわれ〳〵はもろこし南陽酈懸《なんやうれいけん》の山中《さんちう》にありし蟻《あり》どもにて候が。君《きみ》菊水をたゝへ甘露《かんろ》とし給ひし壺《つぼ》へひそかにあつまり嘗《なめ》むさぼりしを。あぶらむしとの御いかりもなく羽箒《はばうき》のうきめにもあはせ給はす。かへつていたはりやしなひ給ひし隠徳《いんとく》わすられず。今日本へ来り給ふ御あとを（八7ウ）したひ此《この》土《ど》へわたりてよそながら御身《み》を守護《しゆこ》し奉るなりと始終《しじう》をあかせば。菊二もほとんどかんしんし。蟻《あり》の思ひも天までとは諺《ことわざ》にこそ聞つるを日本へまでわたるとは聞も及はぬまことなりとよろこふことはかぎりなし夷《ゑびす》よりの賜物《たまもの》をこの蟻《あり》共のはこびしより世にありがたいといふ事ははじまりわけて芝居にていゝはやすことゝはなりぬ。扨こそ菊二大あたりしてしかも内証《ないしやう》まで福々《ふく〳〵》の客絶《きやくたへ》る間なか

りしはことはりかな蟻《あり》の唐《とう》わたりの加護《かご》ならめと。評記《ひやうき》の題号《だいがう》にもかうむらしめ七百余才《よさい》の若衆咄《はな》しを咥《うそ》八百の例《れい》の序文《しよぶん》相かわらず愛鯛《めでたい》〳〵

安永三つのとし
午の初春
作者　自笑

（九8オ）

○頭取曰

ちよと御断申上ます南側芝居

名代　都万大夫
　　　蛭子屋吉郎兵衛　座本　嵐三次郎
大坂敵役　中山光蔵
同　大谷友蔵
同　立役　山下楯十郎
同　若女形　藤の井花咲
大坂若女形　中村喜代三

右の通のかんばん出ましたゆへ両芝居一所にいたし例年の芸品定をいたしませうと相待ました所俄《にわ》にもやうがかわりまして中芝居興行にて。是まで大坂へ出勤《しゆつきん》の衆中のかんはんが出ました。夫ゆへ是は別段《べつだん》に奥《おく》にて評いたしますさやうに御こゝろへ下されませ。

扨これより芸評のはじまり〳〵

（九8ウ）

▲若女形之部

大上上吉  中村粂太郎

頭取曰彭祖《ほうそ》は七百歳にて二八ばかりのうつくしい若衆ざかりと聞伝《つたへ》たるは見ぬもろこしの故事《こじ》。今眼前《がんぜん》に見へたる鯉長《りちやう》のきやしや姿《すがた》いつ見ても花やか〳〵ひいき本うぶの若女形と申は此君《きみ》。外にお上手《ず》も御功者《こうしや》の衆もござれど。ある時は顔《かほ》を紅ぬりにしてあら事をし。又は角前髪《すみまへがみ》にて立役はだしの武道《ぶどう》事をしてあてらるゝ方多し。是は大当りなされてからが女形の本意《ほんい》とは申されませぬ。此君は始終《しじう》がさながらの女の風《ふう》俗根本根元まじりなしのこちの若女形じやぞりくつ者男の風《ふう》をせられぬとはおかしい。以前《いぜん》は角前髪の曽我《そが》五郎も度〳〵出たぞや頭取曰むかしの事を申せばそれはさま〳〵。先当時此君ほどのしほらしみは外にござりませぬ大坂ひいき暇乞《いとまごひ》狂言も十月二日よりはじまり後栄初音調《かへりざきはつねのしらべ》といふ外題《げだい》にて狐忠信《たゞのぶ》を女形にての仕内大当りにて廿三日までつとめられたはおてがら〳〵頭取曰去ル明和七年まで当地のおつとめにて。其暮《くれ》より（十9オ）大坂へ下られ始終《しじう》評よく。此度五年ぶりにての帰り新参めでたし〳〵さじきより待かねていた〳〵大ぜい早う芸評

が聞たい〳〵［頭取曰］当㒵見世得たり〳〵や兵《つわもの》　鮫《ゝまじはり》下の巻に保《ほう》昌《しやう》が女ぼう玉笹となり・うちかけにて下駄《けた》はき傘《かさ》さしての出端住吉《すみよし》へ代参の帰るさ我屋敷より忍《しの》びもの鶏《にわとり》をいだきかけ出逃《にげ》んとするをさゝへ・から井戸へにげこみしをあやしみ・鶏をはさみ箱へかくし・夫よりこしもとども大坂まで道〳〵のはなしする仕内よし・次に兄狐土左衛門来りしを見てとうわくし・まことは狐ながら夜光　珠《やくはうのたま》をうばはん為に保昌やかたへ入込ながら保昌がなさけにほだされ本意をとげぬとの土左衛門へことはりよいぞ〳〵［さじき］此ことはりいふ間詞のしりによつて〳〵といふせりふきつとかわいらしう思はれたぞ［頭取曰］次におさらぎけん物夜光《やくはう》の珠紛失《ふんじつ》ゆへあづかりの美女《びぢよ》丸が首《くび》切れといふを理屈《りくつ》づめにしていひこめ・松がへに弥田平しのびゐるを見付からすか鯛《たい》か鯉《こい》かといふて鳴《なき》さふな物じやといひけん物をこまらせ［わる口］此趣向《しゆかう》は度〳〵見ることじやさりとは古めかしうござる［頭取曰］夫は作り（十9ウ）方へ仰られい全体《せんたい》此きやうげんはむかし瀬川菊之丞瀬川菊次郎せられし芸也・古いの新らしいのとおつしやるは大きな了簡《りやうけん》ちがひでござる・今狂言にあたらしいといふことは何をしてもない事・大かた作者のちゑもふるうて仕廻・是がめづらしいとおもふてもそれがすぐに古格《こかく》・狂言と折紙《おりかみ》道具に新らしいはないものでござります・次に丈右衛門が釣《つり》狐の役つとまらぬゆへかはりをおつとめくたされといふを辞退《じたい》し・兄土左衛門が唐犬《とうけん》に取まかれしと聞おどろき思はず畜生《ちくしやう》　足《あし》にてあるき・ちどりに見付られむりにひたと酒をのみ酔《ゑひ》たおれふし［芝居好］此間の仕様きつと上手があらはれて見ゆる〳〵［頭取曰］夫よりひきめの音《おと》におどろき誠《まこと》はけん物がたくみをあらはしけん物がぬすみおきし夜光　珠《やくはうのたま》をうけとらんためのこしらへ事なりといひきかすまで出来ました〳〵［ひいき］大詰の所作事まで何一つ申ぶんなくおもしろい事・殊《こと》に拍子《ひやうし》事は外に真似《まね》てはないぞ〳〵［わる口］上の巻に宗十郎いろは両人の所作事あるに・又大切に所作をせらるゝは顔見世早〳〵（十一10オ）からおとなげない立者には似合ぬ〳〵［ひいき］鯉長をあしく云やつを引すり出して加茂川の水雑水《ぞうすい》をくらわせ〳〵［頭取曰］何と仰られても町中一統《たう》の悦び先は御手から〳〵［ひいき］一つ打ませうよい〳〵ま一つせいよい〳〵祝ふて三度おしや〳〵〳〵んのしやん早《はや》ふ二のかはりが見たい〳〵

上上吉　（同）　佐野川花妻

［頭取曰］初桜《はつさくら》より遅《おそ》桜が見所あつて・詠《なが》めあかぬと桜町の中納言様とやらのおしやつたげな・いづれはでな若手の女形の衆よりしつとりとしてさりとはよい仕出しでござります［ひいき］去年久〳〵にて上京ありしに芝居中途《ちうと》よりやすみ残念《ざんねん》に存た所惣一座平野にて

興行ありてすこしはあんどいたしたに又名古やへ御下りあの方にても評判よく此度当地御出勤大慶〳〵【芝居好】去夏双蝶々《ふたつてふ〳〵》の姉おせきはきつう出来ましたぞ【頭取曰】当顔見世渡辺《わたなべ》の綱《つな》が女ぼうくれはとなり祇園社へ頼光通夜《つや》の宿直《とのい》の役をつとめ火ともしのあやしきすがたを（十一10ウ）うかゞひかりざ*ぬをき・とうろうをさげての出端忠盛《たゞもり》のくづしよし・夫より火ともしを見れば左大将定頼《さだより》ゆへおどろき綱をひきようものとさみするゆへ羅生門《らしやう》にてのてがらのやうすを語り・後に定頼が家来共ふしつぼ姫をうばひ行んとするヲさゝへ・次に我やしきへかへり妹ちくさに五鬼《き》平がたはふれるをはじしめ・夫より小原女弥生《おはらめやよひ》がおつと綱が女房になりたしといふをやうすあらんと思ひうけ合とめ置・我ははかまだれ保助が娘にて綱に心底《しんてい》をうたがはれこしもと分になりゐて弥生をてかけになされよととりもち・後《のち》にもとのふうふと成まで大ていでござります【さじき】あまり直《すぐ》な過ます今すこしもやう有様になされよ・どふぞ花やかなことを待ます〳〵

上上上  姉川菊八

【ひいき】よふこちの倭夕《わせき》サマ祝ふて一つ打ませうよい〳〵〳〵【見功者】年配に似合ぬ芸の仕様は功者なこと頼もしう存る・とかく役がらにつかひやうの有そふなもの・年配よりはくつと（十二11オ）

〔挿絵第三図〕（十二11ウ）

〔挿絵第四図〕（十三12オ）

たけ過た仕内はきつとあたりめの有はたしか〳〵【芝居好】三十石のけんぼう女房みゆきなどはいかふおもしろかつたぞ【頭取曰】いか様あなた方の仰のごとく大分役がらによりつかひやうの有お人でござります・当顔見世小原女弥生と成黒木をいたゞき小原なまりの出端きれいにござります・綱が女房にならんと来り末武《すへたけ》が妹なる事を手紙にしるし心底《しんてい》を綱にしらせ・後に花山の宮の身がはりに立まで出来ました〳〵・二役花山の宮と成此所二やくの早かはりよし・下の巻三役丈右衛門妹ちどりと成主人保昌の女房玉笹のやうすをいぶかしかり・後にひきめをもつて狐の正体をあらはし・誠はけん物が工《たく》みをしらんための云あはせなりといわるゝまで功者な事〳〵

上上  山下八百蔵

【ひいき】花の姿鴬舌《すがたわうぜつ》のこわね盲人《もうしん》もお声を聞て御器量《きりやう》はさぞとかん心いたすくらゐ・桜に梅が香をそへ柳に花の咲乱たる・いづれやは〳〵ぽじや〳〵としてまことの女もおよばぬ風俗どふ（十三12ウ）も〳〵【頭取曰】座つき御口上に山下次郎三殿御子のよし・是まで大坂小川座をつとめいとまごひ狂言を首尾よく勤此度親父《しんぷ》と一

得《え》たりや〳〵兵鮫《つわものゝまじわり》　五枚兜　よし沢いろは座
巳十一月十日より

じてう平二ニ　嵐治蔵　　ふぢつぼひめ　よし沢いろは
じてう又さくニ　坂東鶴五郎
さだよりニ　藤川時蔵　　らいくわうニ　沢村宗十郎
くれはニ　佐の川花妻　　つなニ　尾上新七
なにはニ　山下八百蔵　　やす介ニ　嵐七五郎
やよひニ　姉川菊八　　土左衛門ニ　坂田来蔵
これまさニ　山下治郎三　　けんもつ　嵐七五郎
さだみつニ　三枡大五郎　　玉ざゝニ　中村久米太郎
嵐藤十郎

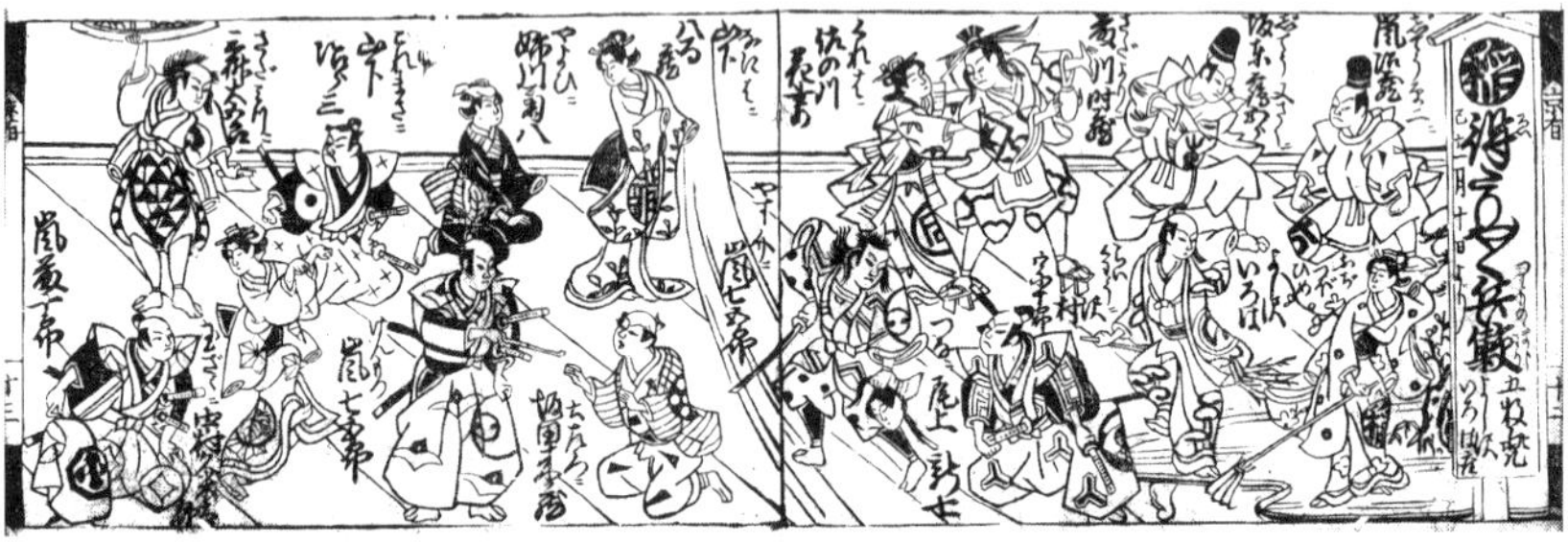

挿絵第三図　　挿絵第四図

所におのぼり御当地の初舞台めでたし〳〵・当皃見せ末武女ほう関《せき》の戸なれども白びやうし難波《なには》となりこれまさやしきへ入こみ犬《いぬ》飼当馬《かいとうま》がくどくをいやがり・後にやりもち大八はしうとの敵なりと思ひ色に事よせじつふをたゞしこれまさがまことの敵としり悦び・次に爪琴《つまこと》姫のなんぎをみかね侍を切ころしたゝみの下へかくしこれまさに見付られいろ〳〵云まぎらしつゐに本《ほん》望をとげるまでよいぞ〳〵［さじき］大分和《やわ》らかなよい仕出し・御きりやうはよしかつかうはよし出情しだいに立ものになるは今の間〳〵

上上　（稲）　芳沢いろは

［ひいき］唐土《もろこし》の楊貴《やうき》妃《ひ》我朝《わがてう》の小野の小町も此君ほどうつくしうあるまい［旅僧出て］八百蔵どのいろはどの御両人は吉野のさくらを見ておばすての月又かたくいづれを見てもどふも〳〵［頭取曰］御親父（十四13オ）一鳳《ほう》殿は大坂へおかへりなれど引のこり此度は東の芝居の座本をおつとめ珍重に存ます［さじき］大分芸を仕上られた行平の村雨《むらさめ》役などはとふもいへなんだ位を上たも尤〳〵［頭取曰］当顔見せふしつぼ姫なれど花山の宮の跡をしたひ内裏《だいり》をぬけ出万才の出端よし・次に沢村宗十郎と両人大島台《しまだい》のせり出しにて尉《ぜう》と姥《うば》のやつしの所作さりとは花やかな事〳〵［見功者］成ほど見へもよくきれいな事はとこうほめよふもないほどの事・今すこし所作の仕やう

がもそつとむつくりとしたいものしや芝居好此上にやわらかみが付ましたら申ぶんはないぞ頭取曰次に綱がやしきへ来り花山の宮にあひことぶきの盃《さかつき》をして悦ふまでよいぞ〳〵・当顔見世は初日おそくそれほどにはづみませいで残念に存ます二のかわりには大入を取給へひいきどふ見てもうつくしい〳〵

上ト　中村吉之助

頭取曰お師匠《しせう》久米太郎殿も此度おのぼりにて御一所のおつとめさぞ御悦びでごさりませう当顔見せ爪琴姫と成道成《どうじやう》（十四13ウ）寺《じ》けいこの出端よし・きもいり天六を恋したひ大八をたのみこれまさに見付られとうわくするまでしほらしうてよし場よりしだいに鯉長によふ似ますぞ頭取曰其外の色子衆は口の目録にのせました

▲実悪敵役之部

上上吉　嵐七五郎

頭取曰打つゞき当地のおつとめ目出たし〳〵ひいき待かねた〳〵さじき近年段〳〵と仕上られ去年の双蝶々《ふたつてふ〳〵》はなれ駒《こま》長吉は別して出来ました頭取曰当顔みせ渡部綱《わたなへつな》がおば早瀬となり大ぜいのとり手をしたがへ綱がやかたへ来り羅生《らじやう》門にて退治《たいぢ》せしいばらき童子《どうじ》のかいなを見たきとねがひ・夫より月雲《くも》の王子よりの上使となのりかくまひある花山の宮の首打渡せといひ得心《とくしん》せぬゆへ綱が首筋《すぢ》をつかみ大力なるをさとられまじとせつかんするといひぬけおくに入見功者此間の仕様そゝけずしつかりとしてきつと上りめが見へます〳〵頭取曰次に誠ははかまだれ（十五14オ）となのり石のからとにかくまひある花山の宮を出しにせものともしらず首を打綱に引とめられ空中《くうちう》へ飛さるまで出来ました芝居好上の巻の狂言は江戸狂言と見へさりとはよいしゆかう立じやぞ・見へもありて子供までしつてゐる通りをして見せてそれにあたらしき趣向《しゆかう》を付どふもいへぬ・とかく狂言はどふ見ても江戸作は骨折《ほねおり》が見へます場より作り方のほめ詞《ことば》は聞たふない跡を早う頭取芸評をせぬかい頭取曰下の巻二役おさらきけん物と成美女丸預りの夜光珠紛失《ふんじつ》せしゆへ八ッの鶏《とり》の鳴《なく》までにわたさねば切腹《せつふく》せよと云付・次に玉笹に云こめられとうわくして土左衛門がのこし置し腰刀にけつまづき・ひろひ上見れは馬の骨《ほね》ゆへあやしみ見功者腰《こし》刀と思ひ見れば馬骨ゆへおどろく眼色《かんしよく》あまり仰山《ぎやうさん》な仕やう・夜光の珠も先達而己《おのれ》がぬすみおき満仲親子をころさんとたくむ人がらには似合《にあわ》ぬぞ頭取曰いかさま是はちよとあやしきものじやとおもふばかりのもやうにて有たき所・夫より不浄《じやう》をいみ馬骨（十五14ウ）を投《なけ》すて手水鉢《てうつはち》にて手をあらへば其水馬骨にかゝれば陰火《いんくわ》立のほるゆへ扨は狐《きつね》の所

為なりとかんがへすいしまんたゞ何もせず手をあらふたなりにてかんがへらるゝ所はきつとうけ取ました芝居好なるほど其気持はよけれ共陰火立のぼるとあとへたぢ〳〵とよらるにのみこまぬ其侭のなりにゐて手をあらふまゝにてかんがへらるればよいに残念〳〵頭取曰夫より土左衛門わすれし刀をさがしに出しゆへ狐とさとり夜光の珠をさきだつてぬすみおきしゆへ満仲親子をめつほうさせなば珠は其方へやらんといひ・ 次に鶏《にわとり》に宵鳴させんと釜の湯の上にとまらすれは声《こゑ》を発《はつ》すと玉笹狐の姿をあらはすをいぶかしかり・ 夫より玉笹土左衛門両人ながら狐ならすと聞びつくりし工《たく》みをあらはされ珠をばいとられ大切鯉長所作事の間あしらひの立までとかく見物が悦びますぞ今でのきゝもの〳〵芝居好こまかな事に気を付ずと大手にゆつたりとしられたら黒吉に間はござるまい

（十六15オ）

上上吉

山下次郎三

頭取曰去ル宝暦八寅年初て上京にて染松沢村座を一年つとめ此度十六年ぶりでのかへり新参珍重〳〵当皃見世平これまさとなり定頼と一味《み》して頼光をうしなはんとはかり・ やりもち大八にたばかられぬすみ置し源家の白旗《はた》預り置しりんしまでばいとられ無念がるまで大てい芝居好まへど上京の節よりよほどしつくりと見へ花やかさがぬけました・ 江戸出勤の節医《い》者《しや》松《せう》栢《はく》のあたりは当地まで聞へましたれば春は其やうな格《かく》を待ますぞ

上上

坂田来蔵

さしきより其《き》答《とう》いとまごひ狂言にいやみこしらへのむすこと成・ 遠州流《ゑんしうりう》の茶もするとのせりふはあたりましたぞ芝居好何をせられてもさりとはおかしい・ しかしあまりそゝけぬやうになされよ今が大事の所でござる頭取曰当皃（十六15ウ）見せ市原鬼童《きどう》丸なれど足軽《あしかる》五鬼《き》平と成り・ 綱がやかたへ入込つゐに工《たく》みをあらはさるゝまでしつかりとしてよし・ 二やく下の巻いなかもの土左衛門と成妹玉笹がいまだ珠《たま》を取かへさぬことをいきどをり・ 狐と見せてけん物をたばかるまで出来ましたそれゆへ位を上ました

上上

藤川時蔵

さじきより去年の皃見世にはめき〳〵と上りそふに見へたにあまり急《きう》にひいきが付しゆへか二のかはりより何をせられても是はといふやうな事はないゆだんは大敵のもといじやぞ頭取曰当顔見せ左大将定頼と成祇園の火ともしと姿をやつし頼光を打んとねらひ・ くれはに見とがめられそれより羅生門の物がたりを聞んとして切かけ仕そんじ・ 後に綱がやかたへしのび来り身がはりともしらず

保介に花山の宮の首をうたせ悦ぶまで・二役中の巻犬飼藤馬と成これまさやかたへ入こみりんしをうけ取うすいの定光に渡し（十七16オ）誠は金時となのるまでさしたる事なし随分情《せい》出し給へ

上　◎　嵐　治蔵

頭取曰久〳〵にての出勤当貞みせ仕丁《じてう》平治・外記《けき》左衛門・やつこ弥田平・三やくさして評するほとの事なし・其外の敵役衆は口の目録にのせました

▲立役之部

上上吉　尾上新七

さしきより近比はめき〳〵と仕上られたぞ頭取曰仰のことくきつい御上達当顔みせ得《ゑ》たりや〳〵兵　鮫《つわものゝまじはり》にわたなへの綱と成羅生門にて茨《いばらき》童子を退治《たいち》して鬼のかいなを石のからとにおさめ金札のふたを立三七日の間別間《べつま》にこもり物いみの内・夢ともなくうつゝともなく神勅《しんちよく》によつて百りやうるいたいの星兜《ほしかぶと》をさづかり・足軽《あしかる》五鬼平外記左衛門浪《らう》人みたかの権八三人云合せしのび入らんとする時上障子《しやうし》にて上下大小にて座して星兜を手にさゝげての出端人品落《おち》付てよし（十七16ウ）夫より権八か持ゐる刀を取寄せ見て我古身の刀外記左衛門につかはし置しをいかゞして所持《しよち》するやと問《とい》かけ・三人共一味と推察《すいさつ》し五鬼平権八切かけしを取てふせ刀のさげ緒《お》にていましめわざと外記左衛門に預る仕内芝居好さて〳〵此間せんぎの仕内ゆつたりとしてどふもいへぬ外の若手の衆の及はぬ程の事かんしんいたしたわる口梅幸をなまでするのじや頭取曰それは師匠《しせう》の事でござりますればにるはづの事でござります・夫より女房くれは茶をさし出すゆへ・そちことははかまだれ保介が娘ゆへ女房なれ共やうす有てこしもと分にいたし置・一つの功《かう》立はもとの夫婦にならんといひおけども此度頼光ぎおん社参通夜《しやさんつや》の宿直《とのい》の役をつとめながら御行衛を見失《うしな》ひおめ〳〵と我まへへ出るふとゞきものとしかり付・てかけをきもいらんとくれはがいふゆへそれ幸《さいわい》となつとくし・小原女弥生を見てびつくりしわざとやわらかにもてなし気に入しゆへかゝへんといひ状をうけ取よみて末武妹としり・次にふしつぼ姫を見てふしぎがり・是もてかけにならんといふゆへやうす（十八17オ）あらんとたづね花山の宮のたんしやくをさし出すゆへさてはふじつぼ姫なることをさとりてかけにかゝへんとうけ合・石のからとに入置しいばらきがかいなとはいつはり・まことは花山の宮をしのばせ置しやうすをかたり姫と寿《ことふき》しての盃《さかづき》をさせ悦び見功者出端より此所までの仕内すこしづゝおかしみをくわへゆつたりと和らかなる仕やう近年の大出来

〱いつも此格にしられたらつゞくものはないぞ[頭取曰]夫よりおば早《はや》せ来り鬼のかいなを見たきといふを得心せず早せ我首筋《くびすぢ》をつかみし力量《りやう》を老の手わざには似合《に》ぬ大力とふしんを立しばらく休息《きうそく》あれとおくへやり[さじき]此時刀をぬきかけざしきへ片足《かた》あげふみとゞまつて早せにゆだんせぬ身あんばいちと仰山《げうさん》な仕やうじや[頭取曰]是は伯母か石のからとをめかけ這入《はいり》故気を付《つける》のでござる次に花山の宮と見せて弥生を身がはりに立はかまだれ保助をたばかる落合まで出来ました〱[さしき]全体《ぜんたい》此一場狂言はよい仕組で甚《はなはだ》おもしろかつた[頭取曰]それゆへ此度の出来をもつて位をあげほうびといたし金札をたてましたぞ　（十八17ウ）

上上吉  沢村宗十郎

[頭取曰]次第に宗十郎〱と声かゝりますぞ当皃みせ源頼光と成祇園へ一七日の間参籠《さんろう》し・ふしつぼ姫万才と成来り花山の宮のことを万才の唱歌《せうが》に事よせ頼しをうけ合[場より]口跡が大ぶん雷子《らいし》に似《に》るぞや[頭取曰]次に大島台《しまたい》のせり出しにていろは殿と両人高砂や*しの所作和らかでよいそ〱[ひいき]座本と両人ずつと出られし所はどふもいへぬさりとははなやかな事〱[頭取曰]中の巻二役誠は末武なれともきもいり天六と成これまさのやかたへ入こみ爪琴《つまこと》姫の恋したふをこまり・大八がとりもちにてたからのせんぎの手かゝりとなつとくし・大八をうすいの荒太郎と聞悦ひ・後にこれまさを親の敵としり本望達するまで此度は目に立程の事なし・春の大あたりを待ます〱

上上吉  嵐藤十郎

[頭取曰]打つゞき頭取役御くらうに存ます当顔見せ松坂丈右衛門と成美女丸預りの夜光珠ふんじつせしを八つの鶏《とり》の鳴《なく》までにせんぎせんとけん物に受合・後に玉笹の正体をあらはさんといろ〱と（十九18オ）ためしみてまことはけん物が工《たく》みをあらはさんための云合せなりとなのるまで年功が見へます〱

上  坂東鶴五郎

[頭取曰]森田勘弥弟子にて是までは江戸中村座をつとめ此たび御当地の初舞台当皃見せ仕丁又作と成すこし計の仕うちさして評する程のことなしずい分情出し給へ先はよいかつこうなれば大役をうけとりたまへ

物巻軸
上上吉  三枡大五郎

[川東より]もはやおのぼりかと毎年〱待かねてゐました[頭取曰]去ル宝暦七八両年染松沢村座をつとめ夫より大坂へ下り此度十六

年ぶりでのかへり新参場より頭取何も長事を云はずと芸評〳〵
頭取曰当良見世得たりや〳〵兵鞁にやり持大八と成やりをかたげて花道よりの出端。しのひの者を見付いぶかしがりさゝへんとすれば井戸へとび込しゆへ我もちしやりのほさきを切ともに井戸へとび込わる口なんぞおくにやりが趣向《しゆかう》の役に立かとおもへばとんと（十九18ウ）それなりじや頭取曰それは三升氏の御存ない事御ふしんあらば作り方へ仰られい。夫より能大夫栄蔵これまさより廻文《くわん》の一巻をうけ取立去んとするを井戸より黒装束にて出切ころし一巻をうばひ取立のき。次に元の姿となり天六がおとせし状をひろひ末武とさとり我はうすいの荒太郎となのり天六とたがひに心底《てい》をあかし。爪琴姫の恋を天六にとりもちこれまさに見付られぜひなくどだんになをり大勢を切ころし。これまさに爪琴姫天六と三人手錠《ちやう》をうけ手水鉢《てうつはち》にてすり切その血汐《ちしほ》土にかゝれば水気《すいき》立をあやしみ。土中に源家の白旗《はた》かくし有事をさとり。夫よりこれまさにわざと一味と見せ天六を切ころしたるていに見せ本心をさぐり。侍に取立られ一腰《こし》をもらひ衣装《いしやう》をあらためはおり大小にて出白拍子なにはに恋をしかけ。これまさにもらひし刀を見付られしうとの敵といふゆへまことの敵はこれまさなりといひ聞《きか》し。後に道成寺能のつりがねに姫をかくしあるをたすけ出し（廿19オ）白旗をうばひ取鐘《かね》の中よりあらはれ出。犬飼藤馬にりんしうばひとらせこれまさがたくみをあらはすまで此度は是はと申ほどのことなし二のかわりに大あたりを待ておりますぞ先は芸品定も首尾いたし大悦〳〵にぎはふ春こそめでたけれ

巳十二月二日より切狂言

丹波屋おつま
古手屋八郎兵衛　廓時雨諸刃鮫鞘《さとしぐれもろはのさめざや》　三冊物　芳沢座

一　三枡大五郎　古手や八郎兵への役又〳〵御功者があらわれました花やかさがうすく残念に存ます

一　尾上新七　かゞみとぎ新兵への役もそつとしつほりとしられたらしかるべきにおしい事〳〵

一　沢村宗十郎　柏木介三郎役こしらへもよく仕内もできました

一　嵐藤十郎　古手や十右衛門役さりとは殊勝《しゆしやう》に見へてよし

一　坂東鶴五郎　矢島才兵へ役ずいふん愛敬《あいきやう》をうけたまへ

一　嵐七五郎　かうぐや弥兵へ役しつかりとしてよいぞ〳〵

一　山下次郎三　梶原甚蔵役手づようてよいぞ〳〵

一　坂田来蔵　おつま親左二兵へ役にくていな仕内できました

（廿19ウ）

一　藤川時蔵　古手や甥与平次役ざんくりとしてよし

一　嵐　治蔵　十右衛門女ぼうおくま役さしたる事なし
一　佐の川花妻　八郎兵へ女房おくの役お高を介三郎に逢して心づかひの仕内できました
一　姉川菊八　武介女ぼうおてる役落付てよいぞ〳〵
一　山下八百蔵　岩田やお才役八郎兵へがたんきを取とめる所きつと出来ました〳〵
一　芳沢いろは　新兵へ妹おみき役かわいらしい事の天とれ〳〵
一　中村吉之助　与大夫娘お高役しほらしい事でござります
一　中村粂太郎　丹波やおつま役八郎兵への心にそまぬことをわざとつれなくいひつゐにころさるゝまでどふもいへませぬ又々かくべつ〳〵

其外は略いたしました

四条南側芝居惣役者目録

名代　都万大夫
　　　蛭子屋吉郎兵衛　座本　嵐三次郎

巳ノ十二月八日ヨリ
一ノ富金津歌見取　信仰記　二ノ口　三ノ切
　　　　　　　　　染模様　油ヤノ段　質ヤノ段
　　　　　　　　　芦屋道満　四ノ口　四ノ切

因幡薬師境内芝居

名代
座本　いせ松三右衛門

巳十一月六日ヨリ
天地和合金相槌　四番続　（廿一20オ）

▲立役之部

真上上吉　木下東吉　やかん平　嵐　与市　嵐座
上上吉　かみなり　奴国平　佐野川万吉　いせ松座
上上吉　川太郎　かぢや二蔵　尾上紋三郎　同座
上上吉　山がや清兵へ　あしや道まん　山下徳十郎　嵐座
上上吉　太三郎　やすな　嵐秀五郎　同座
上上吉　たんかい　中村富世　いせ松座
上上士　山上内記　中村繁蔵　同座
上上士　新作　嵐　小七　嵐座
上上　柴田権六　火車小二兵へ　油や太兵へ　嵐升五郎　同座

▲実悪之部

極上上吉　ぜさい　善六　与かん平　嵐佐野八　嵐座
大上上吉　かゞみとき　仲蔵　萩野伊太郎　いせ松座

▲敵役之部

上上吉　久作　沢村国蔵　嵐座　（廿一20ウ）
上上吉　山口九郎二郎 しちおき 信田庄司　市川万吉　嵐座
上上吉　十口軍兵 源左衛門　市川九十郎　同座
上上吉　藤原知方 奴秀蔵　亀谷仲蔵　いせ松座
上上士　悪右衛門　三枡松之助　嵐座
上上士　つん太郎 紀大かく　大和谷与三八　いせ松座
上上　とゝろきけん物 局そのふ　沢村藤吉　同座
上上　大工作兵へ もめんかい　嵐　熊吉　嵐座
上上　らん丸 落人藤二　三枡茶蔵　同座
上上　後室 しら浪　中村吉蔵　いせ松座
一上　嵐　芳蔵　嵐　一上　坂東藤蔵　いせ松

▲若女形之部

上上吉　おきく おさし 油や女房　嵐菊次郎　嵐座
上上吉　赤松中庵　松山小源太　いせ松座
上上吉　満月 いくた　岩井八十七　同座
上上吉　しなち　嵐　小雛　同座　（廿二21オ）
上上吉　山上二郎女房　嵐　嘉吉　いせ松座
上上吉　おそめ　沢村吉松　嵐座
上上吉　きてうの前 じゝう いと　中村栄次郎　同座
上上士　折こと 小まき　中村虎七　いせ松座
上上　玉づさ姫　尾上条蔵　同座
上上　ひなぢ　小野川富松　同座
上上　おみよ　嵐八兵衛　同座
上上　おつゆ 久松　嵐三次郎　座本
巻軸 上上吉　くづのは　嵐　国市　嵐座
惣巻軸 功上上吉　山上二郎 神道者弥三次　立役 小野川弁弥　いせ松座

其外は略いたしました

安永三年午正月吉日

京二条寺町
正本屋九兵衛板
京ふや丁せいぐわんじ下ル丁
八文字屋八左衛門板
（廿二21ウ）

役《やく》者《しや》有《あり》難《がたい》

芸品定

江戸の巻目録

芝居繁昌《はんじやう》
ゆたかな
年越《としこし》

役者は
いつとても
なりを
かざり縄《なわ》

ふりそできて
四十二の
やくはらひ
年をかくして
全盛《ぜんせい》の大夫子
福は内

自前《じまへ》に成て
かゝへの子に
紫帽子《むらさきぼうし》を
ゆづりは
諸芸をのみこんだ
とその酒
いつまでも
わか〳〵と
命のほなが

（壱1オ）

上手芸《づげい》は
それ〳〵に
うつす
鏡開《かゞみひら》き

あたりを取と
にこ〳〵する
若蛭子《ゑびす》

江戸三芝居惣役者目録

さかい丁　中村勘三郎座

立役は家老に
なつてかたい
かきもち
国をおさめてせわを
やきもち

新部子《しんべこ》の
大こく顔
すりみがきして
上上吉のお若衆
目出鯛《たい》顔見世
豊《ほう》年の悦び

（壱1ウ）

ふきや丁　市村羽左衛門座
こびき丁　森田勘弥座

▲立役之部

○見立菊《きく》の銘《めい》に寄る左のごとし

極上上吉　市川海老蔵　中村座
是ぞ惣役者の大鳥の鳳凰城《ほうわうじやう》

上上吉　市川団十郎　同座
仕うちは至てひくからぬ天門山

上上吉　《ほうび》松本幸四郎　同座
御ひいきをかさねし吾妻《あづま》の杜《もり》

上上吉　坂田半五郎　市村座
芸の仕込は小ィそうない大荒目《あらめ》

上上吉　大谷広治　中村座
男も女もひきまする男女《おめ》川

上上吉　市川八百蔵　森田座
何役でも仕かねぬ万巻書《まんぐわんしよ》

上上吉　中村十蔵　同座

（弐2オ）

此度は実《じつ》と悪《あく》との合観宮《かうくわんきう》

上上吉　坂東三津五郎　同座

実事はにごらぬ清地蓮《せいちれん》

上上吉　坂東又太郎　中村座
顔見世はいつでも赤地《あかぢ》の錦《にしき》

上上吉　市川団蔵　市村座
師匠《しせう》の名をあげ給へ百尺楼《せきろう》

上上吉　笠屋又九郎　中村座
段々との出世は竜門《りうもん》の滝《たき》

上上　坂東三八　市村座
おしつけ師匠ほどに異香薫《いかうくん》

一上　中村茂十郎　森　　一上　市川染五郎　中
一上　市川春蔵　森　　一上　坂東吉蔵　市
一上　市川団太郎　中

▲実悪之部

上上吉　中村仲蔵　中村座
評判は四方にかゝやく夜光《やくはう》の珠《たま》

上上吉　中島三甫右衛門　市村座

（弐2ウ）

上上吉　大谷広右衛門　森田座
久々で当座《とうざ》へ立かへる花《はな》の雪《ゆき》

上上吉　大谷友右衛門　中村座
悪の仕うちはするどい比叡《ひゑ》嵐《あらし》

上上吉　中村助五郎　市村座
悪におかしみの双舞《そうぶ》鳳《ほう》

上上吉　尾上松助　森田座
親御に其まゝの男《おとこ》山

上上吉　富沢辰十郎　市村座
石橋《しやくきやう》の立はよいかぐら獅子《しゝ》

上上吉　沢村長十郎　森田座
此度は実《じつ》のうらを行あくた川

上上　松本小次郎　市村座
男ぶりは四角《かくし》四面鏡《めんかゞみ》

上上　沢村淀五郎　森田座
実より悪の方が上林苑《しやうりんゑん》

情次第《せいしだい》で今に羽《は》をのす鶴《つる》が岡《おか》

（三3オ）

▲敵役之部

上上吉　中島勘左衛門　中村座
立身《りつしん》は次第にすゝむ旭日紅《あさひくれない》

上上吉　三国富士五郎　森田座
悪があらわれてもじ文字《もじ》洗《あら》ひ

座附　中村蔦右衛門　同座

上上　富沢半三　中村座
上上　市川純右衛門　同座
宝をとられてまた夕陽色《せきやうしよく》

上上　中島三甫蔵　森田座
上上　松本大七　同座
にくていな所は敵役《てきやく》の五常楽《ごじやうらく》

上上　市川綱蔵　中村座
上上　坂田国八　市村座
いづれ小手のきいた瑶琴《たまごと》

上上　鎌倉長九郎　同座

上上　宮崎八蔵　中村座

上上　坂東善治　森田座

上上　藤川判五郎　同座

（三3ウ）

上上　中島国四郎　中村座
上　坂東利根蔵　森田座
上　沢村沢蔵　中村座
上　坂東重蔵　市村座
上　中村此蔵　中村座
上　尾上政蔵　市村座
一上　坂東熊十郎　市　　一上　尾上叶助　市
一上　佐野川仲五郎　中　　一上　山下門四郎　森
一上　松本鉄五郎　市　　一上　市川滝蔵　中
一上　沢村喜十郎　森　　一上　中村友十郎　森
一上　坂東嘉十郎　同　　一上　中村幾蔵　同
一上　中島亀六　市　　一上　大谷大八　同
一上　市川百合蔵　森

▲道外形之部

上上　嵐音八　中村座
おかしみの所は親の姑射仙《こしやせん》
上　大谷徳次　市村座
（四4オ）

▲若女形之部

極上上吉　中村富十郎　森田座
三ヶの津女形のかしらにおく天女冠
上上吉　山下金作　同座
地芸の仕内ながめにあかぬ花月楼《けつろう》
いわく有
上上吉　嵐三五郎　市村座
めづらしい振袖姿《ふりそですがた》は誠に十八娘
上上吉　芳沢崎之助　中村座
しこなしに色も香もある楊貴妃△
上上吉　岩井半四郎　同座
御ひいきの岩井櫛さすての舞《まい》蝶
上上吉　中村里好　同座
けいせいすがたは又とあるまい青楼曲《せいろうきよく》
上上吉　尾上民蔵　市村座
其うつくしさは珊瑚の枕《くら》
上上士　中村野塩　森田座
まことに仙女とあやしむ巫山《ふさん》の雲《くも》
上上士　嵐ひな治　市村座
ゐがほのうるはしさは玉芙蓉《たまふよう》
（四4ウ）
上上十　瀬川雄次郎　中村座

上上
其 俤《おもかげ》をうつしてみたい李夫人《りふしん》
小佐川常世　市村座

上上
門院《もんいん》の十二ひとへは女三の宮《みや》
山下秀菊　森田座

上上
朝から出端《では》を松浦《まつら》の里《さと》
嵐小式部　同座

上上
君とならふり合せたき袖香炉《そでがうろ》
瀬川吉次　中村座

上
天人かとうたがふ霓裳《げいしやう》曲《きよく》
中村国太郎　森田座

一上　滝中岩之丞　森　一上　沢村歌川　中
一上　中村万世　同　一上　三条亀之介　同
一上　市川小団次　市　一上　岩井しげ八　同
一上　あづま富五郎　同　一上　亀谷十次郎　森

▲若衆形之部

上上吉
女中が皆《みな》したひます想夫恋《さうふれん》
市川門之助　中村座

上上吉
佐野川市松　同座

（五5オ）

上上
君とならしつほりとぬれ鷺《さぎ》
坂東彦三郎　市村座

上上
段〳〵とひいきも芙蓉帳《ふようちやう》
市川雷蔵　中村座

上上
あら事は市川のゆかり
坂田幸之助　森田座

さつてもうつくしい金紋緑《きんもんりよく》
一上　市川平蔵　森

▲中村座子役之分

上上
市川高麗蔵

上上
中村七三郎

一　大谷谷次　一　大谷永介
一　芳沢三木蔵　一　市川辰蔵
一　市川伝蔵　一　市川弁之介

▲市村座子役之分

一　あらし市蔵　一　市川大三郎
一　あらし金三郎　一　おぎ野いせ松
一　中村仙次　一　市川市蔵

（五5ウ）

▲森田座子役之分

一 山下正次郎　一 坂田富五郎
一 笠屋又蔵　一 山下太郎吉
一 岩井松之介

▲中村座色子之分

一 せ川吉弥　一 たき中金太郎
一 山下松之介　一 小さ川いく世
一 中村亀松　一 中村乙松
一 中村国吉　一 あらし虎蔵

▲市村座色子之分

一 大谷仙次　一 中村介次
一 亀谷富菊　一 さの川乙吉
一 沢村富松　一 たき中豊蔵
一 あらし国松　一 三条松蔵
一 沢村福松

（六6オ）

▲森田座色子之分

一 山下金太郎　一 中村徳三郎
一 中村よし松　一 中村吉之介

▲頭取之部

不出 市川久蔵 中村座
上上 市川団五郎 同
上上 佐川新九郎 市村座
上 山中平十郎 同
不出 山下里大 森田座

▲太夫元之部

芸ニ不出 中村勘三郎
座本の蔵《くら》入ずつしりとした金花山《きんくわさん》

上上吉 中村伝九郎
芝居はんじやうを祝ふ万歳楼《ばんぜいろう》

大上上吉 市村羽左衛門
かはらぬ御ひいきは満天《まんてん》の雪《ゆき》

上上吉 市村亀蔵
さじきの毛氈《もうせん》は秋《あき》の錦《にしき》

芸ニ不出 森田勘弥
芝居のにぎはひいつも千載《せんざい》の松

（六6ウ）

上上吉　森田又次郎
朝ぎりから入こむ人丸《ひとまる》

惣巻軸　中村少長
さすが大やうな千年の鶴《つる》

▲狂言作者之部

中村座
桜田治介
奥野瑳介
河竹新七
仲　喜市
奥野栄次

市村座
中村重介
瀬井馬雪
瀬井秀蔵
中村清九郎
（初七7オ）
壕越菜陽
増山金八

森田座
笠縫専助
山田平三
沢井住蔵
長谷川前吉

▲市村座不出分

江戸　若女形　吾妻藤蔵
大坂　同　瀬川富三郎
京　同　中村八重八
大坂　同　瀬川七蔵
同　立役　嵐三四郎
同　敵役　市山伝五郎

以　上

（初七7ウ）

○イヨ有がたい菊《きく》の品物《しなもの》

水陸草木《すいりくさうぼく》の花愛《はなあい》すべき者甚《はなは》だ蕃《しげ》きに・晋《しん》の陶淵明《とうゑんめい》といへる毛唐人《けとうじん》ひとり菊を愛《あい》す・こゝにかの淵明《ゑんめい》が名をおつかぶせて娯息斎延命《ごそくさいゑんめい》といふ者あり・ともに菊を愛《あい》す・されども陶《とう》が隠逸《いんいつ》にもあらぬ俗《ぞく》物《ぶつ》・元来《ぐわんらい》詩歌《しか》連俳《れんはい》の風雅《ふうが》もしらず・たゞ世界《せかい》を洒落《しやれ》と滑稽《おかしみ》とにく

らす。比は長月《なが》菊香亭《かてい》におゐて菊合の会《くわい》をば催《もよほ》しけるに。東は本所西は渋谷《しぶや》青山。北は浅草《あさくさ》南は品川目黒《めぐろ》。其外所々の名菊《めい》を我一とあらそひきそひこゝにあつまり。黄色《わうしよく》かぞへて三十二種紅白《しゆこうはく》三十八種紫粉紅《しふんこう》まじへ三十種。合て百種の菊爛慢《らんまん》たる粧《よそほ》ひ恰《あたか》もてつげんの峰《みね》もかくやらん。しかる所にいづくともなく美女《ひぢよ》一人来て東籬《とうり》のもとにたゝずむ。其かたちそれかあらぬか返魂香《はんごんかう》の煙《けふり》ゆかしく。誠《まこと》に漢《かん》の李夫人《りふじん》我朝《わかてう》の路考《ろかう》ともいつゝべし。其うへ意気なとりなりに満座こゝろは水飴《あめ》のごとくとけ。鼻毛《はなげ》は飴《あめ》ん棒《ぼう》の（七8オ）

〔挿絵第一図〕（七8ウ）

〔挿絵第二図〕（八9オ）

ごとし。かの美人さらにおくする気色もなくしとやかに座《ざ》に付。けはつかしながらみづからは此ほとりにすむ芸子《げいこ》てござんすが。けふ此所に菊合の有ると聞しゆへ其百菊の数《かす》にも入リ度ねがひにてきやんした。とふぞ此短冊《たんじやく》をとさし出すを。我も〳〵とてつとりばやにうけとりみれば

安永二癸巳年閏三月十三日

正覚院《しやうがくいんきやうよぢうあ》響誉十阿方順居士《ほうじゆんこし》

俗名　瀬川菊之丞
寺は　本所押上大雲寺

春秋《しゆんしう》三十三才とよみもおはらずコリヤ路考《ろかう》が法名《ほうめう》これを此会《くわい》へ

菊より外に見るものはないぞ

とうゐんめゐ

ウヨサ〳〵

このたんさく見ておくれ

ごそくさいゑんめいどれ〳〵はいけんいたさう

たんとお人かあることかな

ヲ、はづかしい

さて〳〵見事てこさります

嵐雪が申た通り黄きく白菊のことてじや＊

挿絵第一図

挿絵第二図

持参《ぢさん》した心はナ。さればいナみなさん方の御ひいきあつき此菊之丞さん。いかに今此世になき花といへども。世にさかんなりし時はならびなき名花《めいくわ》。今さら菊合せの数《かず》に入れぬとはさりとはふしんじつ其うへ追善《ついぜん》にもなりさふなことじやござんせぬかへと。いふに座中みな〳〵ひいきのことなれば。いかさま是はあづまの名花此百菊の余興《よけう》におもしろひと。いふに美女《びぢよ》うれ(八9ウ)しげなる顔色《がんしよく》に見へしが．何おもひけん座を立て．枯《か》れぬればちらでも根《ね》にや帰《かへ》るらんと．古歌《こか》を吟《きん》じてあとしら菊とうせにける人々興《けう》さめたゞぼうぜんたる計にて．ハテ希代《きたい》な事かな．定《さだめ》て今のは王子の狐《きつね》であろふといへば．そばからイヤ〳〵そふではあるまい菊の花の情《せい》なるべしと取〳〵さま〳〵の評判を則《すなはち》序開《じよひらき》として例《れい》の顔見世芸評菊合《あわせ》を始ることになりぬ

安永三年

午の正月

作者　自笑

(九10オ)

▲立役之部

極上上吉　市川海老蔵　中村座

頭取曰 鳳凰城《ほうわうじやう》 其色紅黄《かうわう》にして多弁微捲芸《たべんびけん》にいたり有てこせつかず誠に当時の大菊惣巻頭はうごかぬ〳〵 いせ丁の者出て 大名題御ひいき勧進帳《くわんじん》はできました其上弐ばんめのしゆかうおもしろひこと．さくら田しめたぞ〳〵 亀井丁 是はしたり狂言の評判ではござらぬ．頭取かまはずと芸評〳〵 頭取 当皃みせ御役武蔵坊弁慶．抑《そも〳〵》弁慶は元祖団十郎殿元録十五午年秋中村座にて新板高館《たかだち》弁慶状といふ狂言を始として．夫より古柏莚《はくへん》につたへ 弁慶橋 明和六丑の皃見せ羽左衛門のせし弁慶はつくりかつかうまで柏莚に其まゝであつた．当時栢莚風の事は座本がよい するが丁 かしましいたわことつくとおたまてん〳〵してこますぞ．五柳《ごりう》の仕内にいかなくずはないぞ 鈴木丁 イヤくずがないとはいはれぬ．夏の和藤内ははやり病におされた．又すがはらのかんしやう〳〵のあれはしやうきのやうであつた(九10ウ) 頭取 けんくわは御用捨扨此度弁慶第一大ばにて手づよし わる口 しかしあんまりじやけらな所があつた．敵の首《くび》を切ていもあらいの所はどふか赤本を見るやうだ子共はうれしがる仕内じや ひいき こいつうろたへたやつだあら事は元祖より家の物．こゝが則市川流 頭取 さやうでござります．第二かまくらの上使あねわの平次の敵秀衡《ひでひら》が方へよしつね岩手のせんぎに来り秀衡が子息にあひ兄安平をほめ元よし四郎を悪口の所にくていゝ夫よりいづみの三郎が酒にゑひてたわいなきていを見てあ

ざける仕内おもしろい事・さすがは木場殿夫よりよしつねの身がわりの首を持て行かふとする時・安平にせものと云・其にせものがつてんといはるゝ所・是より実《じつ》に成本名重忠と名のり安平が工みを見あらはすまで大出来〳〵[鈴木丁]おつかぶせのわる口耳《みゝ》がいたいぞ

上上吉　市川団十郎　中村座

[頭取曰]天は高く位事よく諸芸の徳を云門は入ることをつかさどり山の高きは名代を云其色あら事の紅くまやつしの(十11オ)粉色つやゝか也両年森田座を勤又々当冬よりさかい丁へ帰り花の㒵見せ御仕きせのしばらく熊井太郎の角かつら[ひいき]正銘しばらくの本店は是てござる[わる口]ハテちいさなしばらくがはやる[ひいき]此万八のおつかふせやらうめ皆様近比は此やうなうろたへた評をするやつが出ますぞかならず出みせせりうりは出しませぬぞ[頭取]御及〳〵さて此度上るりの場かしまのことふれの出・本名喜三太よし〳〵・次にとがし左衛門にてよしつねをみとがむる時弁慶が忠心をかんじわざと関を通し・次に広治殿との出合めづらし玉子をわりし時直井がくわい中の玉鶏のいんにわとりのこゑをはつせしをあやしまるゝ所よし・次に上使をにせものとさとりびぜんの守行いゑと見あらはし・次におよしをつまにせんと云牛王に血汐《ちしほ》をかけさせ土佐が娘となのらするまでよいぞ〳〵大詰不動《ふどう》のおし出しまで出来ました[芝居好]去夏森田座にて物ぐさのおか平と伴左衛門の大出来・名残のけぬき鳴神もでかされ此度まじりなしの真黒上上(十11ウ)吉にのぼされたも尤〳〵

上上吉《ほうび》　松本幸四郎　中村座

[ひいき]是頭取かうらいやがあたりをしらないか中村座一の評判だ此座組を仕直せ〳〵[頭取]さやうでござりますそれゆへほうびをつけました・又くらいにおめを付られませ・扨此度よしつね役豊志太夫上るりの段恋の関札半四郎殿とのしよさきれい〳〵・二ばんめいづみの三郎にてそらなまゑいの所・当時此やうな和らかみ外にござるまい此所近年の大出来〳〵[わる口]春の清玄をぢにしたといふもの[ひいき]此とうへんぼくのくされ木めふみ板にするぞ・扨御ひいきの女中方は三川丁のかうらいやが見せの瑋《い》澄香《てうかう》をお付なさい

上上吉　坂田半五郎　市村座

[頭取曰]当春大坂よりかへられつゞいて居なり此度根の井大弥太奴姿《やつこすがた》にて上るりの段大てい〳〵・二役和田の小太郎よしもり巴御前駒《こま》若の首うたんとするをとゞめ・夫より駒若は八年以前しん

州すわにてともへごぜんとの中にもうけしとやうすをかたり・夫より駒若が首ぜひ（十一12オ）なくうたんとするをともへにとゞめられ落涙の所功者爰は今すこし思入の有たき所残念〳〵わる口杉暁がくせで入リのかいない時はながすも久しい物上るりの奴も初めの程はまつ赤でよかつたが段々と色がさめたのか白くなつた頭取扨此所が狂言の山でござる・わる口いわずにお聞なさいわる口是が山かやき直しではなくてなまだ〳〵ちか比しかも此座で三笑の作でたしか見たやうだ頭取其金井殿もいかゝしてか当年はおやすみ・秋の忠臣蔵の九太夫本蔵ともに出かされました

上上吉  大谷広治　中村座

頭取東西〳〵御ひいきの丸屋でござる・当座初舞台先は評よく珍重〳〵此度直井左衛門にて上るりの場よしむだ者此上るりの趣向はとなりと同しやうだがとちらがほんのだしらぬひいきなんでもあたつた方がてがら〳〵頭取次にとがしが方へ来り酒のみかはし玉子をわる時くわい中より鶏《にわとり》のこゑはつせし故とがしにあやしまるゝ所御両人よいぞ〳〵・二ばんめ元よし四郎にてあしがる姿にてあねわに悪（十一12ウ）口せらるゝをこらへ・次に左七にかりたる金すまぬゆへてうちやくにあいむねんをこらゆる仕内までよし〳〵さしき一ばんめよりきついおほねおり・先は初座評よく御仕合せ・去秋の忠臣蔵のわかさの介と平右衛門はきつい出来でござつた

上上吉  市川八百蔵　森田座

頭取曰当時のきゝもの中車丈何をいたされてもきついもの〳〵・今若手のうちで舞台のきいたものは此人〳〵久々にて当座へ御出・此度難波三郎にてしはらくてづよし二やく原田六郎は大ていでござります・三役青と孫三郎にてみだいらんの方にほれらるゝ所出来ました功者是は先年此人市村座にて木下兵吉にて藤蔵とせしかた其時は大出来で有た・秋のすがわらのさくら丸はら切をでかし・源蔵の役はにくいほどよかつた

上上吉  中村十蔵　森田座

頭取曰初下りよりつゞいて当座のつとめ京橋から南の方ではきついうけとりやうだひいきイヨ団蔵わる口団蔵はふきや丁に出来ました頭取扨此度は実と悪とのむかい銀杏《いてう》の定紋先悪の方から（十二13オ）申そう仕丁又五郎にて名玉の徳《とく》をもつてじゆうをはたらき次にのしま太郎に浅原八郎と見あらわさるゝまでよし・二やく秋田城之介の実役みだい青とがぬれの所気をもまるゝおかしみま

でよいぞ〳〵

上上吉　坂東三津五郎　森田座

頭取曰こびき丁大夫元の御縁者《ゑんじや》芝居はんじやうにて外ならず御悦び此度北条時頼二やく百性弥五作本名ゆげ大介にて大ぜいにてうちやくにあひむねんがらるゝ所よし・次におさくがちしほとわかるゆへまことの兄弟でなきとかたり・二ばんめ最明寺《さいめうじ》時頼にて鉢の木の段慶子丈との出合きれいなことでござりました

上上吉　坂東又太郎　中村座

はせ川丁せんりう湯《とう》はよくきゝまする人形丁かのこもちはむまい事でござる頭取故人和孝の御子息達兄弟一座の御つとめ・此度坂東太郎にてしはらくのうけきみよし〳〵・二やくとがし家来時介本名伊せの三郎よしもりいづれもよいと申ます

上上吉　市川団蔵　市村座

（十二13ウ）

頭取曰団三郎殿此度より師匠《しせう》団蔵の名跡をつがれ初てのしはらくわる口こゝで天幸が一ッぱいを云て出来合のしばらくとはあんまりやすくする此くらいならさせないがましじやぞ頭取サァ是が狂言のもやうと申もの今井四郎尾形の二やく共に大てい〳〵・忠臣蔵のゑんや腹切は長ィのなんのといはるゝ人もあれどよふいたされましたわる口ちやうどざとうが餅《もち》をのどへ引かけたやふで有たぞ

上上吉　笠屋又九郎　森田座

頭取曰此人もこびき丁のうれもの〳〵・此度城之介家来大曽根隼太とあんばいよしのやつし本名のしま太郎にて仕丁又五郎を浅原八郎と見あらはし十蔵殿との立まで大てい〳〵

上上　坂東三八　市村座

頭取曰此度海野《うんの》の平四郎の実役出来まする御出世は今の間〳〵せい出し給へ此外の立役衆は初口目録にのせました

▲実悪之部

上上吉　中村仲蔵　中村座

（十三14オ）

〔挿絵第三図〕（十三14ウ）

〔挿絵第四図〕（十四15オ）

御贔勧進帳《ごひいきくはんじんてう》
巳十一月朔日ヨリ
四番続
中村座

川ごへ太郎
中村少長
べんけい
市川海老蔵

斎藤次
中島勘左衛門
けいせいわか松
中村松江

長兵へ女ぼうおよし
芳沢崎之介
とがし左衛門
市川団十郎

ふるかねかい長兵へ
大谷友右衛門
ひでひら
中村伝九郎

ばんとう次郎ニ
坂東又太郎
いづみ三郎
松本幸四郎

松かぜ
瀬川雄次郎
四郎女ぼうおふゆ
岩井半四郎

下かうべ行平
市川門之介
やすひら
中村仲蔵

いわでひめ
佐の川市松
もとよし四郎ニ
大谷広治

挿絵第四図　　挿絵第三図

頭取曰 そも〳〵是は当時のきゝ者秀鶴《しうくはく》丈実悪の巻頭にて候さても此度後鳥羽院《ごとばのいん》弟宮これあきら親王の公家悪・岩手姫にほれ心にしたがはぬゆへ親川越太郎其外行平松風村雨が首うてと云付すでに刀をふり上る所へ・三升のしばらく此所手づよくてよいぞ・二ばんめ伊達《だて》の二郎安ひら元よし四郎左七に金のさいそくにあいめいわくする時金をすましやり・夫より四郎が女ぼうおふゆをくどかるゝ所までよし・夫より上使あねわが身がはりの首を持行時それはにせものとつげ・あねわ本名重忠となのりたくみを見あらはさるゝまで出来ましたさしき去秋より出勤なくひいきの待かね・此たびより御出にて皆よろこびまするぞ

上上吉　中島三甫右衛門　市村座

頭取曰 此度より当座へかへり新参・高明親王にて団蔵しばらくのうけ親ゆづりの金冠は外にたぐひなし日本一〳〵次に仙台《せんだい》座頭又しなの者姿と成り来り・よし仲にやまだのおろちと見あらはさるゝまで・次につゞみ判官役・大詰おろちのかたちまで御功者〳〵

（十四15ウ）

上上吉　大谷広右衛門　森田座

頭取曰 当時まじりなしの敵手づよい仕内・ちとさかい丁の方へ出

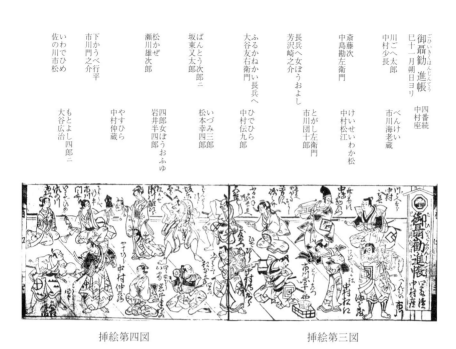

たまへ評判が出ませう・此度赤ほし太郎にてしばらくのうけ・むかふかいないゆへ此人壱人でしつかりとしてよい・二やく若さの前司《せんじ》役は大てい〱

上上吉　大谷友右衛門　中村座

頭取曰気持土地の気にかなひ諸人のうけよし・此度古金かい長兵へ本名びせんの守ゆきいゑ役出来ました ほり江丁 此度物体座中大勢にそれ〱とよく役がまはりました左交丈おてがら〱 弁けい はし古かねかい出て なるほど役廻りがよいゆへ皆それ〱に直打がございます

上上吉　中村助五郎　市村座

頭取曰森田座より御出此度ひぐち次郎にてしはらくのうけよし・二役石田二郎にて鹿島《かしま》与市と心をあわせよし仲のたちへあさひのみだをぬすみに来るまて御せい出して父の名をあげ給へ

上上吉　尾上松助　森田座

頭取曰此度一本木の松といふ日用本名南方太郎 わる口 また(十五16オ)とびのものか久しい物だ 頭取 それでも人がうれしがります此方でははじめて・二やくさのゝ源藤太にてさのゝ兵へをころし三ヶ庄の墨付をばいとらるゝ所にくてい〱・次にのしほどのと石橋の立はできました

上上吉　富沢辰十郎　市村座

頭取曰此度は悪形の役廻りめつらしく此所へ居ました松殿でんか基房《もとふさ》にて建礼《けんれい》門院《いん》にれんぼしよし仲をころさんとしてむすめを手にかけらるゝ迄 わる口 やつぱり実《じつ》のやうだ

上上吉　沢村長十郎　森田座

頭取曰是はどふじや沢村長十郎で悪とは 頭取 其ゆへなきにしもあらず・故高助いがみの権太のり頼清もり其外たび〱ござりました此度従《じう》三位局《ほつね》 馬子の悪方和解《わけ》の法橋と心を合せみだいに毒薬をもらんとして鳴尾《なるを》をころさるゝまで・二やく二かい堂信濃《とうしなの》の介道秀《ひで》よし

上上　松本小次郎　市村座

(十五16ウ)

上上　沢村淀五郎　森田座

頭取曰秀十郎殿改名して小次郎と成色悪・此度多田の蔵人行綱役

よしく・淀五郎殿は滝夜じやの敵の仕内・親御も実悪で名をとられました・ずいぶん悪の方をはげみ給へ

▲敵役之部

上上　中島勘左衛門　中村座

頭取曰御当地根《ね》生《おい》中島氏元祖勘左衛門殿は実事の上手・次の勘左衛門殿は真実の悪にてちすじをうけついで今の是少丈段々との上《しやう》達《たつ》・此度斎藤次すけ家役第一の立敵出来ました・夫ゆへ敵の巻頭へ居《すへ》ました

上上　三国富士五郎　森田座

頭取曰此度宗尊しん王の公家悪中車丈との出合よし・二役三浦だん正かげ時も大てい男はよし敵にうちつけく

座附　中村蔦右衛門　森田座

頭取曰元竹田出にて槌松と云其後歌右衛門弟子と成大坂中（十六17オ）芝居をつとめ又熊五郎と改又々蔦右衛門と改次第に評よく・此度当座初舞台師匠によふ似ました先此度座付ばかり春から御出勤なされよ

上上　富沢半三郎　中村座

頭取曰故人半三殿は故伝九の弟子今の半三殿も伝九の弟子功者な人でござる・此度いなげ入道と室のやりておつま二やくとも御大儀く

上上　市川純右衛門　中村座

頭取曰此人元入蔵と云又照右衛門と改〆三ばんめ是ですみ右衛門殿・此度かすや藤太二ばんめ家主左七まことは本田の次郎口跡高くよい敵御出世く

上上　中島三甫蔵　森田座

上上　松本大七　同座

頭取曰三甫蔵殿は六浦入道雷雲・大七殿は関の次官《じくわん》有国と和解《わけ》法《ほつ》橋良朝《きやうりやうてう》御両人共出来ました（十六17ウ）

上上　市川綱蔵　中村座

上上　坂田国八　市村座

上上　鎌△倉長九郎　同座

上上　宮崎八蔵　中村座

上上　坂東善次　森田座

上上　藤川判五郎　同座

上上　中島国四郎　中村座

頭取曰いづれも牛角《ごかく》の敵の衆一同に申そう。綱殿はびぜん平四郎よし。国八殿はかしま与市。かまくら殿はあじやりちんけい。宮崎殿は西の宮右大弁。坂東殿は左大弁国門。藤川殿はさの〳〵兵へ。中島氏は左大弁氏国皆よい芸の仕込今に御立身あるべし其外の衆は口目録にしるしました

▲道外形之部

上上　嵐音八　中村座

頭取曰今は道外形といふものは御当地にきれものずいぶんと（十七18オ）

〔挿絵第五図〕（十七18ウ）

〔挿絵第六図〕（十八19オ）

親御のおかしみを得給へ此度ひたち坊かいぞんの役よし

▲若女形之部

極上上吉　中村富十郎　森田座

頭取曰花純白にして地芸所作事こまやかなる仕内其うへ時としては男形にてあたりを取わる口去々年の土左衛門伝吉のやつしにてかわ羽織をきて武兵へをてんひん棒《ぼう》でぶたる〵抔《など》はひいき情《じやう》がすいといふことか。そのくらいの事をがつてんのない慶子《けいし》でもない其時の仕内をよくみやァせまいわる口見たとも〳〵去年のあこやちよくしの所は歌右衛門がしそふな事頭取此やうにも万能に達しられた衆もすくないまことに上手〳〵。去春菊之丞追善《ついぜん》に三十五日が間石橋をつとめられ。イヤ見物事でござつた。此度大名題女あるし初雪のせかいとはさすが菜陽丈おもしろい事わる口名題はおもしろひかしらぬが狂言はさして頭取曰東西〳〵去年のかんたんのまくの趣向《しゆかう》抔《など》イヤかんしん〳〵。此度天王寺屋殿さの〵源左衛門女房白妙《しろたへ》の（十八19ウ）仕内上るりのことくなれど又かく

帰木曽《かへりきそ》樹毎初物《きごとのはつもの》　四番続　市村座
巳十一月朔日ヨリ

高あきらしんわう　中島三甫右衛門
今井四郎　市川団蔵
くらんどゆきつな　松本小次郎
ひぐち次郎　中村助五郎
よし仲　市村羽左衛門
しづか　小さ川常世
げいしや山ぶき　尾上民蔵
よしつね　市村亀蔵
ともへごぜん　嵐三五郎
あふひごぜん　嵐ひな治
うんの〻平四郎　坂東三八
和田よしもり　坂田半五郎
もとふさ　富沢辰十郎
こまわか丸　おぎのいせ松

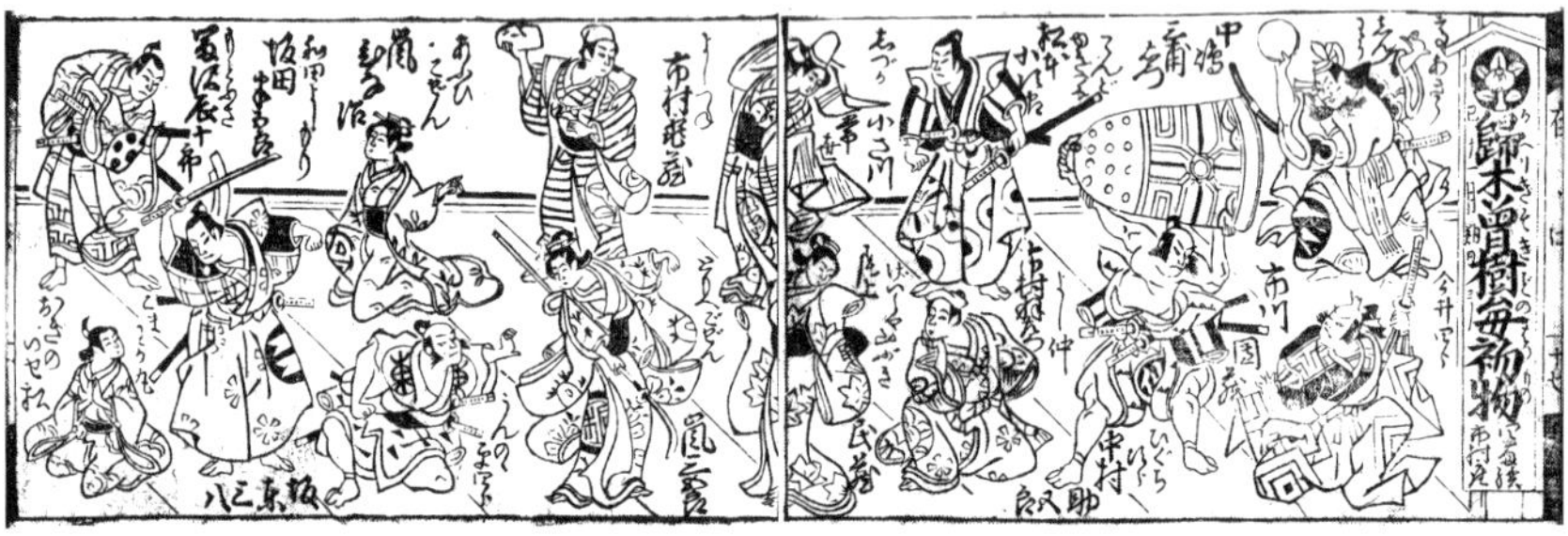

挿絵第五図　挿絵第六図

べつなもの鉢の木の段幕《まく》切立まで女形のおや玉どこへ出しても巻頭〳〵。春は何ぞ又めづらしいことをして目をおどろかし給へ

上上吉　山下金作　森田座

頭取曰 色香《いろか》をふくみ武道世話女房けいせいのだてとしまのしこなし。ふり袖のあどなさ春の花に弁当《へんとう》をひらき秋の月のだんごよりむまいこと〳〵。つゞいて当座のつとめ。此度北条のみだいらんの方けいりやくのためくるわのていをうつしけいせい姿の出よし。次に青どにれんぽせらる〻所出来ました〳〵。夫より本心をあかし又せうじのやぶれをつくろひ国家《こつか》の治乱《ちらん》をさつする所おちついて位あり。二やく孫三郎女房おさくのいなか娘までいづれ見あかぬ花月楼〳〵

上上吉　芳沢崎之助　中村座

頭取曰 延享二丑の顔みせ市村座へ故あやめ殿同道にて五郎市とて色子にて初下り此比のやうに思はる〻が立女形となられ先崎之介の名をうけ師匠の春水をつかれ。仕内は慶子に鯉長を（十九20オ）ひとつにした芸風 わる口 何んだか評判が仲の丁江戸丁の角丁まで名をあげや丁にするやうに心がけ給へとほ〻うやまつて申す 頭取 此度古金かい長兵へ女ほうおよし実は土佐が娘しきたへさしたる

仕内なし黒仕立のしのびの姿はできました〳〵

上上吉  中村里好　中村座

上上吉  岩井半四郎　同座

岩井組なぜこれほとこゑのかゝる岩井を跡にしたこゝは一ばんむざいにしてもらひたい中村組此五二へたの才六めおいらがひいきの里好にけちを付やァがるとたゝみをなめさせるぞ頭取先〳〵御しづまりなされ目録には岩井殿を先とし此所では里好丈を先にしたは大せい其わけが聞たい頭取いかにも半四郎殿当時のきゝものの御ひいき多く其上芸も仕上られましたなれば目録には先へいたし・中村氏は顔みせの花いづれ同座の御つとめの事なればいこんもござるまいよつて是は引合と思召ませ・扨里好丈当春中比より市村座へ大坂より突出《つき》し・しさい有て紋もかへ紋の若（十九20ウ）松にして名も俳名を呼び顔見せより当座へ出られ則三国のけいせい若松女郎すがたは外にないすんとした風俗其上御きりやうはよしよい仕出しでござる・次にほらがいよりこぼれし米を見て本心をあらはしみのゝ国けいろう山の鶏のせいれいと名のらるゝまで出来ました▲からころもきつゝなれにしつましあればはる〳〵とひいきはしたいます今をさかりのかほよ花江戸むらさきの評判娘むすめ〳〵とたくさんそふにとは関札の上るりわる口色手綱恋の関札色と恋とはちとくどい是を思へばむかしの駒鳥恋の関札はおもしろい頭取むだはいらぬもの扨女馬子にて錦江丈との所作よし〳〵二やく元よし四郎女房おふゆ秀鶴十町との出合おもしろい事〳〵ハテきつい物になられました

上上吉  尾上民蔵　市村座

頭取曰此度男山八まんの舞子山ぶきひいきほかに仲丁〳〵幸朝さんありがたい〳〵いかふ芸に見入が仕ました・是といふも三笑丈の取立ゆへ座本殿とのぬれ事所作までうれしいぞ〳〵（廿21オ）

上上吉  中村のしほ　森田座

頭取曰さても慶子をよくうつされます・此度江の島竜池の虹*身にて南方太郎が持し名玉をうばひ松介殿との石橋の立よし・大詰弁天の神霊は正じん〳〵二ばんめ白たへ妹玉づさもきれい〳〵

上上吉  嵐ひな治　市村座

頭取曰此度せんじちやうりお通・実《まこと》は橋姫の霊竜二やく〳〵よし仲のおくあふひごぜんにて親基房《おやもとふさ》の手にかゝり手をおひながら悪事をいさめらるゝまでよし〳〵

上上吉　　瀬川雄次郎　　中村座

頭取曰 此度とがし左衛門妹松風にて門之介殿との所作事随分と情出されて師匠の名を上給へ弟御は京都にて評判よく御悦〱

上上　　小佐川常世　　市村座

頭取曰 此度より当座のつとめまい子しづかとけんれい門院の二やくともによしさて〱きような子でござる思入きついきまり〱

上上　　山下秀菊　　森田座

（廿21ウ）

頭取曰 此度京四条初下り白拍子おりこと実は浅原八郎妹恋衣にて原田六郎にれんぼせらるゝまでよし

上上　　嵐小式部　　森田座

上上　　瀬川吉治　　中村座

上　　中村国太郎　　森田座

頭取曰 小式部殿は道秀妹きくとぢ役大ていく〱。吉次殿はむら雨のやくよし滝三郎殿改名して国太郎よしかげ妹はつしもやくずい分御出情〱其外の衆は口目録にのせました

巻軸　　嵐三五郎　　市村座

さじき 頭取気がちがつたか雷子を女形の部とは 頭取 是はしたりまだ芝居を見物なきそふな。此度巴御前の女形夫ゆへ大名題も帰木曽樹毎の初物とは此雷子丈を賞じての趣向。去夏は森田座にて物ぐさを出かし。名残のつゞみのたてはおもしろい事であつた。此度より当座へかへられめづらしき女形の役。巴ごぜんにて大ふりそで文字大夫上るりにて大夫元相手所作事梅幸の若ざかりとの評（廿壱22オ）判〱 わる口 しかしあんまりしつこいではないか 頭取 サアあれほどいたさねば所作と地芸は御めにかけられませぬ。上るりのうちにせきちがひの所よし。次に門やぶりの立は見事〱。次によし盛と女夫になるよしを物がたり駒若が首うたんといふをかなしむまで出来ました。此度あつま殿御出勤なくそれゆへ女形の役廻り一しほ御太儀〱さてもきような御人此上立やくの仕内を見まして本座へ直しませう。大詰たての六郎の立役なれど仕内なし。先はめづらしく女形での出来ゆへ此所へすへましたはほうびと思召ませ

▲若衆形之部

上上吉  市川門之助　中村座

上上吉  佐野川市松　同座

頭取曰故盛府薪車は若衆形の名人さの川市川のながれをくまれし御両人の衆御一所に申ませう先市川殿は下川辺の庄司行平にて松風村雨雄次吉次殿との所作事よし・二やくするがの二郎清しげ役よし・是から御ひいきの盛府丈若衆女を(廿壱22ウ)かねられし家筋・此度かめ井の六郎の若衆形岩手姫のふりそでいせの三郎女房のとしまいづれもひいきよい〳〵

上上  坂東彦三郎　市村座

上上  市川雷蔵　中村座

頭取曰彦三郎殿は此度御出勤なし雷蔵殿はわしの尾三郎の角かづら二やく半沢六郎のあら事父の俤《おもかげ》うつります

上上  坂田幸之助　森田座

頭取曰此度より親御の苗字に改られ扨藤十郎殿はいかゞにや一両年おつとめなし子息幸殿此度北条民部の介の若衆形かわゆらしいぞ其外は目録にござる

▲太夫元之部

芸不出  中村勘三郎

上上吉  中村伝九郎

頭取曰当顔見世の大あたり初日よりはめをはづしての大入らかんも切落も皆さじきに成ました・此度奥州《おうしう》の押領主《おうれうしゆ》藤原(廿二23オ)

〔挿絵第七図〕　(廿二23ウ)

〔挿絵第八図〕　(廿三24オ)

の秀ひらやくさしたる仕内なし・先は芝居はんじやうにて大悦〳〵

大上上吉  市村羽左衛門

ひいき女中ヤレ〳〵待かねました家橘さんはやう評判が聞たふござんす音羽や丸やをはなされしはざん念〳〵頭取いか様御ひいきの心からはさやうに思召も御尤・其上下りの衆いまだ下着《げちやく》なく

嫱初雪世界《おんなあるじはつゆきのせかい》　四番つゞき
巳十一月朔日ヨリ　森田座

三うらだん正　三国富士五郎
のじま太郎　かさや又九郎
三位つぼね　沢村長十郎

じやしん　中村のしほ
あかほし太郎　大谷広右衛門

むつら入道　中島三甫蔵
白びやうしおりこと　山下秀菊
秋田じやうの介　中村十そう

ほうでうみんぶ　坂田幸之介
みだいらんのかた二　山下金作
あをと孫三郎　市川八百蔵

ひやうとり一本木のまつ　尾上松介
つねよ女ほうしろたへ二　中村富十郎

秋田主税之助二　森田又治郎
さいめうじときより　坂東三津五郎

おにやしや　沢村淀五郎

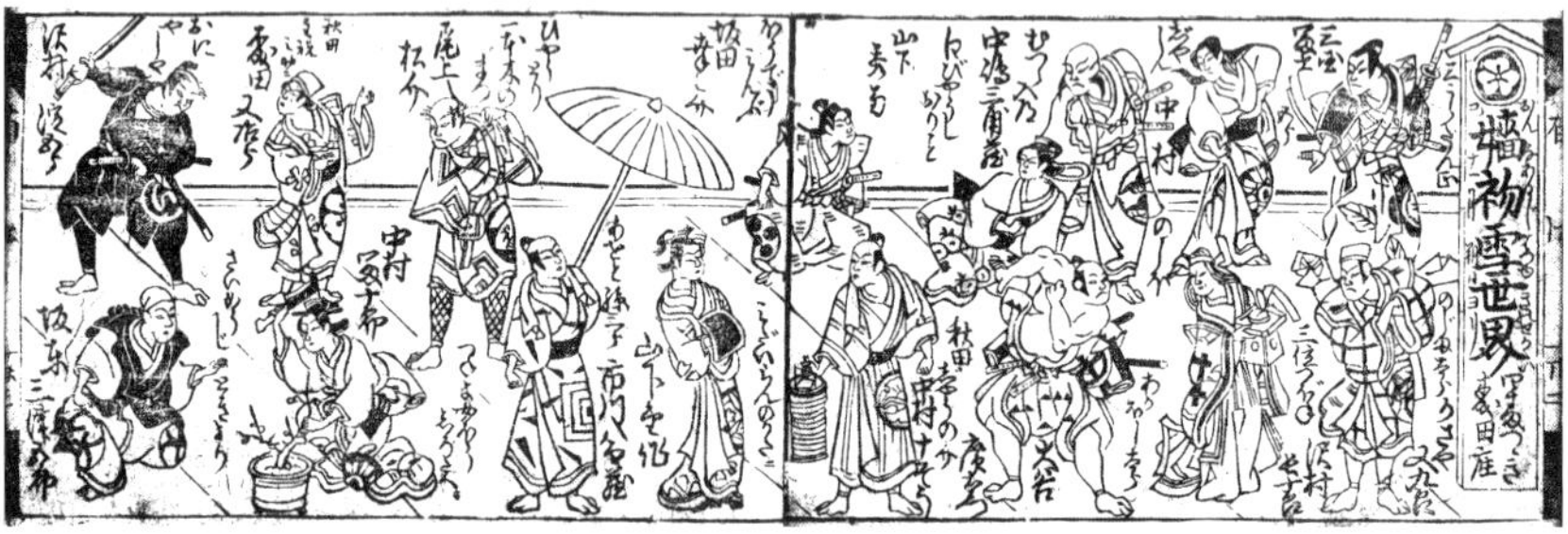

挿絵第七図　挿絵第八図

藤蔵殿も御出勤なく役者すくなにて一入御くらう〳〵此度忠信にてしばらくの取持は団蔵殿を引立ての出勤・二役木曽義仲上るり所作相手雷子丈ゆへ一段とおもしろい事〳〵夫より実盛の霊魂《れいこん》はきつい物〳〵先年とくさかりの翁をおもひ出します春は何ぞ花やかなことをみたい〳〵梅幸丈名残の節は大入にて御満足〳〵

上上吉　市村亀蔵

頭取曰 此度源のよしつね役大てい〳〵

芸ニ不出　森田勘弥

上上吉　森田又次郎

（廿三24ウ）

頭取曰 当顔見世も打つゞき慶子丈を頼まれての興行此人をいつまでもはなさぬやうにし給へ当秋は芝居も普請《ふしん》新《あら》たに出来一しほはんじやう御子息又次郎殿秋田ちからの介の役さりとはかしこい仕出し誠にせんだんはふたば末頼もしう存ます

惣巻軸　中村少長　市村座

頭取 相替らすめてたき御人おも〳〵と惣巻軸にすへました此度川こへ太郎にて一ばんめ狂言のくさびさすが老功〳〵去秋菅原に

かんしやう〳〵是延享四卯年中村座初て菅原《すがはら》に則かんしやうぐ役夫より当坐にて都合五度勤られ此度ははや仕納めとの事おもしろい事でござりました狂言はよし経仕内はよし仲当り鉢の木ひゞきわたる評判芝居はんじやうの時ぞ賑《にぎ》はし〳〵

安永三年
午正月吉日

京二条寺町
正本屋九兵衛板
京ふや丁せいくわん寺下ル丁
八文字屋八左衛門板
（廿四25オ）

役《やく》者《しや》有《あり》難《がたい》　芸品定

大坂の巻目録

むしやうに　いりくる　芝居の　門口

よい客は　揚《あげ》屋が　つちで　庭竈《にわかまど》

女形《かた》の顔《かほ》は　いつまでも　若水

芸は　よしのゝ　桜の花おけ

女中は　色事師に　思ひを　かけ鯛《だい》

ひいきを　うけりや　出世の眉《まゆ》を　ひらき豆

（壱1オ）

太夫子　もては　親かたが　はなの高い　雑煮《ぞうに》

年功《ねんかう》の衆は　一座から奉る　かしらいも

当り狂言は　作者が知恵《ちゑ》を　ねりみそ汁《しる》

やつしがたは　芸の　粋《すい》な　梅ぼしの　大ぶく

若手《て》の　役者は　日の出の　朝茶

六法《ほう》を　ふりたてる　茶筌《せん》

（壱1ウ）

大坂道頓堀二芝居惣役者目録

名代　大坂太左衛門　座本　小川吉太郎

名代　塩屋九郎右衛門　座本　嵐松治郎

○稀　人

極上上吉　立役　尾上菊五郎　嵐座

口

客《きやく》ぶりは乗込《のりこみ》の上下風《ふう》俗にのし切て通る玄関《けんくわん》の大木戸

▲立役之部

○見立　饗応《きやうおう》の道具献立《こんだて》に寄る左のごとし

真上上吉　中山文七　小川座

掛物《かけもの》は鎮《しづ》なくとも動《うごき》なき大立物

上上吉　藤川八蔵　嵐座

生花《いけはな》は早春《さうしゆん》の木《き》咲《ざき》の梅の勢《いきほ》ひ

上上吉　小川吉太郎　座本

置筒《おきつゝ》は手ざはりも和らかな浮牡《うきぼ》丹《たん》

上上吉　嵐吉三郎　嵐座

置《おき》物はかつたりとした盆石《ぼんせき》の風景《ふうけい》

上上吉　中山来助　小川座

料紙硯《りやうしすゞり》は時《じ》代《だい》と見へる置《おき》上ヶ

（弐2オ）

上上吉　嵐文五郎　小川座

釜《かま》は小丸なら天明《てんめい》のやわらかみ

上上十　藤川柳蔵　嵐座

水さしは目立て見ゆる火襷《ひだすき》の古備前《こびせん》

上上　市山助五郎　同座

茶《ちや》入は二代目の名を守《まも》る肩衝《かたつき》

上上十　嵐七三郎　同座

袋《ふくろ》は新裂《しんきれ》ながらからんたる笹蔓《さゝづる》

上上　市川幾蔵　小川座

水こぼしは古びの付た関東細工《くわんとうさいく》

上上　嵐三十郎　同座

蓋《ふた》置は浮《うき》立し挽切《ひききり》の青《あを》み

上上　坂東市松　嵐座

茶杓《ちやしやく》は親《おや》よりつたふ小刀めの和らかみ

▲実悪之部

大上上吉　中村歌右衛門　嵐座 座本後見

座着《ざつき》はいつでもひれのある大熨《の》斗飾《しかざり》

上上吉　浅尾為十郎　小川座

始《はじめ》の吸《すい》物は登りかゝつた鯉《こい》の脊切《せきり》

上上吉　坂東岩五郎　嵐座

台肴《だいざかな》は脊《せ》中《なか》から笑《わら》はした海老《えび》の船盛《ふなもり》

（弐2ウ）

▲敵役之部

上上吉　市川宗三郎　嵐座
御酒《ごしゆ》は尻《しり》口の手ひどい不二見《ふじみ》

上上士　中村治郎三　小川座
引さかなは和《やわ》らかでどつしりとした掻鯛《かきだい》

上上一　中村新五郎　嵐座
後《のち》の吸《すい》物はにがみのつよい姑《しうとめ》の吸口

上上　三枡宇八　小川座
ひやし物は牡《ぼ》丹《たん》にむきかけてなしの切口

一上　中村友十郎　嵐　一上　三升伝蔵　小
一上　芳沢十三　同　一上　市川仙五郎　同
一上　中村滝蔵　同　一上　中村吉次　同
一上　中村滝五郎　同　一上　嵐五六八　同
一上　浅尾音五郎　同　一上　嵐権十郎　同
（三3オ）
一上　中川庄五郎　嵐　一上　中村今蔵　小
一上　市川文蔵　小　一上　山下東九郎　同
一上　大谷彦十郎　同

▲親仁形之部

上上　藤川十郎兵衛　小川座

上上　藤川金十郎　嵐座
取持《もち》は馴《なれ》のよい年寄《としより》の袴《はかま》ずれ

▲花車形之部

上　豊松半三郎　小川座

上　坂東久五郎　嵐座
給仕《きうじ》はしとやかに見せかけた襠《うちかけ》風《ふう》

▲若女形之部

上上吉　嵐雛助　嵐座
向付《むかふ》は色をもたせて立役もあへまぜ膾《なます》

上上吉　沢村国太郎　小川座
汁《しる》はすんとしたが賞味《しやうみ》の根芹《ねせり》

上上吉　姉川大吉　嵐座
さしみはわさびであしらふた煎《いり》酒の味ひ《あぢわ》

上上吉　花桐豊松　小川座
（三3ウ）

上上吉 二の汁《しる》は歯《は》あたりの小利口《りかう》な口塩《しほ》の鱈《たら》
尾上粂助 嵐座

上上 やき物は色をふくみし付焼《つけやき》のあたゝかみ
中村玉柏 小川座

上上吉 平皿はこつくりと見せて慥に鴨《かも》〳〵
三枡徳次郎 嵐座

上上 菓子椀《くわしわん》は歯《は》あたりのよいきんこの敷味噌《しきみそ》
生島柏木 同座

上上 初献《しよこん》は野辺《のべ》の若草踏《くさふみ》なれた雉《きじ》の焼《やき》鳥
山科甚吉 小川座

上上 二献《こん》目はひたしものにも色気《いろけ》をもたすかき栗《くり》
上 小川千菊 同座
上 市川吉太郎 嵐座
上 中村亀菊 小川座
上 姉川万代 同座
上 市山亀太郎 同座

三献《こん》目は鰭《ひれ》を見せかけた御きわまりの吸《すい》物（四4オ）

▲娘役之部

上 嵐松次郎 座本
後段《ごだん》はいつまでも此味《あぢわ》ひで有たき小倉野《おぐらの》

上 生島金蔵 小川座
煎《せん》じ茶は三番叟《ばそう》からはんなりとした朝日山

▲小川座色子之分

一 小川初蔵 くれは　一 中山辰次郎 まがき
一 中山袖介 左近　一 中山梅介 右近
一 中村豊吉 つなで　一 豊松勝治郎 高せ
一 小川安治郎 やくなし　一 小川音治郎 やくなし

▲嵐座色子之分

一 中村福介 小ざゝ　一 中村国介 白梅
一 嵐　秀介 まつ世　一 中村歌介 うてな
一 中村松介 梅がへ　一 嵐　万三 はるや
一 中村君介 そのふ

〇亭主之座

極上上吉 若女形 芳沢あやめ 小川座
もてなしに堪能《たんのう》させて明《あけ》をうたふ千秋楽《しうらく》（四4ウ）

大坂中芝居惣役者目録

道頓堀東芝居　座本　中村直次郎
同　西芝居　座本　荻野仙次郎
堀江西芝居　座本　竹中綱八
座摩社内芝居　座本　山下京右衛門
稲荷社内芝居　座本　松本国十郎
御霊社内芝居　座本　嵐　豊松

▲立役実悪敵役之部

○見立大坂橋尽しに寄る左のことし

十露盤橋　染川此兵衛　竹中座
京橋　中山楯蔵　荻野座
天満橋　松本国十郎　座本
天神橋　谷村楯八　松本座
難波橋　嵐佐野八　中村座
高麗橋　中山門十郎　嵐座
本町橋　荒木与次兵衛　竹中座
農人橋　市野川門三郎　同座
長堀橋　沢村太吉　山下座
日本橋　中村岩蔵　嵐座

右十橋同位

大江橋　竹中綱八　座本
渡辺橋　山下京右衛門　座本
田蓑橋　嵐　与市　中村座
玉江橋　花桐喜太郎　竹中座
船津橋　藤川岩松　松本座
安治川橋　藤川音松　竹中座
芦分橋　水木東蔵　松本座

右七橋同位

梅檀木橋　三枡他蔵　荻野座
淀屋橋　桐野谷徳次郎　山下座
肥後橋　坂東蟹蔵　松本座
筑前橋　嵐　清蔵　山下座
常安橋　市野川京蔵　荻野座
越中橋　中村次郎蔵　竹中座

（い5オ）

湊橋　泉川百松　山下座
右七橋同位
今橋　山下徳十郎　中村座
堂島橋　浅尾為右衛門　山下座
心斎橋　沢村伊八　松本座
新町橋　市野川万六　荻野座
桜橋　尾上熊蔵　山下座
緑橋　中村丑右衛門　嵐座
太左衛門橋　市川九十郎　中村座
蛭子橋　山下時蔵　嵐座
大黒橋　三枡松之助　中村座
御池橋　中村新蔵　竹中座
九之介橋　松本次郎三　松本座
高台橋　中村松兵衛　嵐座
瓶橋　山科政次郎　荻野座
板屋橋　嵐三郎四郎　竹中座
呉服橋　大谷今三郎　同座
三休橋　山下徳次郎　山下座

（い5ウ）

佐野屋橋　嵐今蔵　同座
幸橋　山村巳之助　同座
日吉橋　岩村百蔵　松本座
末吉橋　谷村富蔵　同座
瓦屋橋　芳沢万蔵　嵐座
金屋橋　中村富三郎　同座
犬斎橋　中村虎蔵　同座
羽子板橋　中村今蔵　同座
両国橋　嵐吉次　荻野座
太郎介橋　市山三津蔵　同座
豊橋　中村清十郎　同座
水分橋　尾上松之助　中村座
樽屋橋　嵐秀五郎　同座
福地橋　嵐升五郎　同座
永代橋　市川万吉　同座

▲若女形之部

○川魚に寄る左のごとし

（ろ6オ）

鯉《こい》　鱒《ます》　鮒《ふな》　鮭《さけ》　鱸《すゞき》　鯰《なまず》　鮎《あゆ》　鯊《はぜ》　魣《あぶな》

尾上小三郎　山下座
嵐国治郎　中村座
嵐　此松　竹中座　（ろ6ウ）
坂東豊吉　松本座
嵐　豊松　座本
芳沢嘉吉　竹中座
嵐吉次郎　荻野座
榊山四郎太郎　山下座
山下半太夫　松本座
芳沢八重菊　嵐座
中村弁之助　同座
嵐富士之助　松本座
岩田染松　嵐座
浅尾弥太郎　中村座
三枡長五郎　同座
山科槌五郎　荻野座
姉川万太郎　松本座
山下岩之丞　山下座

鮠《はへ》　鮬《せいご》　鰻《うなぎ》　鯲《どぢやう》　鮴《ごり》

中村歌柳　竹中座
尾上与市　同座
荻野仙次郎　座本　（は7オ）
中村直次郎　座本
藤川友吉　山下座
嵐菊次郎　中村座
山下吉五郎　嵐座
佐野川富松　松本座
中村富之助　荻野座
嵐喜代三　中村座
富沢門太郎　竹中座
嵐　徳蔵　荻野座
中村菊次郎　山下座
小野川粂蔵　松本座
西川音吉　竹中座

已上

○一寸と申上まする

役者全書《やくしやぜんしよ》　芸品定秘録 全四冊

右之本来ル二月上旬より無相違出シ申候其節は御求御覧可被下候

板元　八文字屋

（は7ウ）

○仏法《ふつほう》へ尻《しり》の来《く》る守屋《もり》が霊魂《れいこん》

抑《そも》〳〵摂州《せつしう》四天王寺は日本仏法最初の霊場。其ありかたき第一は元弘の時　去《さんぬる》巳《み》の顔見世大坂の評判を楠《くすのき》正成に見せ給ひし未来記《みらいき》のおもむき信《しん》ぜずんば有べからず。家名も高き天王寺屋蕪平《へい》かゝへの色子《いろこ》の中に。すぐれてうつくしきは片岡《かたおか》山吾よそほひ出れは咲《さく》や子の花と見まがへ坊主《ほうず》ころし寺潰させ。宿《やど》のかまどはこれがために賑ひにけり。もと此山吾が母は片岡《かたおか》といゝしながれの女父母にはやくおくれうき川竹のつとめの中にもなき父母を恋《こひ》しく〳〵とおもふより。ふと仏《ほとけ》の道に入て本来無一物と見やふり。さみせんははなねじりにかへ。きせるは払子に転《てん》んじ。夜《よる》も昼《ひる》も毛氈かぶつて心の面壁男子樹下《か》に入る事を不許と色事の一道《とう》思ひ切た禅法よく〳〵の思ひ入ればこそ禅坊主《ほうす》の身持《みもち》さびしい時もなきにはあらじさすれは宮女の男に飢るも同全《とうぜん》とて片岡《かたをか》のおやまを中《ちう》略《りやく》して。かたをか山のうへ人と仇名しける其比聖徳太子《しやうとくたいし》は仏法いまだ日本に流布《るふ》せさりければ衆生済度《しゆしやうさいど》のため御身をしはしやつし事ほうろく頭巾のむら（五8オ）さきは色《いろ》をふくめる椀久すがたこれさ〳〵の修行のうち彼片岡《おか》が禅法《せんほう》になづみ給ひ法問法談千《ほうもんほうたんち》話口《わく》説《ぜつ》つゐにかたをか身おもくなり。月かさなりてうみおとしたる玉の御子此事君に告《つけ》まいらせんとは思へ共守屋か逆臣《きやくしん》に世の中みだれしかば民間《みんかん》に深くかくれてそたてまいらせしが片岡一朝《かたおかいつてう》の病《やまひ》に臥《ふ》し夕部《ゆふべ》の露《つゆ》のおく間《ま》をまたす芦《あし》の葉に乗《せう》して西の空《そら》へ身まかりける。その御子母の名を直《すぐ》に苗字《めうじ》とし片岡山吾とつきて成長《せいちやう》にしたがひ。宗之《そうし》をも欺く美少人《ひせうじん》なりければ蕪平《かぶへい》これをやしなひ取てかゝへとはなしぬ。しかるに山吾此程より痔《ぢ》の病《やまひ》をうれへ医療《いりやう》手をつくせどもさらにしるしなく日々にやまひはさかんに身はおとろへすでにかうよと見へしかば蕪平《かぶへい》あまりの事に卜筮《ぼくせい》にかけて考《かんがへ》させしに。此病人の母禅学《はゝぜんかく》を深《ふか》く信《しん》じたるにより達磨《たるま》にあやかり尻のくさる病《やまひ》ありこれを治《ぢ》せんとならば仏法《ぶつほう》のために亡《ほろ》びうせたる守屋を祈《いの》らん仏の道を断《たつ》の道理平愈《へいゆう》うたがひ有べからずと見通しの占《うら》かた。聞もあへず守屋の像《ぞう》を画《ゑ》がゝせ本尊《ほんぞん》にかけ五色の幣《へい》を（五8ウ）五本たて山吾が病平愈《へいゆう》をこそは祈《いのり》けれ。あらふしぎや本尊《ほんそん》の画像《ぐわぞう》風もふかぬにうごくと見へしが一つの鳥と化《け》して飛《と》びはなれ蕪平《かぶへい》が懐《ふところ》へ入とたちまち気絶《きせつ》しぬ。家うちおどろきいたはればやう〳〵に正気《しやうき》つきける内山吾も来つて介抱《かいはう》に。人々あやしみ太夫さまはお快《こゝろ》ようござりますかと。きくに我もおどろく病の平愈《へいゆう》さても不思儀《しぎ》とよろこびあふ時。山吾が一客《きやく》福地山《ふくちざん》極楽寺《ごくらく》 活達和尚《くわつたつおしやう》床上《とこあげ》のしうぎに入来られ。見事な遊び騒《さわ》ぎ果《はて》床《とこ》おさまりし折。山吾寐《ね》支度《したく》して入かゝりたる屏風《びやうぶ》のうち。誰《たれ》やらんくんづころんづする物音《ものおと》コハ何事と屏風ひらけばいつのまにかは来りけん。蕪平は冠《かむり》せうぞく大臣《だいじん》の出たち。活達和尚《くわつたつおしやう》をとつてふせ尻《しり》ひきまくりてのつかゝりし有様は悪鬼《あつき》を随《したが》ひし鐘馗《せうき》の勢《いきほ》ひ何ともつかぬせり出しなり。和尚かなぎり声《こゑ》にて。やゝけしからずいかに蕪平。われ此家《や》に来つておゝくの金銀をまきちらし汝《なんぢ》が福貴《ふうき》も元《もと》は山吾ゆへなり。しかるに酒買《か》うて尻《しり》とやらにてわれを若衆（六9オ）

〔挿絵第一図〕（六9ウ）

〔挿絵第二図〕（七10オ）

せんとするは蕪平《かぶへい》が胸中《けうちう》こゝろへずと。いふをうちけしおろかく〳〵われは聖徳《しやうとく》太子にほろぼされし守屋《もりや》の大臣《だいじん》なり。わが日の本は神《しん》道《とう》の唯《たゞ》一すじを太子仏法《ぶつほう》を信《しん》じてわれをうしなひ。今なを仏法さかんにして太子のみをしんじ守屋と言人《いゝて》もなき折ふし。蕪平《かぶへい》われをしんずるの機《き》にのり渠《かれ》が五体《ごたい》をかり霊魂《れいこん》こゝにきたつて仏法を破壊《はゑ》せんとすしらずやなんじわが霊先達《れいさきだつ》て木啄《きつゝき》といふ鳥に化《け》し。

ちとおそふ
きたとて
きつゐもたせ
ふりじや

せうとく
たいし
しのびき給ふ

けいせいふなおか
さぜんする

片岡さんご

是は〳〵
何事でござり
ます

くわつたつ和尚
おれをとらまへて
何とするぞ

かぶ平

その方かなさけ
所は此もりやが
かね〳〵のこん
ぼうなるぞよ

挿絵第二図

挿絵第一図

四天王寺をはじめ国々にこんりうしたる堂塔伽藍《どうとうがらん》一ねんの觜《くちばし》をもつてつきくだかんとす。されば木つゝきの一名《めう》を寺つゝきともよぶならずや。汝此《なんぢ》やどの一客しかも福僧《ふくそう》の大めしくらいなれば一ばんにつきくづさんと扨こそかくの通りなり。いで〱むねんを晴《はら》さんとまたも和尚にとびかゝるを。家内《やうち》のものむしやぶりつく。いや〱はなせとあらがふゆめ。あとなくさめし疫病のねつ。からき命をたすかりしは。家名《いへな》にとなふる天王寺（七10ウ）のおかげと江都《あど》おかへりの尊像《そんぞう》へあつく御礼申上。さて例年《れいねん》の顔見世評判ナントありがたい事ではござらぬか

安永三年
午の春陽　　作者　自笑

○此所にて御しらせ申上まする

三ケ津芸品定
二の替大評判　　作者　自笑
役者位《やくしやい》下上《かのぼし》　　全三冊
附リ
天までのぼるひいきの春風吹付る新狂言の大当り
右三月節句より本出し申候間其節は御求メ御覧可被下候已上
（八11オ）

○開口

頭取曰尾上菊五郎年考をちよと申上ます・此人抑は京都生れにて・享保十五戌年冬顔見せ若衆形にて・京榊山座の出勤を始として・元文元年ニ若女形と成て・寛保元年冬より大坂へ下り・翌同二年も勤海老蔵と同座にて・同三亥顔見せより・栢莚《はくえん》同道にて江戸下り・同四子ノ顔見せより上上黒吉と成宝暦二申ノ年霜月市村座を立役の勤の始なれば・上上白吉に戻れども同七年丑冬黒吉にしるされ・明和三戌九月市村座にて・忠臣蔵《ちうしんぐら》の由良之介戸無瀬《なせ》の二役を暇乞《いとまこひ》として・其暮京市山山下両座本へ登られしは二十五年ぶりニ其年大上上吉と成てより・今年迄は八年京都は丸三年勤て・明和六丑年の霜月より江戸表の帰り新参・当年当地への登リは三十二年ぶり也場より頭取殿ヲツト待たこれは何か・年代記の読売《よみうり》でもするのか・聞たう（八11ウ）もない昔ばなし・何かさし置て・位付を極めて芸評が聞たい頭取御尤ながらか様に年代記を申も・少〱訳《わけ》のござる事・右八年以前の上京の時は・役者巡《まはり》リ炭《ずみ》と題《だい》して・上京中京下京の人より合て・衆義判《しゆぎはん》の評判を・其侭評判所へうつして細評なりしが・当年は例年の通り・評判の顔の揃しも相かはらずめてたく・此顔を富《とみ》に致て・頭取を譲《ゆづり》て衆義判の評ばんと存まするによりての儀・なんとござりませうぞ大せいよかろ

〵頭取さやうならば第一第二第三と突《つき》ますする程にとて箱取出してぐはら〳〵〳〵

第一　見功者

第二　わる口中間

第三　前の頭取

富

（九12オ）

かやうに出ましたれば。見功者のお方が当年の頭取其次の御了簡はわる口中間の思召の上。私も心を添《そへ》て其上皆さまの思召を加《くは》へまして定ませう間さ様ニ思召されませう東西〳〵

○稀　人

極上上吉　尾上菊五郎　嵐座

見功者中これは何とも迷惑《めいわく》なる役義ながら斯ゥ成たれば是非に及ばす。此方了簡《りやうけん》とあれば先ッか様ニわる口中マア合点《がてん》がまいらぬワイちつと位過ますぞや前頭取思はく有ての事であろマアお待なされませ中山組どうするのじや是は見功者其問やうも古ィ手なやつ。頭取の座をかはつて申事。一通りお聞なされ。由男殿の事は次で申ませう。梅幸殿当かほ見せは大当《いたりやく》百足山《むかで》の四番め橘隼人《たちばなはいと》と成て。挑灯《てうちん》持せ（九12ウ）上下の出端先よし衣装《いしやう》の模様《もやう》は京と同し事なれど。色の取合ひを替られての思入もよく。乗物の内のあやしき者を見咎《とが》めて。くらがりにて袖を引ヶば。公家《くげ》の姿なる故。大内の様子を尋。途《と》中ながら詠《よみ》歌の添削《てんさく》を頼上んといひて。小判を扇に乗せておとし。夫に付入て冠《かんむり》をたゝき落して何者に頼れしと尋れとも答へずして逃《にぐ》るを手裏剣《しゆりけん》にて殺《ころ》し。懐中《くはい》をさがせば水《すい》破《は》の矢《や》の根《ね》と。蜜書《みつしよ》を見出して。親の敵の手がゝり也と悦ひ思案して。挑灯《てうちん》の我紋《もん》をやふり。公家の装束を剝《はぎ》取入らんとする時。梶介に見咎《とが》められしを。てうちんたゝき落して入ル小幕は大坂も随分此段の評は宜見へます芝居好これは彼八年以前京へ来た時の。顔みせ狂言の俤じやが。さりとは不自由なことの来た時は是より外にはないカイ見功者是夫は御尤ながら。そこの推量は後ほど申あけませう（十13オ）前頭取此場京にては乗物の前に手をつかへて。挨拶《あいさつ》すれど答《こた》へなき故。あやしみて戸を明る仕内。又かの蜜書《みつしよ》も白紙にてありしを軍《ぐん》中の謀《はかりこと》を思ひ出て血をそゝぎ文字をあらはす仕様も有しが。此度は始より見出す仕内は。狂言を短《みじか》うして大坂の気に合やうの。あしらひでもあろかと思はれまするが見功者成ほど此方共もさやうに存ます。狂言を短くして仕内をしつとりとしたあんばい。一しほどふも申されませぬテヤ次に大伴《おほとも》のやかたへ。中納言兼成《かねなり》といつわり。勅使《ちよくし》と成て入込。馳走の役に出し乙女久米介殿への挨拶大内の物語．此度四方《よも》の杜宇《ほとゝぎす》といへる題《たい》を出され．どれ〳〵も皆歌袋をふるう事といひしに歌にも袋があるかとの尋に．古歌を引て聞せ．其古歌をたづね返され書てやらんと料紙《りやうし》とり寄て．短尺《たんざく》を認《したゝ》める風情よし芝居好ヲット待た其短尺に歌を書て．（十13ウ）やる間．墨つぎでも気が付．書法を知つてゐる者と見えて．頼もしいなどゝ．先年の評判にも出されたゆへ．かはつた事も有かと．気を付て見てゐたが何もかはつた仕内も見えぬわる口これは京ではていねいに気を付て．大坂てせぬのは大坂を侮《あなど》るのカイノ前頭取全く其様な事では有まじく．此段は一入かんし入ましたテヤ大勢夫はどれどうして前頭取さればサ京にて評判には其事出された所を．力味すくなく．其場を又何の事なうしらるゝは．よつほと気に余慶の有る所と見へます見功者次に乙《おと》女《め》が昔《むかし》語の中にぬれ事によせて．彼水破《かのすいは》の矢《や》の根《ね》を取落せしを見咎められ．内裏《たいり》にて怪生《けしやう》の物を射《ゐ》とめたる物語より．我妹也と名乗合ての仕内より後は．世話事ニかはりし仕様を気を付て御らうしませさしき成程是はくわしい見様．公家の形《なり》にての世話事の仕様．急度（十一14オ）あらはれたぞ見功者さればこそ最前も申ました．登り顔見せ毎に．此狂言を出されるは．中納言の衣装《いしやう》一つにて．時代世話又江戸上方ともに仕様を顕はす狂言ゆへ．出さるゝが尤かと存ます．扨其のち．妹乙女がつとめの内．馴染《なじみ》し夫トあるよしを聞て．近付になれば．我主人縫之介なる故．肝《きも》をつぶし．家出せし跡にて女房が産をして後．死たると聞哀を催し．其子を主人の養育《やういく》にあふに付．段々の恨腹《うらみはら》だちをなだめんとて．通らぬきせるを通して．妹に吸付させて差出させ．肩《かた》をもみ．さま〳〵して心をしつめさせて．お恨は御尤ながら．なぜさ様に御はしたなくは仰られまするとて．盗まれたる陰《ゐん》の玉を．取返さんてだて計にことはりなしに妻子を捨て出．跡にて主人の苦労ニ合ひしをきのどくかりて．始終のいひ訳して．心底を明し．主人が誤り入たるを．勿体なしとて水子を取かへし（十一14ウ）ふところに入．さま〴〵の心遣ひはかんしん致ました．其宝《たから》此家に有ゆへ．此姿にて入込しと誤《あやま》り．夫レまでは先馳走のかた〴〵とて．これより狂言を又時代へ戻して入らるゝ所よし桟敷場共時代世話そういはつしやれば成程きつとわかりました見功者次に淡路《あわぢ》の大膳ニ向ひ．此度和歌《わか》御奉納《ほうのう》の御こゝろざし有て．四方《よも》の杜宇《ほとゝぎす》といふ題を．先達而出されしに．諸大名にいたる迄もこと〴〵く．詠《えい》じ出せしに．其方一人何とて延引致やらん．今日切に詠して上べし若怠らば其かはりとして其方が家に有．陰《ゐん》の玉を預り帰れとの勅諚《ちよくてう》也と．いひ渡すに．大膳主従呑込ずして．よいかげんに贋《にせ》勅使も取おかれよとの挨拶《あいさつ》に．不審《ふしん》たつれは主人縫之介と妹を奴《やつこ》梶介がしばり出て．手ごめにするを見かね．立出てさゝへしに．いよ〳〵あや

しまれ・文台《だい》を持出て・四方の時鳥といへる・難題《なんだい》の歌を詠得《よみゑ》たらば・誠の(十一15オ)

〔挿絵第三図〕　(十一15ウ)

〔挿絵第四図〕　(十二16オ)

兼成となすべし・若得詠《よ》まずは贋者《にせもの》也と・いふより当惑ながら古事を引て・一念にて詠得ん事を願ふニおりふし庭の梅の木に鶯《うぐひす》のなく声《こゑ》して・文台の上へとびうつりしに・陽気《やうき》を発《はつ》するをあやしみて・運気《うんき》をかんがへつくぐ見るに・文台の上に鶯の歩ミ行足あとを見れば

うばたまの心のやみに迷ふなよ・あふげは空に有明の月・といへる歌有て・まさしく鶯の脊ニ我父の法名あらはれ有を見て悦び・あふげは空に有明の月と吟じ返し・硯の海に楼《たかどの》の灯《ともしび》をうつし見て・珠《たま》の有所をしつて・階《かい》を上り・盗み得る迄はなはた花やかに見へますぞ【前頭取】なるほど運気《うんき》を考《かんが》へたる仕内などは・格別のちがひにて・手を膝にのせての和らかみは申様はこざりませぬ【わる口】玉を盗ミにのぼる所は・三十二年ぶりにて公家《くげ》のたへまを見ました(十二16ウ)【前頭取】是はわる口ながら御口合出来ました【見功者】玉を奪《うば》ひおゝせ・逃《にげ》んとすれば・竜灯《りうとう》の追《お》はへきたるに・かくれ様なく・ぜひに及ばず・乳《ち》の下をかき切し風情にて・懐《くはい》中の水子を害《がい》して・玉をかくして逃んとするに・大膳が家来に取まかれし

目出度討益《めでたうちませう》
巳十一月二日より
てにはの介　小川千菊
うらば　中村玉柏
かぢわら源太　中山来助
平二かげたか　市川幾蔵
はつしも　花桐豊松
かくめい　浅尾為十郎
おり平　嵐三十郎
ひら山のむしゃ所　中村治郎三
くまがへなをざね　中山文七

祝ふて三番続　小川座
かぐ山かうたう　小川吉太郎
京のつかさ　沢村国太郎
おゝかみ三平　中山来介
おゝかみ
ねりやく
三平
三平
しみづのくはんじや　山科甚吉
とが平　三升宇八
おさが　芳沢あやめ
くまかへ二郎　中山文七
月のは六郎　嵐文五郎

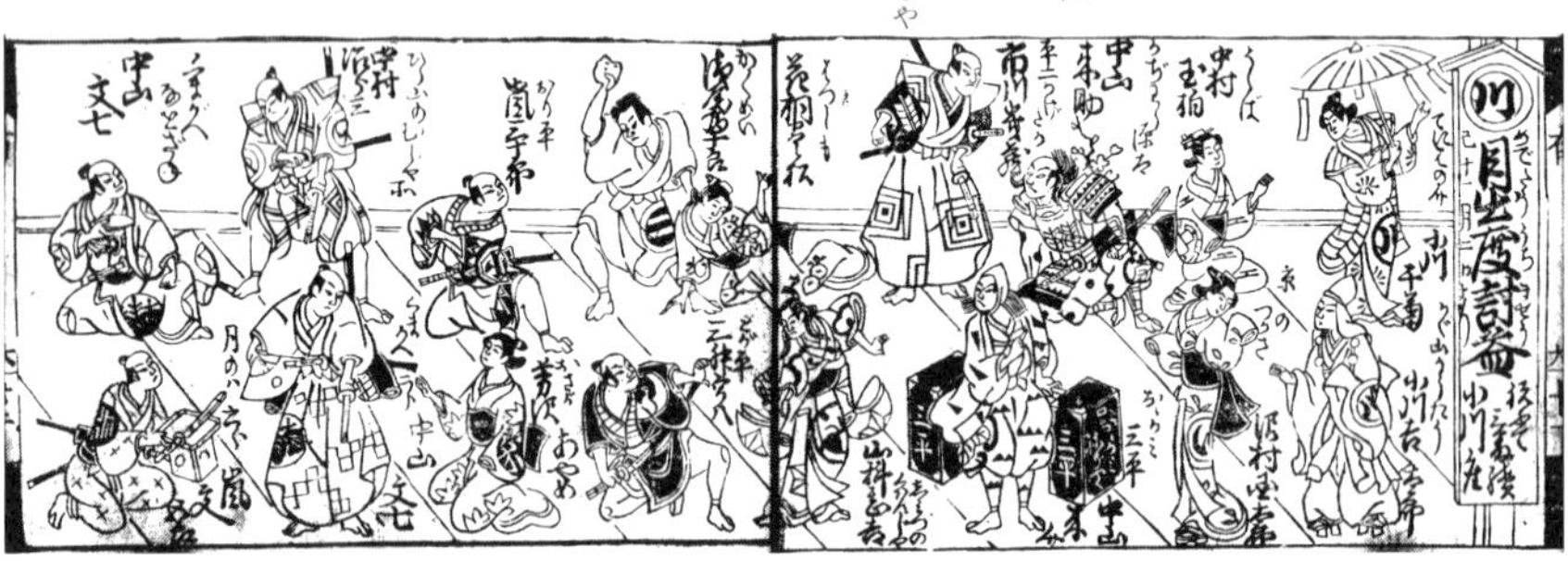

挿絵第四図　　挿絵第三図

を・切倒《たを》してかけ入・次にもへき地の長袴にての出端甚はなやかにて見事也玉を持出て・主人の難をすくひ・大膳も詰よせて落合ひ申分はござるまいが・何と思召ます・梅幸丈由男丈・八年以前京都にて・同座の出合に・いたつて此人評よく有しを・由男丈は当地ひいきの人なるによりて・文七より評ばんのよいどの位の役者ぞと・思めす人もおゝく・又去年一たびかんばん出て・間違尾上菊五郎不登噺などゝ・外題出してかほみせ狂言を・こしらへ申程の事・いよ〳〵何程の上手なるぞのぼり来たらば・さぞ格別《かくべつ》面白かろうと・思召ス人も（十三17オ）おほく有て・当顔みせによつと出ての仕内・其やうに違ひめの有うはづもなく・又地狂言の和らかみは一ト通りにて見へる筈もなければ・思ふた程面白からぬと思召て・大坂へはむかぬなどゝ申人もあるべし・これは評判過たが二三歩の損《そん》かと存ます・京都以来見来た所いよ〳〵和らかみと・地狂言のつか〳〵して其風情有所にて・此度位付を上ました
古イ事知出て思召がござらば仰られませい京での評に栢莚をおもにした仕様と有しが・是も尤ながら・当地にてはやはり訥子と見る人多からうか・訥子よりは男も格別《かくべつ》よく前の民谷四郎五郎の業《わざ》のはたらくのと見ゆると申ますテヤ
大勢そうして江戸の暇乞は何をしられました
前頭取此度も仮名手本にて由良之介と・本蔵女房とに勘平の役を増シ（十三17ウ）三役の勤なりしが・市村座春以来あたりも聞へませなんだが・忠臣蔵の秋狂言・大当りにて・首尾よく出立当地の乗込も廿七日の賑ひ
連中染幕《そめまく》を張てかざり船の迎ひは・先今年が始り全く梅幸の登リに付ての景色計も位付の改リ無理ではない〳〵
さじきやつはり見飽ぬやうに思ふ所に急度位が顕ました〳〵
中山組マアそれならそれにして置てこちの立者をどうするのじやイ
見功者前頭取其段御得心なら祝ふて打て下さりませシヤン〳〵祝ふて三度シヤ〳〵ンのシヤン
先是迄は稀人のあしらひ扨立役の部の巻頭は例の大立者

▲立役之部

真上上吉　中山文七　小川座

島の内連扨々〳〵長い事の間待た〳〵先伸でも（十四18オ）して録《ろく》にゐてこちのを聞ませう
見功者先以去年一ヶ年は京都芳沢いろは座へ出勤顔みせ二の替りとも評判よく・続《つゞい》て行平《ゆきひら》の太郎七役あやめ殿と二人の仕内は相持にて・申分なく大入を取・近江源氏も評判つゞきてよし・暇乞狂言は蘭平《らんぺい》相替らざる近年の大入にての御下り・一年を廿年共思ふて待兼る・大坂の立もの申も愚なから立役の巻頭相替らすめでたく
上町さこばしれた事を長〳〵といふわろたちじや
見功者是も申さねは済すして申事先此度顔見せ狂言目《め》

出《で》度討益《たくうちませう》の四番目・熊谷《くまがへ》治郎直実《なをさね》の役にて・我家へ帰りかけの出端長袴大小のさしこなしの立派《は》さ・誠に上方仕立に二とならぶ者もなき程のこと鎌倉よりの疑《うたか》ひうけ・捕手に取まかれなから・拝領したる一軸詠め〳〵帰る風情・甚優美《ゆうび》に見ゆる也わる口中大坂の立者ゆへ立派な事や・見へのよいは・いはひでも聞か（十四18ウ）てもそうあろと思ふてゐるか・先キへ旦那のお帰りと声かけさせて・取まかれ出るはいかに見へがしたいとて・ちとそぎつきな出端ではあるまいか前頭取成程是はよい気の付ケ所・此出端は去年京都かほみせの出端と・同じ事にて・見へは至極よく・京都の請も宜しかりし故・其侭出されたると覚るが・当地にては少シおとなげないやうに思はるゝ所も有やうな物故・さやう仰らるゝと存られます見功者時に我家の上に紫雲《しうん》たつをあやしみ・古事《こじ》を引てこよひ中に我大望の叶ふ事を知リ・我君の諚意《じやうい》なれは・背《そむ》く様はあらねども・こよひ夜半まては物いみの内なれば得参るましとて・捕手《とりて》を追返して内に入前在所におきざりにしたる女房の来て居る事も知らず・留守へ来てゐる平山の武者所に出合・妾の目見へを引合して前の女房のわんさんは・余つ程下作な言葉も多けれど・元在所育《そたち》を顕はしたる仕内と見へまする・次ニ女房（十五19オ）に出合て赤面ながら・誰にゆるされて此内へ来りしと咎めを豊松殿役へのしこなしぶり有て・後一つの功たゝは本のごとく女房也といひて入・次に羽織にて出て忍びの者を見付て・思はず手を引抜《ぬき》・妾お岸ニ見咎《とが》められて・当惑して心中也とて・持添た手の指《ゆひ》を切てやれば・親の敵也と切かけるを・鼓をおしへんとてのあしらひ和らかでよし・三十郎殿倶《とも》にしばらく鼓のあしらひの立テ有て・親の敵の訳を聞てなだめ前頭取此所次第〳〵に和らかみ付てよけれども・見へばかりにて狂言が跡先に成た様な仕内かと思はれまするが見功者其段例のかほみせ狂言の仕内のみ・さのみ咎める程にもあらず・只仕内の和らかみは此上なけれ共・笛《ふへ》の譜《ふ》をうたひてあしらひの間・此人の此斯見たやうに思はるゝ所有て・彼是申人も見へまする芝居好去々年も顔見せに鼓・其前も鼓の出たる顔みせも（十五19ウ）おほへ居るにさりとは鼓自慢《つゝみじまん》にはちとこまります見功者さればさやうに仰らるゝであらうと存ましたがとかく其段にも趣意《しゆい》の有事と思召されませわる口どうした趣意じや聞たいナ見功者なんと思召前の頭取との・これは我等が推量ながら・梅幸京都二年目の二の替リ此斯の狂言ありしが・其さきをくつて顔みせニ鼓を出されたかと・おもはるゝがいかゞ御座らうや前頭取なるほどさやうな事も有うかわる口何かなしに舞と謡と鼓とのじまん故さ中山組わる口ぬかすやつ引ずり出せ・じまんてもなんでも・これほどに打はやしの成る役者があらば出して見せイ前頭取其けんくわは御無用・わる口を仰らるゝも当地のひい

きゆへ当年はどつさりとした張合人有ゆへ、何かなよう致たいと思召有ての事なれば、御腹立あらずとも次をお聞なされませ

見功者 其のち上下改め、我子の小次郎、能を（十六20オ）舞損《まひそこな》ひしを憤《いきどほ》り、手討にせんと追かけ出しを、女房おさがさゝへとめ、面を取て逢はんとするをしかり、平山が持来りし一つの箱の中に、敦盛《あつもり》の身がわりに立し、我子の首有事を見せて、最前いひし一つの功はこゝなるそとて、女房おさがかなしかるを包み、舞によせて平山が無き物にせんとするを、あしらふ間は、和らかみ万端、狂言の形《かた》は見馴たやうなれど、又外にこれほどの事する人有うとは思はれませぬ、其のち我子と見せたるは敦盛なる故、具足櫃へかくしたるを、平山に討れ、心を尽したる詮なき体ニ見せて、誠は殺されたるは、平山が稚《おさな》きより里に預ヶおきし子なるといひ聞せ、盗おきし宝を取かへし、此場の納りはいつ見ても〳〵大立者の頼もしさ、二の替り間の物を待ます〳〵

芝居好 なんでも今年は中角とも、一年中のたのしみお互に気が張であらうと思はれるぞ

前頭取 さやう共〳〵（十六20ウ）見物も汗をかいて楽しみませうワヱ

上上吉  藤川八蔵　嵐座

見功者 例の大坂の立者、今更申もしれた事ながら調子《てうし》と男ぶりには続《つゝ》く者もなし何も狂言のない時も評判のよい仕合男藤八殿をひいきする人はどこぞては富も落兼まじきと申ほどの事

上町組 役にも立ぬ事いはずと芸評

見功者 当顔みせ、大当百足山の口明権頭興世よりの仕者として、家来斎左衛門と名のり、主人の姫といひ名づけの、始之介より暇の印として式紙《しきし》を送られし事いふかしく、其訳正し帰るべしとの趣にて、上下姿人品骨柄先ッ有たものではない

島之内 今更ほめるは知れた事といふて置て又誉るのカイノ

見功者 かやうに申も新頭取役の息《いき》つき半ぶんニ長事は御免〳〵、誠は大淵勘ケ由に雇はれしにせ使者にて、式紙と千両の金子をわけて預り、次に人なき所にて雇賃を乞ェば、百両くるゝ故憤《いきどをり》て投戻し、残リ九百両を（十七21オ）もらはんとて、夫レをくれずば頼まれし次第を注進せんと、大丈夫のゆすりに、是非なく金子を渡して、納得《なつとく》して帰り、後誠は田原藤太秀郷《ひでさと》と名乗出て、長袴の出端はなやかにして申ぶんなく、此所落合にて、勘ケ由をごうじやく僧都と見あらはし魔術《まじゆつ》をくじき、宝物を取返す迄、さして仕内もおゝからねども、姿ばかりの上上吉も憎からぬ〳〵、二の替りを花やかさを待ます

前頭取 近年水臭さが大分のきましたテヤ

上上吉  小川吉太郎　座本

里環組 春以来評ばんのよかつた、里環殿をなぜ遅う出スのじやナ

英子組 イヤそれよりは今年中の当りめの多い英子丈をなぜ黒吉には成ませぬナ 前頭取 見功者たちきつうしんどうそうな。暫くお助申まして爰は私申ませう。当春以来恋相場の五郎八と。はんじ物喜兵への二役に。判じ物の出来やうから。心中狂言の婿与兵への仕内。つゞいて反魂(十七21ウ)香の四郎次郎役にて。切ニ浅間が嶽のかごかき。今これほどにする人はないと存ます。次ニ非人敵打の佐兵へ役。そぐはぬ役ながら。地狂言の和らかみが強ければ。何をしても飽《あき》のない仕内。いかさま黒吉にも成て憎からぬ所ながら。里環殿と倶ニ新頭取の存寄有ての事。先お聞なされませ。当顔見せ目出度討益の序。かぐ山勾当《こうとう》と成て梶原の館へ入込んとて其答丈と傘を相合出て。大勢になぶられ。土砂をふりかけられぐにやついて逃入。次に又京の司其答丈と出合。琴《こと》を望まれて。後贋盲《にせめくら》 成事をはかられ。京の君の首を打たると聞ておどろき。思はずも眼《め》を見開《ひらい》てより。京の司が骸《からた》をもらひかけて後。身のいひわけを聞よりも。其むかし契りたる女ぼうなる故。例の此所は商売筋の色事の和らかみは申分のない物〳〵 見功者 さらば私申ませう。其次後室が義経也といふに。迷惑かりて云訳をすれば。さなくば源太景末に成てくれよと頼て。家の罪をかづけて(十八22オ)腹きらさんとする。当惑せしを誠の景末出て云訳済しより。誠は備前の平四郎也と名のりし落合。申ぶんは少しもござらね共。此度は和らかみは持前計にて。これぞと申程の事もあらねば。やはり其侭にて置ますする計。二の替りを待ますは此人の事 わる口組 よい〳〵と計いふて置て。此度はさ様にもないとは。前後が揃はぬぞや 見功者 御尤な仰ながらも。近年の出来もの故。此度の仕内は是ほどの事はあり内と申計の事なれば。今少シ格別の仕内を見ましてとそれまでは先〳〵次は

上上吉　嵐吉三郎　嵐座

舎柳組 これはどうするのじやイこちの舎柳殿を何所へおくのじや去年の評とは違ふた。仕様いひやうがわるいと聞かぬぞ〳〵 大勢 是は存寄早う聞たいワイノ 見功者 舎柳丈は次で申ませう。里環丈此度は百足山中入の出端六郎公連《きんつら》役にて。戦場《せんぜう》よりの帰りかけ。貞盛《さだもり》の首と太刀を(十八22ウ)取帰りて。日雇《ひよう》の手ごめに合ひしをげう〳〵しきと呵《しか》リ。厨屋《くりや》三郎が貞盛が首にあらず。村岡五郎が首也といふニ彼日雇を呼寄て。目利させんといひしより。争《あらそ》*ひて日雇吉介に縄かけて入。次ニおのれと縄をときたるを怒《いか》り。逃んとする日雇を。上平太貞盛と呼かけ。後白拍子初花と倶ニ井戸の中へ入て。大石をおもしに置て。白拍子春菊に向ひ。井戸へ追込しは誠上平太なるが。さなくは此大石をとりて見せよとの難題にて。村岡がゆうれい出て。春菊に力を付てはたらく故。驚て御厨

屋と一味の体にて。倫旨《りんし》を請取てより弟金吾と呼びて。初花を呼出し。御厨屋を欺《あざむ》きはからひしまで此度はよいぞ〱わる口ねだりくそう見へて。去とは狂言がねばい〱。もちつとさつく〱してほしい物じや前頭取これは此人の僻《くせ》も有れ共。いか様少シはねばりが見へますが見功者成ほどそこは少シござれとも。春以来一寸徳兵への仕内。極彩色の兵介役。松下嘉平次連歌評判にての・木下東吉役今（十九23オ）

〔挿絵第五図〕　（十九23ウ）

〔挿絵第六図〕　（廿24オ）

年は格別出来ましたれば。先位其侭にて此所に置ましたが次はお待かねの

上上吉　中山来助　小川座

見功者位此侭此所へ出しましたも。此度は口明狂言にて狼のねり薬売三平と成て。平治景高にたのまれ。兄源太景末と成て。此家へ帰りし体になしくれよと頼まれ。行いへとも聞ずして。次ニ娘の京の司に出合て。物語せんとするを聾《つんぼ》の平平に見咎《とが》められて。敵打也と当話に。ぜひなく敵打の体にして。切合〱のはなしも。古風ながらおかしく。次ニ源太景末也と名乗。素袍長袴にて出て。出たらめのせうふニ見咎められ。恐れ逃入後誠の源太景末となの

大当百足山《いたりやいたりむかでやま》
巳十一月三日より
嵐松治郎座
三番続

ちはるニ　坂東市松
むくりこくりニ　市山助五郎
むかでニ　中村歌右衛門
みさきごぜん　姉川大吉
おとひめニ　三枡徳次郎
大ぶちかげゆ　市川宗三郎
小金五　生島柏木
千両
いつき左衛門ニ　藤川八蔵
みくりや三郎ニ　中村新五郎
六郎きんつらニ　嵐吉三郎
はるぎくニ　嵐ひな助
上平太さだもりニ　藤川柳蔵
あわぢの大ぜん　坂東岩五郎
ぬい之介　嵐七三郎
けいせいおとめ　尾上久米助
立ばなはいとニ　尾上菊五郎

挿絵第五図

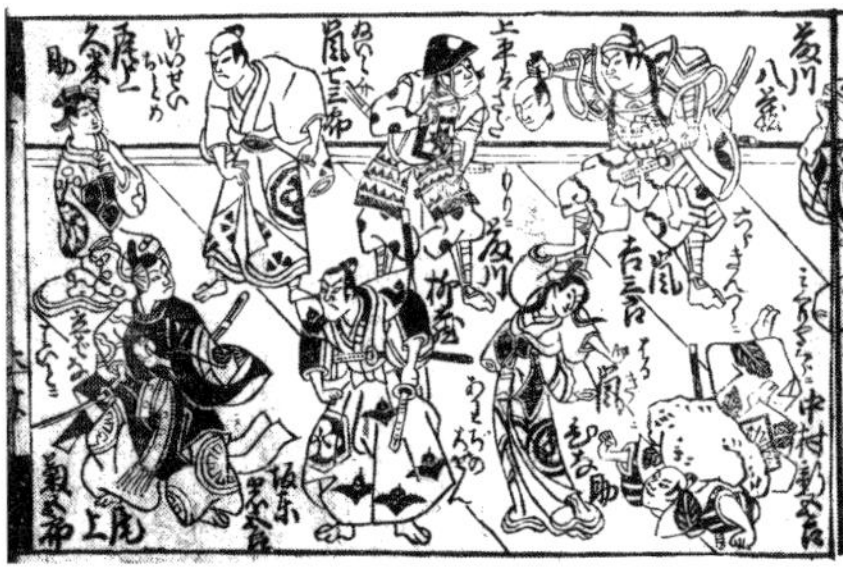

挿絵第六図

り、鎧《よろひ》を着なして、甲に梅をさして持出て、後室と平山の武者所の悪逆を見出しての落合、花やかにてようは見へますれども、此度はさのみ出来とも申されませぬ故、次の場ニ置キますも、心のはげませ計、当夏獄門の庄兵衛のかたり（廿24ウ）次ニ大塔宮の右馬頭の念仏は、出来ました〳〵、どふぞあの斯を頼みます〳〵

上上吉　嵐文五郎　小川座

見功者 此度は目出度討益の四番め、百姓二度介と成おさがに付来て、熊谷に恨みをいはんとて、帰りを待間もおかしく、次ニ熊谷帰りて後、おさがの身の上を察し、むかしをいひ並べての世話事、腹立に気のせく所、大分出来ます、其後小次郎が居所の知れざるを、ふしんがりて、宮の中を明て思わず宝剣を手に取し所、忍びの者に奪ひとられての働も、年若ゆへ達者にてよし、切ニ月の輪六郎と名乗出て、熊谷がはからひにて、誠のすりかへし誠の宝剣を持出て大分狂言上りました、此上はこしや〳〵せぬやうに御工夫かかんじん〳〵

上上吉　藤川柳蔵　嵐座

前頭取 扨〳〵此人は去年当舞台を始ての勤、団七の介松主計と、中買弥市甚出来てより、極彩色の団八なと（廿一25オ）至て出来て、めき〳〵と評ばんよく、八甫丈御子息に極りしも道理と存られます見功者 されはサ存の外の仕内、由男丈の十七八年前を見る様な仕出し、当かほみせは百足山の中入狂言にて日雇吉介と成、幕明厨屋五郎に取まかれ、逃んとするに六郎公連に呼留られ、貞盛が首を見分よといふに、当惑して不審立てより、くゝられて入、次ニ縄のまゝぬけ出て、石にて縄を切、幸女の着る物有しを拾ひ着て、わたぼうしにてかくれ逃んとするとき、白拍子春菊が鎧着て、男姿にて逃るに行当りてよりのち、思はす馴染たる女と知てのたはふれ事芝居好 ほんニこゝらはきつう和らかで見上たぞ見功者 それより公連に見咎められ上平太の詮義最中、白拍子の初花出て、夫村岡五郎なるよしいふより、将門の軍物語も三人共見よし、其のち公連が強力より二人とも井戸へ入られ、次に村岡が幽霊と成て、春菊に力を添てはたらかし切ニ誠は貞盛也と名のり、厨屋五郎をたふらかす迄至てよう存られます故、此度急ニ位も印を付（廿一25ウ）ました此通りならば勢ひの出世思ひやられて頼もしう思はれます

上上　市山助五郎　嵐座

見功者 当顔みせは序にむくりこくりの役にて乙《おと》姫と鐘《かね》を日本へわたすまじとあらそひよく見れば乙姫なるゆへほれ初て追かけ入、

次にあまの邪鬼《じやき》に出合魔術《まじゆつ》に組してたがひに印を取かへ・其後あまのじや鬼が乙姫を妻にせんと約《やく》せしを聞て腹を立出て印を打付てより夏祭の一寸徳兵への仕かた大ぶんおかしく・夫より百足《むかで》になぶられて入て後落合まで大分上りました・四ばんめ箱崎頼母之介役さしたる事もなけれとしとやかに見へてよしずいぶん御精《せい》を出されませ

上上　嵐七三郎　同座

見功者 四番め縫之介役にて家来の子をふところにてそだて大伴《おほとも》のやかたへ入込んと狂言師と成て思はずけいせい乙女に出合・其後乙女が兄にあひし所家出したる我家来源五なるゆへおどろき有し事を恨《うら》み忠義なる事を聞てあやまりめいわくがる所よし・次に梶《かぢ》介にしばられ出てなんぎし・切にまことは頼信《よりのぶ》となのり（廿二26オ）源吾がはた*き*らに名玉を取かへしての落合大分よいぞ〳〵

上上　市川幾蔵　小川座

前頭取 此人は二三年まへ歌右衛門座へのぼられし市川音十郎殿其後上京して幾蔵と改られしは先年の坂東幾蔵弟なるゆへ也・当年当地へかへり新参見功者当顔見世の序梶原平次景高の役にて・兄源太が行衛しれざるを心づかひ後室富蔵とあらそひ・其後 狼《おゝかめ》の三平を頼み源太景末《かげすへ》となのらせ家をおさめんとし・次に誠の源太にあひての悦びし落合まで見へはよい〳〵

上上　嵐三十郎　同座

見功者 中入狂言奴しだ介と成出て後大部坊覚明にどくろをもつててうちやくにあひ木曽が忰と見あらはされむねんの体・其後思はず我が味方なるを悦びうんの太郎をあざむかすまで・四ばんめ三津次と成出て親のかたきをねらひはつしもとともにくまがへとのあしらひ大ぶんおもしろい〳〵

上上　坂東市松　嵐座

（廿二26ウ）

↓見功者 此人は坂東豊三殿三男にてしばらく竹田を勤め此秋元服しられての出端当年十七才此度口明に田原始之助と成て狂気の出端上使に対面して後正気と成て後のぬれ事大分和らかな仕出しにてたのもしう見へますずいぶん御出情〳〵 頭取曰 一寸と御断申上まする実悪之部よりおくはしゆかうごさりまするゆへ二の替に一所に評いたしまする 大ぜい 夫はどういふことじや 頭取曰 其義をくわしく申上ませぬか役者位《やくしやい》下上《かのぼし》のしゆかうさやうにおぼしめされませ・めでたい〳〵

安永三年

午正月吉日

京二条寺町

正本屋九兵衛板

京ふや町せいくわんじ下ル町

八文字屋八左衛門板

（廿三終27オ）

見功者此人は坂東豊三殿の三男にてしはらく竹田をつとめて此秋元服しられての出勤当年十七才此度口明に田原始之介と成て狂気《きやうき》の姿《すかた》の出端・上使に対面《たいめん》して後正気と成て後のぬれ事大分和らかな仕出しにてたのもしう見へますずいぶん御出情〳〵

▲実悪之部

大上上吉　　中村歌右衛門　　嵐座本 後見

見功者当顔みせ大当百足山の口明にて毘沙門《びしやもん》のつかはしめむかでにてぜんにしどうしが供してむかでの油うり出立もおかしくわる口此風《ふう》の狂言顔見世ごとに出るやうにおぼへるがどふぞしつかりとした狂言をする事はならぬかナ前頭取いつも〳〵申ことながら其段はおつしやる所か御尤されども此体の仕やうも大分和らかなやうに覚へますればチト見ようはなりました見功者次に秀郷《ひでさと》女房みたけにたのまれ百足すがたにすわうをきせて秀郷と名のり上使に出合てのせりふにつまりしびり切らしてまじなひにちりを（廿三27オ）ひたいに付て一すぢにてはたらずわら一つかね持て来よと言て笑はせ其後あまのじやきにたのまれ乙姫をくどきおとしてよりむくりこくりとの出合につり船の三ぶの身ぶりもおかしく〳〵次にごうしやくにたのまれむほんにくみして実悪の姿をあらはし・後大むかでのかたちを見せての仕組にてまことは秀郷がはかりとごうじやく僧都《そうつ》の工《たく》みを見あらはすまで・さしたる事もなけれ共功だけ和らかに見へます二のかわりを待は此人〳〵

上上吉　　浅尾為十郎　　小川座

奥山ひいき今の日の出のおく山殿ことさら今度顔みせの評判は凡此人が第一なるになんで位はなをさぬのじやどうするのじや是は歌七殿よりはよいはづじやが見功者いづれとも突《つゝ》かけて芸評にいたしませう・先お聞なされませ此人寅の年の暮より上京にて三升徳二郎座を勤てより三年めの当地への下り・いとまごひも此度の顔見せ狂言と同し芸にて評判よくめでたい〳〵・評のよいもどうりこそ・目出度討益の中にてくはんてつの姿にてくわんけ（廿三

27ウ）坊主の出端にて奴を相手にして十念《ねん》をさづけるうちこしさげたばこ入をぬすみたるを見付られ、ころさんといふを初霜にたすけられいのちがはりに奴にしられぞうりはさみ箱を持ならふまで前頭取此間なる程きつう上りめが見へまして見物に腹《はら》をかゝへさゝれまするヨ見功者時に駒若が願書をぬすみにげ出るしのびのものをとらへ睾丸《きんたま》を〆ころしてとゞめをつかもとのことばもおかしく、うばひ取たる願書の箱へ奉加《ほうが》帳と入かへしのびの者の着《き》類《るい》頭巾《づきん》をきてうんの太郎をたばかり印として、小烏《がらす》の太刀をうけ取願書の箱をわたし、次に彼太刀《かのたち》抜《ぬき》見てにせ物とさとりうん気をかんかへる内飛行くからすの一羽おちたるよりまことの小烏石の下にかくし有事をしつて已前の太刀と入かへ置、かくしある錦《にしき》の旗《はた》と我ふんどしとすりかへ置て入、次に衣装《いしやうをき》 着かへ木曽の姫へ茶をはこびて初霜に親の敵とうたがはれてぬれ事の咄しの上、奴しだ平もろ共木曽が余類《よるい》と見あらはせどなのらぬゆへ、義仲のどくろを出して是をふめよといひて義仲こそ（廿四28オ）日本一のおく病ものよとむねんをこらさせて其気を見あらはし冠者《くわんしや》丸夫婦駒若と名乗る上、我こそ大部《ぶ》坊覚明《ぼうかくめい》よとて刀を付ての実悪の仕内しつかりとしてよいが此狂言は十三年以前姉川座にて逸風《いつふう》殿の狂言にて、則此度の宇八殿役を此人勤られて其時大芝居始てのお勤、それを思へば此上もない程の出世なるが、此度は位もなをしたい程に存たれ共逸風殿仕内其まゝ声《こゑ》のつかひやうまでもよく覚へられし物也、前後返外の所までもさりとは逸風丈思ひ出してなつかしう思ふ程の事、どうぞ自身《じしん》の狂言にて是程の出来あらば申までもなく黒吉〳〵、仕内はしつかりとして見ごたへが有*てよいぞ〳〵

上上吉　坂東岩五郎　嵐座

見功者笑はす事を仕にせられの御出精ゆへ次第〳〵の出世、此たびは序にあまのじやきと成て多門天に追かけられ地のそこへ逃込《にげこん》でむくりこくりに思はず出合ひ魔術《まじゆつ》の合体《がつたい》していぢくね棒《ぼう》と地しん玉を取かへり後、乙姫にほれてむかでをたのみくどき落（廿四28ウ）させ心中に、我血《ち》の出所は米かみよりとてついて見て妻とやくせしよりむくりこくりがさゝへるを女房ほしかる根姓《こんじやう》にて愛《あい》相《そ》をつかし、以前取かはしたる印の二品を又も取もどす時むかで乙姫にぬすまれ其棒《ぼう》のきどくにて心かはりて逃《にげ》入まで例《れい》のおかしみはお家の事、四ばんめ大伴大膳の役にて名玉をかくしにせ勅《ちよく》使を見あらはさんとするまでよく、誠は純友にて悪事あらはるゝまで出来ます〳〵

▲敵役之部

上上吉　市川宗三郎　嵐座

見功者 此度百足山の序の幕明ごうじやく僧都《そうづ》にて悪僧ばら諸共に将門《まさかど》に組して魔術《まじゆつ》の祈りより毘沙門のふまへゐるあまのじやきの抜出しを此狂言のほつたんにて。次に大淵勘ケ由と成て田原藤太が新参の家老《からう》と成て田原の家を亡《ほろぼ》さんため。八甫丈役斎左衛門をたのみ式紙をかたらせ用意《ようい》金千両をうけ取て後斎左衛門にねだられてぜひなく其金のこ（廿五29オ）らずわたし。切に秀郷にごうじやくと見あらはされてむねんがるまで 前頭取 一両年此人大分しつかりと見へまするが仕うちが手づようてたのもしいぞ〳〵。どうでも老功かしらぬてヤ

上上十　中村治郎三　小川座

見功者 当顔見世中間《ちうげん》平平と成聾《つんぼ》の役にて狼《おゝかめ》の三平をつれかへり主人景高がたのみあるより引合せ。其後三平が娘京の司にめくりあいしをいぶかしがりて見とがむれば敵討也と書て見せるよりせうぶをせよとすゝめ。切合〳〵はなしするをいさぎようがりて笑はせ。次にまことは平山の武者所也とて出て源太景末にたばかられ宝《たから》をうばひとられての無念がり。奥四つめ平山にて熊谷がやかたへ入妻をかゝへるあざけり。まことはあつもりをたすけ小次郎を身がはりに立しとあやしみ。まことのあつもり也と首討し所思はず我子也のこらず工《たく》みを直実《なをさね》に見あらはさるゝまで近比のほり出しと思はれます

上上一　中村新五郎　嵐座　（廿五29ウ）

見功者 去々年黒ゝ坊にてあてられて後は病気にて長〳〵の引込み此度とてもおぼつかなき噂《うわさ》の所おしての出勤。当㒵見せ御厨《みくり》屋三郎の役にて六郎公連《きんつら》を殺《ころ》さんとして手ごめにあひ。次にぬすみ取たるりんしの徳《とく》により公連を味方《みかた》に付てりんしをわたしてより白びやうし初花が公連弟六郎となのり井戸より出しをおどろきたくみあらはされての落合。四ばんめ奴梶介と成て梅幸丈との出合いづれも精《せい》が出てうれしいぞ〳〵

上上　三枡宇八　小川座

見功者 口明柏原雷蔵と成。後室に組して梶原兄弟をないものにせんとの工み。後八つ橋の下に宝のうづみある事をしつて取出し京の司にころされ。中入にては奴とが平と成り願人西ねんがぬすみを見付ころさんとするを初霜がことばよりぜひなく奴にしてぞうり取挟箱の持やうをおしへる所は大ぶんよいぞ。其後まことはう

んの太郎也とて大部坊にたばか（廿六30オ）られるまで柳蔵殿におとらぬやうに御出精なされや頼まするぞ

▲若女形之部

上上吉　嵐雛助　嵐座

見功者 近年の器量《きりやう》ものにて当春巳来いろ〳〵と御苦労《くらう》つゞきも若いを見込みに御骨折。菅丞相から始つて二のかはり小栗《おぐり》宗丹つゞいて雷電《らいでん》源八 わる口組 何の為に三度までつゞいて立役をすることぞイ 前頭取 それはいづかたでも申事ながら。此人のわざとも思はれず表方の気のせきから思はずつゞいたとは思はるれども有やうは損ゝなる仕様。其次大塔《おゝとう》宮の花園役は近年の出来様。切狂言うるしやの娘役も評判よく。其次は反ごん香の宮と又平女房役。切の石橋は肥満《ひまん》ゆへにあまり評もしか〳〵いたさね共先年の春水と路考との二役をつとめるとはさりとは気丈《き》といへば此上もなき事共頼もしうは思へども。何ゝぞのことばの端《はし》には憎《にく》まるゝ噂《うわさ》が出て聞てゐるうちの心遣ひ共 見功者 それは此方共も度〳〵の事。しかし其沙汰もうすやいで悦ます。此度百足山の中入狂言にて白拍子春菊と成て上平（廿六30ウ）太貞盛がなじみなるゆへ貞盛が有家を詮儀《せんぎ》のため初花諸共陣所《ぢんしよ》へよばれて御厨《みくり》屋三郎をなぶりものにして笑ひ。次に陣所をにげかへらんため雑兵《さうひやう》のよろひをぬすみ出し着《き》て頬《ほう》かぶりにての男すがたにて思はず夫ト貞盛が女すがたにて逃《に》るのに行合ひ顔つゝみながらむかしかたりを六郎公連に見とがめられ。其後夫ト貞盛と初花とを六郎が井戸へ追落し大石をおもしに置て貞盛が有家《ありか》いはずは此大石を取上見よとの難題《なんだい》に当惑《とうわく》して村岡五郎が幽霊《ゆうれい》に力を付られてのあら事大分よし 芝居好 此狂言どうやら前雷子鯉長で見た様な斯と思はるゝが 見功者 さやう〳〵ようおぼへてござる事。次は公連がはからひにて御厨屋三郎をあざむき悪事を見出すまでの落合大分おもしろうはござれ共先ッ是程の事は有内と申程の事。只当《たゞ》年はしつとりとした事で梅幸丈との出合を頼みまするぞ

上上吉　沢村国太郎　小川座

見功者 四年ぶりの下りも奇麗《きれい》な事を見る計も待かねました（廿七31オ）ノゥ頭取殿 前頭取 されば此人の場をする人も又外にはないがもはや黒吉でも有うかと思へ共 見功者 されば此方も左様に存すれ共此度の討益の序に京の司と成て妐《こしもと》風の出端先きれい也嗅山《かぐやま》検校《けんげう》に傘《からかさ》を相合ひ夫より伴ひ入てなぶり遊び入。次に思はず兄の狼の三平にめくり合久しぶりの物がたりするを。つんぼの平平に見とがめられて敵討也との間にあひ。いさぎよう敵を討てといは

れて切合〱の身の上ばなしもおかしく。仕廻つかぬゆへ刀落して逃入其後嗅山検校をうたがひ付ヶ出て鏡《かゞみ》の風情《ふぜい》にて盆《ぼん》をかくし眼の見へるをこゝろみ。次に京の君の首也とて首桶《くびおけ》に入うらばが持出しをうけ取。猶もやうすをうかゞひつゐに其かなしみより眼《め》を見開きし検校のまことを正す所。はまへ闇《くらが》りにて袖つま引かれ夫と極めし印を持つる故おどろきてのむかし物がたりに例《れい》の和らかみ。次に八つ橋の下の時ならぬ杜《かきつばた》若の咲あるをかんがへて鏡《かゞみ》を取出さんとする所雷蔵にさゝへ(廿七31ウ)られぜひなくころして宝を取上兄源太にわたして其場のおさまり大分よいとは申せ共此度位を上る程の事も見へねば先つ二のかはりを待ますいつも〱いしやうかりつぱてうれしいぞ〱

上上吉　　姉川大吉　　嵐座

見功者 去年はお顔を見ずしてとうかとあんじましたが。先今年当座のお勤安心〱。当顔みせ口明狂言田原藤太のおくがたみたけ御前役にて。夫秀郷行衛しれざるより子始之介に跡をつがさんと願へば上使の不承知ゆへむかでを頼み。夫秀郷也とて素袍を着せ其場をくろめる心遣ひの所よし。次に新参の家老勘ケ由に恋を仕かけ飛石の下より運《うん》気立をみて内侍《ないし》所の有所をしり誠のおつと藤太にあひての仕うち大ぶん功のいた仕様まだ頼母しいぞ〱

上上吉　　花桐豊松　　小川座

見功者 大分狂言を仕上られまして一鳳丈に似たとて仕うちも其斯多。此度百足山の中入初霜と成りて舞《まい》づ(廿八32オ)る姫に付そひ出て。其後親を討たれ敵をせんぎの為西念をうたがひ思はず木曽が余類とうたがはれてのなんぎの場 前頭取 此狂言十三年前逸風丈つとめられし時は染松殿の役かとも覚へましたが 見功者 成ほど左様かと覚へます四ばんめくまかへがかゝへる妾と成て入こみ在所の本妻おさがにあひてめいわくがる体 島の内 此所あやめが二人ならんだと場からいふ声が聞へました 見功者 それは此人の仕合せ。夫より熊谷に勤をならはんと色にことよせ親の敵をせんぎして。三十郎殿ともに立打此所はきつう出来ますぞ〱。切に平山を敵と知つて討課る迄一ッ体一ト場に和らかみが有て頼母しい〱

上上士　　尾上粂介　　嵐座

見功者 此度は中の座へおつとめ四ばんめけいせい乙女と成て勅使もてなしの役 前頭取 此役は京都にては鯉長丈の役大分御出世にて見へも和らかでよいはよいが勅使もて(廿八32ウ)なしの役に襲《うちかけ》もきぬはどうでござるナ 見功者 それはめい〱思召付次第。次に勅使にぬれかけて思はず兄弟の名乗して夫トと引合す所家来なるゆ

へおどろき色〳〵心あせる体もよく・一体大分の仕上様おとろき入ましたそ

上上　中村玉柏　小川座

見功者　此度はめのとうらばの役さして仕内も見へませぬいつも〳〵一場づゝふざけて功をあらはされまする

上上　三升徳次郎　嵐座

見功者　団七の時は釣舟《つりふね》女房が端手《はて》なとて大分評よく・其後極彩色《こくさいしき》けんくわや女房も出来ましたが・秋かはり連歌評判嘉平次女房さりとはおどろき入ました・春のそのべ左衛門よりつゞいて評よく・当年も此座の勤・当顔みせは乙姫にてむくりこくりと鐘《かね》をせり合てのせり上ヶ・次にこしもと姿にて藤太やかたへ入込みあまの邪《しや》鬼《き》にほれられての仕内・大分おかしいが此度はさしての事もなく（廿九33オ）ずいぶん御出情を頼まするぞ

上上　生島柏木　嵐座

見功者　此人は先年当地にて嵐亀松といひしか生島柏木と成京都に七八年の勤・中村十蔵江戸行の時分中村柏木と成てともに東武のつとめ・当年生島の古苗にもどつて当座の出勤・此度は中入白拍子初花と成て公連貞盛《きんつらさだもり》諸共軍《いくさ》物がたりもよく・切に六郎が弟小金五と名のり井戸より出てのあら事うつくしいとて大分評がよく・ことさら角かづら若立役若女形とはめづらしい書出し今年はたのしみますぞや

上上　山科甚吉　小川座

見功者　竹田よりの出世にて此度初て当座の勤中入にて舞鶴《まひづる》姫と成まことは木曽が子駒若成とてさん銭箱より出てのあら事大分よいぞ・ずいぶんしとやかに頼みますぞや・抿子《みんし》丈の出かけのも様故たのもしい〳〵

（廿九33ウ）

上　小川千菊　小川座

上　市川吉太郎　嵐座

上　中村亀菊　小川座

上　姉川万代　同座

上　市山亀太郎　嵐座

見功者此五人一所に評いたします千菊丈は当年小川となのりて歌《うた》占《うら》の手似葉《てには》之介と成傘《かさ》さしての出端もよく・吉太郎殿は先吉太郎殿の実の弟のよしかうばい姫の役・亀菊殿はくまがへ妹直絹の役・万代殿京の君・亀太郎殿は衣紋姫のやく・いづれもきれいでよいぞ〳〵

▲娘役之部

上　嵐松治郎　座本

上　生島金蔵　小川座

見功者松二郎殿は当座歌右衛門殿取立にての座本の勤・ことの外きれいさ申様もなく毘沙門の子多門天せんにし(三十34オ)童子と成てあまの邪鬼を追かけ出・後むかでと倶に薬油売の役・金蔵殿は小次郎直家にてまことはあつもりの役いづれも見へよく気をうこかし申さる〻ことさ

物巻軸
極上上吉　若女形
芳沢あやめ　小川座

前頭取三代の功者続にいづれあやめとひきぞわづらふ計の上手者抑当代の一鳳丈黒極と成てより当顔見世まで十年あやめと改られてより八九年の名人申までもなき地狂言の達者《たつしや》当年四年ぶりて一座打そろふてのお下りわる口京にゐる内何〳〵をあてられたサアいひ立て見やしやれ見功者されば京地へのぼりの節はきつう待かねさせられましたが思ひの外しか〳〵あたりめも見へぬとのこともきのどくに思ひしが芝居好地狂言の達者ゆへおもしろからせやうが見物にたんのうをさし課せる仕うちからいつでも是程のおもしろさはあると見物が思ふゆへによく行届てのうへ評判(三十34ウ)のと〻きかねるも実は功者ゆへの事と思ふが前頭取おつしやればさやうなものしかし上京当座は相手に合ざるゆへの不評にや去年由男丈上京より顔見世の評判よく二のかはりもちろんつ〻い*で行平にて太郎七女房の評もよろしく打つ〻き首尾もよく下りやくそくに付ていとまこひ狂言女鉢の木わる口是は又あまり評判はすぐれなんだぞや見功者仕内も思ひまはせは経世女房にはかつこう万端慶子丈よりはよい筈ながら彼地狂言の達者より景事の情にのらぬ所が有ての事と思はれます扨当顔見世目出度討益の四ばんめ熊谷女房おさがながら在所にふり残され尋来る事ならざれども我子の小太郎にあひたさ二度介諸ともくまがへをうらみ尋来り直実の妹にあひてそれ〳〵の土産など出し召つかふものに銭を包二度介にやらす所などは例の仕内にて笑はせ次に熊谷帰りて平山に尋られて女房のしがをいひ立るを聞ての腹(三十一35オ)立より思

はず出ての恨る上一つの功立て後はもとのごとく妻《つま》にせんといふ
にぜひなく入・次に小次郎が能を舞《まひ》ぞこなひしをいきどふり・直
実が手打にせんといふをさゝへ面を取てあはんとするを叱《しか》られ・
平山がうたがふことばの端《はし》にて敦盛が身がはりに立し小次郎が首《くび》
を突付《つきつけ》るよりおどろけども・熊谷がめくばせにさいぜんいひし
一ッの功は此事とさとりてかなしがる所は又あつたものではない・
此場の仕内申やうはないぞ前頭取いかさま急度極の字の顕《あら》はるゝ
所見功者夫より我子といふはあつもりとさとり夫 トの心づかひを
はかりて鎧櫃《よろひびつ》へかくせしを・すきをみて平山が取出し首うちしよ
りまことは其子は平山が子にてあつもりはかくしありて連出ての
落合・先四年ぶりにてしつかりとしたをみて安心いたして・なじ
みなれば亭主《ていしゅ》の座ときわめての惣巻軸・とかく二のかはりを花に
此一座のそろふた所をたのしみにしてその（三十一35ウ）余は目録
にあらはし此所を略して午の年の蹄《ひつめ》もつよく桟敷幟《さんじきのぼり》の出ならぶを
みをつくしの浪花のにぎはひ北よりの追風もさつと一ト吹相かは
らずめでたい打ませうシヤン〳〵モ一ツセイシヤン〳〵祝ふて三度
シヤ〳〵ンのシヤン

安永三年
午正月吉日

京二条寺町
正本屋九兵衛板
京ふや町せいぐわん寺下ル町
八文字屋八左衛門板
（三十弐36オ）

役者位下上

安永三年三月

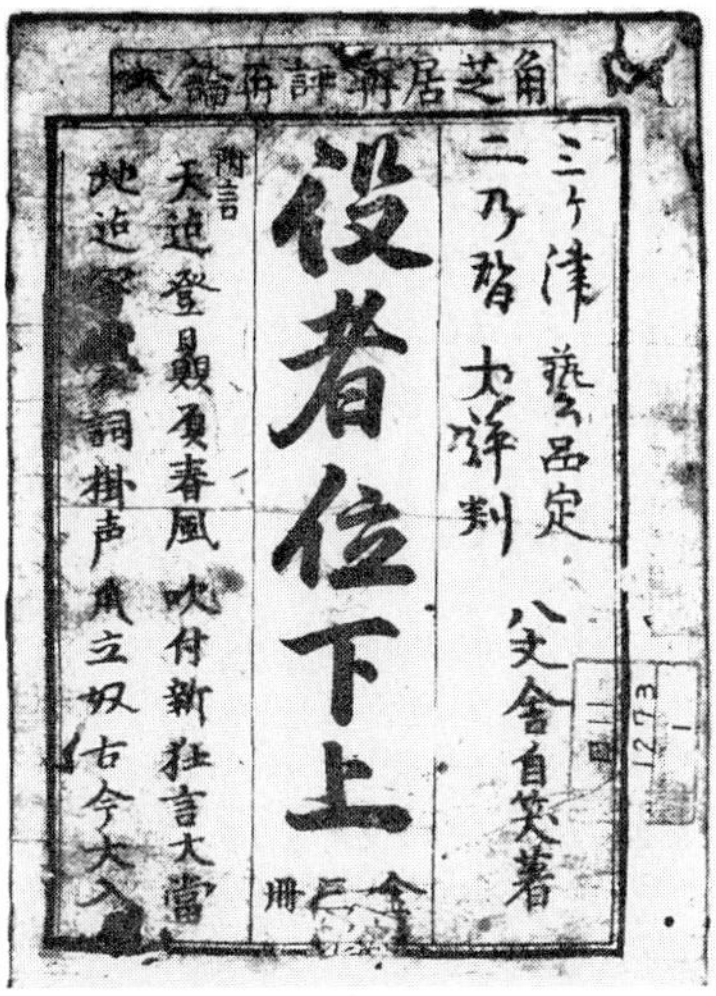

（早稲田大学演劇博物館蔵本）

（早稲田大学演劇博物館蔵本）

役《やく》者《しや》位《い》下《か》上《のぼし》

京の巻

芸品定

二のかはりの外題《げだい》
幾世《いくよ》かはらず
契《けい》は
口結《こうけつ》の
切《かへ》し
ちぎるとよみ

情《せい》は
疾盈《しつみつ》の
切《かへ》しにて
なさけの訓《くん》

東《ひがし》山風《かせ》に
やらう帽子《ほうし》の

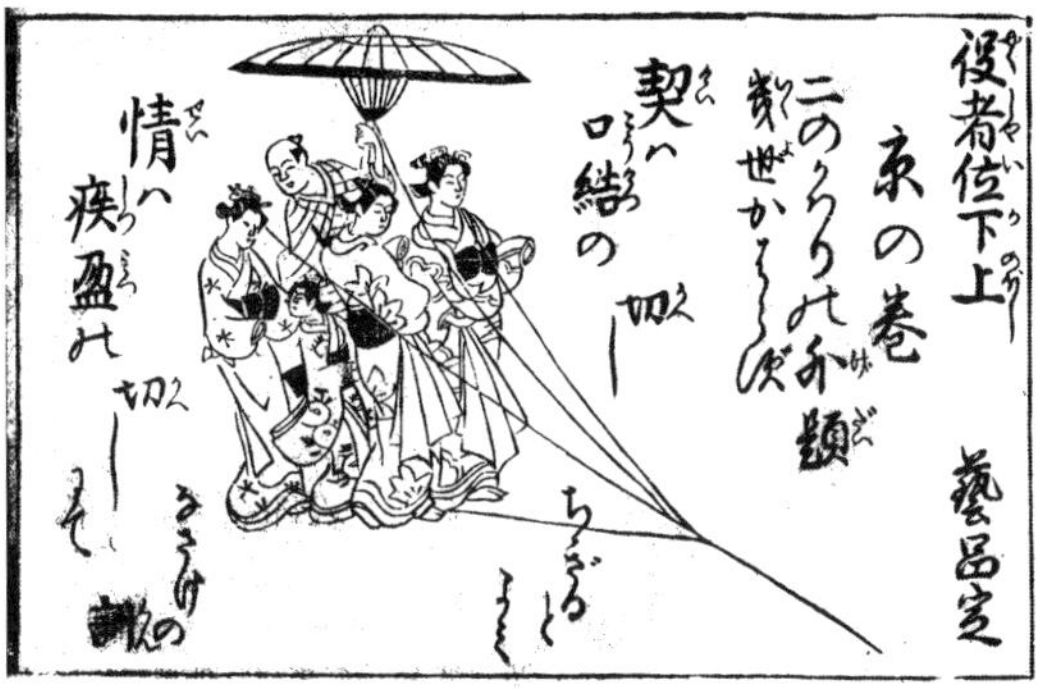

（壱1オ）

糸《いと》めも
よく
早雲《はやくも》名代に
立役《やく》のわざ
ことも
布袋《ほてい》やの腹《はら》に
吹《ふき》ふくらし
よくものぼした
よし沢《さわ》の
いろ香《か》に
桟敷《さじき》も場も
売《うれ》ますく

京四条二芝居惣役者目録

名代　早雲長太夫
布袋屋梅之丞　座本　芳沢いろは

名代　都万太夫
蛭子屋吉郎兵衛　座本　嵐三次郎

▲混雑　はりあいのよい几巾のぼし
風にまかする上り下り

上上吉　三枡大五郎　立役

（壱1ウ）

上上吉　嵐七五郎　実悪
上上吉　尾上新七　立役
上上吉　佐野川花妻　若女形
上上吉　沢村宗十郎　立役
上上　芳沢いろは　座本
上上　山下八百蔵　若女形
上上吉　山下次郎三　敵役
上上　姉川菊八　若女形
上上　坂田来蔵　敵役
上上　藤川時蔵　立役
上上吉　嵐藤十郎△　同
上ト　中村吉之助　若女形
上　嵐　治蔵　敵役
上　坂東鶴五郎　敵役

（弐2オ）

一　沢村千鳥　七うら　一　三升次郎吉　みどり
一　中村菊助　道芝　一　芳沢仁崎　さなへ
一　三升辰次郎　さんや　一　芳沢豊吉　はつせ
一　嵐　竜蔵　きんしや　一　嵐伊三郎　市弥
一　中村彦三郎　はなの　一　浅尾為之助　ふでの
物巻軸
大上上吉　中村粂太郎　若女形
正月十二日より　南側中芝居　二のかはり　嵐三次郎座
けいせい紋日年代記《ひがらねんだいき》　聞書十冊

▲立役実悪敵役之部

大上上吉　萩野伊太郎　七草四郎役できました
至上上吉　嵐　仲蔵　今川仲秋彦六二やく共きれい〱
上上吉　尾上紋三郎　菊地家二郎やわらかでよいぞ〱
上上吉　中村富世　今川右近之介道行よし
上上吉　大和谷与三八　赤松みんぶ大分上りました
上上吉　亀谷仲蔵　紀大かく関内大てい〱
上上　沢村藤吉　かねがし源太郎藤馬よし〱
上上　中村吉蔵　石橋三位よし

（弐2ウ）

上ト　坂東藤蔵　池上図書菊地将げん上りました
上　大和山善吉　七草やおかぎおかしいそ〱
上　萩野蔦五郎　うらべ十内よし
巻軸
功上上吉　小野川弁弥　菊池左馬介細川かつ元落付たもの〱

▲若女形若衆形之部

上上吉　岩井八十七　大よど彦六妹おやそよいぞ〳〵
上上吉　松山小源太　小さくら姫十内女房花そのむつくりとしてよし
上上吉　嵐　嘉吉　さはらひごせん彦六女ほうお浪かるうてよいぞ〳〵
上上吉　中村虎七　ことうらちどりよし〳〵
上上　尾上粂蔵　初花姫せい出し給へ
上上　西川乙吉　うつせみおばなうつくしいぞ〳〵
上上　小野川富松　高まど大てい〳〵
上上　中村紋太郎　ひで介りゝしうてよし
一　小の川弁之介　みなと　一　岡島政野　ちとせ
一　あらし巳之介　小二郎　一　尾上万吉　おのへ
巻軸 上上吉　嵐　小雛　七草女房しつとりとしてよいぞ〳〵
惣巻軸　座本 嵐三治郎　夕してうらべちからの介よし

（三3オ）

○評判は吹付る四十七の八巾のぼし

クワチ〳〵〳〵。幕《まく》アクル。九太夫文《ふみ》を引ちぎり。椽《えん》の下道《したみち》表《おもて》へまはれば伴内《ばんない》出むかひ。首尾《しゆび》はときくに。シイシット小声《ごゑ》に成り松浦《まつら》さよ姫《ひめ》をやらかしたでさすがの由良めも一ぱいくい。みだいよりの長文椽《えん》の上からくりよみによみくだす所。下にかくれて引切て取たはなんと知恵か。イヤハヤのこる所もない御はたらき。拙者《せつしや》は最前《さいぜん》のかごをおくるふり道からもどつてこゝにまつておつた。サア是からは師直《もろのふ》殿へちうしんほうびはなんでものぞみ次第うまい〳〵念《ねん》のため其ふみちよつと見てやりませうと。いふに九大夫打うなづき成ほど〳〵物には念そりやふみとさし出せば。伴内うけ取見れども見へぬしんのやみ。ハテどうがなと思案《しあん》をめぐらし。ナニ九太夫どのこんな時は貴公《きこう》の兀天窓《はげあたま》も調法《ちやうほう》時にとつての（三3ウ）つりとうろう御太儀《たいぎ》ながらおかしなされハテめいわくなと云ながらさし出すきんかあたまてうちん入らずのひかりにすかし見てびつくりこりやなんじやかほよよりの文ではない。九大夫おどろきしてまたなんでござる伴内〳〵役者評判位下のぼし〳〵二人〳〵ハテめんような事の

安永三年
午三月
作者　八文舎自笑

（四4オ）

〔挿絵第一図〕

（四4ウ）

けいせい花洛錦《みやこのにしき》　よし沢座
正月廿日より二のかわり　今織六巻

かつらごぜん　佐の川花妻
かほよひめ　よし沢いろは
あしかゞまさとも二　尾上新七
ほそ川いおりの介二　沢村宗十郎
いしどうかげゆ二　嵐七五郎
つかさのまへ二　中村久米太郎
やつこたご平二　坂田来蔵
あかまつ四郎　三枡大五郎
やつこしど平　藤川時蔵
夕しも二　姉川きく八

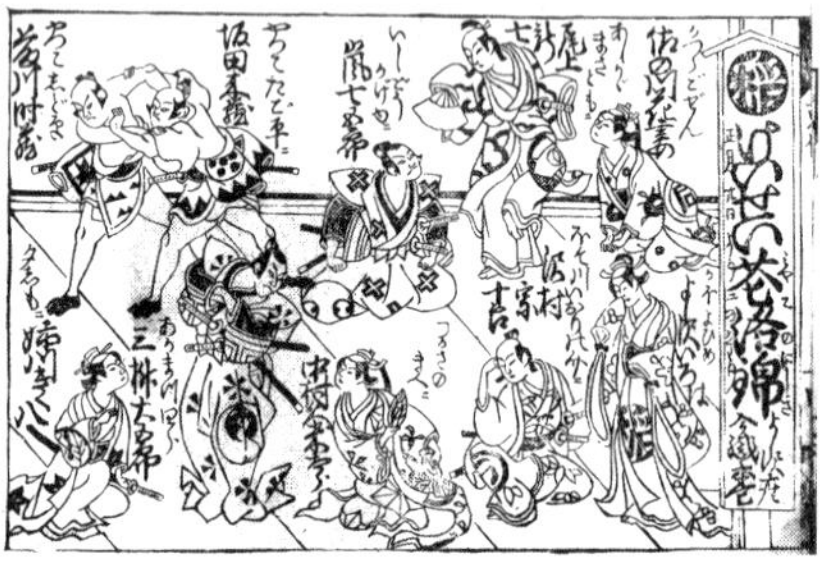
挿絵第一図

発端

頭取曰役者紋づくしの八巾をあまた去御方よりまいりました。それゆへゑこひいきなく風にまかするいかのぼしの上り下り先のぼして見ませう 大せい 是はおもしろいぞ〳〵 見物 こくうに高うあがる紋は何じや〳〵 頭取曰 鶴の丸でござります

上上吉　三枡大五郎

頭取曰 去冬久〳〵にて上京の所是はといふ程の沙汰もなくあんじましたに此度の大評判 大坂上リ 其はづ〳〵どふでもこちのじやぞ清兵へさん一ツいはひませうよい〳〵 頭取曰 当二のかはりけいせい花洛錦《みやこのにしき》に小柴了介となり。やみの三といふ非人《ひにん》をばかんよりのまはしものと見せて石堂勘ケ由がたくみをさぐり。石堂よりやみの三へわたしたる状をうばひ取らんとしてあて名を引さかれざんねんがりにげ行を追かけ。いおりの介がなんぎの場へかけ付石堂をやりこめ。左京の大夫よりいおりの介をあづかり さじき 此所二役早がはりにて赤松四郎と成(五5オ)政友の首を手に持朝日丸のつるぎ三光の一巻をうばひ出る仕内どつしりとしてよいぞ〳〵 頭取 かへる道にてくせものに出合ふしんながらにやりすごし跡にて東山政友の首を見てびつくりし扨は今のはくせもの也とさとりむねんがるまくよし 見功者 成ほど大立者とは見ゆるぞ〳〵しかし我がせりふをいふて仕舞《しまふ》とさきのものがいふせりふの間とかく引はりかなふてきのどく此所にきつと心持あらばどふもいへぬにさりとはおしい事〳〵 頭取 いかさま是はいづかたでもそれのみを残念がつてござります。二つ目駒形図書となのり桃の井帯刀やかたへちよくし也といつわり来り。実心《じつしん》と見せていおりの介をつれかへらんとしてまことのちよくし来るゆへまことはかたりなりといひ さじき 手づよい〳〵 頭取 それより司の前が軒ばの梅にてつくりし観音の尊像《そんぞう》を火鉢へくべるとうぐひすの音をはつすゆへ我懐中《くわいちう》に三光の一巻有事をさとられ赤松四郎と見あらはさ

れ・帯刀女房夕しもは我捨子と云聞し帯刀より（五5ウ）ちよくしへさし上しみせうゐんをうばゝんと時雨の亭《ちん》へしのび来り時ならぬしぐれするをあやしみ・又つかさの前が傘《かさ》をさしかけゐるをしらず雨やみしと思ひ宝のゐとくかとうたがひ[芝居好]此所おかしな衣装付じやぞ・やはりもとのすがたの長上下にて上をぬぎかけ長ばかま計にて出られなばかへつてすがう見へてよかろにおしいこと〳〵[頭取]夫より仕丁をしめころし仕丁のすかたとなり立退《のき》[見功者]さいぜんもいふ通り此場しゞう引はりがなふてさりとは残念〳〵すごみを付て仕たい物じや[頭取]三つ目了介なれ共やばん六介とすがたをやつしざとうおの一をにせめくらとさとりいろ〳〵ためし・それより東山殿御病気平愈《へいゆう》の薬に亥の年亥の月亥の日亥の刻の誕生《たんじやう》の女の生肝《いきぎも》の入よしをかつらごぜんより聞我子をころしてのしうたんよいぞ〳〵[芝居好]此所を長くせずにさらりとせらるゝ気持出来ました[頭取]次におの一は赤松彦次郎とさとり朝日丸のつるぎを取かへさんとしてわたさぬゆへ切ころすまで男はよし立派《りつぱ》な事〳〵。大切狂言出ず定て何ぞ手（六6オ）つよひ悪の仕内がござりませう[さじき]三役もじすりの小よしといふ役わりが有るが花車形と見へるに狂言出すざんねん〳〵[頭取]先は此度きつとうけ取ました[大せい]三のかはりには男作事が見たい〳〵[見物より]次のいかの紋は何じや〳〵[頭取]分銅と見へました

上上吉　嵐七五郎

[さじき]次第に芸に実が入ました[川東]今での一枚じやぞ[芝居好]さりとは舎丸はよい心がけで入がなふてもそゝけるといふやうなことなく。ぶたいで相手とはなしなともせずきつとかんしん〳〵[さじき]我せりふのない所ではぶたいではなしする衆が大ぶん見へるがこれはやめてもらひたいきつう見ぐるしいぞ[頭取]さやうでござります当二のかはり花洛錦に大友太郎時国なれ共東山殿へ取入石堂勘ケ由と変名《へんめい》して赤松の余類《よるい》と心をあはせいおりの介をつみにおとさんとはかる仕うち手づよふてよし[芝居好]成程しつかりとしてよいがもそつとゆるみを付てしられたら此うへも有まい御工《く》夫《ふう》なされよ[頭取]二役座頭おの一と成くるわ（六6ウ）へ入こみつけひんにて人形をつかひての出端よし・後にいおりの介がかねをぬすみ了助に見顕はされむねんがり手にかゝるまでよし・三役かごかき象八と成与四郎が金子をかたりとりしのぶに放生川へ網を打て剣を取上よとすゝめ実にみせ・陣《ぢん》まくといひあはせ先へまはり網を打朝日丸の剣を取上地中へうつみ置・夫より泥《どろ》仕合ひまで出来ました[さしき]三やくの内かごかき役が大出来〳〵平敵の手づよい仕うちは外にはないぞ〳〵

上上吉　　尾上新七

【頭取】只今高ふのぼりますいかは【大ぜい】何じや〳〵【頭取】重扇でござります。当二のかはり花洛錦に東山政友と成おろかしき仕うち遊興の場所へ小柴了助くせものをとらへ来りせんきすれば舟頭にて吹ながされ天竺の様子を一巻にしたゝめありど*いふゆへ大ぜいによましおかしがり【芝居好】此間の仕うち子共のむりいふやうな仕様にておろかし（七7オ）き心持はないぞ一巻を大ぜいによまし聞ゐる内も朝日丸の剣を前にはさみあぢな身ふりなどさりとはとりあはぬ【見功者】此役は甚むつかしき仕内なれば仕様にておもしろき役ながら当時めつたに仕手は有まい【大坂下り】英子にさしたいそ【頭取】二役細川の執権桃の井帯刀と成わたすみけんば上使に来りいおりの介のありかせんぎのため水責《せめ》にせんといふをやつこ志戸平むねんがるをせいし。駒形図書ちよくしに来り実《じつ》とおもひいおりの介を下屋より出したいめんさせ。次にまことの勅使来るゆへくせものとさとり。のきばの梅にてつくりし観音の尊像を火にくべれば図書が懐《くわい》中より鴬の音を発《はつ》するゆへ三光の一巻の盗賊《とうぞく》とさとり。赤松四郎と見あらはし。後に仕丁《してう》のすかたにやつし赤松が跡をしたひ行まで。此度は二やく共さしたる事なし大あたりを待ますく〳〵【見物より】次の八巾は【頭取】丸の内に同しくといふ紋てござります　（七7ウ）

上上吉　　佐野川花妻

【頭取】当二のかはり花洛錦に東山政友のみだいかつらごぜんとなり遊興《ゆうけう》の場へ来り政友にかんげんをし。次にくるわにて政友何ものともしれず打て立のきしをせんぎして政友しがいをのり物にのせ病気のやうすに取なしのり物に付そひてしうたんよし。次に赤松の余類せんぎのためくるわへ大臣と成入込ざとうおの一を絵図に引合しくせ物とさとり。後に小柴了介けいせい大町に東山殿病気平ゆうの薬に女の生ぎも入よしをかたり。了介が子の生ぎもを受取しうたん迄是はと申程の仕内なし花やかな事を待ます〳〵

上上吉　　沢村宗十郎

【頭取】たゞ今のぼりましたが丸にいの字でござります【女中】待ておりましたわいな【見功者】やわらかなよい仕出しで有たにちか比はよほどりゝしう見へておもしろからぬ【芝居好】一しきりは英子の場へ行ふとおもふたが今では身ぶり口跡まで雷子をまねる様に（八8オ）見ゆる【頭取】成ほど仰の通りとかくやつし形はむつくりと致たいものでござります【女中】あのやうにむりいふおかたにはかまはずと早う芸評を聞かしておくれ頭取さん【頭取】当二のかはり細川

伊織介と成けいせい柏木になじみ東山かほよ姫とみつゝうしたがひにりんきするをこまり。後にあづかりの朝日丸の剣何ものともしれずうばひ立のきしときゝとうわくし親左京大夫に勘当《かんどう》をうけ。桃井帯刀がはからひにて下屋に忍びゐて駒形図書にたいめんしかほよ姫にあひよろこび。三つ目金子七百両柏木が身請金をけいせい大町よりもらひ頭巾に入悦び さじき 此間肩《かた》に荷《にな》ひおもきゆへかたをかゆる心持よいぞ 芝居好 道行春こまの所作和らかでよし 頭取 二やく百性与四郎と成かごかき象八がかたり*と共しらずしのぶよりもらひし金卅両をやり放生川の光り物は朝日丸とさとり立かへるまでよいぞ〳〵とかく女中方のお悦びでござります

上上  芳沢いろは

（八8ウ）

上上  山下八百蔵

頭取 稲の字の紋と蔵の字の紋と一所にのぼりました さじき いつみてもほめねばならぬ去とはきれいな事じや江戸へ下られたらきつと御出世が見へすいて有そ 頭取 当二のかはりはかほよ姫となり。いおりの介を恋したふ仕内さしたる仕内なけれ共うつくしいと申評判はきびしい物でござります。道行春駒の所作事よしけいせい雲のへといふ役割あれどいまだ狂言出ず此度はことの外の大入さぞお悦びてござりませう 場より 遊興の場芙雀訥子其虹香蒲四人まくらの芸はきつい〳〵 さしき とこでもきびしうはやります▲八百蔵殿はけいせい柏木と成。いおりの介になじみかほよ姫が恋したふをはらたて。後に狂気となり帯刀がやかたへ来りいおりの介にあひ本心と成。くるわの段にじやくまくの伝兵へがくどくをいやがり。後に道行まで大ていでござります。かつかうはよしずいぶん御出情あれかし立者にならるゝは今の間〳〵御ゆだんなされな

上上吉  山下次郎三

（九9オ）

上上吉  姉川菊八

頭取 蛇《じや》の目とたきひらぎのいかよくのぼりましたぞ山下氏はやみの三といふ非人なれ共了助にたのまればかんの余類《よるい》と見せ石堂をたばかる仕内 さしき こしらへもよく唐音の中にくわいろうたどんは受ましたぞ 頭取 二やくわたすみげんばと成帯刀やしきへ来りいおり介をせんぎの場しつかりとしてよし わる口 上下があまりちいさい 頭取 それは仕内にかゝはりませぬ事三つめいなか大臣となりけいせい大町がいふにまかせ金をたいこもちにやりおしがらるゝ仕うち 芝居好 もそつとおかしみを付てしたい物じや 頭取

姉川氏は帯刀女ぼう夕しもと成赤松四郎を親の敵としりつめよせまことの親なるよしをきゝとうわくし善心になりくれと頼み三つ目くるわへ来り大町が身持をいけんし後に本心を聞悦ぶまで大役を待ます〳〵

上上　坂田来蔵

上上　藤川時蔵

（九9ウ）

【頭取】梅鉢と角に矢はづのいかこれもひいきの風多く次第にあがります〳〵坂田氏は原上乗之介じやくまくの伝兵へやつこ田子平三役よしずいぶん手づよくなされよ▲藤川氏は奴志戸平役此度は立役の仕内よふござります男はよし。此うへは敵役より立やくをしられたらくつと上りませう【さしきより】大五郎早がはりの黒装束の出立は其まゝの大五郎じやさりとはよくにました

上上吉　嵐藤十郎

【頭取】角切角に小の字のいかは久しう見受ます。此度細川左京大夫と勅使かねなりの二やく年功が見へます〳〵

上上　中村吉之助

上　嵐治蔵

上　坂東鶴五郎

【頭取】中村氏はげいこ小たき役もみぢがりのやつししほらしいぞ〳〵嵐氏は大館藤馬やつこ砂平太こ持勘吉三やく御くらう〳〵（十10オ）坂東氏は松なみ権蔵太こ持一八やつこ江戸平三やくかごかきの場はできました其外の色子達は口の目録にしるしました

惣巻軸
大上上吉　中村粂太郎

【見物曰】丸の内に五三の桐の八巾はどこから見ても下におかれぬ高いぞ〳〵【頭取曰】当二のかはりけいせい花洛錦に東山義政みだい司の前と成わたずみげんばが我まゝをやりこめ。駒形図書を実心とおもひいおりの介にかほよ姫を対面させ。次に観音の尊像を火鉢へ焼駒形図書を三光の一巻の盗賊と見あらはし。夫より赤松四郎に傘をさしかけ大ぜいの女をとりてに仕立赤松四郎を取まかせ。後に帯刀を仕丁にして赤松が跡を追かけさすまで【わる口】今少しゆふびに見へいで東山殿のみだいらしくは見へぬ【高場より】此役は慶子でなければならぬ場じや【頭取】やくに立ぬことは御無用〳〵。二やく小柴了介女房なれ共けいせい大町と成酒にゑひ節分の祝ひ

に金をまきての出端由良の介を女がたに（十10ウ）しての仕うち
芝居好 また〳〵此間の仕内はきつとかんしん〳〵 見功者 吐血の場もしほらしく女の情ははづれぬ〳〵 頭取 我娘の生きもを了助が取るを二かいさしきより見てかなしみ客に望まれぜひなく鼓を打てのしうたんよし〳〵 場より つゞみはうまい事〳〵 頭取 三やく在所娘しのぶとなり与四郎に金をやり さしきより 十七八のむすめのやうじや 頭取 夫よりかごかき象八にすゝめられ放生川のひかり物にあみをうてば宝の剣は取得んといふをとくしんせぬ顔をして立のきそれよりみのかさにて出放生川へ網を打大せいに見付られとうわくし地中より水気たつをみて宝の剣あることをさとり取出し陣まくと舎丸との泥仕合ひまで出来ました〳〵大切におやくがござりませうに狂言出ず是のみざんねんに存ます 川東より 当時若女かたのお一人〳〵 頭取曰 とうざい〳〵もはや今日はばんけいにおよび役者紋鳳巾も（十一11オ）相納りにぎはふ春こそめでたい〳〵

安永三年
午三月吉日
京麸屋町せいくわんじ下ル町　八文字屋八左衛門板

俳諧玉藻集　三菓軒蕪村選　全一冊
此書はいにしへの名高き女のほ句を数多あつむ
右之本五月中旬より出し申候其節御求め御覧可被下候　已上
板元
（十一11ウ）

八文舎蔵板目録

古今役者大全　全六冊
新刻役者綱目　全六冊
役者全書　全五冊
歌舞妓事始　全五冊
耳塵集　全二冊
役者発句占　全二冊

鸚鵡石　物まね仕様の本　全壱冊

一蝶邯鄲枕　中山新九郎一世一代記　全壱冊

評判序揃　舞台三津扇　全五冊

同後編　遣放三番続　全五冊

（12オ）

役《やく》者《しや》位《い》下《か》上《のぼし》

芸品定

江戸巻

親は

且困《しやこん》の切《かへ》し

したしみ
ふかき

むさし野《の》の
空吹《そらふき》さそふ

二のかはり

玉は

魚録《きよろく》の切《かへ》し

光《ひかり》とゝもに

雲《くも》まで吸込《すひこ》んだ

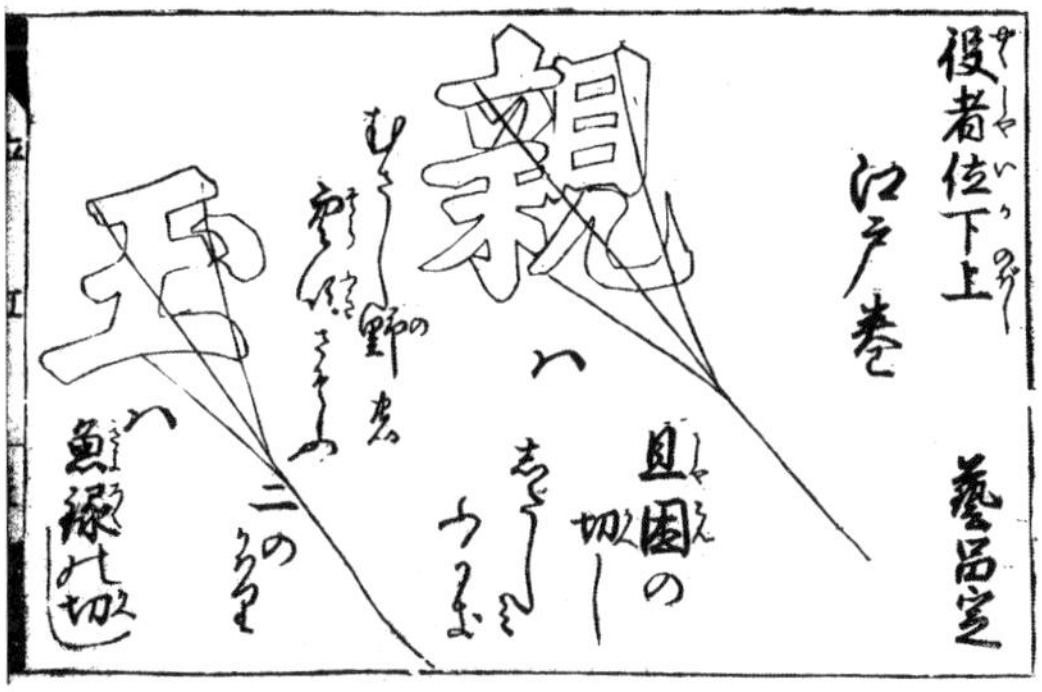

（壱1オ）

蛸《たこ》の勢《いきほ》ひに

のぼるへだての

堺町《さかい》からやう〳〵夕暮に

ひき分た木挽《こびき》町

もぢりはかけぬ

吹屋《ふきや》町の

たまものに

そろひもそろふ

木戸《きど》口のヱイトウ

〳〵

江戸三芝居惣役者目録

さかい丁　中村勘三郎座

○座分いたし候儀いわくあり

▲立役実悪敵役之次第

極上上吉　市川海老蔵

上上吉　市川団十郎

上上吉　松本幸四郎

（壱1ウ）

上上吉　大谷広治
上上吉　中村仲蔵
上上吉　大谷友右衛門
上上士　坂東又太郎
上上十　中島勘左衛門
上上　市川純右衛門
上上　嵐　音八
上上　富沢半三
上上　市川団五郎
上　宮崎八蔵
上　市川綱蔵
上上　中島国四郎　（弐2オ）
上　沢村沢蔵
上　中村此蔵
一上　佐野川仲五郎　一上　市川滝蔵
一上　市川団太郎

▲若女形若衆形子役之次第

上上吉　芳沢崎之助
上上吉　岩井半四郎
上上吉　中村里好
上上吉　佐野川市松
上上吉　市川門之助
上上十　瀬川雄次郎
上上　市川雷蔵
一上　沢村歌川　一上　三条亀之助
一上　岩井しげ八　一上　姉川新四郎
一上　瀬川吉次
上上　市川高麗蔵
上上　中村七三郎
一　芳沢三木蔵　一　市川辰蔵　（弐2ウ）
一　市川伝蔵　一　市川弁之助
巻軸　中村少長
芸不出　中村勘三郎　太夫元
上上吉　中村伝九郎　若太夫

○ふきや丁　市村羽左衛門座

▲立役実悪敵役之次第

上上吉　坂田半五郎
上上吉　中島三甫右衛門
上上吉　中村助五郎
上上士　市川団蔵
上上士　嵐三四郎
上上吉　富沢辰十郎
上上　市山伝五郎
上上　坂東三八
上上　松本小次郎
上上　坂田国八
上上　鎌倉長九郎
上上　佐川新九郎
上　尾上政蔵
上　坂東重蔵
上　坂東吉蔵

（三3オ）

上　坂東熊十郎
一上　尾上叶助　　一上　松本鉄五郎
一上　大谷徳次

▲若女形若衆形子役之次第

上上吉　吾妻藤蔵
上上士　瀬川富三郎
上上士　尾上民蔵
上上　坂東彦三郎
上上士　嵐ひな治
上上士　瀬川七蔵
上上一　小佐川常世
上　市川小団次
上　吾妻富五郎
上上　大谷仙次
一　中村助次　　一　嵐　市蔵
一　荻野伊勢松　　一　中村仙次
一　嵐金三郎　　一　市川大三郎
一　市川市蔵　　一　坂東金太郎

（三3ウ）

巻軸 上上吉　嵐三五郎
大上上吉　市村羽左衛門　太夫元
上上吉　市村亀蔵　若太夫

○こびき丁　森田勘弥座

▲立役実悪敵役之次第

極上上吉　中村富十郎
上上吉　市川八百蔵
上上吉　中村十蔵
上上吉　坂東三津五郎
上上吉　大谷広右衛門
上上吉　尾上松助
上上吉　笠屋又九郎
上上吉　三国富士五郎
上上　山科四郎十郎
上上　中村蔦右衛門

（四4オ）

上上　中島三甫蔵
上上　沢村淀五郎
上上　松本大七
上　中村茂十郎
上　藤川判五郎
上　坂東善次
上　坂東利根蔵
上　市川春蔵
上上吉　沢村長十郎
一上　沢村喜十郎　一上　中村友十郎
一上　山下門四郎　一上　中村幾蔵
一上　坂東嘉十郎　一上　大谷大八
一上　市川百合蔵

▲若女形若衆形子役之次第

上上吉　中村野塩
上上　山下秀菊
上上　坂田幸之助
上　滝中岩之丞

（四4ウ）

上　中村国太郎
上　中村万世

一　中村よし松　　一　山下金太郎
一　山下正次郎　　一　坂田富五郎
巻軸
上上吉　山下金作
芸ニ不出　森田勘弥　太夫元
上上吉　森田又次郎　若太夫
以　上

○一寸とおしらせ申上まする

役者全書《やくしやぜんしよ》　芸品定秘抄
全部五冊

右之本五月五日より無相違出し申候其節御求御覧可被下候

（五5オ）

○口　演

東西〳〵高ふはござりますれ共是より申上まする扨例年のごとく二のかはり芸評相はじめ候所御好人様がたゑいとう〳〵と早朝より御出被下候段頭取儀は申に及ばず座中いか程か大慶にそんじ奉りますしかるに先達て御町中御好人様がたへ評判芸品定之儀御差図《さしづ》被成下候や

うに御願ひ申上候所毎日〳〵諸々方々よりの御入札おびたゞしく相あつまり則評者共打寄惣論《そうろん》の立其上御入札の多分《たぶん》に付て細《さい》評仕候御見功者《がうしや》方の思召にて御座候へは座列《ざれつ》位付等もいつも〳〵定りたるやうにて御なぐさみもうすく何がなめづらしき義と存候へ共さしたる義も御座なくといふ所へたこ切レて来ルハテかはつたことがござりまする今此所へいづくともしれず切レて（五5ウ）おちしたこの絵《ゑ》やうを見ますればいほりにもつこう又糸目にゆひ付しふうじ文一通ハテおもしろしそれよ〳〵おもひあらばくるわへ落せいかのぼり此句《く》の心によせての趣向《しゆかう》なるかみな〳〵其文ひらき見んといふイヤしばらく御待下されませう何かやうすありげな此一通めつたにひらかれますまいさりながら此うわ書を見ますればあて名もなく〳〵春の日にひかへ綱《つな》ありいかのぼりと春興《しゆんけう》の句が書てござりまする幸《さいわ》いかなや此いかのぼしといふを評判の題にしてどりや封《ふう》を切リませうかと申が序文さやうに思召下されませう

安永三年
午三月

作者　八文舎自笑

（六6オ）

▲三芝居狂言曽我役附組合

松本幸四郎　中村座
嵐三五郎　市村座
坂東三津五郎　森田座

一　曽我十郎祐成

頭取曰曽我《そが》系図《けいづ》に曰〽むらちどり其夜はさむし虎《とら》がもと。抑曽我十郎の役は江戸根生《ねおひ》名物男と名高き和事の開山《かいさん》元祖中村七三郎を始とし。宮崎伝吉生島新五郎其風をまなひ又曽我春狂言の吉例《れい》となりしは六十年以前当中村座よりはじまる。今少長元祖七三郎より其伝をうけつぎ享保廿一辰年春より初て十郎役つとめ。夫より年々廿六年が間中村座の十郎。宝暦十二年の春よりかうらいやうけつぎて年毎《としごと》のおつとめ。其さき助高やいまだ宗十郎の時分もつぱらあたりあり其頃古人三升や助十郎勝山又五郎など元祖七三の風也。時としては柏莚《はくゑん》若ざかりにつとめらる近代市村何虹《かこう》。夫より今の家橘《かきつ》年々につとめらる。今錦江《きんこう》は少長のやわらかみに（六6ウ）訥子《とつし》の思入あり。顔見せ泉ノ三郎なまゐいなど古訥子此かたの仕内大出来でござつた。夫ゆへ此度見物がたよりの望にて訥子のつとめられし狐《きつね》の女郎買の仕内あるよしなれどいまだ出ず待てゐます〳〵。市村座の十郎は雷子是又和実の上手江戸風の十郎をよくのみこまれましたさりとは御きやうな御人。此度瀬川富三殿とのぬれの所さじきも下も皆うれしがりまするかんしん〳〵。それに付ても古人浜村屋と八百や半兵への仕うちを思ひ出します。森田座は三津殿是もきやう人よふござるわる口錦江雷子と一口にくわるゝ物か。先年市村座でもせしがひいきこいつは久しく芝居を見ぬそうな其比よりはめつきりとの上達《たつ》頭取さやうでござります今にての十郎役市村の大夫元錦江雷子中車先は此人でござります。さて此度十郎の入札かうらいや方数合〆八百枚雷子方七百枚わづか百枚の相違。しかれ共雷子重忠の札多くござれども是は重忠の所で申上ませう。是業の方五百枚の入札此外女中がた（七7オ）の思ひ入の札は数しらず。しかれ共これはひいき〳〵の評ゆへ数には入れられませぬ功者こりや〳〵頭取そりやちと思入がちがつたぞすでに其角《きかく》も〽うらがれに花の袂や女ぼれといふ句を元祖七三におくられし由すれば十郎の役はとかく女中におもはれねばよいとはいはれまい頭取いかさま是は閉口《へいかう》〳〵さやうならば女中の札をしやうこにとは申もの大長持に五六ぱいもこざればどふもかぞへつくされませぬ先は錦江雷子引合〳〵

市村羽左衛門　太夫元
市川八百蔵　森田座
市川団蔵　市村座
《ほうび》市川門之助　中村座

一　曽我五郎時宗

頭取曽我系図に曰〽夢《ゆめ》かとよ時宗おきて月の色五郎の元祖は日

本市川芸道の祖団十郎あら事の開山〳〵三ッ升や凡氷らぬ水の筋をうけついで柏莚宝永五子年山村座にてけいせい一張弓に初て五郎役つとめ。夫より年毎に大あたりしなかんづく矢（七7ウ）の根五郎は古今無類元服草ずり引是市川家の芸となり。夫より升五郎団十郎につさ*へ今三升につたふ。又元祖団十郎よりわかれしは元団蔵。夫より近比の市紅《しかう》今三代め団蔵うけ得て此度初てのつとめ。其外柏莚より伝へしは古人萩野伊三郎今の家橘古人定花柏車也。当時中車新車是をつたへ此度にせ五郎すもふ対面出来ました取組花やかにておもしろし。団蔵初ての五郎師匠《しせう》の思入あり手づよくてよし〳〵。森田座中車年々の勤ゆへきれい〳〵。当時五郎役は此人一体五郎の役には仕内なきもの元服草ずり引対面の見へばかり。新車はよわ五郎の仕内第一きれいにてよいそ功者初めよわい内しごくよし出来ました〳〵

一　小林朝比奈

市村羽左衛門　太夫元
中村仲蔵　中村座
坂東三八　市村座
沢村長十郎　森田座　（八8オ）

頭取　系図に曰〳〵朝比奈の楽屋へ入し暑かないふ句は其角元祖伝九郎の持し団へかゝれしよし。是又家の芸となる其うへ朝比奈本紋は㊂なるを身分のかへ紋つるの丸をあさいなの紋のやうになること是名誉《めいよ》也。せりふ付さるくまかまひげまで皆伝九の風也。今伝九郎伯父伝九郎の三十三回追善《ついぜん》より元服して朝比奈の家をつぐ。元祖より伝へしは古人富沢半三中村吉兵へ中村伝八也。中興《ちうこう》にては大谷広次二代目広右衛門是竜左衛門事古坂田半五郎早川伝五郎仙石彦助古人三甫右衛門今天幸につたへ。坂東三八又家の芸となり今三八是を得る。又家橘此度分身あさいなとあれどもいまだ出ず残心〳〵。是又一流《りう》のあさいなかぶ此人五郎十郎朝比奈其外曽我の役何にてもつとめらるゝは重宝〳〵。中村座秀鶴《しうくわく》初ての御つとめ是師匠舞鶴《ふくわく》よりうけついで正とう也。杜若《とじやく》との所作よし。森田座喜長是も古助高屋より伝来《でんらい》でござる年々役人の中にはでかされし衆も（八8ウ）ござる中にも古人八百蔵の帯引は名高し菊之丞の女朝比奈などおもしろいことでござつたひいき是頭取仲があさいなの評判がすくないがわるいといふ心か頭取いんにやァひいきそんなら其仕内は頭取さしたる事なし近江の御役の所でくわしく申上ませう

一　工藤左衛門祐経

市川団十郎　中村座
坂田半五郎　市村座
中村十蔵　森田座

中島三甫右衛門　市村座

[頭取]系図に曰工藤の役に実と悪と古今のわかちあり・むかしは敵にて仕組今は立役の役となり・実悪よりつとむといへども本心は実也・古さる若山左衛門山中平九郎元祖広右衛門小川善五郎富沢半三早川伝五郎等はみな悪にてつとむ・立役上手村山平右衛門より実工藤となる・古坂東彦三市川宗三市川柏莚助高屋・近キ比の訥子今の海老蔵今三升につたふ又市村何虹中村少長もつとむ・近代あたりを取(九9オ)しは今の十丁古人雷蔵今秀鶴至て出かされ。当時花やかなるは大坂へのぼられし音羽やでござる・此度三升仕うち対面出来ましたしつかりとしてよし・市村座杉暁にせ工藤よし[わる口]二度まで工藤をはたきそれにもこりず[ひいき]引ずり出せ〱[頭取]まづ〱おしづまりわる口は御無用〱・扨此度本名鬼王庄司左衛門にて曽我兄弟の手にかゝる迄御趣向おもしろいこと〱天幸まことの工藤なれ共大藤内となりて居て切リに工藤となのらるゝまで仕内なし見へばかりなれどよし・虎宥《こゆう》初ての工藤[わる口]曽我兄弟にのまれるやうできのどく[頭取]それでも芝《しば》辺《へん》の見物衆はうけ取ました・めづらしきは里虹下りの春こびき丁にての女工藤出来たり・つゞいて慶子丈立役にての仕内めづらし・其外年毎に工藤の出来役多し。先は此度三升かぶたけにて札多し・杉暁の札もよほど見へまする

大谷広治　中村座　(九9ウ)
一　鬼王新左衛門　中村助五郎　市村座
山下金作　森田座

[頭取]系図に曰朱鞘《しゆざや》の大小もめん白しゆはん麻上下は鬼王のお家しかれ共今もつはらとなす鬼王の風は大谷広治を以て元祖とす。古人松本幸四郎鬼王に名高しといへ共是は今の風とはかくへつにて上下大小立派《りつぱ》にせし也。又姉川新四郎いきぎもの大あたりあり。又道外形にてもつとめしは仙国彦介中村伝八つるや南北嵐音八等也。大谷広治よりしてはだかになりて人がらを落せし仕内より面白くなる。つゞいてするかや十丁の流にして今の十丁広右衛門に伝ふ。又杉暁此風義にして度々つとむ此度鬼王庄司左衛門よし。扨中村座お家の十丁年毎のおつとめしかれ共当座にては初て出来ました[わる口]しかし人一ばいいつでもほねを折がすきとあの字がない[頭取]しやれは御めん〱。市村座魚楽此度いかふでかされます。二役またのゝ五郎是も又此人のおやゆづり。森田座里虹白拍子鬼王といふ役付なれど二ばん目(十10オ)いまだ出ず一ばん目はよりともみたい政子御せんやく大仏くやうのやつしまで出来ました。中車相手に何ぞむまい事か見たいと申ます

一　曽我団三郎　坂東又太郎　中村座
　　　　　　　嵐　三　五　郎　市村座
　　　　　　　森田又次郎　森田座
一　赤沢十内　笠屋又九郎　同座

【頭取】景図に曰むかしは色子若衆形より勤めし也。中興あほうに仕立るは音八南北より専らとす。近キ比古人となりし坂東彦三郎でかされしことあり。此度中村座東山実にての勤めいかふ出来ました。雷子はあほうの仕立三千両の金をぬすみいらるゝまでにてさしたるおかしみもなし是は二ばん目の趣向になると見へました。又次郎大てい〱。此度笠屋狐住は赤沢十内役是鬼王団三の加役にして曽我へ忠心の仕内大てい〱

一　京ノ次郎介とし　市川団十郎　中村座
　　　　　　　嵐　三　五　郎　市村座　（十10ウ）

【頭取】京の次郎役は曽我狂言へ取組む世話事の本名となる其仕内定る事なし三升二はん目町がゝへ団十郎七之助と云役割あれどもいまだ不出見物の上評致しませふ。雷子相撲《すもふ》の場《ば》よいぞ〱

一　ぜんし坊　大谷仙次　市村座

【頭取】是も京の二郎に同じ小性吉三などの本名となる仙次よふござるぞ口跡はよしずいぶんせい出されよ

　　　　　　　中村里好　中村座
一　大いそのとら　尾上民蔵　市村座
　　　　　　　山下秀菊　森田座
一　けわい坂せう〱　瀬川富三郎　市村座
　　　　　　　瀬川雄次郎　中村座
　　　　　　　滝中岩之丞　森田座

【頭取】むかしは虎少将を立物の女形つとめたりしに近キ比より（十一11オ）

〔挿絵第一図〕　（十一11ウ）

〔挿絵第二図〕　（十二12オ）

やすき役のやうになる【功者】拾二年前市村座にて路考のとらせう〱二役をでかし。又少将帯引自害《じがい》の大出来もはや十六年になりました【頭取】さやうでござりますおもへば路考はさて〱はかない〱。此度とらの役は里好出来ましたとかくいつも申ことながらけいせいごとは此君〱。幸朝こもそうの出きれい〱外にさしたる仕内なし【わる口】うつくしいものが出ましたぞ御用心〱【ひいき】富三が評をはやくたのむぞ【頭取】さて〱初下り富三殿皆うれ

御誂《おあつへ》* 染曽我雛形《ぞめそかひながた》　中村座　四番つゞき
正月十六日より

鬼王ニ　大谷広次
くどう介つね　市川団十郎
小藤太女ぼうニ　芳沢崎之介
そがの十郎ニ　松本幸四郎
ちんぜい八郎ニ　市川海老蔵
あさいなニ　中村仲蔵

結鹿子《ゆいかのこ》伊達《だて》染曽我《ぞめそが》　市村座　四ばん続
正月廿日

くどう介つね　坂田半五郎
しげたゞ　あらし三五郎
女あふみニ　あづま藤蔵
あこやニ　嵐ひな治
くだう介つね　中島三甫右衛門
わしのを三郎　市村羽左衛門

着衣始《きそはじめ》初買曽我《はつかいそか》　森田座　四番つゝき
正月十三日より

まさこのまへニ　山下金作
介つね　中村十蔵
かげきよニ　中村富十郎
介なりニ　坂東三津五郎
おしほニ　中村のしほ
ときむねニ　市川八百蔵

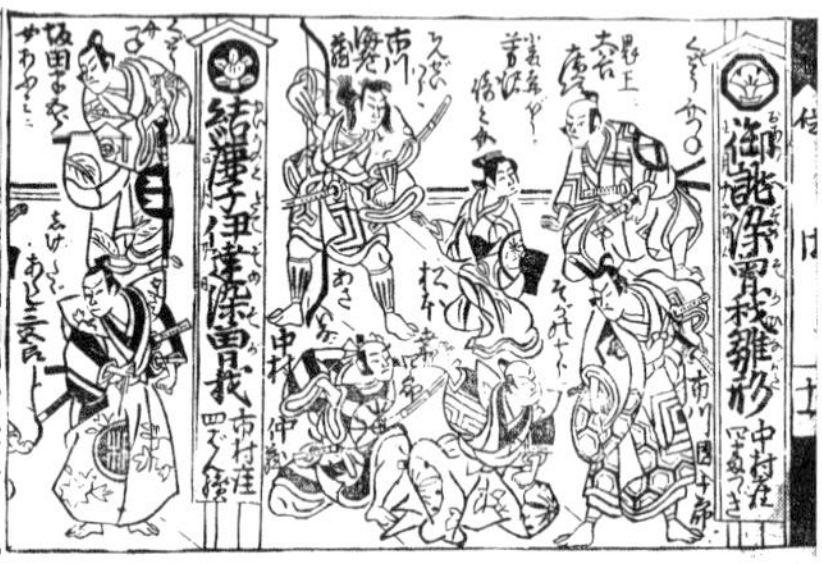
挿絵第一図

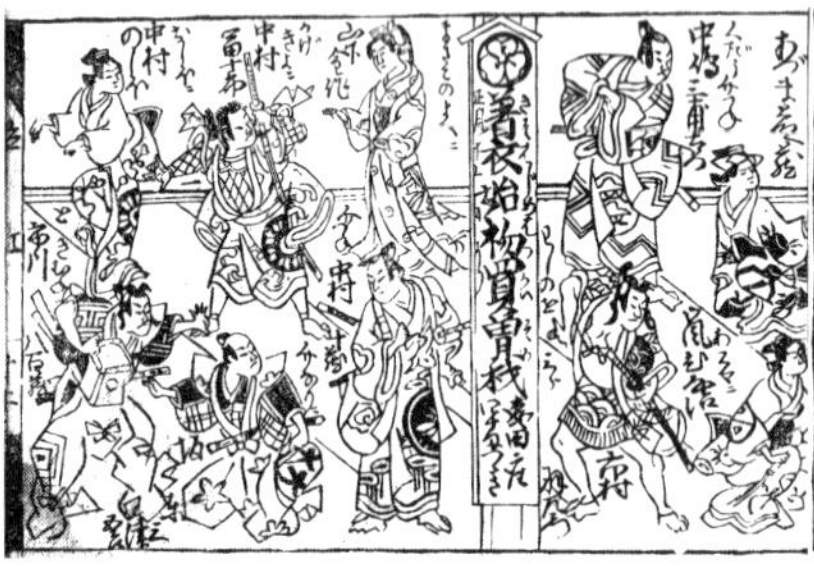
挿絵第二図

しがるゝは御仕合せ〱。此君元大坂浜芝居をつとめ明和九年三のかはりより助五郎座へ出。安永二年は歌右衛門座をつとめ狂言の替名瀬川菊之丞と成役にて評よく。是迄は市山と名のり七蔵殿弟のよし。此度より瀬川に改ての初下り第一うつくしく小取廻しなる仕出し今に御出世有べし。此度せう〱役春駒の所作よいとや申ます。二やく舞子おふでにて犬坊が方へ奉公に来り祐成にほれ見功者此所は雷子の仕内ゆへ一しほ情がうつります穴しり臭此度の引(十二12ウ)まくは富三への御ちそうかはしらぬがどふか浜村やが出た時見たやうな幕《まく》じや頭取はてむだな事は入らぬもの次に魚楽相手に雪姫の仕内上るりの場よし〱先初下り祝ひませうシヤン〱。扨雄次岩之丞少将役いづれもしほらしく先は大てい〱

一　けいせいかめづる　岩井半四郎　中村座

頭取けいづに曰とらせう〱の外にてごしきせ川かめづるなといふ名はむかしよりつたふ此度杜若第一ばんめ為とも娘ちどりのまへにて秀鶴との所作よし次に十郎にほれ錦江とのぬれまで当時のひいきものよいぞ〱ひいきこれ程今人のうれしがる杜若をなぜ此やうに下へさげた頭取是は又どふでござりまするぞ此度はいづ*もとはちがひまして役付によつて組合座列こんざつされば次

第にあとさきはごさりませぬさやう思召ませ

中村仲蔵　中村座
吾妻藤蔵　市村座
藤川判五郎　森田座（十三13オ）
市村亀蔵　若太夫

一　近江小藤太

頭取 近年おもく成りしは近江八わたむかしは端敵の仕内なり。柏莚一とせ近江八わたの介とて二人を一役としてつとむ。近キ比今の海老蔵もつとめられぬ。此度秀鶴小藤太実にての仕内出来ました。しかし是は持まへの所是はといふよふな当リを待まする。園枝顔みせ御出勤なく此度より御出女あふみまことは団三郎女房にて五郎にてうちやくにあひ本名をあかし五郎にいけんの所さすが功者〳〵近江之介亀蔵大てい〳〵

大谷友右衛門　中村座
松本大七　森田座
瀬川七蔵　市村座
坂東彦三郎　同座

一　八はた三郎

頭取 近江は大かた敵にて八わたは実にてもする也。近くは梅幸大出来あり。此度此勇《しゆう》さしたる仕内なし先は大てい〳〵。松曲よふせられまするぞ如皐此度より御出殊に富三郎評よくさぞ（十三13ウ）御悦び〳〵此度女八はた本名鬼王女ほうよし。二やくはた右衛門女房できました彦三は八はたの介とかづさの六郎二やく共によし〳〵

中島三甫右衛門　市村座
中島三甫蔵　森田座
富沢半三　中村座
中島国四郎　同座
坂東熊十郎　市村座

一　梶原源太 平次

頭取 かぢはらは中島三郎四郎を中興開山とす中島三甫右衛門勘左衛門竜左衛門此度天幸そがひいきのかぢはらとてあさいなのやつしにて下り富三郎とせり出しのおかしみよし。半三国四郎いづれも出来ました浅見やのむすこもよいそ〳〵

佐野川市松　中村座
嵐三四郎　市村座
市川春蔵　森田座

一　二のみや
一　同太郎朝忠

頭取 盛府此度第一はん目八はた女房八重衣役大てい（十四14オ）〳〵さして評する程のことなし。此度下り嵐氏は此人嵐三右衛門弟子先嵐三四郎子にて寛延三の頃当地中村座にて若衆形つとめられしゆへ別して御当地に御なじみあり大坂にて立役となり宝暦九卯年京をつとめ夫より三ヶ津舞台に見へず。此度当座へ下り大和田要之助役大てい〳〵。二やく二のみや太郎にてすもふ場よし。御当地に御ひいきをうけるやうにし給へ

一　三うらかたかい　大谷友右衛門　中村座
　　　　　　　　　坂田幸之助　森田座

頭取 此度此勇《しゆう》かたかいの女形大てい〳〵。幸之介御きりやうはよしきような仕出し御出世あるべし

一　大藤内　中島三甫右衛門　市村座
　　　　　　嵐　音　八　中村座

頭取 天幸本名工藤見へよし。和考おやゆづりおかしい〳〵

一　番場忠太　大谷広治　中村座（十四14ウ）
　　　　　　　中村蔦右衛門　森田座
　　　　　　　市山伝五郎　市村座

頭取 此度十丁二ばんめ梅の由兵へとばんはの忠太役付ありいまた不出はやふみたい〳〵由兵へは師匠のお家〳〵・蔦右衛門本名かまや武兵へ師匠歌右衛門によふにましたせい出して御当地に名を上給へ・市山伝五郎の名は御江戸になじみをうけし名也。此人大坂より瀬川富三郎同道にてくだり是まで何と申たやら伝五郎と申名は久しくたへていました馬かた六兵へは出来ました

一　いづの次郎　三国富士五郎　森田座
　　　　　　　　市川純右衛門　中村座

頭取 三国氏此度よしつねみだいきやうの君すごい〳〵男ぶりはよし此うへはあちな身ぶりをやめにして江戸風にしてもらいたい。市川氏だん〳〵との上達よし〳〵

一　うんのゝ小太郎　中島勘左衛門　中村座

頭取 此度山形大部かげなりと大しま浦人しやつき二やく（十五15オ）ともに出来ましたにくてい〳〵

一　岩永左衛門　松本小次郎　市村座

頭取 此度岩永やく段々と功がみへまする情次第でござりますそ

一　かばのくわんじや　沢村淀五郎　森田座
　　　　　　　　　　　大谷徳次　市村座

頭取 沢村氏次第に悪にみが入ました師匠訥子の風のうつるやうにし給へ大谷氏のりよりと女郎やていしゆ徳右衛門ざとう染都おかしい事〳〵

一　工藤犬坊丸　坂田国八　市村座
　　　　　　　　瀬川吉松　中村座
　　　　　　　　中村よし松　森田座

頭取 坂田氏出来まする故古十の思入よし瀬川中村氏いづれもしほらしうござる

一　いわき郡領鬼つら　鎌倉長九郎　市村座

一　蔵内金左衛門　佐川新九郎　同座　（十五15ウ）

頭取 此両人の御やく曽我役付なし・かまくら殿は工藤対面のやつしよし。御出世は今の間〳〵。佐川氏は御家老役さしたる仕内なし

一　箱根別当　市川団五郎　中村座
　　　　　　　市川百合蔵　森田座

一　うさみ三郎　沢村沢蔵　中村座

一　平馬之丞　市川綱蔵　同座

一　しんがい荒四郎　中島国四郎　同座
　　　　　　　　　　坂東重蔵　市村座
　　　　　　　　　　中村友十郎　森田座

一　ちばの介　尾上叶助　市村座

一　本田次郎　坂東吉蔵　同座

一　はん沢六郎　尾上政蔵　同座
　　　　　　　　中村茂十郎　森田座

一　あいか△う三郎　中村此蔵　中村座

一　織部弥三郎　宮崎八蔵　同座　（十六16オ）

一　加藤太　佐野川仲五郎　中村座

一　江間ノ小四郎　市川染五郎　同座
　　　　　　　　　中村介次　市村座

一　江田源蔵　市川団太郎　中村座

一　かのゝ介　姉川新四郎　同座

頭取 いづれも此人々一所に申ませうみなそれ〳〵に仕内ありやがてくわしく評いたしませう其外の衆は口目録にのせました

一　小性吉三郎　中村のしほ　森田座

頭取 系図に曰曽我に八百屋お七を取組む事宝永五子春中村座けいせい嵐曽我よりして曽我狂言はんじやうす是より吉例となり。此度袖歌ねんいの左衛門娘かるもと三しまのおしほ狐二やく共に出来ました二ばんめに小性吉三の若衆がた待まするぞ〳〵

一 たゞのりみだいきくの前　小さ川つねよ　市村座

一 けいせいてごし　三条亀之助　中村座（十六16ウ）

一 手ごしせう〳〵　沢村歌川　同座

一 てごし　市川小団次　市村座

一 ゑひら　吾妻富五郎　同座

一 きせ川　岩井しけ八　中村座

頭取 巨撰きくのまへ其外五人の君達いづれもしほらしいずいぶん情出し給へ其外は口目録にのせました

一 かげ清女房あこや　芳沢崎之助　中村座
　嵐ひな次　市村座

頭取 故あやめ菊次郎あこやにて大あたりあり春水此度小藤太女ぼう九重役出来ました・升花はあこやめの見へぬしうち・わが子をうたれてかなしむ思入御両人共にようござる春水いまた評する程の仕内なし二ばんめあこや月さよの役にて仕内有べし其節評いたしませう

一 かげ清一子あざ丸　市川雷蔵　中村座
　荻野いせ松　市村座（十七17オ）

頭取 栢車は親御のいき込みあつてよし・いせ松かわいらしいぞ

一 みおのや四郎国とし　尾上松助　森田座
　中村仲蔵　中村座
　中島三甫右衛門　市村座

頭取 みおのやに定る仕内なし・秀鶴国としの役あれどもいまた出ず・是は三升由井が浜雲竜子との出合はやくみたい〳〵・三朝大かぐら勇四郎本名国とし得もの〳〵・二役かけ清伯父大日坊にくてい〳〵・天幸さしたる仕内なし

一 源よりとも　中村少長　中村座
　山科四郎十郎　森田座

頭取 系図に曰古今曽我狂言のよりとも団三郎はこねの別当は道外形に役廻りすること也しかるに近年少長のやうにおぼへ去冬中村座役割付を町中へのぞみしに其役付をみるに大かた少長よりともの役付多しよつて此度のお役は御苦労〳〵・四郎十郎は去秋ま

で市村座をつとめ此（十七17ウ）度より当座へ御出・二ばんめ八百や久兵への役とあれといまた御出勤なし

一　源よりいゑ　中村七三郎　中村座
　　　　　　　市川市蔵　市村座

頭取少長初舞台よりいゑ役也此度孫七三郎則よりいゑ役あいらしいこと〳〵

一　北条四郎時政　富沢辰十郎　市村座

頭取此度時政の敵ぬまた庄司の浪人二役共に功者〳〵

一　かづさ五郎兵衛　大谷広右衛門　森田座

頭取忠光役景図に見へずといへ共かげ清によつて出るもの・此度晩風さのゝ百性次郎左衛門本名五郎兵へ役さて〳〵小手のきいた御人かな

一　はたけ山重忠　嵐三五郎　市村座
　　　　　　　松本幸四郎　中村座

頭取景図に曰故人助高やよりもつはら曽我の役人となり（十八18オ）立ものゝ仕内となること也・ことに柏莚との出合にて大仏くやうかごかきなとの仕内大あたりあり当時少長梅幸つゞいてつとむ此度雷子上下にての出おちついてよし梅幸の風ありてよし・景清あこや忠度を見出しの場大やうにてこせつかず・其上衣装《いしやう》花やかにてよし是も梅幸の風でござる。錦江役付にあれはこゝにのすしかれ共いまだ出ず二ばんめ清十郎と狐か見たいと諸見物が待かね〳〵

　　　　　　　市川海老蔵　中村座
一　悪七兵衛景清　中村富十郎　森田座
　　　　　　　坂田半五郎　市村座

頭取曽我景図に曰抑御当地歌舞妓にて曽我物語取組し始は延宝三年五月勝時誉曽我といふ名題にてつとめ是よりして折にふれ春秋のわかちなく取組つとめ・曽我の三役といふは七三の十郎伝九あさいな市川の五郎是家の芸となり今につたふ・其後宝永五子の春中村座にて（十八18ウ）曽我狂言にお七を取くみ是お七の始にして此春狂言大にはんじやうす・此吉例にならひ三座共に年々勤したびごとに大入す・よつて是よりして春の初狂言曽我に極りぬしかるに年々のことなれば仕つくし見つくせしうへ春はことにつくり方にてもほねを折る事なる・かれ是曽我一通りにては狂言せまくよつて景清を曽我の役割となる・享保十七子ノ年中村座にて大

銀杏栄景清狂言に栢莚大にあたりたり・是よりして年毎につとむ・其後閏月二人景清・又菊重栄景清など此たぐひ多し今海老蔵ことに此役家の芸となり年ごとにつとめ・別してろうやぶりの景清をでかし・此度役付にはあれどいまた出す・第一ばんめ為朝の役めづらしく則やのねのやつしすさまじいもの当時たぐひなき大立者〱・右景清を故人市紅今家橘是をつたふ市村座此度杉暁景清の初役則はこねはた右衛門のどもにて景清とは兄弟にて名のり合の所二役をつけ声での仕内出来ました次に景清の（十九19オ）場も大てい〱・森田座慶子景清立役にての勤・則五粒の思入あり里虹と大仏供養の所まで御功者〱。二やくねんいの左衛門娘かるも出来ました二ばんめ八百やお七の御役あるよし若〱とふり袖姿見たい〱。袖歌吉三里虹お杉此所はやく出して見たいもの［わる口］とかく女形ではあたりのとれぬものかしらぬ［ひいき］こいつは是までの慶子の当りもしらぬそうな何といふても今三ヶ津一トいつて二のない女形まことにお上手〱

一　和田よしもり　　中村伝九郎　　若太夫

［頭取］此度御家の朝比奈を門人秀鶴にゆづりいまだ御出勤なし先は相かはらず吉例の芸評もみてました。此上の仕内次第で趣向もござりませう。実青陽菜陽の春狂言花のさかりの桜田に貴賤くんじゆのまん中村三座の大入めでたい〱

安永三年午三月吉日

京ふや町せいぐわんじ下ル町　八文字屋八左衛門板

（十九19ウ）

役《やく》者《しや》位《い》下《か》上《のぼし》

芸品定

大坂の巻

性は
思浄《しじやう》の
切《かべ》しにて
もとゝ
よみ
されば小川の
水もと
にごらぬ
二のかはりも
湖《みづうみ》からの
よしや沢辺《さわべ》を
うかれそめにし
中山風に
こゝろよいのぼり
日和《ひより》

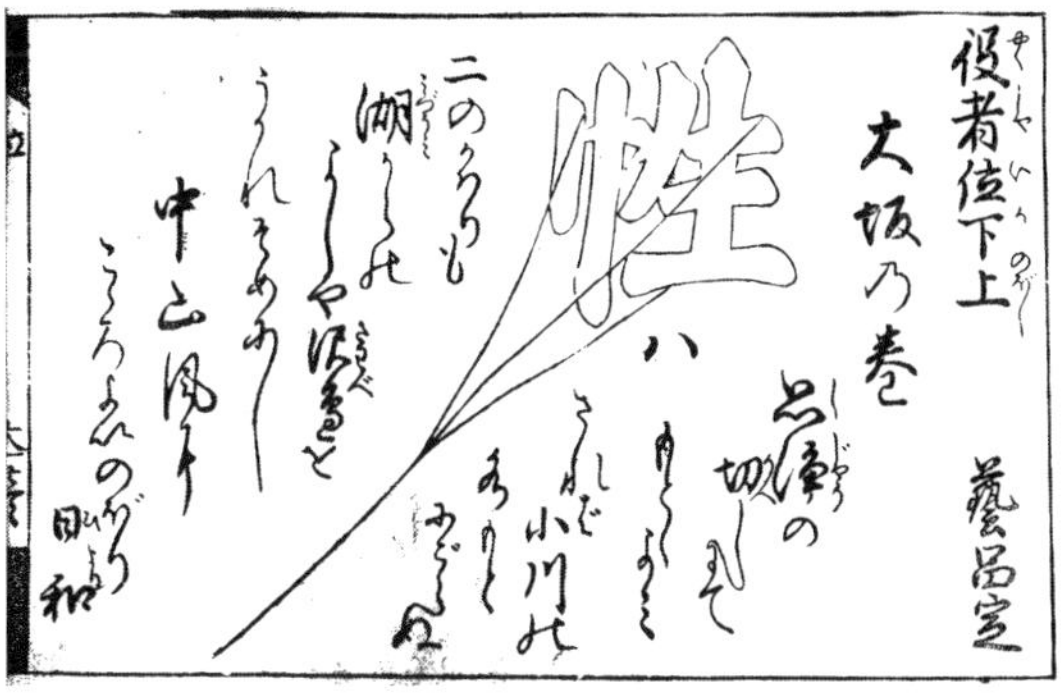

（壱1オ）

来《き》ての大入く
さつさで
酒《さけ》のさの字の
あたりに
由良《ゆら》之介
ゆらるゝ
のんで
勢《いきほ》ひ
嵐座《あらしざ》の
吹加減《ふきかげん》さへ
根は
何恩《かをん》の
切《かへ》しにて
ねもとゝ
よみ

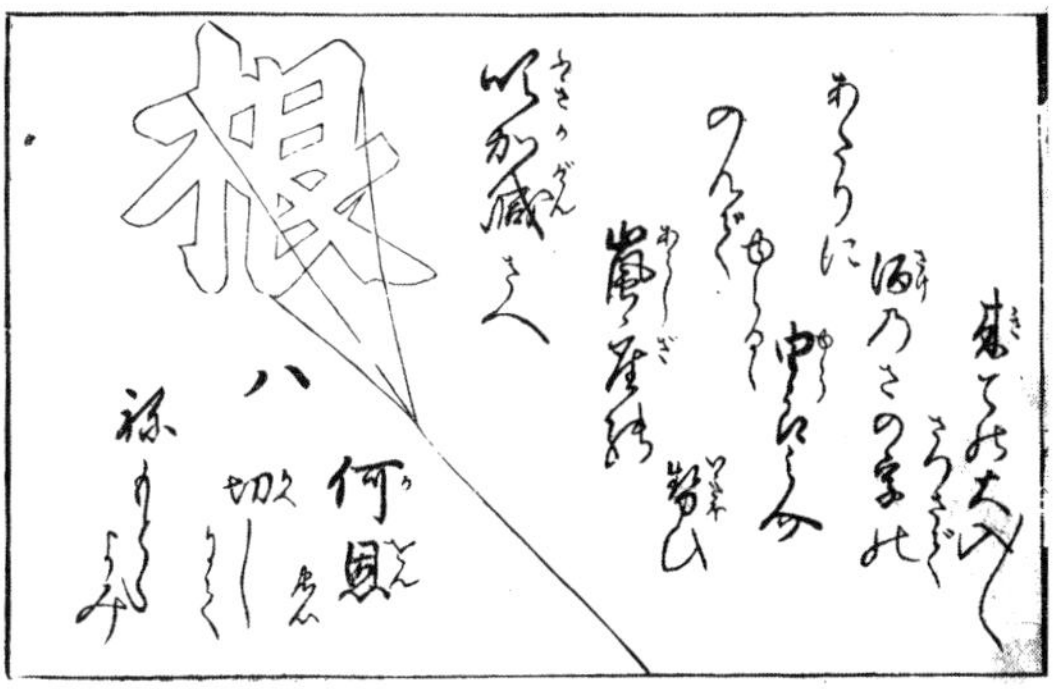

（壱1ウ）

大坂道頓堀二芝居物役者目録

名代 塩屋九郎右衛門　座本 嵐　松　次　郎
名代 大坂太左衛門　座本 小川吉太郎

いわく
あり ◯惣　巻　頭

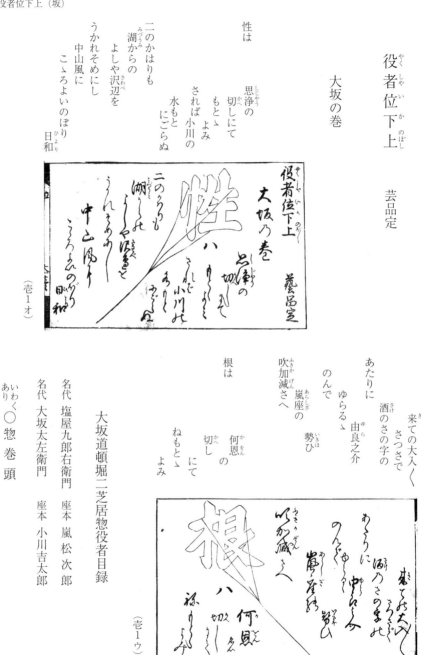

真上上吉　立役中山文七　小川座
極上上吉　若女形芳沢あやめ　小川座
右は女夫《めうとい》八巾の連《つれ》のぼり花やかに風そよく

▲立役之部

上上吉　嵐吉三郎　嵐座
上上吉　小川吉太郎　座本
上上吉　中山来助　小川座
上上吉　嵐文五郎　同座
上上士　藤川柳蔵　嵐座
上上十　嵐七三郎　同座
上上　市山助五郎　同座
上上　嵐三十郎　小川座
上上　市川幾蔵　同座
上上　坂東市松　嵐座
一上　中村友十郎　嵐　一上　中村吉治　小川
一上　中川庄五郎　同　一上　嵐五六八　同
一上　中村滝蔵　同　一上　市川仙五郎　同
一上　嵐滝五郎　同　一上　嵐権十郎　同

（弐2オ）

一上　浅尾音十郎　同　一上　山下東九郎　同
一上　芳沢十三　同　一上　中村今蔵　同
一上　三升伝蔵　同

立役巻軸
上上吉　藤川八蔵　嵐座
右各透《すか》しもの細工《さいく》尾《お》なくてもよく登り申候

▲親仁形之部

上上　藤川十郎兵衛　小川座
上上　藤川金十郎　嵐座
右有来り八巾袋《ふくろ》にて風をもたせ申候

▲実悪并敵役之部

上上　三枡宇八　小川座
上上吉　中村治郎三　同座
左座
上上吉　浅尾為十郎　同座
中央
大上上吉　中村歌右衛門　嵐座　座本後見
右座
上上吉　ほうび 　坂東岩五郎　同座
上上吉　市川宗三郎　同座
上上十　中村新五郎　同座

（弐2ウ）

右不二《ふじ》の山八巾しだいに雪解《ゆきとけ》可申候

▲花車形之部

上　豊松半三郎　小川座
上　坂東久五郎　嵐座

右行ぬけ八巾尻《しり》をふりしが一興《けう》

▲嵐座色子之分

一　中村君助　歌ぎの　一　中村歌介　三五
一　嵐　松助　市弥　一　中村国介　しづま
一　中村福助　主殿　一　嵐　万三　梅がへ

▲小川座色子之分

一　小川房松　浅茅　一　花桐勝次郎　那河
一　小川初蔵　対馬　一　中村豊吉　外山
一　中村幾松　多門　一　中山辰次郎　歌門
一　芳沢万代　千吉　一　小川音次郎

▲娘役之部

上　嵐松次郎　座本
上　生島金蔵　小川座

右尾張《おはり》ざいくの小八巾まがひ糸にて登し申候

（三3オ）

▲若女形之部

上上吉　嵐　雛助　嵐座
上上吉　沢村国太郎　小川座
上上吉　姉川大吉　嵐座
上上吉　花桐豊松　小川座
上上吉　尾上粂助　嵐座
上上吉　三枡徳次郎　同座
上上　生島柏木　同座
上上　中村玉柏　同座
上上　山科甚吉　小川座
上　市川吉太郎　嵐座
一上　中村亀菊　小川　一上　姉川万代　小川
一上　小川千菊　同　一上　市山亀太郎　同
若女形巻軸
至上上吉　尾上菊五郎　嵐座

右各細工物八巾頂〳〵にていろ〳〵と姿を分ヶ申候

惣巻軸
極上上吉　立役尾上菊五郎　嵐座

右かさね扇八巾追〳〵日の丸登し申候　（三3ウ）

○粋にもまれた婆《はゝ》の遠音《とをね》に打寄た船軍《ふないくさ》

張 良《ちやうりやう》が笙《しやう》の音《ね》に雑兵《さうひやう》の里心を起《おこ》して俄《にわか》に襷《たき》*がけして逃《にぐ》るあり杖《つえ》突《つき》てのがるゝありまん丸に成てのゝ字形《なり》に退《の》きし跡を笙音《しやうね》とぞ呼《よ》び称念《せうねん》寺の法談《ほうたん》にも焦熱《せうねつ》地獄《こく》の沙汰も銀次第の妾《せう》が寐《ね》起《おき》の気苦労《くらう》にも気の行届《とゞ》く所を只性根《しやうね》〳〵ときめ付た袴屋新《はかまやしん》田の中島やは麦《むぎ》飯《めし》の性根也とて野梅の香気に誘《さそ》はれ二三人連にてどや〳〵と入婆《ば》さままめなかといへは・　在所ながらも粋を利《き》かして早乾《ひ》かますの焼《やけ》る臭《かざ》に皸《あかぎれ》 足に春さへちんば引てゐる小女童《こめろ》頼みたんほを借つての小半《こなから》売も五合とつもる比彼名代の麦飯に是はかげんもよしあしいはぬ浪花の名物としたたかに充満《じうまん》したと少し腰《こし》をのして見る時思ひかけもなく法螺《ほら》貝《かい》の声遠責《とをぜめ》にあふ心地して勝手へ出て見れば主の婆《ばゝ》か悠《ゆふ》〳〵として大竹の切株《かぶ》を口にあてゝ吹ならすをとへば木津川にかゝり船の衆へ風呂がわいたゆへしらしまするとの答《こた》へ麦飯の間（四4オ）の物に風呂へ入らしやりませぬかとてゆかた三つ四つほり出したり風呂はめい〳〵望《のぞみ》次第ながら間ィの物とは面白い幸《さいわい》 一のかはりの評判時けふこゝへ呼《よび》寄て芸品定を極め△うかといへば是はめつらしい所での評判いざ廻文廻して呼集《よびあつ》めんといふに彼婆又シヤ〳〵リ出て二階《かい》から落てさへ自身《しん》の痛を苦にもせず富《とみ》のケントウに入る時節なるにそんなことぬかろうと思召歟早最前《さいせん》芝居見功者衆二三人つれにて此所へ見へたを見たゆへ押かけてけふ評判を極めんとて堤《つゝみ》まで小船にて見へました故今日は風呂は付たり法螺《ほら》の空音《そらね》ははかる共世に大坂の芝居好があそこからもも や〳〵こゝからもどや〳〵かはらぬ顔の打寄たも長閑《のどか》うらゝか打まぜて春風の性根〳〵とさらばめい〳〵思ひよりを壁《かべ》や柱《はしら》へ直《ぢき》に書付られませうといふたを幸上ﾘ下の中取て中島やの婆さまか今日の頭取〳〵

安永三年午三月　作者　八文舎自笑

（四4ウ）

○惣巻頭

真　極

上上吉

中山文七　芳沢あやめ　小川座

評判師東西〳〵ちよと申上ます・　頭取の婆さまケ様に位を定られましたは・　此通りに当中島やの壁《かべ》に書付ござるを其まゝに此すがたにて巻頭に置ますも天然《てんねん》の義・　則此相合傘《かさ》のすがたを以て八巾《いかのほり》と題して今日の評を致されまする扨婆さまを頭取といたし

ましたは此壁《かべ》にござるを其侭出しまする計万端《ばんたん》私評判師と成婆さまにかはりまして頭取役を勤まする程にずいぶん思召を仰られませイ尾上組いはいでカイあれほどはやる梅幸丈をさし置て此巻頭はどふじやイ大ゼイそれは子細《しさい》も有うが先狂言は二のかはり歟間ィの物歟それを定めイ尾上組それよりは先ッ位付がすまぬ出直せ〳〵評判師御尤梅幸丈此度のはやり様は廿年にも三十年にも覚ぬ程の事と町中の評判・さりながら其儀は(五5オ)急度奥で御ことはりを申ませう・又狂言の義は角《かど》の芝居間の物ひらかな盛衰記《せいすいき》十二月五日より初日十六日迄つとめられまして二日より始りて六日までつとめてのおやすみ・いかゞいたしてか町方の評もそれ程になくてほゐなくも早いお休ミ・次に二のかはり狂言も出まするはづの所に少々さはりあつておこたりまするにあまり遅《おそ》うなりまするゆへ右ひらかなにて先此所は評いたしませう・程なく狂言も出ましたらば奥にあらかた評いたしてしるしませう其段は先見合にて・此間ィの物右ひらかな狂言は是まで多くいたし来りしことなればくわしう申にもおよぶまし・由男丈は梶原源太と船頭松右衛門との二役南辺源太の評が先ッ聞たい評判師申さいで何といたしませう二の切の出端有つた物ではない物がたりの間《あいだ》申ぶんはござりますまい北辺アレがよいの歟ナわる口梶原源太てる国はと語《かた》るとの町の評判評師それはわる口と申もの此間の仕内はさらに申ぶんはないと存まするがすこし(五5ウ)合ぬ役を引受て仕らるゝは先此人のきりやうと申もの・すへに古わんぼうを着てからはすこしさびしう見へましたが肥満《ひまん》ゆへ歟此所の取合がすこしそれましたゆへの不評歟何分物がたりの前後は大ゼイ其段は成程よかつた評師次に三段目松右衛門是はしつくり狂言があふて面白くわる口狂言は合ふたかしらぬが花色の布子の紋が大キ過て在所のわる者の様に見へてきのどく評師いかさますこし物ずき過ともも見へました噺《はなし》の間よく後若君を小わきにはさみて出てより権四郎に断いはるゝ所芝居好思ふた程に面白うなかつたぞ評師わるいとは少しも申されませぬが・こゝが評判所歟と存られまするは・源太の役を和らかにせんとて此場をかたうしられたと見へて少しこつくり過たれ共・後逆櫓《さかろ》よりのあら事見功者此段は是程の松右衛門は見ぬぞ〳〵評師しつかりとようできました・次は四つめの口辻法印場も丁寧《ていねい》の源太の役の御つとめ・神崎の場は色事の間千歳やのていしゆ次郎(六6オ)三殿役にて阿堵《あど》を付ての仕内も御尤ながら此段とかくそれたと申物歟あまり見心がよろしからず切のあら事も重〳〵の御苦労《くろう》▲一鳳丈は梶原の母延寿の役しつとりとしてよく申ぶんさらになし・三段目松右衛門女ぼうおよしの役是は度〳〵のおつとめ故見古したる歟さらにそれ程にないと申もの多く・さびしく思はれて此段うれいも前かた程に付ませな

んだ・お二人共しつかりとした狂言を待ますする・此度は右相合傘にて一組の巻頭すへをたのしみますぞ

▲立役之部

上上吉　嵐吉三郎　嵐座

評師扨此度評判下に置れずして立役の部の巻頭申分はござりますまい 藤川組 此方の立物はなぜ出さぬ評判がわるいヵイ 舎柳組 来介は何所へ出すのじや 評師 先々お待なされませい・八甫丈も評よけれ共此度の里環丈格別・仮名手本忠臣蔵是も嵐座の間の物ながらことのほかの（六6ウ）はんしやうにて中〳〵急には二のかはりも出そうに見へませぬ故両方間の物同士《とし》にての評判里環丈此度は塩冶判官の役三つめ御殿《ごてん》にての仕内取廻し立派《りつは》にて腹立《ふくりう》の所短《みしか》くてよく次に四つめ腹切場梅幸丈との取合甚よく塩冶の役は是までにないと申て此人の評判しきりに聞へます次に七つ目にて二役寺岡平右衛門是もきつい受よくておてがら〳〵 わる口 おくへ入しなにゆらの介の刀を見るはどふじやイ足軽《あしがる》でないヵイ家老の刀をぬいて見てはすまぬぞや 評師 是も取々の沙汰多く先年逸風丈も此かくがすこしごさりましたすこし思入過ました せんば 近年剣相見る事かはやるゆへの思入歟ナ 評師 なんのそんなむつかしい事がござらふぞ後妹おかるに出合て始終《しじう》のやうすを聞て命をくれよと切かけて花道でのうれいさりとは上りました 舎柳組 イヤ上つたとはいはれぬぞやいかに其場に人がないとて一力の座敷じやないヵイあれ程忍ぶ事を出るまゝの大声にてすこしもしのぶ体は見へ（七7オ）ぬソヤ一力の内はみな聾《つんぼ》ヵイ 評師 仰らればそんなものながら此場久米介丈おかるの役との取合よく先評判宜珍重〳〵此度は先わるいと申事はない随分此かくで見たいぞ〳〵それゆへ位もすこし直まして此所へ出しました

上上吉　小川吉太郎　座本

評師 此度はひらかなにて義経の役と辻法印の二やくさしたる事もごさらね共いつとても申此人のやわらかみははつれませぬ気持はきついもの 南辺 此わろが此座になければ由男殿の源太もなんのかのいふものはないワイ 大セイ 是は御尤此人てあの役見たいと申人多くあるゆへかれこれと申事多く 評師 されば其沙汰のあるが則役はなくても此座を落されぬ所次は

上上吉　中山来助　小川座

舎柳組 なんとして此やうにあとへ下ヶたぞいひやうがわるいと其まゝ置ぬぞ 評師 下ヶると申にてはなし只其時の（七7ウ）狂言次第

此度は佐々木の三郎盛綱と楊枝《やうし》やの家主塩太の役と秩父《ちゝぶ》重忠との三役御苦労・序もさうわうの出来にて家主も仕立はよろしく見へたれどさほどおかしみも見へず・三段目重忠優美《ゆうび》に見へてよいぞ〳〵大セイ此時に長上下にて樋口《ひぐち》を捕《とり》に来たはいかに評師いかさま此段の取合にてはやはり陣羽《ぢんば》織《おり》が着たいもの立テ挑灯の見へもよかりそうな物カイ・四段め佐々木の狂言浄るりにて延寿の仕うちだけしさいらしみさへ抜《ぬけ》たれば上はないぞ〳〵

上上吉　桐　嵐文五郎　小川座

評師此度は鎌田隼人の役二の口狂言は大がい出来ましたが仕立てが若過て薄肉《うすにく》はちと娘との取合もいかゞ芝居好義朝最期《さいご》の物がたりはちちと出来すぎカイ評師一ト場にぎはしくせんとの事歟なから（八8オ）

〔挿絵第一図〕（八8ウ）

〔挿絵第二図〕（九9オ）

表をさしてしのぶ身には少しげうさんなりわる口まく明やうじやの内へぬす人が這入たかと思はれたが評師それはあんまりのわる口三段めの口此場仕内もおさまつてよけれ共此度は狂言があはぬと見へました次に船頭九郎作の役四つめ庄屋の役はいつも此かく見受た事共すいぶんぬけぬやうに頼みますぞ

歳暮鉄紋日《としわすれやがらのもんび》　巳十二月五日より　小川座　五段つゞき
しげたゞ　中山来助
ゑんじゆニ　芳沢あやめ
源太かげすへニ　二やく　中山文七
松右衛門ニ　中山文七
平次ニ　浅尾為十郎
つじほうゐんニ　小川吉太郎
梅がへニ　沢村国太郎
おふでニ　花桐豊松

仮名手本忠臣蔵《かなでほんちうしんぐら》　巳十二月三日より　嵐松二郎座　十一段続
おかるニ　尾上久米介
かほよごぜんニ　三枡徳次郎
小の九太夫ニ　坂東岩五郎
ゑんやはん官　嵐吉三郎
ゆらの介ニ　尾上菊五郎
おいしニ　姉川大吉
おそのニ　あらしひな助
かこ川本蔵ニ　中むら歌右衛門
天川や義兵へニ　藤川八蔵
となせニ　二やく　尾上きく五郎

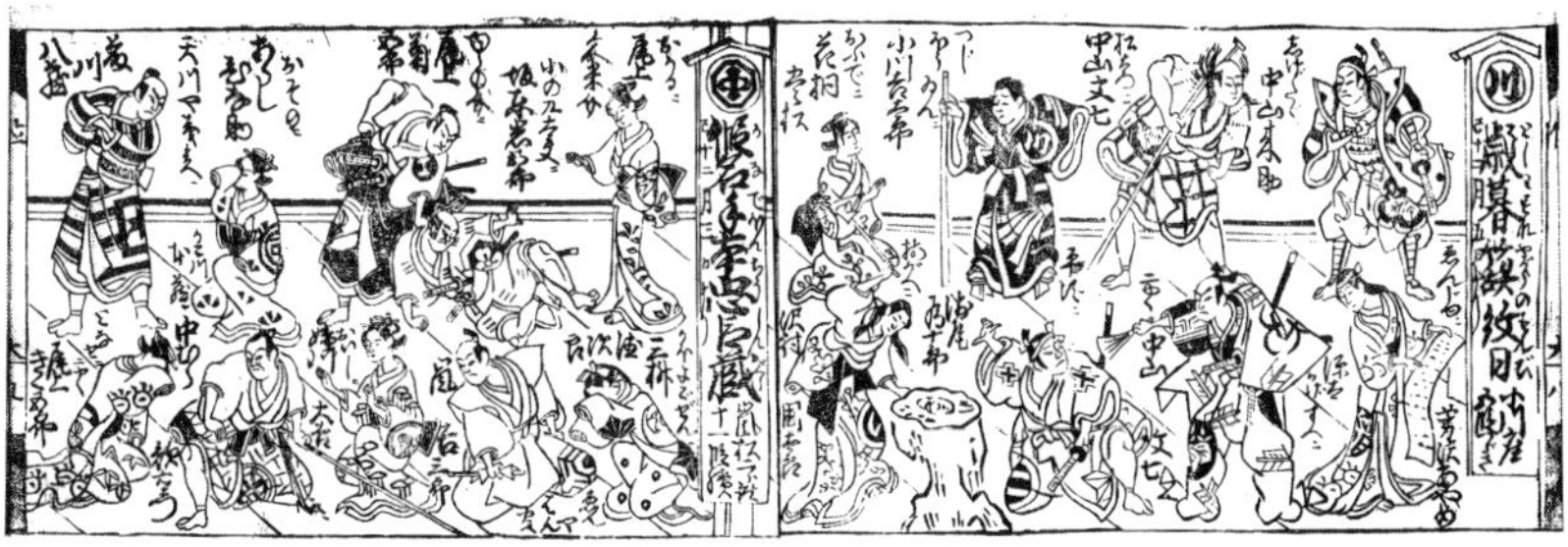

挿絵第一図　　挿絵第二図

上上士　藤川柳蔵　嵐座

評師 当忠臣蔵にて桃の井若狭之介役序もよく二つ目やかたにて本蔵にいとまごひの間ことの外の出来様おどろき入しとの評判 大セイ きつい物〳〵追付御出世思ひやられます 芝居好 京にて今宗十郎のあてた仕内も見へるぞ 評師 よい所を見付ておいたは則御功者次に斧定九郎やくは大がいの出来と見へますぞたのもしいは此御人

上上十　嵐七三郎　同座

（九9ウ）

評師 当狂言矢間十太郎の役相応の出来次に二役勘平の母親是は大分よいぞ〳〵

上上　市山助五郎　同座

評師 此度は原郷右衛門役仕立万端大分仕上られました・此人はなければはならぬ人にて何に成ともつかひ方多く先は珍重〳〵

上上　嵐三十郎　小川座

評師 当ひらかなにて木曽義仲と百性麦作の二役御苦労〳〵随分御精を出されませ

上上　市川幾蔵　同座

評師 佐々木四郎と百性新作の役大ぶんなまりもぬけましたぞや

上上　坂東市松　嵐座

評師 此度は千崎弥五郎と丁稚伊五の役もちあそひが入ました

（十10オ）

立役巻軸
上上吉　藤川八蔵　嵐座

評師 此度は石堂右馬之丞役四つめ検使の仕内大分めつらしく軽う心もち有て一しほ仕立もよく面白う思われます十段目二やく天河や義平は先年も仕られたゆへ歟又手に入たもの 芝居好 頭取殿あれがよいの歟の 頭取 されは町方にて取〳〵のさた少し手に入過たと申ものか男作過たと申評のあるも わる口 尤に思はしやる歟大名の御用も聞た男にて由良の介が大事を明し見込て頼たか尤とも思はれぬぞや 評師 そうくはしう仰らるゝ時は左様な物ながらしのぶ風情を絶ず持て手づよう押《おし》をきかさるゝは此人の一徳出端から切まで声のかけ詰はきめう〳〵・彼是存て此度の巻頭里環丈へゆづりて此場に置ました

▲親仁形之部

上上　藤川十郎兵衛　小川座

上上　藤川金十郎　嵐座

（十10ウ）

評師十郎兵衛殿は序柴刈と百性冬至の役金十郎殿は足利直義の役いづれも相応〳〵

▲実悪并敵役之部

上上　三升宇八　小川座

評師当盛衰記にてはんばの忠太と船頭又六百性稲作との三役いづれがよいともわるい共申されぬ随分御出情頼ますぞやとかく馴染《なじみ》〳〵

上上吉　中村治郎三　同座

評師梶原平三と船頭富蔵百性太郎兵へ横須賀軍内ちとせやの亭主才介との五役どれも出来ましたが景時は商売がらよく横須賀は人形の仕立大分出来ましたちとせや才介は此度の大役と申もの源太のせりふを取て阿堵《あど》に入ての仕うちはきついものかるい所おどろき入ましたぞ見功者いかさま此場此人で落付たと思はるゝぞやわらかみが付て見へる

（十一11オ）

上上吉　浅尾為十郎　小川座

評師此度は平次景高の役作病にて内にのこりし思ひ入は大分よく・少し小さ刀は思ひ入過たれども物かたりの間居りてせりふに宇多の天王九代の後胤《こういん》から立上られた所は目に立て出来ましたせんば後に鳥居のもやうの衣装《いしやう》改て古わんぼう持て出られたは出来過とも見へたぞや評師三段目船頭権四郎の役も大分おもしろうござろが芝居好にぶい云ひやうどふじやイ評師此かたちの実方親仁近年此人に多いゆへ見古した方ながら先出来ましたと申物ゆへ黒吉に極めましたぞ

中央　大上上吉　中村歌右衛門　嵐座本後見

評師敵役実悪を取まぜて中央に置ましたは当間ィ物松次郎座後見つとめて仮名手本の取立近年のはんじやう珍重〳〵。狂言は加古川本蔵の役二ッ目主人若狭之介へつとめて出て人をよけ主人の短《たん》気《き》を思ひやり諫言《かんげん》を止《とゞ》めて松を切て（十一11ウ）出して師直を殺《ころ》す事をすゝめ置て早馬にて入三つ目師直へとちうにてのまいないせんとかけ付花道にての仕うちさりとは家老職《からうしよく》の人が前後此人ならではと思ふ計上下姿は三も四もない程の事わる口塩冶判官師直に手を負せし時とめる所は熱《あつ》い餅をとる様な手もとしてはどうじやィ評師又わる口を仰らるゞ*事カイ九つ目山科虚無僧《こもそう》姿にて来て悪口して力弥に突かれての仕内夫迄に女房戸無瀬梅幸丈役故先キへ帰さるゝ所はさこばマア大がいカイ島の内わるいことがなんのあろぞせんばないはないが少し延過た物じや評師それは御むり先ッ見へ計でも大立者今年はしつほりたのしみますぞや

《ほうひ》上上吉　　坂東岩五郎　　嵐座

今橋辺待兼たく評師御尤く此度は御苦労に三役高の師直序もよく三つ目塩冶にあて言ちとくど過ました次に斧九太夫役四つ目は大がいながら仕立もよく七つめ(十二12オ)あそびの間見立にて大星との酒もり三線《さみせん》にのらいで見上ましたぞ・先つ出端の袖頭巾もよくおもしろう思はれましたぞ十段目天河や舅《しうと》了竹の役是は例《れい》の持まへにておかしかろと思ふた場をちやりをぬきてのおかしみどふもく・薬の袋をたばこ入にしられたはきついく・大切師直にて井戸より出て逃《にげ》んくとしらるゝ所は大きにしぶとい仕うち出来ましたぞいつも此斯《かく》て実敵が見たいぞく大セイ大切はめづらしうてよいぞ岩子けうといもの評師いづかたにても其評判ゆへすこしもやうを付て其すがたをほうびニ置ましたぞ

上上吉　　市川惣三郎　　嵐座

評師此度は薬師寺次郎左衛門役一ト場のこらず出来まして此人倶に陰気《いんき》に成てゐらるゝやうに見へる程の事ながら又功《かう》のいたものさしたることも見へね共・次に与一兵衛の役も大ていく

(十二12ウ)

▲若女形之部

上上吉　　嵐　雛　助　　嵐座

評判方女一疋といふは此人の事近年真ンの若女形の立物申までもなく・年ならきりやうならといひ立て何所やらにくい所をもつたも芸のはり・しかし去年立役のつゞきしに何のかの申た上当間ィの物早野勘平役・此姿年へだてゝ見るなら申ぶんは有まいナア何と思召ますぞわる口塩谷の若衆にしては少しゑら過ても見へるが・三つめの出端はやつはり角力の色事仕では有まいか評方それは御無理色気を持たは商売くと申もの・三つめは先大がい五つめ鉄炮《てつはう》の場幕際《まくきわ》などよいぞヱ粋組六つめ勘平の内は欲《よく》な仕様・一ト場を一人に引うけたと思はるゝ評方声は又女形には稀なひら

け様腹切て連判するまで大分出来ますゆへ片すみからとかくにくむ人が出来ると思はれます・十段目天河や女房おその役伊五を呼《よひ》出して子のはなしを聞てのうれい（十三13オ）から夫〻にあふてのせりふいつも女形此体にして立役は同じくは暫休でもらひたいものと存ます皆様いかゝぞ大せいコリヤしれたこと花園の格で二三年往たらつゞくものは有まいもの

上上吉　沢村国太郎　小川座

評方此度ひらかなの序にてともへ御ぜんの役是はきつう出来ました。二段目こしもとちどりの役狂言仕内は出来ましたが少し衣装《いしやう》がこしもとめかいでいかゞとも・四段目むけんのかね此段は衣装もよく御情出さるゝことは見へましたすこしぬるう思はれましてわる口小ばんをひらふ間は衣装を大事にかけた仕様と町ていふたが鎧《よろひ》の質請《しちうけ》して来た所布風呂敷はさりとはしゆんだもの評方そう細《こま》かなわる口にては申こともない程の事

上上吉　姉川大吉　嵐座

評師由良の介女房お石の役きつう若うつくつた出様さしたる仕内も此度は見へませぬ。先あらかたこれほどはいつも見まするばかり（十三13ウ）

上上吉　花桐豊松　小川座

評師木曽のこしもとお筆の役二の口さしたることもなく三の口大ぶん出来ました・笹場のうれいもしつほりとしてよし・三の切も若君を取もどしに来たる所きつう仕内に上りめが見へてたのもし四つめ口切とも御苦労〳〵・此体ならばづゝかく〳〵のぼりまするぞ

上上吉　尾上条助　嵐座

評師二つめにて本蔵妹さなへの役にて小浪の力弥にあふを思ひやる仕内よし・三つめおかるの役にて勘平にあふ場大がい・六つめ身売もさして思入もせずかるうてよく・七つめ茶屋の場由良之介との出合より・後兄平右衛門にあふてのうれいは大坂へ下られてからの出来・先此度はおてがら〳〵・夫ゆへ位をぐつと上ました

上上吉　三枡徳次郎　同座

評師塩谷奥方かほよの役去年より次第に評判が上りました此度もよい〳〵とうれしがります

上上　生島柏木　同座

（十四14オ）

せんばとかくせりふの調子がたらぬゆへ聞へぬ〳〵評師当間の物にて大星力弥の役は力弥始まつてない奇《き》麗《れい》さ使者の場よく・四つめ塩谷腹切の前後のとりなり由良の介かけ付てよりはかくべつの仕内誠に親子と思はれますぞ・七つめ文箱持来る所も評よく九つめ大がいながらとかくうるはしく見へてよし・十ヲのさしたることもなく大切夜討など至て見へよく此度の大評判先ッ早速のお仕合南辺衣装の思ひ付は格別〳〵わる口こゝらがほんの尻の持人のあるといふの歟評師さりとはわる口を

上上　中村玉柏　小川座

評師辻法印女房お算の役大夫元の女房にもとり合よく見へます〳〵

上上　山科甚吉　同座

評師山吹御前大ぶん花やかてよう見へますぞ〳〵

上　市川吉太郎　嵐座

評師本蔵娘小なみの役大ぶん可愛らしうてよし・お仕合せ（十四14ウ）〳〵此度のほうびにすゝきのかんざし・進上いたさふ

上　中村亀菊　小川座

上　小川千菊　同座

上　姉川万代　同座

上　市山亀太郎　嵐座

評師亀菊殿千菊殿万代殿ともにこしもと役にて二の切ちどりのあしらひもよく市山殿は女郎みよしのいづれもずいぶん御精を出されませ・其外は目録へ出しましたればこゝに略して

若女形巻軸
至上上吉　尾上菊五郎　嵐座

評判方此度仮名手本忠臣蔵にて本蔵女房戸無瀬役ゆへ此所へ出しました大せいさて〳〵久しぶりにて女形見ておどろき入たぞさじき近年此格の女形は見ぬぞ評師いかさま富沢門太郎春水あやめなど過行かれてより此斯すくなく・九つめの出立出端のしとやかさまことに仕込がたしかなると折〳〵此狂言出さるゝゆへ見ばへ

有つてよく・声も可愛らしうてお石に（十五15オ）あふてのふぜいもよく・後しうげんと聞て襲改らるゝ所も江戸風しつかりとあつてよし・本蔵に呵られかへるまで先めづらしく此役とても申ぶんはすこしもないぞ〳〵江戸上り女形でも立役でもいらひてはなかばし〳〵

惣巻軸 極上上吉　立役 尾上菊五郎　嵐座

評方又ならべてあらはしましたは梅幸の字を仮りにかへて倍功と申義でござりますひいきゑらいぞ〳〵評方由良之介の役京都にても見請たれとも仕内もよほどかはりて見へるが大坂一統にまことに喰付たと申もの歟すこし興がるほどの大評判芝居好いかさま近年是ほどのはやり様もおほへず師走三日より初日にて十九日までつとめ正月二日よりはじまつて中〳〵二月中は桟敷を買ヲにもないと申程の事さりとはおてがら頭取成ほど手柄は申やうもなけれ共先は只今の仕合男・柏莚先年見へたれ共二のかはり顔見世ともにしか〳〵なく。三のかはり鳴神則此人相手にての大あたり顔見世の評（十五15ウ）もよく間々の物から此入をとられたはきつと功があらはれて見へます上へ町よいかげんにほめて置て芸評〳〵評方狂言は是までいく度も出ました忠臣蔵の義只仕内ばかりを申ませうカイ大せいよかろ評方四つ目塩谷腹切場へかけ付る所は何の事もない出様。石堂にくるしうない近うよられよと声かけられてありがたしと一礼して傍《そば》ちかくよつてきゝつこたへつの仕やう力弥を召さるゝ時の仕内次に乗物へ死がいをのせて香を入て戸をさししなに別れをおしむ風情大せい此所はきついものせんばまことに斯ゥこそ有そうな物と思ふは此度の事評方次に跡へのこつて九大夫諸共相談に欲《よく》と見せて別《わか》れ屋敷を明渡し一家中なだめ入て屋敷を遠いに見ての幕際のうれいなど格別〳〵わる口城にしたはとうじやイ評方是はまつたく遠く見る所の取合見え計と見へます。次に七つ目酒の酔の間実に家老の俤《おもかげ》を失《うしな》はす。此場一しほやわらかみ大く当テ気も見へず京都にて見たより（十六16オ）は早く仕内見へて納つてよく九つめ本蔵鑓《やり》にてつかれてよりはやかはりにて上下姿より後虚無僧《こもそう》にて入までよし見功者此上下着て出るのと四つめ九寸五部の血《ち》をねぶる仕内と七つめ状を巻よみに仕らるゝのと三つは京にて坂田杉暁の俤が少し取まぜられたとも思はるゝ評方成ほど京では此仕うちは見へませなんださりとはこまかなる見やう幕際虚無僧の笠を着る時に本蔵にとくと見せて置て着らるゝは此度浄るりの文句はかはれ共少しみそごい仕やうと申人もあれと何は格別是ほどの評判は聞かぬ程の事なればそしるやつはみな不粋《すい》ものに成てしまひまする粋組こつちの方でも成ほどそつと囁《さゝやい》てそしります評方是はあまり出来過カイ十段目天河屋へ来ては義平役八甫丈を此場のシテにしてのあしらいもよく大切夜討に乱入て後力弥が右の手に挑灯持たを呵るも請よく其後高位の師直に出合てうやまふて生害《しやうがい》をすゝめ比興《ひけう》なる風情ゆへ（十六16ウ）付廻す仕様かくもありたきと専ら申はさりとは此度は大手柄〳〵大切りに太鼓《たいこ》の鳴《なり》まで見物の立ず見つめゐるが証拠《しやうこ》ホンニ親玉さま〳〵

附録　口　演

以手紙啓上仕候弥御堅固奉珍重候然者小川座二のかはり故障有之延引仕候当二月十日より〳〵けいせい睦玉川を致候故初日一覧之上再評あらかた致申度候間御手透之御方計二三人にても御寄被下候はゝ可為本望候夫故態々如此ニ御座候以上

月　日　　頭取

各様

大せい　これは〳〵ようおしらせ忝ないつれ立て参り（十七17オ）ました頭取　さて〳〵御苦労千万扨今日は彼けいせい睦玉川狂言再評いづれも一ッ所にいたして申ませう先此狂言八年以前明和四年亥正月廿日初日にて中の芝居中村歌右衛門座の二のかはり大あたり芸暫く間もござれば早新狂言のやうに思はれてめづらしう面白う思はれます

一　浅尾為十郎　才原勘ケ由と豆腐や権兵へ二役とも歌右衛門役此度は大きに出来ましたさりとは上りめ見へましたぞ せんば　大家の家老には少し不人柄なじやないか 頭取　又無理を仰らるゝ二つめ皆ころしの場もよく。切に対決の後岩倉に悪事を見あらはさるゝまでマア立者と見へまするぞ

一　中山文七　秋塚帯刀と浮世渡平の二役とも大五郎役是は申様もない仕内せわ場一しほよいぞ〳〵 芝居好　二つめ秋塚の衣装大時代事の様じや 頭取　仰らるればそんな物とも

一　芳沢あやめ　鶴若のめのと浅香の役是は慶子の（十七17ウ）致された所二もよく後の惣嫁場いかゝとあんじたか此度は先出来まして世話場も先申分は見へませぬ

一　中山来助　岩倉主膳役是は古吉右衛門つとめられし所まづ是程に出来るはよいと申物切にて一入出来ます・とかくねばいと申ぞ

一　小川吉太郎　名古や十三とおせん弟銅吉二役とも嵐三五郎の所申分なく両方ともよいぞ〳〵

一　沢村国太郎　あら川浪之介役にて実は玉川の小浪といふ娘是は慶子役次に吃《ども》の娘おるい是はまへかた此人の役ゆへ手に入たもの慶子役も大がいの出かし様

一　中村治郎三　浅井兵庫と神原丹左衛門と二九屋源右衛門此三役は岩五郎の場沢井勘十郎と渡井銀兵衛は此兵衛場以上五役とも出来ますがわけて二九屋源右衛門役は至ての出来おどろき入ました先此度惣座中の出来がしらとも兵庫役は岩子殿程にも（十八18オ）見へませぬぞ

一　嵐文五郎　松島敵之助役は嵐吉三場奴三田兵衛は今十蔵つとめの場二役共此度はきつう出かされましてこれ沙汰〳〵

一　花桐豊松　敵之介女房おせん姉大役先年とも今ともかはらぬ程の事とも

一　嵐三十郎　佐々木六角と片桐弥十郎二役共今十蔵の所此位に出来るは上つたとも〳〵

一　山科甚吉　けいせい高雄は国太郎場衣装もかはらず見事先きれいにてよし

一　三枡宇八　才原来蔵雷《いかづち》雲右衛門二やく共三升他人の所其時を思ひ合しますぞ

一　市川幾蔵　民谷一角役嵐吉場山井養仙は岩子の所しんどかろ〳〵

一　中村玉柏　荻の方と玉川のおりく二やく共此人の役（十八18ウ）にかはらぬは此人のみとも其外は略いたしましたが前にも申通り先年を思ひ合しては惣体にすこし見おとりも見へますれども新狂言と思へば狂言のよいゆへ歟大ぶんおもしろう思はれまするがみなさまいかゞ思召ますぞ[見功者]これは頭取の申さるゝ通りわけて歌右衛門などは人品第一の芸狂言はおとらぬ程にも見へても[北より]さればサ是に付てもおもふは此度竹本座あやつりに仮名手本を人形吉田文三郎にて由良之介は梅幸をうつしてつかふとて大入[頭取]いかさまツイとなりにて本〻の梅幸丈の見らるゝのに梅幸をうつすとての入のすさまじさは冠子殿おてがらと申ながらこれも尾上丈のおてがらと申そう歟仮名手本二芝居ともけしからぬ大入の所睦玉川初日出て先評判よく相おとらぬ大入はにぎはふ浪

花の（十九19オ）すがためでたくかはらぬ春をいつまでもといはひてこゝに書くはへましてござります

安永三年

午ノ三月吉日

京麩屋町誓願寺下ル丁　八文字屋八左衛門板

（十九19ウ）

（今尾哲也氏旧蔵本）

役者名物集

安永三年九月

名取草追加　大上上吉　中村少長　追善

抑元祖中村七三郎は元録年中の色事仕ニて京都へのぼり元録十一寅の正月廿一日より浅間嶽の狂言ニて凡百廿日の大当リにて名人と呼れ其比元祖市川団十郎元祖中村伝九郎中村七三郎此三人を江戸役者三名物といひしなり扨二代目七三郎実は明石清三郎といふ人の子なるを養子とし元祖伝九郎取立にて正徳元年卯正月中村座春狂言先例扇曽我にて七才ニ而頼家の役が初舞台也同四年元祖あやめ初下りの節此人おさなくして引あわせの口上楠正行役にて故七三郎事をいひのべてのうれい誠に名人の跡つきと江戸中のひいきつよくもとより中村座由緒の人なれは同座ニて次第に立身されば昔し人の（壱1オ）言葉に荒事仕は唐からしの辛《から》き味をもち和事仕は温飩のうきみを持ッべしと誡や此語にあたるものは此中村家成と云へし親ゆつりの丹前の一風を手練し又曽我の十郎の和らかみに妙を得ておらアもふいやだそといふせりふに落をとり一代廿余度祐成の役を勤惣じて何やくによらず一体芸風いやしからず真の上々吉とは子供までよく知る所也正徳元年七才の時より当午の年迄六拾四年が間舞台を勤むさるによつて当時歌舞妓一道の故実者也明和七寅の霜月孫の七之介に名をゆつり其節

顔みせや名をゆづり葉の巻羽織　少長

しら柄のかたなを得たり水仙花　今七三郎 沙長

夫よりすぐに表徳の少長を名のり次第に老すいの身となれとも（壱1ウ）一日も舞台けだいなく勤別而当夏狂言染分手綱に八蔵母おさんにて八蔵へ異見の場諸見物のかんしん大かたならす盆狂言に菅原道真のやくなれども病気故中〳〵勤がたきよしことはりなれども菅相丞たての狂言なれはとて作り方より頼ゆへおして三日勤られしが日を追て病おもり薬もしるしなく千秋の月曇万歳の松忽朽たるごとく寂光の芝居へ趣ぬ則其節おき土産の一章

白露のころけて土のすがた哉　少長

安永三甲午天秋　行年七十二才

法名 帰寂　勇猛院宗感日持《ゆふもういんそうかんにちじ》　霊位

九月上旬二日　本所亀戸通リ法恩寺地中　一解院

（二2オ）

江戸はへぬきの少長一へんの御回向たのみ上まする

南無妙法蓮華経〳〵チン〳〵

三代目　市川団十郎　今年三十三回忌

栢莚養子実は先三升や助十郎男

故人　市川海老蔵　同十七回忌

八代目　市村羽左衛門　　同十三回忌
当夏中今羽左衛門富三郎相手ニ而追善狂言椀久之所作事勤ム
故　人　中島三甫右衛門　　同十三回忌
元　祖　佐野川市松　　同十三回忌　（二一２ウ）
二代目　中島勘左衛門　　同十三回忌
二代目　坂東彦三郎　　同七回忌
羽左衛門追善之砌舞台ニ而口上のべ三芝居役者追善の発句すり物を富ニて出す
二代目　市川団蔵　　同三回忌
此度千本桜の狂言に今団蔵知盛の役ニて追善をいとなむ
二代目　瀬川菊之丞　　同一周忌
初ニ富三郎伝ニ追善の次第委しるす
右九人銘々口ニ宗旨寺戒名*今日等委細ニしるし有之候間御回向奉頼上候　（二三３オ）

扨一寸御断申上まするついでながら此所ニ而三の替り芸評之次第を荒増申上まする左様に思召被下ませふ

恋女房染分手綱　　中村座

上上吉　大谷広治

当四月頃少々様子有て海老蔵団十郎幸四郎崎之介半四郎退座是ニよつて堺町ひいきの衆中は当分芝居も休にて有べしと殊の外気の毒に思われし所ニ存知の外早速興行にて則恋女房の大出来十丁の逸平も仕内は正本の通リにてさしてかはつたることもなけれども先年当座にて親玉の幸四郎の時分いたされしよりよい〳〵との評判先はおてがら〳〵▲八月替り仮名手本手習鑑に武部源蔵にて由良之介の仕内【わる口】まて〳〵是はよいとはいわれまい（二三３ウ）成ほどぜんたい此狂言は至極よく出来た夫故見物も桜田計リほめて一向役者には構もせない丸屋が由良の介の仕内どふもさへなんだ【ひいき】なんたこいつァさへたのさへぬとやらうのお月さましやあるまいし【頭取】相方共にまあおひかへ被成ませ成程由良の介役は是迄先生たちのいたされし役ニ而殊に此度は源蔵にて由良之介をかねての仕内故大ふんむづかしうござりませうなれどもいまだ年シは若し殊にひいきつよき人なれば工夫次第にて段々と大立者ともなられませうまづは若手のきゝもの〳〵

上上吉　　中村仲蔵

頭取曰当狂言三段めせんぎの段小づかをもつて官太夫八平次をきめらるゝ所いやはや其りゝしさどふも〳〵言葉にものへられぬ程おもしろいことさて〳〵此やうにも上手にならるゝものかな次にくらがりにて与作重の井に異見ながらあわせる所（四4オ）始終落付いたる仕内桟敷落間ともに殊外の評判〳〵手習鑑に時平の大臣の役全体拵きれいにて誠に左大臣ともいふべき人がらかり屋姫にれんぼし此所にて菅相丞のあれの場をこんたんしての仕内きついもの〳〵二やく松王丸ニ而天川屋義平の仕内わる口時平は大出来であつたが義平はひいきまたさへぬとぬかすのか是やい今時秀鶴をわるくいふとばちが当ッていつでもねふみをしやあがるはェ、すべたやらうめ頭取申シ〳〵あのやうな十ヲなしにお構なされますなんでもかでも左内の仕内は大でき〳〵

上上吉　　中村里好

頭取去顔みせより打続て評判よろしくお手がら〳〵さぞや御ひいきの御方（四4ウ）は御悦で御ざりませう重の井の仕内も殊之外評判よろしく別而十段めのうれいの場なぞは木挽町里虹のいたされしよりはしつほりとしてよいと見功者の方々の評判当座にて前々も此役をいたされしが其節よりは又かくべつ仕内に実が入ました▲手習鑑に道真の御台二やく義平女房おその是はさして評する程の事もなし少長病気にて引れし跡替り菅相丞役存知の外の大出来〳〵吹や町ひいきまて〳〵さつきからだまつてきいてゐればむしやうに堺町の芝居をほめるがなぜそれほど大出来の芝居が隣リの千本桜におされて中途に仕廻たそれでも大でき大当リといふのか頭取いや〳〵左様ではござりませぬ少長死去によつて夫故しばらく休でござります吹や町いふな〳〵それよりまへから市村座は毎日の大入中村は一向入がなかつた少長死去（五5オ）を幸ィに仕廻つたのだあらふがや頭取其やうにわる口をおつしやりますなかれこれと申ましては跡がつかへます次を申ませう

上上吉　　大谷友右衛門

頭取ひぬかの八蔵と八平次の二やくともに大ぶんよふこざりました手習鑑にすく祢太郎にて定九郎の仕内二やく了竹にて白太夫のうれいの場大出来〳〵しかしとなりに居られた時分は何をせられても殊外評判もよふござりましたがちと一両年ねいりました随分ともに気を付給へ

上上吉　　坂東又太郎

頭取 実悪の東山丈ちかいころは本実の仕内計リいたされますが大ふんあぢをやられます此度の伊達の与三兵衛なぞはよふござりますわる口 又太郎が（五5ウ）実事仕はとふも口跡がうつらぬやつはりかたき役のほうがよかろふ 頭取 いへ〳〵左様でもござりませぬ手習鑑に判官代照国のやくニて若狭之介のこゝろもち大ぶんてきました此上ともにとふぞ口跡に気を付てみ給へなをらぬといふ事はありそふもないもの

上上吉 佐野川市松

頭取 此度鷺坂左内女房の役手習鑑に照国けらい加古川にて本蔵のやつし次に車引の場迄よふござりました先の佐野川市松当年十三回忌に相当ル江戸中ひいきつよき人の名跡を相続いたされた事なれはとふぞ随分出情致され盛府の名をうつもれぬよふにし給へ（六6オ）がてんか〳〵

上上吉 瀬川雄次郎

頭取 染分手綱に舞子いろはの役手習鑑にさくら丸女房八重は大出来〳〵随分ゆだんなく御出情〳〵

上上吉 市川門之助

頭取 此度の役は雷子錦孝といふ場大やくてござりました所さりとは功者によふいたされました手習鑑の桜丸にて勘平の腹切まて此狂言雄次郎門之介の両人大出来〳〵

上上吉 中島勘左衛門

頭取 秀鶴丈は立役もいたされます夫故当座での立敵此度の官太夫は誠にしつかりと見へます御親父も当年十三回忌殊に官太夫の（六6ウ）役は先年当座にて先勘左衛門のいたされたる役一入おもひ出します又手習鑑にはぢの兵衛にて九太夫の仕内手強ふてよし段々の立身珍重〳〵

上上吉 富沢半三郎

頭取 此山形屋義兵への役は木挽町でもいたされましたさして仕内もなけれども京だんの思ひ入よし手習鑑に与一兵衛と番附に有共出勤なし

上上 市川純右衛門

頭取 悪女形の思ひ入にくいぞ〳〵手習鑑に春藤玄蕃も大てい〳〵

上上　　市川雷蔵

頭取 此度はめづらしく座頭けいまさ役大分あがりました手習鑑に千崎弥五郎やくよし〳〵　（七7オ）

上上　　嵐音八

頭取 是も当座にて先和孝の致されたる役随分共おかしみを工夫あれかし手習鑑に伊五にてよだれくりの場よつほどおかしみ御ざります

上上　　瀬川吉治

頭取 右馬之介奥方此度の役少シ計リ手習鑑にかりや姫大ぶんかはゆらしうござります随分先浜むら屋をいのり給へ

上上　　中村七三郎

頭取 誠にせんだんな二葉とやら此度恋女房染分手綱にじねんぢよの三吉大出来〳〵道中双六の段重の井とのうれいの場諸見物袂をしぼります三代目中村七三郎のおいさき末頼もしう存ます別而此度少長丈御死去御力落シ（七7ウ）の段さそ〳〵元祖七三郎より打続ひいきつよく江戸名物の家がら此上ともに次第に御せいちやうの上立身のほど待ます〳〵

上上吉　　中村伝九郎

頭取 此度定之進ニ而道成寺の段は太夫元勘三郎勤られいや又格別の見物事との評判余程役者衆退座にて気のどくに存ました所に存知之外恋女房は大出来にて御満足〳〵

其外は略ス

夏祭浪花鑑　　市村座

上上吉　　坂田半五郎

頭取曰 団七九郎兵衛杉暁丈の仕内は則正本の通打続て評判よろしく珍重〳〵（八8オ）別而秋狂言義経千本桜に川越太郎すしや弥左衛門二やくともに流石功者〳〵日を追而芝居大入おてから〳〵

上上吉　　嵐三五郎

頭取曰 一寸徳兵衛是も同しく仕内ニさして替つたる事はなけれども別而八段めの間夫の場七蔵相手ニ致さるゝ所うまい事〳〵千本桜に佐藤忠信狐忠信弥介小金吾四やくしかし少々けがを致されてより小金吾は彦三郎殿へゆつり別而狐忠信の大当どふいたしても

吹屋町の座がふさいました

上上吉　　吾妻藤蔵

頭取曰此度の乳母のやく少シ計リなれども功者なる事かな千本桜にすけの局のやくわる口あづまが此やくは久しいもんだいつみてもおなじ事たぞ

（八8ウ）

上上吉　　瀬川富三郎

頭取曰夏祭六たんめ徳兵衛女房おたつの役にて焼かねの場わる口今度はとふもよいとはいわれまい成程春狂言には殊の外評判もよかつたが扨々〱見れはみるほと見ざめがして今度のおたつも先の浜村屋をみてはとんた違ひだ頭取是〱路考と一口にはおつしやらぬがよふござります成程お辰のしうちはちと不印でござりましたなれどもとのやうな上手といわるゝ人もあたりつゞけはないものわる口まだある〱今度の千本桜のしづかもさん〲頭取いや〱まだきのふけふの富三郎義で御座れば狂言の一ッや二ッやではきつとよいともまたわるひとも申されますまい皃みせにはまだ〱春狂言ほとのきひしい大当をおめにかけませふ

上上吉　　富沢辰十郎

頭取曰当狂言道具屋孫右衛門役たいてい〱千本桜に川つら法眼二やく共に功者〱

（九9オ）

上上吉　　中島三甫右衛門

頭取曰御親父湯島先生今年か十三回忌相当リます打続キ江戸中のひいきつよき二代め三甫右衛門此度義平次の役出来ます〱千本桜に弁慶と覚はんの二やくわる口弁慶もおかしい計リて段切はねつから殊にかくはんは五月人形の熊坂をみるやうだ頭取申シ〱そのやうなわる口は御無用〱

上上吉　　中村助五郎

頭取曰今度の三婦は大でき〱千本桜のいがみの権太も殊外ひやうはんよふござります随分ゆだんなく御出情かかんしん〱

上上吉　　市川団蔵

（九9ウ）

頭取曰夏祭に玉島兵太夫の役仕内は少シ計リなれども大出来〱
わる口成程今度のおやぢがたは大ぶんよかつたとふりで春の若衆形はいかぬものであつた頭取扨このたびは義経千本桜に先団蔵

三回忌追善のため渡海や銀平の役殊の外大出来大当りにてさぞや先団蔵にもめいどにて御悦で御ざらふ千本桜では此人一の評判〱

上上吉　嵐三四郎

頭取曰当狂言主計の役千本桜に梶原源太二やくともに大てい〱三五郎病気の内替りを勤られ御太義〱

上上吉　尾上民蔵

頭取曰春狂言には病気とやらにてしばらく御出勤なく久〱にて此度道具や(十10オ)娘おなかのやく大てい千本桜にすしやの娘もよふござりました

上上吉　嵐ひな治

頭取曰夏祭にはいかゞやら御出勤なく此度千本桜に権太女房小せんのやく少シ計リなれどもよし〱

上上吉　瀬川七蔵

頭取曰七蔵殿一体が功者なる取廻し此度おかちの仕内八たんめ徳兵衛三五郎殿出合おもしろい事でござりました千本桜は御出勤なし追て申ませう

上上　小佐川常世

頭取曰全体三婦が女房の所なれども常世丈余リ年若にて不都合故か此妹にての仕内少シ計リにてさして評するにおよばす

(十10ウ)

上上　市山伝五郎

頭取曰惣たい上ミかた役者は上るり狂言は得手物別而此度中買弥市は大出来〱千本桜に大之進も大てい〱

上上　坂東三八

頭取曰道具屋手代伝八役大ぶん功者になられました千本桜には三段目の立もの鎌長との見へ大てい〱

上上　大鳥佐賀右衛門　松本小次郎

上上　千本桜前狂言　伊賀平内左衛門　鎌倉長九郎

上上　土佐坊　坂田国八

上　　　駿河次郎　尾上政蔵　（十一11オ）

頭取右四人いつれも段々と御立身大てい〳〵

其外は略ス

上上　　坂東彦三郎

頭取曰夏祭には御役なし此度三五郎替り小金吾の役御太義〳〵当年は二代目彦三郎七回忌に相当リ追善のすり物富くじにて出してのひろう誠に江戸はへぬきの彦三郎諸見物思ひ出しますとうぞ〳〵三代目彦三郎の名を上られよ夫のみ待ます〳〵

上上吉　　若太夫 市村亀蔵

頭取曰義経千本桜に亀井六郎のやく大てい〳〵

大上上吉　　座元 市村羽左衛門　（十一11ウ）

頭取曰玉島磯之丞にて後に清七と成てのやつし仕内は正本の通り千本桜によし経もさすが大将とみへます別而当年は河江先生十三回忌追善狂言椀久の所作事勤られ打つゞきての大当リ大入にてさぞ〳〵御満足〳〵

容花黒船頭巾　森田座

極上上吉　　中村富十郎

頭取曰慶子丈奴の小まんの役りくつ者是〳〵頭取まづまたれよ堺町吹や町は夏狂言からの評判木挽町も是より前に度々狂言が替つたではないかついでにそれもうけ給りたい頭取成程是は御尤のお尋森田当年はちとふあたりに付まして度々狂言替りました是を委細に申ましては殊外ながふなります夫故少々づゞ*申せうまづうす雪物語に伊賀守奥方二やく五平次女房にてちがいの場大出来〳〵（十二12オ）忠臣蔵におゐしの役少シ計リ秋狂言累二世月浪に則かさねの役わる口是は大みそであつた頭取当狂言正本の通りなれども其仕内は今さらいふもむだなれどもいやまた格別なる事かな別而初段五郎八がなんぎをすくいかいほうしたき場なれどもゑんりよしてあぢにうらみ事いひつゝはいらるゝ所仕内といひそのこゝろもちとうも〳〵言葉にものへられぬほどおもしろい事今にはじめぬ事ながら諸見物は申におよばず役者中迄かんしんいたさるゝとの沙汰とふにも此きやうげんいたされなばさぞや大当りならんものざんねん〳〵顔みせは大ぜい新役者もまいらるゝよし此上共に森田座のお世話偏に大当りをまちます〳〵

上上吉　山下金作

頭取曰薄雪の狂言にまがきの役二やくそのべの兵衛奥方のやく忠臣蔵に（十二12ウ）となせいつれも大てい〳〵此度お賤御前と忠右衛門女房のやく一比よりは評判がちとねいつて見へます気を付給へ累の狂言に奴浪平が女房にて広右衛門殿との立是は大てい〳〵

上上吉　市川八百蔵

頭取曰薄雪に来国俊二やく地蔵の五平次は大出来〳〵忠臣蔵の勘平はおいへのものめつらしく平右衛門の役もでかされ此度の孫三郎も出来ましたさりながらいつも此くらいはなさるゝはづの事何役をいたされてもついにこれはわるひといふ事はなしさて〳〵きめうなる人かな

上上吉　中村十蔵

頭取曰薄雪の狂言に伊賀守は大出来八百蔵組妻平はきつと中車であらふ（十三13オ）とおもつた道行の所作といひかれこれおもしろい事であらふとおもつたにそんじのほか十蔵が妻平頭取申シ〳〵其跡は御無用〳〵忠臣蔵に加古川本蔵のはづなれども其節御病気にて出勤なく秋累の狂言に与右衛門も少の内にて扨此度黒船忠右衛門の役評判よく珍重〳〵

上上吉　坂東三津五郎

頭取曰薄雪にはそのべ左衛門忠臣蔵に塩冶判官累に伊勢新九郎の役いつれも大てい〳〵此度の五郎八役も出来ます〳〵

上上吉　沢村長十郎

頭取曰薄雪にそのべの兵へ役忠臣蔵に由良之介わる口なる程世はすへに成ました頭取是さ夫は何をおつしやります此度は仁右衛門にて少シはかり　（十三13ウ）

上上吉　大谷広右衛門

頭取曰うす雪には秋月大膳忠臣蔵には九太夫累の狂言に横山次郎にて金作とのたておいへ〳〵此度獄門の庄兵衛も大てい〳〵

上上吉　尾上松助

頭取曰薄雪には団九郎にて清水の段計リにて少シ計リ忠臣蔵には高師直二やくおかるはゝ当狂言はんじ物喜兵衛は大出来〳〵見功者一たいが平久といふこしらへにて元服以来の大当リ〳〵

上上吉　中村野塩

頭取曰薄雪に則うす雪姫忠臣蔵におかるこれまでみな〳〵いたされたる跡なれども殊の外ひやうばんよろしくおてがら〳〵累の狂言に小はぎも大てい此度の滝川（十四14オ）も出来ます〳〵家根からとばるゝ所さて〳〵身のかるい事かな

上上十　笠屋又九郎

頭取曰薄雪に月光の久蔵の敵役忠臣蔵に石堂右馬之丞累狂言に奴浪平当狂言に船頭忠右衛門初段計ﾘ少ｼの役八段めが出ましては大やく〳〵

上上　山科四郎十郎

頭取曰さて〳〵ちやうほうなる人かな此度は忠右衛門母の役大てい〳〵

上上十　三国富士五郎

頭取曰忠臣蔵に定九郎秀鶴のいたされたる形に又自分の工夫にていせ参りのおもひつき殊の外評判よろしく夫故一まい絵に出ましたお悦ひ〳〵此度の三九郎は少ｼ計ﾘにて評におよばず

上上　中村津多右衛門

（十四14ウ）

頭取曰薄雪に渋川当馬やく忠臣蔵には十蔵替ﾘにて本蔵大ふんできました此度の九助もにくい事かな

上上　沢村淀五郎

頭取曰忠臣蔵の若狭之介大出来〳〵当狂言揚屋才兵衛さしきおどりのおかしみ出来ます〳〵

上上　中島三甫蔵

頭取曰忠臣蔵には一ﾁ力ていしゆやく此度は出勤なし

上上　高市数右衛門　松本大七

上上　蝮金兵衛　坂東善治

（十五15オ）

頭取曰右御両人共おかしみをかねたる敵やく随分ともにくまれるやうにし給へ

其外三座共に此度もれたる衆は顔見世にくわしく評判いたしませう

上上吉　若太夫　森田又次郎

千秋万歳大叶　（16オ）

頭取曰　忠臣蔵に大星力弥の役大ていく此度は役なしついでながら此所ニてちよつとおしらせ申ませう森田勘弥隠居願相叶則

勘弥改　森田八十助

八代目　太郎兵衛改　森田勘弥

かくのことく三芝居ともに連綿と相続御座候偏にお江戸はん栄の故と猶君か代の栄へさかふる末そ久しき

千秋万歳大叶　（十五15ウ）

御なじみの坂田藤十郎此度仙台表にての死去いたされました戒名御しらせ申ます

本行《ほんぎやう》　院常《いんじやう》　念《ねん》　安永三甲午八月廿四日　行年　七十四才

安永三歳甲午秋

菊月吉日

板元　堺町南新道　本清

役者灘名位

安永三年十一月

（早稲田大学図書館蔵本）

役《やく》者《しゃ》灘名《つがもな》位《ゐ》　芸品定

上之巻

御存知《ごぞんじ》の作者《さくしゃ》
御馴染《おなじみ》の口相《くちあい》
附リ　今迄《いままで》の作者《さくしゃ》の顔《かほ》で
売《うら》ふとは
それはふみ
ちがへの
内八文字《うちはちもんじ》

（一1オ）

▲立役之部

上上吉　市川団十郎　森田座
上上吉　嵐三五郎　市村座
上上吉　松本幸四郎　森田座
上上吉　大谷広治　中村座
上上吉　市川八百蔵　市村座
上上吉　坂東三津五郎　森田座
上上吉　市川団蔵　中村座
上上吉　尾上紋三郎　同座
上上吉　嵐三四郎　市村座
上上　笠屋又九郎　森田座
上上吉　山科四郎十郎　中村座
上上吉　中村勝五郎　市村座
上上　沢村淀五郎　森田座
上上吉　沢村長十郎　同座
一上　市川春蔵　森　　一上　坂東吉蔵　中
一上　市川滝蔵　中　　一上　市川染五郎　森
一上　尾上叶助　中　　一上　山下門四郎　森
一上　中村音三　中

（一1ウ）

▲実悪之部

上上吉　坂田半五郎　市村座
上上吉　中村仲蔵　中村座

上上吉　中島三甫右衛門　同座
上上吉　大谷広右衛門　森田座
上上吉　中村助五郎　中村座
上上吉　大谷友右衛門　市村座
上上吉　坂東又太郎　森田座
上上士　山下次郎三　中村座
上上士　中村新五郎　森田座

▲敵役之部

上上吉　中島勘左衛門　中村座
上上十　三国富士五郎　森田座
上上　市川純右衛門　中村座
上上十　富沢半三郎　同座
上上　坂東三八　市村座
上上　中村津多右衛門　中村座
上上　市山伝五郎　市村座
上上　松本大七　森田座
上上　中島三甫蔵　市村座

（二2オ）

上上　松本小次郎　同座
上上　坂田国八　同座
上上　中村大太郎　森田座
上上　尾上政蔵　市村座
上上　藤川判五郎　森田座
上上　中島国四郎　中村座
上上　坂東善次　森田座
上　中村此蔵　中村座
上　沢村沢蔵　中村座
上上　市川綱蔵　中村座
上　坂東利根蔵　森田座

一上　坂東熊十郎　市
一上　沢村喜十郎　森
一上　佐の川仲五郎　中
一上　中村幾蔵　森
一上　大谷大八　森
一上　中村イ蔵　中
一上　松本豊蔵　中

一上　坂東重蔵　市
一上　中村友十郎　森
一上　坂東嘉十郎　森
一上　松本鉄五郎　市
一上　市川団太郎　森
一上　松本大五郎　中

（二2ウ）

▲道外形之部

上上　嵐　音八　中村座

一上　大谷徳次　市　　一上　市川百合蔵　市

▲女形之部

上上吉　山下金作　中村座　（三3オ）

上上吉　芳沢崎之助　市村座

上上吉　中村里好　中村座

上上吉　岩井半四郎　森田座

上上吉　瀬川菊之丞　市村座

上上吉　中村野塩　森田座

上上吉　尾上多見蔵　中村座

上上士　瀬川雄次郎　市村座

上上士　嵐ひな治　中村座

上上十　小佐川常世　市村座

上上　嵐小式部　中村座

上上　沢村歌川　同座

上上　瀬川吉次　同座

上上　坂田幸之助　森田座

一上　山下秀菊　森　　一上　中村国太郎　森

一上　吾妻富五郎　市　　一上　岩井しげ八　中　（三3ウ）

一上　中村万代　森

▲若衆形之部

上上吉　佐野川市松　市村座

上上吉　市川門之助　中村座

上上　坂東彦三郎　同座

上上　市川雷蔵　同座

一上　大谷仙次　市　　一上　中村助次　市

▲子役之部

上上　中村七三郎　中村座

上上　市川高麗蔵　森田座

一　嵐　市蔵　市

一　山下金太郎　森　　一　坂田左十郎　市

一　大谷永助　中　　一　大谷谷次　中

一 荻野伊勢松 市　一 中村仙次 中
一 山下正次郎 森　一 大谷兼次 森
一 市川市蔵 中　一 沢村福松 中

（四4オ）

一 市川岩蔵 中　一 市川伝蔵 中
一 市川弁之介 中　一 坂東金太郎 市
一 笠屋又蔵 森　一 中村彦太郎 中
一 中村国三郎 中　一 坂東大次郎 中
一 坂東桃太郎 森

▲中村座色子之部

一 亀谷染之介　一 山下松之丞
一 小佐川幾世　一 嵐とら蔵
一 滝中金太郎　一 嵐 弁蔵
一 市川常五郎

▲市村座色子之部

一 市川辰蔵　一 滝中豊蔵
一 瀬川三国　一 芳沢徳三郎
一 沢村松次郎

▲森田座色子之部

一 中村よし松　一 岩井大吉

（四4ウ）

▲頭取之部

上上吉 富沢辰十郎 市村座
上上 市川団五郎 中村座
不出 市川久蔵 同座
同 佐川新九郎 市村座
上上 山下里大 森田座

▲太夫元之部

芸ニ不出 中村勘三郎
上上吉 中村伝九郎
大上上吉 市村羽左衛門
上上吉 市村亀蔵
不出 太郎兵衛改 森田勘弥
上上吉 勘弥改 森田八十助
上上吉 森田又次郎
目見へ計 座付口上 吾妻藤蔵 森田座

（五5オ）

同　市川小団次　同
不出　滝中岩之丞改　山下又太郎　同
目見へ計り　下り嵐三次郎　市村座
極上上吉無類　中村富十郎　森田座

狂言作者之部

中村座
桜田治助
河竹新七
山田平三
津本一二
砂田伊八
常盤井田平

市村座
壕越菜陽
奥野瑳助
中村清九郎
大熊周象
奥野栄治
中村故一

森田座
増山金八
笠縫専助
市塚斎次
並木利助
田口金蔵
瀬井馬雪

（五5ウ）

○新道へ夢の告とは新し橋

後生気が出て極の付く女形といふ句は武玉川にありこれは是古瀬川兄弟の事なるへし岩代町へひゞく大詰といふ句は童の的にみへたり是らはよく〳〵芝居好の宗匠の*きくならん爰に二代目の路考が門弟に瀬川雄次郎は年若なれども物事に信心深く大全綱目年々評判記を雨中のつれ〴〵として我何とぞして仙魚の跡をもつぐ様にと神仏をいのる事日夜朝暮おこたらず今日も座敷に入相のころしきりにねむけさしければ枕引よせうつら〳〵とせし所にゆめともなくうつゝともなく白髪たる老人枕の上に立ぜんざい〳〵日頃其方が信心について一つの告あり汝はもはや他名をついだれば是非におよばす何とて弟宗十郎をば呼くたさずやすでに今市川大谷坂東いづれも江戸にてはんじやうする所に沢村家はすんだ△事のや

うになつてさりとは気のどく雷子錦江がよいと（六6オ）いへば沢村家のすたれたるを思ひ狐の女郎かいのさたあれば享保十八年の昔を思ふ程にはやく宗十郎を呼くだし実父の芸風はやめにして沢村流にて出世さすへし是にましたる孝〳〵あらんやはれやくたいもないと思ふべからずかならず疑ふ事なかれと竪板に水を流せる弁舌にて我は是杉のこずへに住鼻高屋高鼻といふもの也此事をつげしらさんが為随いきの随帰りと思ひ遠国なれどわざ〳〵と来たさのさの〳〵讃岐のこんひらといふかとおもへば打出しの太鼓の音にゆめさめて顔みせの評判〳〵

安永三甲午歳

霜月吉日　（六6ウ）

当世口合　千里の翅　出来

再板　郭中奇談　出来

再板　辰巳の園　出来

辰巳の園後へん　婦美車紫𪊲　出来

新板絵入　栄花世継男　全五冊

色錦　姿の花　全五冊

再板　小夜しくれ　全五冊

未ノ新板　潤色栄花娘　全七冊

新板絵入　栄花二代娘　全五冊

未ノ新板　役者妻子鏡　全

未新板　小夜中山敵討　全五冊

好色　染分色兄弟　全五冊

好色　色春駒　全二冊　（又六7オ）

〔挿絵第一図〕　（又六7ウ）

顔鏡天磐戸《かほみせあまのいわと》 四番続
午十一月朔日より 中村座

近江の小藤太　中村介五郎
かわつの三郎　大谷広次
よりとも公　尾上紋三郎
万かう御せん　中村里好
八まきの判官　中島三甫右衛門
たつひめ　山下金作
鬼王△庄司左衛門　中村仲蔵

挿絵第一図

▲立役之部

上上吉　市川団十郎　森田座

[頭取曰]文選《もんぜん》の第十巻に曰泰山《たいさん》の霤《したゞり》 穿 石《いしをうがち》 弾極《たんきよく》の綆《つるべなは》 断 幹《いげたをたつ》とあり然は役者も数年の芸こう鍛練《たんれん》なくしては立者には至りがたしされは先祖市川団十郎勤妓の時々には滑芸陰逸を楽しみ連俳に志深く大坂旧徳翁の門人となつて才牛といへり然れ共其比は役者に俳気うすく芸名計リにて評しぬ才牛は役者にて表徳を呼初也一子九蔵父にひとしく俳道に志事又宜也宝晋斎の弟子となつて初は嬉夕△庵三升と云其後海老蔵と成ッて表徳も栢莚と改其子升五郎愛子にて徳弁といふ若衆形より段々角かづらの荒事をしならい三代目の団十郎と成しが惜かな寛保二戌年二月廿七日にみまかりぬ則法名は随誉覚応信士と云其節栢莚大坂ニて（七8オ）追善の一章

梅散るや三年飼《かつ》たきり〳〵す

三回忌の追善

子がなしの花咲にけり三年忌

月日に関守なくはや当年三十三回忌になりぬ然ルに是より団十郎の名請継へき人なくして月日を送りし所に廿一年以前戌の春狂言に中村座百千鳥艶曽我第三番目に三升十三回忌追善を取組其昔三升いたされし虚無僧の所作事栢莚の孫松本幸蔵是今の団十郎相勤則其年の顔みせ松本幸四郎改名して四代目の市川団十郎と成続て子息幸四郎名跡を請継五代目市川団十郎当時江戸役者の巻頭[ひいき]扨々長々とやられたはそのやうな年代記を取置てはやく三升の芸評をいわれい[頭取曰]成程さぞ御たいくつで（七8ウ）ござりませうしかし右のやうに申ましたも当年は三代めの団十郎三十三回忌殊に栢莚の十七回にござります故追善の狂言もござりませうと存ました所に皆様御存之通夏比より親子共に舞台をひかれました故に其義もござりませなんだ三代目団十郎三十三回忌とり別ヶ役

者の氏神と呼れし市川栢莚十七回忌となた様も御回向被成被遣ませ扨これより三升芸評に懸りませう当顔みせ一富玉盤顔見勢第一ばんめ二立目より出勤義経の家臣片岡八郎にて吉例のしはらくにての出頭《とう》の中将泰経并ニ卿の君熊井太郎がなんぎをすくい立帰らるゝ所いつもながら花やかなることかな三立目二役鈴木の三郎に切落より出院宣をうばい立のき三役とんぐりのおさんばゞにて備前守*にたのまれしづかが母と成義経しづかにあい色々とのにくていわる口おつと（八9オ）まつたり此切落から出らるゝみへも堺町ていたされた秋田城之介のかゝばゞあの役もようちんほどには落《おち》がまいりませぬことにおさんばゝの役は中村座にて親玉のいたされた通りもそつと新らしい趣向はないことかの頭取曰四立目鈴木三郎にて高麗屋との出合はきつとよふござりました次に義経をいさめちやうちやくされはかりことにてかりにむほん人となるゝ所よいぞ〱わる口なんだむせうにほめ*が是も親玉のせられた甲賀の三郎さひいきこいつァ〱とんだねごとをぬかしやあがるおや玉のしたことを三升がするのがどふした狂言は作者から渡す殊に三升の仕内は一つでもいひぶんはないぞすつこんでいやあがれ頭取曰成程近い比は市川のまねを中村でしたり大谷の仕内を坂東でこぢつけるやうなせかいでこざれば親のまねを子がするにちつとも構はござりますまい扨後に松浦左衛門がむほんをみあらはす所はおいへ〱大詰僧正坊の（八9ウ）見へまで大出来〱

上上吉　嵐三五郎　市村座

頭取曰続て当座の出勤珍重〱此度のきやうげん児桜十三鐘壱ばんめ四立目大道寺田畑之介なれ共主人二条の蔵人に勘当うけ座元と二人駕かきの出端此所豊志太夫浄留理にての所作事殊に此所にて太夫元もゐらるゝに後面の所作事迄出来ます〱すいじまん此度の狂言始終三五郎の致されそうな所みな八百蔵へゆづり其身はたゞ浄留りの段所作事のあしらい計リいたさるゝ所さりとはおとなしくみへます頭取曰さて第弐ばんめは田畑大臣といふ女郎かいにてけいせい丹州崎之介どのと玄宗楊貴妃のみへにてのおし出し此所さすが菜陽の思ひ付又格別はなやかにみへます扨夫より丹州を請出し乗物にて帰らんとする所友右衛門出あやしきじゆつを行しを庚申の守りにてのかれ法界坊（九10オ）友右衛門がうつ鉄炮を忍びの者にて請留メての幕次は崎之介と夫婦づれにて雪見の帰り女ぼうがけいせいの時法界坊に五百両の借金是をさいそくにあいなんぎの場へ出友右衛門殿との仕内此段はいさいに申せば殊の外なかふ成ります是は先年当座ニて木場の致されたせいらい清兵衛と音羽屋の仕内のやうにもみへます又一子勝石幼少なれども盗をする故勘当せしが二条家の宝いんすのけさん上ぞうりの間へ隠し

有しを是を以て非人次郎作杉暁殿と不破名古屋のぞうり打の段まだ是より末余程狂言もござれどもいまだ出ませず夫故二ばんめのわけ少々わかりませねども先此度も評判よろしく珍重〳〵

上上吉　松本幸四郎　森田座

【女中大ぜい】やれ〳〵錦孝さんかモウ〳〵ぬしが出なされぬ故わたしらは久しう見物いたしやせぬ此度は久〳〵にて木挽町のお勤メ勘弥の役者附をみやしたら夜が明たやうに成やした(九10ウ)たんと待かねた程に頭取さんよふほめておくれへ【頭取曰】宝暦十一巳年当座の出勤其霜月堺町へ参られてより出入十四年ぶりにてのかへり新参其時分は市川武十郎とて勿論余程功者にはみへましたが扨々今では大立物ニなられました【理くつ者】是〳〵頭取此近年能い役者が皆故人になられたればこそいかに役者がなければとて大立者とはあんまりなほめやうじや【頭取曰】いや〳〵さやうおつしやりまするな成程むかしの栢莚訥子十丁魚楽などからみましては左様でもござりませうが先当時立者に違いござりませぬ【ひいき】これ〳〵あのやうなへんなやつにかまはずとはやく芸評〳〵【頭取曰】扨此度壱ばんめ松浦左衛門にて静御ぜん半四郎と二人のせり出し目みへ口上からして半四郎と二人してのおかしみ見物がうれしがります後に広右衛門野塩半四郎と四人の仕内此所のちやりはお家〳〵次に備前守行家広右衛門殿に一味せよといわれわさとおくびやうの(十11オ)ていをみせ竹みつをおられまたをくゞりゆふ〳〵と謡にて花道へはいらるゝ所此段此度の大出来〳〵四立目は義経やかたへ院の御所より上使といつわり来り鈴木の三郎に尾形の三郎とみあらわされての実悪の仕内夫より花のもとの語りの場【わる口】まて〳〵成ほど初而の謡の場はよかつたが此幕は大みそだぞ△【頭取曰】二はんめは佐藤忠信にて奴の出慶子丈との拍子舞此次にまだ大ぶん狂言有よしなれども此所作切にて打出しざんねん〳〵定而春は面白い事が有でござりませう待ております〳〵

上上吉　大谷広治　中村座

【八百蔵ひいき】是〳〵頭取そなたは吹や町見物せぬか今度中車が大出来をしらぬかなぜ十町より先へ八百を評判せぬとふでもコリヤゑこがあるはい【頭取曰】中〳〵しんもつてゑこひいきは致しませぬ成程今度中車丈は大出来十町主ニさのみ当リはござりませねとも当年(十11ウ)は夏中より役者衆大勢引れし跡秀鶴丈と二人して段々との骨折此度は殊に先当芝居の座頭《かしら》△とみへます十町中車と申ましては五格の所とちらが先の跡のと申事はござりませぬ中車丈は跡にて申ます替りには位付に少々違ござりますこれて御了簡被成ませ【大せい】よし〳〵頭取のことはりきこへましたそれではとち

らにもいひぶんはないそ頭取曰左様ならば此度の仕内を申ませふ
当顔みせ狂言の名題顔鏡天磐戸第一ばんめ川津三郎にて当年は桜
田の思ひ付にて股野と相撲の場を魚楽十町花仕合のたて気がかは
つてよふござります わる口 いや〱是はやつはり吉例の角力がよ
かろふりつはな大キな男が娘形のする様な花仕合はどふも間抜ヶ
て面白くないぞ ひいき そこが狂言の趣向といふものだはやい魚楽
十町といふばを今度門之介をはたかにして角力といふ所が左交の
腹だはやい頭取曰左様〱(十一丁12オ)扨次に赤沢山にて近江八
わたに矢を射かけられての幕是は駿河やの致されたかく理くつ者
五立目こゝはちとかてんかゆきませぬいかに川津がゑいゆふなれ
ばとて腹へ矢を二本いられ抜もせず羽織大小にて家督の酒盛から
庄司左衛門が舞の場夫より死ぬ迄はよほど久しい間是がとんと呑
込ませぬ 頭取曰 はて扨そこが狂言じやなと大めに御覧なされませ
二番目は真田の文蔵にておくひやうものゝ仕内女房小ざゝ金作殿
とつれ立与市から預の首を持て帰り与市が討死の物語を女房にい
ざ*るゝ段此跡狂言も大ふんあれどもいまだ出す定ておく病なをつ
ての仕内あるべしまづ此度は大ていく〱

役者灘名位　上巻終

(十一丁12ウ)

役者灘名位　中之巻

新規《しんき》の作者《さくしや》
改《あらたま》る口合《くちあい》
附リ
新作者《しんさくしや》の力《ちから》で
りきんでも
根《ね》に骨《ほね》の
ない
麸屋町通《ふやてうとうり》

（壱1オ）

上上吉　市川八百蔵　市村座

頭取曰 八年ぶりにての帰り新参当顔見せ市村座の花壱番目四立目二条の家来八王丸にて愛護若菊之丞とのせり出しのしばらく夫より浄留りにての所作事此所太夫元雷子菊之丞雄次郎五人共ニ大出来〳〵五立目二役大館左馬之介にて上下の出此度は杉暁実悪の仕内始終共に半五郎殿相手にいたされは*の仕内殊にいだてん伝八国八殿ニ上下衣服をはがれ杉暁丈は全体大がらにて其上へ上下にてりつはなるに夫にならんで小兵なれども流石上手始終共に面白ィ事大出来〳〵わる口 夫ほどの八百蔵なぜ木挽町出勤の内は一向当リがなかつたの頭取曰 成程森田座出勤の節はさのみ大当リはござりませなんだ全体始終狂言がおもはしうござりませなんだなれども中車の仕内には何を（壱1ウ）いたされても申ぶんはござりませぬ一たい芝居がちと不印でござり*した此度なとの仕内当時誰こさらふ杉暁丈の実悪夫をきめらるゝ所は小兵なれども一体か上手故当顔みせ大出来〳〵九年以前当座初舞台の節も羽柴兵吉にて大あたりでござりました又〳〵其時分より余程仕内に実《み》か入まして何役をせられてもあふなけなく大丈夫〳〵

上上吉　坂東三津五郎　森田座

頭取曰 竹田巳之介にて大坂浜芝居へ出られたは昨日今日扨々きついしあげられやうかなぜんたいくわほうなる人にてひいきつよく当夏木挽町広小路へりつはなる油みせを出され殊之外はんじやう殊に森田座の縁者といひ次第に評判よろしくお手がら此度は壱ばんめ三立目源の義経役にて又太郎三番叟のしほ千歳其身は翁にての出端後にしづかが（二2オ）母おさんばゞ無礼なす故しづかにいとまを遣はしおさんはゝ団十郎をとつて投らるゝ所出来ます〳〵次に尾形が女房杜若丈に源平の二つのはた壱つに縫上よと渡しはいらるゝ所落付てよし此度はさのみ込入たる仕内はなけれとも大

将らしくみへます〳〵来年中は高麗やも同座のことなれば別而は
げみ給へ

上上吉　市川団蔵　中村座

頭取曰第一ばん目四立目土肥の弥太郎なれども百性の姿となつて妹まんかうが大場の三郎にほれられめいわくする所へ切落から出てなんぎをすくい後に川津が家督相続の場へ上下にて出らるゝ計ﾘ壱番めはしうちすくなし二はんめは梶原源太にて師匠市紅の致されし弥平兵へのかたわる曰去々辰の顔みせ則当座にて中車のせられた片桐のやつしは出来てあつた夫とくらへてみれはお月さまと頭取曰申〳〵跡はおつしやりますな見功者辰姫がかつらきの宮に備へ有し石を祝言の石打になけんと（二2ウ）するにしつとの一念にてつかんだる石たなごゝろをはなれずといはるゝ時わかむねへてをさしていはるゝはとふした事しや頭取曰成程是はちと心へ違でこざります先は初舞台評判よろしくめてたい〳〵

上上吉　尾上紋三郎　中村座

頭取曰此度御当地初舞台尾上紋三郎出をちよつと申上ませう先年御当地へ下られし尾上紋太郎弟のよしにて宝暦十四申年京都錦の天神社内中芝居尾上松之介座へ出られしか初也其年の顔みせ大芝居嵐松之丞座へ尾上藤蔵と名乗若衆形にて出られ夫より又宮地芝居を勤立物と成て明和七寅の年顔みせ元ぶくして立役と成尾上紋三郎と改京都尾上久米之介座を勤其後又因幡薬師境内中芝居を勤当春は此度市村座の下り中芝居座元嵐三次郎座を勤居られしか此度初下り則役は源の頼朝となつて浄るり（三3オ）の段所作事後のたて迄評判よく御仕合〳〵

上上吉　嵐三四郎　市村座

頭取曰当顔みせ壱番目二条の蔵人と成り宝ふんじつにより奥方雲井御せんをせめらるゝ仕内二ばんめは田畑之介が親郡次左衛門にて孫勝石が幼少ニて盗をするを悔まるゝ仕内少シ計ﾘなれと落付てよし

上上　笠屋又九郎　森田座

頭取曰亀井の六郎にてあんばいよしの出次に兄鈴木三郎主めいにてちやうちやくされるをあせらるゝ所あつはれなる男つき随分共に情出されよ

上上　山科四郎十郎　中村座

頭取曰当顔みせは中村座の御勤第一はんめに曽我の太郎祐信にて

伊東がやかたへ来ﾘまんこう御ぜんがしがいをとめおもはずもたかいのうてより血(三3ウ)しほながれさり状が起請のごとくなつたるといふ仕内外にさして評する程の事もなし

上上　中村勝五郎　市村座

頭取曰久々にて出勤当顔みせ長田の庄司が末葉内海新平次役此度はさしたる仕内なしぜんたい小手のきいたる人春は大役を引請てなされよ

上上　沢村淀五郎　森田座

頭取曰此度は熊井太郎にて色事仕の仕内さのみ評する程の事なし

上上吉　沢村長十郎　森田座

頭取曰顔みせ第壱ばんめ弐立目頭の中将泰経にて左大将朝方に連判状に血判せよといわれなんきの場片岡八郎にたすけられ大詰は武蔵坊弁慶にてかすやの藤太又太郎(四4オ)とそとは引の荒事わる口角力とらふならヱイ頭取曰なんの事た

●春蔵殿より連名之衆口の目録にのせました随分とも情出し給へ

▲実悪之部

上上吉　坂田半五郎　市村座

頭取曰当顔見世は御家の実悪の仕内第一ばんめ太宰の梅丸といふ叡山の児にて後ニ十山弾正左衛門といふ一条家のしつけんと成太夫元と市松を太郎冠者次郎冠者にして八幡大名の出端まづ第一大がらにしてゐあつてなる程むほん人とみへます曽筑と藤市があらそひを見て藤市をほめそちくをそしり扨大だち左馬之介曽筑をひいきするをいきとふり夫よりねむりし内くわい中より雲井御ぜんのゐん書をねつみかくはへ(四4ウ)出るを左馬之介にとられめをさまし中車丈とのもんどう後に悪事あらはれくしげの少将をうつて立のいたるかたきとしられ左馬之介主人のかたきうたんといふ故雲井御ぜんのためにも親のかたき此場に有合さねばせうぶはかなふまじといへば左馬之介雲井御せんのむかいにゆかんといふ故にその内にはにげてしまふはやいといわるゝ所さりとはてづよふてよし当時此くらいに大丈夫の実悪の仕内は外になし此度のしうち大出来〱二ばん目は非人の次郎作にて雷子丈とそうり打の場もあれどいまだ此すへ狂言いでず二ばんめは少ｼ計ﾘなれども此度は大出来大評判〱

上上吉　中村仲蔵

頭取曰　此度は第一ばんめゑぼし折大太郎にて金作多見蔵ひな次紋三郎と五人この所（五5オ）

〔挿絵第一図〕

（五5ウ）

兼太夫浄留理にての所作事後に文覚上人と名のり頼朝に義兵をすゝめらるゝ段次に二役鬼王庄司左衛門にて一万箱王に舞をのぞまれ川津か痛手をかなしみながら舞をまふ所さりとては今に始めぬことなから功者なることかな　理くつ者　此度秀鶴実悪の仕内一向なし是は立役の部にて評判したらよかろふ　頭取曰　御尤しかし杉暁丈近比は実事をおもにいたさるれど是迄持前の実悪の巻頭にて評

児桜《ちごさくら》　十三鐘《ぢうさんがね》　四番続
午十一月朔より　市村座

おり介
大谷友右衛門

あいごのわか
瀬川菊之丞

八王丸
市川八百蔵

かうしんのしんれい
市村羽左衛門

田畑之介
嵐三五郎

弾正左衛門
坂田半五郎

おそで
芳沢崎之介

挿絵第一図

いたしました仲蔵殿にも立役の部へ入ましては殊の外座なみむつかしうござります夫故にやはり杉暁丈次へ置ましたさて二ばんめは岡崎四郎にて政子の舞が琴のしらべにさつばつのてうし有故に悴与市が身のうへをあんじ次に家来文蔵夫婦戦場よりかへりしと聞対面のうへ悴与市が討死の様子を聞てのしうたん　見功者　いやはや此所なぞの心持きつとかんしんいたしました文蔵が女房金作殿与市が討死の物語の内誠に涙を流さるゝできつい（六6オ）もの〳〵　頭取曰　二ばんめはまた余程狂言あれともいまだ不出さぞ面白ィ事なるべし大切に役の行者の見へもあるよしはやふみたふござりますまた此度も評判よろしく珍重〳〵

上上吉　中島三甫右衛門　中村座

頭取曰　当顔みせは中村座の出勤第一ばんめは伊豆の国の住人八牧の判官なれどもけたもの売狸の五郎蔵と成て源氏の重宝蛇かへしの太刀をうばいいろ〳〵との悪だくみしかしこんとは例のおかしみなし夫故さのみ評する程の事なし

上上吉　大谷広右衛門　森田座

頭取曰　打続て森田座の出勤此度は第一はんめ二立め左大将朝方の公家悪にてしばらくの請　芝居好　成程功者によくはいたさるれどあ

まりよはすぎてきのどくいろ〳〵のおとけをいはるゝかこれはやはり又太郎にいはせ（六6ウ）其身はおんくわにせられなはしつかりとみへてよかるへし此所は気とりち*違と存る三立目二役備前守行家にて松浦左衛門を身かたに付んと思ひしにおく病なる故またをくゝらせ心底をさくる仕内二はんめは足かる雁兵衛にてけいせいよし野にれんほしひさのきすをみられ本名わつぱの菊王とさとらるゝまて此すへ余ほと仕内有べし

上上吉　中村助五郎　中村座

頭取曰中村座へ帰新参壱はんめ股野の五郎影久にて川津か心ていを引みんためわさと頼朝へ一味といつわり白梅にて十町どの花仕合もよし〳〵四立め二やく近江の小藤太にてかし物や清左衛門純右殿に衣服をはがれはだかに成てのしうちひとへに伊藤入道所領のいこん故と悔らるゝ所出来ます〳〵大詰はまたのゝ五郎にて真田と石なけの場芝居好此所はすおふ大太刀にて致されなはかくへつ見へもよろしからんにさんねん〳〵（七7オ）頭取曰切に与市と組討ついに真田が首討てはいらるゝまで二ばんめ奴五鬼平にてなんばの六郎が供をして出らるゝ所少シ計リにて仕内なし

上上吉　大谷友右衛門　市村座

頭取曰魚楽と入替りにて市村座の出勤当顔みせ壱ばんめは奴折助にて少シ計リの仕内二ばんめは山伏ほうかいぼうにてほらがいにて忍びのものを呼出し花道にて田畑之介に鉄炮打かけてはいらるゝ幕次に田畑が女房崎どのにけいせいのせつ借たる五百両の金さいそくして証文の替りに連判状へ血判せよといわるゝ所手つよふてよし魔術にてついたての犬といふ字を焼田畑之介雷子丈と力くらべをし相図に用るほらがいをにぎりつふしあとにてうらうされむねんからるゝ所大出来〳〵堺町出勤のうちはさのみ評判もなかりし（七7ウ）がどふ致しても市村座がふさいましたやうに存る

上上吉　坂東又太郎　森田座

頭取曰久々にて森田座の御勤此度かすやの藤太にて是業袖歌と三人三番叟のみへしはらくの請もいつもながらきみのよいことかな二ばんめは義経の郎等御馬やの喜三太にて六部となつてつるが郡領がしんていをはかり後に義経奥州落の関所切手をもらひよろこばるゝまて大てい〳〵

上上吉　山下次郎三　中村座

頭取曰又々此度中村座へ下リ当かほみせ工藤金石家来八わたの三

郎にて旅出立の出端伊東がやかたへ忍ひ入赤木作りの太刀を盗と
らんため姿をやつし又れいの松柏《しやうはく》はきつと受取ましたしかし此度
は役廻りすくなし春をまちます〳〵

上上吉　　中村新五郎　　森田座

（八8オ）

頭取曰慶子丈御子息初五郎殿上方にて敵役になられ此度森田座の初舞台たつた今平と云奴にて備前守にたのまれ院の御所よりのにせ上使となり義経になんだいいひかけちやの湯のちやをこぼしてのおかしみも上方風故かおちがまいりませいできのどく後にまことは義経がたいの股小平六と本名をあらはし備前守に詰よらるゝまてわる口慶子の息子故かこれがほんの鷹が鳶だ頭取はてさてめつそうな事おつしやるな流石は慶子丈の御子息まづ始終とゆる〳〵とところうじませ

▲敵役之部

上上吉　　中島勘左衛門　　中村座

頭取曰当顔みせ伊藤入道にて都より帰らるゝ出端先此所伊藤家の一門金石丸に彦三郎土肥の弥太郎に団蔵曽我の祐信に四郎十郎川津（八8ウ）の三郎に広治一万箱王并鬼王団三郎近江小藤太に助五郎庄司左衛門に仲蔵と本舞台花道迄ならはるゝ所桜田の思ひ付花やかにて見事〳〵さて祐ちか入道勘左衛門殿金石に三ヶ庄の内宇佐美の庄をゆづらんといつわり其替り工藤が重宝赤木作りの太刀をうばい証拠の一通を引さき捨る所にくいぞ〳〵さしたることはなけれども孫どもを愛せらるゝ心もちさりとはよふきがつきます此度も評判よろしくとう〳〵たて物になられました

上上吉　　三国富士五郎　　森田座

頭取曰平少納言時忠にて梅花と菊に赤白のはたを付義経になんだいいわるゝ所少シ計リ一ばんめはつる賀の郡領がせがれ井上太郎にてけいせいよし野と連立ての出後に似せ弁慶と静御ぜんのせんぎせらるゝ所少シ計リにて評する程の事なし松介名残の狂言の節花車形は大でき〳〵

（九9オ）

上上　　市川純右衛門　　中村座

頭取曰大場の三郎影親にて真田の与市薪車丈との角力場中〳〵よし二役ぢこく清左衛門といふ貸物屋にて小藤太が衣服をはぎ金石丸に慮外せし故首うたるゝまでさりとはにくていによくなさる〳〵近年大ぶんよい役廻り随分情出されよ

上上吉　富沢半三郎　中村座

頭取曰押小路中納言氏貫といふ似せ公家の仕内後にあらわれ三島の宿の神主となつて音八と衆道のおかしみ此度御役すくなく評するに不及

上上　坂東三八　市村座

頭取曰一*条の蔵人家来荒木八郎にて三立めに出られ少シ計リの仕内あまり芝居はやく（九9ウ）初り夫故当顔みせは三八をみぬ見物が大ぶんござります

上上　中村津多右衛門　中村座

上上　市山伝五郎　市村座

頭取曰御両人一所に申ませふ先ッ中村氏は去年森田座へ下り此度は中村座初舞台第弐ばんめより出勤平家の侍難波△六郎の役岡崎方へ上使に来り悪源太の位牌をみてくるしまる〻所まだ初ての衆は歌七に其ま〻じやとうれしかられます▲市山氏は南都の衆徒豊後坊の役二ばんめは揚屋ていしゆ伝六にて無間ノ鐘のやつし此度は役があいませぬさて〳〵夏祭の中かい弥市は大出来〳〵

上上　松本大七　森田座

上上　中島三甫蔵　市村座

上上　松本小次郎　同座

（十10オ）

頭取曰右三人同位一所に申ませう大七殿梶原源太の役此度はおかしみなしにしつかりとみへてよししかし鈴木三郎に投られ三つぼさいをみるやうにとはとふも梶原に似合ませぬ気を付給へ▲三甫蔵殿小くるすの宗かんやく市松の所作の相手二やく下女おふく▲小次郎殿は氷上の皇子の役よい役まはり随分と気を付て情出し給へ

上上　坂田国八　市村座

上上　中村大太郎　森田座

上上　尾上政蔵　市村座

上上　藤川判五郎　森田座

頭取曰此四人位は少々不同なれども一所に申ます国八殿瀬田三郎にて是も三立目に出られ後にかし物屋いだてん伝八役是は堺町にて純右衛門致さるゝ通り大太郎殿久々にて此度森田座出勤（十10ウ）二ばん目ひき田次郎の役政蔵殿は片田次郎二はんめ田畑之介迎ひの場は中車もどきと申ます判五郎殿山名次官やく右各々よふござります

上上　市川綱蔵　中村座

上上　中島国四郎　同座

上上　坂東善次　森田座

上　中村此蔵　中村座

上　沢村沢蔵　同座

上　坂東利根蔵　森田座

頭取曰娘御達のいやがる衆中一所にたばねて申ませふ綱蔵殿は海老名の源八役中島氏はとつは藤蔵と長尾新五の役善公は猪熊九郎の役不義の相手に大根はきつと請取ました此蔵殿は奴の二蔵と長尾新六の役沢蔵殿は四五一ぶた蔵と岡部の弥次郎役利根蔵殿は蓮沼入道にてしはらくの引立何も段々と御上達猶春長くゆる〳〵と申ませふ　（十一了11オ）

其外の敵役衆は初口目録にのせましたゞたゞ御立身を待のみ

▲道外形之部

上上　嵐音八　中村座

頭取曰此度は小性染川縫之丞にてぼうしばりにされ半三郎と衆道のおかしみ有後に御親父のいたされたるひいどろの坪皿にてちよほ市をしはたかにされ八わたの三郎に宝蔵のかぎをとらるゝまでよほどおかしうござります

役者灘名位　中之巻終　（十一了11ウ）

役者灘名位　巻之下

下の巻名計《ばか》リの作者《さくしや》
貰《もらひ》に行口相《ゆくくちあい》
附リ
趣向《しゆこう》と文句《もんく》は
世間《せけん》の見《み》てが
鏡《かゞみ》
移《うつ》しても似《に》ぬ所で
自笑種《わらひぐさ》
（壱1オ）

▲女形之部

上上吉　山下金作　中村座

頭取曰中村座夏比よりも親玉を初メ其外大勢の役者衆引れし跡はとこやみの世となつたる世界此度四年ぶりにての帰り新参山下金作当座へ参られ人の面も白〳〵と顔鏡天磐戸といふ狂言の大名題則御役は伊藤が娘辰姫にて第壱ばんめ四立目浄留理のだんゑぼし折大太郎秀鶴丈と連立ての出端わる口是も桜田の思ひ付かしらぬか多見蔵ひな治と居る所へ里虹の振袖はどふも気味かわるい殊に金作に所作事は頭取曰ないてもごさりませぬ芝居好いや〳〵とふみても浄留理の場はとなりのほうかよつほど面白いぞ頭取曰二ばんめは真田文蔵が女房小ざゝにて文蔵諸共せん場より立帰りおつとかおく病をくやみ主人岡崎四郎に（壱1ウ）与市が討死の次第物語の場こゝらは又かくべつ功者がみへます此上まだ狂言出ませいでさん念〳〵ついでに申ませう森田座十蔵殿名残の節姫子松のおやすは大でき〳〵

上上吉　芳沢崎之介　市村座

頭取曰当夏中より久〳〵お休でござりました所に此度市村座の出勤顔みせ壱番めは出勤なく二ばんめよりお勤けいせい丹州にて雷子丈と玄宗楊貴妃のみへわる口おつと待つたり成程此所狂言の趣向はよけれ共崎之介を楊貴妃とは頭取曰うつくしうみへますでござりませう扨田畑之介に請出され乗物にてはいらるゝ幕《まく》次は三五郎殿と夫婦つれにて雪見より帰り下女のお粂にみかへられおつとにさられうらみらるゝ所非人次郎作杉暁殿にほれられめいわくからるゝ仕内次郎作ル*か雪にこゞゑるてい勘当の子勝石がせわになつたる恩ある故かいほうしてやる所をおつと田畑に不義者（二2オ）なりとみとがめられなんぎせらるゝ仕内功者〳〵

上上吉　　中村里好　　中村座

頭取曰当顔みせは壱番目川津が女房満こう御ぜんにて狼の五郎蔵がたいせし一腰は蛇返しの名剣とさとり後に兄土肥の弥太郎頼朝に一味せし故おつと川津平家よりうたがいかゝりし故おつとにさられ次に川津がさいごをかなしみてのしうたんの仕内去年の顔みせは大出来大当りにて段々と評判もよふござりましたが又れいのなまけが出まして今とはすきとさへませぬ程に随分たるみの出ぬやうに気を付給へ

上上吉　　岩井半四郎　　森田座

頭取曰当時のきゝもの杜若丈此度三升高麗屋と一所に木挽町の御勤かほみせはよし経のおもひ者しづか御ぜんにて錦考と二人のせり出し目見への口上（二2ウ）もできました二役おがたが女房てり葉にて糸売の出兄鈴木三郎ニあい色々の咄のうへ長袴のすその綻《ほころび》をぬへといひ付られ尾形の家のおきてにて糸針とれはおつとの身のうへ大事と成故めいわくからるゝ仕内芝居好後に又しつかにて出らるゝ所あれどしづかとてり葉の二やくがずんとわかりませぬやうにみへますわる口何ンだかしらぬが去々年の馬がいの所作は大みそであつたがそれから段々と下り坂になつたそひいきこいつが〳〵はかなことをぬかすな其様に年中当りつゞけといふことがあるものかやい頭取曰左様〳〵少シたるみといふも*でござりませう当座にて忠臣蔵のおかるをせられてより次第に評判が出ました当座は出世の舞台と存ます役者附番附にも三ヶ津女形の親玉中村富十郎とならべてかゝるゝといふはとほうもない立身かな随分ゆだん（二3オ）なくはけみ給へ

上上吉　　瀬川菊之丞　　市村座

老人曰どなたも御免なされませ私は久しう芝居は見物いたしませぬが路考は故人になられましたと聞ましたが今度羽左衛門の番附をみましたが瀬川菊之丞とござるが是は誰人でござるな頭取曰当春市村座へ下られし富三郎当年中殊の外評判よろしくござりました故此度ひいき中より菊之丞成ルをすゝめられしが自分もたつてじたいいたされしを太夫元相談の上にて是非にと申さるゝによりまして此度富三郎改名仕まして瀬川菊之丞でござります夫故右之訳を太夫元めみへ口上に申されます大せい扨菊之丞顔みせの仕内はいかに頭取曰当顔みせ壱ばんめ愛護若の若衆形の仕内冠装束にて中車しばらく（三3ウ）の受にてのせり出し見功者此所衣装つきのわるい故か惣たい此段のみへおもはしからず頭取曰夫より浄留理にて所作事はよし次に雲井御ぜんにほれられめいわくし左馬之

助中車丈と男色にことよせ盃をやらるゝ所とかくぬれことにかゝつてはきついもの〳〵芝居好とかくいやらしい口つきをせらるゝが是はむりむたいに愛敬をとらるゝと見へたり是をやめにせられたらよかろふとかく孤自《こぢ》付《つけ》は御無用〳〵仕内はよふござれどももそつとおんくわに被成よどうぞ〳〵瀬川菊之丞の高名をよごさぬやうに随分共に気を付給へすでに前〳〵より大きなる名を受ついて評判のわるい人もござるほどにかならず〳〵もう菊之丞になつたるといふ気てゆだんし給ふべからず頭取曰是は〳〵御しんせつによふおつしやつて被遣ました扨二ばんめは下女のおきくにて田舎ものゝよふなる形にてずんと野暮なるし(四4オ)出し誠は田畑之介にほれているゆへと又雷子丈とのぬれごと是より末は愛護若の身替りといきそふなことといまだ其段不出まづは評判よろしくめてたし〳〵ひいきしめませうしやん〳〵〳〵

上上吉　中村野塩　森田座

頭取曰当顔み世壱番目三立めに土佐坊かむすめ牛王の前にて三津五郎又太郎と共に千歳のみへにての出下ﾘ新五郎と少ｼたてあつて後に備前守がしんていをしらんためにかりに高麗屋と夫婦になつての仕内見功者さりとはぼつとりとしておとなしいよいげいふうじやぞとこやらの人はとかくしうちがそう〴〵しうござる此君はさすが慶子丈の見たてほと有てゆつたりとしたる仕出し後々は大たてものと存します頭取曰扨次に手水ばちの下にかくしある小からす丸の太刀をとりゐてはいらるゝ所よいぞ〳〵二はんめは(四4ウ)けいせいよし野にて足がる雁兵へをわつぱの菊王とみあらわし足引の山路の菊を折ゐてはかたきいわねに露むすぶらんといふ歌にてたゞのふへしらさるゝ所よし〳〵来年は大じの所随分共に御出情〳〵

上上吉　尾上多見蔵　中村座

頭取曰当顔みせより民蔵の字を多見蔵と改め中村座の初舞台第一ばんめに川津か妾風折にて浄留理の段所作事次に二やく小鳥売誰袖にて真田の与市門之介殿とせり出し後に角力の行司役もよし〳〵初舞台評よくめてたし〳〵

上上吉　瀬川雄次郎　市村座

頭取曰市村座へ帰り新参此度の仕内杢兵へ娘春のとにて浄留理の段所作事は太夫元雷子丈中車丈菊之丞其中ではこたいぎ〳〵なれども随分よふなされます後に愛護若(五5オ)にほれてゐる故雲井御ぜんのれんぼをはじしめらるゝ所さりとはつつこんでよふいたされます八重にておかるの仕内からめつきりと評判がでました此

度も大でき〱

上上吉　嵐ひな治　中村座

頭取曰 今年は中村座の出勤当顔みせは北条時政が娘政子前にて浄留理の所作事二番めは岡崎やかたにて琴の場少シ計リ*さりて評なし

上上　小佐川常世　市村座

頭取曰 此度壱ばんめに左馬之介女房歌ぎぬの役当顔みせよりたてものと成やぐら下になりめでたし〱

上上　嵐小式部　中村座

頭取曰 去年の白みせは森田座へ出られしがいかゝの事（五5ウ）にや其後出勤なし此度中村座にて朝若丸のめのとなぎさの役なれども仕内すくなし

上上　沢村歌川　中村座

上上　瀬川吉次　同座

上上　坂田幸之介　森田座

頭取曰 右御三人一ッ所に申ませふ歌川殿は伊藤九郎妹からいとの役吉次殿は盛長妹しづはた役幸之介殿は朝方の息女綾歌姫役どなたもかはゆらしうござりますとふぞやぐら下になるやうに随分精出し給へ其外の女形衆は口の目録に印シました

▲若衆形の部

上上吉　佐野川市松　市村座

頭取曰 当年は市村座の御勤壱ばんめ田畑之介が弟さなへの介にて次郎冠者の出二やく雲井御せんにて愛護若にれんほの仕内桜の木へしばられ難（六6オ）義の場母のゆうれいに助ヶられ夫より長歌にて所作事 わる口 初手に上手揃の所作をみた上て殊に相手か常世三甫蔵でさりとは 頭取曰 申シ〱もふあとはおつしやりますな大詰の荒事迄よふござります

上上吉　市川門之介　中村座

頭取曰 当顔見世壱ばんめ真田与市にて誰袖多見蔵殿とのせり出しきれい〱夫より大場の三郎純右衛門と角力此度はめつらしくはだかになつての仕内見物がうれしがりますおしい事相手が又太郎なぞならさぞや大ばねならん 見じまん 色若衆がはだかになつては

もふしまい〳〵大かた近々に元服でござりましやふ[頭取曰]大詰石投の場夫より股野と組討にてついに影久に討るゝ迄二はんめ与市がゆふれいにて出られた計ﾘにて此すへのしうち出ず当顔みせ中村座一の評判大出来〳〵（六6ウ）

〔挿絵第一図〕

（七7オ）

挿絵第一図

上上　坂東彦三郎　中村座

[頭取曰]当顔見世よりめつらしく中村座出勤御役は工藤金石丸にて伊東入道より宇佐みの庄をゆつらんとたばかられ赤木の太刀をうばいとられざんねんかられそれよりちこく清兵衛が無礼なす故首うたるゝ所故薪水の倅がうつてよし大詰の丹前迄出来ます〳〵

上上　市川雷蔵　中村座

[頭取曰]此度は土肥の弥太郎が弟同小次郎政員にての荒事兄弥太郎に異見の場てきます〳〵どふぞはやく五郎役をするやうに情出されよ

上上　中村七三郎　中村座

[頭取曰]此度は川つか子息一万丸のやく大詰の丹前もよふござりますついでなから申ませう中車丈の御子息市川伝蔵箱王丸にての所作事（七7ウ）いやはやしほらしい事かなこま蔵は此度二はんめにかぐら丸とあれども出勤なし其外の子役色子の分は口の目録にのせました

▲頭取之部

上上吉　富沢辰十郎　市村座

上上　市川団五郎　中村座

不出　市川久蔵　同座

上上　佐川新九郎　市村座

上上　山下里大　森田座

一連袖丈此度より市村座の頭取役御苦労〳〵当顔みせつくあみ杢兵衛の役団五郎殿関白もと通の役新九郎殿そつのあじやりの役山下氏此度久々にて舞台出勤つるがの郡領役右いつれも御太義〳〵

（八8オ）

▲太夫元之部

狂言ニ不出　中村勘三郎

上上吉　中村伝九郎

頭取曰 当顔みせ壱番目大詰七三郎丹前の後見に出られ後に和田の義盛にてかほまつかに塗すほうにておし出し大詰のみへ少シ計リの出勤夏中より役者不足の芝居存知之外はんじやうにて御まんぞく〳〵

大上上吉　市村羽左衛門

上上吉　市村亀蔵

頭取曰 此度は第一ばんめ四立目手白《しろ》のさるなれども駕籠かきの姿となつて浄留理のだん所作事は始終雷子丈へゆづりての仕内又亀蔵殿は信田大領の役出来ます〳〵顔みせ大当リにてめでたし〳〵

（八8ウ）

狂言ニ不出　森田勘弥

上上吉　森田八十助

上上吉　森田又次郎

頭取曰 又次郎殿当顔みせ尾形が家来はんにや丸と成黒装束にて忍ひの者にて出花道より猪熊九郎善次殿出らるゝをとつておさへ院ぜんをうばいとり後に松浦左衛門をあさむき本名鷲尾三郎と名乗らるゝ迄出来ます〳〵別而当顔みせ芝居大入リにて珍重〳〵

無類 極上上吉　中村富十郎　森田座

頭取曰 桜町の中将殿は花の盛リの短きをおしみ泰山府君へいのり

て盛をのばし給ふそれさへ花も紅葉も一盛といふに此慶子丈程盛久しきなし慈童は観音の二句の偈を菊の葉に書ィて是をなめ八百歳の寿を得顔色童子のごとしとありされば慶子丈今をさかりに振袖（九9オ）にあい当春のお七にて夜のあみ笠の所作事大出来大当り秋狂言の奴小まんは見物は申に不及役者中迄かんしんいたされしとの沙汰誠にきめう〳〵扨当顔みせは壱番目出勤なく二ばんめよりのお勤則お役は秀ひら娘みやぎのにて幕明キ状箱もつて関所の前へ通りかゝりし所にはや門しまりとをられぬ故向よりきかゝりし奴の状箱と取替【上方の人】ちよとまつてくだんせ此狂言は十一年以前申の年顔みせ京都嵐松之丞座にて前の中村四郎五郎相手にて致されたる仕内其節は慶子丈しづかにて此度幸四郎致さるゝ場四郎五郎義経にての仕内故狂言もよくわかりましたが今度の趣向はどふもすめぬやうじやはいな【頭取曰】なる程御尤でござります此義は跡てしれませうまつお待なされませ（九9ウ）扨次に小間物屋左官紺屋を作り山伏にていつわりて関を通らるゝ所ながいなぞといふ人もあれど余人と違いいつまでも舞台にゐらるゝ内はおもしろいことかなさて郡領屋かたへ来り弁慶と皆々あいさつするをふしぎがり夫より段々様子を聞間違を幸ィに成程弁慶なりと偽ての仕内【さじき見物】扨々おかしい狂言じや【見功者】いふはむだしやがきつい上手じや大太刀をおもたがらるゝ所なぞおもしろいことじや

【頭取曰】後に弁慶の姿にて出幸四郎殿と所作事は申もおろか御家〳〵【芝居近所の人】また此跡に笈の内にかくしある小烏丸と能登守の一腰とあらそひにて笈のおどり出るをみて紙かつはを着せてのおかしみ扨しつかとなのり来△たりし奴はいひなづけのおつと忠信と名乗り合大切広右衛門わつはの菊王ちんばにて慶子錦孝三人のたてある（十了10オ）よし聞ましたが此段出ましたらさぞおもしろい*とであらふになぜ致されぬことしやゝら【頭取曰】はてよふ御存知なる程其段もござれども芝居大入大当りにて殊に夜に入リます故所作ぎりにて打だしでござります慶子丈始終内外ともに芝居の世話致されますそふな夫故当顔みせも初日の一ばん太鼓晦日の夜五つ時分に打込れ木挽町古来まれなる大入大当帳元并平野屋の御勤きついもの〳〵とてものことに道具色看板等もそつと気を付給へ殊に役者付絵ぐみなぞ直されなば此上あるまじしかしみつればかくると申せば少々は不足なるもよかるべし当顔みせ三座共に大入大繁昌ひとへに君が代の戸ざゝぬ御代の御めぐみと目出度し〳〵

安永三甲午年
霜月吉日　　堺町南新道　中山清七版

役者灘名位　下之巻大尾　大叶

（十了10ウ）

役者酸辛甘

安永四年正月

（早稲田大学演劇博物館蔵本）

役《やく》者《しや》酸《すき》辛《ぶ》甘《すき》　芸品定

京之巻目録

京四条一芝居惣役者目録

名代　早雲長太夫
　　　布袋屋梅之丞　座本　藤川山吾

▲立役之部

○見立茶の銘による左のごとし

極上上吉　尾上菊五郎
いづくへ出ても和実《わじつ》の一森《いちもり》

上上吉　尾上新七
一座の世話に骨《ほね》を折鷹《おりたか》

上上吉　尾上松助
よい〳〵のさたが光りわたる朝日《あさひ》

上上吉　沢村宗十郎
女中は寐もせず夜の内から此人を未明《みめい》

上上　浅尾豊蔵
芸の仕やうに生立《おひ》のみゆる浜荻《はまおぎ》

上上吉　嵐藤十郎
何とやらさびしい冬梅《ふゆむめ》

▲実悪之部

上上吉 嵐七五郎
当座で実悪の花橘《はなたちはな》

上上吉 染川此兵衛
此度はさしたる仕内も梨蒸《なしむし》

▲敵役之部

上上吉 坂田来蔵
何をさせてもさりとはよい喜撰《きせん》

上卜 坂東鶴五郎
狗《ゑのころ》たゝきのせりふより評判が永仙《ゑいせん》

上卜 嵐　治蔵
立役にあふてはあたまの上らぬ笠取《かさとり》

上卜 市川辰十郎
お定りの悪工みはあらはれる信楽《しがらき》

一上 沢村竹五郎　一上 中村喜蔵
一上 沢村与市　一上 坂東半四郎

▲若女形之部

（弐2オ）

上上吉 姉川菊八
心もちは低《ひく》からぬ高雄《たかを》

上上 芳沢いろは
うつくしさはみがき上ヶた玉椿《たまつはき》

上上 藤川山吾
当皃見せが座本の初桜《はつさくら》

上卜 嵐重の井
ちと仕内がさはかしい春風《はるかぜ》

上上 中村吉之助
出端の一曲はできましたことぶき

▲色子之分

一 中村菊助　恋ぎぬ　一 沢村千鳥　ちとり
一 小倉山豊崎　おつな　一 中村長之助　わかば
一 尾上富松　つなわか　一 芳沢万代　つなわか丸
一 嵐　竜蔵　みやしぶの神　一 尾上虎松　ひやうぶの神
一 嵐熊次郎　うこん　一 三枡辰次郎　たへま
一 中村吉太郎　たつた　一 芳沢仁崎　おしほ
一 中村吉次　うねめ　一 中村市三郎　ちから
一 嵐　岩松　うきふね　一 嵐　雛蔵　さんや

（弐2ウ）

一　尾上条三郎　やくなし　一　佐の川三吾　やくなし
一　沢村辰之助　やくなし　一　藤川政野　やくなし
（三3オ）
一　尾上七三郎　同
惣巻軸
上上吉　若女形　嵐　雛　助
やつし万才が狂言の山吹《やまぶき》

因幡薬師寺内中芝居　名代座本　いせ松三右衛門

午十一月八日より
為　討日本一《うつたりやにつほんいち》　七冊物

▲立役実悪敵役之部

大上上吉　萩野伊太郎　鑓持当平誠は楠正行又〳〵各別〳〵
上上吉　中村富世　石堂馬之丞てきました〳〵
上上吉　浅尾国五郎　大和谷与三八改名中条仲馬日本駄右衛門二やくきつい仕上やうしや
上上吉　中村丑右衛門　師直定氏功者な事〳〵
上上吉　中山太四郎　千崎弥五郎奴岡平今でのきゝもの〳〵
上上吉　江戸坂正蔵　後室おのてるおかしいそ〳〵
上上吉　嵐　玉徳　福井帯刀落付てよいそ〳〵

上上　中村吉蔵　鷺坂伴内よし
上上　嵐吉十郎　山路武太夫大てい〳〵
上上　萩野蔦五郎　矢間十太郎歌門よほと上りました
（三3ウ）
上上　大和山善吉　奴土手平よし

▲若女形之部

上上吉　松山小源太　まがきとなせ次第に上りました
上上吉　中村亀菊　おかるふせやよい仕出しでござる
上上吉　小佐川乙吉　みさほお石勾当内侍三役ともよいそ〳〵
上上吉　藤川若松　水茶やおくみ功者に見へますそ
上上　尾上条蔵　小なみしほらしいそ〳〵
上上　中村小市　翁は大義〳〵ぬいの介役よし
上上　中村富之助　あづさ姫わかとよ力弥二やくうつくしい〳〵
一　浅尾為之助　三番三歌内　一　中村若葉　小いし
一　尾上松三郎　千歳あしの介　一　沢村辰之助　松之介
一　中村岩二郎　松の井
惣巻軸
功上上吉　立役　小野川弁弥　由良之介若狭之介又〳〵御功者〳〵

○ちよとおしらせ申上まする
都御馴染のひいき多き江戸坂氏去秋死去致されましたゆへ戒名を書記しましたとなたも御ゑかう頼上ます

安永三年午七月廿八日
釈正甫信士《しやくのせうほしんじ》　　俗名　江戸坂京右衛門
　　　　　　　　　　行年　四十九才

（四4オ）

○此所にて申上まする

三ヶ津芸品定
二の替大評判
役者芸雛形《やくしやげいひながた》　　全三冊

附リ　めづらしき狂言《けうげん》のもやう取水際《みづぎは》の立大詰《おほつめ》の染上《そめあげ》
第一　やつし形《かた》の口舌芸切《くぜつけいきり》かはつた振袖《ふりそで》のけいせい事
第二　所作事《しよさ》の延《のび》ちゞめ寸尺はお定りの吉例曽我《きちれいそが》
第三　道具立《どうぐだて》は地幅《ぢはゞ》も広《ひろ》く取まぜた時代世話《しだいせわ》
右来ル三月より本出シ申候其節は御求御覧可被下候已上

俳諧玉藻集　　夜半亭蕪村選
　　　　　　　全部一冊

右はいにしへ名高き女のほ句を数多あつむ右之本出し置申候御求御覧可被下候

（四4ウ）

○気違《きちが》ひの魔法《まほう》を遣《つか》ふ馬鹿《ばか》が嶽《だけ》の名改《なあらため》

一華《いちけに》ニ在リ二百億国《ひやくおくのくにあり》ニ一国ニ在リ二一釈迦《いつこくにいつしやかありと》一めつたむしやうに大きなことをのたまひしも実空言《げにぐうげん》*ならず今の世の仏法はんじやうことばにのへがたし集銭《しゆせん》の小鍋《こなべ》立に阿弥陀《あみだ》のひかりあれば骨牌《かるた》△の中にも一釈迦《しやか》ましく此道にいたらぬ所なし其骨牌《そのかるた》△の彩《あど》りして世をわたる彩色《さいしき》の作介元は二本もさいて三百石を領《れう》ししかも殿《との》の気《き》に応《おう》しだんく経《へ》のぼり一家中《かちう》にてもうらやむ程のつとめはじめの程は懈《け》怠《だい》なく同役とも中よくつとめしがふと川東の野白《やはく》に心それ大切《たいせつ》の番も折くのことはり傍輩《ほうばい》の小ごと大かたならずかさねてさしかゝりことはりこさばむりにも出よと云つかはすべき内々の云合せ聞かぢりゐたる所に翌《あす》は顔見世しかも梅幸久しぶりにての京つとめ花もはづるよし野といへる白人《はくじん》つれて見物のやくそく桟敷《さじき》も六七とやらん聞置たればどうしてなりとも行（五5オ）かねばならずとあんじゐたるあくれば霜月朔日とて館《やかた》にては式日《しきじつ》の出仕《しゆつし》正五つに出ねばならず一通りにことはりつかはさばかねぐの云合せも有まゝ同役合点《がてん》すまじハテどうがなとしあんをめぐらし未明《みめい》に一通《つう》をしたゝめ役所《やくしよ》へつかはしける其文

以手紙致啓上候然者拙者儀今日可罷出処昨夜より不相勝何とやら乱心可仕様子ニ御座候依之出勤不致候乍御苦労御助合可被下候夫共不苦思召候は丶押付而可致出勤候以上

此書面ニ傍輩《ほうばい》大キにおどろき必《かならず》御出勤御無用緩々《ゆる〳〵》御保養《ほよう》可被成と申来りしをうれしく四条の遊び終《つゐ》に阿漕《あこぎ》が引網《あみ》にて事あらはれ食《しよく》録《ろく》を棒《ほう》にふり俄《にわか》にか丶る心細きなりはひ女房に娘一人我共に三人口やう〳〵のくらしゆだんしては行ずと（五5ウ）あまりに仕事に懲り情もつきけるま丶こ丶ろして風の残せるもみぢ葉《ば》をたづぬる山の甲斐《かい》に見ばやと冬がれの高雄《たかお》へこ丶ろざしおく山ふかくたつね入とある巌《いわほ》にこし打かけしばらく彳《たゝず》む所前なる谷をへだてしむかふの岨《そば》の松が根《ね》に小笹《ざゝ》を分て山猿《ざる》の子を愛《あい》しゐたり京に目馴《めなれ》ぬめづらしさつく〴〵ながめゐたるに件《くだん》の親猿物におそる丶風情《ふぜい》子を腹《はら》におしかくし松がねにしがみ付てけはしき叫《さけ》び合点《かてん》ゆかずと見あげし松の梢《こずへ》に年ふる鷲眼《わしまなこ》をいからし翅《つばさ》をひろげ猿を見こんで今もやおとし来らんいきほひふびんにおぼゆればたすけたくはおもへど幽谷《ゆうこく》前にありて頓《とみ》に行ん事かたし仕かたなく立たる所に彼《かの》鷲《わし》一もんじにおとし来つて親猿を引つかみ雲井《くも》はるかにとびさりけり子猿はた丶ごめきてかなしむ有さまあまりにむごく屈曲《くつきよく》の路《みち》を（六6オ）

〔挿絵第一図〕

（六6ウ）

〔挿絵第二図〕

（七7オ）

めぐり松下《せうか》にいたりよく見れば鷲のつかみし親猿の両腕《りやううで》子を取られじとの一念にてつかみ付たる松が根に其ま丶のこりわしのちからもおそろしく肩《かた》より引ぬき行たるにてぞ有けるさればこそ子猿に恙なかりしわれも父母へ孝《かう》うとくおろそかにくらせし事口おしく是よりせめてなき跡ねんごろにとむらひまいらせんとふかく御仏《みほとけ》の道に思ひ入ぬることこそしゆしやうなれとても発心《ほつしん》せは日本の釈迦《しやか》ともよはれん今仏法はんじやうとはいへども世尊《そん》のおしへにはみなたがへり我これをこぢなをさんと剃《そ》らぬ前からあたまがちなる分別《ふんべつ》おもふに今のしゆじやう中〳〵古るめかしき事にては合点《かてん》せまじ霊鷲《れうじゆ》の座《ざ》がしらたる如来だに幻術《けんじゆつ》をなし給ふと聞く我も其方便《ほうべん》なくてはと急《きう》に丈六《ちやうろく》になりたき願ひこ丶に鞍馬《くらま》山僧正坊召つかひ木のはてんぐのうち（七7ウ）すぐれて鼻《はな》大きく油ぎりたる大羅坊《たいらほう》京地に高慢《かうまん》の者をさがし夜《よる》〳〵一条より九条までをかぎありきしがある夜二条の鼠鳴《ねつなき》にふと心みたれ河原の惣嫁《そうか》になじみ夜ごとにあそばずといふ事なかりしが君《きみ》所持の瘡《かさ》うつり日ならずかきみだれあげくのはてには看板《かんばん》第一たる鼻《はな》もおちこちのたつきもしらぬ山中の病《やまい》もの何をいふもみなふにやく〳〵と訳《わけ》しれざれば仲ヶ間の木のは師《し》の御坊へ申立かんじんのはなくしては我党《とう》の交《まじはり》ならすと賓罰《ひんはつ》してければ人界《にんがい》へおちてくらま口矢狭間《やざま》喜内

梅幸さんを
どこでも
待てじや

かほみせ
狂言の
はん付

いかさま
是は
きのどく

又例の
断か

挿絵第一図

作介
うき世のさまを
かんずる

挿絵第二図

が住古《すみふる》しの明キ家をもとめ住ける後々思ひ合すればとかく此家は惣嫁《そうか》の所縁《ゆかり》すむ所也と人云あひける大羅《たいら》外に習得《ならひ》し芸《げい》もなければ魔術《まじゆつ》をもとにして幻術《げんじゆつ》御のぞみ次第魔法軒《まほうけん》と札をいだし居たるを作助聞（八8オ）出し行て望《のぞみ》のあらましをかたるにいと安く請合申けるは天竺《ぢく》は大国ゆへ丈六にてつり合よし日本は小国なれば三分一にして少し有余《ゆうよ》をくはへ六尺八九寸然るべし染《そめ》ちんもそれだけ下直なりと聞先ッ下直といふ所耳《みゝ》よりなれば成ほどさやう致すべしさらば六尺ゆたかになし給はれこゝろみの事なれば又もとのごとくなし給はらんも成やときくにハテ扨そのじゆうなくては幻《げん》術《じゆつ》とは申され申せぬとたしかなことばそれはあんどいたしたと有合の小間銀を御祝義のしるしとさし出せば魔法軒《まほうけん》一つの箱よりあやしき羽団《はうちわ》を取出し秘《ひ》文となへ作介をあふぐとひとしく丈《せい》たちまちにのびて六尺ゆたかになりたり丈《せい》ばかりかは顔《かほ》の大きさ手足ものびてふとくたくましくなりけるをまづ此ふしぎでは衆生もなびくならじとうれしく思ひし所いかゞしけん魔法軒目を見つめうんとのつけにそりかへりて頓死《とんし》げに天狗《てんぐ》仲ヶ間（八8ウ）をはつされ人間なみになりぬれば此みちのかるべきにあらずはかなくもあはれなる事なりき作介もけうがることゝ立さはぎしがそこらしづまるにつけ我身を見れば生れもつかぬ大男修法者頓死《しゆほうじやとんし》のうへは何とまじなはん手だてなくやう／＼夜にまきれやどへもどり戸をたゝ

けば二かいをたゝくは何者じやと女房むすめのこわがりおれじや〳〵といふこゑに戸をあけ見れば顔は夫《おつと》ながらせいかつかう人にすぐれて大きくなりもどりたるをやつと内へ入やうすを聞くにありし物がたりすても置れす庄屋へうつたへ所のものへもはなせばみなあつまりての相談《さうだん》にとかく人の中にたち目だつ商売よからんと下地すきの芝居ひようばん所頭取役を往生《わうじやう》ずくめ名も作介をあらため釈迦《しやか》が嶽《たけ》の出来そこない馬鹿《ばか》が嶽とよび大勢の中に目たちての先生《せんせい》(九9オ)がほこれ芝居ぎらひも芝居好にみちびく方便《はうべん》甘《あま》いは粋《すい》のはじめなるべし

安永四つのとし
ひつじの初春

作者　八文舎自笑

（九9ウ）

▲立役之部

極上上吉　尾上菊五郎

芝居好曰 周覧之遊其興《しうらんのあそびそのけう》太《はなはた》多《おほく》。春有㆓万樹之花㆒《はるはよろつのきのはなあり》。夏有㆓百尺之泉㆒《なつはひやくせきのいづみあり》秋有㆓千里之月㆒《あきはちさとのつきあり》冬有㆓数重之雪㆒《ふゆはすぢうのゆきあり》といへども一陽来復《やうらいふく》の顔見世のけしき中〳〵口にも筆にもいはれぬ佳興《かけふ》此上の楽《たの》しみは外にないぞ

頭取曰 仰の通りでござりますことに梅幸丈のおのぼりゆへ一しほのにぎはひ芝居茶屋中は柿色《かきいろ》ののうれんに定紋《ぢやうもん》の染《そめ》上を一やうにかけならべ花やかな事 ひいき 去年大坂まで上られたゆへもはや上京に間はないと日をかぞへて待ました わる口 大坂出勤の内も忠臣蔵は大あたりであつたが二のかはりの油はかり庄九郎はさたあしく夫より是はといふ勢ひもなかつたぞや ひいき 耳《みゝ》も眼《め》もないたわけものが出おつたほどにいかなる名人でもあたりつゞけといふことはないものじやはやい 頭取曰 さやうでござります三のかはり近江源氏の佐々木の三郎兵衛心中狂言のいしや桜田左市の(十10オ)仕内はしごくよけれ共それ程のさたのないは時のまはり合せと申もの わる口 お家の月本武者の助もさのみ入らなんだぞや 頭取曰 入の有ないは仕内の善悪とは別の義月本役は難波の見功者方もきつとかんしんにて今に申出してゞござります ひいき なんぼなんのかのとわる口をほざいてもあてる場はあてらるゝ既《すで》に九月廿七日より菅原を出し菅丞相に松王の二やく大出来にて忠臣蔵よりもきびしい大入にて十月廿八日まで入つゞけ次に顔見世といふ物がないといつまでせふやらしれぬほどの勢ひ其時分はちくらがおきへでもいてゐられて評判はきかれなんだか 大ぜい やくにもたゝぬせり合はさしおひて当時の芸評が聞たい〳〵 川東より 六年ぶりのかへり新参先はめでたい〳〵祝ふて一つ打ませうしやん 頭取曰 当皃見

世旭耀金丸山《あかねさすこがねのまるやま》につもりひたちの介と成高安和泉の介なんぎの場へけいせい松風に塩汲桶《しほくみおけ》を車にのせ綱《つな》をひかへこしもと小性をあまた引つれゑぼしかりきぬを持(十10ウ)はおり大小にて松風のうたひをうたひての出端さりとはきれい〳〵[さしきより]先出られた所が大立者の人品骨柄《じんぴんこつがら》はなやかな事の天上〳〵[頭取曰]夫より和泉の介松風をせんぎせんとてゑぼしの紐にてわざといましめ情をかける仕内見物がうれしがります次にうまいものやが生駒肥後守と名のり上使に来りしをにせものと推《すい》し御膳を差上んといひどじやう汁すつほんのいりを出しうまいものやをじゆつながらせいづみの介が持ゐるちしほにて書し起請《きしやう》をうまひものやがみればおそれるゆへ女狐丸を所持するくせものとさとりながらさはらぬていにておくへ入夫より我やかたの外にうまひ物やとしのびのものりんしをぬすまんといふ云合を立聞してしのびのものしのび入るをくゝりあげ一間へおしこめうまい物やは主ころしの弥源次とさとり我女房夕なぎの兄ゆへ夕なぎじがいせんとするていをひとり芸をして弥源次を引入れんとはかる仕内[見功者]此間の独《ひとり》狂言の仕内当時(十一11オ)外にまねてはないおもしろい事〳〵[頭取曰]それより弥源次をかくまひやらんといひきかせばたねがしまにてねらふをはづし一間におしこめおきししのびのものをうたせ次にけいせい松風にいづみの介となれそめのはなしを聞んといひてのじやらつき去とは和らかな仕様できました〳〵実は我執心《しうしん》ゆへ心にしたがひくれとたのみ女房夕なぎりんきするゆへ切ころしまことは松風の身がわりに立ん心ざしゆへうれいをふくみての仕内どふもいへませぬ[芝居好]此度の狂言はしつくりとした芸ゆへとび上りの衆へはそれほどに落かこねど此方共はきつとかんしんいたしました[頭取曰]夫より松風大かくが心にしたがはぬゆへ首打しと大かくをたばかり夕なぎの首を出せばおさらぎ仙左衛門が似《に》せ首といふゆへいぜんひろい取し仙左衛門が大かくを討んといふしめし合の状を大かくに見せ実心と見せて仙左衛門を大かくに切ころさせ男狐丸の剣を受取松風に(十一11ウ)りんしをうばひとらせにせ物を大かくにわたし弥源次か松風をさゝへるゆへ松風のうたひにての舞《まひ》はたらきまで大でき〳〵[ひいき]何一つ申分なくうまい事〳〵[さじきより]中〳〵此くらいの事では見たらぬ〳〵二のかはりにはしつほりと頼ますぞ[頭取曰]当時和実のひんぬきどこへ出しても外にいらいてのない親玉

上上吉　尾上新七

[頭取曰]大坂より師匠梅幸丈のぼられ同座のおつとめ嘸《さぞ》御まんぞくに存る[川東より]急《きう》にめき〳〵と立者になられた座付にも立役の惣おさへにて何かの口上をひつくるめての御骨《ほね》折[町より]ずいぶん愛《あい》

敬《きやう》をとりてにくまれぬ様になされ折ふしはわるいさたをいたすぞ頭取曰当顔見世金丸山に美濃領関所の預り△遠藤蔵之進*どなりあらを五藤太とふたごの跡目さうぞくの事を論《ろん》し古主ひなづるひめつなわかをたすけんため照魔鏡《せうまきやう》を持来り関所を通らんとするを五藤太さゝへ通さぬゆへいろ〳〵と（十二12オ）云ふくめる心づかひの仕内よし夫より桜井新兵へが親を五藤太打し事しれ敵打に来るとのしらせに五藤太おどろくゆへ関所をかわれば命にきづかひなしと情らしく見せかけ関所を預りかはり五藤太をたばかりひなづる姫につなわかをたいめんさせ若とうりん平につなわかの命乞の願をさせつなわかをたすけ桜井新兵衛に五藤太をうたせるまで先はしつかりとしてよいぞ〳〵見功者曰近比出情ゆへ何をさせてもあぶなげなく落付てよけれ共ちとつまり過るやうに見ゆれは今少しゆつたりとしられたら若手の中につゞくものはないぞ〳〵芝居好去ル皃みせの渡辺の綱はきつと受取ましたあの格《かく》になされよ頭取曰いかさま左様なものいや又次第に御工夫が付ませう先は打つゞき居なりのお勤珍重〳〵

上上吉  尾上松助

沢村組こりやとふじや近年しだいに評判のよい訥子を（十二12ウ）さし置て此ならべやうは頭取曰仰までもなく訥子仕上られた事は諸見物の御存いわひでもしれた事尾上氏は初上りゆへ客座にすへました沢村氏は位《くらい》にお気を付られませ沢村組其わけをとふからいへはよいわい大ぜい尾上氏の生立《おひたち》はとふじや聞たい頭取曰梅幸丈弟子にて宝暦六子冬より子役にて初て江戸芝居へ出られ同十三の冬より若女形となり段〳〵立身《りつしん》して上上白吉にいたりきりやうよくひいきある女形成しが師匠の例を引て明和七寅の冬より元服して立役に役かへ次第に評よく去ル冬迄江戸森田座のお勤此度京の初舞台さじきより先男大きくきれいなる仕出し敵役にはおしいものじや頭取曰それゆへ実敵とござれども此度仕内は立役ゆへ此所へ出しました当皃見世金丸山に力持の大夫関東兵へと成大島の半着にていろは殿に傘《からかさ》をさしかけ（十三13オ）

〔挿絵第三図〕（十三13ウ）

〔挿絵第四図〕（十四14オ）

られ家来共を取てなげての出りつはな事でござります夫より樽《たる》の曲持《きよくもち》所作受取ました川東より御力がつよいと聞ましたがいか様そのやうにきつと見へます頭取曰夫より雛づるいろは殿と少しばかりのじやらつきありてのちに守り袋をせうこに里の子大八とのり衣装《しやう》をあらため上下大小にて出芝居好人品ゆつたりとして上下つきもよく近比の江戸上りのほり出し〳〵頭取曰桜井新兵へににせ物と見あらはされまことは九重ちからと名のりちよくし成と

旭耀金丸山《あかねさすこがねのまるやま》
午十一月十六日より
三番続
藤川座

だん正ニ
坂東鶴五郎
こうしつおてるニ
嵐重の井
さくらい新兵へニ
浅尾豊蔵
こん藤くらのしんニ
尾上新七
つもりひたちの介ニ
尾上菊五郎
つしま弥源次ニ
嵐七五郎
つもりみんぶニ
嵐藤十郎
大江大かくニ
染川此兵衛

ひなづるニ
よし沢いろは
こゝのへちから
尾上松助
いづみの介ニ
沢村宗十郎
大江大八ニ
坂田来蔵
小さくらニ
嵐ひな助
けいせい松かぜニ
座本藤川山吾
ひたちの介ニ
尾上菊五郎
女ほう夕なぎニ
姉川菊八

挿絵第三図

挿絵第四図

いひ女狐男狐二ふりの剣を差上よといひ渡夫より鼓《つゝみ》の音に聞とれ狐也と物語りひなつる和泉之介両人と少し計所作ありて三絃《さみせん》を望まれぜひなく一曲ひいてのあしらひ【わる口】早う芸づくしを出されたぞ【頭取曰】次に弾正をたばかりひんほう神也といひにせもの〻二ふりの剣をわたし誠は桜井新兵衛が弟新(十四14ウ)介となのるまで初舞台評よく珍重に存ます【川東より】当皃見世の一ノ評判は此人じやぞ【見じまん】立居何か全く市川の親玉をよくのみこんだ物じや【すいかほな男】此格のゆつたりとした仕内は上方にすくないゆへどふやら立廻りがぬるいの何のとうわさあれど此方らは受取てゐるそ【頭取曰】成程仰の通なれと其所はおもひ〳〵なれば御工夫の有そふなものめつたに親玉風計でもまいりませぬぞ何かさし置先は評よく御手柄〳〵

上上吉 の 沢村宗十郎

【さしきより】やつしがたのきれめの時節によいやつし形になられたぞ【芝居好】次第に芸に実《み》が入まして去秋のあしやの保名物狂ひなどは一かとの事でござります【見功者】鯉長石橋の節浅間のやつしかごかきの場などむつくりとしてとふもいへなんだ【頭取曰】夫故此度位を上ました【ひいき】そふであろ〳〵【頭取曰】当皃みせ金丸山に(十五15オ)高安いつみの介なれど力持のはやしかたと姿をやつし途中《とちう》

にていなり明神の末社の神より宝珠《ほうじゆ》をさづかりいろ〳〵宝のきどくを見せる仕内よし芝居好びんぼう神との出合もおかしく松介いろは三人の所作あしらひもすこし計なれどやわらかでよいぞ〳〵頭取曰大切ㇼひたちの介かはたらきにて高安の家を納るまでさして是はといふほどの仕内もなけれど全体が上りました町より近年の堀《ほり》出し〳〵

上上　浅尾豊蔵

頭取曰是まで大坂角芝居へ出られし三升宇八殿此度すこし様子あつて浅尾為十郎弟子と成名苗氏共あらためての上京場よりいつみてもこきみのよい芸じや頭取曰此度金丸山に若とう桜井新兵へとなり里の子となのり来りし大八はにせものとさとりせんぎして後に大殿高安兵部より親の敵打の願ひ叶ひついに（十五15ウ）あらを五藤太を手にかけ本望達するまで諸見物の受よく御仕合〳〵川東より立に成てはきついぞ〳〵

上上士　嵐藤十郎

頭取曰打つゞいて頭取役御苦労〳〵此度つもり民部と成一味と見せ腹を切大かくをたばかりにせ腹切し事物語るまてさして評する程のことなし春永に申ませう

▲実悪之部

上上吉　嵐七五郎

頭取曰居なりのお勤めでたい〳〵当皃みせ近江領関所預りあらを五藤太と成いぜん心をかけしひなづる姫関所へ来りしをよろこひひなづるに心にしたがへといへ共聞入ぬゆへあづかりのつなわかが首をうたんといひ次に桜井新兵へ親の敵討に来ると聞おどろき蔵之進にたばかられ関所を替預りつなわかをばひとられついに桜井新兵へが手にかゝるまでさしき大ぶんおかしみ（十六16オ）をかねての仕様よいぞ〳〵頭取曰二やく弥源次なれ共うまい物やと姿をやつし途中にて妹夕なぎにあひ今は本心に立かへりしといつはりおさらぎ仙左衛門と云あはせ生駒肥後守と名のり上使といつわり入こみひたちの介に見あらはされ血汐《ちしほ》の起請《きしやう》をみて其けがれにおどろき腰に帯せし盗おきし女狐丸さとられしと心づかひ次にひたちの介がこしらへ事ともしらす塀《へい》ごしにかくまひやらんといふを立聞悦び内へ入実心とみせ首を打くれよと頼みひたちの介首うたんといふゆへあわてかくまひくれずば種が島にてうたんといひ後に女狐丸もひだちの介にうばひとらるゝまてしつかりとして出来ました〳〵芝居好此上の望みもそつと花やかにしられたらどふ

もいへぬにおしい事〳〵頭取曰夫はゑようの餅の皮と中もの

上上吉　染川此兵衛　（十六16ウ）

頭取曰此度五年ぶりでのおのぼり珍重存ますさしきよりいぜんのやうなせわことのおかしい仕内を待ますそ高場より座付の口上はいつでもおかしい頭取曰当皃みせは大江の大かくと成盛藤出国ゆへ弟大六と云合せ国をおうれうせんとたくみてかけ難波津を梅そのゝ内侍《ないし》とすいりやうしせんきせんとして小ざくらにたばかられ工みをあらはされ大切ひたちの介を一味と思ひ民部がにせ腹切しをしらずうばひ取し男狐丸の剣をばひ取るゝまで手あついそ〳〵わる口手あついかしらぬがとんとおもしろひ事がない芝居好何ぞ切ﾚかはつた事をして評を取給へ若手の敵役の衆中が次第に上達ゆへ大事の所じや頭取曰待てござりませ春は何ぞおかしい事が出ませう

▲敵役之部

上上　坂田来蔵　（十七17オ）

頭取曰去々年おのぼりなされてより次第にひいきつよく仕内も段〳〵御上達きついおてがら〳〵川東よりこちの陣まく待てゐましたぞ頭取曰此度びんぼう神となりいづみの介が持ゐる宝珠のゐとくにおそれ立さり弾正と云合せの工みもくひちがひ千本桜の狐忠信のやつし身ぶり大ｨﾆ受取ましたぞ芝居好何をさせてもおかしみあつてとふもいへぬそ頭取曰二やく大江の大六となり兄大かくと心を合せつがひ獅子《しゝ》の香炉《かうろ》難波津の色紙二色の宝《たから》をうばひ琴《こと》三味せんの内へかくし置後に小さくらに見あらはさるゝまで引はり有てよし高場より雛介やつし万才の相手は御くろう〳〵頭取曰大切おさらぎ仙左衛門と成弥源二といひ合大江の家をうばはんとしてひたちの介にたはかられつゐに大かくが手にかゝる迄しゞうの出勤御大儀〳〵見功者去秋大塔宮の駿河守役三（十七17ウ）段目灯《とう》籠《ろう》の段などは仕にくひ場を引はつてよくせられた頭取の位を上たも尤じや頭取曰とかく何をせられても請よくきついお仕合今でのきゝもの〳〵

上ト　坂東鶴五郎

川東より犬たゝきのせりふよりめつきりと声がかゝりますぞ頭取曰此度は高安の家老弾正と成桜井新介にたばかられにせの剣を受取つゐに工みあらはるゝまでしつかりとしてよし芝居好立役とあれど此度も敵の仕内いか様敵役の方にて執行なされよ次第に評判が出ませうさじきどこやらよい御ひいき方があると聞ました

上ト　嵐　治蔵

上ト　市川辰十郎

【頭取曰】同位ゆへ一所に評いたしませう嵐氏はおにがせ玄番中間天助二役先は口跡《かうせき》の調子《てうし》よく（十八18オ）役がらには相応いたしますぞ▲市川氏はおがた貫蔵若とうりん平二やく随分情出し給へ其外の詰敵衆は口の目録にしるしました

▲若女形之部

上上吉　姉川菊八

【抵子組】こちの大将はどこにおくのじや【頭取曰】是はおとなげないお尋とこへ出しても大立者はしれた事何も座列《ざれつ》の論《ろん》はござりませぬ花の都の惣巻軸ずつしりとすへおきました【町より】扨姉川氏段〳〵御上達にて其上女形少き時節ゆへ次第に役廻りも能《よく》大塔宮花ぞのなどはいかゞとあんじましたにあつはれ引うけてのこなし様おどろき入ました【さじき】何をさせてもあぶなげのない仕出し末頼もしい〳〵【芝居好】随分花やかな仕内を心がけてかびのこぬやうが大事でござるぞ【頭取曰】当皃みせひたち（十八18ウ）の介女房夕なきと成百度参りの出にて道にて兄弥源二にあひ悦び次にけいせい松風といづみの介と祝言のとりむすびをひたちの介に頼みそれより立聞して夫トひたちの介松風を恋したふをりんきしてしつとの仕内よしついにひたちの介の手にかゝるまで引はり有てよいぞ〳〵【さしき】梅幸の相手ゆへ別して御骨折《ほねおり》でごさろとかくたるまぬやうになされよ今が大事じや

上上　芳沢いろは

【町より】どふ見てもうつくしいぞ【頭取曰】打つゞき京都の御勤めでたい〳〵当顔見世雛鶴《ひなづる》姫と成尾上松介に傘をさしかけて狂気の出いつ見てもきれい〳〵後に松介宗十郎三人所作のあしらいもよく二つめつなわかをたすけんと関所へ来り五藤太がくどくをはぢしめ蔵之進が情にてつなわかに逢（十九19オ）よろこぶまで出来ました〳〵大分芸も上りましたに去とはおしい事は御親父一鳳丈西方の芝居へ居かわり段〳〵の上達が見せたいもの去とは残念〳〵則御ひいきの一鳳丈ゆへあの方の替名を御覧に入ます

安永三年午十一月十八日
一乗院宗芳日円《いちぜうゐんそうほうにちゑん》　俗名　芳沢あやめ
　　　　　　　　　行年　五十五才

上上　藤川山吾

頭取曰去年は当地舞台をお休みゆへひいき連中おあんじの所名古屋芝居より頼にてお下りなされあの方にても評よく此度当地へ御帰りにて初座本名前を上られめでたし〳〵ひいき祝ふて一ッ打ませうちやん〳〵ま一つしよちやん〳〵祝ふて三度おしやん〳〵のしやん頭取曰殊に大坂よりは梅幸抿子上京にて諸見物初日を今や〳〵とお待かねの処（十九19ウ）十一月十五日よりはじまりひいき連中のお悦び大かたならす当皃見せけいせい松風と成ひたちの介と塩汲桶《しほくみおけ》を車《くるま》にのせ綱《つな》を引ての出端よふござります夫より云かはしゐるいづみの介にあひ悦び後にひたちの介にいづみの介となれそめのはなしをのぞまれじやらつきよしひたちの介心にしたがへといふゆへとうわくし夕なぎのしつとをきのどくがり立廻りあつて後にひたちの介よりりんしのこめある社の鍵《かぎ》をもらひりんしをうばひ弥源二にさゝへられつゐにいづみの介と世に出る迄さしきより直《すなを》なる仕出しにて末頼もしい此度は梅幸引廻しにて大役随分精出されよひいき春も打つゝいて大入を取給へ

上ト　嵐重の井

頭取曰昨年はいづかたへ御出やら見受ませなんだに（廿20オ）此度当座へ出勤当皃みせ高安のおく方おてるごぜんと成おがた貫蔵願書をせりあひ貫蔵がむたいのれんぼをいやがり後に高安の家の為つなわか丸の首を打しうたんまでさしたる事なけれ共つかひおけのある重法《ちやうほう》なお人

上ト　中村吉之助

頭取曰お師匠鯉長丈去ル十月八日より石橋の所作事を出され廿八日までつとめられ近年の大当り何の口上もなけれども諸見物名残の気にて毎日おしあいへしあひての大入きついお手がら〳〵門人の御身ではさぞお悦びでござりませう芝居好今年鯉長の休息《きうそく》は京中の残念がりどふぞ早々出勤を待ます〳〵頭取曰何方も其噂《うわさ》のみでござります当皃見せ梅ぞのゝ内侍なれど盛遠《もりとふ》てかけ難波津と成大江大六がくどくをいや（廿20ウ）がる仕内去とはしほらしい事でござります其外の色子衆は初口の目録にお名を記し置ました

物巻軸
上上吉　嵐雛助

頭取曰三年ぶりの帰り新参皆〳〵待かねましたぞ町より近比は立役にお役がへかあると噂《うわさ》がござつたやはり女形にての上京は珍重に存ますさしきひいき今若手の女形に此人ほど急に仕上られたはない度々此人ひとりて入をとらるゝは当時若手の御名人むかし形

気の男曰女形の名人とはいはれまじ一とせぬれがみの長五郎を大当てより女形の商売をおわすれか小栗宗丹のむほん人らいでん源八の男作矢ノ根五郎の荒事近江源氏の早打などむしやうにつよ気になつての立役夫ゆへおのづから女形の時も其うつりにて一比よりはぬれことなどにやすらかに見へずしてきのどく立役か女形か片付てなされ(廿一21オ)たらよからふあつたらことじやにさて当世な男曰夫は片手打な云やうあながち此身このまるゝ事共思はれね共芝居方の*よりの頼によりては引もしられぬが立者の持前其身上手にあらずしては二役はなりがたし以前から上手の女形多しといへ共立役を度々して当られたる事なし此君立役をせられてあたらぬといふことなし女形を勤らるればきつとした大立者両様に達した名人じやと思召せ芝居好諸見物の請取あいだは女形をなされふと思召ならあら事の男役は同じくは御無用と存るひいき当時日の出の大立者にちがひのないこちの扺子をいざこざいふやつはつまみ出すぞ頭取曰いづれもひいきにおぼしめすからの評判此君も嘸御満足におぼしめさふ当㒵みせ旭耀金丸山に狂女小さくらと成竹馬にのりきちがひの出にて後《こう》(廿一21ウ)室くれ竹に守り袋を見せ里にのこされし子となのりあひ夫より紅梅へ鴬の来てさへづるを見て此家に宝《たから》有る事をさとり次に大六が梅ぞのゝ絵姿を持ゐるをひつたくり気ちがひに事よせ江戸万才してあそはんと大六を相手に床几《しやうぎ》にかゝりなぞをかけてのおどけ町より此場の狂言去ル宝暦七丑顔見世南側の芝居沢村座にて親父小六いたされたかた去とはよふにました頭取曰次に難波津をせめんと琴三味せんを出させ其内より難波津の色紙番獅子の香炉二色の宝を出し大かく大六両人の工みをあらはし後室の里の子とはいつわり誠は盛藤女ぼう花の香となのり敵へ相図ののろせを上る火鉢へ白銀の鉢にたゝへある水をこほしてのまくまで此度は是はと云ほどの事もなけれども(廿二22オ)先出られた所は申分のない大立者と見へます〳〵ひいき定て春はめさましい狂言が出るで有らふと楽しんでゐるぞ頭取曰二のかはりにはきものつぶれるほとの仕内がござりませう待てござりませ大せい早く梅幸扺子といふ出合が見たい〳〵頭取曰先は例年の芸品定も首尾よく相調ましてめでたい〳〵先此所は御立〳〵

安永四年
未正月吉日
京ふや町せいくわんじ下ル丁　八文字屋八左衛門板

(廿二22ウ)

役《やく》者《しや》酸《すき》辛《ぶ》甘《すき》　芸品定

江戸之巻目録

古《ふる》きを以て
　新《あた》らしう持込《もちこむ》
　　忠孝《ちうかう》

聞《きゝ》こたへのある
　せりふの詰開《つめひら》き

どふ見ても
惣座《さうざ》中《ちう》の立役《たちやく》
太刀《たち》打《うち》の光《ひか》りは
四方《しほう》へとゞく
　角《すみ》かづら

行義正《きやうぎたゞ》しき
　若衆形《わかしゆがた》の
　　芸《げい》ぶり

出世《しゆつせ》は見へすいてある
目《め》の前道筋《まへみちすし》

（壱1オ）

ちがへぬ
さすがの見功者《みがうしや》

江戸三芝居惣役者目録

さかい丁　中村勘三郎座
ふきや丁　市村羽左衛門座
こびき丁　森田勘弥座

▲立役之部

○見立諸国名葉たばこに寄左の如し

上上吉　市川団十郎　森田座
其名は四方にかほるさつま国分《こくぶ》

上上吉　松本幸四郎　同座
仕内いたつてしやんとした舞《まひ》

上上吉　大谷広治　中村座
たが口にもあふ上州館

上上吉　市川八百蔵　市村座
芸に和らかみのある新田

上上吉　坂東三津五郎　森田座

（壱1ウ）

女中のひきたかる茂木

上上吉　市川団蔵　中村座

師匠のまねをしなのだて

（弐2オ）

上上吉　坂東又太郎　森田座

顔見世はいつも赤土

上上吉　沢村長十郎　同座

沢長の名は高き山名

上上吉　嵐三四郎　市村座

親御の名はひくからぬ坂下

上上　尾上紋三郎　中村座

段々と吉が黒くなるからす山

上上吉　笠屋又九郎　森田座

どふぞ江戸風にして保科《ほしな》

上上吉　山科四郎十郎　中村座

さかい丁へはじめていく坂

上上　中村勝五郎　市村座

上上　沢村淀五郎　森田座

上上　尾上政蔵　市村座

一上　坂東吉蔵　中　　一上　尾上叶助　中

一上　市川滝蔵　中　　一上　市川春蔵　森

一上　市川染五郎　森　　一上　中村音三　中

（弐2ウ）

一上　山下門四郎　森

立役巻軸
上上吉　嵐三五郎　市村座

当地にいつまでもあしを留

▲実悪之部

上上吉　悪《ほうび》　坂田半五郎　市村座

悪の仕内は至てきつい服部《はつとり》

上上吉　中島三甫右衛門　中村座

芸風はするどひ竜王

上上吉　大谷広右衛門　森田座

見るから工みは大山田

上上吉　中村助五郎　中村座

はやく御出世を松川

上上吉　大谷友右衛門　市村座

いつものみのよい玄古

実悪巻軸
上上吉　実《ほうび》　中村仲蔵　中村座
当世の人の気にあふしうの米沢

▲敵役之部

○見立たばこやふてうニよる左の如し

上上士　中島勘左衛門　中村座
親の代から敵役をトヲシ

上上十　三国富士五郎　森田座
お名は三国一の山ワ

上上　市川純右衛門　中村座
立役にきめられてはあやマル

上上十　中村新五郎　森田座
むかしの名は初五郎卜申

上上　富沢半三郎　中村座
たくんだ事もついにあらハレ

上上　坂東三八　市村座
御せい次第で今ニつく吉

上上　松本小次郎　同座

上上　松本大七　森田座

（三3オ）

上上　中島三甫蔵　市村座

上上　中村津多右衛門　中村座

上上　中村大太郎　森田座

上上　市山伝五郎　市村座

上上　坂田国八　同座

上上　中島国四郎　中村座

上上　市川綱蔵　同座

上　坂東善次　森田座

上　沢村沢蔵　中村座

上　坂東熊十郎　市村座

上　中村此蔵　中村座

上　坂東重蔵　市村座

上　坂東利根蔵　森田座

上　藤川判五郎　同座

一上　佐野川仲五郎　中　　一上　沢村喜十郎　森

一上　市川団太郎　森　　一上　松本鉄五郎　市

一上　中村幾蔵　森　　一上　中村友十郎　森

一上　坂東嘉十郎　森　　一上　大谷大八　森

（三3ウ）

一上　中村イ蔵　中　一上　松本大五郎　中
一上　松本豊蔵　中

敵役巻軸
上上士　山下次郎三　中村座
口跡も敵にはきつと上和　（四4オ）

▲道外形之部

上上　嵐　音　八　中村座
ゆづりをうけた二本棒
一上　大谷徳次　市　一上　市川百合蔵　市

▲若女形之部

○見立たばこの銘による左のごとし

極上上吉　中村富十郎　森田座
所作事は此うへもないよしの

上上吉　山下金作　中村座
仕内に色も香もあるかうばい

上上吉　芳沢崎之助　市村座
久々でふきや丁へ雪の朝

上上吉　岩井半四郎　森田座
見物の目をさます明ぼの

上上吉　中村里好　中村座
さつてもきれいなうす色

上上士　瀬川菊之丞　市村座
此度より名もあらたまるしら菊　（四4ウ）

上上士
中村野塩　森田座
尾上多見蔵　中村座
君たちの事ならば命をあげまき

上上十　嵐　雛　治　同座
色をよそほふうす雲

上上十　瀬川雄次郎　市村座
さてもしほらしい花もみぢ

上上一　小佐川常世　同座
しこなしに香をふくむしら梅

上上
嵐小式部　中村座
沢村歌川　同座
せ川吉次　同座
坂田幸之助　森田座
吾妻富五郎　市村座

一上　山下秀菊　森　　一上　中村国太郎　森
一上　岩井しげ八　中　　一上　市川辰蔵　市
座附　吾妻藤蔵　森田座
同　市川小団次　同座
（五5オ）
不出　滝中岩之丞改　山下又太郎　同座

▲若衆形之部

上上吉　市川門之助　中村座
此度のすもふもさてもあら切
上上吉　佐野川市松　市村座
さの川の名をうつした小松
上上　坂東彦三郎　中村座
上上　市川雷蔵　同座
一上　大谷仙次　市　　一上　中村助次　市
座附　嵐三次郎　市村座

▲子役之部

一　中村七三郎　中　　一　山下金太郎　中
一　中村彦太郎　中　　一　大谷永助　中

一　大谷谷次　中　　一　市川岩蔵　中
一　市川伝蔵　中　　一　中村国三郎　中
一　中村仙次　中　　一　沢村福松　中
一　松本豊蔵　中　　一　市川市蔵　中
一　市川弁之助　中
（五5ウ）
一　あらし市蔵　市　　一　おぎのいせ松　市
一　坂田左十郎　市　　一　市川吉五郎　市
一　市川竜蔵　市　　一　大谷元蔵　市
一　坂東金太郎　市
一　市川高麗蔵　森　　一　大谷かね松　森
一　山下正次郎　森　　一　坂東桃太郎　森
一　山下大次郎　森　　一　岸田幸太郎　森
一　笠屋又蔵　森

▲中村座色子之分

一　亀谷染之助　　一　山下松之丞
一　小さ川いく世　　一　嵐とく蔵
一　市川常五郎　　一　嵐弁蔵
一　滝中金太郎

▲市村座色子之分

一　滝中豊蔵
一　よし沢徳三郎
一　せ川小太郎
一　さの川みね吉
一　せ川三くに
一　沢村松次郎
一　中村うた吉

（六6オ）

▲森田座色子之分

一　中村まん世
一　岩井大吉
一　中むらよし松
一　中むら吉之介

▲三座頭取之部

芸ニ不出　市川久蔵　中村座
上上　市川団五郎　同座
上上吉　富沢辰十郎　市村座
上上　佐川新九郎　同座
上上　山下里大　森田座
芸ニ不出　岸田東太郎　同座

▲太夫元之部

芸ニ不出　中村勘三郎
上上吉　中村伝九郎
大上上吉　市村羽左衛門
上上吉　市村亀蔵
芸ニ不出　森田勘弥
芸ニ不出　森田八十助
上上吉　森田又次郎

（六6ウ）

▲狂言作者之部

中村座
桜田治助
河竹新七
常盤井田平
山田平三
津本一二
砂岡伊八

市村座
壕越菜陽
中村故一
奥野瑳助
中村清九郎

大熊周象
奥野栄治

森田座
増山金八
瀬井馬雪
笠縫専助
市塚斎治
並木利助
田口金蔵

（七7オ）

当時休　市川海老蔵

以　上

○ちよと此所にて御しらせ申上まする

安永三年午九月二日　寺は　本所法恩寺中一解院
勇猛院宗感日持《ゆうもうゐんそうかんにちじ》　俗名　中村少長
　享年　七十四歳

安永三年午八月廿四日　寺は　本所妙玄寺
本行　院常　念《ほんぎやうゐんじやうねん》　俗名　坂田藤十郎
　享年　七十四歳
　仙台ニおいて死去

右両人目出度芝居へ参られました

○ちよと御断申上ます

芸品定秘抄

役者全書《やくしやせんしよ》　全部五冊

此書は和漢《わかん》芝居の始并に通称《つうせう》をしるし往古《わうこ》よりの役者位付差別《しやべつ》当時三ヶ津役者の列位《れつくらい》定《ちやう》紋替《もんかへ》紋家名《いへな》俳名《はいめう》狂言作者当リ狂言の弁所作事丹前《たんせん》の秘伝《ひでん》六法《ほう》の故事《こじ》故人役者金言見物仕様芸者心得其外秘事あまた書顕《あらは》す○是を以て年〳〵差出シ申候芸品定を御引くらへ御らん被下候へは上手下手のわかち明らかに相見へ申候右之本此度差出置申候間御求御覧可被下候

（七7ウ）

○好子《かうし》の春秋《しゆんじう》は芝居の評判

爰《こゝ》に江戸　昌平橋《しやうへいばし》の辺《ほと》りに住《すみ》ける者あり幼名《おさなな》を久《きう》と云今成人《せいしん》に及で忠次と改　表徳《ひやうとく》を好子《かうし》と呼《よ》び生得《しやうとく》芝居好にて歌舞《かぶ》妓《き》一道《どう》の事博《はく》学《がく》にして世に芝居の見人《けんしん》と賞《しやう》ず則福貴《ふつき》死生《しせい》を天命《てんめい》にまかせぬ既《すで》に一の富《とみ》にあたつて千金を得《う》る者あれば甘　藷《さつまいも》にあたつて一命をたつものありされば世界《せかい》を行なり次第とくらし蓄生《かねもち》の芝居きらひを俗物《ぞくぶつ》抔《など》とそしりしかるに大《たい》聖《い》孔子《かうし》は*（八8オ）陳蔡《ちんさい》に困《かこまれ》て*紘《ひい》たり歌《うた》つたりのにわか狂言をなされしとかや今の好子《かうし》は店賃《たなちん》つもつて晦《みそ》日《か》の難《なん》に臨《のぞ》み家主のさいそくを河童《かつは》の屁《へ》とも思はずさらに苦《くる》しき

をくるしきとせず唐音《とうゐん》を二上りに合せめりやすを篳篥《ひちりき》にのせ相店《あいたな》子《こ》は狂人《きちがひ》と笑《わら》へども活然《くわつぜん》としておくする色もなし天命に安《やす》んしてひとり芝居を楽しみ春秋《しゆんしう》をおつかふせぬひらき見るに則

（八8ウ）

芝居春秋

安永

三年春正月三座曽我狂言大入。三月慶子夜編笠《よるのあみがさ》大当リ。富三道成寺勤夏五月。家橘椀久所作大出来。中村座五粒三升錦江春水杜若退座恋女房大当リ。秋八月。中村座仮名手本手習鑑（九9オ）趣向桜田奇作。市村座千本桜勤。九月二日少長死ス。中村座双蝶々当リ。冬十月。十蔵浪花ヘ上ル。松助初而上京。紋三郎次郎三下ル勘弥改八十助。十有一月。三座顔見世始。則芸品定会催

安永四未初春

作者　自笑

（九9ウ）

口上

一寸御断申上まする此度芝居の大通好子先生を頭取役にたのみましてござれば子曰と申は則例の頭取曰にてござりまするさやう思召下されませう

▲立役之部

上上吉　回　市川団十郎　森田座

子曰 道不行乗屋根船遊木場《みちおこなはれすやねふねにのつてきばにあそばん》五柳丈此度は御休子息三升森田座へ御出勤一富玉盤顔見勢《いちのとみつきのかほみせ》第一ばんめ片岡八郎にてお家のしばらくてづよし二役どんぐりのおさんばゝア役備前守に頼まれしづかの親と成よしつねに悪口いはるゝ所にくてい松浦左衛門にころさるゝ迄 わる口 はあさまじや〱 ひいき 此ごくそつめ三途《さうづ》川のせぶみをさせるぞ此ばゝあの評判で大入だそれにわる口をぬかすとくひころすぞ 功者 おや玉のせしよりは気どりがよい 子曰 次ニ鈴木三郎にて錦江丈との出合出来ました 武家 いかにも此上下役わるうはないが三升前かたせし秋田城之助梅津かもん（十10オ）去年のとがしなどは出来で有た 功者 一体此度の狂言を世間の評判には茶ばん狂言のにわかなぞとのわる口いか様しゞう古き狂言を取合せたるとおぼへました 穴しり こりやほんの狂言を作るのではないあつめるのだそして大名題のわり書もみなある所に名題は斗文の書たものをいろ〱とかきまぜたのだ 子曰 是は古き事をくわしくよく御ぞんじゆだんがなりませぬ一ばんめはふるい狂言の事もご

ざりませうが二ばんめ穴知りおっと待た上方狂言に三笑の狂言も少し見ゆるひいき此のたまくめこゝは三升の芸評だ増山が評判じやないすっこんでけっかれ子曰さやう〳〵三升の御存ないこと扨松浦左衛門がむほんを見あらはす所おち付てよし大詰くらま山僧正坊のおし出しまで出来ました〳〵大入大はんじやうにて御てがら〳〵

上上吉　松本幸四郎　森田座

子曰言をよくし色をよくするは鮮《すくなひ》かな仁《じん》高麗屋（十10ウ）殿第一口跡よく和事きれいにてよいぞ〳〵改名後当座はじめての顔見世一ばんめ松浦左衛門にて馬上のせり出し杜若丈御両人にてお家のおかしみよし次ニ行家に一味せよと云かけられておく病のていに見せまたをくゞりゆふ〳〵とうたひにて入るゝ所よし〳〵次ニよし経やかたへ上使といつわりきたりわる口一日上使ばつかり出ルことじや子曰東西〳〵次ニ鈴木三郎に尾形と見あらはさるゝまでふのみ込男出此尾形の役は実悪かわる口何サしやれ悪さ又まめ蔵をみるやうに口ばつかり聞ィていてきちがいか馬鹿《ばか》かしれぬひいきそいつ引ずり出せ〳〵子曰二番めの仕内といつぱ佐藤忠信にて奴姿の出状箱持て出みやきのが持来し文箱と取かへ次に郡領親子にしづかとうたがはれそれより慶子丈御両人ひやうし舞出来ました此上また狂言もござれども大入にて跡出ず見物残念がります去年のいづみの三郎はでかされました春は何ぞ慶子丈御相手に（十一11オ）こんたんが見たい〳〵女中出是頭取さん高麗やさんをたんとほめて下さんせいな去年中お出なく久々てお顔を見ますはいなこんなうれしい事はないぞへわる口是はきついのぼせやうだほんにおまへのまへじやいゝにくいが去夏比四五人引こまれ其跡で十町や秀鶴に当てられたはきついもの女中其やうないやみとやらはいはぬ物じやぞへ三五郎ひいき頭取雷子はどふしたなぜ錦江よりあとにした子曰是はめづらしいいつも初てにいはるゝ事をあとでいはるゝはおとなしうごさりますおまへのやうな方ばかりではけんくわはござりませぬおたのしみなされませ雷子丈は立役の巻軸でござい ひいき出来た〳〵

上上吉　大谷広治　中村座

回組こゝへ八百蔵を出してもらいたい⊕組いや広次だ回組いや中車⊕組いやさ十町子曰此あらそひや君子ならずや左右方共にまづ〳〵御しづまりいかにも八百殿此度でかされましたしかれ共此度はさかい丁の座かしらかぶわる口（十一11ウ）忠臣蔵の由良の介もひつきやう名が源蔵なりやこそすんだひいきうぬがよふなやつをやみといふは大きなおさきまつくらめ去夏中無役者の所

此人秀鶴二人で間にあはせ恋女房評判よく秋迄つとめ功者次のかはりすがはらに忠臣蔵を取組での狂言あたらしいしゆかうさくら田の大手柄《がら》ひいき九月かはり双蝶々まで評よく千秋楽の口上にも其身ひげけんたいして座がしらの部屋をあづかるばかりとの云わけ受取ました子曰其節の口上に作者は桜田治介御ぞんじのちよく〳〵らものとのおどけ則此度左交丈狂言でかされましたしかし一ばん目と二ばん目の趣向いはひの中にうれいごと同じ様な事だの上るり狂言のやうだのとわる口いはるゝ衆もござれ共ふきや丁の秋狂言木挽町の茶ばん狂言などゝ皆わる口をいへばいはるるもの其やうな者にはおかまひなされなひいきそふだ〳〵はやく十町の芸評〳〵子曰顔見世天盤戸第（十二12オ）

〔挿絵第一図〕（十二12ウ）

〔挿絵第二図〕（十三13オ）

壱番目かわづ三郎役又の五郎魚楽丈東西よりの出端よし〳〵それより魚楽丈とのおかしみ次に女房まんかう源氏に縁あるゆへわざといとまをつかはし夫より赤沢山へ出立狩装束《かりしやうぞく》馬上《ばしやう》の所見功者古十町の致されしはおもしろひ事でござつた子曰御尤〳〵それより手おひをかくし父入道より家《か》とく相続《そうぞく》し介経にまんこう幼子兄弟がことをたのみ金石源氏へ味方と聞て悦び死するまで諸見物袖をしぼりまする仲ひいきイヤ頭取けいはくはおけ〳〵こゝは仲

顔鏡天磐戸《かほみせあまのいわと》 午十一月一日より
中村座 四番続

まさごのまへ 嵐ひな治
い藤入道二 中島勘左衛門
小せうぬい之介二 嵐音八
八わた三郎二 山下次郎三
かわづ三郎二 大谷広次
かぢはら源太二 市川団蔵
さなだ与市二 市川門之介
たがそで二 尾上多見蔵
和田小太郎二 中村伝九郎

八まきはんぐはん二 中島三甫右衛門
あふみ小とう太二 中村助五郎
くだうかないし二 坂東彦三郎
鬼王庄司左衛門二 中村仲蔵
まんかう二 中村里好
源のよりとも二 尾上紋三郎
たつひめ二 山下金作

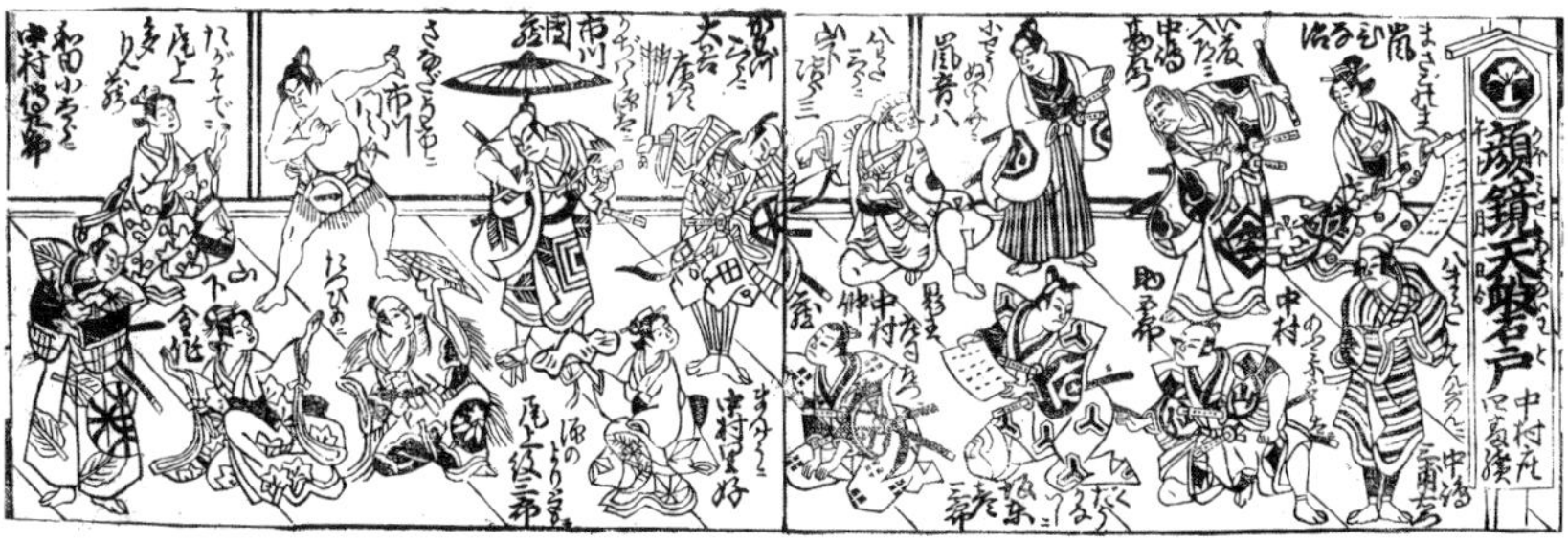

挿絵第一図　挿絵第二図

蔵の仕内でながれるのだむだ者これが仲蔵にいらりやうか子曰地口は御無用〳〵二番目さなだ文蔵にておく病なる仕内此次につよくなるゝ所ござれ共出ず残念サアこれより八百殿の評皆さまおまちかねでござりませう

上上吉　市川八百蔵　市村座

子曰かた〳〵よらずかたよらず是中車丈の芸評部や方女出て（十三13ウ）おはもじながら八百さんの評判に女の出るも久しいものじやはしたないやつじやとおわらひなさんしよとまゝよほんに〳〵八百さんの芸のむまさはかずの子やなまこもおよぶ物じやござんせぬ奥女中ヲヤ〳〵けしからぬソンナさもしいたべものゝ評判より中車さんのことが聞たいぞへ頭取殿子曰さやうでござりませう共扨中車丈八年ぶりにて当座へかへり花当皃みせ第一ばんめ八王丸あらとら役菊之丞殿とのせり出しよいぞ〳〵夫よりすわうを取れば奴《やっこ》すがたよし上るりの所作できましたひいきイヨ座本子曰是はしたりめいよふ此人をほめらるゝに家橘の市村のとほめられますがさりとは御心へたがひそれはひいきのひきたおしといふもの中車丈の心では本意には思はれますまいそれはさしおき芸評にかゝりませう二役大館左馬之介にて日月ならび出るをあやしみての出端きれい〳〵それより弾正左衛門杉暁丈との出合引ぱり（十四14オ）有てよいぞ〳〵次に鼠の引ことゝいはれ弾正をはぢしめらるゝ所などきいた物でござる夫より雲井ござんにゐけんせらるゝ所出来ました〳〵次ニ弾正がたくみを見顕《あらは》しからくらをばひかへし主君櫛笥《くしげ》の少将の敵とつめより姫君此場に居合さず打事叶はずとむねんがらるゝ所よしわる口此所いしやうがわるいゆへ見だてがないそれに杉暁が手ひどい悪ゆへ一しほちいさいひいきなりはちいさいが芸は大きい〳〵子曰さやう〳〵八百八丁の評判よし村や〳〵

上上吉　坂東三津五郎　森田座

子曰坂三津殿此度源のよしつね役三番叟翁の見へよし次におさんばゝがざうごんをこらへぜひなく初音のつゞみをそへてしづかにいとまをつかはしばゝをきめらるゝ所出来ましたさしたる仕内はなけれ共よふござる一体きやうはだなる芸風

上上吉　市川団蔵　中村座

（十四14ウ）

子曰故《ふるき》を温《たつ》ねて新らしきをしるは以て師たるべし師匠団蔵殿致されし百性姿にて切落しより出氏貫をにせ者と見あらはし次に土肥の弥太郎遠平と成わる口衣装《いしやう》かわるいせいかみすぼらしうみゆ

る市村座でした千本桜のとももりも評判はよかつたがもそつとはへなんだ子曰是ャわる口いはづ共跡をお聞なされ二番めかぢはら源太是も古市紅丈の宗清のかたいきごみようつされます出端の所よし〳〵次に金作殿との出合よう致されます切に秀鶴十町との詰合引はり有て出来ました〳〵

上上吉　坂東又太郎　森田座

子曰此度一ばんめは敵へまはり二ばんめは実役よつて例の立役の所で評致します第一かすや藤太三番叟のみへよし次にしばらくのうけてづよくてよし大詰沢長殿とそとわ引のあら事大てい〳〵二ばん目御馬や喜三（十五15オ）太にて六部姿と成出井の上太郎に関所の切手をもらひ入るゝまで先は大てい〳〵

上上吉　沢村長十郎　森田座

子曰此度頭の中将泰経にて朝方に一味連判せよとむたいにいはれめいわくする時片岡八郎三升殿しはらく大詰むさし坊弁慶役あら事迄御大義〳〵

上上士　嵐三四郎　市村座

子曰壱番め二条蔵人役さしたる仕内なしわる口杉暁が悪あらはれし時非人といふ文字を弾正がつらへ書所なとさながらこわそふに書るゝはさすが長袖とみへます子曰扨二ばん目郡次左衛門にて田畑之介をちやうちやくせらるゝまで大てい〳〵

上上　尾上紋三郎　中村座

子曰先年当地中村座へ下られし紋太郎殿門人里遊丈此度江戸初下り先は評よく御仕合〳〵此人幼《おさなき》時は（十五15ウ）尾上藤蔵と申京四条へ出其後明和七とらの冬元服して門三郎と改京尾上座へ立役にて出此一両年は大芝居出勤なく因幡薬師寺内中芝居へ出当春は四条南側中芝居へ出其後北野中芝居の勤此度当地の顔みせよりとも役上るりにて所作先は男つききれいにて師匠紋太郎殿をまねられますわる口どふが*三津五郎の年若なと云男又ごふく店から出たと云所もあり子曰わる口御ようしや功者しかし初下りの役者はめいようみきゝちがひの有物だあんまりほめてあとてきうにうろたへるなすでに富三をさい初の評判にはとんた名人のやうに書たが今おもひしつたそふな皆さまかならすおみちがひなされますな大通人出こゝが評判者の目利の所じや三ヶの津を引合せた評か正銘〳〵

上上十　笠屋又九郎　森田座

子曰此度亀井六郎役さして評する程の事なししかし身に入てせらるゝゆへよくござる春はよい役のまはる様にし給へ其節くわしく評致しませうぞ

（十六16オ）

上上　山科四郎十郎　中村座

子曰此度中村座初てのお出勤功者な所の有る芸第一ばん目曽我太郎祐信役さすか旅修行《たびしゆぎやう》よきゆへに立者と引はり場うてがいたしませぬさして是はと申所はなけれ共よふござる

上上　中村勝五郎　市村座

子曰久々にて当座へ出勤此度長田が末葉《はつよう》尾張の野間《のま》の内海《うつみ》に住むうつみ新平次と云もの功者是も菜陽の趣向おもしろい〳〵子曰此人の仕内此度さしたる事なし大きな役も引うけて仕かねぬ気持なれ共おしい事には花がうすふござる随分花を心がけ給へ

上上　沢村淀五郎　森田座

（十六16ウ）

子曰此度熊井太郎役此人も気持は功者なれ共舞台小サシずいぶん大手にして芸をつゝこんでし給へまそつと花あらば御出世は今の間〳〵いつぷりう御そんでござるぞ

上上　尾上政蔵　市村座

一上　坂東吉蔵　中　　一上　尾上叶助　中
一上　市川滝蔵　中　　一上　市川春蔵　森
一上　市川染五郎　森　　一上　中村音三　中
一上　山下門四郎　森

子曰いづれも一同に申ませう政蔵殿は堅田次郎役中車丈の気持功者にようせられまする叶介殿は土屋三郎役大てい滝蔵殿はあい沢五郎出来ます春蔵殿は一条次郎こせつき給ふな染五郎どの佐原十郎大てい〳〵音三殿此度より里好丈弟子となられ久々のお出ちと身ぶりがみたい門四郎殿は（十七17オ）いそのぜんしの花車方大てい〳〵

立役巻軸
上上吉　嵐三五郎　市村座

子曰御ひいきの雷子丈立役の巻軸にすへました明和七とらの冬当座へ下られ御なじみをかさねし当座に居つゝけ日にまし評よく御仕合せ〳〵此度児桜十三鐘第一番め富本の上るりにて太夫元御両人かごかきの出拍子事外にはないおもしろい事いづれも所作の妙手達わる口はてとんたほめやうだがかんばんで見たよりは功者

それはみなよくめでみるゆへさわるふはないぞ〳〵[子曰]うしろ面神女の所作よいぞ〳〵次に徳次政蔵相手にて人形の立上るりは豊太夫殿おもしろい事二ばんめ大道寺田畑之介にてしばい丁けいせい買の所玄宗楊貴妃《げんそうやうきひ》の見へ此まゝいかゞしてかぬかれました次のまくにてほうかい坊を三かんのぞくとさとりいろ〳〵とためさるゝ所梅幸丈の気（十七17ウ）持にての仕内よし[わる口]むりむたいにまねるやうだ[子曰]評判のじやまになりまする次に下女菊とのぬれ夫よりとけいの六つと鐘の七つ合せて十三かねきくをあいごの身がはりに立んと思ひ入らるゝ所[事しり]十三がね上るりの趣向はおもしろい事此度のはちと[子曰]ハテこゝは嵐殿の評でござる次に女房おさき非人と帯ときゐるゆへ不義とうたがひ次郎作をぞうりにてうたるゝ所杉暁丈と引はり有てよし夫より非人をけさんのとうぞくとさとりおさきに鹿《しか》の脊《せ》ぼねをさり状のかはりに渡し次郎作より紫《むらさき》の冠《かふり》をもらひ詰合ふ所打出し先は評よく大入にて大慶〳〵

▲実悪之部

上上吉　坂田半五郎　市村座

[子曰]強《きやう》なる哉矯《かなきやう》　杉暁丈悪の仕内手丈夫にてよいぞ〳〵此度評判よくよつて悪の文字をほうびに付まして（十八18オ）

〔挿絵第三図〕　（十八18ウ）

〔挿絵第四図〕　（十九19オ）

実悪の巻頭にすへました当顔見世十三鐘第一ばんめ太宰の梅丸にてゐい山の児なれ共下山して二条の屋かたへ忍び入からくらをばひ取り次に二十山弾正左衛門と改二条の家臣と成八まん大名の出端さなへの介を悪口の所よし次に幼子のあらそひをみて藤市是故人左十殿実子杉暁丈御養子とせられ此度より富五郎改名して左十郎よふせられます藤市が勇気をかんじそちくに嵐市蔵を手にかけんとするを左馬之助にとゞめられ此所先年当座にて勤られし武知の趣向をめづらしくせられし菜陽丈の御作出来ました夫よりいねむりのうち一心鼠と成雲井ごぜんへのゐん書をくわへ出るを左馬之介にあやしまれ此所八百殿との詰合よし〳〵次に工みあらはれて手づよい悪の仕内にくていにてよいぞ〳〵[わる口]いかさまにくていによふせられますがおしいことにはちとさみしい惣体（十九19ウ）此狂言顔見世には花やかなことがうすふござる[かうしやらしき男]是が菜陽のくせじやしかし名題割書などはおもしろい事がござるどふでも老功〳〵[子曰]大詰はあら木左衛門の実役三猿のおし出し見へよし二ばんめも本名梅丸にて非人の出さしたる仕内もなけれ共出来ました雷子丈とぞうり打の場紫の冠とぞうり取か

児桜《ちごさくら》 十三鐘《ぢうさんかね》　市村座四番続
午十一月一日より
あいごのわかニ　瀬川菊之丞
八王丸あらとら　市川八百蔵
二条のくらんどニ　嵐三四郎
くもゐごぜんニ　佐の川市松
はるのとニ　せ川雄次郎
うたきぬニ　小佐川つね世
大つの喜六ニ　嵐三五郎
しだの大りやうニ　富沢辰十郎
あふみの源五郎ニ　市村羽左衛門
二十山だん正ニ　坂田半五郎
ほうかい坊ニ　大谷友右衛門
さだずみニ　市村亀蔵
おそでニ　芳沢崎之助
あらきの八郎ニ　坂東三八

挿絵第三図

挿絵第四図

へらるゝまでよいぞ〳〵日ましに大入にて切落は大かた土間さじきと成毎日はめをはつしてのはんじやうおてがら〳〵

上上吉　中島三甫右衛門　中村座

子曰此度はおかしみなししんの敵よふござりますお役けだ物うり狼の五郎蔵本名八牧判官兼高じやがへしの太刀をまんかうに見とがめられ十町魚楽の出端の場花やかにて引ぱりあつてよし〳〵さして評する程のことなし春は前の団三郎の様な事が見たふござる

上上吉　大谷広右衛門　森田座

（廿20オ）

子曰此度左大将朝方の公家悪しばらくの請わる口三升にあいそうをいはるゝは役がらにあひませぬ子曰次にびぜんの守行家にて松浦左衛門を味方につけんとていろ〳〵心をさぐる所大てい〳〵わる口きたない〳〵子曰是はしたりこびき丁のさじきには北がござりまする扱二ばんめ足がる雁兵へ本名わつぱ菊王にてけいせいよしのにあしのきずを見付らるゝ迄丈夫によふ致されました

上上吉　中村助五郎　中村座

子曰 敵役にて愛敬あるは御親父より御しにせ此度はまたのゝ五郎となり十町とすもふいつもながら見物が悦びます二役近江の小藤太と成金石とつめおふまでようござります春は何ぞきつと仕内をなされ待てゐますぞ〳〵

上上吉　大谷友右衛門　市村座

子曰 友となりより来る事あり亦たのしからずや此度中村座よりかへり新参やつこ折介本名三かんの賊珍惟（廿20ウ）撃役壱ばんめさしたる事なし二ばんめ山ぶしほうかい坊と成田畑之介女房おさきけいせいつとめの時かしたる銀すまぬゆへ田畑を身かたにつけんためむりに連判に血判せよとむたひをいひかけそれより白粉の銘に小西とある文字をみておどろき又かとうと云ことばを聞てふるへる思ひ入 わる口 小西は聞へたがかとうといふことばにどろ〳〵はちとこぢつけ〳〵 子曰 なるほど堅《かた》うと云詞を加藤とはなる程むりやりのやうにもござれどもどろ〳〵はそこが狂言夫より三五郎殿との出合あざとくてよしつきこんで手ひどい悪の仕内よし〳〵

実悪巻軸
上上吉　中村仲蔵　中村座

子曰 花実相対《くわじつあいたい》す秀鶴の仕内此度実役なれど持まへの実悪の部にて評致しますよつて実の字をほうびに付まして実悪の巻軸にすへました此度も居なりのお勤去夏比より立者（廿一21オ）衆退座の節も十町丈御両人にてのお手がらことに恋女房左内出来ました此度顔みせ第壱番め兼太夫殿の上るりにてゐぼし折大太郎にて里虹丈相手にしよさ実は高尾の文覚となのり頼朝に義兵をすゝめるまでよいぞ〳〵第一きれいにてよし二役鬼王庄司左衛門役にて舞の所うれいをかへす気どりかんしん〳〵夫より一万箱王父の敵は工藤金石と聞てかけ出すをとゞめ又我子兄弟の者主の敵討んとて行を引とめれは日比父のおしへはいつはりかと子供に問詰られ涙をおさへてそれをおしへたおやだものおれに如才が有ものかといはるる所さじき切落しは申に及ばず追込の折介らかん台のきおひまで手ぬぐひをしぼらぬものはござらぬ大出来〳〵二ばんめ岡崎四郎にて政子が琴の音を聞てさつばつの調子ありとせがれ（廿一21ウ）与市が身の上をあんずる思入よいぞ〳〵次に文蔵女房おざゝがいくさ物がたりにて与市討死と聞夫より与市が首を見てのうれいの気持いやはやおどろき入たる仕内諸見物皆うけ取ました大出来〳〵

▲敵役之部

上上士　中島勘左衛門　中村座

子曰道にこゝろざしふかく段々との御出世此度伊藤入道お役金石をたばかりあかきの太刀をうばひけいやくの書キ物を引さきすてしらぬふりにて入らるゝ所にくていく〳〵しどう気持どふも〳〵親御島殿の俤有てよいぞ〳〵それゆへ敵役の巻頭にすへました

上上十　三国富士五郎　森田座

子曰此度平少なごん時忠役さして評する程の事なし二役つるが郡領悴井の上太郎にて弁慶しづかの詮義する迄大てい〳〵どふぞ江戸風にしてもらひたい

（廿二22オ）

上上　市川純右衛門　中村座

子曰芸をみに入れてせらるゝゆへよふござる其上何役にても気取よし此度大場三郎役門之助殿との角力よし〳〵二役かし物やちごく清左衛門にて金石小藤太が衣服をはぎとらるゝ所見物のあくたいにもかまはずつきこんでよく致されますたのもしき芸の仕込出来ます〳〵

上上十　中村新五郎　森田座

子曰此度下り太中丈義幼き時は初五郎とて宝暦四戌顔見世中村座へ初て出子役を勤られ其後市村座にて菊慈《きくじ》童《とう》などのあいらしさ同十辰の冬大坂へ登リ同十五酉年岩井半四郎と改寅年より今の名新五郎と改ての敵役むかしの新五郎殿は今の慶子丈養父名人でござりました随分名を上るやうに心がけ給へ此度奴今平本名いのまた小平六の実形さしたる仕内なし春を待てくわしく評致しませう

（廿二22ウ）

上上　富沢半三郎　中村座

子曰此度三島の宿神主なれ共敵方にたのまれて押小路中納言氏貫の敵苦のない芸風評判うすく残念しつかりとした敵役おしい事〳〵

上上　坂東三八　市村座

子曰此度第一はんめあら木八郎役仕内少しなれば評する事なし春は故人平久風の芸をたのみます随分やげんぼりの不動尊をいのり評判をねがひ給へ

上上　松本小次郎　市村座

子曰此度氷《ひ》上《かみ》の皇子の公家悪度々出らるれ共目にとまる程の事なし是はお役廻りゆへよいお役が付ましたならしつかりと頼ます其節評致ませう

上上　松本大七　森田座

子曰此度かちはら源太役よし随分功者に致されますが時によりむりにおかしみをせらるゝよふで（廿三23オ）きのどくやはりひどい悪の方がよふござる

上上　中島三甫蔵　市村座

子曰此度小くるす宗かん大てい〳〵二ばんめ二役下女おふくのおかしみ徳次殿と二人のおどけ此人はちとおとなげないやうに見へます〳〵

上上　中村津多右衛門　中村座

子曰此度中村座初ての御出勤一ばんめはお役なし二はんめよりお出難波六郎役上下にてのおし出し男つきよく歌七のきみがあるぞ〳〵

上上　中村大太郎　森田座

子曰此度久々にて森田座のお出勤ちとしみて出られたならばよふごさりませうきような芸風でござる二ばんめひき田次郎役さしたる仕内なし

上上　市山伝五郎　市村座

子曰此度豊後坊うんらい役二役あげやていしゆ伝（廿三23ウ）六役おかし精出し給へさて〳〵きような人かな

上上　坂田国八　市村座

上上　中島国四郎　中村座

上上　市川綱蔵　同座

子曰三人の衆同位御一同に申ませう国八殿は瀬田の三郎といだせん伝八といふかし物や是はそがのしやくきんこひの通り純右衛門殿方同じ様なる仕内なれどよし国四殿は奴とつぱ藤蔵と長尾新五二やく共によいそ〳〵綱蔵殿は海老名源八役大てい〳〵

上　坂東善次　森田座

上　沢村沢蔵　中村座

上　坂東熊十郎　市村座

上　中村此蔵　中村座

上　坂東重蔵　市村座

上　藤川判五郎　森田座

（廿四24オ）

〔挿絵第五図〕

（廿四24ウ）

〔挿絵第六図〕

（廿五25オ）

上　坂東利根蔵　森田座

上　佐野川仲五郎　中村座

子曰 八人の衆同位一同に評いたしませう先つきぎの善次殿はい

一富玉盤顔見勢《いちのとみつきのかほみせ》
午十一月一日より

森田座
四番続

たつた今平ニ
中村新五郎

すゞきの三郎ニ
市川団十郎

まつら左衛門ニ
松本幸四郎

まつら女ぼう
岩井半四郎

やすつねニ
沢村長十郎

みやぎのニ
中村富十郎
女べんけいのしよさ

わつぱきくわうニ
大谷広右衛門

けいせいよしのニ
中村のしほ

かすや藤太ニ
坂東又太郎

よしつねニ
坂東三津五郎

時たゞ
三国富士五郎

かめいの六郎ニ
笠谷又九郎

わしのお三郎ニ
森田又次郎

吾妻藤蔵
座付口上相勤候

挿絵第六図

挿絵第五図

のくま九郎役できました沢蔵殿は四五一ぶた蔵と岡部弥次郎役よしく〳〵熊十殿は三上藤太いかふ上達でござるせい出し給へ浅見やのむすこさん此殿は一トめ上りの二蔵と長尾新六よし重蔵殿は赤はし太郎大てい〳〵判五殿は山名次官役とふも位がござらぬぞ利根殿は入道うんけいト小間物うりつや助にて善次殿左官にてのおかしみ仲五殿は二三四かう蔵と雲助よくせられます其外の衆は口目録にのせましたせい次第て評いたしませう

敵役巻軸
上上士  山下次郎三　中村座

子曰歳寒ふしてしかうしてのち松柏のお出又々当(廿五25ウ)座の下り大坂商人よし沢浪江とて色子のむかしに引かへて今のにくてい子曰此度八わたの三郎にて京下りの出端音八殿とのおかしみ計さしたる仕内なし

▲道外形之部

上上  嵐　音八　中村座

子曰和考は是おろかなるかことし此度染川ぬい之丞の小性役ひいとろつほさらは親ゆつり此度の仕内はさくら田の思ひ付にて前のとはうらはら出来ました〳〵和考丈此うちの気とりよいそ〳〵

一上　大谷徳次　市

一上　市川百合蔵　市

子曰徳次殿は在杢之進よし次に上るりの段にて政蔵殿御両人三五殿と人形の立出来ました二番目下女おとくもよし百合蔵殿とん才坊大てい〳〵

▲若女形之部

極上上吉  中村富十郎　森田座

（廿六26オ）

子曰矢車の定紋矢はもとより中るを以てす又矢は八に適ふ富十の十をとってひいき頭取をふちのめせ富の見徳《けん》をみるやうなことをぬかすそれか評判に入事か子曰されは中富と書て富にあたるとよみ慶子丈は千両箱と申事でござります此度大名題一の富玉盤《つき》の顔見世と申一番めは若手の衆新役者衆へゆづり二はんめよりのお勤芝居お世話やかるゝゆへ此度は役者附も三軒の中いつちはやふ出され顔見せもくらい内より始りまして其上大入大当りにて嘸々御悦びでござりませう則ひてひら娘みやぎの役にて文箱を持ての出端関所の木戸しまりし故通る事かなはすなんきの所関守の情にて奴の文箱と取かへとゝけもらひ夫より此所にて吾妻藤蔵殿

目見へ口上の引合せ藤蔵殿病気にて仕組間に合ずそれゆへ此度御出勤なきよし残念さてそれより(廿六26ウ)作り山伏をこしらへてのおかしみ次に弁慶とうたがはれぜひなく弁慶にならるゝ所おもしろい事〳〵わる口あんまり人を茶にした狂言だ子曰扨夫より錦江丈との拍子舞所作大出来〳〵それに付ても去春の夜のあみがさ江戸ぶしにてのしよさ大あたり今さら名人といふもおだまきながら申さねばならぬ此所作は寛保二戌年春中村座にて娘曽我《むすめそが》凱陣《かいぢん》八島《やしま》狂言に致され大あたりでござつたそれよりして今年まで凡二十三年其比も今も同し年ばへとある老人のうわさ誠に妙なる哉〳〵

上上吉　山下金作　中村座

子曰色香もこゝに山下の命とり去年中こびき町のお勤此度より当座へ御出上るりの場辰姫のふり袖姿ぼつとりものむまいこと〳〵武士出こゝな子曰め色にかへよと云いましめをわすれたか子曰是はかたいおかたむかしの聖賢に此色をみせたい定て出来心になり(廿七27オ)ませう振袖のしこなし功者〳〵わる口功者過るゆへ振袖がゐないやうだやつはりとしまが見たい子曰サァ二ばんめをごらうじませさなだ文蔵女房おざゝ役おつと文蔵おくびやうなるゆへ心をあせる所よしふうふもろとも戦場より立かへり与市

打死ゆへよしさねの前へ出かね夫より夫トにかはり軍物語せらるゝ所出来ました〳〵又辰姫にて出よりとも政子としうげんと聞てしつとの心おこりしうげんの石打せんとかつらきの神にさゝげし石を持ては思はず手につきはなれぬゆへひつくりし功者此所伊豆の国みのかけ島役行者の旧跡手石《ていし》の弥陀《みだ》の来由《らいゆ》桜田の趣向おもしろい事しかし狂言の跡出ず少わかりかねます子曰なる程左様でござりまする去秋中村十蔵名残狂言俊寛のおやすは出来ました春は何ぞ得ものゝ世話事が見たふござります

上上吉　芳沢崎之助　市村座

(廿七27ウ)

子曰久々にて当座へ御出勤此度二ばんめよりお出けいせい丹州役田畑之介に請出され女房と成三五郎殿との出端のじやらくらよしそれよりほうかい坊にかねのさいそくに合れんばんを出されおどろき次に下女おきく田畑と床入をみてりんきをしおつとにゐん切れ雪の中へ追出されおくにてしうげんと聞てしつとの思入わる口どふもそら〳〵しい茶にした物だこゝを金作にさせてみたい子曰夫より非人次郎作にほれられめいわくし非人が気絶をかいほうせんと帯ときいたるを田畑に見つけられりゐん状のかはり鹿のせぼねをもらひいんすのけさんのせんぎをせよと云付らるゝま

で大てい〳〵

上上吉　岩井半四郎　森田座

[子曰]去夏中より出勤なく此度森田座へかへり咲の杜若丈顔みせ壱ばんめしづかごぜん役からいや殿とのせり出しの見へよし次におさんばゞ母となのるゆへめいわくし（廿八28オ）其上義経へぞうごんせしゆへいとま出されしをかなしみ初音のつゞみをもらひ入らるゝ迄出来ました二役尾形女房てる葉にていとうりの出よし義経に源平のはたをぬい合せろといはれ針をとれば夫尾形くるしむゆへめいわくがらるゝ思入どふも〳〵さて〳〵御器用《きよう》な君かな此やうにも功者にならるゝ物か当顔みせこびき町の一の出来と申は半四郎さん[ひいき]そふだぞ〳〵今とし若にて此くらいなものもそつとしたらどのやふな名人にならふもしれぬ此くらゐよくした物にほうびでも付るか位でも上せねいで頭取何をほめるのだぞ[子曰]御尤でござりますそれで里好丈より先へ出しました是で御了簡《れうけん》なされませ

上上吉　中村里好　中村座

[子曰]里は仁を好とす中村氏居なりのおつとめ珍重恋女房の重の井は出来ましたそれゆへ評判がよふござりました此度河津が女房まんこうさして評（廿八28ウ）する程の仕内なければ春の仕内を見ましてくわしく評いたしませう[ひいき]此頭取は皃みせを見ないそふな評判をしてならぬといふことは有まいよい仕出しの女形今此くらいなきれいなかつかうのよい女形はないぞ役廻りさへよければ仕かねぬなんぼ此度さして当りがないとて半四郎より跡にした置なをせ〳〵[子曰]成程御腹立の段承知いたしました先此度頭取に此評御あづけ下さりませ

上上吉　瀬川菊之丞　市村座

[子曰]まなんでより〳〵これをならはす亦よろこばしからずや瀬川富三郎殿此度の改名一つ打ませうシャン〳〵いはふて三度三代めの路考さんめでたふござります扨此度狂言名題も此君にたいして児桜十三鐘第一ばん目あいごの若の若衆形[わる口]菊之丞なりの顔見世が若衆形か[子曰]しばらく〳〵中車丈とのせり出しめづらしいしばらくきれ（廿九29オ）いな事〳〵[わる口]きれいかしらないが鈴《すゞ》を取られた神子《みこ》をみるやうだ上るりのうちもあんまりさへない[子曰]二ばんめ下女おきく[わる口]おつと待ッたり田舎娘の仕内があらうと思つたにそれはなくつてむしやうにねむつてばかり出ル度ニひつこい〳〵[ひいき]是が狂言の趣向だあとできれいにして見せよふとて何もせずにのちに其云わけをするのがうぬが耳《みゝ》へは入

らぬかぶたいでかみをゆひ衣装《いしやう》を着かへてきれいにしてみせるが思ひ付[わる口]其思ひ付できがつきる此したくをがく屋てしたらよからうそしてむりに仕内をわけよふとするやうで口をあぢにするが是が菊之丞かしらぬ[ひいき]こいつは菊之丞を見た事がないそうだ[わる口]おいらは見たが今の菊之丞は見た事はあるまい夏祭りのおたつの仕内火鉢をみる時あぢな身をしたが元の菊之丞のおたつにあのやうなことはなかつた大出来であつた此やうにわる口を云も菊之丞にいふ気はないが世間の里の見物が今まで（廿九29ウ）むしやうにほめておいたからやきもちてわるくいふのさ[子曰]いかさまそんな事でござりませう先は此度芝居大入にてお仕合〱

上上士

中村野塩　森田座

尾上民蔵　中村座

[子曰]御両人の君たち引合の評先民蔵殿此度中村座初ての御勤ゆへ此君より評いたしませう此度けいせい風折お役文すもふ上るりの場きれい〱二役たが袖にてさなだ与市にほれそれより大場と与市すもふの所きやうじをせらるゝまであどない仕内二役きつとわかつてよし〱のしほ殿は此度土佐坊娘牛王前役新五郎殿との立よし次に又太郎殿との立もよし二ばんめけいせいよしのにて雁兵へをわつはの菊王と見あらはす迄慶子丈のお引廻しゆへかく別むまい所がござりまする

上上十

嵐雛治　中村座

[子曰]此度ふきや丁より御出則政子のまへ役上るりの場[わる口]（三十30オ）あまりはすはな仕やう[ひいき]二ばんめの琴の所はおち付てよし〱

上上十

瀬川雄次郎　市村座

[子曰]中村座よりのかへり花此度杢兵へ娘はるのとの娘役あいごにれんぼし雲井ごせんをはぢしめらるゝ所よいぞ〱中たるみのまいらぬやうに気を付給へめき〱と身が入ました

上上一

小さ川常世　市村座

[子曰]此度大館左馬之介女房うたぎぬよいしこなしの女房風口跡はよし仕内にむまい所がござる春の仕うちを待まするぞ

上上

嵐小式部　中村座

[子曰]此度朝若丸めのとなぎさ役さしたる仕内なければおつてくわしう評致しませう

上上　沢村歌川　中村座

上上　瀬川吉次　同座

上上　坂田幸之助　森田座

上上　吾妻富五郎　市村座

（三十30ウ）

子曰　四人同位の君達歌川殿は伊藤九郎妹からいと吉次殿は盛長妹しづはた幸之助殿はあやうた姫しほらしい事〳〵富五郎殿ははる秀のめのとあづち役よし〳〵いづれも申までもおよばず御情出されよ御出世は今の間〳〵其外女形衆口目録にのせました

▲若衆形之部

上上吉　市川門之助　中村座

子曰　義を見てせざるはいさみなきとは新車丈此度のさなだ与市のお役民蔵殿とのぬれもよし次に大場にあざけられむねんにおもひはだかになりてのすもふ娘出　こゝはわたしにほめさせてくださんせほんに〳〵めづらしい趣向此狂言の作りさん桜田さんとやらにたんとお礼がいゝたいはいナ河津又のにいつものすもふなしめづらしい取組それゆへおいらが門之助さんが評判よくてわしやいつそうれしいはいのふしかしまたのにうたるゝ所がかなしい（三十一31オ）わいナ二ばんめさなだのぼうこんもいつそきれいでござんす

上上吉　佐野川市松　市村座

子曰　さかい町より当座へきたさの佐野市ムダ者　おきやアがれそんな歌は今ははやらぬ今専らはやるは酒のさの字は佐の川のさの字ひいき　こいつらはきがちがつたそふださらば盛府が評判はおれがしてやらふ一ばんめ若衆形でさなへの介二やく雲井ごぜんの女形ひいきめかしらぬがよいそ〳〵

上上　坂東彦三郎　中村座

子曰　此度当座初ての御出勤金石丸にて町人のぞうごんをこらへぜひなく首うたるゝ所よし次に丹前の所大てい〳〵

上上　市川雷蔵　中村座

子曰　此度とひの小四郎政平にてあら事てづよくてよし兄遠平に

いけんせらるゝ所などよふござる次而に申そふは大谷仙次殿やしや王丸よし〱中村助次殿は雨夜の介にてはだかに成てのあら事よし此度は若衆（三十一31ウ）のはだかになるがはやりまする

座附  嵐三次郎 市村座

子曰 此度初下り嵐三五郎殿弟子此度はお役なし座付目見へばかり春永〱其外子役色子の衆は口の目録にしるしました

▲三座頭取之部

芸ニ不出  市川久蔵 中村座

上上  市川団五郎

子曰 御両人御一同に申そふ久蔵殿御出勤なし楽屋のおせわばかり団五郎殿関白もと通役大てい〱

上上吉  富沢辰十郎 市村座

上上  佐川新九郎

子曰 富辰殿此度より市村座頭取役御太儀〱御役は信田の大領とつくあみ杢兵衛さしたる仕内な*佐川殿はそつのあじやり大てい〱（三十二32オ）

上上  山下里大

芸ニ不出  岸田東太郎 森田座

子曰 山下里大殿は久々にての御出勤元の名津打四郎師匠門三殿死後門三郎と改又津山友蔵ト改其後作り方へ出られ役者を止られしが又々此度御出勤東太郎殿は舞台御出なし

▲太夫元之部

芸ニ不出  中村勘三郎

上上吉  中村伝九郎

子曰 舞鶴丈此度は一ばんめ大詰後見にて出次和田よし盛にてのおし出しまで仕内なく残念〱芝居はんじやうにてめでたし〱

大上上吉  市村羽左衛門

上上吉  市村亀蔵

子曰家橘丈此度第一四立め富本浄るりのまく（三十二32ウ）雷子丈トかごかきの出ひやうし事無類〳〵夫より所作は御家相手は雷子中車そろひました夫より日吉の末社手白の神猿と姿をあらはし功者此さるにならるゝ所は外にまねては有まい思入とふも〳〵わる口なる所はよいがあとの大太刀で出た所はとしのよつたあさひなをみるやうだしつた顔の男立の三てん横の一点横の三てん立の一点とばかりいつて山王トいはぬ所はおもしろい事しり是は三笑の作の上るりでも見たやうだ子曰大詰庚申《かうしん》の霊像《れいぞう》まてよし〳〵当顔見世日ましに大入にて珍重〳〵

芸ニ不出  森田勘弥

芸ニ不出  森田八十助

上上吉  森田又次郎

子曰此度勘弥殿隠居致され八十助ト改子息太郎兵へ殿八代め勘弥と改又次郎殿わしの尾三郎役出来ました〳〵（三十三33オ）あらおもしろや天盤戸《あまのいわと》の顔鏡《かほみせ》狂言児桜《ちござくら》のさかり久しき評判はひゞきわたる十三かねあたりました一の富玉盤《つき》の顔見勢賑ふ三座の大入と祝ひしゆくして書納めぬ

安永四年

未正月吉日

京ふや町せいくわん寺下ル町　八文字屋八左衛門板

（三十三33ウ）

役《やく》者《しや》酸《すき》辛《ぶ》甘《すき》　芸品定

大坂之巻目録

狂言《きやうげん》をとりひろげて
見せる大道《たいどう》
どちへも付ぬ
実悪《じつあく》の仕内《しうち》は
作者《さくしや》の
はたらき

（壱1オ）

四番目《ばんめ》の大詰《おほづめ》に
顕《あら》はれる
悪工《わるだく》み
いやあふならぬ
敵役《かたきやく》の
持前《もちまへ》
せばからぬ
芸品定《げいしなさだめ》は
例《れい》の頭取曰《とうどりいわく》

（壱1ウ）

大坂道頓堀二芝居惣役者目録

名代 大坂太左衛門　座本 小川吉太郎
名代 塩屋九郎右衛門　座本 嵐松次郎

▲立役之部

見立伊勢講《いせかう》名代尽し

功上上吉　三枡大五郎　嵐座
男一疋張のつよい弓勢講《ゆんぜいかう》

大上上吉　中村歌右衛門　嵐座本後見
めつきりと立役に心をみかく十種講《しゆかう》

上上吉　藤川八蔵　嵐座
顔みると人のこゝろの勇《いさ》み講

上上吉　小川吉太郎　座本
とかく和らかに景をてらす灯籠《とうろう》講

上上吉　坂東豊三郎　小川座
尉《せう》敷姥《うは》敷には又御出勤の千とせ講

上上吉　嵐文五郎　同座
さりとては小廻りの行届た日参講

（弐2オ）

上上吉　藤川柳蔵　嵐座
八甫丈憮お悦ひにつとりとした旭《あさひ》講

上上　市山助五郎　同座
ちよつちよと役にたつた三種《しゆ》講

上上　中村重治郎　同座
急《きう》に婆《ばゝ》を咲かへられたさくら講

巻軸 三幅対 上上吉
嵐吉三郎　小川座
お心をめき〱と研《とぎ》立られた鏡《かゝみ》講
中村十蔵　嵐座
お江戸の評判を頭にいたゝく兜《かふと》講
中山来助　小川座
お十殿めかされてかつたりと岩舟《いはふね》講

▲実悪并敵役之部

上上吉　浅尾為十郎　小川座
逸風流のながれも清き五十鈴《すゝ》講

上上吉　坂東岩五郎　嵐座
悪とおかしみを組合した从一講

上上吉　市川宗三郎　同座

（弐2ウ）

役柄をかつたりとひゞかした拍手講

上上　三枡他人　同座
名を譲得ての初下りの末吉講

上上　三枡松五郎　小川座
大舞台のうい〱しさきつくりとした剣先《けんさき》講

巻軸 上上吉　中村治郎三　同座
是も憎《にく》みと笑ひにひれを持た御酒《みき》の口《くち》講

▲親父方并花車形之部

巻首 上上　藤川十郎兵衛　小川座

上　中川庄五郎　嵐座

上　豊松半三郎　小川座

上　嵐五六八　同座

上　坂東久五郎　嵐座

巻軸 上上　藤川金十郎　同座
一チ様に堅《かた》さ和らみ供に物馴た幸講

一上　芳沢十三　小川　　一上　中村友十郎　嵐

一上　市川仙五郎　同　　一上　芳川音五郎　同

一上　三枡伝蔵　小川　　一上　中村滝蔵　嵐

一上　嵐権十郎　同　　一上　市山音蔵　同

一上　山下藤九郎　同　　一上　中村滝五郎　同

一上　大谷彦十郎　同　　一上　中村金蔵　同

（三3オ）

▲若女形之部

上上吉　中村喜代三郎　嵐座

去年は何所に歟漸尋当つた八重垣講

上上吉　姉川大吉　小川座

襲《うちかけ》では一さし舞ふ気も出た末広講

上上吉　花桐豊松　同座

めもとにて解かしかけたひもつき講

上上吉　尾上粂助　嵐座

見馴ました御顔に色気もさかへ講

上上吉　三枡徳次郎　同座

役柄《やくがら》を自由《じゆう》にさせてかゝやかす日の丸講

上上　山科甚吉　小川座

わつさりと気をもたす榊《さかき》講

（三3ウ）

上上　中村玉かしは　嵐座

此人ならではの場を持て永代《えいたい》講

上上　藤井花咲　同座

浪花津へは始ての岩戸《いわと》講

上　小川千菊　小川座

上　市川吉太郎　嵐座

心に色気をはなさすあらば幾久《いくひさ》講

上　姉川万代　小川座

上　市山源之助　嵐座

追〳〵御出世をいさめる神楽《かぐら》講

上　嵐松治郎　座本

上　生島金蔵　小川座

幾組《いくくみ》も三方かうじんで花やかに出立た十七社廻

巻軸 上上吉　沢村国太郎　小川座

どこやらに貞女《ていぢよ》を持たる常盤《ときは》講

▲小川座色子之分

一　中山国吉　さかへ　うもん　　一　中山梅助　ふしの　おきく

一　嵐万三郎　ねざめ　ひなの宮　　一　中村巳之吉　ちどりノ介　はつむめ

一 花桐浅次郎 すま うねめ　一 小川房松 いちや おつり
一 小川八蔵 いくよ おとく　一 生島銀蔵 大とうのみや こぶんじ
一 中山百太郎 多門丸　一 中村門太郎 千太郎
一 中山辰二郎 やくなし　一 小川初蔵 やくなし
一 桜山峰次郎 同　一 三升長蔵 同
一 花桐花松 同　一 浅尾筆助 同

（四4オ）

▲嵐座色子之分

一 生島柏木 梅がへ　一 嵐　森蔵 さなへ
一 中村国助 ゆきへ　一 中村福介 しづま
一 嵐　秀助 もんど　一 中村吉蔵 あをやぎ
一 中村万蔵 ちから　一 山本万兵衛 松がへ
一 藤井吉松 ちどり　一 藤井万吉 やくなし
一 嵐　小松 やくなし　一 中村槌松 同
一 中村歌松 同　一 市山太次郎 同
一 三枡松之丞 同

惣巻軸 真上上吉 立役 中山文七 小川座

ハテ知れた事大坂の立者ひつくるめて丸一講

（四4ウ）

○木像《もくぞう》の身替《みがは》りも梅幸《ばいかう》 出立《しゆつたつ》の跡賑《あとにきや》かし

三ヶの津と呼《よん》では三都《と》にわたり三津《みつ》と唱《とな》へては浪花《なには》の浦風吹誘《うらかぜふきさそ》ふ千里《せんり》同風《どうふう》と初春のめでたさに梅の薫《かほ》るも角組芦《つのくむあし》も治《おさま》りし代の皆あししろ根《ね》組《くみ》もしかと底《そこ》に当つた富島辺に誹名《はいみやう》 盧《ろ》仙《せん》といへるへち者あり父は元ト泉州の浜漁師《はまれうし》にて先年先路考《ろかう》始て大坂へ来たる年の冬心に祝ぶ*事有折から時ならぬ臘月《らうげつ》に鱸《ろ》魚《きよ》を取得かへり悦ぶ半にての出産の男子とて稚名《おさなな》を呂吉《ろきち》と号育《なつけそだて》るに身に付たる富貴《ふうき》より成長《せいちやう》にしたがつて異風《ゐふう》を好み自ラろの字の付たる物を好キ先六甲《まづろくかう》山《ざん》の山のかたちを愛《あい》して瑞見《すいけん》山の梺《ふもと》にて人をかゝへて麺類《めんるい》を商《あきな》ふに名代と成てもてはやし其身は泉尾といへる地の内にて表は格子《かうし》がまへなれ共炉《ろ》次《ぢ》を好み竹柱にて楼台《ろうたい》の俤《おもかけ》に建《たて》もとより夏冬とも炉《ろ》（五5オ）にて煮《に》焚《たき》をしてたのしみ酒は伊丹より取よせ魯《ろ》酒《しゆ》と呼《よび》て自《じ》他《た》をもてなし菓子《くわし》は虎《とら》やまんぢうを籠餅《ろうへい》と号《なづ》けて用ひ学文《がくもん》は論語《ろんご》をよくそらんじて其外の書物《しよもつ》をもてあそばず庭《にわ》には盧《ろ》橘《きつ》をしげく植《うへ》コツフは魯《ろ》国《こく》にて用ひ始し物と聞て其余《よ》の盞《さかづき》をきらひ掛物は芦《ろ》雁《がん》などの画図《ゑつ》を多くあつめ魯《ろ》山《さん》の賛《さん》ある物を多く所持し衣《い》服《ふく》は時に応《おう》ずるといへど寒暑《かんしよ》とも絽《ろ》絹《けん》の儒伴《じゆばん》を身に放《はな》さずすべて如此ろの字の付く物を求るよりして只盧《たよろ》子《し》〳〵とぞ呼《よ》ばれぬいつの比よりか神信心《かみしんじん》と成て仏檀《ぶつだん》は異《ゐ》風《ふう》にして軽《かろ》〳〵と製《せい》させいつ戸を

明たる侭《まゝ》やらにて庭に小宮を建《たて》て石清水《いはしみづ》の八幡宮又傍《かたはら》に岩本《いはもと》の社を勧請《くわんぜう》して是を信仰《しんかう》なす事頻《しきり》也よく聞ヶばイハと呼《よぶ》ゆへろをはさみたる神なればと也色事もイロを下よりよ（五5ウ）みて悦ぶゆへ尻からの心を賞《しやうじ》て男色に身をうつ事あまたゝび也随分活《くはつ》に生れたる人なるに夏の比よりふとぶら〳〵煩《わづら》ふてしか〳〵ならず友達ばら打よつていろ〳〵なぐさめする中にある日此家の祭り事有時とて格子《かうし》の間にかざり立て彼心やすき友どちを招《まねき》て打よりて酒ゑん半あるじの病気をとふてもし何ぞ心中にむすぼれ心がゝりの事はあらずやと深切《しんせつ》に尋るによつて盧子《ろし》もにぢりよりて志《こゝろさし》ふかく問給はるに咄さずも置れじ我先年魯《ろ》国にて孔子《かうし》の手つから植《うへ》られし桧《ひのき》七度枯《かれ》七度芽《め》出して今に其樹《き》も寿《ことふき》を保《たもち》あると聞キ其樹《き》を何卒もらひたく色〳〵と長崎にても伝手《つて》を求め故あつて其桧をすこしもらひ取あへず其切株《きりかふにて》　老子の心持にして観音《くわんおん》の像《ぞう》を作らしめ是を仏壇《ふつだん》にこめ置たりしかるに当夏六月廿三日大風雨来て一時に津（六6オ）浪のいきほひつよく戸棚《とたな》も仏壇《ぶつだん》も倶《とも》に突崩《つきくず》したるに元より此一ト在所皆《みな》かくのごとくなるに間もなく治まつて銘《めい》〳〵元のごとくに尋求て取納め置たるにはるか後によく見れば其観音の像《そう》には似ても似付かぬ日蓮《にちれん》の像《ざう》に似《に》たる物也心根《しん》こめし彼尊像なるゆへいつとなく心がゝりにて病と成たりふたゝび此木《このき》をもとめる事は叶はずと大ィにくやむことばの半ハおもてに頼みませうの声して此家の御主人様に御めにかゝりたく只今御案内申者どうぞ御あひなされて下さつたらといふ声に何にもせよ此方へお通りなされと呼《よび》入る近付にもあらず彼男始て参りましたればお近付で有ふ様はなけれどもといふにまし〳〵ながめなけれ共ならなぜござつたサア何がしるべにならふやら只今格子の表を通り合し御噺を立聞致しての御たづねそんなら六月廿三日の暮に（六6ウ）此方の観音の像を取ちがへた人歟ヤレ〳〵うれしやヨウ連まして来て下さつた友達衆御悦下され拙者が病気も今日只今平愈《へいゆ》いたすと悦ぶに一座皆いさみ立それは先〳〵何より嬉しい扨々お世話にござらふによふこそ守りまして下さつて忝いと吸物よ肴よと入かはり立かはりてのもてなしての悦びに彼男そう御悦下されては申事も申シにくしそれにはだん〳〵訳有る事先一通り御聞下されよ申さすとても其日のさはぎ其中に我主人当村に逼塞《ひつそく》いたしゐられましたる其訳も親旦那よりちとしたる間ちがひ事にて拠《よきところ》なく勘《かん》気《き》を蒙《かうむり》ての事しかるに此父御も義理《ぎり》にての勘当《かんとう》ゆへ是を悔《くや》み苦《く》にして病死主人も甚それをなげき勿論日蓮衆なれば高祖《かうそ》上人の俤《おもかげ》にこしらへ面は父の像を身延山の杉の木を以作らせ日々（七7オ）

〔挿絵第一図〕　（七7ウ）

〔挿絵第二図〕　（八8オ）

しばらくお待
下され

何とぞ
此方の
そんそうと
御かへ下され

くびのない
やうにして
持来る
ふとゞき
せんばん

是は
ふしきな
あれは
袖岡
松之丞が

おもしろさうな
はなしじや

清兵へは
功しやな所かある

歌七も
捨られませぬ

巻頭は
とふみても
由男かい

挿絵第一図　挿絵第二図

是に勤ゐられたる所右廿三日の津浪にて仏檀も諸道具も打こまれ水におほるゝ中に彼木像の父を助ヶんとて主人も川へ飛込まれておよぎ〳〵やう〳〵川中にておよぎ付仏檀の上へかけ上りて彼像を出し抱きて又水中へ飛込ておよぎやう〳〵東の岸《きし》へ上りし所いつの間にか大船にあてられたるや彼父のお首が見へず南無三宝と気は半乱《はんらん》なからよく〳〵見れば父の像ならずして魯国《ろこく》の桧をもつて是を作ると裏《うら》に彫《ほり》付有計にていづくの人の所作とも何の像ともしれず扨は父の像は安体にていつくにぞあらんと一端《たん》は心おさまれども取かへんも先キはしれず先キさまも又大事の像と見へたれば首のなきを持てゐて此方の像をもどし下されよとも申されずと夫を苦《く》にして程なく主人も又むなしくなられしが其孝心（八8ウ）身にしみて何とぞ二度吟味《きんみ》して右父御の像を取戻し主人の跡とむらひたく心がけし所先刻通り合し御咄し承はりての推参《すいさん》何とぞ右の所御聞分下され此方の像御もどし下さらば此上もなき御功徳《くどく》則御首はなけれ共こなたの木像の御骸は持参仕ましたと風呂敷づゝみより取出し見すれば廬子《ろし》はあきれてなくにも泣かれず友達衆も顔み合せ一度に溜息《ためいき》つぐ計一人やう〳〵すゝみ出て夫を苦《く》にして煩《わづら》ふほどの主人の秘蔵《ひそう》お首《くび》のないを持来て取かへてくれよとの申様さりとては挨拶もないほとの事ながらあの方も皆是悲《ぜひ》なきこと悔《くやみ》ても歎きても観音の首の戻つて来る様もなし所詮《しよせん》を思ひあきら

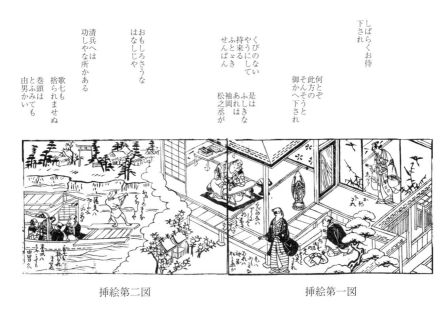

めてあの方も拠なき事なれば戻しつかはされかしといへば彼男も左様でござりますとても経木の首は手に入らず思召あきらめられ御もとしくだ（九9オ）さらば魚鳥の放生会《はうしやうゑ》よりはまさりたる御供《く》養《よう》といふ顔をにらみ付てだまれコナ男何を役にもたゝぬ事にがや〳〵とおとがひたゝく数年祈りこんだる尊像《そんぞう》にお首をおとし持来つてのよまひ言聞たふないそうとはしらずそつちの日蓮此方の尊像のかはりと大事にかけて鼠《ねづみ》に一度ねぶらさすヲ、それよ風一度引かすましと御影講《みゑかう》に綿《わた》も買《か》ふて着せ置たりあたゝかに其まゝにもどそふ様はなしイテ首打おとして同じ様にして取かへんとつつ立つ袖にすがり御尤ながら私の為には親旦那のお首打落されては主人へどうも申わけなし何とぞ御いかりをやめられてといへども聞ずかけゆく向ふの障子《せうし》さつと明れば若衆姿にて彼木像を小脇《わき》にだかへつつ立たりヤアそちはかねてめをかけ置し袖岡松之丞ならすやいつの間に其木像何とせんと思ふて（九9ウ）持出しそ此方へわたせ首を落さんと立よれは身をかはし御腹立は御尤ながらさいせんより様子を立聞くにあの人の主人〳〵と仰あるも若《もし》や山寵《さんてう》と申たる人にはあらずや身の上よくにたる事ゆへ御たづね申上ますといふに成ほど其通りお若衆にはよう御ぞんじさればあのおかたも久しき芝居好にて男色を好み給ひて我も度々情をうけて世話に成たれはそれと聞て其かたち有るお方けがもさゝれず又盧子さまの御腹立は其魯国とやらの桧の経木さへあれば仏師の細工にて元トのことくならんといふ事もあらねは此まへ飛子の比長崎にて唐僧《とうそう》になじみて其僧の物がたり是は魯国にて大孔子の手づから植《うゑ》られし桧《ひ》の木の端《はし》にてこれをけつりて用ゆる時は上もなき痔《ぢ》の薬なれば大切の物ながら其方へくれるとて給はりしを大事にかけて持ゐればこれをどうぞ御ぐしに刻ませ御腹立をとゞめられ此木像をもどしてしんぜて下さんせといへば盧子もほつくり折《おれ》てそれさへあれば何の申事あらんと聞て彼男はいふに及はず（十10オ）一座の安堵に病気もさらり快気の風情に松之丞猶も立出て此山寵《さんてう》さまといへるお方観音さまは経衆ながらも兼《かね》ての信心《しんぐ》ゆへお果《はて》なされた後にても難義をすくひ給ひし則身かはり又竜《たつ》の口の御《こ》難《なん》を今こゝに見るがごとし時にかやうに盧子さまの御心解《とけ》しめでたさに此山寵《さんてう》さまも毎年顔みせ評判にお出有たお方なれば此木像を当年の頭取として斯ゥ打よつたを幸芸品定はどうてあろ是はけうとい思ひ付此人も芝居好とあれば同気相求る此一座皆一所船に乗《のつ》て出則船を評判所と極めかく木像の身代りより此趣向と成たるも梅幸暇乞狂言の当りによりて上京発足《はつそく》の跡賑《あとにぎや》かしとして天神のお旅の前に着ヶ置て功者好者ひいき〳〵へもいざしらせませうさらば廻状認ませうぞ

安永四年未の正月

作者　自笑

（十10ウ）

○口　上

一角の芝居小川座顔見世霜月二日の夜より初日出候て外題は則潔《いさぎよし》　楠噺《くすのきはなし》　右十日相勤昼の引合座付十六日より初日右昼狂言の外題は楠噺後日南朝嫁入始《ひなのみやこよめいりのはじまり》　如此昼夜にわかり候ゆへ評記は夜は●昼は○にて印を分置く

一中の芝居嵐座顔見世故障《こせう》ありて延引ニ付当年は昼計相つとめ申候て霜月廿二日初日則外題は御所桜堀川夜討《ごしよざくらほりかはようち》右役割にて相記す

一右嵐座中村十蔵江戸表出立延引漸廿日一人乗込いたし候夫ゆへ右御所桜役割に洩候て末にて片岡八郎役として右遅着の断の上お国歌舞妓を趣向として切ニ花衣いろは縁起《あんぎ》鷲《わし》の段山中左衛門役片岡八郎相勤小督《こがう》の役静《しづか》　御前相勤候と口上にて触させ右之狂言相勤申候依之此狂言にて評記相定申候

一右両芝居明六つ時より相勤候ニ付式三番　（十一11オ）

小川座

翁　姉川大吉

千歳　山科甚吉

三番叟　沢村国太郎

大鼓　中山文七　嵐文五郎

小鼓　小川吉太郎　三升松五郎

笛　中村治郎三

嵐座

翁　坂東岩五郎

千歳　市山助五郎

三番叟　藤川柳蔵

大鼓　三桝徳次郎

小鼓　尾上久米介　藤井花咲　市川吉太郎

笛　市山源之介

一右之通両芝居共趣向并故障にて初日遅り候ゆへ例年の評判所も嘸御待かねと存候ゆへ当年始より芸評にかゝりて頭取申上られまますれは各様思召并ニ位の争《あらそ》ひ共に跡へ御廻し下されまする様始より御断申上ます東西〳〵

▲立役之部

功上上吉　　三桝大五郎　嵐座

頭取　此度土佐坊正俊の役大序の勤は鎌倉御前にて討手を受次に二の切骨継《ほねつぎ》郷右衛門方へ療治《れうぢ》に来り肩《かた》の疵《きず》を（十一11ウ）問《と》はれてより伊勢の左衛門討たる物がたりに親の敵とつめかけられて忠義にこつたる言訳にて其場を延くれよといへ共聞入なきを伊勢の三郎が母の言葉によつて漸敵討をのべてもらふ其礼に平家の連判状をやつて別るゝ段切まで　功者　此場は少しも申分ない近年の出来よう京都に去年一年勤ての下り是程の出来様は覚へぬ程の事　惣〳〵　なるほど申分はない〳〵　中山組　めつたむしやうによい〳〵と

いふて大坂の立者は出さずにどうするのじや出直せ〳〵頭取其儀は仰らるゝであらうと存まして有様は先刻から待心是には段々申訳ござれば奥《おく》にて申ませう先仰らるゝ通り去年は京都の勤三升組京はきついめてやうしらぬヵイ頭取先〳〵お待成されませ三の口義経の前へちよと出ての勤四の切にて夜討に寄せて忠義を兄弟へ分ての誓文《せいもん》を認め義盛に敵を討るゝまで狂言は凡大方御存候所此度の御役柄わるからう筈はなけれ共先年より斬髪《ざんはつ》（十二12オ）惣髪の俤《おもかげ》あまりよく入たとも存ませなんだゆへ役割承はるといかゞと存ましたが存の外しつとりとして二の切にて衣装《いしやう》の物ずきなどめづらしう鹿の子もやうなど姿のよく取合出したも功つもりての義第一は狂言が格別落付て見へますゆへ功つもりし所をさつしまして巻頭に直しましたがさこばむりじやない〳〵此狂言は元ト古坂東彦三郎の当たる仕打覚へゐる上中村四郎五郎其外彼是眼にのこりある役柄先近年のうちにて此度の土佐坊至てよいと思はるゝ頭取京都にても去年此狂言出て伊せ三郎*母の役弁慶の役藤弥太の役と三役此人の勤いづれ宜其後木津勘介あし屋将げんと野勘平との二やく次は反こん香にて又平の役いづれも先〳〵去年の登りは評判宜しく首尾よふ一年ぶりの下りに斯のごとく出来ますはかの姉川風のつもりたる大功と此度は斯のごとし大勢様はいかゞござりますぞ大せいマア此評は尤らしいぞ次は〳〵　（十二12ウ）

大上上吉　中村歌右衛門　嵐座本後見

頭取此度は武蔵坊弁慶の役にて三の口より出て切までのお勤卿の君の討手に侍従太郎やしきへ行てお針のお沢が物語にてしのぶを我子と知つて障子ごしにさし通して一生にたつた一度ちぎりをこめてもふけたる其子を身がはりに取てつれかへるうれい此狂言は先年則当芝居にて嵐小六殿相手にておつとめ其時も大評判此度も相かはらず出来ます島の内かはらぬともいはれぬちつと其時よりは仕打が多く見へるぞや頭取それは少しは仕打もかはりませうし又お相手にもよりませう先此度も弁慶の役には申分はないと申もの三升氏京都にて此役ながら是計は又此人の出来ばへが見へまするぞ上町それは出来るにもせよ歌七は実悪じやぞよ今立役実芸計にもせよ立役の部へ入ては済ぬ大せいヲ、すまぬ〳〵頭取されはサア其おとがめは先しれた事と申もの此度にかぎらす近年大かた立役の勤多く実悪は先此人の（十三13オ）

〔挿絵第三図〕　（十三13ウ）

〔挿絵第四図〕　（十四14オ）

名代のみ実は立役狂言を好みの方共見へまして御精が出ますれば猶其いさみにもならうと此度の出来を幸立役の部へ入ましたも一興《けう》とて又実悪を待ますテヤ

潔《いさぎよし》楠《くすのき》噺《ばなし》　小川座　続九場
午十一月二日ヨリ

おいくニ
花桐豊松

まつしやの神ニ
坂東豊三郎

あかはし九郎ニ
三枡松五郎

まめ右衛門ニ
嵐文五郎

たいこかめ八
本名さくらいしん五ニ
小川吉太郎

たもん天ニ
中山文七

ほう六ニ
中山文七

よせなみニ
中村玉柏

かたうたひめニ
山科甚吉

けいせい今むらさき
小川千きく

薬うりたでん
本名長さき二郎ニ
浅尾為十郎

きく一文じ介むねニ
嵐吉三郎

くれは
姉川大吉

おきの左衛門
中山来助

おたぎのおたつニ
沢村国太郎

のゝみやのゝ四郎ニ
中村治郎三

挿絵第四図

挿絵第三図

上上吉 　藤川八蔵　嵐座

[舎柳][里環][小川組出]ヤレ〳〵たいくつや〳〵何じやはしらぬがおもしろうもない事計聞てゐる事て又此所八甫ｶｲめくら頭取置てもらふぞ[八甫連]イヤ置まい頭取此度こそこちの八甫殿の大出来此やうに跡へ下る筈はないなぜ巻頭にはせなんだ事じやそれになんしやたいくつなたいくつならいんでもらを[頭取]其やうに仰られてはけんくわになると申もの先初手に申た通り芸評をお聞下さりました上にて仰られませ此度は伊せ三郎義盛の役にて二の中にて追剝《おいはぎ》と成て日の岡にて往来をはぎ取次に骨継郷右衛門と名のりて在所の娘のおとがいのはづれたの又はすてぶちの三蔵か腕《かいな》の骨のたがひしをりやうぢして土佐坊正俊の肩先ｷ（十四14ウ）の疵《きず》より段〳〵問入て親左衛門を殺《ころ》されたる物がたりを聞てぜひ敵を此場にてうたんとせき入ての義心近比での出来やう一間より母病気ながらよろほひ出て正俊の忠義をかんじて義理によつて日をのばし後日に討ん事をけいやくしてのり地にて別れる段切四つ目は藤弥太の役にてしづかとの三絃《さみせん》の出合は先達ても此役お勤ながらさりとは手に入た上に其節とははるかに功つもつてかるう仕打見へて親御の俤ます〳〵あらはれまするでござりませぬ歟[島]よいはよいが手に入過たのかきつうチヤリが過てしやら〳〵した仕様と

いふぞや芝居好そうしや〳〵狂言に実《じつ》かなふて見にくい頭取それは姉さんさばヱなどゝいふて死る仕打有ゆへ手に入てなめ過ると思召す所も有ての事でもござろうが何分二役共此度は此人に相応した役ゆへ歟和らかに見へてかるう只くつたくせぬふぜい多くいつもの水くさみがめだちませぬゆへ此かくでどうぞ頼みますぞ

（十五15オ）

上上吉　川　小川吉太郎　座本

小川ひいき此位コリヤどうじやいつまで此まゝで置事じやしれた事黒吉にせい女中聞てそうじやイナ黒吉がおそいとわたしらは思ふてゐるにまだカイナ頭取とかく当地の受ます〳〵よろしく皆さまともにさやう思召てござると察《さつし》まして此度は急度位も改ますつもりながら●楠噺にては序《じよ》にたいこ持亀八と成てほうらいやの内の豆をはやし豆右衛門を遣ふてばゞのきげんをとり宝六文七役がほうろくうりのゐんゑんじまんを聞かねてたいこ持が太鼓のはじめを云聞して互にあらそふ所はワキ狂言のかつこほうろく御二人共きれいにて宜しく末に至てさくら井新五となのるともに毘沙門《びしやもん》のかごを得てはたらくまでさしたる事も見へねど例の和らかみ多く○南朝《ひなのみやこ》嫁入の始の狂言昼に至ては序は北畠《きたばたけ》侍従《じじう》之介ながらくるわのあそびに町人と成てかるわざのほめことばなともよく妾原《てかけはら》を中居（十五15ウ）に仕立て手打をさせ次に岩上弾正がけいりやくにのつて勅使にあやまつて手をおゝせておどろき二つめにては宝をぬすまれしより気が乱れて只陽気《ようき》なる事のさはきにて心のしづまるに恥《はぢ》てより太夫とのりん気は例の俤にて宜く次に宇佐崎蔵人がつれかへりしかごかきをころすにおどろきかごの内よりふるひ出しは百性すがたにて助八の狂言のごとく実は侍従之介と二子東作にて蔵人に守袋をわたし母を案してたすけくれよとにげ廻り次に侍従之介と成て出遠さけられし妾共が踊子姿にて逢に来たるにうかれしを太夫に見付られてにげ込早がはりにて又百性東作と成てにげ出蔵人がことばを用ひずにけ廻りぜひなく蔵人によろひ櫃《ひつ》へかくされ人なき間に抜出しを忍びの者と見合ひたがいに逃《にげ》合てよろひ櫃《ひつ》の中へ足を持てなげ入れてかの忍びの者の出たるから井《い》戸《ど》へかくれ次に又侍従之介にて伯父大領に出むかひ預りし宝をぬすまれ（十六16オ）しをくやみ後伯父の悪にて岩上弾正が上使と成て入来侍従之介に腹切らせんといふを聞浅黄上下に改出てまことは得ゝより云訳なく腹を切たる体切に楠が計略にて小夜絹に日月の旗《はた》をぬすませ追かけらるゝゆへ彼から井戸へ持たる手を切落せし其旗を持てあらはれ出実は侍従ながら東作が姿にてにげ入るまで三つめ落人と成て追はぎに出合ひ弟子と成て夜着島を着ての仕打好キ是は古三五郎より当代雷子ともに当た所じやぞや頭取さ

ればそれにおとらぬ仕打共勿論京都にても先年此人もおつとめの義次に娘のお来にほれられ逃《にげ》まはり四つめ山崎の奥に長崎四郎がかくれ家へとりこと成て追はぎの飯たきと成思はず此家へ太夫玉琴《こと》もとらはれゐるにあひ長崎二郎が太夫を口説《くど》かする役と成りてりんきまじりの仕打は又有た物ではないぞ後藤房がはからひにてお来と仮《かり》に夫婦の盃をなし末（十六16ウ）に雛の宮をかくし有る事を知てしのび入雛まつりの料理人姿にて出御代を祝て鶴《つる》の庖丁《ほうてう》となし治郎にかう参《さん》をすゝむるまで申分はなけれ共今少し花やかなることを見ました上にては仰のごとく黒吉にあらためませう例の和かみの賞美《しやうび》のみゆへ先ッ先格《せんかく》にて此所に

上上吉　坂東豊三郎　小川座

頭取●序の発端《ほつたん》に末社の神東朝と成て顕れ出丸山権太左衛門にかくれ蓑《みの》をあたへ神通《じんづう》のはやし豆を持て脊《せ》の高きを至て小くなして豆右衛門と名を替させじぶんの六年ぶりにて出勤長い〱といはるゝにはこりたると悔みもおかしく其まゝ身をかくして夜は是のみ○徳太夫女房おらくと成てばゝは川へせんだくに来てのむかしのむつまじきふぜいも又功のいた所が見へます祖父の実子の勝《かち》軍《いくさ》を聞て悦びてよりの女夫けんくわにて腹立ながら入次の場宇都宮公綱を彼義理ある子と思ひ楠《くすのき》を味《み》（十七17オ）かたに付る使を受合後楠が公綱《きんつな》を殺《ころ》したと聞て義によつて自害《じがい》してのうれい久しぶりにての義先は御くらう〱と計大勢マアそんなものカイ

上上吉　嵐文五郎　小川座

頭取曰●序丸山権太左衛門と成末社の神に神通の豆をもらひ脊《せ》がひくう成て豆右衛門と号《なづけ》られさづかりしかくれみのを着てさま〱の自由《じゆう》をなすもおかしみ計○昼芸は侍従之介が家老宇佐崎蔵人と成宝ふんじつ故いひわけなきゆへ百性東作は殿と二子なるゆへ尋つれかへりにげ廻るをいろ〱云ふくめる心遣ひ後侍従之介が腹切たる体を見て追腹を切て楠に相続《そうぞく》を願へ共立ざるを悔《くや》み万才佐次右衛門がにげゆくを呼《よび》かけてかいしやくを頼み段々様子をかたりし所主人の首を侍従之介と聞て佐次右衛門がふみにぢるにおどろきやうすをとへばむほん人長崎次郎にて紛失《ふんじつ》の日のはたをくわい中より出し主人の血《ち》しほにけ（十七17ウ）がせば一たび一ッ天くらくなり程なくはれたるより身代りの役に立たる事を知つてくつうのうちに悦び死す迄六つめ恩地《おんち》左近と成て泣男《なきおとこ》佐兵衛を楠の身代りにせんとてつれかへらんといひ女房に受合しに其まゝかへり後けいりやくののろしを上て公綱を取まく迄好キいつも〱云ひもする聞もするが小兵ながら狂言に大分しまりが付たぞ

頭取とかく精《せい》を出されますゆへ

上上吉　藤川柳蔵　嵐座

頭取堀川夜討にて二段目池のはた針右衛門役さしたる事もなけれど三段目侍従太郎の役にて卿の君を預り置しのぶを身がはりに立んと色をしかけ後母が云訳に立腹をなすうち弁慶我子を身がはりに取てかへるをともにさつしてのなげきざこばこれも前は八蔵の役じや有たの好キ其時もきれいに見へたが此度は一しほきれいなる仕打にてきつう取まはりがたのもしう見へます（十八18オ）ぞや頭取されば当舞台やう〳〵当年一年ながらめき〳〵と仕出しよく誠に拠なく位も此通りにて跡芝居菅原にてふたゝび出勤てる国とさくら丸の二やくも相応のこなれと見へてさりとはおどろき入ました藤川組最ヨイ歟いふ事はない歟なくは一番打てもらをシヤン〳〵モ一ツセイシヤン〳〵シヤ〳〵シノシヤン

上上　市山助五郎　嵐座

頭取在所娘と成ておとがひのりやうぢに来たる場釜の座の金四郎役にて追はぎにあふ場と源八兵へにて序切と四の切共に相かはらず此座も先めでたく

上ト　中村重次郎　嵐座

頭取去年は生島柏木又中村と成て立役色事仕の根組もきれいにてずんどよい思召付此度は義経のお役序切三つめの口四つめの切とも仕出しが大分よう見へますぞや長堀辺大坂の沢宗と成ておくれ（十八18ウ）

立役巻軸三幅対

上上吉
嵐吉太郎　小川座
中村十蔵　嵐座
中山来助　小川座

頭取定て仰られ分はござりませうが先頭取の申所一通りお聞下さりませう▲嵐吉丈は久しぶりの当芝居のお勤にて当年先つ花かたともにて●四番め菊《きく》一文字助宗と成て傾城《けいせい》にほれられめいわくがり去《さ》つた女房おたつに出合ひ気づよくあらそひ入次に左近狐と成て出助宗に力を添《そへ》ん事をおたつといひ合せ入後又助宗にて荻の左衛門に水中の月を手桶《おけ》にすくひ見せて影《かげ》の太刀を請合ふ所のせりふなどさつはりとして出来まするぞ○序はかもめの灘《なだ》八と成ておりいにぬれかけ後敵也といはれての云訳切水門より宝ぬすみ出るものを追かけての幕《まく》五つめ柴刈《しばかり》の姿より行列《ぎやうれつ》に帰るも先つ立テ

物と見へますぞ六つめ宇都宮公綱となのり（十九19オ）祖父祖母が内へ来て楠を味方に付くれよと頼みておくへ入次にあらまき一藤太と成り祖父の実の子は公綱にてはなく我也といひて勘当のわびも手づよくてよし切リにけいりやくにて楠に討れ其楠を誠の正成と思ひ討て誠の公綱とあらはれ出て中陰《ちういん》中勝負《せうぶ》をのばすやくそくをなすまで大分狂言にしまりも付ました▲来助丈は●四番め荻の左衛門役にて弓矢を以て菊《きく》一文字を左近狐と見あらはすまでも先つよし上町昼も夜もねばい様に見へるぞや頭取さりとては先つ一通りお聞なされての上の事〇三つめ万里の小路藤房の役にてわざと長崎四郎が館《やかた》深山に身をかくす方に入込ゐて大内の義式をおしへさるいろ〳〵とちそうにせめられ侍従之介とお来が夫婦と成リ盃をながし曲水の縁《ゑん》によりて太夫玉琴が手に入させてじがいをとゞめ水上より流れ来る短冊《たんざく》にて此家に雛《ひな》の宮のかくま（十九19ウ）ひある事を知り後長崎次郎に酒をすゝめられ肴に坊門の清忠の首を突付られなからむほんのくはたてをてうらうして智仁勇の三徳をはからんと其首を打付て治郎か手の内の雀をはなさせあさけりてむねんからせ次に治郎を蹴おとさんとして身体のじゆうならさるより神璽をぬすみゐることを知りおくへ忍ひ入て装束を改め雛の宮を守護して治郎か孝心の悪事をかんして味方にせんとすゝめるまてかつたりとして此度は先よいと申方にて上町扨も埒のあかぬいひ様にてよいともわるい共しつかりと聞へぬ頭取島そうして位付にて十蔵を中に置て来助を此所で評判するはとうしや頭取されはサア虎宥丈の事もこゝて申まするか里環丈の出来は昼よりは夜の方宜しく見へまする又舎柳丈は夜より昼の方勝て見へますゆへ相もちにて左右に置まして同し芸中ゆへ二人共此所て申ましたさらはお十とのを申て見ませう（廿20オ）▲七年已前上京にて其間江戸表に三年の勤め珍らしう此度当地へお登りなから何として敷段々延引にて顔みせものび〳〵してやう〳〵嵐座廿日前後初日との噂なりいまた当着の沙汰もなくいかゞと存せし所十九日御着のよしてお一人リの乗込みされ共当顔みせきやうけん御所桜堀川夜討と極まれ共役割も済たる噂先つ初日引合せにお顔を見て安堵島久しふりにて馬づくしを見ましたそ頭取時に切に片岡八郎と成て当着延引の申訳になぞらへて義経の機嫌をはかり静御前もつ*とも歌舞妓狂言の役を承はりて花衣いろは縁起《ゑんき》第二鶩の段山中左衛門の役にて鶩に子をとられ狂人と成ての所作事めかしたる仕打先此度はさしたる事も見へませぬどうぞ次の狂言にてしつかりと京江戸の御修行が見たい〳〵大せいそれほどすつはりめかぬものをなぜ二人の中へ入て置たぞ頭取夫レは（廿20ウ）当年の花かたと申ものにて位も同事ゆへお三人ともお互のはげみと存じてしかも中にそなへ置ましたが中〳〵怠る人とは見へませぬが

是からが見物も精をはつて御互の御出世を待ますぞ

▲実悪并敵役之部

上上吉　浅尾為十郎　小川座

頭取●奥山丈此度も中入狂言にて薬うりたぜんと成出て思はず人なきやかたへ入ておくの三味せんに聞入ゐてこしもと共が月にそなへし神酒と餅を取てひだるさをおぎなひ頭の光るを氷也とて台笥《だいす》の湯をかけられてにげ廻り姫の恋しかりゐる名と同じ名なるゆへむりに婿《むこ》君也とてあがめられ衣服を着かへ出てより伊賀寿太郎がむほんに組して姫にれんぼして無理に抱てねんとてささへるこしもとと小性をころし伊賀寿太郎が所持したる旗を取かへてより誠は長崎次郎と名のりて実《じつ》に立戻《もと》る（廿一21オ）まで芝居好コリヤ逸風の一休じやぞや頭取成ほどさやうにて近比大五郎殿もなされたが此人大分狂言が上りまして此度は先つ見ようござるぞ次に○昼狂言二つめ万才佐次右衛門と成て根次右衛門文七役と倶《とも》に侍従之介やかたへ来て大和万才の仕打たつふりと此人の思ひ入多く其中伯父大領の入来る声におどろきにげ込ミ早かはりにて伯父大領と成て出侍従之介に対面してから井戸より忍び者を呼出し東作を身がはりにせんとはからふ由を聞次に法眼道達を招き毒薬を受取試《こゝろ》みの人をあれこれ思ひ見る内立聞したる根次右衛門が道達をあて殺《ころ》し彼毒薬を用ひて活を入れ悶活するしゝうをとつくりと見て根次右衛門を召かゝへ次に岩上弾正が上使に来るとともに侍従之介を科《とが》におとして宇佐崎もろ共腹を切らせし所楠に悪事を見あらはされ取まかれながら同道して入リ直に又はや（廿一21ウ）がはりにて佐次右衛門と成出蔵人に呼かけられ介錯《かいしやく》をたのまれ落散たるは侍従之介が首と切て年来のうつふんをさんぜんと首をふみにじりてぬすみし旗を取出し血にけがして長崎次郎となのりむほんをあらはし後楠と詰合ての段切好人此場は京での桃山錦の狂言と思はるゝ頭取まつたく左様ではござれども此人此場先出かされます次に三つめ長崎次郎にて山崎のかくれ家にて巌窟《がんくつ》の住居にて落武者の笹山一学を鉄炮《てつはう》にて打ころし花見の帰りがけ侍従之介をめしたきにかゝへとらへ置たる玉琴を口説《くどけ》よと云付次に中納言藤房を客となぞらへとりことなし大内の義式《ぎしき》をならはんとちそうにことよせさま〱とりかこみ氏なき者のむほんとてうらうにあひてむねんがる所ことの外出来ますぞ末に妹おらいが侍従にほれとりこと成し置たる雛の宮の有り所をかたりしと聞ておど（廿二22オ）ろき大望今宵はのばされずと素袍《すおう》に着かへしつらひ置し洞穴の殿に入て見るに早藤房侍従が宮を守護我主人伊豆守が娘を后《きさき》に立んと藤房の情にて降参《かうさん》せんことをむねんに思ひ切腹をなすま

で此度は御苦労〳〵好者先芸評はさらりと済だによつていひたひ事中て見ませう口の場先出来まする次の場は凡千貫戸樋の狂言にて逸風とお十の法螺《ほら》貝《かい》割といひ来りし仕打にてしゞう逸風を形にて二ヶ場共仕られると見へるが奥山組されば其場をあの様にしつくりとする人が外にはござるまいが島成ほど是は外にはないようあれ程にもおほへるものかと思はれるわる口そふおつしやれば少し申てみませう夜の狂言去年は逸風文覚にて今年は又一休の狂言さりとはしつこいでは有まいか好者しかし去年の方にはくつとこつた仕打と思はれたが今年の方はすこし（廿二22ウ）あさ〳〵とした仕様に見へて和らかみが付て跡でくたぶれるやうにも存せなんだ頭取きつうむつかしい仰られ様見功者イヤサ逸風の形はよほど前からにてとつくりと仕打がはまつてよいが奥の素袍《すはう》に着かへてからは自分の狂言と見へて大分仕打が小そう成まするやうに思はる〻頭取先〳〵そこらはすこしづ〻御用捨もなされずは済ますまいか何分此度は至て大役にて急度仕打に見込あれ共近年歌七丈実事計故此仕打此人にかぎりし様に見へますれば一しほにくみの付ぬやうに御心を持たれ此体にて御出精あらば先京大坂には有まいと思はれますぞや頼母しい大せいいかさまうつとしいといはれぬやうが専一〳〵

上上吉  坂東岩五郎 嵐座

頭取此度翁の役にてお顔もちがきつうきうくつに見へて一しほ御苦労千万御役は梶原平次（廿三23オ）

〔挿絵第五図〕（廿三23ウ）

〔挿絵第六図〕（廿四24オ）

計にて序三の口ともさしたる事もなければ次にて例の笑ひを待もの計

上上吉  市川宗三郎 嵐座

頭取追分の市右衛門と平大納言時忠の役二役とも此度は仕打もなし老功故か土師の兵へなどはいたつて出かされました

上上  三枡他人 嵐座

頭取御存の竹田座にての時蔵二三年京都を勤めの内去年大五郎養子と成て他人と改て此度同道の下向駿河一郎役先ッ大からにて調子もたつふりとあつてよいぞ〳〵

上ト  三枡松五郎 小川座

頭取これも御なじみのおらんだと一名ありし松之介事此度名も

御所桜堀川夜討《ごしよさくらほりかわようち》
午十一月廿二日ヨリ
よしつねニ
中村重次郎
いせの三郎ニ
藤川八蔵
こしもとしのぶニ
嵐松次郎
べんけいニ
中村歌右衛門
しづかニ
尾上久米介
藤やたニ
二やく藤川八蔵
いそのぜんじ
二やく中村喜代三

嵐松次郎座
五段つゞき
源八兵へニ
市山介五郎
ときたゞニ
坂東岩五郎
するがの次郎ニ
三枡他人
とさぼう正じゆんニ
三枡大五郎
おわさニ
中村喜代三
じょう太郎
藤川柳蔵
はなのいニ
三升徳次郎
小がうニ
尾上久米助
山中左衛門ニ
中村十蔵
大切
わしの段しよさ事
相勤申候

挿絵第五図

挿絵第六図

改めて初舞台●序は田舎大尽不粋誠は赤橋九郎の役中入にてはさがみ太郎の役○　（廿四24ウ）

↓頭取出て曰東西〳〵ちよと御断申上ます是よりおく女形にいたりての評に少〳〵趣向がござりますれば二の替に一所に芸品定を仕りませう左様に御心得下されませまづ此所にてめでたく申納ますクハチ〳〵

安永四年
未正月吉日
京ふや町せいくわんじ下ル町　八文字屋八左衛門板
（廿五25オ）

序は軽業師《かるわざし》にて本名おらんだ松之介次はがんくつの五郎太にて長崎次郎が手下と成て追剥の師匠《しやう》など先大がい〳〵ずいぶん御精出されませ

巻軸
上上吉　中村治郎三　小川座

頭取●序は後室戸根の方にて偽て楠の後家がやりてと成ゐる事を知つて孕ゐるを証拠《しやうこ》におろし薬を呑《のま》さんとして宝六に見とがめ

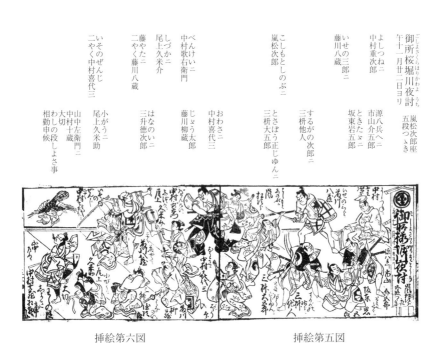

られかたりなる事あらはれて殺《ころ》され中入は野の宮野の四郎と成て誠は伊賀寿太郎にて長崎次郎に旗《はた》を奪《ばひ》かへさるゝまで○序は奴蟹《やつこかに》平にて誠は山上弾正伯父大領と心をあはせ侍従之介科《とが》に落さんと勅使をあやめ二つ目上使と成て来りしを正成に顕《あら》はされ縄《なわ》をかゝり入四つ目は祖父の徳太夫と成て柴刈《しばかり》に出て婿《むこ》の軍咄《いくさはなし》を聞ていさみ婆々《ばゝ》とめうとあらそひをなし五つ目にて婿の手だてとしらずころされたると聞て義理（廿五25オ）にじがいして我子との勝負《しやうぶ》をのべてもらふ迄近年の出来もの御出世はめき〳〵としたる評判ゆへ此度は敵役の巻軸に置ました

▲若女形之部

上上吉　中村喜代三郎　嵐座

頭取 此度堀川夜討の三段目お物師のお沢の役先年小七殿の大当りゆへいかゝと存ましたがおとらず仕打少し可愛《かあい》らしい所が有てはまり過たと申役共存ます 見功者 初めの間は此人の仕打も常体《つねてい》ながら片袖のふりの袂《たもと》を見せてざこねにもふけたる子ゆへ身がはりの役に立かねる云訳の間はぐつとこたへて小七より情が深く思はれたぞ 好者 段切は先年よりはちとさびしく思はるゝ 頭取 何にもせよ又此人で見まする所役の行とゞきしとも申物歟次に四段目静の姉いとゆふと成て磯の前司となのりて七つ子の一トさし（廿五25ウ）女の風情多く文句に心を付られた所もよく藤弥太をころしてうれいも少しながら先〳〵功は見えまする 島 去々年はいつの間にやら引かれて去年はいつかたにゐられたるや一鳳黄泉の道に趣かれたれは此人ならではないとたのしみますぞ

上上吉　姉川大吉　小川座

頭取 ●中入にてよせ浪妹くれはの役にて野の四郎かむほんを見あらはしての武道詰合さしたる事も見へねどしつかりとしてよく○公綱女房てりは五つめにて楠を味方に付下されよと祖父婆をたのみの使に来り花をもつてなそをかけて後老夫婦の自害をかなしむまて当年はめづらしく此座の御つとめ御苦労〳〵

上上吉　花桐豊松　小川座

頭取 ●豆右衛門妹にてほうらいやのおいくと成リゐて宝六か妹おはつを雛鶴姫の身かはりに立んとほう六に色（廿六26オ）を仕かける所なと和らかで大分上りました 島之内 きつとあやめ場かふさかりますもの 頭取 左様共○序にて浪人軍司娘おりいの役父にはぐれてなんぎの所かもめの灘八に媒をたのみし上親の敵也とつめかけ後に手をおひ死る迄とうしてやら此度は狂言もすくなう心かゝ

りもさりとは

上上吉　尾上久米助　嵐座

頭取此度は伊せ三郎女房早せ千人切供養の場へ出又後に追剝の幕《まく》も少し計次に二の切ほねつぎの場も先大かいな御首尾にて四つ目しづか御前役藤弥太と三絃ての出合は大分花やかでよいぞ〳〵
さこば大分上つたか今少し花やかに着飾てもらひたいことだらけ
頭取東西〳〵扨大切則花衣いろは縁起二つめ鷲の段虎宥《こゆう》殿のあしらひに小督の役御苦労ながら是はさしたる事もないが当地御なじみふかく成てよほと評判が増〳〵てめでたい〳〵

上上吉　三枡徳次郎　嵐座

（廿六26ウ）

頭取近年〳〵むら〳〵の上りめが見へてちと憎みは付まいかとあんじられます此度伊勢三郎の母にて正俊が敵討の日延のやうす聞入ぬ我子をなだめる所きつい出来様先年竹中兵吉殿評判も去年京都にて大五郎殿のつとめも是は其筈とも申ことなるが此度は存がけない役柄にて急度たのもしい共〳〵
上町辺ちとうつくし過ていしやうが黒い故か花やかに見へたぞや
島いかさま玉子色の帯だけうつきり過て病人には少し
頭取若女形のしかも若手ざかり何役にもせよ浮たつ所がなければならねば是も無理ならず三段目侍従太郎女房花の井の役も相応の出来とかく狂言に始終勢ひがあつて悦びます〳〵

上上　山科甚吉　小川座

頭取●序にて雛鶴姫とほうろくや宝六が妹お初の二役中入又雛鶴役いづれも大分うつくしう見へて町の受もよく◯けいせい玉琴ながら序は中居の姿にて出二つめりん（廿七27オ）きの仕打もよく三つめ山崎の山奥へとらはれ長崎次郎が妹に侍従之介を口説《くどき》くれよと頼れてしんきがる所など大分上りめが見へて来たぞ

上上　中村玉柏　小川座

頭取●引舟お浪にて誠は楠の後家にて末にいたり多門丸産落す迄の役◯昼は宇佐崎蔵人女房さよきぬの役いつとても同じ位にてなければならぬと申お方

上上　藤井花咲　嵐座

頭取去年までは京都四条道場に勤て此度下りにて卿の君の役二場共大がいながら三番叟の小つゞみは行義から音からいたつて此人計の評判御きようなと見へて珍重〳〵

上　小川千菊　小川座

上　市川吉太郎　嵐座

頭取小川殿●けいせい今紫にて菊一文字助宗にほれて誠は親の敵と付ねらふ場○中居おなつ誠は(廿七27ウ)侍従が妻夏草▲市川殿は時忠の娘九重姫にて敵のむほんを訴人して命をたすけもらはんと願ふ場御二人とも御きれいにて先ッよし〳〵

上　姉川万代　小川座

上　嵐松次郎　座本

頭取姉川殿●けいせいよもぎふ役○侍従が妻秋しの役▲嵐座大夫本は此度こしもとしのぶの役にてうれい万端行過たる所見へてよいぞ〳〵

上　市山源之助　嵐座

上　生島金蔵　小川座

頭取市山殿東の前とて片岡が延引を云なだめる計▲●生島殿はかぶろちわやにて文車の所作事○妾夏菊と長崎治郎が妹おとき役出立がよいぞ〳〵

女形巻軸　上上吉　沢村国太郎　小川座

頭取当年は此座の大立者にて●四つめ菊一文字女(廿八28オ)房お菊にて出兄の悪事をうとみ夫助宗を親の敵と思ひ付ねらひ二役おたつ狐いづれも有る格《かく》の事ながら先花やかにてよし○三つめにて長崎治郎が妹お来《らい》手下の追剝《おいはぎ》にあふておそれぬ仕打は手に入たもの次思はず侍従之介が手下になりゐるを悦び次の場にてけいせい玉琴をたのみ口説てもらふにりんきを尤がつてゐる場はよし後色にまよひて雛の宮の有所を侍従にかたりて兄のむほんの害《かい》と成りてかなしむは娘らしうて宜しい〳〵北より娘らしいはしれた事とおもふのかふり袖すがたがすこし此度はどふやらほれ気がさゝぬぞや頭取色〳〵の事をおつしやることの六番目にて祖母のつれ子にて夫正作が軍場よりにげかへりしを見て後楠と思ひの外杉本左兵衛にて泣男なる事を聞夫の臆病《おくびやう》をくやみ我子にじがいをすゝめて夫をいさめるうれいもよし後みな楠正成が計略《けいりやく》なるゆへともにおどろきい(廿八28ウ)さむうち二親のじがいをかなしむまでもめん衣装の前帯姿もよほどはへ合ましたぞ島頭取のいはるゝ通去年までは二番目の若女形それにしては若手の花やかさ有た物で

はないが今年は大立者ゆへ少し御くろうもきのどくと思ふ程の事どふぞすつはりとした二のかはりを待ますぞや頭取さやうとも〱

大坂の物巻軸
真上上吉　中山文七　小川座

大せいの声にて扨〱待たぞ〱頭取さらばこゝでこそ芸評は例の通り跡へまはしませう程に仰らるゝ事はずいぶんおつしやれ〱由男組そんなら申そ此度の夜昼ともしれた事の出来やうながらも昼狂言は又かくべつの所何かさし置別座に置て惣巻頭と成べき所此所はどうじや頭取それもおたづねを待ます事此所で申事ではなけれ共三升氏の土佐坊は是迄ない程の仕内落付やうやら姿やらにて先此度は申ぶん(廿九29オ)ないと存るゆへ取あへず一列の巻頭由男丈を此所に記ました訳《わけ》はといひ〱立つて申付置た物とこなたへと呼《よび》て

樽肴其外
けんふ
巻物
多く

こしらへ置たれば此所へならべ立ましていざ祝ふて一つ打てもらひませう大ぜい何かはしらず打テ打トウシヤン〱最一つセイシヤン〱祝ふて二度シヤ〱ンのシヤン頭取さて此度家をもとめられて弥当地の住居も幾久しくそれゆへ礎《いしずへ》を祝ふて大坂の惣巻軸とめでたく万事を祝したる所●夜の内狂言楠噺の序口明ほうろくや宝六と成りてほうろくを売てたいこ持がたいこのいんねんとあらそひて此所は脇狂言のかつこほうろくの通りながら扨和らかに仕様も宜く次に妹が昼飯を持きたりしよりほうらいやのおいくに色仕かけられ誠は姫の(廿九29ウ)身がはりにもらひかけられぜひなく姫も今けいせいとなりゐるゆへ姉女郎に成て身請のじやませんと約《やく》束《そく》して張ぬきかづらの女姿にて其場の云ひほどきもある格ながら先〱宜しく後妹が討れしより我も坊主に成りて太平記と号《なづけ》て世の姿を書ん事を約《やく》し末に楠が後家の出産したる場所へ毘沙門天にて顕はれ出て多門丸と号楠氏の家を守らんと迄○二つめ万才根次右衛門と成て佐次右衛門諸とも北畠の家へ入込で万歳の所作も好者此所は京での桃山錦といひし狂言ながら奥山へ仕打をゆづりて万事宜しく次に伯父大領が毒《どく》薬を仕込を立聞してこゝろみに医《い》者《しや》をころす迄は則京での仕打ながらも見功者此所は古十蔵の奴姿にて仕打を取まぜたと見へてよく頭取成程さやう次に侍従之介と蔵人が難儀の場所を見かねて立出此場の(三十30オ)云ほどきをしてやらんといふより大小を取よせて楠正成と名乗りし所は又大立者があらはれましたぞやざこば上町ともに声をそろへて此

所素《す》袍《はう》計を引抜キ長袴《ばかま》を引のばして万才のゑぼしを用ひての仕打は近年の出来と何所でもいふぞや島内夫よりの花やかさにて其衣装を用ひしかぐつと際立《きはだ》てうれしい〳〵頭取夫より軍勢《ぐんぜい》さいそくの印と日の旗の失《うせ》たるに付宝蔵の鍵《かぎ》取は蔵人内の門は山名弾正が守り外ト の門を一角が鍵預りしと聞て其罪咎《つみとが》を調へ次に曲輪《くるわ》にて勅使を侍従之介があやめしと聞て弾正が切かけし刀を取て火鉢にてあぶり突《つき》ころしたる刀也とて蔵人が舅《しうと》の殺されたるともに見あらはして二人共縄をかけ次に乗物の中に医者を縛《しば》り捨ありし訴へを聞て呼出しせん義すれ共其りやうぢに行し方角《ほうがく》のしれざるより仏法僧と啼《なき》し鳥の音（三十30ウ）を聞たると聞て〳〵山崎の山のあなたに里もかな仏法僧の声をしるべにといふ歌の万葉集《まんようしう》にあるを思ひ出て其吟味をなさんとて伯父大領の悪事をさとりてともにつれかへるまで此場は申もおろかなから近年の由男さまと思はれます中山組しれた事云はずと次を〳〵頭取五つめ案山子《かゞし》と成てゐて公綱がかへりし跡をしたふ幕もよく次に六つ目泣男杉本左兵衛と成て軍場よりにげかへり此場始終《しゞう》おく病に生れたる身をくやみ後にはかり事にて公綱が鉄炮《てつほう》にあたり真の正成となのりて偽りの公綱を打ころし舅《しうと》姑《しうとめ》のたがひに義理にからまれ死たるを見かねて中陰中たがひに勝負をのばさんと約《やく》をなす段切まで此場は好者やつはり佐々木しやぞや頭取さやう共しかしながら始終よろしうござれ共口の場ほどには存られませなんだが皆様はいかゞ思召ま（三十一31オ）すぞ先〳〵申分はないと申物といふた所か則春風の嬉《うれ》しみとんとことしの手毬《てまり》歌拍子につれてうき〳〵とした評判所の賑ひに見物の心がそつちもこつちも幾年の御いはひとむかしの京の始まりし御代めでたくも

安永四年未正月吉日
京ふや町せいぐわんじ下ル丁　八文字屋八左衛門板
（三十一31ウ）

大坂中芝居物役者目録

道頓堀南側芝居　座本　荻野仙次郎
同　浜　側　芝　居　座本　沢村伊八
堀　江　東　芝　居　座本　竹中綱八
天神社内芝居　座本　市野川門三郎
座摩社内芝居　座本　山下京右衛門
稲荷社内芝居　座本　松本国十郎
堀　江　西芝居（但十五才已下之子共品定省）　座本　嵐伊之助

▲立役実悪敵役若女形混雑

○品定小倉合

天智天王　中山楯蔵　荻野座
持統天王　尾上小三郎　沢村座
柿本人麿　松本国十郎　坐本
山辺赤人　谷村楯八　竹中座
猿丸大夫　沢村太吉　山下座
中納言家持　嵐佐野八　市の川座
安倍仲麿　荒木与次兵衛　同座
参議篁　市野川門三郎　座本
陽成院　中村岩蔵　松本座
小野小町　嵐国次郎　同座
伊勢　嵐此松　竹中座
河原左大臣　山下京右衛門　座本
光孝天王　竹中綱八　座本
中納言行平　中村東蔵　松本座
業平朝臣　嵐仲蔵　同座

（い32オ）

藤原敏行朝臣　三升他蔵　荻野座
元良親王　嵐与市　松本座
文屋康秀　藤川音松　竹中座
大江千里　藤川岩松　山下座
三条右大臣　竹田虎市　沢村座
貞信公　桐野谷徳次郎　山下座
右近　坂東豊吉　松本座
右近大将道綱母　嵐豊松　市の川座
中納言兼輔　市野川京蔵　荻野座
源宗于朝臣　中山音十郎　市の川座
凡河内躬恒　沢村伊八　座本
壬生忠岑　坂東市松　沢村座
儀同三司母　岩井八十七　松本座
和泉式部　嵐吉次郎　荻野座
坂上是則　嵐清蔵　市の川座
春道列樹　坂東蟹蔵　同座
紀友則　中村治郎蔵　竹中座
紫式部　榊山四郎太郎　山下座

（い32ウ）

大弐三位	芳沢嘉吉	竹中座
赤染衛門	嵐富士之助	松本座
藤原興風	泉川百松	山下座
紀貫之	今村七蔵	竹中座
清原深養父	染川九之助	沢村座
小式部内侍	嵐小雛	竹中座
伊勢大輔	藤川友吉	山下座
清少納言	山科槌五郎	沢村座
文屋朝康	尾上熊蔵	山下座
参議等	岩村百蔵	松本座
平兼盛	佐野川加賀蔵	竹中座
壬生忠見	中村新蔵	市の川座
清原元輔	市野川万六	荻野座
相模	中村歌柳	市の川座
周防内侍	尾上与市	同座
権中納言敦忠	市川万吉	山下座
中納言朝忠	松本二郎三	松本座
謙徳公	嵐門太郎	竹中座

（ろ33オ）

曽祢好忠	尾上松之助	荻野座
源重之	芳沢万蔵	市の川座
祐子内親王家紀伊	荻野仙次郎	座本
大中臣能宣朝臣	大谷今三	竹中座
待賢門院堀川	山本岩之丞	同座
藤原義孝	中山千之助	荻野座
藤原実方朝臣	姉川十吉	同
藤原道信朝臣	中村清蔵	同
大納言公任	市山三津蔵	同
左京大夫道雅	嵐今蔵	同
皇嘉門院別当	中村直次郎	同
式子内親王	嵐幾二郎	同
喜撰法師	中山友九郎	同
蟬丸	中山咲蔵	同
僧正遍昭	嵐八重八	松本座
素性法師	岩井佐吉	山下座
権中納言定頼	藤川忠蔵	沢村座
三条院	坂東伊三郎	同

（ろ33ウ）

大納言経信　亀谷中蔵　同
権中納言匡房　嵐三津五郎　同
殷富門院大輔　中山梅三郎　同
二条院讃岐　嵐　徳　蔵　同
源俊頼朝臣　谷村富蔵　竹中座
藤原基俊　藤川熊蔵　同
恵慶法師　中山富代　同
大僧正行尊　西川音吉　同
能因法師　荒木八重八　市の川座
良暹法師　浅尾五郎市　同
法性入道　中村富三郎　山下座
崇徳院　山下徳二郎　同
道因法師　佐野川富松　同
俊恵法師　嵐万五郎　同
西行法師　中村菊次郎　同
源兼昌　中村今蔵　松本座
左京大夫顕輔　市川雷三郎　同
寂蓮法師　山科政次郎　同

（は34オ）

大僧正慈円　岩井嘉吉　同
其外は略いたしました

安永四年
未正月吉日
京ふや町せいぐわんじ下ル町　八文字屋八左衛門板

（は34ウ）

役者芸雛形

安永四年五月

（早稲田大学演劇博物館蔵本）

役《やく》者《しや》芸《げい》雛《ひな》形《がた》　芸品定

京之巻目録

（壱1ウ）

京四条二芝居惣役者目録

名代 亀屋久米之丞
　　 蛭子屋吉郎兵衛　座本 中村万勝
名代 早雲長太夫
　　 布袋屋梅之丞　座本 藤川山吾

▲立役之部

上上吉 市野川彦三郎 中村座
上上吉 尾上新七 藤川座
上上吉 藤松三十郎 中村座
上上吉 沢村宗十郎 藤川座
上上吉 嵐七三郎 中村座
上上 浅尾豊蔵 藤川座
上上 市川才蔵 中村座
上上吉 嵐藤十郎 藤川座
上上 市川辰十郎 同座
上 今村七三郎 中村座
一上 小倉山三千蔵 中　一上 沢村竹五郎 藤
（弐2オ）

▲実悪之部

上上吉　嵐七五郎　藤川座
上上吉　坂東満蔵　中村座
上上吉　染川此兵衛　藤川座

▲敵役之部

上上亠　坂田来蔵　藤川座
上上　山下俊五郎　中村座
上ト　嵐治蔵　藤川座
上ト　浅尾国五郎　中村座
一上　玉川此蔵　中　一上　市川升蔵　中
一上　市川権十郎　中　一上　尾上勘四郎　藤
一上　中村喜蔵　藤　一上　沢村与市　藤
敵役巻軸
上上士　篠塚惣三　中村座

▲若女形之部

上上吉　嵐雛助　藤川座
上上吉　姉川みなと　中村座
上上士　姉川菊八　藤川座
上上　藤川山吾　座本

（弐2ウ）

上上　芳沢いろは　藤川座
上上　山下八百蔵　中村座
上上　山下京之助　同座
上ト　嵐重の井　藤川座
上ト　中村吉之助　同座
上ト　中村八重八　中村座
上　中村万勝　座本

▲中村座色子之分

一　佐の川山吾　ゆげの宰相　一　三枡次郎吉　こうけん天わう
一　中山雛里　しげの丞　一　浅尾為之助　ゆきへ
一　沢村松治郎　つるの丞　一　沢村雛鳥　さかへ
一　坂東定治郎　こしほ　一　さの川万二郎　みどり
一　中村菊治郎　こゑだ

▲藤川座色子之分

一　沢村千鳥　うのは恋きぬ　一　小倉山豊崎　むつ花おきく
一　芳沢万代　しな蔵　一　中村菊助　ちとせ
一　尾上富松　しら玉　一　中村吉次　もみち
一　中村市三郎　あをば　一　嵐竜蔵　竹松

（三3オ）

一　中村吉太郎　ちから　一　中村彦三　とら松
一　嵐ひな蔵　うねめ
物巻軸 極上上吉　立役 尾上菊五郎　藤川座
不出　尾上松助　藤川座
不出　坂東鶴五郎　同座

○一寸と御断申上ます

新刻役者綱目《しんこくやくしやかうもく》　全部六冊

右は三ヶ津役者惣評判に仕当り芸をくわしく書記す

役者全書《やくしやぜんしよ》　全部五冊

右はいにしへより当時に至まで役者其外芝居一道に付たる事をくわしく書あらはす

此両書を以て年〳〵差出し申候芸品定を御引くらへ御覧被下候へは上手下手のわかち明らかに相見へ申候右之本差出し置申候間御求め御覧可被下候

（三3ウ）

○奥《おく》を捜《さが》した見功者《みかうしや》の粋談儀《すいだんぎ》

伝《つた》へ聞《き》く唐土《もろこし》の伯夷叔斉《はくゐしゆくせい》は兄弟互《きやうだいたがひ》に国《くに》をゆづり合《あひ》・終《つゐ》に首陽《しゆやう》に隠《かく》れたるよしなれども・内証《ないしやう》とくとしりたる者《もの》の咄《はなし》にはそれもわけあり。父孤竹《ちくちく》の君《きみ》の身代年々《しんだいねんく》の不如意遠《ふによゐとを》からず分散《ふんさん》を見きり。そこで首陽《しゆやう》へ逃《にげ》られしとの事。まつた吾朝元暦《わかてうげんりやく》のむかし檀《たん》の浦《うら》にて悪《あく》七兵衛景清《かけきよみ》三保谷《ほのや》四郎国俊《くにとし》にわたり合ひ戦《たゝか》ひしが。三保谷太刀《たち》を打折られ叶《かな》はじと逃《にげ》行甲《かぶと》のしころ景清むずと鷲《つか》んで引もどす。みおのやは身《み》をのがれんと前へひく。たがいにゑいやとひくちからに鉢《はち》つけの板《いた》より引ちぎり景清はみおのやが首《くひ》の骨《ほね》のつよきに我《が》を折《おり》みおのやはかげ清が（四4オ）腕《うで》のつよきをほめ。なんのおかしくもない事をうち笑《わら》つて別《わか》れしとぞ。これ首《くび》の骨《ほね》の強《つよ》きにてもなく腕《うで》の丈夫《ちやうぶ》なるにてもなくおどしの糸古《いとふる》く。さはると切れたにちがひなし。されば楽《がく》屋をさがせばあらが出ておもしろからず。やはり楽屋は見ぬがよしと各《おのく》 打寄《うちよつ》て二のかはりの芸評《けいひやう》。頭取の役目《やくめ》でござりますれば上座は御免《ごめん》なされませう

安永四のど＊し
未の桃咲日

作者　自笑

（四4ウ）

○口　上

頭取曰ちよとお断申上ます・今年はめづらしく南側《かは》芝居にて中村万勝どの座本名まへ上られ旧冬《きうとう》大卅日に極《きはま》り番付出まして・当春正月廿八日より顔見せの興《こう》行にて首尾《しゆび》よくつとめられ・近〱より又〱二のかわり出まする噂《うわさ》なれど・それを待合せましては芸《げい》品《しな》定よほど延《えん》引に及《および》ますゆへ・芝居好の御連中より藤川座の二のかはりと中村座の皃見せと打混《うちこん》じて芸品定をはじめよとの仰《おほせ》にまかせ・取あへず例《れい》の二のかはり芸評をいたします大せい是は気《き》がかはつておもしろい早ふはじめい〱

▲立役之部

上上吉　市野川彦三郎　中村座

江戸上リ音羽屋《おとは》はどふするのじや頭取曰是はおとなげない仰られやう・諸事《しよじ》は頭取がのみこんでおりまする梅幸組いか(五5オ)さませり合も久しいものじやどこへ出しても極《こく》の字《じ》の付ィた大立者座列《ざれつ》の論《ろん》にはおよばぬ事頭取曰しかしながらちとおせり合申さねば評判所へおよりなされた様にござりませねば随分《ずいぶん》と思召を入られませ芝居好去ながら此場《ば》では何もせりあひはいらぬ座かしらにはきはまつてある梅幸じや頭取曰しからば芸評を申ませう・可慶《かけい》丈一昨年はじめておのぼりにて町方のうけもよろしかりしにいかゞ致たることにや・去年は当地御　出勤《しゆつきん》もなく尾州《びしう》へお下りなされなごや人出て此方にて由良《ゆら》の介はきついあたりで有た頭取曰此度彦三郎と改名しての上京先は珍重に存ます・当皃みせ恋すてふ倫旨《りんしのぬれふみ》　璋に弓削《ゆけ》道鏡《だうきやう》と成初日《はつひ》の宮を小性《こしやう》に仕立《したて》酒に酔《あい》たるていにて外《そと》よりかへり枕《まくら》物くるひの出端にて・こうけん天王とれんぼの体《てい》に見せ大納言早成《だいなごんはやなり》がたくみをあらはし・にしきの御はたをばひかへすまで老人出てさて〱めづらしい狂言を・見る事じや・是は四五十年も以前弓削道鏡《ゆげのだうきやう》　延年舞《えんねんまい》(五5ウ)といふ狂言にて元祖《くわんそ》沢村長十郎が大あてをした芸じや芝居好ずつと道鏡にて出られた処人品《じんひん》もわるふはないかちとふけ過たやうに見へて花やかにないぞ頭取曰二役ゆら高右衛門と成・女房お咲《さき》のまへのおつとの敵と付ねらふは我あり付し主人大納言早成と聞とうわくし・助太《すけた》刀《ち》をしてやる事ならぬわけを故事《じ》を引て云聞しいとまをやりわざとするどき詞《ことば》をつかひ・心にうれいをふくみ路用《ろよう》にせよと金子を女房にやればさられし夫より金をもらふわけなしと打かへされ見功者此時金をおかしな身ぶりにて我がふところへ取入らるゝはさりとは狂言の筋《すじ》にちがひし仕様じや・此場義理《ばぎり》と義理をかさねたしごくかなしき場なるにちやりなどの出る所では有まい頭取曰次に衣装《いしやう》をあらため上下大小にて出早成に目見へして娘早咲《むすめはやさき》をし

らぬていにもてなし早成の心にしたがはさんとうけ合・後に女房お咲 狂人《きやうじん》と成入こみしをこれもそしらぬ体に見せて・夫より誠《まこと》は梅丸と名（六6オ）のり早成がたくみを見あらはし女房に敵をうたすまで【さじき】一昨年上京の節よりめき〳〵とふけ過て見へ狂言もどふやらしんどいやうに見ゆるぞ【頭取曰】それは久〳〵にての出勤ゆへ其様に見へまする事もござりませう・追付何ぞ花やかな事が出ませう【ひいき】待てゐるぞ〳〵

上上吉　尾上新七　藤川座

【女中出て】やれ〳〵新七さんじや待かねましたはいな【頭取曰】何方にても女中方はきつい御ひいきがつよふござります・近頃めき〳〵と立者におなりゆへか折ふしはいろ〳〵とよからぬ取さたござりますゆへひいきがたの御心づかひ・とかく愛敬《あいきやう》をおとりなされて男女とも一統《とう》にうけのよいやうになされよ【さしきより】今が大事の所じやずいぶんにくまれぬ様がかんじん〳〵【頭取曰】当二のかはりけいせい鐘鳴渡《かねのなると》にやつこしど平と成・尼子千二郎がむかひにくるわへ来り・無筆《むひつ》ゆへよそおひ姫よりのぬれ文のはんじ物をみて（六6ウ）返事をやり後に宝物《たから》の羽衣《はごろも》をうばひ立のく曲者《くせもの》を追かけはたらき・次によそおひ姫にくどかれ千二郎に見付られ却《かへつ》て恋を取もたれめいわくかり・後に筑地多門の守にりうきう国のこうりやう太子と見あらはされ大ぜいとたゝかひ終《つい》に死するまでしゞう引ぱりあつて出来ました〳〵

上上吉　藤松三十郎　中村座

【ひいき】去年は伊勢へお下りにてあの方にて大あたりと聞ました此度御上京先はめでたい〳〵【頭取曰】当皃みせ高安蔵人なれ共里人とすがたをやつし・百日行場《ぎやうば》の船中より出思はす彦根林蔵にあひ悦び玉ゆりひめが初日の宮を恋したふゆへこうけん天王の縁《えん》を切やらんとだまして我家へつれかへるまでさして評《ひやう》する事なし【町方より】当座は役者すくなゆへ定て大役であろと思ひの外すこし計の仕内さりとはおしい事・何ぞきつとした（七7オ）事が見たいぞ〳〵

上上吉　沢村宗十郎　藤川座

【場より】次第によいかつこうなやつし形《かた》になられたぞ【さじきより】いやまたむつくりとよい仕出しじや【頭取曰】当二のかはり尼子千二郎と成島原《しまはら》にて行平の狂言をしてなぐさみ・けいせい花千代を松風にして枕《まくら》をかわしけいせいしづはたがりんきするにこまりての仕内よし【川東より】狂言つくしの内いろは菊八と二人の所作花やかに見へましたぞ【頭取曰】二つ目八雲《やくも》の前にくどかれめいわくし・後に

我預《あづか》りの羽衣紛失《はごろもふんしつ》の罪《つみ》ゆへせつふくせんとして筑地多門の守が情《なさけ》にてあほうばらひに成・七浦与二兵衛かたへ浪八と名をかへ入こみ娘小いそがぬれ文を見れば詩ゆへ恋に事よせりうきう国のりんしやう皇女《くはうぢよ》とさとるまでいやみなくさら〳〵としてよいぞ〳〵

上上吉  嵐七三郎 中村座

上京より どふやら見たやうな㒵じや 頭取曰 其はづてござります（七7ウ）去ル明和二年則当芝居へ出られました嵐三勝殿でこさります其暮より大坂勤にて同九年より立役へ役かへ此度十年ぶりのかへり新参《しんさん》 川東より 一つ打ませうシヤン〳〵ノシヤン 頭取曰 当㒵みせ和気清丸と成あつかりのにしきの旗ふんしつゆへ云わけ立がたく流罪《るさい》になり出ゆく仕内公家《け》姿はさつとゆうびに見へました。二やく左衛門てるよしと成・上下大小にて出春日野《かすかの》にてくせものに出合やうすを聞は早成が姥《うは》としり手にかけ立のく仕内 場より 何とやら女形くさい所が有て手ぬるいぞ 頭取曰 次に道鏡か心をうたがひやしきへ入込本心を聞悦ぶまで・此お役は持まへに合ませねばとかく和らかな役をなされよ さしきより 口跡《こうせき》をもそつとはつしりとして女形気をとつくりとぬきたいぞ〳〵

上上  浅尾豊蔵 藤川座

芝居好 大坂出勤の内はそれほどの受もなかつたか当地へ（八8オ）のほられてより次第に評よくちよつと出られても見物のうれしがりきついお仕合〳〵 頭取曰 当二の替平瀬伝五と成羽衣質受金三百両持来リ尼子千二郎がみつ大臣に恩がへしに借《か》すをきのとくかり・次に羽衣をうばひ立のくくせ物とたゝかひ・二つ目八雲のまへ千二郎にぬれたるゆへてうちやくしいけん場よいぞ〳〵・三つ目海中よりひかる物出る故朝日丸のゐとくとさとり・次にりんしやう皇女千二郎を恋したふ*手にかけるまで・とかくりゝしく立まはりのよいとの評判〳〵

上上  市川才蔵 藤川座

頭取曰 久〳〵にての御出勤珍重に存します此度八郎今国と成かなわの源五が主人早成をあしさまにいふゆへあらそひ・後にゆら高右衛門を早成に目見へさせ終《つい》に本心をあらはし早成が工《だく》*みをあらはすまで是はといふほどの仕内もなければ重而〳〵

上上吉  嵐藤十郎 同座

頭取曰 此度尼子しゆりの大夫と成羽衣紛失ゆへせつふく（八8ウ）

せんとして多門の守がはからひにて千二郎を勘当するまでしつほりと見へます二役とも僧《そう》すがたにて七浦与二兵衛方へ入こむまで御大義〳〵

上ト　市川辰十郎　同座

頭取曰 此度三上清蔵とこも僧の二役大分あかりましたずいぶん御情出されよ

上　今村七三郎　中村座

頭取曰 当地にてひいき多い名が久〳〵にて出ました此度若立役にて和気の清仁《きよひと》と成兄清丸の流罪《るざい》をなげき後に初日の宮の供をして隠岐《おき》*の国へ下るまで随分御修行なされよ其外の衆中は口の目録に出しました

▲実悪之部

上上吉　嵐七五郎　藤川座

芝居好 間の替鳴神の八剣玄番《やつるぎげんば》はきつい出来やうとんと親仁を見るこゝちがしたぞ引はり有てとふもいへなんだ（九9オ）

〔挿絵第一図〕

（九9ウ）

恋《こひ》すてふ綸旨《りんしのぬれぶみ》璋　かほ見せ　中村座
正月廿八日より
みかさニ 山下八百蔵　高つじくらんどニ 藤松三十郎
左衛門てるよしニ 嵐七三郎　はやざきニ 山下京之助
大なごんはやなりニ 坂東満蔵　おさきニ 姉川みなと
高右衛門ニ 市の川彦四郎
八郎今くにニ 市川才蔵

けいせい鐘鳴渡《かねのなると》　藤川座　二ノ替り
二月八日より
やつこしど平ニ 尾上新七　けいせいしづはたニ 姉川きく八
八くものまへニ 藤川山吾　あまこせん二郎ニ 沢村宗十郎
なだ右衛門ニ 嵐七五郎　よそほひひめニ 芳沢いろは
はかた小女郎ニ 嵐ひな助　なゝくさ四郎ニ 尾上菊五郎

挿絵第一図

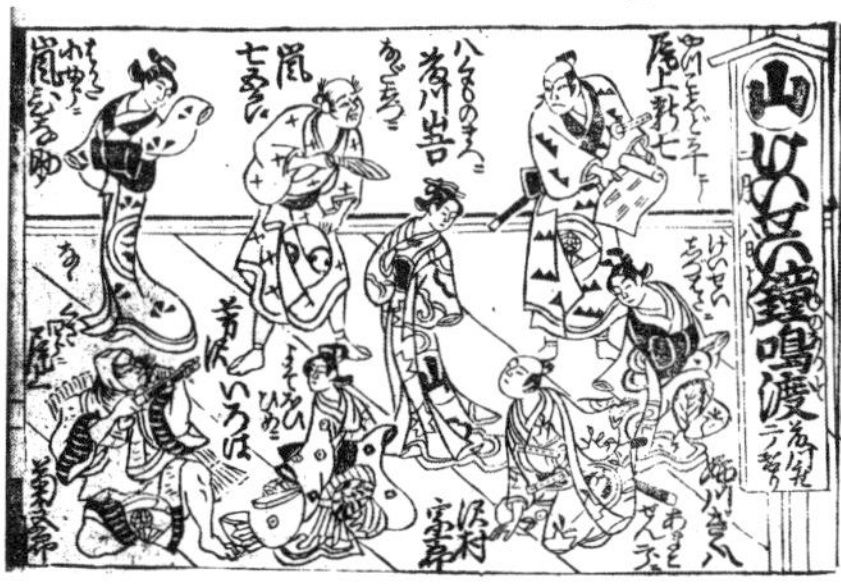

挿絵第二図

〔挿絵第二図〕　（十10オ）

とかくあの格の仕内が見たい〳〵川東のひいきより鳴神のぼうこん餓《が》鬼おとりもゑらい物であつたぞ頭取曰当二のかはり鐘鳴渡《かねのなると》に七里灘《なた》右衛門と成猿《さる》まはしのすかたとやつしくるわへ入込み・尼子千二郎に羽衣の質受《しちうけ》金三百両かし請取といつわつて連判状《れんばんじやう》に血《けつ》判《はん》させ・海賊《かいぞく》ぬき手の三に出合一味して我所を尋られ松浦潟《まつらがた》の歌《うた》の上の句吟《くぎん》し羽箒《はばうき》を渡しわかれ・夫より羽衣をうばひ立のき三つ目三庄太夫の格《かく》にて奉公《ほうこう》人を手むごくつかひ・娘小磯《いそ》はりうきう国のりんしやう皇女と物がたり与二兵衛は誠はりうしけいにて我子と物がたり敵の為に矢をおひ立帰り終《つい》に死《し》するまでしつかりとしてよいぞ〳〵・二やく鬼柳兵庫となのりにせ勅使《ちよくし》にてよしのへ来り尼子千二郎登山《とうさん》おそき故立帰らんといひまいない金をとり多門の守にさとられ花生へかくし其金をしづはたの身請金にばひとられむねんがり・後に八雲のまへをりうきう国のふよう皇女と（十10ウ）物がたりしど平をたばかりこうりやう太子となのらせ誠は多門の守がけらいからつちからとなのりしど平を取まくまで・何をなされても請よくお仕合〳〵

上上吉  坂東満蔵　藤川座

ひいき去年はなごやへお下りにていかゝあんじましたに当春より当座へ御出勤めでたし頭取曰当皃みせ恋すてふに大納言早成と成錦のはたをうばひ取おき和気《わけ》の清丸を罪《つみ》におとし弓削道鏡が心底をうたがひ道鏡がやかたへ来り却《かへつ》て工《たく》みを見顕《あら》はされ・大切リ早《はや》咲《さき》が心にしたがはぬをいかりお咲狂人と成入こみしゆへいぶかしかりゆら高右衛門は梅丸と聞おどろき落合までにくていに見へました見功者短気者《たんきもの》の色好みなる仕内きつと功者が見ゆるぞ〳〵頭取曰二やく和気の清丸家来彦根林蔵と成浪人《ろうにん》してみしかきぬのこにちいさき上下にて皃あかくぬり出られた所はどふもいへませなんだ・三かさのまへが島津のとの介の心にしたがはん（十一11オ）といふゆへ誠と思ひ大にはげ*しめのり物の内にしのびいてつゝみの箱より忠左衛門が首を出し早成が悪事をいきどほる大力の忠臣ものゝ仕内できました次に虎を相手にはたらくまで此度の二やくとも大でき〳〵

上上吉  染川此兵衛　藤川座

頭取曰当二の替海賊《かいぞく》ぬきでの三と成大内《おほち》の舟をくつがへし朝日丸の剣《つるぎ》をうばひ取手の者にかこまれ剣を海中《かいちう》へなげこみ立のき・次にみつ大臣と姿《すかた》をかへくるわへ入込尼子千二郎のなんぎをすくひ実心《じつしん》と見せ三百両の金をかたりとり立のき三つ目七里灘右衛門方へ尋来りおもはず妹《いもと》にあひかくまひくれよと頼み七浦与二兵衛を

七草四郎と聞一味するまで大手にてよし・二役山陰郡領《ぐんれやう》*と成尼子の家を押領《おうりやう》せんとして筑地多門の守に見あらはされついほうにあふまで・どふぞいぜんのやうな花やかな事を待ます〳〵

（十一11ウ）

▲敵役之部

上上

坂田来蔵　藤川座

川東より こちの陣幕サマ待ておりますぞ〳〵 芝居好 何をさせても気とりよくおかしみをかねての仕内・間の替古戦場《こせんちやう》の番場《ばんば》の忠太は受取ましたぞ 頭取曰 当二のかはり山かげ伊達五郎と成くるわへ入込み尼子千二郎をそゝりあげ千二郎を罪《つみ》におとさんとして多門の守にいましめられ庚申《かうしん》△の身《み》ぶりにてちやりできました・二役海川泥蔵と成小磯にぬれかけ浪八をてうちやくせんとて与二兵衛にとゞめられ・後に七草方敗軍《はいぐん》の注進《ちうしん》に来るまで・此度は二やく共さして是はといふほどのお役なしかさねて大当を待ます〳〵

上上

山下俊五郎　中村座

頭取曰 去年は名古やへお下りにて此度当座へお勤・原田軍次と成もろこしより献上《けんじやう》の虎《とら》を引来りかなわ源五とあらそひ二やく早成が姥白糸の局《つほね》と成天皇の枕《まくら》を盗《ぬすみ》来り・てる（十二12オ）よしに見付られ終《つい》に手にかゝるまで・近比は若手の敵役は大分評がござれはずいふん御 出情《しゆつせい》あれかし

上ト

嵐治蔵　藤川座

頭取曰 此度うきすの岩といふ海賊《かいぞく》なれ共あさ大臣となりくるわへ入込みけいせい花千代を手に入れんとねまに待ゐておそく来るゆへいろ〳〵の思ひ入どふもいへませぬきつと受取ました二役くつわせち兵へと成尼子千二郎に花千代をかけおちさせしゆへ出せよと云かけ多門の守にしばられるまでよし三つめ三役こも僧の出立まで大分あがりました

上ト

浅尾国五郎　中村座

頭取曰 此人子共の時分は大和谷与三八とて子共芝居へ出られ夫よりいなばやくし中芝居へ出勤にて去冬より浅尾為十郎弟子と成名苗字《めうじ》とも改めて出勤此度より大芝居へ初舞台《ぶたい》・当皃みせかなわ源五と成八郎今国とあらそひ・二やく早成が親貞月御前と成・早成がこしもと早咲を（十二12ウ）みだいにせんといふを悦ぶまでよいぞ〳〵 さしきより 先口跡調子よく敵役にはよいかつかう末頼もしいぞ〳〵 頭取曰 其外の詰敵衆《つめてきしゆ》は口の目録に書記《かきしる》しましたぞ

敵役巻軸
上上士　篠塚宗三　中村座

頭取曰此方の口から申はいかゞなれど此度も頭取役御苦労に存ます・当皃みせ島津のとの助と成役所をあつかり訴訟《そせう》人どもをおひかへし三笠《かさ》のまへが心にしたがはんといふを悦・彦根林蔵が悪口《あくかう》を聞いかるまで・さして仕内はなけれともきつと老功《らうかう》があらはれましてしつかりとしてよいぞ〳〵

▲若女形之部

上上吉　嵐雛助　藤川座

ひいき間のかはり鳴神上人役を出されしゆへ何でも大入であらんと思ひの外わづか計の日数にて休まれしは残念〳〵見功者壇上《たんじやう》にゐてこしかたの物語を聞間はもそつと仕様もあらふかい芝居好一角仙人の故事《こ》を引てよりおくあれの場《ば》(十三13オ)はきびしい物〳〵さらに女形の気はなかつた頭取曰成程すさましい物でござりましたれど・おしいことは先年つとめられし菅丞相《かんしやう〳〵》の天拝山のいかりの段を見てゐる目ゆへそれほどめづらしからず・どつと評のなかつたはかへす〳〵も残念に存ましたさしきよりとかく立役を出されるのひいきつべこべいふやつを引すり出せ〳〵大せい有つてすぎた事計いはずと当時の芸評はどふじやい頭取曰東西〳〵当二のかわりけいせい鐘鳴渡にはかた小女郎と成・親のむほんゆへ島原へ流《なが》され引ふねとなり諸人恋をかなへくれと付添出るを一〳〵ことはりを言ひ・いひかはせし夫ト兄時五郎の生死《しやうじ》をしらんと万年草を水にひたし無事成ことをしり悦び・猿廻《さるまは》し灘《なだ》右衛門がぬきでの三にわたせし羽箒《ははうき》より云かわせし夫トの在所《ありしよ》も筑前はかたとさとり跡をしたひ行・三つ目七浦与二兵衛女房と成ぬきでの三尋来るを見れば我兄時五郎ゆへ悦ひ・夫トにかくまひもらひくれといふを請合おくへやり・夫より縫《ぬい》(十三13ウ)物をして夫与二兵衛を七草四郎としりわざと七草を訴人せんといへ共心底あかさぬゆへうらみてのしうたん出来ました芝居好きつと大立者とは見ゆるぞ〳〵頭取曰与二兵へかはり箱のふたに水を入水は方円《はうゑん》のうつわものにしたかふとたとへをいふを聞・後に先祖《せんぞ》の由緒《ゆうしよ》書に一通をそへ一間へなげやり落行までしつほりとしてよいぞ〳〵・二やくまゆみ御前なれ共こもそうになり与二兵衛方へ来り七草四郎ぬきでの三朝日丸の剣三品のせんぎせよと云付・後に海中より光りもの出烏《からす》の海へおち入死するをみて朝日丸の剣海中にある事をさとり・ついに七草四郎を取まくまで落付た物でござります・大切いまだ狂言出ませねば何ぞ面白いことがござりませうに残心に存します・先二役共此度はきつと出来ます

上上吉　姉川みなと　中村座

頭取曰あつたらものを去年は他国へやつた事じやと芝（十四14オ）居好様方の残念がり大かたならず是のみのさたでござりました所此度より当地の出勤まづはよろこばしう存ます見功者年若に似《に》合ぬ狂言の仕様はさりとは功者な芸風。一鳳死《いつほうし》去《きよ》ゆへ今此場《ば》をするものはないを天晴《あつはれ》のこなしやうおどろき入ました頭取曰仰の通近年の出来物でござります。当㒵見世恋すてふに林忠左衛門女房お咲と成夫忠左衛門久しく家へ帰らざるゆへ御せんぎ下されよと役所へ願にきたれ共のとの助取上ぬにとうわくし。次に鼓《つゞみ》の箱より思ひがけなく夫忠左衛門の首出るゆへおどろき敵は早成とさとり其場を立のく迄。五つ目後の夫トゆら高右衛門他国より帰りよき主人を取たると聞悦びいろ〳〵との心つかひの仕内さしき町方の女房のあんばいをよくのみこんだ物せわ事にかけてはきついぞ〳〵頭取曰夫より娘早咲を早成方へ奉公にやりしにつとめにくきゆへ帰りしといふをしかり夫ト高右衛門（十四14ウ）主人と頼みしは早成ときゝとうわくし前の夫の敵打の助太刀をしてくれよとよそながら娘によそへていへとも高右衛門聞入れぬていゆへいろ〳〵と心をくだき夫よりいとまのしるしに一こしをもらひ中〳〵敵は得打まいと高右衛門にさみしられむねんがり一こしにて手水鉢を切割まで大出来〳〵大切狂女と成早成やかたへ入込み忠左衛門が女房と見あらはされ早成に組しかれむねんがりついに本望達するまで当座の一の出来と申は此人〳〵芝居好所作はいかゞと存たるに狂女の間の所作事もかるくさら〳〵とどふもいへぬ仕やう先此度は大当り〳〵頭取曰それゆへ位をぐつと上ましたぞ

上上吉　姉川菊八　藤川座

頭取曰当二のかはりけいせいしづはたと成妹女郎花千代尼子千二郎と枕《まくら》かわせしをりんきの仕内よし。次に我守袋《まもりふくろ》の尊像《そんぞう》よりりうきう国のふよう皇女と知り（十五15オ）千二郎とそわれぬ事をなげくまで此度はお役があいませいで残念〳〵見功者仕内にわるい事はなけれどけいせい事などせらるゝより年過た役がらの方がばつくんよければつかひ様の有そふなもの芝居好仰らるゝ所も尤なれと。若ざかり最中《さいちう》に今からめつたに塩《しほ》からい役を致されたら花香がぬけませう。それゆへ和らかな役をしらるゝと見へます頭取曰何にいたし末頼もしい芸風御出世は今の間〳〵

上上　藤川山吾　座本

町方よりとふした事やら二のかはり初日おそくやう〳〵二月八日よりはしまりゆへ扨〳〵待かねた〳〵頭取曰いかさまいづかたで

もきついお待かねでござりました初日より大入はめでたい〳〵
いろは組こりやどふしや八百蔵組頭取座《ざ》列が間ちがふてゐるぞよ
京之介組久しぶりのこちのは何とする頭取曰まづ〳〵おしつまりなされませ今をさかりの若女形衆ゆへいづれにおとりはござりませねは若手の四天王にいたしましたれば跡《あと》の前《さき》のと申（十五15ウ）わけはござりませぬさやうに御心得下されませみな〳〵そふいふ事なら了簡してやろぞ頭取曰先座本の事ゆへ藤川氏より申ます。当二のかはり筑地みだいなれど毛利のおくがた八雲の前と成。わざと尼子千二郎にぬれかけ後にりうきう国のふよう皇女と此土《しど》平におもはせ。此土平をこうりやう太子となのらせ兄弟の名のりしてぬすみ取しお袖判《そではん》を受取。誠は多門の守が計略《けいりやく》といふまでおし立はよいぞ〳〵芝居好此度の役年配《としはい》よりは年ゆきの役がらゆへ若《じやく》輩《はい》にせまいといふ気持ゆへか千二郎ぬれの間がちとかた過て色気がうすい様に思はるゝさしきより敵をたばかるはかりことのぬれ事なれば猶以しつほりとしたい事じやぞ頭取曰いか様さやうな物でござります。二やく灘右衛門娘小磯にてわざとおしごろと成下人浪八を恋したひ誠はりんせう皇女なることを明し町よりおし娘の間はさりとはしほらしいぞ〳〵頭取曰後にもろこしの装束《しやうぞく》にて出立七草（十六16オ）四郎がはからひにて落のびついに伝五か手にかゝるまで此役はできました〳〵

上上　芳沢いろは　藤川座

頭取曰当二のかはりけいせい花千代と成尼子千二郎と行平の狂言をして松風と成宗十郎菊八三人の所作事よしさしきよりいつみてもうつくしい事〳〵頭取曰二役よそほひ姫と成此土平といひかはしたねをやどし。こうりやう太子と聞家をすてゝ夫トを恋したふ仕内きれいな事の天上じやと申ますぞ

上上　山下八百蔵　中村座

頭取曰打つゞき当地のおつとめめでたし〳〵当皃みせ三笠《みかさ》の前と成。弓削道鏡妹ゆへ夫左衛門てるよしに心底《しんてい》をうたがはれ心づかひの仕内。後にわざとのとの介の心にしたがはんといひ彦根林蔵にはげ*しめられ本心をあかし。次に初日の宮に玉ゆり姫恋したふをとうわくするまで大ていてござります

上上　山下京之助　中村座

（十六16ウ）

町よりさて〳〵めづらしい皃をみる事じや頭取曰仰のごとく明和四年まで当芝居の座本を勤られ其冬江戸へ下られ同八年まではお勤なりしが夫より江戸にも出勤なく仙台《せんだい》の方へ御出とやら承りま

した。此度七年ぶりでの帰ﾘ新参川東よりちとお肥《こへ》なされたれどやつはりうつくしうござりますぞ頭取曰当皃見世お咲娘早咲となり早成かたへ奉公に行勤にくきゆへ戻《もと》りしと母親へのことはりかわいらしうござります。お咲わさともはや敵打気はないといふをまことゝ思ひはら立。次に高右衛門が情《なさけ》にて敵早成を打までまつは出来ました

上ト　嵐重の井　藤川座

頭取曰当二のかはりたのしみやお才と成さして評するほどの事なしかさねて申ませう

上ト　中村吉之助　藤川座

上ト　中村八重八　中村座

頭取曰同位故一所に申ませう吉之助どのはたのしみや（十七17オ）おきみはつせ姫二役いつもながらしほらしく見へまする▲八重八殿は久しぶりにておつとめ。此度玉ゆり姫と成初日の宮を恋したひうらみいはるゝ所いかふ上りましたぞ

上　中村万勝　座本

頭取曰此人中村久米太郎殿弟子にて是まで子供芝居へ出勤なりしが此度大芝居の初座本をおつとめ目出たい〱。当皃みせ初日の宮と成小性姿にて道鏡に付添出。後に玉ゆり姫のうらみを聞きのとくがるまですなをなるよい仕出し随分はげみ給へ。二のかはりもはやく御出しなされて打つゞき御出勤を祈《いのり》ますぞ。其外の色子達は口の目録にしるしました

惣巻軸　極上上吉　立役　尾上菊五郎　藤川座

頭取曰最前《さいせん》音羽《おとは》屋はどふするのとお尋のお方はどこにござります江戸上リ長ふ細《ほそ》ふなつて待かねて是にゐる〱頭取曰頭取がのみこんで座列《ざれつ》の論《ろん》に及ばぬと申はこゝの事。（十七17ウ）当地に梅幸丈につゞくものはござりませぬ夫ゆへ万事引さらへての惣巻軸何と申ぶんはごさりますまい江戸上リないとも〱大坂上リ成程大立者にちがひのないことは古かね買に見せてもたしかな事はしれてあるがどふした事じややらきびしいあたりがないぞや中京よりいかさま先年上京ほどの勢ひはない皃見せもしばらくつとめられすぐ様間のかはりが出たれど是も十日ばかりつとめて休まれたぞや上京より狂言が時の気にあわねは日数の多い少いは前以ある事間のかはり久米寺弾正はおしい出しものじや是を三のかはり比出たらばうつちやかへす程の大入は慥か〱下京より△使者けぬきの

場《ば》にてこしもとなどゝぬれの場はちと長すぎた先年市紅《しこう》が勤た時はさら〳〵としてよくけぬき場もこきみよかつたぞ[芝居好]それは一がいには申されませぬ蓼《たで》くふ虫《むし》もすき〴〵と申事もござります。使者《ししや》の出端《では》姫の病気を見とゞけ後おはらの万兵へがかたりことを(十八18オ)見あらはす所などは又々余人《よじん》の出来ぬ事きつと見ごたへがいたしました[頭取曰]何のかのと申ても栢莚直伝《はくゑんぢきでん》の久米寺弾正でござります[場より]鳴神の評判は聞たふない当時の芸評はどふするのじや[頭取曰]かやうに各の思召入をおつしやるが則芸品定でござりますさらば是より当二のかはりの芸評を申ませう[大せい]待てゐるぞ〳〵[頭取曰]当二の替けいせい鐘鳴渡に筑地多門の守と成。夢殿《ゆめどの》にこもりゐて諸国よりの注進《ちうしん》を聞。灘右衛門を七草四郎のよるいとさとりよびとめるまく[川東より]姿《すがた》を見せずにせりふ計にてのまくあたらしいぞ〳〵[ひいき]こゝらが下手でゆかぬ事じや[頭取曰]二つ目尼子一族《ぞく》なんぎの場へのり物より四方髪《かみ》長上下大小にてずつと出られた所は誰点《たがてん》の打手のなひ座かしらと見へます[頭取曰]夫より茶に事よせて鬼柳兵庫がまいなひとりし事をあざわらひ兵庫が花生へかくせし(十八18ウ)金を取出させけいせいしづはたの身請をなし尼子千二郎に渡し。伊達五郎大九郎せち兵へ三人が千二郎をつみにおとさんとするを三人共にしばりあげさせ。次に鬼柳をにせちよくしと見あらはし七草を籠《かこ》に入三方にのせ小性に持せ出させ。七草になぞらへ山影郡領をはじめそれ〳〵のつみを申付。奴此土平をりうきう国のこうりやう太子と見あらはす迄落付てかくべつ〳〵[ひいきより]古いほめやうじやが人品骨柄《じんぴんこつがら》どふもいへぬ又有たものではない[さしきより]人品はよいでもあろが是はといふほどの面白事はなかつたぞや[頭取曰]二役七草四郎なれとも非人とすがたをやつし。吉野山下の鐘のもとにしのびゐてこうりやう太子のたましい来てむねんをはらせくれよと頼まれ。よそほひ姫をかいほうし。三つ目七草四郎なれども七浦の与二兵衛となり他所よりかへり。よそほひ姫尼子千二郎を灘右衛門せめつかふを云わけ(十九19オ)してやり水をくみ米をかすことなどを両人にして見せらるゝ所見物がうれしがります。夫よりまゆみごぜん来り七草四郎ぬきての三朝日丸の剣せんぎを請合。次に女房小女郎が七草四郎をそにんせんといふをそろばんおきながらよそながらにしらぬと返答し。二かいにしのびゐるぬきでの三を見付。次に太子の心魂《しんこん》つりかねにとゝまりあるゆへよそほひ姫に詞をかわさせんといひさくらの枝《えだ》にてつけども音の出ぬをいぶかしかり夫よりまゆみ御ぜんに七草と見あらはされかうさんのていに見せにせ物の羽衣をわたし。後に唐の衣冠《いくわん》を着し妹小磯といふはりうきう国のりんせう皇女と物がたり我はりうしけいとなのりりんしやう皇女千二郎と枕《まくら》をかわせしと聞おどろき工《たく》みの計略《けいりやく》一々あらはれしと太子の魂とゞまりしつりかねの音にて聞つゐに舟にてかこまれはたらくまで【芝居好】此七草四郎の（十九19ウ）役はぜんたい持まへに合はぬ役ゆへはつきりといたさいで残心〱【見功者】梅幸をむほん人につかふは作り方のまちがひじややつはり訥子薪水の場の狂言をあてがへは踏《ふみ》はづしはないにおしい事〱【さしき】また奥に何ぞ面白事があらふにいまだ狂言出ぬゆへ見足らぬぞ〱【頭取曰】此度は夫ほどの評なく残心〱定て是より追〱何そ出ませうそれをたのしみお待なされませ千秋万歳〱

安永四年
未三月吉日
京ふや町せいぐわん寺下ル丁　八文字屋八左衛門板
（廿20オ）

役《やく》者《しや》芸《げい》雛《ひな》形《がた》　芸品定

江戸之巻目録

銀杏《いてう》
工藤《くどう》までも
景清《かげきよ》の　かくれのない
持込《もちこみ》は　狂言《きやうげん》で仕合《しあわせ》
座本《ざもと》の
当《あた》り芸《げい》
花橘《はなたちばな》のかほり
虎《とら》　やさしき
少将《しやう〳〵》の　ひいき〳〵を
役廻《やくまは》りは　拍子《ひやうし》よく
ぬり上た
丹前《たんぜん》のやつし事

（壱1オ）

曽我《そが》
朝比奈《あさひな》の
仕似《しに》せは
かたばみのしげりあふ
大入に
見物《けんぶつ》の気《き》も
さかおもだかの
鎧引《よろひびき》が
切狂言《きりきやうげん》の
打出《うちだ》し

（壱1ウ）

江戸三芝居惣役者目録

さかい丁　中村勘三郎座

▲立役実悪敵役道外形之部

上上吉　ほうび　中村仲蔵
上上吉　大谷広治
上上吉　市川団蔵
上上吉　中島三甫右衛門
上上吉　中村助五郎
上上士　山下次郎三
上上士　中島勘左衛門

上上一　山科四郎十郎
上上　尾上紋三郎
上上　市川純右衛門
上上　嵐　音八
上上　富沢半三郎
上上　中村津多右衛門
上上　中島国四郎
上上　市川綱蔵
上　沢村沢蔵
上　中村此蔵
上上　市川団五郎
一上　坂東吉蔵　　一上　尾上叶助
一上　佐の川仲五郎　　一上　市川滝蔵
一上　中村イ蔵　　一上　松本大五郎
一上　中村音参　　一上　松本豊蔵

▲若女形若衆形之部

上上吉　山下金作
上上吉　中村里好

（一二オ）

上上士　市川門之助
上上士　尾上多見蔵
上上　坂東彦三郎
上上十　嵐　雛次
上上　市川雷蔵
上上　嵐小式部
上上　沢村歌川
上上　瀬川吉次
上△　岩井しけ八

▲子役之部

一　中村七三郎　　一　山下金太郎
一　中村彦太郎　　一　大谷永助
一　大谷谷次　　一　市川岩蔵
一　市川伝蔵　　一　中村国三郎
一　中村仙次　　一　沢村福松
一　松本豊蔵　　一　市川市蔵
一　市川弁之助

▲色子之部

（一二ウ）

一　亀谷染之助　　一　山下松之丞
一　小佐川いくせ　　一　嵐　虎蔵
一　市川常五郎　　一　嵐　弁蔵
一　滝中金太郎

▲太夫元之部

芸ニ不出　中村勘三郎
上上吉　中村伝九郎

狂言作者　桜田治助

（三3オ）

ふきや丁　市村羽左衛門座

▲立役実悪敵役道外形之部

上上吉　嵐　三五郎
上上吉　坂田半五郎
上上吉　市川八百蔵
上上吉　大谷友右衛門
上上吉　嵐　三四郎
上上吉　富沢辰十郎

上上　松本小次郎
上上　坂東三八
上上　中島三甫蔵
上上　市山伝五郎
上上　坂田国八
上上　中村勝五郎
上上　尾上政蔵
上　宮崎八蔵
上　坂東熊十郎
上上　佐川新九郎
一上　松本鉄五郎　　一上　坂東重蔵
一上　大谷徳次　　一上　市川百合蔵

（三3ウ）

▲若女形若衆形之部

上上吉　芳沢崎之助
上上吉　瀬川菊之丞
上上吉　瀬川雄次郎
上上吉　佐野川市松

上上 小佐川常世
上上 吾妻富五郎
一上 大谷仙次
一上 市川辰蔵
一上 中村助次
一上 嵐三次郎

▲子役之部

一 嵐 市蔵
一 坂田左十郎
一 市川竜蔵
一 坂東金太郎
一 おきのいせ松
一 市川吉五郎
一 大谷元蔵

▲色子之部

一 滝中豊蔵
一 芳沢徳三郎
一 瀬川小太郎
一 佐の川峰吉
一 瀬川三国
一 沢村松次郎
一 芳沢吉十郎
一 嵐長五郎

（四4オ）

▲太夫元之部

大上上吉 市村羽左衛門
上上吉 市村亀蔵

狂言作者 壕越菜陽
中村故一

こびき丁 森田勘弥座

▲立役実悪敵役道外形之部

上上吉 市川団十郎
上上吉 松本幸四郎
上上吉 坂東三津五郎
上上吉 大谷広右衛門
上上士 坂東又太郎
上上吉 沢村長十郎
上上十 笠屋又九郎
上上十 三国富士五郎
上上十 中村新五郎
上上 松本大七
上上 中村大太郎

（四4ウ）

上上　沢村淀五郎
上　坂東善次
上　坂東利根蔵
上　藤川判五郎
一上　市川春蔵　　一上　市川染五郎
一上　山下門四郎　　一上　沢村喜十郎
一上　市川団太郎　　一上　中村幾蔵
一上　中村友十郎　　一上　坂東嘉十郎
一上　大谷大八

▲若女形若衆形之部

極上上吉　中村富十郎
上上吉　岩井半四郎
上上吉　中村野塩
上上　坂田幸之助
上上　山下又太郎
上　市川小団次
一上　中村国太郎　　一上　山下秀菊
女形巻軸
上上吉　吾妻藤蔵

（五5オ）

▲子役之部

一　市川高麗蔵　　一　大谷かね松
一　山下正次郎　　一　坂東桃太郎
一　山下大次郎　　一　岸田幸太郎
一　笠屋又蔵

▲色子之部

一　中村まん世　　一　中村よし松
一　岩井大吉　　一　中村吉之助

▲太夫元之部

芸ニ不出　森田勘弥
芸ニ不出　森田八十助
上上吉　森田又次郎

狂言作者
増山金八
瀬井馬雪

（五5ウ）

○世にうたはるゝ左馬世《さまよ》が浦島《うらしま》のにた山

伝《つた》へ聞後漢《ごかん》の*劉晨改肇《りうしんけんてう》は仙人の居《い》る所へまよひゆき。半年ばかりゐて古郷《こきやう》へかへりたれば七代目の孫の世なりとぞ。又我朝《わかてう》の浦島は竜宮《りうぐう》へ行て玉手箱持かへりしはよく人のしる所のむかし〳〵にして。夫よりはるか代かはりて国民豊《くにたみゆた》かに栄《さか》へ目出度御代に若松屋のかゝへ色子左馬世《さまよ》といへる美少人《ひせうしん》あり時の僧俗《そうぞく》うつゝをぬかし日夜さかんに入来《く》る遊客《ゆふかく》中にも為に鳴子《なるこ》の引手にぬるゝ下妻《つま》の壇上のお所化墨の衣《ころも》も長羽織《おり》と変化《へんくわ》し。彼《かれ》の此《これ》のと名をつけ奉加《ほうか》勧化《くわんけ》をすゝめ込《こ》み。世の人若衆の箔代建立《はくしろこん》とはしらぬが仏。本尊の毘《ひ》酒鞨摩《しゆかつま》が作も質屋の土蔵《くら》へ来迎《らいかう》まし〳〵首も廻らぬ赤栴檀《しやくせんだん》。此世はかりの宿と悟《ご》道して。ある時左馬世をともなひ品川沖《おき》の舟あそび早酒の肴もつきたるより網《あみ》舟を呼《よ》び打せけるに。一つの大亀を得たり。是ぞよき肴也(六6オ)といふに左馬世はおしとめ亀は長寿のものひらにたすけ給へといへは。さまよまでなら万年までもとさつそく聞とゞけぬ夫より酒をあたへ海中へはなしける。はや終日の大酒ゆへ皆々とつちりものとなりねむりきざしころりとたはいなき時しもあれ。いづく共なく美女《ひぢよ》一人来て左馬世をゆりおこしびつくりするを我こそは万年功ふる亀なるがさいぜん出家の手にかゝりむなしく料理《りやうり》△されんとせしをおまへのおなさけにてあやふき命たすかりし其お恩《おん》を報《ほう》ぜんと仮《か》りにすがたをへんじ来たり。イザ我と共に不老長生《ふらうちやうせい》の国竜宮《りうくう》へ御供申さんと。其侭《まゝ》姿《すがた》引かへ大亀と化《け》す。左馬世も是はとんだ狂言とつく〴〵思案《しあん》をめぐらすに。むかし猿《さる》が生肝《いき》をとらんとてたばかりしためしもあればこりやおこわではあるまいかとうたがひ。され共恩返《おんかへ》しとあればよもやさうでも有ましといろ〳〵工夫するを。亀は待かねむりやりに脊に打のせまん〳〵たる海中にさつさのさつととび入しに。ふしぎや波は左右にわかれさらに平地《へいち》を行(六6ウ)ごとく波路《なみち》はるかにへだてきてこゝそ名をわたつみの都。水もなく広《ひろ》き真砂《まさご》に来りむかふを見るに竜宮と額《がく》打たるくはう門あり碼碯《めのう》の敷《しき》石瑠璃《いしるり》の瓦珊瑚《かわらさんご》のらんかん琥珀《こはく》の石かけぎゝとして。門番には水母《くらげ》右衛門取次は栄螺《さゞい》が五郎介が案《あん》内にて玉殿《きよくでん》へともなひ。まつりの竜神ばやしのごとき管絃《くわんげん》聞へ。夫より竜王《りうわう》に目見へをしいろ〳〵の饗応《きやうおう》。時に乙姫の姿《すがた》を見るに古人路考《ろかう》に其まゝぞつとする程うつくしきもの。又左馬世も此界《かい》にめなれぬ色子なればたがひにあぢな目づかひにてそれよりいつしかふかき恋風立竜王《りうわう》も通りものなればついに花婿《むこ》としてこんれいすみ。是よりゐようゐいぐわ四季《き》おり〳〵のたのしみたゞ目前《もくぜん》にあり。又竜宮の名所古跡《こせき》を巡見《じゆんけん》するに卅余丈《よぢやう》の玉塔《ぎよくたう》には明珠《めいしゆ》のぬけがら。彦火々出見尊《ひこほゝてみのみこと》の宮には魚《うを》あつまり網釣針《あみつりばり》の難《なん》をいのり。玉の井の名水ゆづのかつらの名木魚監《きやらん》*観音《くわんおん》章魚《たこ》薬師《やくし》・其外芝居のはんじやう三ヶの津にもおとらず海老《ゑび》がことを親玉とほめ鯛《たい》の実事《じつごと》(七7オ)松魚まぐろの実悪あんかうのむけんには古人十町の仕内をうつす先年栖鶴《せいくわく》が魚評判記にくわし・又遊所のにぎはひ鱣《ふか》川鮫《さめ》が橋《はし》に宇留女《うるめ》あり・新地河原のくんじゆ見せ物両国にひとし章魚《たこ》の八人芸石首《けいいしもち》の力わざ川わたり・うなきのかるわざ浄るり芝居は竜神そろへをかたり・其外竜宮には山売《うり》のことを海売と云山師《し》を海師と呼《よ》ひ烏賊《いか》さま師など・又鯖《さば》を数《よむ》といふ事は此地がはじめなるらん・扨又竜《たつ》の口竜王小路《こうぢ》には八大竜王のかまへむね高く通丁筋には諸 商売軒《しやうばいのき》を双《なら》べ中にも竜灯《りうとう》や玉手箱《たまてばこ》やいそがしく竜《りう》こくやの本店《ほんたな》有リ・くわしやは鱸越後《すゞきゑちご》ごふく物は亀や・てつほう丁には河豚長庵《ふぐちやうあん》といふ名医《めいい》あり・こゝに又竜宮界《りうぐうかい》の大まつりとて町々氏子《うぢこ》よりねり物思ひ〳〵あるが中にも・佐久間丁よりは玉の井の花出し手ぎわをあらはし・肴川岸よりは鯨《くじら》のねり物大そうにこしらへ若魚《わかうを》中は我おとらじと尾鰭《おひれ》をふり立うろこきらびやかに出立まことに魚の山をなし・其外 観楽《くわんらく》さま〳〵にてわづか半年計(七7ウ)も過たると思ひしにさすが古郷《こきやう》のなつかしく何とぞ一度古郷へ中のぼりに行たきよし竜王にねがひを立・乙姫をちよ〳〵らであやなし今かへりこんといふに・乙姫も誠と思ひ玉手箱をはなむけせんと思へ共急《きう》なる事ゆへ間《ま》に合はず・よつてわづかの間のことなればとて印籠《いんろう》の中に寿命《しゆめう》をこめてつかはし亀におくられ古郷へ立帰る・跡《あと》にて乙姫わかれをなげきて言左馬世かしまに神あるならはあわせ給へや今一度《と》とうたひし也・左馬世は先芝居のかたへ心ざし中橋に来て見ればはしぶと餅ばかり・夫よりとの字のかみゆひ床《とこ》へ立より若《わか》人に此辺《へん》にさる若の芝居はごさらぬかととへば何かわからぬ㒵付・そばより老人《らうじん》出て其さるわかといふは今の勘三が芝居の事・見ればそこ元やう〳〵十六七の年ばへそふながさるわかの芝居とこゝで尋《たつ》ねらるゝは何共ふしんそりや凡百五十年の余先キの事・今はさかい丁へ引ヶましたと聞て初めてびつくりしさては我竜宮へ行しよりはさほどの年数《ねんすう》にて有(八8オ)しかと夫よりむかしの親方をやう〳〵たつね聞ヶはハヤ七代目の孫の世なりとそ・年のよらぬを幸《さいわい》に又〳〵おや方がすゝめにて二度の勤《つと》め・むかしにましたる大はやりにて少しの休息《きうそく》の間もあらず・あまりに心取のぼせ兼《かね》てたくわへしゐんろうの延齢丹《ゑんれいたん》を用ひんとして取はづし下の重《ぢう》あくるとひとしく白気《はくき》立のぼりふしぎや今までの姿《すがた》引かへて白《はく》髪《はつ》たる老翁《らうおう》と変《へん》じ・もはや是にてはつとめもならず又竜宮へも行かれずともてあつかひぬ・しかるに此事をしらぬ人々は左馬世はどふした〳〵と尋ね来りぬ・此大評判の次手に例《れい》の二のかはり頭取役にはさしづめ翁《おきな》を頼むべし〳〵

安永四つのとし

ひつしの春桃さく日

作者　自笑

（八8ウ）

口　上

東西〳〵此度去御方様より御好ニ付三芝居座組を分ヶまして一座づゝ評判仕まするしかれ共評判の意味《いみ》深重《しんちやう》を能々御覧わけ被成候へば其中におのつから一体《たい》の座列《ざれつ》そなはり候左やう思召下されませう

●中　村　座

▲立役実悪敵役之部

《ほうび》上上吉　　中村仲蔵

[頭取]白扇《はくせん》逆《さかさに》掛《かゝる》東海《とうかいの》天扇《でんあふぎ》をあけてこれにたとふ三国一の名山士峰《じ》によそへし秀鶴《しうくわく》丈の評判[ひいき]そふだ〳〵とてものことに吉を黒《くろ》くしてもらひたい[頭取]成ほど御尤△でござりまする・顔見世の大出来又々此度当座のはんじやうも此人ゆへとぞんずる松若の悪《あく》形工藤の実事女形まで何一つ申分なく誠に当時の上手と申は仲殿仕内の気どり芸の工夫《くふう》当世の気にかなひそれゆへ日にまし評判よくひいきつよく黒吉に致してもずいぶん申分はござり（九9オ）ませぬしかれ共先此度は少々吉を黒くいたしほうびを付ました・其上此度の評判一座づゝ分ましてはござれ共評判の開口《かいかうくわん》巻頭《どう》と申物是で御用捨《ようしや》下されませう真ッ黒《くろ》になるは今の間〳〵[分別]いか様是には深《ふか》い意味《いみ》のある評おもしろひサア芸評はいかに[男出]〳〵[頭取]此度　婥《いろもやうあをやきそ》　青柳曽我《が》第一ばんめあそふの松若やくばらもんの法《ほう》をおこなひまことは高倉《たかくら》の院《いん》のおとしたね高仁親王《たかひとしんわう》と聞ていよ〳〵ぎやく心《しん》きざし・松井源五悪心をなげき法術《ほうじゆつ》をくぢかんとはかるゆへ其法をもつて自殺《じさつ》させ次に女房うば玉鬼王心をあわせ血汐《ちしほ》をのませ一時に術くぢけむねんがらるゝ所思入出来ました〳〵・夫よりしかけ衣裳《いしやう》にならるゝ所親玉のかげ清の思入よいぞ〳〵二役工藤すけつね位有てよし対面《たいめん》の場《ば》できました〳〵[見自慢][男出て]此上下改らるゝ所水上下の時と後に着《き》かへらるゝ所さりとはこまかに気を付らるゝことぞ[見功者]秀鶴工藤の役此度にて三度いづれもよかつたが別して此度は出来ました三度ながら桜田の役付[芝居好]いかさま秀鶴に桜田（九9ウ）は合もちといふ物先鉢の木のむね高しん王・つりきつねの工藤らいごう清盛鬼王庄司岡さき四郎此度の松若介経まであたりをとられし仕内は皆桜田の狂言で有たつかひかたのよいにうけ取のよいゆへと見へました当狂言一ばんめ趣向《しゆかう》出来ました[頭取]成ほど桜田氏秀鶴丈いづれも当時の

気にかなひし御人二ばんめ本田二郎役よし〳〵・大日坊の悪坊のわけをころさるゝ所すごい〳〵・次にときはづ上るりにてふり袖の娘がた所作事きれい古人栢車のせられししのぶうりいやはやうつくしい物でござる夫より鐘《かね》入おそろしくならるゝまで何一つ不足《そく》なく出かされ わる口 何もかもよいが皆親玉のした事ばかりするとはちとにくい ひいき サアそこが上手じや何はともあれ町もやしきも仲蔵の評判ハテ大きなものになられし事先は大あたり〳〵

上上吉　大谷広治

頭取 此度山田三郎本名いせ三郎にて梶原と対面の場よし・二やくお家の鬼王にて工藤が切腹をとゞめ出夫よりいばら(十10オ)左衛門が鶴の紋のすわうを着《き》てあさひなのやつし・次にすけなりにいけんの場《ば》よし・次に松若が法術をくだく所 わる口 仲蔵にのまれてかけがなひ ひいき 此八王寺のとら松めうぬらがしつた事じやないちいさく成てけつかれ 頭取 東西〳〵扨二ばんめ男立さつま源五兵へ本名山田三郎にて魚楽丈との出合次 わる口 おつと待たまにやいの江戸ぶしゆへか衣裳もいかふまにやいじややぼ大尽《たいじん》を見るやうでござる 芝居好 此人ちがひの趣向は斗文の作・初花隅田川に市村座にて古人十町魚楽花暁の大あたりの狂言・切に土手仕合ひまで出来ました わる口 はくすりのじゆばんは気がない 頭取 段々とおもしろひ事をお頼み申ますさぞ〳〵おほねおりとさつしまする

上上吉　市川団蔵

頭取 此度よし田家臣松井の源五にて忍びのくせものかわづ丸の太刀をうばひ行あとをしたひて出上下竹やりにて魚楽丈との立出来ました〳〵・次に主君松若悪心ゆへ本心にさせんと(十10ウ)いろ〳〵かんげんし妙術をくぢかんとはかりついに其術にて自殺するまで此腹切の仕内大出来〳〵・師匠《しせう》のいきごみを能うつされ功者にてよいぞ〳〵・一ばんめは秀鶴丈につゞいて市紅丈の当り〳〵・二ばんめむけんのやつしござる様に聞ました所御出勤なく魚楽丈其かはりをつとめられ見物は残念がりまする

上上吉　中島三甫右衛門

頭取 此度梶原平三にて山田あわづ対面の所赤面しらがかづら わる口 僧正坊のかぶと人形と見ゆる 頭取 わる口御無用になされ・扨二やく奴軍助にて一ばんめさしたる仕内なけれ共よし〳〵二ばんめ舟頭と姿をやつし梅若をかくまひ又かわづ丸の太刀を詮義の為心をくだき山田三郎と心を合せ梅若をともない入らるゝまで始終《しじう》狂言をしめてせらるゝ内におかしみ有てよし〳〵

上上吉  中村助五郎

頭取此度わつはの菊王にてよし田のやかたへしのび入かわつ丸をばい取少将をころし入らんとする時松井にさゝへられ此所団蔵殿との(十一11オ)立よし次に二やくあわづ七郎と名のり対面のやつし次に縄《なわ》付にて引出され夫よりあら事まで大てい・二ばんめ男立笹の三五兵へにて十町殿との出合ひ土手仕合ひまで親父のせられし仕内・次のまくいばの十蔵にてむけんのやつしにて観音の像△を得らるゝ所市紅丈のかはりを請取られしは御苦労〳〵

上上士  山下次郎三

頭取此度番場《ばんはの》忠太にて月さよにほれてのおかしみ・次に一人にての道行夫より月さよにあひいろ〳〵くどき鬼王に金をゆすらるゝまで・半道敵出来ました・待ッておくれはきつい評判二ばんめ悪ばゝにくてい〳〵見物の請よくてお仕合〳〵

上上士  中島勘左衛門

頭取此度近江小藤太の実役よし・とらか親子の名のりするまでさして仕内はなけれ共功者にせらるゝゆへよし〳〵・二やく舟やど勘五兵へ仕内なし岩永左衛門の敵手ひど*てよいぞ〳〵立者かぶは今のま〳〵

（十一11ウ）

上上一  山科四郎十郎

頭取此度よし田少将役きれいにてよいぞ〳〵・いばら左衛門役も大てい〳〵二番めあぶらや太郎兵へのおやじかたよいぞ〳〵・旅《たび》仕入ゆへ功か見へまする

上上  尾上紋三郎

頭取当春祐成のお役と聞ました所に御びやう気のよしにて御出勤なく二ばんめよりの御出小間物うりすかたにて出本名二の宮太郎役さして評するほどの事なし

上上  市川純右衛門

頭取此度入間《いるま》郡領《くんれう》てる時役にくていにつきこんでせらるゝ故一《ひと》△入《しほ》よし二やく山がや佐四郎もできました

上上  嵐　音八

頭取此度一ばんめ御役なし二ばんめでつち久松はよいぞ〳〵二役竹の下孫八左衛門にて女郎かいなまゑいの所よし皆はらをかゝへまするおしつけ親父の名をあらはし給はんたのもし〳〵

上上  富沢半三郎　（十二12オ）

頭取 此度大藤太にて神主の出おかしみよし二やく太神楽いかゞいたしてか此人に近頃はしつかりとしたお役廻りなしちとおやくを付ヶてほしい物でござる

上上  中村津多右衛門

頭取 此度かばのくわんじやのりよりは其まゝの歌七丈よし〳〵二役奴土手平本名みふの小ざる十町殿との立よしうば玉にころさるゝまで大てい〳〵

上上  中島国四郎

上上  市川綱蔵

頭取 御両人一同に申さふ先国四殿はあねわの平次綱殿はしんかいあら四郎いづれも大てい〳〵

上  沢村沢蔵

上  中村此蔵

頭取 両人引合沢蔵殿はかぢはら源太役よし此蔵殿は八はたの三郎役大てい其外は口目録にのせましたぞ

▲若女形若衆形之部

上上吉  山下金作　（十二12ウ）

頭取 こがるゝ美濃の物見松に操《みさほ》をあらはす女熊坂此度嫽《いろ□やう》 青柳曽我第一ばん目あそうの松若女ぼうば玉誠《まこと》は熊坂の娘にて庚申《かうしん》の生れ成との趣向《しゆかう》・又壬生《みぶ》の小ざるも庚申《かのへさる》のむまれ扨松若が悪心をいろ〳〵いさめ術《じゆつ》をくだかんとはかりし折から・松若が言を立聞くにばらもんの法庚申の生れの男女の血塩《ちしほ》をのめば術くだくるよし・夫よりかの生れ年の男をたづぬる折からみぶの小ざるがかのへさるの年と聞て色に事よせさしころし其身もしがいして鬼王と心を合せ其血汐《ちしほ》を夫松若にのませ本心をあかすまでよいぞ〳〵二役まさご御ぜんにて松若がむほんを見あらはすまで出来ました〳〵二ばんめ芸者《けいしや》お松本名あこやにて鳥《とり》めの仕内景清《かげきよ》がゆくへをたつねられ琴《こと》ぜめの所よし・次に大日坊おそめ久松をてうちやくする所へかけつけさゝへぜひなく大日坊をころし次に兼大夫殿上るりにてわたし守《もり》の所までよし〳〵

上上吉  中村里好

頭取此度第一ばんめよし田みだいはん女ごぜんざ*したる仕内なし狂乱《きやうらん》の（十三13オ）場よし・二ばん目かつしかのお十といふ女立本名山田三郎妻梅若の身がはりに我子をせんと思へ共恩愛《おんあひ》にひかれ打かねる仕内わざとくらやみにしておのれと我子にしねと心をはげまする所一人にての芸よいぞ〱・此所は此まくにての狂言でござりまするしつたふりしかし和田かつせんで見たしゆかうてはないか

上上吉  市川門之助

頭取若衆形の随《ずい》市川わる口これ頭取きついほめやうだ何が随《ずい》市川だ頭取扨此度よしつね公達《きんだち》つね若丸なれどさしたる仕内なし・二番目久まつも評するほとの事なし追て評いたしませう

上上吉  尾上多見蔵

頭取此度鬼王女ぼう月さよなれとせんだくやとすがたをやつし出久米《くめ》の平内にあふ所白き足を出さるゝはさてもきのわるい事でござる・二はんめ中扇や二の丁丸や仙国やとの出合よし源五兵へと思ひくらやみにて三五兵へにまくらをかはしわる口先年喜代三の仕内と見ては頭取ヱヘン〱夫より三五兵へに色に事よせ本名菊王と見あらはすまでいかふ御上達〱　（十三13ウ）

上上  坂東彦三郎

頭取此度はいかふでかされました団三郎役よし〱・二やく前《まへ》髪《がみ》の十郎祐成桜田の作意《さくい》にて役まはりよく趣向おもしろし対面《たいめん》の場《ば》きれい・次に文の返事のさいそくにあわるゝ所いつものしやく金こひの場あたらしくござる諸見物うれしがりまする

上上吉  嵐雛治

頭取此度とらごぜんにておやしき風よし小藤太と親子のなのりまで・二ばんめあぶらやおぞめ*のおぼこ娘の仕出しあどない仕内でかされましたひいき二やく共におもしろい今度は民蔵殿先にしてもよい・是ではほんにばん付を見るも同じ事じやおきなをせ〱

上上  市川雷蔵

頭取若衆形なれど此度は女形の部にて評いたしまする初めての五郎役よし〱・親御の勇気《ゆふき》をうけついであら事かぶを情出し給へ

上上　嵐小式部

上上　沢村歌川　（十四14オ）

上上　瀬川吉次

頭取 三人共同位ゆへ一所に申ませう先小式部殿はあわづ六郎妹しばぶね大ていく〳〵歌川殿はけわい坂せう〳〵よし吉次殿はそが二の宮大ていく〳〵・其外口の目録にのせました

▲太夫元之部

上上吉　中村伝九郎

頭取 舞鶴丈此度舞台《ぶたい》御出勤なししかれ共芝居大入にて嘸お悦び〳〵色もやうの物好《ものずき》諸見物のうけもよく青柳曽我の春狂言になびく大入〳〵

●市村座

▲立役実悪敵役之部

上上吉　嵐三五郎

頭取 此度市村座栄曽我《さかへそが》神楽太鼓《かくらたいこ》に雷子丈八わたの三郎と曽我十郎二役共によし〳〵 組 是〳〵頭取なぜ座頭の杉暁をあとにした出直せ〳〵 組 イヤ杉暁にあたりはない雷子がさきだ（十四14ウ） 組 雷子になんのあたりがある 組 そんなら杉暁には 頭取 左右方共に先々おしづまり下さりませうそれがほんの水かけろんいつまで仰有てもひぬ事でござります扨杉暁丈は市村の座頭なれど此度は雷子丈祐成もよく二ばんめ京の二郎も出来ましたよつて先へは出しました・なれど杉暁丈の位の方は重うござりまする是で御用捨下されませう・又座頭をいつでも先へ出しませうならば芝居から出るばん付も同じ事こゝが評判でござりまする先芸評にかゝりませう・富本《とみもと》上るりにてしよさきれい次にたいめんの場よし〳〵二ばん目半兵へとかへ名し本名京の二郎浅間《あさま》次郎と仕合ひの場でかされ わる口 千代さきとじやらくらの場こびき丁にて金作とせし百度参りの方なれど相手がちがつたゆへ思入ほどにはないと存る 頭取 浅間次郎にたばが*られ無念がらるゝ所よし何ぞおもしろひ気意合の所がみたい〳〵

上上吉　坂田半五郎

頭取当時実悪の巻頭坂田氏わる口是〳〵巻頭と定まつた事（十五15オ）

〔挿絵第一図〕（十五15ウ）

〔挿絵第二図〕（十六16オ）

は有まいど*日の出の秀鶴はとふじや頭取気をきかせろ〳〵頭取いかさま是は御尤先の申わけでいかふのぼせました此度杉暁丈近江の小藤太役出かされ此まくはよふござりましたなれど段々あと出ましたゆへ引ぬかれ残念。二やく小林あさひな大つめ草すり引まで大ばにてよし。二ばんめぜげん八兵へ本名かげ清娘人丸とおや子のなのり八島の物がたりの所大てい〳〵わる口てのうら八兵へもあしのうら程にゆけばよいがひいき此とんちきめふみのめされるか頭取あのやうなものにはおかまひなされな。うけ給はれば壱ばんめ狂言は杉暁丈御手つたひのよし出来ました〳〵

上上吉 回 市川八百蔵

頭取当時五郎役は三芝居にて第市川の中車丈きれいにてよいぞ〳〵。第一ばんめ三立め藤本の上るりにてやのね五郎のやつしよし〳〵。夫より大根うり馬子座本殿相手にての仕内よしはだせ馬にて入らるゝ迄出来ました。対面の場よし〳〵。大詰草ずり引手つよくてよし二やく富士太郎役できました諸見物（十六16ウ）此人

二月十三日ヨリ
婥青柳曽我《いろもやうあをやぎそが》
中村座 四番続
くどう介つねニ 中村仲蔵
おに王新左衛門 大谷広治
はん女ごぜんニ 中村里好
松わか女ぼううば玉ニ 山下金作
わしのを三郎ニ 中村介五郎

二月一日ヨリ
栄曽我《さかへそが》神楽太鼓《かぐらのたいこ》
市村座 四番続
そがの十郎ニ 嵐三五郎
あさひな三郎ニ 坂田半五郎
くだう介つねニ 市村羽左衛門
大いそのとらニ 芳沢崎之助
そがの五郎ニ 市川八百蔵

正月十三日ヨリ
信田楪蓬来曽我《しだゆづりはほうらいそが》
森田座 四番続
そがの介なりニ 坂東三津五郎
団三郎ニ 市川団十郎
千はらさこんニ 松本幸四郎
おのゝおづう 岩井半四郎
仙だいざとうむく一 中村富十郎
七へんげ所作事

挿絵第二図　挿絵第一図

に助六をさせて見たいとのねがひでござりまする

上上吉　　大谷友右衛門

頭取 此度浅間次郎にさして評する程の仕内なし二ばんめ吉岡丹平とかへ名してけんしゆつ師匠《しせう》雷子丈と仕合ひの場にて不覚《かく》をとりむねんからるゝ所よし〱

上上吉　　嵐三四郎

頭取 此度うさみ十内大てい〱二ばんめ奴浪《なみ》平さしたる事なし追て評致ませう

上上吉　　富沢辰十郎

頭取 本田二郎近常狂言くさび取しまつてよし老功楽やの御世話御くろう〱

上上　　松本小次郎

頭取 此度北条みだいまきの方の女がたにくてい〱・二ばんめあねわの平次ちよさきをくどかるゝ所出来ました

上上　　坂東三八

上上　　中島三甫蔵

上上　　市山伝五郎

（十七 17オ）

上上　　坂田国八

上上　　中村勝五郎

頭取 五人の衆一所に申ませう・先平久丈はいつの次郎役近比は御役まはりゆへか落かまいらぬぞ・三甫殿はかちはら源太役・伝五殿地むぐり清兵へやく国八殿はいするぎ杢大夫やく・いづれも大てい〱勝五郎殿は手塚《てつか》役ちと気を付て御出世をねがひ給へ同じ時代《じだい》の衆は段々と名を上給ふぞ・政蔵殿より末の衆は口目録にのせました

▲若女形若衆形之部

上上吉　　芳沢崎之助

頭取 此度大磯とらにて富本上るりの場よし・一やくかげ清女房あこや大ていさして評する程の事なし・一体《いったい》花ありてよししかし

すきと評判かござりませぬ・とかく若手の女形衆計あたりをとられいづくも年まの衆はさたがござらぬちと評判を取工夫《くふう》をし給へかし

上上吉  瀬川菊之丞

頭取 此度白拍子なきさ実はあわしまよし・二やくけわい坂せう／＼にて（十七17ウ）上るりのしよさよし・一体《たい》きようはだなる所ありずいふん御出世はできませう瀬川の名を高くし給へ・二ばんめけいせい千代崎仕出し色あつてよし・此度二代目古菊之丞三廻忌追善《ついせん》として当狂言を取組れむけんの仕内出来ました評判よくお仕合／＼・抑《そもそ》むけんの狂言は享保十六亥年正月中村座にて元祖《くわんそ》菊之丞福引名古やにかづらきにてつとめられ大あたり有し工夫《くふう》の狂言也・故に其後三ヶの津ともに度々出され二代目菊之丞是を請つぎでかされ・其外の役者衆ともに此仕内をつとめらるゝ事度々せいすい記に其ほまれをのこしくわしくは役者全書にみへたり・それに付ても二代目路考の事を思ひ出されまする則戒名《かいみやう》は正覚院《しやうがくいん》響誉《きやうよ》十阿《ちうあ》方順居士《ほうじゆんこじ》一へんの御ゑかうなされつかはされませう・先は当菊之丞殿此狂言をでかされしはおてがら／＼

上上吉  瀬川雄次郎

頭取 此度やわた女ぼう雪の戸・二ばんめけいせいきせ川いかふ上達《しやうたつ》致されましたしかし今少々おちついてうわつかぬやうに心がけ給へ・親御訥子（十八18オ）丈御存命《ぞんめい》ならばさぞ悦ばれませう

上上吉 

佐野川市松

頭取 此度みつはたごぜん変生《へんじやう》男子《なんし》の御所の五郎丸にてあら事まで大てい／＼ わる口 おつと待てもらひたい 頭取 是サ／＼先は御ひいきのつねよ殿評御聞下されませう

上上吉  小佐川常世

頭取 此度けいせいまいづる二ばん目まいつるやむすめおみなのあほうむすめよしひいき多くお仕合／＼富五郎殿二の宮よし其外の衆は目録に名目を出しました

▲太夫元之部

大上上吉  市村羽左衛門

上上吉  市村亀蔵

頭取 当二月朔日より初られし所日にまし評よくはんじやうにて

御仕合〳〵。此度曽我家臣団三郎にて富本上るりの場へ大こんうりの馬士と成出てのしよさ出来ました。古栢莚の思入有てよいぞ〳〵。いつも衣《い》(十八18ウ)裳花やかにてきれい〳〵わる口今さらいふではないかおしい事はいきくるしいやうできのどく女中出あのにくらしいわる口わいな。対面の場位あつて顔ににがみあり人はしらずわたしらはよいと思ひやんす頭取御尤でござりまする。次手に申ませうは若大夫亀蔵殿一の宮太郎大てい。二やく不動《とう》の霊像《れいぞう》わる口鬼のやうに見へた頭取東西〳〵かぐら太鼓のひゞきわたる評判曽我の栄へぞ久しき

●森田座

▲立役実悪敵役之部

上上吉  市川団十郎

頭取当春信田楪蓬莱曽我《しのたゆづりはほうらいそが》第一番目工藤左衛門介経役出来ました。二役曽我団三郎にて切腹《せつふく》の場《ば》此所は先年古人魚楽のいたされしかた一はんめは此評判で入ましたおてがら〳〵元祖才牛《さいきう》よりしておは江戸役者の惣巻頭五代目今の三升丈年若なれど其位《くらい》そなはると言は妙《めう》といいはんかげ清一子あざ丸役もよし。二ばんめ丹波介太郎の

あほう古栢莚《はくゑん》丈いたされし鼎《かなへ》かぶりの狂言。鼎をとらるゝと(十九19オ)顔くまどりさい藤五郎と名のりてあら事までよし〳〵

上上吉  松本幸四郎

頭取此度ちはら左近と鹿島《かしま》三郎二やく共に一ばんめよし。二ばんめ梅が谷よし兵へ本名京の二郎広右衛門殿との出合長吉ころしのやつし迄よしわる口ちと評判がうすちや何ぞ落《おち》のくることを工夫してこひ茶のかゝるやうにし茶まへしやれではもふいきませぬひいきこいつは人を茶にした茶つくしのつらねあま茶をなめさせるぞ女中錦江さん何ぞおもしろひ事をこんたんしてあのやうななまさゝなやつのめをさまさせておくれいな

上上吉  坂東三津五郎

頭取御ひいきの坂三津殿此度曽我の十郎役よいぞ〳〵家満登太夫殿上るりの場よし。二ばんめ梅沢よし兵へ実はみをのや四郎役迄出来ましたちと来年あたりはむかひ丁へおこしなさい是業丈

上上吉  大谷広右衛門

頭取此度小山はんくわん友政にくていく〳〵。二ばんめ男立黒雲《くろくも》武兵へ(十九19ウ)実はさし島兵庫錦江丈との仕合ひ出来ました手

づよひ事〳〵

上上吉  坂東又太郎

頭取 此度曽我五郎役大ていく〳〵・二ばんめ八わた三郎にて主人介経難病《なんびやう》の妙薬《めうやく》をもらひ入らるゝまでイヨ東国屋

上上吉  沢村長十郎

頭取 此度壱ばんめ御役なし二ばんめのぞきからくりはお家本名いば十蔵にてあこやにいけんせらるゝ所よし・夫よりあこやが本心を聞てよろこはるゝまでよし〳〵

上上吉  笠屋又九郎

上上吉  三国富士五郎

頭取 実と悪との御両人御一所に申ませう笠屋殿はあさいなよし二ばんめ大いそや才兵へ役出来ました・三国殿は高間三郎大ていとぎや左四郎二ばんめいものし介太郎母あくばゝにくてい〳〵

上上吉  中村新五郎

上上  松本大七

（廿20オ）

上上  中村大太郎

上上  沢村淀五郎

頭取 四人の衆一同に評致ませう新五郎殿は春はいかゞしてか御出勤なし・大七殿は下部弥太平三しまこん太二やく共によし・大太殿はのりよりあたみ九郎二やく大てい〳〵淀殿はいづの二郎とよりいへ二ばんめさつさ長吉敵の方よいぞ〳〵・善次殿はかぢはら・利根殿は増田や甚太郎・藤川殿は小藤太と箱根の別当其外は連名目録にのせました

▲若女形若衆形之部

極上上吉  中村富十郎

頭取 若女形の親玉中富さんの御世話ゆへに芝居ます〳〵はん昌にて御珍重〳〵当春狂言も正月十三日より始り信田楪蓬莱曽我《しのたゆづりはほうらいそが》第一ばんめ白びやうしうきくさ仙台《せんだい》座頭むく市・勅使大伴道主《ちよくしおゝともみちぬし》実は平親王将門神霊《へいしんわうまさかどしんれい》役・浄るり名題其彩色七折扇子《なだいそのさいしきなゝおりあふぎ》富本やまと上るり

にての所作大出来〳〵・二ばんめ（廿20ウ）辻君《つぢきみ》の場うつくしいものいは十歳にてうちやくにあひそれより本心をあかしあざ丸の太刀を取得らるゝまで藤棚《ふしだな》の仕合ひまでよいぞ〳〵・さすが年功三ヶの津若女形の無類〳〵

上上吉　岩井半四郎

頭取 皆さま御ひいきの杜若丈でござりまする ひいき 早くたのむ〳〵 頭取 此度信田千寿のまへさしたる仕内はなけれどもよいぞ〳〵・二ばんめけいせいうすぐも錦江丈との出合出来ました・何役でもくにせすしこなさるゝはさりとは御きような君あやかりものめ

上上吉　中村野塩

頭取 第壱ばんめおのゝ小通二ばんめ大いそのとらくかみぜんじ坊若衆形迄よし〳〵よふ師匠《しせう》慶子丈をまねらるゝことぞ其侭〳〵

上上　坂田幸之助

上上　山下又太郎

上　市川小団次

頭取 三人の君たち一所に申ませう先幸之介殿はけわい坂の（廿一21オ）せう〳〵又太郎殿は御出なし小団次殿はうきしまちからいづれも大てい〳〵

若女形巻軸
上上吉　吾妻藤蔵

頭取 顔みせは座着《ざつき》ばかり当春より御出勤鬼王女ぼう月さよ・重《しげ》忠《たゞ》おく方きぬがさ二やく共よし・二ばんめ介太郎女房役まで わる口 しよさは御大義〳〵一ばんめは名におふ慶子丈二ばんめは円枝所作《しよさ》で落をとらず共地芸をお頼み申ます

▲太夫元之部

上上吉　森田又次郎

頭取 芝居ます〳〵大入にて御悦び〳〵又次郎殿信田小太郎役出来ました〳〵信田楪《しのたゆづりは》のめでたきためし蓬莱《ほうらい》曽我の賑《にぎは》ふ春ぞたのしき

安永四年未三月吉日

京ふや丁せいぐわんじ下ル丁　八文字屋八左衛門板
（廿一21ウ）

役《やく》者《しや》芸《げい》雛《ひな》形《がた》　芸品定

大坂之巻目録

難波津《なにはづ》に数《かず》を
　ならべしやぐら幕《まく》
朝日《あさひ》にかゝやく
　道頓堀《どうとんほり》の繁栄《はんゑい》
高《たか》きやにのぼりの
多《おほ》きは
　両芝居《りやうしばゐ》大当《おほあた》り
（壱1オ）
角《かく》に小判《こばん》の
　千両《せんりやう》箱《はこ》を山《やま》のごとく
積《つみ》かさねたる
　勘定場《かんぢやうば》
丸《まる》の内《うち》に川筋《かはすぢ》ちがはぬ
　桟敷《さんしき》の売高《うりたか》は
舟《ふね》に車《くるま》に積《つ》まれぬ
　座本《ざもと》の蔵入《くらいれ》
（壱1ウ）

大坂道頓堀ニ芝居惣役者目録

名代　塩屋九郎右衛門　座本　嵐松次郎
名代　大坂太左衛門　座本　小川吉太郎

●惣巻頭

真上上吉　立役　中山文七　小川座
大上上吉　実悪　中村歌右衛門　嵐座
此雛形とり合此通ニ御染可被下候

▲立役之部

巻頭 上上吉　嵐吉三郎　小川座
上上吉　小川吉太郎　座本
上上吉　中村十蔵　嵐座
上上吉　坂東豊三郎　小川座
上上吉　嵐文五郎　同座
上上吉　藤川柳蔵　嵐座
上上　市山助五郎　同座

巻軸 上上吉　中山来助　小川座

上上吉　若女形 中村喜代三郎　嵐座
　　　　立役 藤川八蔵　同座

此立合形此通ニ御染可被下候

▲実悪敵役之部

巻頭 上上吉　浅尾為十郎　小川座

上上吉　市川惣三郎　嵐座

上上　三升他人　同座

上上　三升松五郎　小川座

巻軸 上上吉　坂東岩五郎　嵐座

上上吉　敵役 中村次郎三　小川座
　　　　若女形 三升徳次郎　嵐座

此取合随分花やかにして此通ニ御染可被下候

▲若女形之部

巻頭 上上吉　沢村国太郎　小川座

上上吉　花桐豊松　同座

（二12オ）

上上吉　尾上久米助　嵐座

上上吉　小川吉太郎　座本

上上　中村玉柏　小川座

上上　藤井花咲　嵐座

上上　市川吉太郎　同座

上卜　小川千菊　小川座
　　　嵐松次郎　座本
　　　生島金蔵　小川座
　　　市山源之助　嵐座
　　　姉川万代　小川座

巻軸 上上吉　姉川大吉　同座

上上　若女形 山科甚吉　同座
上上　立役 中村重次郎　嵐座

此もやう取一しほうつきりと御染可被下候

▲親仁方并花車形之部

上卜　藤川金十郎　嵐座

上　豊松半三郎　小川座

（二12ウ）

上　嵐五六八　同座
上　坂東久五郎　嵐座
上　中山百次郎　小川座
上　中川庄五郎　同座
上ト　藤川十郎兵衛　同座
一上　中村友十郎　嵐　　一上　芳沢十三　小川
（三3オ）
一上　中村滝蔵　嵐　　一上　大谷彦十郎　小川
一上　中村滝五郎　同　　一上　市川仙五郎　同
一上　中村音蔵　同　　一上　嵐権十郎　同
一上　中村金蔵　同　　一上　山下藤九郎　同
一上　芳川音五郎　同　　一上　三升伝蔵　同

▲色子之部

一　中山梅介　小川　　一　三升松之丞　嵐
一　中村巳之介　同　　一　中村福介　同
一　嵐万三郎　同　　一　嵐森蔵　同
一　小川八蔵　同　　一　嵐秀助　同
一　花桐浅次郎　同　　一　中村国助　同
一　小川房松　同　　一　中村吉蔵　同
一　中山百太郎　同　　一　中村歌松　同
一　生島銀蔵　同　　一　中村万蔵　同
一　中山辰次郎　同　　一　嵐小松　同
一　桜山峰次郎　同　　一　藤井吉松　同
一　花桐花松　同　　一　山本万兵衛　同
一　中村門太郎　同　　一　市山太次郎　同
（三3ウ）
一　小川初蔵　同　　一　中村槌松　同
一　三升長蔵　同　　一　藤井万吉　同
一　浅尾筆介　同　　一　生島柏木　同
一　中山国吉　同

惣巻軸

大上上吉　立役　三升大五郎　嵐座

雪持たる松の立木此通違なく御染可被下候

注文

いつの比歟鯛《たい》屋貞柳《ていりう》住吉よりの帰り道佐の川花妻に行あひ
我みても久しくなりぬ花妻は道頓堀《どうとんぼり》の岸《きし》の姫《ひめ》まつ

此うたの心をもやうに取御染め可被下候と申越《こ》したる所ありとぞごふく屋も手代うちよりていかゞもやう取し物であらうとおの〳〵ひたいに手をあてゝあんじてもこれぞともしゆこうも付ず・しよせん京へのぼす物此ちうもんを付てやつて見よ歟・先それがよかろうとて其夜のぼして見ても染物やもとんと是ぞともやうも付ずどふも此方にては埒明《らちあか》ず候間大坂表にてもやう取被成下絵《ゑ》を御のぼせ可被下候と申来る・無拠またよその染屋と相談してもむらさき地にて浪《なみ》きわの松を（四4オ）裾《すそ》にしてやぐらのだて紋を付たらどうてあらうといふてもすまずして又此相談に京へのぼすに・とかく京都にてはきわめがたく候とて又下す・さりとはいつまでもわけの立ぬひながたにて受取た手代もづゝう鉢《はち》まき一日二日ねてゐたと思ふたがそれに積《しやく》が付て出てツイ廿日計リもむしやくしやとの長髪《はつ》にてのぶら〳〵・気くたびれの手まくらにてねるともなく現《うつゝ》に貞柳ともおぼへて身には十徳《とく》を着杖《つへ》をつゝはつて・ヤヲレ其方染物のもやうに心をいためるよし大切なる得意《とくい》の仰なれ共難題《なんだい》ともいふべきことぞ・我よみたる狂歌《きやうか》に何も趣意《しゆい》なければもやう取のあらうやうはなし・只《たゞ》若きは老の心にもなり老たるは若き心をもつ所に気を付られよ・花妻にも住吉にもよらず共老若《ろうにやく》ともに間に合ふ様といふかと思へばめがさめて・さて〳〵有がたき夢《ゆめ》也　商売《しやうばい》めうがにかなひし事と悦びむかしひながたを当世に取まぜての注文・さりながらあまり何でもないことゆへ其注文は是にて候ともいふてもやられず先〳〵済心もさらり春げしきもいつやら夏の空《そら》にかゝつて若ばのかげをおろし〳〵の雪踏しやらり〳〵との気ばらしに（四4ウ）住吉参りも御礼かた〳〵行かけて三もんじやへよりかけたれば老若うちよりて参会《さんくわい》とも見へずかつ手へとへば二のかわりひやうばんの品定め・頭取びやう気ゆへおそなはりてやう〳〵今日出来まするとぞ是はおもしろひ事第一好キの事なればわたくしもちとさし出△ましてもくるしかるまいかと剛《こわ》〳〵次の間からのぞけばサア〳〵〳〵御ゐんりよなく是へと申か評判延引の御断てやう〳〵頭取快気いたしましたゆへ御呵《しかり》をかへりみず罷出ました所が

巻頭は

真上上吉　　中山文七　小川座

大上上吉　　中村歌右衛門　嵐座

彼呉服や手代是は思ひもよらぬ物でござりますナみな様こんなもの歟私は此席はふあん内ながらさかい魚や由男殿は聞へたか歌七殿との掛合せは一方の鯛にかざがするぞや富の札やほんにこりや

すめぬぞ女夫札ならば女形とも出そ(五5オ)うな所一の富の二膳込釣合はいでは頭取に山らしう見へて落がこぬぞ三升方今年はこちの清兵へ殿はひつくるめての出かしになぜにこゝへは出さぬぞい南辺此度は二芝居かけて里環が出来頭じやにどうでごんすソイ頭取左様に口〳〵に仰られずと先一通り御聞下されませうテヤ例のすき病みほうけたのじやないカヤ頭取先存寄申ませう中山殿当二のかはり忠臣講尺狂言にて矢間十太郎役にて大序の供さき二つめ鎌倉よりの早打よく三つめ二役天河や儀平にて国へ見廻に来て後由良の介をうたがひ心底を聞てよりあやまり子を人質《しち》にわたし蜜事《みつじ》のあつらへ物をうけ取かへる場六つめ重太郎にて乞食姿《こつじきすがた》にてうづめ置し大小をほり出し女房としらずあらそひ顔を見合ての幕《まく》もよく七つめ久しぶりにて親の内へかへりて父母の恨み妻《つま》の貧苦《ひんく》を聞ながら子のわづらふにもめもやらず忠義にこつて凌《しの》くうれひ中様もなく後傍輩《ほうばい》の発足《ほっそく》のしらせをきゝ(五5ウ)行んとするに女房に稚子《おさな》をつれゆけとつき付られぜひなく後の忠義の邪魔《じゃま》と思ひ子をさしころしてのかなしみさりとはあはれにて眼《め》があけられませぬ中山組なんとひどい物か頭取先此人の義は是までにして▲歌右衛門殿此度は秋葉権現廻船語の狂言序日本駄右衛門と成月本の家の古今集《こきんしゅう》の一巻を盗《ぬすみ》取番人を切殺《きりころ》し立退《たちの》く道にて玉島逸《いっ》当《とう》に出合てうちんのあかりをかり刀をぬぐひ一礼して別《わかれ》んとするに逸《いっ》当《とう》によびかけられての立テ入後にげんとする時手裏剣《しゅりけん》を当られながらかけ入次に松原にて手下のお才に出合仕課せたるかたりのほうびに金をやりて別れ夫より古今集を祐明に逗中の乗《のり》物へわたし立のき早かはりにて二役祐明と成り乗物より出鉄炮《てっほう》を持にらみ付しまく〳〵わる口前から此所おとなけなかつたか今は猶さりとはきゝのどくな程の若輩《しゃくはい》な仕内が見へるぞ頭取東西〳〵お顔が見へまするぞ扨二つめ月本やしきへ乗《のり》物にて(六6オ)早打の入こみ此出端は十四年以前宝暦十二年午の二のかはりも此二役にてさりとは評もよかりしがさりとはちがふたものと存られます見功者頭取のさて〳〵御病後長言《びやうごながこと》御くろうちとかはつて申ませう上使と偽はり上座へ直るまでの味ひよく二人の介副の侍を召連直りて家の宝古今集紛失《ふんしつ》のよし夫のみならす其夜御免もなきに本国へ立かへりたるふときゆへ切腹《せっふく》仰付らるゝ趣言聞かす所は又成ほと御手に入たものとも夫よりにせ上使あらはれゆたかに花道を帰る所は又仕手はないもの頭取此所は円秋がとめさるを不審《ふしん》して跡を見るとなく見ぬとなく一しほおちついた仕内尤納めた仕様なるものにて同じ仕様の三つもある事いやらしい共いへとも何分先年よりは狂言の上りめも格別《かくへつ》夫より又立帰り来り日本駄右衛門かたりそこなひ顔立ず円秋殿のお首《くび》をかたらして帰して下されとの仕内此場の終り毒薬《とくやく》にて円秋をころし二役祐明にて井戸より出て又も駄右衛門

にての幕《まく》しゞうは（六6ウ）中芝居にも度〳〵出る事ゆへ大方御存の義殊更先年京都へのいとまごひにも此場計を致された手に入た仕様は何べんも申儀ながらすこし申さば狂言に功《かう》が往《ゆき》て和らかみ多く実悪にはぬるいと申様な所が出ますするかとも粋顔かわつて其又次お才にかくまはれて下家より出玉島幸兵へに出合て片腕《かたうで》かなはさるゆへ祐明にわたしたる古今集はにせ物にて誠の一巻は三千両の質に入置たる様子をかたり一度はにげかへりて又忍び入みつ姫の持たる一万丁の朱印を奪《うば》ひ幸兵へが鳥めゆへ片手にてなぶりころしにして腕《かいな》を火鉢《ひばち》にてあぶり油をとつて我か金瘡《きんそう》につけさつそく平愈《へいゆう》したるにおどろき彼質《かのしち》札を焼捨《やきすて》てかへるまでさりとはにくい所又此場の仕手は当時外にはないもの頭取さて〳〵御くらう千万次は幸兵へと三尺棒《ぼう》をせり合ふ所にてせり下ヶ次の場は月本祐明にて監物館《やかた》へ来り奴《やつこ》さが内に手ごめに合後駄右衛門にて入来りとう〳〵円秋が計略《けいりやく》にのつて古今集朱（七7オ）印共に取かへされて早かはりにてのせり上道具の落合同じ事ながら先年より和らかみの付たるゆへ歟甚見よう成てしかも心持の慥《たしか》に見ゆる仕内

●又由男殿此度の二役共申分はござらね共此人にして此狂言二やく共に狂言が足《た》らぬと申程の事にて今すこし見ごたへがない程の事ゆへ御両人取合して惣巻頭に置ました申分がござろう歟ごふくや手代扨ようした物じやナア

▲立役之部

巻頭
上上吉　嵐吉三郎　小川座

大勢此所は尤らしいぞ頭取此度忠臣講尺にて石切五郎太の役おくみとの取合見へよく早野勘平と名のり腹切て出て由良の介に対《たい》面《めん》さりとは頼もしう見へまするぞさかい魚や次郎右衛門もよいぞやわる口人形のつかひぶりは兄貴によう似たぞや頭取さりとは内証のわる口はお止《や》め被成ませい祇《き》園《おん》丁の場もしゞうやわらかにてよく此度二役共格別の出来と（七7ウ）存ます芝居好もし不評判の時は必此人の腹切を出さつしやれ当る事請合〳〵頭取何ても上手と名の付くはおてがら〳〵

上上吉　小川吉太郎　座本

頭取忠臣講尺にて石堂縫殿之介《ぬいのすけ》役序《しよ》にちよと出て後五つめぎおん丁のあそび夜討曽我《ようちそが》の出立もよく誠《まこと》は養《やしなひ》 親《おや》に勘当うけて兄《あに》の仇《あた》をむくはん術《てたて》さしたる事もなけれ共いつとても見あかぬやわらかみ〳〵

上上吉　中村十蔵　嵐座

【北より】顔見せとても遅着《ちちやく》ゆへしかく狂言見ず此度はしつほりと待てゐましたぞ【頭取】されば当役月本円秋に先年は古中村四郎五郎役其後歌右衛門　暇乞《いとまこひ》狂言の時二つめ計此人にて此役の御勤序に早馬にかけ付古今集紛失《ふんしつ》の吟味立たざるゆへ申わけなく切腹に及べき所家老玉島逸当か計ひにて急《きう》に帰国《きこく》し二つ目（八8オ）我館にて日本駄右衛門上使と成て入込み既《すて》に切腹せんとせし所奴五平が馳《はせ》付て後上使をかたりと知ながら此場を見のがし後に毒水にあたり身をかくさんとて流れへ入水して大切監物が家来鰐《わに》が瀬平太と成りまことは円秋秋葉山の御利生《りしやう》にて蘇生《そせい》して此所にあり祐明と立合ふて其場のさばき後日本駄右衛門を神かげ又兵衛が子たくりやうと見あらはしての落合先く出来ました【見功者】きつう出来た共いはれまいそや【頭取】先く宜いと申ものヵイしかしながらどうぞ狂言を手あつうしてもらひたいものと願ひますそや

上上吉　坂東豊三郎　小川座

【頭取】此度は石堂右馬之丞にて大序の役是は久しぶりで此体見まして又よいそく七つめ矢間喜内の役親仁方御くらうくいまた見おとりは致さぬぞ

上上吉　嵐文五郎　同座（八8ウ）

【頭取】塩冶判官役家主塩太役千崎弥五郎役何に付ても思ひ出ス右衛門とて惣嫁《そうか》場の乳《ち》もらひの親仁役四役共よくわかりてさりとは器用にて調法《てうほう》でぐつと上りめも見へますぞ【南辺】うれしいぞく位をもつとなせ上ヶぬぞイ

上上吉　藤川柳蔵　嵐座

【頭取】当秋葉権現にては先年御親父八甫丈御勤の徳島五兵衛役序にては主人玉島逸当御家の害と成三人の者を殺《ころ》し切腹する場へかけ付ての愁《うれへ》もよく夫より秋葉権現の守り幸兵へゝの一通を受取主人の云付ぜひなく介錯《かいしやく》して立のき幸兵へに出合彼二品をわたし入二つめ円秋の屋敷へ百日の日のべの御書逸当が首とを持かへりて後権内をはかりての空腹を切る段大切権内が持たる尺木をとり返すまでさしたる仕内にてもなけれど近年のうけよくマアめでたいぞェ

上上　市山助五郎　同座（九9オ）

〔挿絵第一図〕（九9ウ）

〔挿絵第二図〕（十10オ）

【頭取】松倉監物役にて先年は竹中兵吉勤られし所序切逸当が忠義をかんじて百日の日延の取次をし大切ﾘ祐明に出合し上光姫関《せき》や

太平記《たいへいき》忠臣講釈《ちうしんかうしやく》　小川座

おくみニ　小川吉太郎　　かん平ニ　嵐吉三郎
おれいニ　姉川大吉　　寺岡女ぼうニ　花桐豊松
おりへニ　沢村国太郎
やざま十太郎ニ　中山文七　　ゆらの介ニ　中山来助
寺岡平右衛門ニ　浅尾為十郎

秋葉権現廻船噺《あきばこんけんくわいせんばなし》　嵐座

おさいニ　中村喜代三　　とくしま五平ニ　藤川柳蔵
玉しま幸兵へニ　三枡大五郎　　月本ゑん秋　中村十蔵
みつひめニ　尾上久米助　　二本だ右衛門ニ　中村歌右衛門
川ごし長六ニ　三升他人　　やつこさか内ニ　藤川八蔵

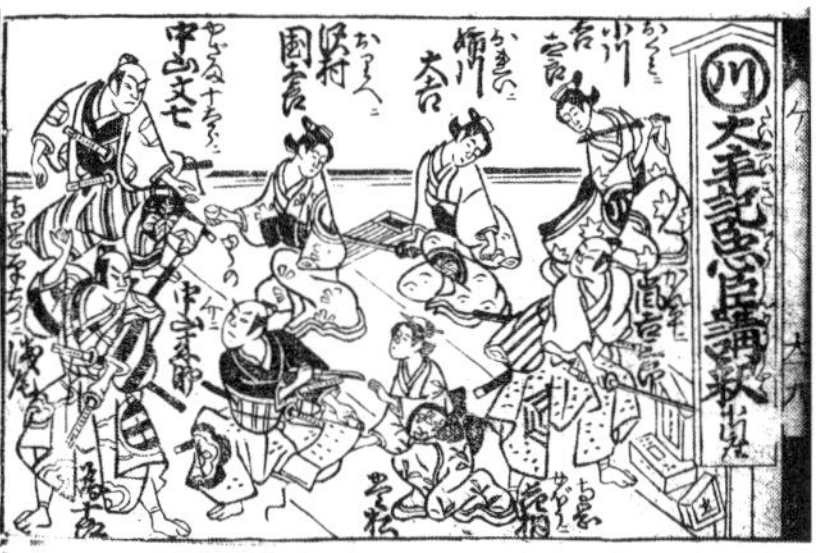

挿絵第一図

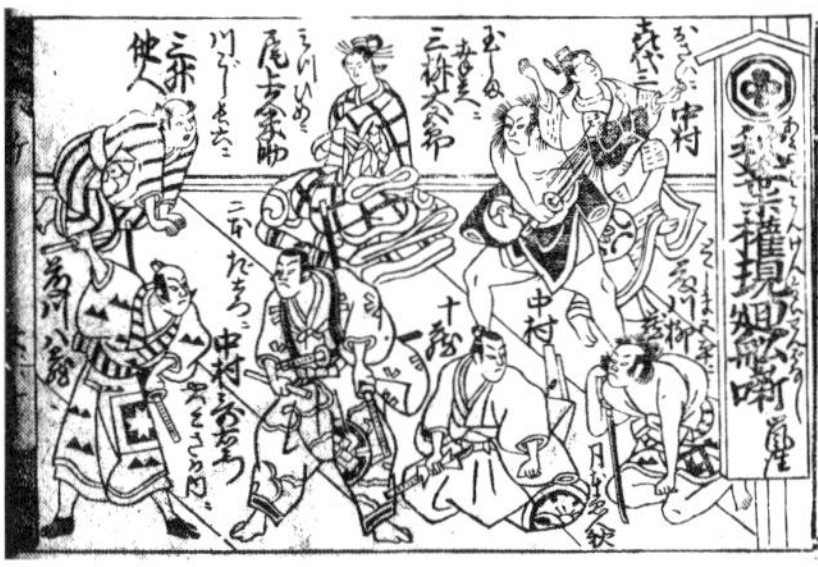

挿絵第二図

ぶりの科《とか》をかばふ場大分見へもよく調子《てうし》がしつかりと成ました

上上吉　中山来助　小川座

頭取　今度忠臣講尺にて由良之介役二つ目早打のうけこたへもよく酒の酔は少ししつとりせね共末にて九寸五分を請取てのうれへは大分よいぞ三つめ九太夫に切腹すゝめる所より天河やに本心を明し頼む場此二段とも仕内はさはかしうも見へねど着類万端こしらへが今すこし若過ましたではこさりませぬカイ　さこば　こちの方でも其うわさがあるわいノ　頭取　四つめ勘平が内へ来り切腹をさつして詰合八つめ蔵普請《くらふしん》の場勘定《かんちやう》　高き所より平右衛門女房との出合の間しかま宅兵衛のあしらひ寺岡平右衛門と呼戻す（十10ウ）まで口よりは此場の方見よくおほへますがとかく若過たる評判が多くきのどく夫ゆへ此度は先立役の巻軸に置ました

上上吉　中村喜代三郎　嵐座

藤川八蔵

芝居好　此二人のつり合評判は少し合点《かてん》が行ぬぞや　頭取　是はそう思召すも御尤花暁丈は駄右衛門が手下きばのお才の役にて序は唖《おし》と成て逸当を罪《つみ》に落さん反簡《はんかん》のはかりことの仕打駄右衛門にめく

り合かたり仕課せたりとて三十両の金をもらひ三つめ三島の宿やにて思はず夫玉島幸兵衛にめぐりあひてのうれしかり様情《しやう》はよううつりまして悦びますれど【粋連】ヲット皆《みな》までいふまいチットとヤツトと仰山《けうさん》すぎてやかましいぞ【頭取】され共下屋より駄右衛門を呼出しての仕打末に兄長六にすゝめられて訴人《そにん》の組と成て（十一11オ）悪と見せて夫に三千両の金をわたさん為殺《ころ》される仕内にくい所はぐつとにくいが【せんば】イヤ前の小六役で其時のにくさ手づよさはあんな物じやなかつたゾイ【頭取】是は小七殿へ当た狂言と先見へますテヤ扨●八甫丈は此度は四ばんめ狂言奴さが内と成居ねむりの内に秋葉権現三尺棒を駄右衛門幸兵衛がせり合夢を見 懐《ふところ》にておさな子をそだてゝ後権内にけんくわしかけられぜひなく祐明が相手に成仕うち後始之介花月松が枝をあざむき〳〵人質にとる事を駄右衛門に見あらはされ回国の盗賊《とうぞく》の張本《ほん》と名のりて駄右衛門に組し一万丁の朱印を受取まことは円秋が弟也とて駄右衛門祐明が罪《つみ》を正《たゞ》す大切先見へはよいぞ【粋連】どうじやしらぬがいつもかはつた事はないやうなぞ【頭取】夫ゆへ此所つかみ合しましての評歌でなれは持チとも中程の事歟とも存ます＊＊【庄々や手代】（十一11ウ）いか様喜代三殿は如才なくてにきはし過たる仕打と八蔵殿の見へよくてさびしい様に見へる仕打とのつり合むりとは申されませぬワイ

▲実悪并敵役之部

巻頭 上上吉　浅尾為十郎　小川座

【頭取】此度太平記にて斧九大夫役にて早打の場の立合より御用金紛失《ふんしつ》の吟味もよく三つめ思ひがけなく切腹の無念六つめ六つ井屯助とて銀持の惣嫁の客も例の地髪にての仕打もよいぞ八つめしかま宅兵へ役茶碗に金を入てあしらはるゝうちは申分なくさりとは狂言が上りました急度見へます【さかい魚や】寺岡平右衛門と呼かけてからは八蔵よりはさびしかつたぞ【頭取】されば其段はいかゞござらう歟九大夫役は一蝶丈にまけぬ程の仕打〳〵

上上吉　市川宗三郎　嵐座

【頭取】序にては飯塚又九郎役にて先年染川の勤られし所にて（十二12オ）祐明に組して月元の家亡さんとして逸当に殺され大切奴腕介役表は敵と見せてさが内が手下の者にて自ラ捨子の訳をかたり思はず祐明と親子のなのりして連判状をうばひ取まで手づようてよいぞ〳〵

上上　三升他人　嵐座

頭取 川越シ長六の役にて前は山下次郎三殿勤られし所みつ姫をかどはかし我着る物を着せつれ来つての仕打も大分よい〳〵後妹お才と云合せ島原へ売らんとして幸兵衛に殺されて本心をあかすまでとふやらすへたのもしい小清兵衛さまよ

上上 三升松五郎 小川座

頭取 斧定九郎役座頭阿古市役入間丑兵へとの三役丑兵へはことさらよいぞ

巻軸 上上吉 坂東岩五郎 嵐座

頭取 此度若党権内前方此兵衛殿の役花月と始之介と縁切さんとて歌右衛門のこは色して日本駄右衛門が妹の花月といひてくらかりの一人きやうげんおかしみも大がい大切さが内にむしつ云かけ殺されて後秋葉の尺木にて幾度も生かへり〳〵する計さりとは此度は(十二12ウ)とんと狂言なく是まで有来りの位にまかせて此場の巻軸

上上吉 中村治郎三 小川座

三升徳次郎 嵐座

見功者 是はめづらしい取合当世のあたり者釣合も面白いワイ 頭取 ヱへいかゞござりませうやら●扨次郎三殿諱名丸子丈は近比の当テもの此度は高の師直役薬師寺二郎左衛門役武林只七役北村伝治にてのこしらへ旁の大チヤリいづれもできますぞさりとはお声から芸から受ました〳〵●三徳丈は俳名漁江丈玉島逸当女房松がえ先年は岩田染松役序は中居姿にて始之介と光姫の取持次にお才をかたりと知つて追かけまはり三つめ三島の宿屋にて思はず幸兵へに出合ひて駄右衛門のせんぎとお才を幸兵へが女房と聞てのうたがひ急度こたへて此場はよいぞ御役のはまり様か先よいとも見へます

▲若女形之部

上上吉 沢村国太郎 小川座

頭取 此度は矢間十太郎女房おりへ役にて惣嫁《さうか》の場の着物ひつくりかへし(十三13オ)て着る仕打なと思ひ付がマアよく此場も大がいにて幕《まく》きわの立テ入甚よし次に十太郎かへりて貧苦《ひんく》をしのぎしうらみ言後身を売《うり》し云わけなく奥《おく》にての自害《じがい》此度は大きう出来ました方にて先〳〵悦ばしい

上上吉　花桐豊松　小川座

頭取始はかほよ御前の役も申までもなく後寺岡平右衛門女房おきた由良之介への願ひ言末子を身かはりに立んとの愁《うれへ》さりとは見る度〳〵に上りめが見へますことの

上上吉　尾上粂助　嵐座

頭取此度はことの外の御苦労にて先年鯉長丈役きつと上りめ見へて此人なければ立ぬと申程の義序は東山殿の光姫なれど初之介祝言延引ゆへ家老逸当がはからひにて中居すがたにておぼこの仕うちことの外よしやう〳〵起請《きしやう》を取かはしあらためてのり物にてのやかたへのかへり二つめ円秋おく方みさほ御前夫の切腹を聞てかけ付てのうれいもよく後駄右衛門が打かけししゆりけんを受とめての幕次に又姫の役にて大井川の川こしにかとはかされてのおうへいなる風情夜着《ふせいよぎ》ふとんの（十三13ウ）上へ上りて配膳《はいせん》を呵《しか》る所なと急度形はあれでもすなをにてよく後くらがりにて駄右衛門を初之介と思ひ一万丁の朱印をわたしてのおどろき次に花月が跡をしたひ来りはや関所の通られぬゆへ藤のたなをつたひてぬけ次に関やぶりの科《とか》にてしばられて後早がはりにてみさほ御前と成姫の身がはりに立までさりとはおどろき入ました

上上吉　小川吉太郎　座本

魚屋コリヤどうじやイの頭取されば此度忠臣講尺にては娘おくみ役にて吃《ども》のふぜいもよく琴三線《ことさみせん》にて夫のせりふ後敵の子なるゆへじがいしてのかなしみあまり仕すごさすして見へも急度《きつ》よいぞそれゆへ女形の部へ又出しました

上上　中村玉かしは　小川座

頭取此度は矢間喜内女房おその役扱〳〵御役よう入ましておめでたいと申そうか

上上　藤井花咲　嵐座

頭取けいせい花月にて先年は嵐ひな介殿役大序か初之介との心中出立後わざとつれなくして縁を切逸当が情にて宮仕へ（十四14オ）次に月元切腹の場へ出てのなげき次に東へ下らんとして大井川をおよがんとして幸兵へにたすけられ次に三島之段次に道行大切にても一通りながら先〳〵よし〳〵

市川吉太郎　嵐座

上上  市山源之助　同座

 嵐松次郎　座本

【頭取】市川殿は逸当妹なぎさ市山殿は松が枝妹みどり大夫元はいち力娘おまつのやくいつれもずいふん御出情〳〵

上上

 小川千菊　小川座

 生島金蔵　同座

 姉川万代　同座

【頭取】小川殿はけいこのはるの生島殿は同小しほ姉川殿はお才の役やがて御出世を待ます〳〵

巻軸
上上吉  姉川大吉　小川座

【頭取】此度は由良之介女房お石の役もことの外馴《なれ》もよく見へ（十四14ウ）まするか四つめ九大夫後家おれいは近年の仕打もよく敵討意地より後の愁《うれい》此度はかくべつの出来様桑名や徳蔵以後の事と思はれまするぞどうぞ此斯で頼みます〳〵

上上  山科甚吉　小川座

上上  中村重次郎　嵐座

【頭取】山科殿俳名は棣不《ていふ》丈大星力弥とけいせいうきはしの役ことさら力弥の仕立もよくけいせいは最早《もはや》地と成たる程の事●重次郎殿は誹名貞生丈月元初之介役先年嵐三五郎殿のお勤にてことの外の御苦労ながらきつうきれいにてどの段も出来ますうき〳〵としたた花やか同士位は少々相違ながら末たのもしい所を著《めど》にして斯《かく》のことく

惣巻軸

大上上吉  三升大五郎　嵐座

【粋連】【見功者】ソリヤ清兵衛殿じやぞと居なをる【頭取】皆さまお待かねも御尤近年一たびはどうやらめいりそうに見へ（十五15オ）ましたが去年一ヶ年は京都の御住居慮外ながら帰られてからぐつと見勝さりいたした様に思はれますがたつた一年でこれ程にちがふ物かイとおどろき入ました【魚や】どこがそれ程ちがひますぞ【頭取】マアあて気もなくたゞつら〳〵と和らかにして見物の身にしむほどかん

しんさす所のあるが則狂言の功と見へて申にくいが此人も是ほど上つたとはしらずであらうと存られます扨当廻船語にては家老玉島逸当役忠義一図《づ》にこつたる所日本駄右衛門が為にきばのお才が首にかけたる状より敵に組したると聞へ其云訳なく主人月元円秋を其夜に本国へ帰して後佞人原《ねいじんはら》を一人〳〵呼《よび》出して殺《ころ》し自身も切腹して主人のなんぎを身に引うけ紛失の古今集百日の日延《の》べの御書に我首をそへ主人へ一時もはやく渡せよと若党《わかとう》五平へ云聞し猶弟幸兵衛へ秋葉の守りと遺書をわたしくれよと云残し終る所甚よし二やく弟幸兵衛と成り三島の宿にて（十五15ウ）駄右衛門にめぐりあひ兄の敵と付廻せととりめゆへかへつて殺されし所秋葉の守りの御利生にて助り女房お才を悪心と思ひ切ころし思はずも三千両の金の取ため有しを兄の長六に受取行んとする女房のたましいいまださらすしてみらいの縁をむすびくれよと呼かけられてソレ程までにおれを南無あみた仏との幕などさりとは前とはきついちがひにてことの外の和らかみ前後思ひはかつて先此度は白大にいたし置ましたがきつと嬉しいぞ芝居好ヨウ姉川さま頭取其外は目録にしるしまして此所は略いたしまして

扨ちよと御断申上ます評判寄合私病気故に殊外の延引追〳〵跡狂言も出ますゆへあらまし此序に役割等を末にしるし御覧に入まするおそなはりました御断やら御わびやら

嵐座

おふさ尾上久米助
徳兵衛中村十蔵　久米《くめ》十《との》相合《あい〳〵》傘《かさ》　三冊物　（十六16オ）

右は正月廿五日より秋葉権現の切狂言取かへての一夜付

十蔵久米介　此両人はわり外題之通の役付が出まして出来ました大五郎隠居甚右衛門役徳兵へ本家の隠居にての異見ことの外の大当り歌右衛門住吉嘉右衛門役八蔵あわちや源介とて中仕の役柳蔵大村や久八役粋らしいてよいぞ惣三ふさが親義兵へ岩五郎後家おさの他人手代の伝兵へ徳二郎徳兵へ女房おまつ▲其外は略いたしましたれ共大五郎殿徳次郎どの柳蔵殿一しほ出来ましたぞ

小川座

婿は与右衛門
舅も与右衛門　筐《かたみ》小袖《こそで》累《かさね》譜《ものがたり》　全部七冊

右三月廿七日より出候此狂言は十三年以前出候長崎細見の図狂言にて

文七宮滝伊平太とて後絹川与右衛門役先年も則此人吉三郎貫練門平役見へもよく出来たぞ〳〵来介森半十郎役前四郎五郎の所大夫元小川ゆきゑ之丞祐平役為十郎舅与右衛門と船頭久右衛門との二やく治郎三白山勘ケ由と唐物や太平治と二やく（十六16ウ）文五郎島田祐貞笹山中将の二やく松五郎づきなの五郎と赤井太九郎

と与右衛門女房おたねの二やく豊三郎島田久国やく国太郎下総のかさね役存の外出来ました一鳳殿を思ひ出しました

▲女形にては

大吉半十郎女駒の井役豊松門平女房おはや甚吉けいせい高尾とこしもと糸竹の二やくよいそ〳〵玉柏おく方萩の対千菊さつき姫万代はなの井と太平次妹おさの二やく▲其外は略いたしました扨文七殿は申までもなく宜其中に為十郎殿此度二やく共評よく珍重〳〵国太郎殿大分出キました

此所でちよと申上候

御馴染の中山新九郎義去年より病気てゐられましたが誠に病中の変にて当四月三日極楽世界にての大隠居由男丈舎柳丈の愁情一かたならね共一世一代を勤めてしはらくも隠居の身にての往生と申はむかしより役者にては此人計しかも東門徒の大の信心者なればうたがひもなく（十七17オ）蓮台の上の一筆とうらやまぬものもなく送りの時のくんじゆは太左衛門橋の真中程其日に二尺ばかり下り候程の義前代未聞の事共也

法号は　釈宗山　七十四才

明和九年辰九月物くさ太郎の不破伴左衛門役にての一世一代四年の隠居生涯の勤は一蝶の邯鄲枕にくわし

●扨嵐座又も四月五日より新狂言

大和に筒井里
河内に生駒山　競《はなくらべ》伊勢物語　五冊物

大五郎仕丁和田作と春日野小よしの二やく歌右衛門紀有常と名虎のぼうこん八蔵孔雀三郎十蔵中納言行平柳蔵あら川宿祢岩五郎惟喬親王惣三大納言宗岡とあがたの広貫と高安左衛門他人いかるが藤太と大きばのにやう八の二やく介五郎堀川大臣と奴常平▲女形の部にては喜代三つの国のお浪久米介いづゝ姫といかるがの女房関の戸春日野しのぶと二やく徳二郎在原（十七17ウ）業平と荒川の女房通ひ路と春日野の豆四郎と村雨との四やく花咲生駒姫市川吉太郎惟仁親王源之介ねざめ御前座本松二郎二条の后役其外は略いたしました扨此狂言は浄るりだてにて●序は天皇立序中業平井筒生駒の色事序切は位あらそひの角力にて名虎がぼうこん出て孔雀三郎に角力を勝してむほんを頼む場此所狂言よく出来て皆〳〵出情第二は津の国のお浪はあほうにて高安の館へ来てむりに生駒姫と呼はるゝ場花暁丈ちとさはがし過てあほうとは見へませぬ今すこし雲上にいたし度物との評判第三の口惟喬有常を招きて井筒を入内させよと云付る段次に玉水の殺生禁断《せつしやうきんたん》の淵《ふち》にひかり物有て内侍所の鏡と聞て春日のしのぶか取に行場三の切春日のこ

よしが内て有常むかし流浪《るらう》の時小よし方へ養子にやつたる娘しのぶを取もどしに来て昔語り後しのぶ夫豆四郎倶《とも》に井筒業平の身代りと成る場（十八18オ）此場の狂言は寛保四子年古沢村宗十郎大坂中村十蔵座勤の時黒主の狂言の三つめ則小よしの役古宗十郎殿にて十蔵殿有常の御台と成て女形にて勤られ甚ひやうばんよろしかりしが此度大五郎殿小よしのやくことの外の出来中〳〵訥子丈に少しもおとらずと申評判尤下場四人共大出来おどろき入ました次の段井筒業平の道行にて浄るり大夫一中近年のきれいさとて皆悦まするぞ大切リ行平帰洛《きらく》の場にて孔雀三郎は名虎が子にしてむほんあらはれての落合扨々此度評判宜御仕合〳〵

小川座又四月廿七日かんばん出し所

妹背山婦女庭訓　五段続

いまた初日はしれす節句後と申事凡役わり文七大判事と深七との噂来介後家さだかと鎌足《かまたり》との由吉三郎芝六為十郎入鹿国太郎ひな鳥とおみわ甚吉久我之介の役と先承はりどうやらめづらしき役割とて（十八18ウ）町中の評判も宜しく初日出なはさぞにきはしからんとぞとかくは取合よきをこそとてゆらの介の手柄も秋葉の御利生長堀にうき名をむすび合した縁も長崎までの取沙汰よく絹川の堤《つゝみ》の若草につまもこもれり鬼一口の累《かさね》が死霊《しれう》も妹背の山の中を流れて浪花の芦《あし》も刈《かり》〳〵して粽《ちまき》を巻く比梅も又青〳〵と心よく実入もます〳〵幟《のぼり》の子持筋も相続の相の字から早〳〵ならぬ云訳にとうから〳〵と鳴るやぐらの呼かせにいそ〳〵足も宵から作つた卯の花のよそほひにソレ面白〳〵と見えてめでたくかしく

安永四年

未五月吉日

京ふや町せいくわんじ下ル丁　八文字屋八左衛門板

（十九19オ）

解題

役者一陽来　安永二年正月

一　『役者一陽来《やくしやいちやうのき》』（読みともに目録題による）

二　早稲田大学演劇博物館（ロ11-1261）

三　著者　自笑（〈京〉〈江戸〉〈大坂〉開口末の署名による）。

四　横本。三巻（京・江戸・大坂）。三冊。袋綴。改装。原表紙（黒無地）。縦一〇・五糎×横一五・九糎。

五　匡郭　四周単辺。縦八・七糎×横一四・一糎。

行数　十五行。

丁数　〈京〉二十九丁半。うち目録一丁、役者目録三丁、開口四丁、本文二十一丁半。丁付（壱、弐、三～十九、廿～廿九、三十）。

〈江戸〉二十七丁半（うち一丁重複。以下重複分を割愛して示す）。うち目録一丁、役者目録四丁、開口三丁半、本文十八丁。丁付（壱、二～四、五ノ六、七～十九、廿～廿八）。

〈大坂〉二十七丁半。うち目録一丁、役者目録三丁、開口三丁、凡例半丁、本文十九丁半、広告半丁。丁付（壱、弐、三～十九、廿～廿七、28）。

挿絵　〈京〉六ウ・七オ、十二ウ・十三オ、廿三ウ・廿四オ。

〈江戸〉八ウ・九オ、十三ウ・十四オ、十九ウ・廿オ、廿四ウ・廿五オ。

〈大坂〉五ウ・六オ、十一ウ・十二オ、十九ウ・廿オ。

六　題簽　〈大坂〉原題簽、〈京〉〈江戸〉原題簽欠。

左端。縦七・八糎×横二・三糎。匡郭は四周双辺、縦七・二糎×横一・八糎。

中扉には〈京〉〈江戸〉C本、〈大坂〉底本の題簽を掲げた。左にその翻字を記す。

〈京〉「役者一陽来　京」

〈江戸〉「役者一陽来　江戸」

〈大坂〉「やくしやいちやうき　大坂」

内題　なし。

目録題　〈京〉「役者一陽来《やくしやいちやうのき》　芸品定／京の巻目録」、〈江戸〉「役《やく》者一陽来《しやいちやうのき》　芸品定／江戸の巻目録」、〈大坂〉「役者一陽来《やくしやいちやうのき》　芸品定／大坂の巻目録」。

板心　〈京〉「京一（丁数）」、〈江戸〉「一　江（丁数）」、〈大坂〉「一　大（丁数）」。

七　刊記　〈京〉「安永二年巳正月吉日／京ふや町六角下ル丁／八文字屋八左衛門板」、〈江戸〉「安永二年巳正月吉日／京麸屋町通六角下ル町／八文字屋八左衛門板」、〈大坂〉「安永二年巳正月吉日／京麸屋町通六角下ル町／八文字屋八左衛門板」。

八　印記　〈江戸〉「伊原之印」。

その他　〈江戸〉は壱丁が重複。

九　諸本　A実践女子大学図書館（774.3-A341-秋）、B実践女子大学図書館（774.3-Y17-安2）、C東京藝術大学附属図書館（貴重書/774.3/Y164-60）、D東洋文庫内岩崎文庫（三Gdろ13）、E早稲田大学演劇博物館（ロ11-1260）、F早稲田大学演劇博物館（ロ11-1261）、G早稲田大学演劇博物館（COE1-01-0011）、H早稲田大学図書館（チ13-3849-41）（以上三巻揃）。I早稲田大学演劇博物館（ロ11-1262）〈京〉〈大坂〉。J東京都立中央図書館東京誌料（東5712-43）、K明治大学図書館江戸文藝文庫（774.28/118/H）（以上〈江戸〉）。『台湾大学所蔵近世芸文集』第二巻によれば、台湾大学研究図書館にも所蔵がある（三巻揃）。

諸本の異同

〈京〉ABCEGI本は四丁と五丁の間に因幡薬師寺内芝居興行目録一丁が増補されている。増補分の翻字はI本によった。なお、右の増補分の書誌について補足する。

丁数　一丁。うち役者目録半丁、広告半丁。丁付（イ）。

〈大坂〉BCEGI本は巻末に中芝居役者目録一丁半が増補されている。増補分の翻字はI本によった。なお、右の増補分の書誌について補足する。

丁数　一丁半。役者目録。丁付（い、ろ）。

蔵板目録等　BCEGI本〈京〉表見返し、AF本〈大坂〉裏見返しに「八文舎蔵板目録」あり。〈大坂〉裏見返しの位置に翻字した。

（黒石陽子）

役者清濁　安永二年三月

一　『役者清濁《やくしやすみにごり》』（読みともに〈京〉内題による）

二　早稲田大学演劇博物館（ロ11-1263）

三　著者　自笑（〈京〉序文末の署名による）。

四　横本。三巻（京・江戸・大坂）。三冊。袋綴。改装。原表紙（黒無地）。縦一〇・四糎×横一六・〇糎。

五　匡郭　四周単辺。縦八・八糎×横一四・〇糎。

行数　十五行。

丁数　〈京〉十九丁半。うち序文二丁半、役者目録一丁半、広告半丁、口上半丁、本文十四丁半。丁付（壱、二～十九、20）。

〈江戸〉二十一丁半。うち役者目録三丁半、開口一丁、本文十七丁。丁付（壱、弐、三～十九、廿、廿壱、廿二）。

〈大坂〉十四丁半。うち役者目録一丁半、広告一丁、発端一丁半、本文十丁半。丁付（壱、弐、一、三～十三、15）。

挿絵　〈京〉九ウ・十オ。

〈江戸〉九ウ・十オ。

〈大坂〉八ウ・九オ。

六　題簽　〈京〉〈江戸〉〈大坂〉原題簽。

左端。縦七・六糎×横二・三糎。匡郭は四周双辺、縦七・〇糎×横一・九糎。

中扉には〈京〉C本、〈江戸〉〈大坂〉底本の題簽を掲げた。左にその翻字を記す。

〈京〉「役者清濁　京」

〈江戸〉「やくしや清濁　江戸」

〈大坂〉「役者すみにごり　大坂」

内題　〈京〉「役者清濁《やくしやすみにごり》」。
目録題　なし。
板心　〈京〉「京ス（丁数）」、〈江戸〉「ス　江（丁数）」、〈大坂〉「ス　大（丁数）」。

七　刊記　〈京〉「安永弐年／巳ノ三月吉日／京ふや丁通せいぐはん寺下ル町／八文字屋八左衛門板」、〈江戸〉「安永二年／巳ノ三月吉日／京ふや町通せいぐわん寺下ル町／八文字屋八左衛門板」、〈大坂〉「安永弐年／巳の三月吉日／京ふや町通せいぐわん寺下ル町／八文字屋八左衛門板」。

八　印記　なし。
その他　〈京〉表見返しに「昭和五年七月十日　安田・伊原両氏寄贈」の貼紙あり。

九　諸本　A実践女子大学図書館（774.3-Y17-安2）、**B早稲田大学演劇博物館**（ロ11-1263）、C早稲田大学演劇博物館（ロ11-1264）、D早稲田大学演劇博物館（ロ11-1265）（以上三巻揃）。E実践女子大学図書館（774.3-A34S-秋）〈江戸〉。
諸本の異同　なし。
蔵板目録等　〈大坂〉裏見返しに「八文舎蔵板目録」あり。既出『役者一陽来』（安永二年正月）と同板広告であるため、翻字は省略した。

（倉橋正恵）

役者雛祭り　安永二年閏三月

一　『役者雛祭り《やくしやひなまつ》』（読みともに〈上〉目録題による）
二　早稲田大学演劇博物館（ロ11-1266）
三　著者　羽觴庵（〈上〉開口末の署名による）。
四　横本。三巻（上・中・下）。三冊。袋綴。改装。原表紙（黒無地）。縦一〇・六糎×横一六・〇糎。
五　匡郭　四周単辺。縦八・八糎×横一三・七糎。
行数　十五行。

丁数　〈上〉十一丁。うち目録一丁、役者目録五丁、開口一丁半、広告半丁、本文三丁。丁付（一～十、十一了）。

〈中〉八丁半。うち本文八丁半。丁付（壱、二～八、九了）。

〈下〉六丁半。うち本文六丁半。丁付（壱、二～六、七了）。

挿絵　〈上〉十ウ・十一了オ。

〈中〉四ウ・五オ。

〈下〉三ウ・四オ。
六　題簽　〈中〉〈下〉原題簽、〈上〉原題簽欠。
左端。縦七・五糎×横二・三糎。匡郭は四周双辺、縦七・〇糎×横一・八糎。
中扉には〈中〉〈下〉底本の題簽を掲げた。左にその翻字を記す。
〈中〉「役者花の山　中」
〈下〉「役者はなの山　下」
内題　なし。
目録題　〈上〉「役者雛祭り《やくしやひなまつ》　芸品定／江戸之巻目録」。
板心　〈上〉「上　江（丁数）」「役　江　上（丁数）」「役　江（丁数）」、〈中〉「役　江　中（丁数）」、〈下〉「役　江　下（丁数）」。
七　刊記　〈下〉「安永二巳年閏三月吉日／神田小柳町／伊勢屋佐兵衛／板元」。
八　印記　〈上〉〈中〉〈下〉「伊原之印」。

九　諸本　A慶應義塾図書館（802-78-1）、B早稲田大学演劇博物館（ロ11-1266）（以上三巻揃）。

その他　〈上〉開口末記載の日付には「安永の巳／さくら咲月」とある。

〈上〉四ウ「中村悪蔵」は「中村要蔵」の誤り、十ウ挿絵第一図の「中村七三郎■」（四角く彫り残し有）は「中村少長」の誤りと判断される。

〈下〉四ウからの評文は市川小団治評に該当するが、評文の見出し行が欠けている（一四五頁上段11行目）。

〈下〉五ウ・六オの中村勘三郎評冒頭部分には、『役者名物／袖日記』（明和八年正月）巻一「江戸歌舞妓芝居始」の本文が流用されている。

A本（登録書名『〔役者評判記ほか〕』。『役者雛祭り』、『役者花相撲』（安永三年三月）を合本一冊としたもの）には、『役者位弥満』（安永二年十一月）〈下〉壱10丁～四13丁と同板の四丁が含まれている。この四丁は、『役者雛祭り』〈中〉〈下〉本文丁に挟まれる形で合綴されており、『役者雛祭り』の追加丁であった可能性が高い。齊藤千恵「『名取草』とその周辺―本清版の劇書と役者評判記―」（『近松研究所紀要』第二十八号、二〇一八年三月刊行予定）参照。

（水田かや乃）

役者位弥満（安永二年十一月）

一　『役者位弥満《やくしやくらいのやみ》』（読みともに〈上〉目録題による）

二　早稲田大学演劇博物館（ロ11-1271）

三　著者　羽觴庵（〈上〉開口末の署名による）。

四　横本。三巻（上・中・下）。合本一冊（現状は〈上〉〈中〉〈下〉の順）。袋綴。改装。原表紙（黒無地）。縦一一・一糎×横一五・九糎。

五　匡郭　四周単辺。縦八・八糎×横一三・七糎。

行数　十五行。

丁数　〈上〉十一丁。うち目録一丁、役者目録五丁、開口一丁半、広告一丁、本文二丁半。丁付（壱、一～五、七～九、10、十了）。

〈中〉十七丁。うち本文十六丁半、広告半丁。丁付（一、七、二～十二、十三～十五、十六了）。

〈下〉十三丁。うち本文九丁、口上三丁半、広告半丁。丁付（一～六、■、8、八了、壱、二～四）。

挿絵　〈上〉10ウ・十了オ。

〈中〉七ウ・八オ。

〈下〉■ウ・8オ。

六　題簽　〈上〉原題簽、〈中〉〈下〉原題簽欠。

左端。縦七・八糎×横二・三糎。匡郭は四周双辺、縦七・二糎×横一・七糎。

中扉には〈上〉底本の題簽を掲げた。左にその翻字を記す。

〈上〉「役者位弥満　上」

内題　なし。

目録題　〈上〉「役者位弥満《やくしやくらいのやみ》　芸品定／三芝居目録」。

板心　〈上〉「位　江（丁数）」「位　江　上（丁数）」、〈中〉「役　江　中（丁数）」、〈下〉「役　江　下（丁数）」「江　■」「追

加　江（丁数）」。

七　刊記　〈上〉「板元　本清」、〈下〉「板元　さかい町　辰巳屋清七」。

八　印記　〈上〉〈下〉「紫香蔵」、〈上〉「伊原之印」。

九　諸本　**A早稲田大学演劇博物館**（ロ 11-1271）（三巻揃）。

蔵板目録等　〈下〉四13ウに広告半丁あり。

その他　〈上〉七・八丁の開口・広告は、『役者雛祭り』（安永二年閏三月）開口・広告の板木を流用したもの。但し、『役者雛祭り』の「安永の巳／さくら咲月」のうち「さくら咲月」の部分が、本書では削除されている。本文内容は安永二年十一月顔見世評であり、この時期、顔見世評を掲載する江戸板には、十一月の刊記を持つものも少なくないことから、役者評判記刊行会において、刊年月を安永二年十一月と推定した。

〈上〉壱オ・壱ウのうち、「位弥満《くらいのやみ》」「三芝居」「暫《しばら》くの一声《いっせい》は三座《さんざ》に寿《ことぶく》　一陽《いちやう》の隈取《くまどり》」以外の部分は、『役者籰莒』（宝暦十三年正月）〈江戸〉目録を覆刻したものとみられる。

〈中〉一オの市川団十郎評冒頭部分には、『役者懸想文』（宝暦六年正月）〈江戸〉市川海老蔵評の本文が流用されている。

〈下〉壱10丁～四13丁の瀬川菊之丞追善記事・広告は、『役者雛祭り』の追加丁の板木を流用したものである可能性が高い。『役者雛祭り』解題参照。

（野口　隆）

役者有難　安永三年正月

一　『役者有難《やくしやありがたい》』（読みともに目録題による）

二　早稲田大学演劇博物館（ロ 11-1268）

三　著者　自笑（〈京〉〈江戸〉〈大坂〉開口末の署名による）。

四　横本。三巻（京・江戸・大坂）。三冊。袋綴。改装。原表紙（黒無地）。縦一〇・四糎×横一五・九糎。

五　匡郭　四周単辺。縦八・八糎×横一四・〇糎。

行数　十五行。

丁数　〈京〉二十一丁。うち目録一丁、役者目録一丁半、広告半丁、開口四丁半、口上半丁、本文十一丁半、四条南側芝居惣役者目録一丁半。丁付（壱、弐、三、五～十九、廿～廿二）。

〈江戸〉二十四丁半。うち目録一丁、役者目録六丁、開口二丁半、本文十五丁。丁付（壱、弐、三～六、初七、七～十九、廿、廿壱、廿二～廿四）。

〈大坂〉二十三丁半。うち目録一丁、役者目録三丁、開口三丁、広告半丁、本文十六丁。丁付（壱、弐、三～十一、十一、十二～十九、廿～廿二、廿三終）。

挿絵　〈京〉六ウ・七オ、十二ウ・十三オ。

〈江戸〉七ウ・八オ、十三ウ・十四オ、十七ウ・十八オ、廿二ウ・廿三オ。

〈大坂〉六ウ・七オ、十一ウ・十二オ、十九ウ・廿オ。

六　題簽　〈京〉〈江戸〉〈大坂〉原題簽。左端。縦七・六糎×横二・五糎。匡郭は四周双辺、縦七・〇糎×横一・九糎。

中扉には〈京〉H本、〈江戸〉J本、〈大坂〉M本の題簽を掲げた。左にその翻字を記す。

〈京〉「役者有難　京」

〈江戸〉「役者有難　江戸」

〈大坂〉「役者有難　大坂」

内題　なし。

目録題　〈京〉「役者《やくしゃ》有難《ありがたい》　芸品定／京の巻目録」、〈江戸〉「役者《やくしゃ》有難《ありがたい》　芸品定／江戸の巻目録」、〈大坂〉「役者《やくしゃ》有難《ありがたい》　芸品定／大坂の巻目録」。

板心　〈京〉「京有（丁数）」、〈江戸〉「有　江（丁数）」、〈大坂〉「有　大（丁数）」。

七　刊記　〈京〉「安永三年午正月吉日／京二条寺町／正本屋九兵衛板／京ふや丁せいぐわんじ下ル丁／八文字屋八左衛門板」、〈江戸〉「安永三年／午正月吉日／京二条寺町／正本屋九兵衛板／京ふや丁せいくわん寺下ル丁／八文字屋八左衛門板」、〈大坂〉「安永三年／午正月吉日／京二条寺町／正本屋九兵衛板／京ふや町せいぐわん寺下ル町／八文字屋八左衛門板」。

八　印記　〈京〉〈江戸〉〈大坂〉「小林」「小平」。

九　諸本　A慶應義塾図書館（110-77-1）、B国立国会図書館（198-0331）、C実践女子大学図書館（774.3-Y17-安3）、D東京藝術大学附属図書館（貴重書/774.3/Y164-61）、E東京国立博物館（QB9998）、F東洋文庫内岩崎文庫（三Gd ろ13）、G日本大学図書館（774.3-Y16-1774）、H早稲田大学演劇博物館（ロ11-1267）、**I早稲田大学演劇博物館**（ロ11-1268）、J早稲田大学演劇博物館（ロ11-1269）、K早稲田大学演劇博物館（ロ11-1270）、L早稲田大学図書館（チ13-3849-42）、M早稲田大学図書館（チ13-3851-2）（以上三巻揃）。N国立劇場（25250/25251）〈江戸〉〈大坂〉。O明治大学図書館江戸文藝文庫（774.28/120//H）〈京〉。P大阪府立大学総合図書館中百舌鳥　椿亭文庫（774.28-Chi15）〈江戸〉。Q実践女子大学図書館（774.3-A34A-秋）、R石水博物館（271-02）（以上〈大坂〉）。『台湾大学所蔵近世芸文集』第二巻によれば、台湾大学研究図書館にも所蔵がある〈京〉。『南木文庫蔵書目録』によれば、旧南木文庫に所蔵があったとされる（巻数巻名未詳）。

諸本の異同

〈大坂〉ABCDHLM本は、四丁と五丁の間に中芝居役者目録三丁が増補され、廿三終丁（裏見返し）が本文九丁半に差替えられている。増補・差替分の翻字はH本によった。なお、右の増補・差替分の書誌について補足する。

丁数　三丁。うち大坂中芝居惣役者目録二丁半、広告半丁。丁付（い〜は）。

丁数　九丁半。本文。丁付（廿三〜廿九、三十、三十一、三十弐）。

蔵板目録等　〈京〉三ウに「八文舎蔵板目録」あり。

その他　〈京〉三オ「尾上新七」の位付に添えられた「ほうび」の絵には「金札」と記されている。十七ウ「尾上新七」の位付に添えられた「ほうび」の絵には「金札」とあるべきところだが、字形が崩れていて判読し得ない。

（齊藤千恵）

役者位下上　安永三年三月

一　『役者位《やくしやい》下上《かのぼし》』（読みともに目録題による）
二　早稲田大学演劇博物館（ロ11-1272）
三　著者　八文舎自笑（〈京〉〈大坂〉開口、〈江戸〉口上末の署名、袋による）。
四　横本。三巻（京・江戸・大坂）。三冊。袋綴。改装。原表紙（黒無地）。縦一〇・七糎×横一六・〇糎。
五　匡郭　四周単辺。縦八・九糎×横一四・一糎。
行数　十五行。

丁数　〈京〉十一丁半。うち目録一丁、役者目録一丁半、開口一丁、本文七丁、広告一丁。丁付（壱、弐、三～十一、12）。

〈江戸〉十九丁。うち目録一丁、役者目録三丁、広告半丁、口上一丁、本文十三丁半。丁付（壱、弐、三～十九）。

〈大坂〉十九丁。うち目録一丁、役者目録二丁、開口一丁、本文十二丁、追加評三丁。丁付（壱、弐、三～十九）。

挿絵　〈京〉四ウ。

〈大坂〉八ウ・九オ。

〈江戸〉十一ウ・十二オ。
六　題簽　〈京〉〈江戸〉〈大坂〉原題簽。
左端。縦七・六糎×横二・四糎。匡郭は四周双辺、縦七・〇糎×横一・九糎。
中扉には〈京〉〈江戸〉〈大坂〉底本の題簽を掲げた。左にその翻字を記す。
〈京〉「役者位下上　京」
〈江戸〉「役者位下上　江戸」
〈大坂〉「やくしやいかのぼし　大坂」
内題　なし。
目録題　〈京〉「役者位《やくしやい》下上《かのぼし》　芸品定／京の巻」、〈江戸〉「役者位《やくしやい》下上《かのぼし》　芸品定／江戸巻」、〈大坂〉「役者位《やくしやい》下上《かのぼし》　芸品定／大坂の巻」。
板心　〈京〉「京位（丁数）」、〈江戸〉「位　江（丁数）」、〈大坂〉「位　大（丁数）」。
七　刊記　〈京〉「安永三年／午三月吉日／京麸屋町せいくわんじ下ル町／八文字屋八左衛門板」、〈江戸〉「安永三年午三月吉日／京ふや町せいぐわんじ下ル町／八文字屋八左衛門板」、〈大坂〉「安永三年／午ノ三月吉日／京麸屋町誓願寺下ル丁／八文字屋八左衛門板」。
八　印記　なし。
その他　〈京〉表見返しに「昭和五年七月十日　安田・伊原両氏寄贈」の貼紙あり。
九　諸本　A実践女子大学図書館（774.3-Y17-安3）、B東京藝術大学附属図書館（貴重書/774.3/Y164-62）、**C早稲田大学演劇博物館**（ロ11-1272）、D早稲田大学演劇博物館（ロ11-1273）、E早稲田大学演劇博物館（ロ11-1274）（以上三巻揃）。F立命館大学アート・リサーチセンター（arcBK04-0198）〈京〉。G実践女子大学図書館（774.3-A34I-秋）〈大坂〉。
諸本の異同　なし。
蔵板目録等　〈京〉裏見返しに「八文舎蔵板目録」あり。なお、この広告は『役者有難』（安永三年正月）掲載目録の板木を流用し、末尾に二点分の書名を追加したものである。一部改刻による異版と見られるため、改めて見返し全体を翻字した。

その他　D本〈京〉の表見返しには、袋の表を切り取ったものが貼付されている。中扉に掲げ、左にその体裁と翻字を示す。縦一四・一糎×横九・六糎。匡郭は四周双辺、縦一二・三糎×横八・四糎。

角芝居再評再論入

三ヶ津　芸品定
二の替　大評判　八文舎自笑著

役者位下上　全三冊

附言
天迄登聶肩春風　吹付新狂言大当
地迄響褒詞掛声　爪立奴古今大入

（光延真哉）

役者名物集　安永三年九月

一　『役者名物集』（題簽による）

二　今尾哲也。役者評判記刊行会による書誌調査の後、原本の所在が不明となったため、役者評判記刊行会所蔵の複製写真による。

三　著者　記載なし。

四　中本。一巻（江戸）。一冊。袋綴。改装。原表紙（青灰布目地花輪紋）。縦一八・三糎×横一二・九糎。

五　匡郭　四周単辺。縦一四・二糎×横一〇・一糎。
行数　十行。
丁数　十五丁半。うち本文十五丁半。丁付（壱、二～十五、16）。挿絵なし。

六　題簽　原題簽。左端。縦一三・一糎×横二・七糎。匡郭は四周双辺、縦一二・五糎×横二・〇糎。
中扉には底本の題簽を掲げた。左にその翻字を記す。
「役者名物集　全」
内題　「名取草／追加」。
目録題　なし。
板心　「（丁数）」。

七　刊記　「安永三歳甲午秋／菊月吉日／板元　堺町南新道　本清」。

八　印記　「斑山文庫」。

九　諸本　**A今尾哲也**（現所蔵者未詳、写真版のみ存）、B国立国会図書館（208-31）。
その他　『〔古今増補／名取草〕』（安永三年三月上旬頃）の追加として刊行されたもの。『古今役者／名取草』は、安永二年四月に小本二冊形態で刊行後、翌年三月上旬頃に「瀬川富三郎が伝」四丁を増補し、中本二冊形態で『〔古今増補／名取草〕』として再版されている。さらに、『役者名物集』刊行とほぼ同時期に、『〔古今増補／名取草〕』と『役者名物集』の本文をあわせ、中本形態で『〔名取草〕』としても刊行されたと考えられる。三オの「初ニ富三郎伝ニ追善の次第委しるす」「右九人銘々口ニ宗旨寺戒名*今日等委細ニしるし有之候」（三〇〇頁上段14～15行目）は、『〔古今増補／名取草』』の内容を指したものである。齊藤千恵「『名取草』とその周辺—本清版の劇書と役者評判記—」（『近松研究所紀要』第二十八号、二〇一八年三月刊行予定）参照。

（池山　晃）

役者灘名位　安永三年十一月

一　『役者灘名位《やくしやつがもなゐ》』（読みともに〈上〉目録題による）

二　早稲田大学図書館（チ13-3849-43）

三　著者　記載なし。

四　横本。三巻（上・中・下）。三冊。袋綴。改装。原表紙（浅黄無地）。縦一一・〇糎×横一五・九糎。

五　匡郭　四周単辺。縦八・七糎×横一三・九糎。

行数　十五行。

丁数　〈上〉十二丁。うち目録半丁、役者目録四丁半、開口一丁、広告半丁、本文五丁半。丁付（一～六、又六、七～十、十一了）。

〈中〉十一丁。うち目録半丁、本文十丁半。丁付（壱、二～十、十一了）。

〈下〉十丁。うち目録半丁、本文九丁半。丁付（壱、二～九、十了）。

挿絵　〈上〉又六ウ。

〈中〉五ウ。

〈下〉七オ。

六　題簽　〈上〉〈中〉〈下〉原題簽。

左端。縦七・六糎×横二・三糎。匡郭は四周双辺、縦七・〇糎×横一・九糎。

中扉には〈上〉〈中〉〈下〉底本の題簽を掲げた。左にその翻字を記す。

〈上〉「役者灘名位　上」

〈中〉「役者灘名位　中」

〈下〉「役者灘名位　下」

内題　なし。

目録題　〈上〉「役者灘名位《やくしやつがもなゐ》　芸品定／上之巻」、〈中〉「役者灘名位中之巻」、〈下〉「役者灘名位巻之下」。

板心　〈上〉「江（丁数）」「上　江（丁数）」、〈中〉「中　江（丁数）」、〈下〉「下　江（丁数）」「下終　江（丁数）」。

七　刊記　〈下〉「安永三甲午年／霜月吉日　堺町南新道／中山清七版」。

八　印記　〈上〉〈中〉〈下〉「小寺姓玉晁文庫」「玉晁」、〈上〉「玉晁」。

識語　「文政四辛巳季／正月吉日／持主　古楽園嘉来／三冊之内」（〈上〉裏見返しに墨書）、「文政四辛巳年／正月吉日／持主古楽園嘉来／三冊之内」（〈中〉裏見返しに墨書）、「文政四辛巳年／正月十二日求之／持主　古楽園嘉来／三冊之内」（〈下〉裏見返しに墨書）。

九　諸本　**A早稲田大学図書館**（チ13-3849-43）（三巻揃）。B国立国会図書館（京-309）〈上〉。

諸本の異同　なし。

蔵板目録等　〈上〉又六オに広告半丁あり。

その他　本書の出版事情に関しては、B本表見返しに次のような墨書がある。「此告版本役者津賀茂名位ト云／安永三年本上下二冊有下巻者／直様焼板トナリ其訳者下巻ニハ／公議之政法ヲ役者ニ擬夫故灰トナル／此版残存スルハ珍ト可為ナリ／明治元年四月三日書之」。
〈上〉七オ・七ウの市川団十郎評冒頭部分には、『役者刪家系』（宝暦五年正月）〈江戸〉市川海老蔵評の本文が流用されている。

（佐藤かつら）

役者酸辛甘　安永四年正月

一 『役者酸辛甘《やくしやすきぶすき》』（読みともに目録題による）

二 早稲田大学演劇博物館（ロ11-1276）

三 著者 八文舎自笑（〈京〉〈江戸〉〈大坂〉開口末の署名による）。

四 横本。三巻（京・江戸・大坂）。合本一冊（現状は〈江戸〉〈京〉〈大坂〉の順）。袋綴。改装。替表紙。縦一〇・五糎×横一五・九糎。

五 匡郭 四周単辺。縦八・八糎×横一四・一糎。

行数 十五行。

丁数 〈京〉二十二丁。うち目録一丁、役者目録一丁半、中芝居役者目録半丁、口上半丁、広告半丁、開口五丁、本文十三丁。丁付（壱、弐、三~十九、廿~廿二）。

〈江戸〉三十三丁。うち目録一丁、役者目録六丁、開口二丁、本文二十四丁。丁付（壱、弐、三~十九、廿~廿九、三十~三十三）。

〈大坂〉二十四丁半。うち目録一丁、役者目録三丁、開口六丁、本文十四丁、奥書半丁。丁付（壱、弐、三~十九、廿~廿五）。

挿絵 〈京〉六ウ・七オ、十三ウ・十四オ。

〈江戸〉十二ウ・十三オ、十八ウ・十九オ。

〈大坂〉七ウ・八オ、十三ウ・十四オ、廿三ウ・廿四オ。

六 題簽 なし。

（E本〈京〉左端。縦七・四糎×横二・四糎、匡郭は四周双辺、縦七・〇糎×横一・九糎）

中扉には〈京〉〈江戸〉〈大坂〉E本の題簽を掲げた。左にその翻字を記す。

〈京〉「役者酸辛甘　京」

〈江戸〉「役者酸辛甘　江戸」

〈大坂〉「役者酸辛甘　大坂」

内題 なし。

目録題 〈京〉「役者酸辛甘《やくしやすきぶすき》　芸品定／京之巻目録」、〈江戸〉「役《やく》者酸辛甘《しやすきぶすき》　芸品定／江戸之巻目録」、〈大坂〉「役者酸辛甘《やくしやすきぶすき》　芸品定／大坂之巻目録」。

板心 〈京〉「京　ス（丁数）」、〈江戸〉「ス　江（丁数）」、〈大坂〉「ス　大（丁数）」。

七 刊記 〈京〉「安永四年未正月吉日／京ふや町せいくわんじ下ル丁／八文字屋八左衛門板」、〈江戸〉「安永四年未正月吉日／京ふや町せいくわん寺下ル町／八文字屋八左衛門板」、〈大坂〉「安永四年未正月吉日／京ふや町せいくわんじ下ル町／八文字屋八左衛門板」。

八 印記 〈江戸〉「寅」「黒川」「伊原之印」。

九 諸本 A実践女子大学図書館（774.3-A34S-秋）、B実践女子大学図書館（774.3-Y17-安4）、C東洋文庫内岩崎文庫（三Gdろ14）、D立命館大学アート・リサーチセンター（arcBK04-0199）、E早稲田大学演劇博物館（ロ11-1275）、**F早稲**

田大学演劇博物館（ロ11-1276）、G早稲田大学演劇博物館（ロ11-1277）、H早稲田大学図書館（チ13-3849-44）（以上三巻揃）。I東京藝術大学附属図書館（貴重書/774.3/Y164-63）〈京〉〈江戸〉。J大阪府立大学総合図書館中百舌鳥　椿亭文庫（774.28-Chi36）〈江戸〉。『財団法人大橋図書館和漢図書分類増加目録』によれば、旧大橋図書館に所蔵があったとされる（一冊）。

諸本の異同

〈大坂〉BCDEH本は、廿五丁（裏見返し）が本文七丁に差替えられ、中芝居役者目録三丁が増補されている。差替・増補分の翻字はE本によった。なお、右の差替・増補分の書誌について補足する。

丁数　十丁。うち本文七丁、大坂中芝居物役者目録三丁。丁付（廿五～廿九、三十、三十一、い～は）。

蔵板目録等　〈京〉四ウに広告半丁あり。

その他　〈江戸〉三十一ウの市川雷蔵評には大谷仙次・中村助次の評文が含まれるが、評文の見出しとして大谷仙次・中村助次は並記されていない。

〈大坂〉四オ「中村玉かしわ」の出勤座「嵐座」は、「小川座」の誤りと思われる。十九オ「嵐吉太郎」は「嵐吉三郎」の誤りと判断される。

（田草川みずき）

役者芸雛形　安永四年五月

一　『役者芸雛形《やくしゃげいひながた》』（読みともに目録題による）

二　早稲田大学演劇博物館（ロ11-1278）

三　著者　自笑（〈京〉〈江戸〉開口末の署名による）。

四　横本。三巻（京・江戸・大坂）。三冊。袋綴。改装。原表紙（黒無地）。縦一〇・六糎×横一六・〇糎。

五　匡郭　四周単辺。縦八・九糎×横一四・一糎。

行数　十五行。

丁数　〈京〉十九丁半。うち目録二丁、役者目録二丁、開口一丁、口上半丁、本文十五丁。丁付（壱、弐、三～十九、廿）。

〈江戸〉二十一丁。うち目録一丁、役者目録四丁、開口三丁、口上半丁、本文十二丁半。丁付（壱、二～十九、廿、廿一）。

〈大坂〉十八丁半。うち目録一丁、役者目録二丁、開口一丁、本文十四丁半。丁付（壱、弐、三～十五、16、十七～十九）。

挿絵　〈京〉九ウ・十オ。

〈江戸〉十五ウ・十六オ。

〈大坂〉九ウ・十オ。

六　題簽　〈京〉〈江戸〉〈大坂〉原題簽。

左端。縦七・四糎×横二・三糎。匡郭は四周双辺、縦六・九糎×横一・九糎。

中扉には〈京〉〈江戸〉〈大坂〉底本の題簽を掲げた。左にその翻字を記す。

〈京〉「役者芸雛形　京」

〈江戸〉「役者芸雛形　江戸」

〈大坂〉「役者げいひなかた　大坂」

内題　なし。

目録題　〈京〉「役者芸雛形《やくしやげいひながた》　芸品定／京之巻目録」、〈江戸〉「役《やく》者芸雛形《しやげいひながた》　芸品定／江戸之巻目録」、〈大坂〉「役者芸雛形《やくしやげいひながた》　芸品定／大坂之巻目録」。

板心　〈京〉「京ケ（丁数）」、〈江戸〉「ケ　江（丁数）」、〈大坂〉「ケ　大（丁数）」。

七　刊記　〈京〉「安永四年／未三月吉日／京ふや町せいぐわん寺下ル丁／八文字屋八左衛門板」、〈江戸〉「安永四年未三月吉日／京ふや丁せいぐわん寺下ル丁／八文字屋八左衛門板」、〈大坂〉「安永四年／未五月吉日／京ふや町せいくわん寺下ル丁／八文字屋八左衛門板」。

八　印記　〈大坂〉「只誠蔵」「宮島文庫」。

その他　〈大坂〉表見返しに「昭和五年七月十日　安田・伊原両氏寄贈」の貼紙あり。

九　諸本　A京都大学附属図書館（8-66/ヤ/4/1）、B実践女子大学図書館（774.3-Y17-安4）、C東洋文庫内岩崎文庫（三Gdろ13）、D早稲田大学演劇博物館（ロ 11-1278）、E早稲田大学演劇博物館（ロ 11-1279）、F早稲田大学演劇博物館（ロ 11-1280）（以上三巻揃）。G明治大学図書館江戸文藝文庫（774.28/121//H）〈江戸〉。

諸本の異同　なし。

その他　〈京〉十一オ「坂東満蔵」の出勤座「藤川座」は、「中村座」の誤りと思われる。

〈江戸〉壱オ・壱ウの目録には、『役者柱伊達』（寛保二年正月）〈江戸〉目録の本文が流用されている。

〈江戸〉十八ウの小佐川常世評には吾妻富五郎の評文が含まれるが、評文の見出しとして吾妻富五郎は並記されていない。

（神楽岡幼子）

歌舞伎評判記集成 第三期 第一巻
自安永二年 至安永四年 （全十巻・別巻一）

二〇一八年二月二〇日 初版第一刷発行

編者 役者評判記刊行会

発行者 廣橋研三

発行所 〒543-0037 大阪市天王寺区上之宮町七－六
有限会社 和泉書院
電話 〇六－六七七一－一四六七
振替 〇〇九七〇－八－一五〇四三

印刷 亜細亜印刷／製本 渋谷文泉閣

本書の無断複製・転載・複写を禁じます

© Yakushahyobankikankoukai
2018 Printed in Japan
ISBN978-4-7576-0864-1 C3374

歌舞伎評判記集成 第三期
1
平成30年2月
和泉書院

「評判記集成」刊行にまつわる思い出

鳥越文藏

老化しました。今迄に書いたり言ったりしたことと同じことをこれから述べるかもしれません。記憶力が衰退しました。自らの言動を確認する意欲も失せました。そんな訳です。

後人に私の残した仕事を思い出してもらう事があるとしたら、欧米の近世演劇資料を紹介したことが、戦後としては早い時期であったかと思うので、草分けとして覚えてもらえるかと思います。私の残した論文は多くありませんが、絵入狂言本に一番時間をかけ、それに関わる論文が有ることも、挙げてもらえるのでしょう。自己評価はこれくらいにしておきます。

万一島流しにでも遭うことになった時、私が持込む本は役者評判記です。絵入狂言本ではありません。このことが云いたいための前置きでした。

「評判記集成」第一期が一九六四年秋から始動したことは、第三期の内容見本に書いた通りです。「集成」第一期には力を注ぎました。全十冊目を通す間に、私の元禄歌舞伎観が大分固まってきました。カードが相当増えました。コンピューターが使えませんので未だにカードです。刊行時の読み方は校正が主眼でしたが、今読み直してみるとカードすべきところを沢山発見します。

第一期刊行時は国語学の山田忠雄さんのチームが参加して下さり、一回三点位の遣り取りのために、渋谷の山田研究室に松崎仁さんと二人で、月一回程度通ったのですが、これが辛くもあり少々楽しくもありという作業でした。

立教大学の松崎研究室で作業した後、疲れたから一杯飲もうという彼の所望品はお汁粉でした。彼は酒を飲まないし、山田さんの自宅とは方向が違っていたこともあり、渋谷で別れ山田さんと二人で居酒屋に行くのが楽しみの方でした。論文は面白く書かねばならぬ、そのためにはミステリーを読めなどの教訓も受けました。山田さんのお祝の会にも招かれたことがあります。ご自宅の地下にはピンポン室があり、お弟子さん達と楽しんでおられました。誘われたのですが運動嫌いの私はこれだけはお断りしました。評判記とは離れたお付合もしたことになります。

「集成」第二期の代表となられた原道生さんのお宅は吉祥寺で、山田さんと同じ街です。渋谷の研究室通いを原さんに引継がないことが私の大きな役目と努力しました。

原さんの伴走者となられた服部幸雄さんは一期のメンバーには入っておられません。二期が始まったらメンバーになりたいと希望されました。二期準備会の意味をもたせ市谷の私学会館を会場として勉強会を開くこととなりました。何回目か覚えていませんが、右足の踵が痛んで出掛けるのにやっとの思いをしました。診察の結果は痛風でした。それ以来痛風の薬は絶やしません。

最後に一期の会議の席で発した棚町知彌さんの名言を記してお

きます。

「翻刻の仕事は菩薩心が無ければやれない」と。

菩薩心の持主が絶えないこと祈るばかりです。

（早稲田大学名誉教授）

背筋を伸ばして翻刻

武井協三

『歌舞伎評判記集成』の第三期が、いよいよ刊行されはじめた。嬉しいことである。

私が鳥越文藏先生から『歌舞伎評判記集成』という本の名を聞いたのは、五十年近くも前のこと、まだ早稲田の大学院生だった。刊行された第一巻を手にとると、そのころ『稀書複製会叢書』の複製本で、たどたどしく読みはじめていた野郎評判記の数々が、活字になって並んでいた。驚いたのは、月報に記された、その翻刻方針の厳密さである。原道生先生の「文責」で書かれた「翻刻覚書」を毎回むさぼるように読んだ。

私の第一期「評判記集成」との関わりはわずかだった。翻刻のたった一字の誤読を見つけて、最終巻付載の正誤表に取り上げていただいたこと、土田衞先生が主導される索引の、逆引き作業の末席に連ならせていただいたことなど、少しだけのお手伝いであった。それでも歌舞伎研究者の隊列に、一兵卒として加われた気がして誇らしかった。

『おもはく哥合』という遊女と野郎の評判記を、進言して別巻に収録して頂いたことも忘れられない。この本は、評判記集成では野間光辰先生の写本が底本となっているが、三十年近く経ってから原本が市場に現れ、国文学研究資料館で購入することができた。奇しき縁というべきであろう。

第一期が刊行されているころから、鳥越先生は続く第二期を考えられ、早稲田では板谷徹氏、古井戸秀夫氏、私などが、この仕事を継ぐよう因果をふくめられた。関西では廣瀬千紗子氏、立川洋氏などに白羽の矢が立ち、洛北八瀬の栖賢寺という古寺で、早稲田と関西勢が先生から精進料理をふるまわれた。これは今思えば、第二期の一種の出陣式であった。

第二期『歌舞伎評判記集成』刊行会の一員として、翻刻という仕事にはじめて取り組むことになった。たしか『役者大極舞』。「翻刻覚書」に感動していたにもかかわらず、私はまことに杜撰なA段階の翻刻原稿を提出してしまった。松崎仁先生から大目玉をくらったのは当然である。いや、松崎先生直々の大目玉ではなく、先生のお怒りを、鳥越先生と内山美樹子先生から、やんわりと伝えられたのである。翻刻の厳しさに初めて触れ、両先生の優しさにも思い至って、その夜は一睡も出来ず、ただただ反省するばかりであった。

このときから翻刻に気合いが入るようになった。机に向かっただけでしゃんと背筋が伸び、頭がかっと熱くなる。原本写真の文字を睨み付けて、一字一句も間違えないぞと血がたぎるようになった。たしか二、三年してからだったか、学会の休憩時間、私が担当した評判記の翻刻について、松崎先生から直接お褒めをいただくことができた。訂正するところはありませんでしたと言っていただいたとき、不覚にも涙があふれてきて、トイレに駆け込んだことが鮮明な記憶として残っている。

それから三十年以上が経った今でも、翻刻のために机に向かうと、反射的に背筋が伸びて血がたぎる。「こんな体に誰がしたんや」と、私は小さくつぶやいて集中していく。

（国文学研究資料館名誉教授）

松崎仁氏の思い出

原　道生

待望久しい『歌舞伎評判記集成　第三期』の第一巻が、めでたく刊行の日を迎えることとなった。

思えば、最初の第一期には、最若年の会員の一人として、次の第二期の際には、会の代表者二名のうちの一人（もうお一人は服部幸雄氏）であり、かつ事務局担当の責任者として、さらに今回の第三期には、隠居の立場の顧問の一人（その中では下から数えて二番目の若手！）としてという工合に、約半世紀にわたる長い歳月を通じて、その都度さまざまな形で本集成の制作に関わりを持ち続けてきた身にとっては、これに上越す喜びはない。

ところで、「寺子屋」の松王丸ではないが、こうして第三期がいよいよ具体化され始めてくるさまを目の当たりにするようになるにつけても思い出されてならない事柄がある。それは、二〇一三年二月に先立たれた顧問のお一人の松崎仁氏がこの刊行を御覧になることができたなら、どんなにお喜びになられたであろうかということに他ならない。

三期にわたる評判記集成作製の過程の中で、松崎氏と私とが、特に緊密な連絡を取り合って仕事を進めていた時期がある。それは、一九七〇年代、第一期の刊行が始まって、校正の作業の分量もふえ、それまで以上に事務局が時間に追われるようになった頃のことだった。そのため、そうした事態への対応策として、その時期の私は、松崎氏の御下命に従い、同氏が所収評判記の全点に対して行なっていた会員側による最終段階の校正（ちなみにこれが終ると、「校了」となってそのゲラは出版社側に渡される）に先立ち、各巻全点のゲラに目を通し、文字の誤脱はもとより、会として定めた漢字処理の統一基準との整合性の確認、その他もろもろについての準最終点検をもっぱら担当するようになっていたのである。そして、その時期、校了直前のゲラや原本写真、会員諸氏による翻字原稿等々をセットに束ねた郵便小包が、松崎家と拙宅との間を、かなり頻繁に行き交っていたのだった。

さて、ここから先は、当地不案内の方には少々わかりにくい話になってしまうかも知れないが、この七〇年代、私は京浜急行の金沢八景にある大学に勤めていた。一方、松崎氏のお宅は、その沿線途中の日の出町駅のお近くだったので、二人で相談の上、郵送に要する日時、手間、料金などの節約を考えて、私が八景に出講し氏が御在宅という日に合わせ、氏に日の出町の改札口までおいでいただいて、途中下車した私とゲラのセットを交換するという方法をとることとし、結果、かなりの時間を稼いで能率をあげることができるようになったのである。もっとも、今にして思えば、松崎家からその駅までは結構な距離があり、その往復には大きな坂の登り下りなどもあったのだから、随分申しわけないことをしてしまったと後悔をしているが、同氏は一度も嫌な顔をされることなく、私の身勝手に付き合って下さったのだった。

現在の当駅界隈についてを私は全く知らないが、あの頃の駅前は、パチンコ屋や小さな飲み屋などが立て込んで、あまり人気《じんき》のよくない所だったように覚えている。その中にあって、まさに鶏群の一鶴、改札口の脇に静かに立たれた長身の同氏の穏やかな佇まいが、今でも忘れられない思い出として残っている。

（明治大学名誉教授）

半世紀昔のこと

土田　衛

まずは「おめでとう」と申し上げる。次に「ご苦労さま」と申し上げる。第一期を立ち上げたメンバーの一人である筆者は、第三期享和末までの刊行を目にするとは想像もしていなかった。長生きのおかげであろう。

私が歌舞伎の勉強を始めた頃は、コピーという機械はまだ無かった。文献資料はすべて写真に撮るというのが常識の時代であった。従ってどの図書館も今日のコピーと同様、撮影には寛容であった。私は国会図書館が上野にあった時、書庫の中で絵入狂言本の撮影をした経験がある。役者評判記は、歌舞伎を勉強するには、第一歩から必要な、断トツの資料である。但し、一本や二本では使い物にならないので、一定の期間のものを集めて撮影しなければならなかった。撮影したフイルムを借りたり貸したりして集めていた。しかし、その紙焼きを業者に頼んでいたら、財布がもたなかった。祐田善雄先生は、二階の押入れを暗室にして紙焼きをなさっていた。お手伝いしたことがある。お訊ねしたら、日常は奥さんの仕事だと仰っていた。私は夜のとばりを暗室代わりに利用した。研究のためとは言いながら、その準備のためのこの種の雑用に費やした時間は厖大なものであったと思われる。当時の研究にたずさわるものは、全員このような環境にあったと思ってよかろう。

五十二年前の昭和三十九年十一月二十三日（月）、京都の池坊短大で行われた日本近世文学会の懇親会でのことである。私の前に諏訪春雄氏、そのあたりに祐田善雄先生、鳥越文蔵氏、松崎仁氏らが座を占めていた。雑談のなかで、役者評判記翻刻の話が出た。全員右に記したような状況にあり、酒の勢いもあって、たちどころに全員賛成、パチパチパチと拍手がおこって事が始まったのである。明くる日、愛媛松山に戻った私は、手元に集めていた評判記の写真を机上に並べ、翻刻を想定しての計画を立てた。全十巻で享保末まで収まるという、十巻構成の原案を祐田先生に送った。そのあとの進行がどう進んだかの詳細は忘れているが、松崎、鳥越両氏が事務局をお引き受けくださって、この大事業が出発した。

八年後の昭和四十七年九月に第一巻が刊行される。この種の刊行物としては、パチパチパチより八年という時間は短い方であろう。それほど皆が熱意を持って事にあたったということを示していると思う。刊行が近づいたころ、書名が問題になった。皆が当然のように思っていた『役者評判記集成』という書名が、第一巻に収まる書物からは不適切だということになった。「歌舞伎評判記」という名詞は第一期の連中の造語である。

第三期の完結を見るまで長生きしたい。

（大阪女子大学名誉教授）

歌舞伎評判記集成 第三期
1
平成30年2月
和泉書院

「評判記集成」刊行にまつわる思い出

鳥越文藏

老化しました。今迄に書いたり言ったりしたことと同じことをこれから述べるかもしれません。記憶力が衰退しました。自らの言動を確認する意欲も失せました。そんな訳です。

後人に私の残した仕事を思い出してもらう事があるとしたら、欧米の近世演劇資料を紹介したことが、戦後としては早い時期であったかと思うので、草分けとして覚えてもらえるかと思います。私の残した論文は多くありませんが、絵入狂言本に一番時間をかけ、それに関わる論文が有ることも、挙げてもらえるのでしょう。自己評価はこれくらいにしておきます。

万一島流しにでも遭うことになった時、私が持込む本は役者評判記です。絵入狂言本ではありません。このことが云いたいための前置きでした。

「評判記集成」第一期が一九六四年秋から始動したことは、第三期の内容見本に書いた通りです。「集成」第一期には力を注ぎました。全十冊目を通す間に、私の元禄歌舞伎観が大分固まってきました。カードが相当増えました。コンピューターが使えませんので未だにカードです。刊行時の読み方は校正が主眼でしたが、今読み直してみるとカードすべきところを沢山発見します。

第一期刊行時は国語学の山田忠雄さんのチームが参加して下さり、一回三点位の遣り取りのために、渋谷の山田研究室に松崎仁さんと二人で、月一回程度通ったのですが、これが辛くもあり少々楽しくもありという作業でした。

立教大学の松崎研究室で作業した後、疲れたから一杯飲もうという彼の所望品はお汁粉でした。彼は酒を飲まないし、山田さんの自宅とは方向が違っていたこともあり、渋谷で別れ山田さんと二人で居酒屋に行くのが楽しみの方でした。論文は面白く書かねばならぬ、そのためにはミステリーを読めなどの教訓も受けました。山田さんのお祝の会にも招かれたことがあります。ご自宅の地下にはピンポン室があり、お弟子さん達と楽しんでおられました。誘われたのですが運動嫌いの私はこれだけはお断りしました。評判記とは離れたお付合もしたことになります。

「集成」第二期の代表となられた原道生さんのお宅は吉祥寺で、山田さんと同じ街です。渋谷の研究室通いを原さんに引継がないことが私の大きな役目と努力しました。

原さんの伴走者となられた服部幸雄さんは一期のメンバーには入っておられません。二期が始まったらメンバーになりたいと希望されました。二期準備会の意味をもたせ市谷の私学会館を会場として勉強会を開くこととなりました。何回目か覚えていませんが、右足の踵が痛んで出掛けるのにやっとの思いをしました。診察の結果は痛風でした。それ以来痛風の薬は絶やしません。

最後に一期の会議の席で発した棚町知彌さんの名言を記してお

きます。

「翻刻の仕事は菩薩心が無ければやれない」と。

菩薩心の持主が絶えないこと祈るばかりです。

（早稲田大学名誉教授）

背筋を伸ばして翻刻

武井協三

『歌舞伎評判記集成』の第三期が、いよいよ刊行されはじめた。嬉しいことである。

私が鳥越文藏先生から『歌舞伎評判記集成』という本の名を聞いたのは、五十年近くも前のこと、まだ早稲田の大学院生だった。刊行された第一巻を手にとると、そのころ『稀書複製会叢書』の複製本で、たどたどしく読みはじめていた野郎評判記の数々が、活字になって並んでいた。驚いたのは、月報に記された、その翻刻方針の厳密さである。原道生先生の「文責」で書かれた「翻刻覚書」を毎回むさぼるように読んだ。

私の第一期「評判記集成」との関わりはわずかだった。翻刻のたった一字の誤読を見つけて、最終巻付載の正誤表に取り上げていただいたこと、土田衞先生が主導される索引の、逆引き作業の末席に連ならせていただいたことなど、少しだけのお手伝いであった。それでも歌舞伎研究者の隊列に、一兵卒として加われた気がして誇らしかった。

『おもはく哥合』という遊女と野郎の評判記を、進言して別巻に収録して頂いたことも忘れられない。この本は、評判記集成では野間光辰先生の写本が底本となっているが、三十年近く経ってから原本が市場に現れ、国文学研究資料館で購入することができた。奇しき縁というべきであろう。

第一期が刊行されているころから、鳥越先生は続く第二期を考えられ、早稲田では板谷徹氏、古井戸秀夫氏、私などが、この仕事を継ぐよう因果をふくめられた。関西では廣瀬千紗子氏、立川洋氏などに白羽の矢が立ち、洛北八瀬の栖賢寺という古寺で、早稲田と関西勢が先生から精進料理をふるまわれた。これは今思えば、第二期の一種の出陣式であった。

第二期『歌舞伎評判記集成』刊行会の一員として、翻刻という仕事にはじめて取り組むことになった。たしか『役者大極舞』。「翻刻覚書」に感動していたにもかかわらず、私はまことに杜撰なA段階の翻刻原稿を提出してしまった。松崎仁先生から大目玉をくらったのは当然である。いや、松崎先生直々の大目玉ではなく、先生のお怒りを、鳥越先生と内山美樹子先生から、やんわりと伝えられたのである。翻刻の厳しさに初めて触れ、両先生の優しさにも思い至って、その夜は一睡も出来ず、ただただ反省するばかりであった。

このときから翻刻に気合いが入るようになった。机に向かっただけでしゃんと背筋が伸び、頭がかっと熱くなる。原本写真の文字を睨み付けて、一字一句も間違えないぞと血がたぎるようになった。たしか二、三年してからだったか、学会の休憩時間、私が担当した評判記の翻刻について、松崎先生から直接お褒めをいただくことができた。訂正するところはありませんでしたと言っていただいたとき、不覚にも涙があふれてきて、トイレに駆け込んだことが鮮明な記憶として残っている。

それから三十年以上が経った今でも、翻刻のために机に向かうと、反射的に背筋が伸びて血がたぎる。「こんな体に誰がしたんや」と、私は小さくつぶやいて集中していく。

（国文学研究資料館名誉教授）

松崎仁氏の思い出

原　道　生

待望久しい『歌舞伎評判記集成　第三期』の第一巻が、めでたく刊行の日を迎えることとなった。

思えば、最初の第一期には、最若年の会員の一人として、次の第二期の際には、会の代表者二名のうちの一人（もうお一人は服部幸雄氏）であり、かつ事務局担当の責任者として、さらに今回の第三期には、隠居の立場の顧問の一人（その中では下から数えて二番目の若手！）としてという工合に、約半世紀にわたる長い歳月を通じて、その都度さまざまな形で本集成の制作に関わりを持ち続けてきた身にとっては、これに上越す喜びはない。

ところで、「寺子屋」の松王丸ではないが、こうして第三期がいよいよ具体化され始めてくるさまを目の当たりにするようになるにつけても思い出されてならない事柄がある。それは、二〇一三年二月に先立たれた顧問のお一人の松崎仁氏がこの刊行を御覧になることができたなら、どんなにお喜びになられたであろうかということに他ならない。

三期にわたる評判記集成作製の過程の中で、松崎氏と私とが、特に緊密な連絡を取り合って仕事を進めていた時期がある。それは、一九七〇年代、第一期の刊行が始まって、校正の作業の分量もふえ、それまで以上に事務局が時間に追われるようになった頃のことだった。そのため、そうした事態への対応策として、その時期の私は、松崎氏の御下命に従い、同氏が所収評判記の全点に対して行なっていた会員側による最終段階の校正（ちなみにこれが終ると、「校了」となってそのゲラは出版社側に渡される）に先立ち、各巻全点のゲラに目を通し、文字の誤脱はもとより、会として定めた漢字処理の統一基準との整合性の確認、その他もろもろについての準最終点検をもっぱら担当するようになっていたのである。そして、その時期、校了直前のゲラや原本写真、会員諸氏による翻字原稿等々をセットに束ねた郵便小包が、松崎家と拙宅との間を、かなり頻繁に行き交っていたのだった。

さて、ここから先は、当地不案内の方には少々わかりにくい話になってしまうかも知れないが、この七〇年代、私は京浜急行の金沢八景にある大学に勤めていた。一方、松崎氏のお宅は、その沿線途中の日の出町駅のお近くだったので、二人で相談の上、郵送に要する日時、手間、料金などの節約を考えて、私が八景に出講し氏が御在宅という日に合わせ、氏に日の出町の改札口までおいでいただいて、途中下車した私とゲラのセットを交換するという方法をとることとし、結果、かなりの時間を稼いで能率をあげることができるようになったのである。もっとも、今にして思えば、松崎家からその駅までは結構な距離があり、その往復には大きな坂の登り下りなどもあったのだから、随分申しわけないことをしてしまったと後悔をしているが、同氏は一度も嫌な顔をされることなく、私の身勝手に付き合って下さったのだった。

現在の当駅界隈についてを私は全く知らないが、あの頃の駅前は、パチンコ屋や小さな飲み屋などが立て込んで、あまり人気《じんき》のよくない所だったように覚えている。その中にあって、まさに鶏群の一鶴、改札口の脇に静かに立たれた長身の同氏の穏やかな佇まいが、今でも忘れられない思い出として残っている。

（明治大学名誉教授）

半世紀昔のこと

土田　衞

まずは「おめでとう」と申し上げる。次に「ご苦労さま」と申し上げる。第一期を立ち上げたメンバーの一人である筆者は、第三期享和末までの刊行を目にするとは想像もしていなかった。長生きのおかげであろう。

私が歌舞伎の勉強を始めた頃は、コピーという機械はまだ無かった。文献資料はすべて写真に撮るというのが常識の時代であった。従ってどの図書館も今日のコピーと同様、撮影には寛容であった。私は国会図書館が上野にあった時、書庫の中で絵入狂言本の撮影をした経験がある。役者評判記は、歌舞伎を勉強するには、第一歩から必要な、断トツの資料である。但し、一本や二本では使い物にならないので、一定の期間のものを集めて撮影しなければならなかった。撮影したフイルムを借りたり貸したりして集めていた。しかし、その紙焼きを業者に頼んでいたら、財布がもたなかった。祐田善雄先生は、二階の押入れを暗室にして紙焼きをなさっていた。お手伝いしたことがある。お訊ねしたら、日常は奥さんの仕事だと仰っていた。私は夜のとばりを暗室代わりに利用した。研究のためとは言いながら、その準備のためのこの種の雑用に費やした時間は厖大なものであったと思われる。当時の研究にたずさわるものは、全員このような環境にあったと思ってよかろう。

五十二年前の昭和三十九年十一月二十三日（月）、京都の池坊短大で行われた日本近世文学会の懇親会でのことである。私の前に諏訪春雄氏、そのあたりに祐田善雄先生、鳥越文藏氏、松崎仁氏らが座を占めていた。雑談のなかで、役者評判記翻刻の話が出た。全員右に記したような状況にあり、酒の勢いもあって、たちどころに全員賛成、パチパチパチと拍手がおこって事が始まったのである。明くる日、愛媛松山に戻った私は、手元に集めていた評判記の写真を机上に並べ、翻刻を想定しての計画を立てた。全十巻で享保末まで収まるという、十巻構成の原案を祐田先生に送った。そのあとの進行がどう進んだかの詳細は忘れているが、松崎、鳥越両氏が事務局をお引き受けくださって、この大事業が出発した。

八年後の昭和四十七年九月に第一巻が刊行される。この種の刊行物としては、パチパチパチより八年という時間は短い方であろう。それほど皆が熱意を持って事にあたったということを示していると思う。刊行が近づいたころ、書名が問題になった。皆が当然のように思っていた『役者評判記集成』という書名が、第一巻に収まる書物からは不適切だということになった。「歌舞伎評判記」という名詞は第一期の連中の造語である。

第三期の完結を見るまで長生きしたい。

（大阪女子大学名誉教授）